U0467437

所在的豫西地区内仰韶文化晚期和龙山文化当中不见比良渚、陶寺更高级的发现，这究竟是为什么？是考古工作没有到位？还是历史本来如此？

开展文明起源研究的主力军只能是考古学，田野考古才是解决问题的关键。夏代早期文明的确认之所以发生困难，就在于在夏代早期的地域内缺乏夏代早期文字、青铜器和规模宏大的城址的发现，尽管夏代早期都城已有线索，今后应该加大对豫西地区龙山文化、仰韶文化晚期的调查、发掘和研究。

目前，在文明起源研究当中，已有不少学者自觉地认识到要主动开展多学科合作研究，当时，怎么结合？这样才能克服考古学和其他科技手段两张皮的状况，仍需要很好的总结。探源工程，相对而言在专项研究上，容易得出新的认识，可是在宏观上如何就中华文明的起源时间、地点、过程、原因等做总结性的概括更不容易，有待不断地解读、探索。

（原载《东南文化》2012 年第 3 期）

带来不小的影响①。

自严先生中国文明起源的三阶段说以来提出的最近十年，又有一系列的新发现，比如前文提及的西坡仰韶文化庙底沟期的大墓、良渚文化城址等，而且龙山时代又陆续新发现一些城堡，使得龙山时代城堡林立的景观更加突出②。尤其是在良渚文化大城确认之后，包括严文明、张忠培在内的多数学者都认为良渚文化已经进入文明社会。

回顾60年来对中国文明起源的研究，现在我们认识到：

（1）中国文明是本土起源的，这既有自然环境方面的原因，也与当时的文化背景有关，形形色色的中国文明外来说是不符合中国历史实际的。

（2）中国文明的特点是多元一体有核心。所谓多元是指中国文明起源不是从某一地区开始发生然后向周围传播而是在中原地区、海岱地区、长江中下游地区、西辽河流域等地各自发生，然后形成于中原地区的多元一体模式，不过，在多元起源当中，中原地区扮演了打熔炉的作用，可以说，中国文明既是多元的又是有核心的，不是满天星斗或一盘散沙。

（3）中国文明的起源和中国文明的形成不是一码事。某些文明因素的起源可以追溯到公元前4000年之前，可是初级文明社会的形成似乎只能到公元前2500年前后。

（4）中国文明的起源不是一蹴而就的，而是有一个很长的过程。每位学者对这一过程的上下限和阶段的划分，不尽一致，我个人认为，或可把中国文明起源过程大致划分为起步阶段（公元前4000~前3500年）、古国阶段（公元前3500~前2600年）、邦国阶段（公元前2600~前2000年），此后，进入青铜时代的王国阶段（夏王朝时期，即公元前2000~前1700年）。

（5）就探索中国文明起源的方法而言，学术界越来越倾向于摒弃以前那种从概念出发，先辨明什么是文明、什么是文明要素，然后再开始拿考古学材料往概念上套。现在普遍主张从各大文化区内部的考古学材料出发，总结出各地区文明化进程，然后，放到这个中国文明起源的大背景中去总结、提炼出中国文明起源的特点、过程、原因、背景机制等，当然，这些难题都不可能是一下子就能说得清楚的。

中国古代文明起源是一个如此复杂、庞大的课题，虽说我们已经取得了不少成绩，但是，仍然面临着一道道待解决的难题。例如，关于原始城址的研究，目前发现的数十座史前城址，绝大部分都是仅仅画出了一个城圈而已，对于城内的布局和城外附属遗迹、聚落的研究远远不够，而史前城址大小不一、功能有别，有的为都邑，有的系围墙聚落，如果不开展长期、持久的发掘研究，是不能回答这些问题的。

关于各地区文明化进程研究，有学者已经注意到中原地区的特殊性，其实质是宣扬新的中原中心论，可是，目前为止，无论是城址规模、出土遗物的技术含量和规格，夏商周

---

① 王巍：《公元前2000年前后我国大范围文化变化原因探讨》，《考古》2004年第1期。
② 赵春青：《中国史前城址研究的过去、现在与未来》，《中国社会科学院古代文明研究中心通讯》第21期，2011年。

文明社会。赵辉在此基础上对中国文明化的过程稍作调整，基本也持此三段论的观点[①]。

关于研究方法，严文明早在十年前就提出，要以考古学为基础，实行多学科合作，以便进行多角度和全方位地研究中国文明起源[②]。

三、新进展与新问题阶段：2000～2011年

进入21世纪，特别是"中华文明探源工程"启动以来，对中国文明起源的探索，改变了以往单干的局面，各地纷纷成立古代文明研究中心，其中，北京大学率先成立了古代文明研究中心，并编辑文明研究《通讯》，组织出版了《古代文明》第1～6卷。中国社会科学院古代文明研究中心也编辑了中心《通讯》，出版了《中国文明起源研究要览》，该书收集了20世纪发表的有关文明起源研究的成果，分类摘编专著和论文约800种，集中展示了20世纪中国文明研究的历史[③]。

探源工程实施过程中，田野考古方面，以河南灵宝西坡发现仰韶文化庙底沟期的大墓和墓地，山西陶寺发现陶寺文化中期的墓地、城墙、所谓观象台和原始宫殿遗址，河南新密发现古城寨和新砦龙山文化城址，河南登封王城岗发现龙山文化大城，浙江余杭发现良渚文化城址，江苏张家港东山村发现崧泽文化墓地等重要考古发现最具代表性。

这期间，有关文明起源的著作新出了几部[④]，其中，卜工的《文明起源的中国模式》重点研究中国古代礼制在新石器时代的表现，他认为中国史前史的主要内容应是礼制，中国文明的核心问题正是礼制的形成和发展等观点似夸大了礼制的作用。

对中国文明起源的各种认识，也在不断深入，如赵辉提出中国史前社会由一个以中原为中心的历史趋势[⑤]，他还提出各地区文明化的道路不尽相同[⑥]。李伯谦也指出中原地区的文明化特点不同于红山文化和良渚文化，中国文明的模式至少可以分成王权为主和神权为主的两种模式[⑦]。王巍认为公元前2000年左右中国大范围的气候变迁给中国各地区文明化过程

[①] 赵辉：《中华文明的曙光》，《中华文明史》第一卷，北京大学出版社，2006年，第46～54、54～74页。
[②] 严文明：《以考古学为基础，全方位研究古代文明》，《古代文明研究通讯》总第1期，北京大学震旦古代文明研究中心，1999年。
[③] 中国社会科学院考古研究所、中国社会科学院古代文明研究中心：《中国文明起源研究要览》，文物出版社，2003年。
[④] 严文明：《农业发生与文明起源》，科学出版社，2000年；张光直、徐苹芳主编：《中国文明的形成》，文物出版社，2004年；李学勤、范毓周主编：《早期中国文明》第1～13卷，江苏教育出版社，2005年；严文明主编：《中华文明史》第一卷，北京大学出版社，2006年；卜工：《文明起源的中国模式》，科学出版社，2007年；科技部社会发展科技司、国家文物局博物馆与社会文物司：《中华文明探源工程文集·社会与精神文化卷》，科学出版社，2009年。
[⑤] 赵辉：《以中原为中心历史趋势的形成》，《文物》2000年第1期；赵辉：《中国史前的基础——再论以中原为中心的历史趋势》，《文物》2006年第8期。
[⑥] 赵辉：《中华文明的曙光》，《中华文明史》第一卷，北京大学出版社，2006年，第46～54、54～74页。
[⑦] 李伯谦：《中国古代文明演进的两种模式——红山、良渚、仰韶大墓随葬玉器观察随想》，《文物》2009年第3期。

了被归纳为多元论的条块说和满天星斗说，提出了文明起源的三种形式：裂变、碰撞和融合，以及文明起源的过程：古文化——古城——古国。其成果集中反映在1997年《中国文明起源新探》一书中。书中的基本观点有三条：第一，中国文明是多元起源而不是由某一个起源中心然后向周围扩散；第二，既然是多元，在各地文明化进程的内容与方式是不一样的，应具体研究；第三，以中国之大，各个地方文明化的时间有先后。黄河流域、长江流域比较靠前，在那里首先产生了夏商周文明。周边少数民族地区后来也陆续建立了自己的文明。这些文明不是彼此孤立而是紧密联系在一起的，共同组成多元一体的结构，这种结构乃是形成以汉族为主体的多民族统一中国的基础。

在中国文明起源研究当中，严文明的研究值得重视。他先是根据20世纪70年代及其以前的龙山文化及其同时代文化的发现提出龙山时代的概念[1]，继而于1984年提出可把仰韶文化晚期和龙山时代的公元前3000年至公元前2000年的一千年间归入铜石并用时代，作为中国新石器时代向青铜时代转变的过渡时代[2]。1987年根据中国自然地理环境和史前文化发展的特点，认为从新石器时代起就已经形成为一种重瓣花朵式的格局。中原区好比是花心，黄河、长江流域的其他各区好比是内圈的花瓣，围绕这个圈子以外的各文化区则是外圈的花瓣[3]。1989年重新调整了中国新石器时代的分期，在分期的基础上讨论聚落的演变和中国文明的起源过程[4]。1991年正式提出"中国文明起源的模式是多元一体的，或者说是如一个重瓣花朵般的，而不是简单的多元化模式"，并倡导运用聚落考古的方法探索中国古代文明研究[5]。在这篇文章中他还明确写道："我想文明的起源应当有一个过程。仰韶晚期（包括大汶口文化和红山文化晚期等）大概就已经迈开了走向文明的步伐，龙山时代大概出现了许多酋邦或城邦国家，那大概也可以算是一种初级文明，到夏商则应进入了比较成熟的文明。"[6] 这种三阶段划分法，后来有所改动[7]，截至20世纪90年代末，严文明将中国文明的起源过程划分为如下三个阶段。

第一阶段相当于仰韶文化的庙底沟期、大溪文化的早中期和大汶口文化的早期等，年代为公元前4000~前3500年，这一阶段在一些较发达的文化中心，已率先迈开了走向文明的步伐。第二阶段相当于仰韶文化后期、红山文化晚期、大汶口文化中晚期、良渚文化、大溪文化晚期—屈家岭文化—石家河文化早中期等，年代为公元前3500~前2600年，该时期文明化程度更高，文明社会的色彩更浓。第三阶段即龙山时代，年代为公元前2600~前2000年，文明化程度又提高一步，与此相关的还有安徽含山凌家滩遗址，已进入

---

[1] 严文明：《龙山文化和龙山时代》，《文物》1981年第6期。
[2] 严文明：《论中国的铜石并用时代》，《史前研究》1984年第1期。
[3] 严文明：《中国史前文化的统一性与多样性》，《文物》1987年第3期。
[4] 严文明：《中国新石器时代聚落形态的考察》，《庆祝苏秉琦考古五十五年论文集》，文物出版社，1989年。
[5] 严文明：《龙山时代考古新发现的思考》，《纪念城子崖发掘60周年国际学术讨论会文集》，齐鲁书社，1993年。
[6] 严文明：《农业发生与文明起源》，科学出版社，2000年，第112页。
[7] 严文明：《略论中国文明的起源》，《文物》1992年第1期；严文明：《中国文明起源的探索》，《中原文物》1996年第1期。

但并不排斥一些外来影响。这篇著作是探索中国文明起源的经典之作，初步回答了什么是文明，怎样探索中国文明起源等一系列重大问题[1]。

就在夏鼐发表这篇文章之后不久的1986、1987年，在长江下游，良渚遗址群发现了反山、瑶山两处贵族墓地，出土了数千件精美的玉器，在一些玉琮上面刻划有可能为神徽的符号[2]。1987年，又发现了莫角山这座面积达30万平方米的"台城"，上面有数万平方米的夯土基址，推测应该是宫殿或宗庙一类大型建筑的地基[3]。张忠培认为良渚文化已经是进入国家时期[4]，严文明认为是进入了初级文明社会[5]，苏秉琦则认为是古国了[6]。

在长江中游，湖北天门石家河发掘屈家岭文化时期的120万平方米的城址[7]，这时期不断发现史前城址，致使史前城址的总数达数十处。其中，河南郑州西山[8]和湖南澧县城头山城址[9]的年代接近公元前4000年，是现今所知道年代最早的城址。史前城址的大量涌现成为研究中国文明起源最亮丽的引导风景线，刺激中国文明起源研究向纵深处发展。

鉴于上述这些重大发现，1989年苏秉琦在中国考古学会第七次年会闭幕式上的讲话中提出，要把中国文明起源与形成研究当作今后10年的大课题来抓[10]。1989年9月9日在《考古》编辑部召开的中国文明起源学术座谈会上，徐苹芳提出要把文明要素的起源与文明社会的产生相区别，而究竟是什么时候进入文明社会，在会上就有龙山文化中期与二里头文化三期等不同的看法[11]。

到了20世纪90年代，陆续出版了几部研究中国文明起源的著作。如苏秉琦主编的《中国通史·远古时代》[12]，李学勤主编的《中国古代文明与国家形成研究》[13]、谢维扬的《中国早期国家》[14]、王震中的《中国文明起源的比较研究》[15]和苏秉琦的《中国文明起源新探》[16]等，其中，以苏秉琦的研究最具独创性和启发性。他在区系类型学说的基础上，提出

---

[1] 夏鼐：《中国文明的起源》，文物出版社，1985年。
[2] 浙江省文物考古研究所反山考古队：《浙江余杭反山良渚墓地发掘简报》，《文物》1988年第1期；浙江省文物考古研究所：《瑶山》，文物出版社，2003年，第4~342页。
[3] 浙江省文物考古研究所：《余杭莫角山遗址1992—1993年的发掘》，《文物》2001年第12期。
[4] 张忠培：《良渚文化的年代和其所处社会阶段——五千年前中国进入文明的一个例证》，《文物》1995年第5期。
[5] 严文明：《良渚文化：中国文明的一个重要源头》，《寻根》1995年第6期；严文明：《农业发生与文明起源》，科学出版社，2000年，第186~190页。
[6] 严文明：《良渚随笔》，《文物》1996年第3期。
[7] 石家河考古队：《石家河遗址群调查报告》，《南方民族考古》（第五辑），四川科学技术出版社，1993年。
[8] 国家文物局考古领队培训班：《郑州西山仰韶时代城址的发掘》，《文物》1999年第7期。
[9] 湖南省文物考古研究所：《澧县城头山古城址1997—1998年度发掘简报》，《文物》1999年第6期。
[10] 《苏秉琦同志在中国考古学会第七次年会闭幕式上的讲话》，《中国考古学年鉴（1990）》，文物出版社，1991年，第8页。
[11] 白云翔、顾智界整理：《中国文明起源座谈纪要》，《考古》1989年第12期。
[12] 苏秉琦主编：《中国通史》第二卷"远古时代"，上海人民出版社，1994年。
[13] 李学勤主编：《中国古代文明与国家形成研究》，云南人民出版社，1997年。
[14] 谢维扬：《中国早期国家》，浙江人民出版社，1995年。
[15] 王震中：《中国文明起源的比较研究》，陕西人民出版社，1994年。
[16] 苏秉琦：《中国文明起源新探》，香港商务印书馆，1997年。

等，很可能就是传说中的禹都阳城。1977年11月，在河南登封召开现场讨论会，以夏鼐为首的会议参加者最终肯定了王城岗是城址[①]。1979～1980年，在传说为"太昊之墟"的豫东淮阳平粮台遗址，又发现一座龙山文化城堡[②]，该城城内中间部位有用土坯砌筑的分间式房屋、炼铜遗迹和复式地下排水管道等，显示出较高的建筑规格。以后陆续发现的数十座龙山城堡促使中国文明起源研究向前跨进了一大步。

与龙山城址发现相媲美的是龙山时代墓地的发现。从1978年开始发掘的山西襄汾陶寺遗址面积达300万平方米，那里的墓葬非常明显地分为大、中、小三类，其比例大约是1：10：90[③]。大墓不仅面积很大，而且随葬鼍鼓、陶龙盘、大石磬等大量高档次的物品，小墓的死者则一无所有，可见其社会已经存在等级分明的金字塔结构。

二、中国文明起源研究的热潮阶段：20世纪80～90年代

中国文明研究的热潮是从20世纪80年代开始的。已经发掘多年的甘肃秦安大地湾遗址，1983年发掘出一座特大型房屋，它有前堂、后室和东西两个厢房，有人称之为原始殿堂[④]。此外，大地湾还有几座中型房屋和数百座小型房屋，整个聚落呈现出分化的现象[⑤]。

无独有偶，在辽宁，从1983年开始发掘的凌源、建平两县交界的牛河梁遗址发现了红山文化晚期规模宏大的贵族坟山和祭祀中心。那里有许多巨大的积石冢，每冢有一座主墓，随葬大量精美的玉器，上面还有一些陪葬的小墓[⑥]。还有一座"女神庙"，该庙塑像大小说明其地位不同，说明当时的社会已经存在等级差别，郭大顺等认为红山文化晚期的社会已进入原始文明阶段[⑦]，苏秉琦认为当时出"已产生了植基于公社、又凌驾于公社之上的高一级的社会组织形式"[⑧]。

1983年，夏鼐在日本发表关于中国文明起源的学术讲演，1985年，以《中国文明的起源》为名正式发行中文版。关于中国文明的起源，他从殷墟的发掘开始讲起，接着一直上溯到二里头文化晚期。然后，他又讲文明的起源和文明的形成不是一回事，文明的起源还应该到新石器晚期去追寻，而与中国文明起源问题关系最密切的史前文化，主要是黄河中上游、长江下游和山东地区的晚期新石器文化。他认为，中国文明是在中国土生土长的，

---

① 余波：《国家文物局在登封召开告成遗址发掘现场会》，《河南文博通讯》1978年第1期。
② 河南省文物研究所、周口地区文化局文物科：《河南淮阳平粮台龙山文化城址试掘简报》，《文物》1983年第3期。
③ 中国社会科学院考古研究所山西工作队、临汾地区文化局：《山西襄汾县陶寺遗址发掘简报》，《考古》1980年第1期；中国社会科学院考古研究所山西工作队、临汾地区文化局：《1978—1980年山西襄汾陶寺墓地发掘简报》，《考古》1983年第1期。
④ 甘肃省文物工作队：《甘肃秦安大地湾901号房址发掘简报》，《文物》1986年第2期。
⑤ 甘肃省文物考古研究所：《秦安大地湾：新石器时代遗址发掘报告》（上），文物出版社，2006年。
⑥ 辽宁省文物考古研究所：《辽宁牛河梁红山文化"女神庙"与积石冢群发掘简报》，《文物》1986年第8期。
⑦ 孙守道、郭大顺：《论辽河流域的原始文明与龙的起源》，《文物》1984年第6期。
⑧ 苏秉琦：《辽西古文化古城古国》，《文物》1986年第8期。

法①，但它是一座商代早于殷墟的都城级别的都邑遗址，体现了较高的文明，则是毫无争议的。这就从考古学材料上把中国文明史往前推进了好几百年。

中国人探索文明起源的脚步并没有停止在商代。1959年，徐旭生开展豫西考古调查，目的很明确，就是要寻找夏墟②。他坚信文献记载的夏朝应该在豫西晋南一带，他终于发现了河南偃师二里头遗址，翌年，就进行正式发掘，最终确认了比郑州商城年代更早的二里头文化，特别是较大规模地发掘二里头遗址，发掘出第一、二号宫殿遗址以及大量遗迹和珍贵的各类文物③，这样，大家同意至少在二里头文化晚期，这是一座都城级别的遗址，它建有大型的宫殿建筑和1万平方米以上的铜器作坊遗址，这种迹象表明，二里头文化特别是它的晚段已进入文明时代则是毫无疑问的。至于二里头遗址是商还是夏还是先夏后商，学术界长期存在着不同的意见④。直到1983年在洛阳偃师县城西边、西距二里头遗址不远的尸乡沟，发现一座晚于二里头而与郑州商城年代相近的大型都城⑤，二者位置接近而文化面貌不同，偃师商城与郑州商城相近，只能属于商文化系统，二里头文化则不能同属于商文化，因此，连原本认为二里头为商代汤都的学者也转而承认二里头遗址为夏都⑥、二里头文化主体为夏文化⑦。

二里头遗址自发现以来，经过多年的发掘，已出土用青铜做成的礼器、兵器、工具和装饰品，拥有大型的铜器作坊，拥有规模宏大的宫殿，因此，二里头文化，至少是它的晚期已经进入文明的阶段，已经没有太大问题了⑧。

在河南中西部地区，比二里头文化更早的是王湾三期文化，也有人叫中原龙山文化（或河南龙山文化）王湾类型⑨。那么，龙山文化有没有可能发现更早的夏文化呢？1977年上半年，安金槐根据文献记载，在颍河上游进行考古调查，最终在传说为王城岗的地方发掘出龙山文化中晚期的小城堡⑩。那时候，龙山文化发现城堡是不可思议的事，虽说早在新中国成立前，就在山东日照城子崖遗址和河南安阳后冈遗址都曾发现过龙山文化时期的城墙，可是皆因不相信龙山时代会有城墙而未置可否。安金槐坚持认为这座面积仅1万多平方米的龙山文化中晚期城堡不仅有城墙，而且还发现了大片夯土基址、用人奠基的祭祀坑

---

① 安金槐：《试论郑州商代遗址——隞都》，《文物》1961年第4、5期合刊；邹衡：《郑州都城即汤都亳说》，《文物》1978年第2期。
② 徐旭生：《1959年夏豫西调查"夏墟"的初步报告》，《考古》1959年第11期。
③ 中国社会科学院考古研究所：《偃师二里头》，中国大百科全书出版社，1999年。
④ 主张为早商者，如中国科学院考古研究所洛阳发掘队：《河南偃师二里头遗址发掘简报》，《考古》1965年第5期；中国社会科学院考古研究所二里头工作队：《河南偃师二里头早商宫殿遗址发掘简报》，《考古》1974年第4期。主张为夏者，见邹衡：《试论夏文化》，《夏商周考古学论文集》，文物出版社，1980年。主张二里头一、二期为夏，三、四期为商者，如殷玮璋：《二里头文化初探》，《考古》1978年第1期。
⑤ 中国社会科学院考古研究所洛阳汉魏故城工作队：《偃师商城的初步勘探和发掘》，《考古》1984年第6期。
⑥ 赵芝荃：《论二里头遗址为夏代晚期都邑》，《华夏考古》1987年第2期。
⑦ 高炜等：《偃师商城与夏商文化分界》，《考古》1998年第10期。
⑧ 夏鼐：《中国文明的起源》，文物出版社，1985年，第95、79~106页。
⑨ 赵春青：《中原龙山文化王湾类型再分析》，《洛阳考古四十年》，科学出版社，1996年；韩建业、杨新改：《王湾三期文化研究》，《考古学报》1997年第1期。
⑩ 河南省文物研究所、中国历史博物馆考古部：《登封王城岗遗址的发掘》，《文物》1983年第3期。

中国文明起源研究的回顾与思考

  中国人很早便有四千年文明史的说法，那是从文献记载夏代的始年算起的。至于中国文明的起源要早于夏代是不言而喻的。可是20世纪初，一些西方学者鼓吹中国文化乃至中国文明西来说，与此同时，也有部分中国学者因疑古书而疑古史，虽说动摇了流行两千多年的五帝夏商周帝王世系说，却有意无意地造成东周以上无古史的尴尬局面。光破不立，显然无助于中国上古史的研究。随着考古学的传入，越来越多的学者主张考古学是解决问题的唯一方法。

  1928年发掘殷墟揭开了用大型聚落遗址类考古资料探讨中国早期文明的序幕。不过，中国文明起源研究主要是新中国成立以后的事情，在此之前，殷墟遗址的发掘是为了证明商王朝的存在，并不是追溯中国文明的起源问题。在史前研究领域，20世纪三四十年代研究者的主要精力是究明仰韶文化与龙山文化的关系和甘肃地区仰韶文化与河南仰韶文化的关系这两个基本问题[1]，也谈不上探索中国文明的起源。因此，我们说探索中国文明起源主要是新中国成立以后展开的。

  新中国成立不久，郑州商城的发现使商代早期的文明昭示于天下，紧接着，早于商代早期的二里头遗址的发掘和更早的龙山时代、仰韶时代一系列重大考古发现，使中国古代文明起源的探索追溯到新石器时代遗存当中，并取得了越来越深入、全面的认识。

  纵观中国文明起源研究，可以划分为如下几个阶段。

一、中国文明起源研究的早期阶段：20世纪50～70年代

  新中国成立后，立即恢复了对安阳殷墟的考古发掘，1950年春，在洹北发掘区的武官北地王陵区发掘了一座带两个墓道的殷代大墓（编号50WGKM1）[2]，丰富了殷墟时代晚期文化内涵，更重要的是从1952年发掘郑州二里冈遗址[3]，最终确定了早于殷墟小屯文化的二里冈文化，依据地层叠压关系，它可以分为二里冈上层和下层两个阶段，是为早于殷墟文化的时代早期文化。1955年秋，在商代遗址中部首次发现了商代城墙，最终发掘出比安阳殷墟还要早的、规模宏大的商代城址[4]，尽管学者们对该城是商汤都城还是仲丁隞都有不同看

---

[1] 陈星灿：《中国史前考古学史研究（1895～1949）》，生活·读书·新知三联书店，1997年，第276～309页。
[2] 中国社会科学院考古研究所：《殷墟的发现与研究》，科学出版社，1994年，第16、108、109页。
[3] 河南省文化局文物工作队：《郑州二里冈》，科学出版社，1959年。
[4] 河南省博物馆等：《郑州商代城遗址发掘报告》，《文物资料丛刊》（1），文物出版社，1977年。

的深入开展，自然要究明文明社会起源和形成的背景、原因、过程等，不是简单地论证一下什么时候形成文明了事。在文化谱系基本建成、文明过程基本清楚之后，必将转入对古代社会方方面面的研究。因此，必须在治学观念上来一个转变，如果说以往以编写文化谱系、探索文明过程等为目标，今后将以研究古代社会为目标。

二，改造知识储备。以往我们以发现遗址或一个考古学文化为要事，今后，这类的课题仍将吸引人，不过，比这更重要的是通过调查和发掘获得大量的人文和自然科学资料，对丰富的资料，能够熟练地驾驭并为复原古代社会服务。这就要求我们必须扩充知识储备，竭力使有限的调查和发掘工作，能够提取出最大化的信息，这就要求考古工作者不能一辈子躺在现有知识储备上，必须及时了解新技术，掌握新方法，获得新信息，扩充自己的知识储备。

三，加强整体与联系的观念研究问题。古代社会内容包罗万象，但是，往往以联系的方式存在。既然我们研究的是古代社会，我们就不能以了解某些内容为满足，而是竭力全面了解与某种遗迹现象或遗物相联系的各种遗存及其联系方式。

四，传统理论方法不能丢。考古学的基本功是地层学和类型学，不论学科怎样发展，基本功不能丢。我们不能奢望有朝一日，某种技术手段能够完全取代考古地层学和类型学，我们只能采取拿来主义把其他学科的技术方法科学与地层学和类型学有机地结合起来，不断丰富和发展考古地层学和类型学，在调查、发掘和整理研究的各个环节，准确、熟练地运用地层学和类型学原理，才能更好地研究古代社会。

五，加强合作研究，提高联合攻关的自觉性和主动性。因为古代社会内容丰富，依靠单纯的考古学方法不可能包打天下，因此，必须加强与相关学科、相邻地域研究者的合作。那种凭一己之力独立完成某项重要课题的工作方法将逐渐被淘汰。加强合作，善于合作，主动合作，将是未来考古学发展的特点。

六，结合实际情况，开展古代社会研究。目前，就全国研究现状而言，毋庸讳言，各地研究水平参差不齐，大体可分三种情况：一是不仅建立了当地的文化谱系，而且在文明起源探索中已经取得不少成绩。二是虽然尚未开展文明起源研究，但是，当地的文化谱系框架已经比较清楚。三是，文化谱系尚不清楚，遑论文明起源和古代社会的研究。针对不同的现况，属第三种情况者应该三步并作一步走，即从建立文化谱系时，即同时开展有关文明起源和古代社会的研究，不应该局限于文化谱系上面。属第二种情况者，可采取两步并作一步走，即在文化谱系基本清楚之后，把文明起源研究和古代社会研究同时进行。属第三种情况者，应在已有的基础上，及时制订全面的研究计划，及早落实古代社会的全面研究。

（原载中国考古学会：《中国考古学会第十一次年会论文集》，文物出版社，2010年，第1~16页）

关于史前彩陶的研究，有关我国中西部地区、山东地区、安徽地区出土的彩陶等，都有学者撰写了相关文章，对仰韶文化的彩陶纹饰特征也有学者涉猎，不过缺乏对全国彩陶做一综合性的把握。

有关环境考古，以各区域的环境考古研究个案最为常见，也有对单个遗址的具体分析，不过如何细究与考古学文化的互动关系仍是有待深入探讨的难点。

多学科合作已经成为当代考古学发展趋势，DNA 技术应用前景广阔。不仅可以鉴定古代墓葬中死者的关系，还可以为研究古代水稻类型和系统演化提供新手段。此外，通过软体动物贝壳的氧碳同位素的分析重建史前气候变化。通过人骨元素、同位素分析可研究古人类食物结构；再加上加速器质谱仪测年技术、遗物产源分析、中子活化分析、成分分析及遥感等技术，总之，运用多种科技方法可以获得远比过去多得多的信息。

关于传说时代的考古研究，也有不少学者参与。严文明梳理了炎黄传说的脉络，提出黄帝、颛顼、帝喾的时代大体相当于铜石并用时代早期，尧舜禹大体相当于晚期。而夏代则开始于青铜时代[1]。郭大顺也认同五帝时代相当于仰韶晚期至龙山时代，认为五帝前期各地文化频繁交汇，后期汇聚中原，成为中原率先进入文明与国家社会的基础[2]。许顺湛的《五帝时代》一书，认为仰韶文化中晚期至龙山文化及相同时期的其他考古学文化皆处于五帝时代，其中，唯有中原地区一脉相承，故是华夏文明真正的摇篮[3]。

四、未来走向——全面研究古代社会

古代文明亦即古代社会的一部分，全面研究古代文明势必发展到全面研究古代社会。如果说我们目前正处在全面研究古代文明的阶段，接下来，必须做好全面研究古代社会的准备。

古代社会是今日社会的昨天，其内容之广阔，可谓无所不包。有关人类社会的经济、政治、风俗习惯、法律制度、文化艺术、文化交流、人文环境与自然环境等，都是我们研究的对象，不再局限于人类社会生活的某些方面。

那么，如何开展全面研究古代社会呢？

一，转变观念。在新中国成立前的起步阶段，各地的首要任务是查明当地有没有古代遗址，新中国成立后的 1949~1966 年，有不少田野调查和发掘工作的目的仍是发现新遗址。1966~1976 年，考古学基本停滞。到"文化大革命"结束后，特别是改革开放以来，除了意在发现新遗址之外，开始关心遗址的规模、等级、是否包含有文明因素，换言之，除了重视文化谱系的制定外，越来越重视文明起源的研究。不过，随着全面研究古代文明

---

[1] 严文明：《炎黄传说与炎黄文化》，《协商论坛》2006 年第 3 期。
[2] 郭大顺：《〈考古追寻五帝踪迹〉续论》，《中原文物》2006 年第 3 期。
[3] 许顺湛：《五帝时代》，中州古籍出版社，2005 年。

2006年发掘的深圳咸头岭遗址被分为4段，年代距今7000～6000年，所出新石器时代遗物尤以圈足盘、细密戳印纹、红彩花纹和白陶最富特色，也显示出与湘西和洞庭湖平原的密切联系[①]。

在专题研究方面，举凡史前玉器、彩陶、环境考古、聚落考古、植物考古和动物考古以及历史传说等，都有所涉猎，呈现出全面发展的态势。

有关史前玉器的研究，因良渚文化、红山文化、凌家滩文化遗存中玉器的发现而使得研究相当活跃；中原地区因河南灵宝西水坡墓地出土玉钺等，也引起了研究者的重视；其他地区也有进展。对玉器的传播和玉料来源也有论文涉及。

关于史前玉器的研究方法，学者们注意到应该引入类型学的方法，并做了初步的努力，如尝试把中国史前玉器划分成若干"板块"或类型[②]。

聚落考古逐渐成为从事田野考古的一个常用的方法，其中，既有单个聚落布局研究，也有聚落群调查和对某个区域或某支考古学文化的聚落演变过程的考察。

单个聚落当中，裴李岗文化的河南新郑唐户遗址、甘肃大地湾遗址、湖北枣阳雕龙碑遗址、安徽蒙城尉迟寺遗址、内蒙古海岱地区的老虎山龙山文化城址等，都是近年来取得的新成果。

聚落群调查方面，有半支箭河中游先秦时期遗址调查、内蒙古赤峰区域性考古调查、河南伊洛河下游地区的调查、山西垣曲盆地聚落考古调查[③]、湖北京山屈家岭遗址及其周边系统的调查和勘探、山东日照两城镇区域系统调查等。

当然，在目前的聚落研究当中，还存在种种问题，如在调查时是以按照陶片分布还是以文化层来确定聚落范围？如何在多层堆积的遗址上剥离出不同时期聚落的面积？如何确定聚落与聚落之间、聚落内部的遗迹与遗迹之间的共时性？等等，这些问题尚未达成一致的看法，有待在实践中进一步摸索。

关于精神领域的探索。如史前宗教、史前艺术的研究，也有越来越多的学者开始涉猎。如有人论述了史前的坛、墠、坎、庙这四种祭祀遗迹，有墠、坎祭祀的人群层次较低，而祭坛是较大规模人群所拥有的礼仪建筑[④]。

在农业考古方面，浮选法得到广泛应用，这样，过去常常被倒掉的"灰土"——往往来自文化层或遗迹，通过浮选，常常有意想不到的收获。其中，2002、2003年在内蒙古兴隆沟遗址发掘中浮选出粟和黍。

中国境内的小麦究竟是怎样起源和发展的，一直是牵动人心的重大课题。以往，在洛阳皂角树二里头文化遗址浮选出过小麦，近年来在山东聊城校场铺遗址首次浮选出龙山时代的小麦，使小麦在中国出现的年代提前到龙山时代。

---

① 深圳市文物考古鉴定所等：《广东深圳市咸头岭新石器时代遗址》，《考古》2007年第7期。
② 杨建芳：《区系类型原理与中国古玉研究》，《苏秉琦与当代中国考古学》，科学出版社，2001年。
③ 中国国家博物馆考古部：《垣曲盆地聚落考古研究》，科学出版社，2007年。
④ 井中伟：《我国史前祭祀遗迹初探》，《北方文物》2002年第2期。

年在浙江湖州毘山发掘了大批崧泽文化晚期墓葬，充实了崧泽文化的内容[①]。浙江桐乡普安桥遗址的发掘增添了从崧泽文化向良渚文化过渡的材料[②]，在上海广富林遗址发掘出的遗存中良渚文化因素少，王油坊类型因素较多，发掘者认为其年代晚于良渚文化，建议命名为"广富林文化"[③]。

在淮河流域，有人主张把以蚌埠双墩遗址为代表的遗存命名为双墩文化，取代原来命名的侯家寨一期文化，这一文化主要分布在淮河中游地区，根据5个碳十四测年标本，把双墩文化的绝对年代推定为距今7500～6600年[④]。

在长江中游，在湖北巴东楠木园遗址发掘出有一定特点的城背溪文化遗存[⑤]。湖南高庙贝丘遗址发现了大型祭祀场、侧身屈肢葬、地面式连间建筑，出土较多精美的白陶，陶器纹饰有鸟纹、獠牙兽面纹、八角形纹、太阳纹以及复杂的几何形纹，距今7800～6800年，发掘者称之为"高庙文化"[⑥]。此外，还出版了多部考古发掘报告，如《宜都城背溪》[⑦]、《朝天嘴与中堡岛》[⑧]、《武穴鼓山》[⑨]、《枣阳雕龙碑》[⑩]等。

在成都平原，发现了一批龙山时代的城址，确立了青铜时代三星堆文化的重要源头——宝墩文化[⑪]。也有多篇文章论及峡江地区哨棚嘴遗址和四川汶川县姜维城遗址，认为前者可以分为三期，后者因出土的黑彩彩陶与甘青地区的发现类似，可看作甘青地区文化向南拓展的结果。

在内蒙古中南部地区，出版了《白音长汗》[⑫]《岱海考古（一）》[⑬]《岱海考古（二）》[⑭]《岱海考古（三）》[⑮]等报告，2004年还召开了红山文化国际学术研讨会，并出版了《红山文化研究》论文集[⑯]，这些研究使内蒙古中南部地区的新石器时代文化谱系更加充实起来。

在华南地区，广西桂林甑皮岩遗址经新一轮年代测定，其1期的年代为距今12000～11000年，2～4期为距今11000～8000年，5期为距今8000～7000年。《甑皮岩》报告作者建议将2～4期的遗存命名为"甑皮岩文化"[⑰]。

---

① 浙江省文物考古研究所等：《毘山》，文物出版社，2006年。
② 北京大学考古系等联合考古队：《浙江桐乡普安桥遗址发掘简报》，《文物》1998年第4期。
③ 上海博物馆等：《上海松江区广富林遗址2001～2005年发掘简报》，《考古》2008年第8期。
④ 安徽省文物考古研究所：《蚌埠双墩》，科学出版社，2008年。
⑤ 国务院三峡工程建设委员会办公室等：《巴东楠木园》，科学出版社，2006年。
⑥ 湖南省文物考古研究所：《湖南洪江市高庙新石器时代遗址》，《考古》2006年第7期。
⑦ 湖北省文物考古研究所：《宜都城背溪》，文物出版社，2001年。
⑧ 国家文物局三峡考古队：《朝天嘴与中堡岛》，文物出版社，2001年。
⑨ 湖北省京九铁路考古队等：《武穴鼓山》，科学出版社，2001年。
⑩ 中国社会科学院考古研究所：《枣阳雕龙碑》，科学出版社，2006年。
⑪ 中日联合考古调查队：《四川新津县宝墩遗址1996年发掘简报》，《考古》1998年第1期。
⑫ 内蒙古自治区文物考古研究所：《白音长汗》，科学出版社，2004年。
⑬ 内蒙古自治区文物考古研究所：《岱海考古》（一），科学出版社，2000年。
⑭ 内蒙古自治区文物考古研究所等：《岱海考古》（二），科学出版社，2001年。
⑮ 内蒙古自治区文物考古研究所等：《岱海考古》（三），科学出版社，2003年。
⑯ 赤峰学院红山文化国际研究中心编：《红山文化研究》，文物出版社，2006年。
⑰ 中国社会科学院考古研究所：《桂林甑皮岩》，文物出版社，2003年。

新石器时代早期遗存探索，一直是薄弱环节，近些年有所突破。在华北平原，河北阳原泥河湾盆地于家沟遗址、北京市转年遗址均出土距今万年左右的新石器时代早期的新资料，特别是在北京市东胡林遗址发掘出新石器时代早期墓葬和石器加工点各一个，出土陶器多为罐类，石器以打制石器为主，并有细石器和石磨盘、石磨棒等，年代约距今11000～9000年[①]，为探索华北地区的新石器时代早期提供了新资料。

河北易县北福地遗址发现大量的房址、灰坑以及祭祀场遗迹，出土了玉器、石器、刻陶假面面具等陶器。发掘者将其文化内涵分三期，其中以一期为主，发掘者称之为北福地一期文化，其年代和磁山文化相当，是介于磁山文化和兴隆洼文化之间的新石器时代中期文化[②]。

在中原地区，《宝鸡关桃园》公布一批前仰韶文化的材料，丰富了新石器时代中期老官台文化的内容[③]。基于陕西临潼零口村和山西翼城枣园遗址的发掘有学者提出了"零口文化"和"枣园文化"的命名[④]，主张作为老官台文化与仰韶文化之间的考古学文化，后者还被视为庙底沟文化的来源。但是也有人认为，二者都属仰韶文化早期类型，以前在宝鸡北首岭下层就发现过，不妨称之为仰韶文化北首岭下层类型。

1979年河南新密新砦遗址试掘之后提出了"新砦期"的概念，被视为从龙山文化向二里头文化过渡期的遗存，但是，一直遭到学术界的质疑。1999年经过再发掘，证明了"新砦期"的确存在[⑤]。

在黄河下游，2005～2006年发掘了山东沂源县扁扁洞遗址，出土陶钵和圜底釜两种器形，兽骨样品的年代在1万年前。这是山东首次发现新石器时代早期遗址[⑥]。

黄河上游地区，在青海同德宗日遗址清理了222座墓葬、祭祀坑和墓上祭祀遗迹，出土陶器含有马家窑文化因素，发掘者命名为"宗日文化"，认为这是一个与马家窑文化并立的新的考古学文化[⑦]。

在长江下游地区，近几年通过对浙江浦江上山[⑧]、萧山跨湖桥[⑨]等遗址的发掘，确立了早于河姆渡文化的上山文化（距今9700～8000年）和萧山跨湖桥文化（距今8000～7000年）。2000～2001年发掘的江苏江阴祁头山遗址丰富了马家浜文化的内容[⑩]，2004～2005

---

① 北京大学考古文博学院等：《北京市门头沟区东胡林史前遗址》，《考古》2006年第7期。
② 河北省文物研究所：《北福地——易水流域史前遗址》，文物出版社，2007年。
③ 陕西省考古研究院等：《宝鸡关桃园》，文物出版社，2007年。
④ 陕西省考古研究所：《临潼零口村》，三秦出版社，2004年；山西省考古研究所：《翼城枣园》，科学技术文献出版社，2004年。
⑤ 北京大学考古文博院、郑州市文物考古研究所：《河南新密市新砦遗址1999年试掘简报》，《华夏考古》2000年第4期。
⑥ 孙波：《山东发现新石器时代早期遗址》，《中国文物报》2007年8月15日。
⑦ 青海省文物管理处等：《青海同德县宗日遗址发掘简报》，《考古》1998年第5期。
⑧ 浙江省文物考古研究所等：《浙江浦江上山遗址发掘简报》，《考古》2007年第9期。
⑨ 浙江省文物考古研究所等：《跨湖桥》，文物出版社，2004年。
⑩ 南京博物院等：《祁头山——太湖西北部新石器时代考古报告之一》，文物出版社，2007年。

1998~2001年，中日双方学者联合实施的偏重于环境考古的调查资料[①]，也予以公布，为研究城头山遗址提供了丰富的资料。

1998年以来，又发现了屈家岭至石家河文化时期的陶家湖城址[②]、城河城址[③]和大溪文化（发掘者称油子岭文化）时期的天门市龙嘴城，这是继城头山之后长江中游又一座早于屈家岭文化的早期城址[④]。

在长江上游，以成都平原为中心的四川盆地，成都市文物考古工作队等1995年起发掘新石器时代末期新津宝墩城址[⑤]，随后陆续发现和发掘温江鱼凫城（1996~1999）[⑥]、郫县梓路村古城（1996、1997~1998）[⑦]、都江堰市芒城（1996~1997）[⑧]、崇州双河城[⑨]（1997）和紫竹城（2000）[⑩]等6座城址。初步显示出长江上游以成都平原为重心在中国文明起源史上也占有一定地位。

基于上述一系列发现，不少学者注意到中原以外地区若干重要区域的文明化过程及其对中原地区的辐射作用，也肯定了中原地区在文明起源中的核心地位，强调中华文明是多元一体有核心的模式[⑪]。赵辉认为中国史前文明总进程约始于公元前4000年，可分为三大阶段和两个模式，至龙山时代已形成以中原为中心的历史趋势。他还提出中原社会的复杂化是按照朴实的西部和北部模式展开的，并奠定了夏商周三代的基础[⑫]。王巍分析了公元前2000年前后我国大范围文化变化的原因和中原文化的优势[⑬]。这些重大考古发现和新观点的提出，使人们重新思考中原地区文明与周邻地区文明化过程的互动关系，中国文明起源的探讨不再是几条干巴巴的概念上的纠缠，而是变得具体生动、丰富曲折了。

在本阶段，除了文明起源研究再次取得明显进展外，继续完善区域文化谱系，深化各项专题研究也取得了显著的成绩。

首先，在文化谱系探讨方面，继续填补、完善中国新石器时代文化谱系仍然是不少地区不容忽视的基本任务。

---

① 湖南省文物考古研究所、国际日本文化研究中心：《澧县城头山——中日合作澧阳平原环境考古与有关综合研究》，文物出版社，2007年。
② 李桃元、夏丰：《湖北应城陶家湖古城址调查》，《文物》2001年第4期。
③ 黄文进等：《湖北荆门市后港城河城址调查报告》，《江汉考古》2008年第2期。
④ 湖北省文物考古研究所：《湖北省天门市龙嘴遗址2005年发掘简报》，《江汉考古》2008年第4期。
⑤ 成都市文物考古工作队等：《四川新津宝墩遗址的调查与试掘》，《考古》1997年第1期；中日联合考古调查队：《四川新津宝墩遗址1996年发掘简报》，《考古》1998年第1期。
⑥ 成都市文物考古工作队等：《四川省温江县鱼凫村遗址调查与试掘》，《文物》1998年第12期。
⑦ 成都市文物考古工作队等：《四川省郫县古城址调查与试掘》，《文物》1999年第1期。
⑧ 成都市文物考古工作队等：《四川都江堰市芒城遗址调查与试掘》，《考古》1999年第7期。
⑨ 成都市文物考古工作队：《四川崇州市双河史前城址试掘简报》，《考古》2002年第11期。
⑩ 王毅、蒋成：《成都平原早期城址的发现与初步研究》，《稻作、陶器和都市的起源》，文物出版社，2000年。
⑪ 张学海：《新中原中心论》，《中原文物》2002年第3期；杜金鹏：《华夏文明之根》，《中原文物》2003年第2期；杨育彬等：《从考古发现谈中原文明在中国古代文明中的地位》，《中原文物》2003年第6期。
⑫ 赵辉：《中国的史前基础——再论以中原为中心的历史趋势》，《文物》2006年第8期。
⑬ 王巍：《公元前2000年前后我国大范围文化变化原因探讨》，《考古》2004年第1期。

文化的论文[1]，可以说，长江下游地区在全国文明起源研究当中走在了前列。

备受关注的凌家滩遗址，经过1987年和1998年的发掘之后，发掘出44座墓葬和祭坛等，于2006年正式出版了发掘报告，公布了极其珍贵的大批玉器资料[2]。2007年，凌家滩遗址的再发掘在祭坛的东南边发现一处可能与祭坛有关的石头遗迹和一座大型墓葬——07M23，出土玉器200件，包括在该墓墓口位置发现重达88千克的巨型玉猪以及玉龟形器和玉签等占卜用具[3]。

安徽潜山薛家岗遗址，经过1979~1982年的前后五次发掘和2000年的第六次发掘，共发现新石器时代房址3座、墓葬150座等，出土的多孔石刀、风字形石钺、锛等，陶器以鼎、豆、壶、鬶、碗为基本组合，与周邻的北阴阳营文化、凌家滩文化、崧泽文化和良渚文化都有联系。发掘者推测薛家岗文化的年代为公元前3500~前2600年左右[4]。

在淮河流域，蚌埠双墩遗址因发现了600多件陶器的刻划符号而引起学术界的关注，其中，既有象形类的猪、鹿、花、蚕等图案，也有几何类的圆圈、三角、方框、十字、弧线、直线、网格等[5]。

1999~2000年，南京博物院等单位发掘连云港市藤花落遗址，发现了内外两重城的龙山文化城址，城内有三处夯土台基，还发现有道路、龙山文化单体圆形和长方形连间的房址、水田以及用红烧土铺就的广场等[6]。

花厅墓地，以含有大汶口文化和良渚文化两种因素引来关于该墓地成因的种种讨论。2003年正式出版了发掘报告，系统地公布了1952~1989年南京博物院先后四次对南区和北区墓地的发掘资料[7]。通过分期可以看出，这里南区大墓墓区原来是大汶口文化的贵族墓地，后被良渚人侵占。

在长江中游，捷报频传。首先应该提到的是澧县八十垱遗址发现一个面积约3万平方米、以围墙和环壕环绕的聚落，《彭头山与八十垱》披露了详细情况[8]，八十垱的围墙是边挖壕沟边堆土或清沟内淤土时堆筑形成的，似未经有意识的夯打，可视为后来堆筑城墙的萌芽。

澧县城头山城址，以发现我国最早的城址而著称。1991~2002年的发掘资料于2007年正式刊布[9]，详细披露了该城址内有关城墙、壕沟、水田、墓葬以及大量遗物的介绍。

---

[1] 浙江省文物考古研究所编：《浙江省文物考古研究所学刊》（第八辑），科学出版社，2006年。
[2] 安徽省文物考古研究所：《凌家滩》，文物出版社，2006年。
[3] 安徽省文物考古研究所：《安徽含山县凌家滩遗址第五次发掘的新发现》，《考古》2008年第3期。
[4] 安徽省文物考古研究所：《潜山薛家岗》，文物出版社，2004年。
[5] 安徽省文物考古研究所：《蚌埠双墩》，科学出版社，2008年。
[6] 《连云港市藤花落龙山文化城址》，《中国考古学年鉴（2001）》，文物出版社，2002年。
[7] 南京博物院：《花厅——新石器时代墓地发掘报告》，文物出版社，2003年。
[8] 湖南省文物考古研究所：《彭头山与八十垱》，科学出版社，2006年，第226、227页。
[9] 湖南省文物考古研究所：《澧县城头山》，文物出版社，2007年。

中环壕的外侧发现了有可能是护城墙基的夯筑遗迹，可见两城镇应为一龙山时代城址[1]。

临淄桐林遗址，经过2003~2005年的调查发掘，确认了该遗址中心台地为一座多道环壕维护着的龙山城址，城址周围有八片聚落环绕，总面积230万平方米。在遗址群的西侧还发现了极有可能同时期的石器原料开采和初加工场所[2]。

山东五莲丹土城址为大汶口文化晚期、龙山文化早期和中期三个连续扩建的城垣，南城垣向南凸，平面为不规则五边形，城内面积9.5万~18万平方米，清理了部分城墙、壕沟、城门通道、出水口和蓄水池等[3]。

江苏连云港藤花落龙山时代城址，经过1998~2000年的发掘，发现了龙山文化的城址、台基、房址、水稻田等[4]。2003~2004年在内城的东北部，新发现了8座圆形房址、一座大型长方形房址和一处大型红烧土祭祀建筑、偶蹄类动物足迹等，并将以古城为中心的遗址面积改为约25万平方米。在该城以东300米处还发现了北辛文化的遗址[5]。

长江下游地区，关于文明起源的研究成绩卓著。首先，关于良渚文化遗址调查，1996年以前，已经调查出55处。后经1998~1999年和2002年的后续调查，共发现135处良渚遗址[6]。2006~2007年，浙江省文物考古研究所首先在莫角山西侧发现壕沟和城墙，接着顺藤摸瓜终于查明良渚城址，其整体略呈圆角长方形，南北长1800~1900、东西宽1500~1700米，城址面积可达290万平方米。截至目前，它是我国已知新石器时代规模最大的城址，有人认为它的出现标志着良渚文化已迈入文明社会。

除良渚遗址外，1997年发掘的遂昌县好川墓地[7]、2001~2002年在浙江省桐乡市新地里遗址发掘出的140座良渚文化墓葬和高土台[8]、2004年对湖州市毘山遗址的发掘[9]，均发掘出大量良渚文化的墓葬等重要遗存。先前发掘的福泉山[10]、反山[11]、瑶山[12]、庙前[13]等遗址、祭坛或墓地也相继出版了发掘报告，为深入研究良渚文化的文明化进程提供了详尽的资料。

2006年还召开了"纪念良渚遗址发现70周年学术研讨会"，会上发表了不少研究良渚

---

[1] 山东大学东方考古研究中心：《山东日照两城镇遗址龙山文化围城遗迹的发现和发掘》，《东方考古》（第5集），科学出版社，2008年。
[2] 赵辉：《临淄桐林龙山文化及岳石文化遗址》，《中国考古学年鉴（2006）》，文物出版社，2007年。
[3] 山东省文物考古研究所：《五莲丹土发现大汶口文化城址》，《中国文物报》2001年1月17日。
[4] 南京博物院等：《江苏连云港藤花落遗址考古发掘纪要》，《东南文化》2001年第1期；林留根等：《藤花落遗址聚落考古取得重大收获》，《中国文物报》2000年6月25日第1版。
[5] 周润垦等：《2003~2004年连云港藤花落遗址发掘收获》，《东南文化》2005年第3期。
[6] 浙江省文物考古研究所：《良渚遗址群》，文物出版社，2005年。
[7] 浙江省文物考古研究所等：《好川墓地》，文物出版社，2001年。
[8] 浙江省文物考古研究所等：《新地里》，文物出版社，2006年。
[9] 浙江省文物考古研究所等：《毘山》，文物出版社，2006年。
[10] 上海市文物管理委员会：《福泉山》，文物出版社，2000年。
[11] 浙江省文物考古研究所：《反山》，文物出版社，2005年。
[12] 浙江省文物考古研究所：《瑶山》，文物出版社，2003年。
[13] 浙江省文物考古研究所：《庙前》，文物出版社，2005年。

河南登封王城岗遗址发现了面积达 30 万平方米的龙山文化晚期大城，发掘者主张原来发现的小城为鲧所筑，而大城才是禹都阳城[①]。

2002~2003 年发现了龙山文化晚期—新砦期的城墙和壕沟，面积达 70 万平方米，如果加上外城壕以内的面积，达到 100 万平方米，这是河南境内面积最大的龙山文化和新砦期城址[②]。

2005 年在河南灵宝西坡遗址发现了仰韶文化庙底沟期墓地，共发掘出 22 座墓葬[③]。这批墓葬的突出特点是大墓的规模较大，而随葬的器物规格不高，反映该聚落内部开始出现阶层分化。

此外，山西临汾下靳村墓地[④]和芮城清凉寺墓地发现了大批庙底沟二期文化的墓葬，在大型墓中出土了玉琮、玉璧、玉牙璧以及多孔玉石刀等精美玉器，墓中还发现殉人现象[⑤]。

除中原地区以外，在西辽河流域、黄河上游和下游、淮河流域、长江流域和中原地区的其他遗址也不断传来新的发现，这些新发现大大促进了文明起源的研究。

在西辽河流域，著名的牛河梁遗址第 16 地点又有重大收获。2002 年 9 月，辽宁省文物考古研究所发掘了牛河梁第 16 地点中心大墓（02NXVIM4）。墓中随葬 6 件玉器，其中玉人高度写实，与凌家滩玉人造型有相似之处。发掘者推测墓主人既是通神的大巫，又是世俗社会的管理者，可能具有王者身份[⑥]。

在黄河上游的甘青地区，青海民和喇家遗址，经 1999 年试掘和 2000~2003 年的连续发掘，发现了壕沟、中心广场、祭坛、干栏式建筑和成排分布的房址，房址内遗留着令人触目惊心的灾难现象。该遗址还出土了包括玉璜、玉璧、玉锛等玉器[⑦]，饶有兴趣的是在一只陶碗里遗留的面条，经鉴定用小米做成的，使面条首创于中国的观点得到实证[⑧]。喇家遗址灾难现象的发生，发掘者认为是由洪水导致的，也有人主张主要是地震造成的。不管怎样，灾变事件在文明起源中的作用开始被重视起来。

在黄河下游即海岱地区，山东日照两城镇遗址经过 1995~2002 年的调查和发掘，得知两城镇所在的遗址面积约 80 万平方米，遗址内共有三道壕沟和三道出入通道口，特别是在

---

① 北京大学考古文博学院、河南省文物考古研究所：《登封王城岗考古发现与研究（2002~2005）》，大象出版社，2007 年。
② 赵春青等：《河南新密新砦遗址发现城墙和大型建筑》，《中国文物报》2004 年 3 月 3 日第 1 版。
③ 河南省文物考古研究所、中国社会科学院考古研究所河南一队等：《河南灵宝市西坡遗址墓地 2005 年发掘简报》，《考古》2008 年第 1 期。
④ 下靳考古队：《山西临汾下靳墓地发掘简报》，《文物》1998 年第 12 期。
⑤ 山西省考古研究所等：《山西芮城清凉寺新石器时代墓地》，《文物》2006 年第 3 期。
⑥ 辽宁省文物考古研究所：《牛河梁红山文化第二地点一号冢石棺墓的发掘》，《文物》2008 年第 10 期。
⑦ 中国社会科学院考古研究所、青海省文物考古研究所：《青海民和喇家史前遗址的发掘》，《考古》2002 年第 7 期；中国社会科学院考古研究所甘青工作队、青海省文物考古研究所：《青海民和县喇家遗址 2000 年发掘简报》，《考古》2002 年第 12 期；中国社会科学院考古研究所甘青工作队、青海省文物考古研究所：《青海民和喇家遗址发现齐家文化祭坛和干栏式建筑》，《考古》2004 年第 6 期。
⑧ 叶茂林：《不可思议的考古发现》，《成都文物》2008 年第 1 期。

院古代文明研究中心编辑的《中国文明起源研究要览》[①]和朱乃诚撰写的《中国文明起源研究》[②],有关1978~1997年的新石器时代其他方面的研究概况可参阅严文明主编的《中国考古学研究的世纪回顾·新石器时代考古卷》[③],兹不赘述。

三、1998~2008年——全方位研究中国古代文明的新阶段

历史走到20世纪末,一股迎接新世纪、探求新变革的社会思潮,遍及各个行业。考古学也不例外。中国考古学在新世纪该往何处去?许多学者不约而同地提出种种设想。其中,关于如何研究中国文明起源,在经历了十多年的探索之后,开始出现新的变化。1998年,赵辉在中日两国共同举办的"稻作、陶器和都市的起源"国际学术研讨会上率先提出文明的起源形成是一个十分复杂的、多元的历史过程,需要采取历史主义的立场进行研究[④]。1999年,在北京大学古代文明研究中心成立大会上严文明明确提出,要"以考古学为基础,全方位研究古代文明"[⑤]。2000年8月29日,中国社会科学院古代文明研究中心成立,提出要"对古代文明的起源形成、发展繁盛的过程、背景和机制,进行多角度多层次的考察研究,进而提高到理论高度,探索人类历史发展的有关规律"[⑥]。

进入新世纪以后,特别是中华文明探源工程于2002年正式启动之后,步入探研中国文明起源研究的新阶段。与前一阶段相比,新阶段文明起源研究的特点表现在中原地区、海岱地区、甘青地区、长江下游、长江中游和成都平原地区以及西辽河流域、淮河流域等地的文明化进程探索都取得了显著进展,呈现出齐头并进的局面,而且与文明起源相关方面的探索如环境考古、动物考古、植物考古、体质人类学、人地关系等方面的探索也得到了加强,对国外考古学理论方法的介绍、吸纳和改造运用开始成为一些学者的自觉行为。

在中原地区率先被列为中华文明探源工程重点支持的几个项目,都取得了相当突出的成绩。山西襄汾陶寺遗址相继发现城垣、贵族大墓、观象台和宫殿遗址等,出土了玉器、木器、精美陶器等珍贵遗物,成为中华文明探源工程中的亮点[⑦]。

[①] 中国社会科学院考古研究所、中国社会科学院古代文明研究中心:《中国文明起源研究要览》,文物出版社,2003年。
[②] 朱乃诚:《中国文明起源研究》,福建人民出版社,2006年。
[③] 严文明主编:《中国考古学研究的世纪回顾·新石器时代考古卷》,科学出版社,2008年。
[④] 严文明、安田喜宪主编:《稻作、陶器和都市的起源》,文物出版社,2000年。
[⑤] 严文明:《以考古学为基础,全方位研究古代文明》,《古代文明研究通讯》第1期,北京大学震旦古代文明研究中心,1999年。
[⑥] 《中国社会科学院古代文明研究中心通讯》编委会:《发刊辞》,《中国社会科学院古代文明研究中心通讯》第1期,2001年。
[⑦] 中国社会科学院考古研究所山西第二工作队等:《2002年山西襄汾陶寺城址发掘》,《中国社会科学院古代文明研究中心通讯》第5期,2003年;中国社会科学院考古研究所山西队等:《山西襄汾县陶寺城址发现陶寺文化中期大型夯土建筑基址》,《考古》2008年第3期。

严文明于20世纪80年代初率先提出了龙山时代概念[①]，不久又提出中国史前文化多元一体理论[②]，在学术界产生广泛影响。

本阶段虽以探索中华文明起源为重心，但对文化谱系和其他专题的研究亦卓有成效。举例来说，在文化谱系方面，确认了新石器时代中期一系列考古学文化，如山东境内的北辛文化[③]和后李一期文化[④]，湖北境内的彭头山文化，长江下游的马家浜文化[⑤]，北方及东北地区的兴隆洼文化[⑥]等。

从20世纪70年代末，开始加强了对从龙山文化向二里头文化过渡期的探索，并且最终在河南密县新砦遗址发现了此类遗存[⑦]。到了20世纪90年代，对于新石器时代早期的探索也开始取得显著进展，河北徐水南庄头遗址发现了距今1万年左右的新石器时代早期遗址[⑧]。这样，对新石器时代首尾两端的探索都有所进展。当然，各地的工作进展不一，有的地区文化谱系的基本框架尚未建立。

关于环境考古，1990年，在陕西西安召开了第一次全国性的学术讨论会，会后出版了第一本环境考古论文集[⑨]，此后，环境考古日益得到来自考古学和自然学科两大阵营的支持，呈蓬勃发展之势。继首次讨论会之后，相继召开了数次讨论会，研究区域涉及北京、西安、洛阳等地，相关的理论方法也不断得到完善。

关于农业考古，也取得明显进展。不仅创办了专业性杂志——《农业考古》，而且在稻作农业起源方面有了新突破，其中，严文明关于中国长江下游地区是稻作农业起源地的学说得到中外学术界的高度重视[⑩]。

关于彩陶的研究，中国彩陶的西来说已经被彻底摒弃，有人提出中国史前彩陶起源于关中地区然后向四周传播[⑪]。关于中国彩陶系统研究的代表作有《中国彩陶图谱》[⑫]等著作，其实质是运用区系类型学的方法研究史前彩陶，这样的研究就比过去深入得多了。

此外，有关中国文明起源研究，可参阅由中国社会科学院考古研究所和中国社会科学

---

① 严文明：《龙山文化和龙山时代》，《文物》1981年第6期。
② 严文明：《中国史前文化的统一性与多样性》，《文物》1987年第3期。
③ 中国社会科学院考古所山东队等：《山东滕县北辛遗址发掘报告》，《考古学报》1984年第2期。
④ 济青公路文物考古队：《山东临淄后李遗址第一、二次发掘简报》，《考古》1992年第11期；济青公路文物工作队：《山东临淄后李遗址第三、四次发掘简报》，《考古》1994年第2期。
⑤ 罗家角考古队：《桐乡县罗家角遗址发掘报告》，《浙江省文物考古所学刊》，文物出版社，1981年，发掘时间为1979年11月至1980年1月；姚仲源：《二论马家浜文化》，《中国考古学会第二次年会论文集》，文物出版社，1982年。
⑥ 中国社会科学院考古研究所内蒙古工作队：《内蒙古敖汉旗兴隆洼遗址发掘简报》，《考古》1985年第10期；中国社会科学院考古研究所内蒙古工作队：《内蒙古敖汉旗兴隆洼聚落遗址1992年发掘简报》，《考古》1997年第1期。
⑦ 中国社会科学院考古研究所河南二队：《河南密县新砦遗址的试掘》，《考古》1981年第5期。
⑧ 保定地区文物管理所等：《河北徐水县南庄头遗址试掘简报》，《考古》1992年第11期。
⑨ 周昆叔主编：《环境考古研究》（第一辑），科学出版社，1991年。
⑩ 严文明：《中国稻作农业的起源》，《农业考古》1982年第1、2期；严文明：《再论稻作农业的起源》，《农业考古》1989年第2期。
⑪ 吴耀利：《我国最早的彩陶在世界早期彩陶中的位置——再论我国新石器时代彩陶的起源》，《史前研究》1988年辑刊。
⑫ 张朋川：《中国彩陶图谱》，文物出版社，1989年。

游和长江下游等①，如今已没人怀疑龙山文化有城址了。

1978 年开始发掘的甘肃秦安大地湾遗址发现了编号为 F901 的特大房址，其规模之大，制作工艺之高，被称之为原始殿堂②，人们惊讶地发现早在仰韶文化晚期居然会有如此高规格的建筑，反过来促使人们思考，仰韶文化晚期是什么性质的社会。

就在大家为中原地区的龙山文化有城址，仰韶文化晚期有特大房址而吃惊时，从西辽河流域史前考古发现中也透露出文明的曙光。在苏秉琦的亲自指导下，先后发现了喀左东山嘴③、凌源牛河梁大型宗教遗址④，使人们重新思考东北地区在中华古代文明起源过程中的地位。

到了 20 世纪 80 年代中后期，长江下游的良渚文化先后发现了反山⑤、瑶山⑥等一系列良渚文化大墓，出土了大量精美绝伦的玉器，显示当时所处的社会阶段已经超出普通意义上的原始社会。

中原地区一直是探索中国文明的热点。新中国成立前已经大规模地发掘了安阳殷墟遗址，确立了殷商文明。新中国成立后通过对郑州二里冈、偃师商城以及偃师二里头遗址的大规模发掘，不仅确定了比殷墟文化更早的早期商文明，也揭开了二里头文化的神秘面纱。二里头文化与二里冈文化相邻，但文化面貌有别，相对年代又早于商文化，于是，有学者认为二里头文化便是夏文化。20 世纪 50～70 年代，在二里头遗址发现了第一、二号宫殿、手工业作坊和青铜器等，夏鼐利用这些材料于 1983 年在日本做了一次公开演讲，题目是《中国文明的起源》，这篇稿子于 1985 年公开发表之后，引发了用考古学材料探索中国文明起源的热潮，直到 1997 年苏秉琦发表《中国文明起源新探》。夏鼐提出，现今史学界一般把"文明"一词用来以指一个社会已由氏族制度解体而进入有了国家组织的阶级社会的阶段。中国文明是本土起源的，中国文明形成过程是在新石器时代一些文化因素的基础上发展的，探索文明的起源要到新石器时代去寻找。他还明确列举了中国文明的要素有文字、青铜器和宫殿等。从现有的考古发现判断，二里头文化至少在它的晚期，已经进入初级文明社会⑦。

苏秉琦结合 20 世纪八九十年代的新发现，提出了一系列有关中国文明起源的重要理论，在学术界产生了广泛影响。他提出要把文明起源和文明形成区别开来，极力倡导文明起源的满天星斗说，还提出了富有启发意义的文明起源三模式，认为中国较普遍地经历了古文化——古城——古国这一氏族到国家的发展道路，并以辽西地区为例证做了分析论述⑧。

---

① 任式楠：《中国史前城址考察》，《考古》1998 年第 1 期；赵辉、魏俊：《中国新石器时代城址的发现与研究》，《古代文明》(1)，文物出版社，2002 年。
② 甘肃省文物工作队：《甘肃秦安大地湾 901 号房址发掘简报》，《文物》1986 年第 2 期。
③ 郭大顺、张克举：《辽宁省喀左县东山嘴红山文化建筑群址发掘简报》，《文物》1984 年第 11 期。
④ 辽宁省文物考古研究所：《辽宁牛河梁红山文化"女神庙"与积石冢群发掘简报》，《文物》1986 年第 8 期。
⑤ 浙江省文物考古研究所反山考古队：《浙江余杭反山良渚墓地发掘简报》，《文物》1988 年第 1 期。
⑥ 浙江省文物考古研究所：《余杭瑶山良渚文化祭坛遗址发掘简报》，《文物》1988 年第 1 期。
⑦ 夏鼐：《中国文明的起源》，文物出版社，1985 年。
⑧ 苏秉琦：《辽西古文化古城古国》，《文物》1986 年第 8 期；苏秉琦：《中国文明起源新探》，香港商务印书馆，1997 年。

中华文明起源为重点的发展期（1978～1997年）和以全面研究古代文明为目标的新阶段（1998～2008年）。

二、1978～1997年——以探索中国文明起源为重心

早在20世纪50年代已经开始探索比仰韶文化更早的新石器时代文化，不过真正把这一阶段肯定下来，则到1977年首次发掘河南新郑裴李岗遗址[1]和稍早开始的河北磁县磁山遗址[2]发掘之后，这是改革开放以来新石器时代考古取得的一大新成果。此后，长江中游地区的皂市下层文化[3]、城背溪文化[4]和彭头山文化[5]，渭河流域的老官台文化[6]、李家村文化[7]、大地湾一期文化[8]、白家村文化[9]以及北首岭下层类型[10]等陆续被确定，这些文化类型起初被定为新石器时代的早期或早期晚段[11]，以后更改为新石器时代中期，其绝对年代为距今9000～7000年[12]。

龙山文化有没有城址？早在新中国建立前山东历城城子崖遗址的发掘工作中已经被触及，直到20世纪70年代末，这一问题才得以解决。

著名考古学家安金槐按照相关文献记载，坚信禹都阳城就在今登封附近的颍河上游，他不顾年事已高，毅然回到自己的家乡探索禹都阳城，终于在告成镇附近一处名叫王城岗的地方，发掘出龙山时代的城堡[13]。1977年，经过夏鼐等100多名专家的现场论证，得以确认。此后不久又发现了河南淮阳平粮台龙山文化城址[14]，从此揭开了发现大批史前城址的序幕。至20世纪末，全国史前时代的城址遍及内蒙古中南部、黄河中游、长江中游、黄河下

---

[1] 开封地区文管会、新郑县文管会：《河南新郑裴李岗新石器时代遗址》，《考古》1978年第2期。
[2] 河北省文物管理处等：《河北武安磁山遗存》，《考古学报》1981年第3期。
[3] 湖南省博物馆：《湖南石门县皂市下层新石器遗址》，《考古》1986年第1期。
[4] 陈振裕、杨权喜：《湖北宜都城背溪遗址》，《史前研究》1989年辑刊。
[5] 湖南省文物考古研究所等：《湖南澧县彭头山新石器时代早期遗址发掘简报》，《文物》1980年第8期。
[6] 北京大学考古教研室华县报告编写组：《华县、渭南古代遗址调查与试掘》，《考古学报》1980年第3期；张忠培：《关于老官台文化的几个问题》，《社会科学战线》1981年第2期。
[7] 陕西分院考古研究所：《陕西西乡李家村新石器时代遗址》，《考古》1961年第7期；陕西省社会科学院考古研究所汉水队：《陕西西乡李家村新石器时代遗址1961年发掘简报》，《考古》1962年第6期；魏京武：《李家村新石器时代遗址的性质及文化命名问题》，《中国考古学会第一次年会论文集》，文物出版社，1979年。
[8] 甘肃省博物馆等：《甘肃秦安大地湾新石器时代早期遗存》，《文物》1981年第4期；甘肃省博物馆等：《1980年秦安大地湾一期文化遗存发掘简报》，《考古与文物》1982年第2期。
[9] 西安半坡博物馆：《陕西省临潼白家遗址调查与试掘简报》，《史前研究》1983年第2期；中国社会科学院考古研究所陕西六队：《陕西临潼白家村新石器时代遗址发掘简报》，《考古》1984年第11期；石兴邦：《前仰韶文化的发现及其意义》，《中国考古学研究》（二），科学出版社，1986年。
[10] 严文明：《北首岭史前遗存剖析》，《仰韶文化研究》，文物出版社，1989年。
[11] 严文明：《黄河流域新石器时代早期文化的新发现》，《考古》1979年第1期。
[12] 严文明：《中国新石器时代聚落形态的考察》，《庆祝苏秉琦考古55年论文集》，文物出版社，1989年。
[13] 河南省文物研究所、中国历史博物馆考古部：《登封王城岗遗址的发掘》，《文物》1983年第3期。
[14] 河南省文物研究所、周口地区文化局文物科：《河南淮阳平粮台龙山文化城址试掘简报》，《文物》1983年第3期。

改革开放以来中国新石器时代考古研究的回顾与思考

一、引 言

自新中国成立以来，中国新石器时代考古学研究，取得了显著进展。与1949年以前相比，新发现了上万处遗址。对其中的数千处遗址进行了不同程度的发掘，获得了远比新中国成立前丰富得多的第一手材料。在此基础上，不仅初步建立了公元前1万年至公元前2000年左右的新石器时代文化谱系，而且还卓有成效地开展了文明起源、农业起源、环境考古等诸多方面的研究。这些重大课题的提出和探讨不仅有着重要的学术价值而且对于当今建设社会主义精神文明、构建社会主义和谐社会具有深远的历史意义和现实意义。

1949年以前，中国处于帝国列强、封建王朝和各路军阀的蹂躏之下，当时的中国烽火连天，天下大乱，放不下一张安静的书桌。当时虽有近代考古学传入中国，但那时绝对年代测年技术尚未发明，考古学的理论方法尚不完善，蹒跚学步的中国新石器时代研究步履维艰，整体研究水平处于初创阶段[1]。

1949年新中国的成立，为繁荣学术创造了和平环境，也为卓有成效地开展新石器时代考古研究提供了良好条件。在新石器时代各项考古研究当中，文化谱系的建立无疑是最基础性的工作，中外概莫能外。然而，我国疆域辽阔、古文化遗存异常丰富、历史发展过程极为复杂，其间还有"文化大革命"的十年中断，欲建立一整套新石器考古学文化谱系，谈何容易！从1949年算起，直到1977年夏鼐发表《^{14}C测定年代和中国史前考古学》[2]，其间整整花费了近30年的时间！此前尽管安特生、尹达和张光直等分别提出过中国史前文化年表[3]，毕竟缺乏科学测年数据，只是一种猜测。现在看来，夏先生的这张年表尚不够完善，但毕竟给中华大地之下的史前文化首次搭建出科学的而不是揣测的时空框架，是中国新石器时代考古文化谱系初步建立的标志，因此，我们把1949～1977年的新石器时代考古工作，划为以建立文化谱系为主的第一阶段。

1978年党的十一届三中全会召开，解放思想、改革开放，成了时代的最强音，中国新石器时代考古研究像其他学科一样从此阔步迈向新的历史时期。自1978年后转入以探索

---

[1] 陈星灿：《中国史前考古学史研究（1895～1949）》，生活·读书·新知三联书店，1997年。
[2] 夏鼐：《^{14}C测定年代和中国史前考古学》，《考古》1977年第4期。
[3] 安特生：《中华远古之文化》，《地质汇报》第5号，1923年；尹达：《论中国新石器时代的分期问题》，《新石器时代》（增订版），生活·读书·新知三联书店，1979年；张光直：《中国新石器时代文化断代》，《中研院历史语言研究所集刊》第30本，1959年。

也包括同时代的大溪文化、红山文化等，不宜拿仰韶时代取代仰韶文化。

（2）聚落形态研究，单个聚落除了半坡类型若干聚落以外，其他研究较为薄弱，特别是庙底沟期的聚落研究应该大力加强。单个聚落发掘时要贯彻聚落考古思想。

研究房屋共存数量时，要搞清楚几个方面的问题。一是同期的房屋未必是同时使用的，同时使用的未必都是住人的，住人的未必都可以作为计算人口的基数。这里面的难点是房屋的使用周期问题。大房子和小房子使用周期不同，在大房子使用时间内，小房子就会留下好几个房址，而大房子只会留下一个房址，在拿房址数计算人口时要考虑这一因素。

聚落群研究应该建立在详细调查的基础上。聚落群调查时，一般而言，一个仰韶文化时期的遗址往往为多层堆积，堆积的遗址往往其中只有一个时期最为繁荣，那么，作为判断聚落等级时，不能把各时期都同等看待。如果分为早中晚期，常常只是某一期才是最大面积，究竟是哪一期，通过详细调查是可以判断的。

（3）墓葬制度研究，已经积累出一些经验。如必须首先分期、排序，再来探讨人口数量，人口数量当中，尤其在判断墓地沿用时间上下工夫。墓地沿用时间是难点，不妨详细测年，要把首尾绝对年代搞准之后再确定墓地沿用时间。有了墓地沿用时间就可以计算人口数量。在人口数量基础上，再结合聚落形态等方面的相关内容，探讨社会组织与社会发展阶段。在判断亡者之间是否有血缘关系时，应积极引用DNA技术研究人类的亲缘关系。

（4）环境考古研究。应该在遗址边缘采集样本，注意考古学地层与自然地层的对比。研究古环境演变与古文化发展关系时，应该注意大范围内地层对比。

以上是本人对近20年来仰韶文化研究的简单回顾，不正之处在所难免，请大家指正。

（原载山西省考古研究所、山西省考古学会编：《鹿鸣集》，科学出版社，2009年，第99～104页）

渡阶段（《考古与文物》1996年第3期）。

关于姜寨一期墓地，严文明在《姜寨》报告没有正式出版的情况下，根据简报发表的平面图，认为姜寨一期墓地由墓群—墓区—墓地三个层次所构成，分别代表家族—氏族—胞族三级社会组织。这种墓葬制度通行于半坡、姜寨一期、北首岭和王家阴洼，成为半坡类型的共同习俗。关于这些墓地所代表的集团所处的社会发展阶段，处于氏族公社的高级阶段（严文明：《半坡类型的埋葬制度和社会制度》，《仰韶文化研究》，文物出版社，1989年）。

（四）宗教与文化艺术研究

濮阳西水坡发现的蚌塑龙虎图，引起学术界的关注。有人把墓主人推测为颛顼。张光直认为是一位巫师。汝州洪山庙发现了彩陶瓮棺葬，其中引人注目的是所谓男根图，引起学者对庙底沟期社会性质的讨论。

此外，还有对秦安大地湾地画及仰韶文化彩陶绘制的鱼纹、花卉纹进行探讨的。关于仰韶文化的刻划符号，有人专门进行统计研究。

（五）其他方面的研究

其他专题研究，如环境考古，有人分别探讨了渭水领域、内蒙古中南部、丹江领域的区域环境演变与古文化发展的关系，此外，对仰韶文化时期的陶器、铜器和纺织制造工艺，对仰韶文化时期人类体质，都有人进行研究。

二、展　　望

（1）谱系研究应进一步加强，细化各地研究。目前的大势为仰韶文化最早阶段，分别与当地前仰韶文化有联系，但是，各地的类型究竟如何划分，有待研究。

文化、类型划分和命名问题，目前出现的局面比较混乱，光是文化就达数十个，显然不利于研究。仰韶文化作为总体，与周邻的大溪文化、大汶口文化、红山文化还是有区别的，应该保留仰韶文化的名称。同时，我们也看到仰韶文化内部原分类型当中，如半坡文化，来自老官台文化，发展为泉护类型，渊源清楚，自身典型器物组合清楚，演变规律也比较清晰，可以命名为半坡文化。庙底沟类型、来源、分布范围和发展倾向，自身器物组合的特征也比较清楚，可以改称文化。后冈一期文化也是如此，但是，比如秦王寨文化范围小，又是与其他类型一起来自于庙底沟文化，就不必叫文化。至于把河南境内或郑、洛地区的仰韶文化统称为大河村文化，混淆了时间的差别，也是不适合的。有些地方连文化的分布范围、年代都没有搞清楚，却命名为文化，也是不可取的。

仰韶时代，应该是指介于裴李岗文化与龙山时代之间的时代概念，不仅包括仰韶文化，墓代表家族—墓区代表氏族—整个墓地为两个氏族组成的部落墓地，所处社会阶段为发达或繁荣的母系氏族社会。他的这一研究成果成为我国研究单个墓地的典范。

近20年来重点研究的仰韶文化墓地元君庙、姜寨、史家、王家阴洼、龙岗寺等的研究内容主要有两个方面，一是人口学内容，如数量、性别比、婚姻形态、健康状况等，二是复原社会组织。

关于元君庙墓地，严文明认为元君庙是由两到三个亲近的氏族构成的胞族墓地，而不是部落（《仰韶文化研究》，文物出版社，1989年）。

朱乃诚利用计算机技术对元君庙墓地重新排序后认为元君庙是存在墓地—墓组—墓葬三个层次的单位概念，墓地代表大的社会单位，墓葬与墓组代表小的社会单位，该墓地有八个墓组，说明墓地所代表的社会单位中包含八个小一级的社会单位，即该墓地只有两级制社会组织的遗存，其活动人口不少于55～96人（《考古学集刊》1995年第9集）。整个墓当为家族公社或氏族。

陕西华阴横阵仰韶文化墓地是大坑套小坑的葬法，严文明依据元君庙的分期，得出横阵墓地的相对年代与元君庙相同，属于仰韶文化半坡类型的前期，其年代顺序为复合墓MⅠ—M52—复合墓MⅢ—M53—复合墓MⅡ，因此一座合葬墓所代表的社会组织同整个墓区所代表的应属同一级别，而且因为复合式墓葬和普通合葬墓交替出现，说明这两种墓葬所代表的社会组织也是同一级别，因此，横阵墓地实际上只有墓地亦即墓坑（不管是复合式还是普通式）和大墓坑内的小墓坑两个层次，代表氏族与家族两级社会组织，推测横阵氏族的经常性人口为70～90人（《仰韶文化研究》，文物出版社，1989年）。

朱延平则主要依据平面布局，认为华阴横阵墓地是由单个墓坑中的墓"层"—单个墓坑—两个相邻的墓坑—复合墓坑—整个墓地共五个层次所构成，反映出横阵墓地拥有个体家庭—父系家族—父系大家族—父系氏族—横阵氏族集团五个级别，认为半坡文化早已步入父系社会（《青果集》，知识出版社，1998年）。

陈雍通过陶器类型学研究，认为横阵墓地的MⅠ、MⅢ和MⅡ很可能是同时的，整个墓地横阵墓地可分三个集团与三个层次（《横阵排葬墓再检讨》，《考古》1994年第10期）。关于史家墓地，陈雍依据陶器组合关系，将史家墓地重新分为四期。以分期结果观察，整个墓地至少存在着6对相互对应的旋转排列的墓团，属于旋转闭合的布局方式，它与元君庙那种并列展开的布局方式有别。整个墓地包含着四个层次：二次葬或一次葬墓—墓群—由墓群组成的小墓团—两个小墓团组成的整个墓地（《史前研究》1986年第3、4期）。

许永杰分析了甘肃秦安王家阴洼的半坡类型墓地，指出这里是由两群人数相差的人群组成的，每群又是由六个亚群构成的两个层次的人群（《考古与文物》1992年第2期）。王占奎进一步指出王家阴洼墓地的东区埋有5个男性和13个女性，是一夫多妻制；而在西区中的12个男性对5个女性，是一妻多夫。由此，可以认为该墓地的这些死者生前实行这种婚制。他将墓地沿用时间估计为40～50年，推测每区大致维持25～30人，每辈10人左右。该墓地是两个对婚氏族组成的胞族公共墓地，该胞族处于从母系社会到父系社会的过入仰韶文化的末期。现在看来，可以把仰韶文化划分为四期：即第一期，以晋南和关中东部的所谓"枣园文化"为代表，属于从前仰韶文化向仰韶文化早期过渡阶段，或曰仰韶文化形成期。第二期仍以半坡类型为代表，属于仰韶文化的成熟期。第三期以庙底沟类型为代表，是仰韶文化的繁荣期。第四期以秦王寨类型为代表，属于仰韶文化的分化期。每一期，再依据区域特征，可以划分为若干类型。新的四期说，或许更贴近仰韶文化从形成到成熟再到繁荣最终走向分化瓦解的历史过程。

（二）聚落形态研究

以姜寨一期聚落形态研究为发轫，在《姜寨》报告发表以后，对姜寨一期聚落的探讨更加热烈。有的把姜寨一期聚落划分为六组而不是五组，有的指出一期的广场上实为墓地，《报告》中把二期的墓葬实际上有一部分是第一期的。

日本学者冈村秀典的《仰韶文化的聚落结构》，根据《姜寨》报告提供的材料，指出姜寨一期聚落内大概至少有 300 座房址存在。但是，姜寨一期至少有 500 年，同时存在的房子应是 50 座，可分为 5 群，由此推定整个聚落的人口数在 200 人左右。每一片房子大约有 10 座组成，整个聚落由单个房子—2、3 座房子构成的基本单位—居住群—整个聚落共四个层次（《考古与文物》2001 年第 6 期）。

郎树德详细梳理了大地湾第一至四期房屋和聚落的演变过程，把二期Ⅰ段的聚落复原成由 15 个大家族构成的氏族，每个大家族人口 20～30 人，整个聚落人口 300～400 人。在二期Ⅱ、Ⅲ段，聚落由一个氏族分化为几个小氏族，社会组织由部落（胞族）—氏族—家族—家庭四级组成，并且大地湾成为清水河的中心聚落，F901 或许是部落联盟的所在地，不仅管理本聚落，而且管理沿河两岸其他聚落。

除了姜寨以外，还对半坡、北首岭等重新研究，严文明总结出半坡类型聚落形态的特点是凝聚式向心式，通行于仰韶文化早期，这一观点已经被学术界广泛接受。

近年来仰韶文化聚落的田野工作重要者有邓州八里岗、灵宝西坡遗址、濮阳西水坡遗址等，特别是郑州西山遗址发掘出仰韶文化晚期的城墙，这些重大发现使我们对仰韶文化聚落的种类、布局有了新认识。以前只知道仰韶文化晚期有大地湾那样的大房子，现在看来中原地区，至少在庙底沟期已经出现了像西坡 F105 那样的特大型房屋，这类房屋已经见到好几座，均没有发现日常生活用品和土床之类的遗迹，很可能不是普通居住用的高级房屋建筑。

除了单个聚落外，有学者开始对仰韶文化聚落群进行分群研究。如许顺湛依据《中国地图册》分别考察了河南和陕西境内的仰韶文化遗址群。巩启明、巩文研究了天水至郑州之间仰韶文化聚落群，田广金、韩建业考察了内蒙古中南部仰韶文化聚落形态的演变等。

（三）埋葬制度与社会组织研究

20 世纪 80 年代初，张忠培将元君庙仰韶墓地复原为两个墓区六排的部落墓地。合葬

1. 关于仰韶文化的起源问题

20世纪70年代初发现了裴李岗文化、磁山文化和老官台文化，为探索仰韶文化的渊源，前进了一大步。但是，与仰韶文化早期比较起来，总是感到连接得不够紧密。90年代初，山西翼城枣园遗址、陕西临潼零口村等的调查和发掘，引导出后来被命名为枣园文化和陕西关中东部零口村文化的一系列成果。有学者注意到在仰韶文化与前仰韶文化之间，存在以晋南枣园H1为代表的所谓过渡期遗存，此类遗存还见于零口、下王岗一期、北福地乙组等，关于这类遗存的文化归属，有人主张往前提，归入前仰韶文化系统，命名为北首岭文化；有人主张在裴李岗文化与仰韶文化之间划分出一个过渡阶段，命名为下王岗一期文化。有的归入仰韶文化早期。具体到枣园遗址，发掘者主张把枣园文化当中的枣园文化第一期归入前仰韶文化时期，把第二、三期归入"仰韶早期"。零口遗址的发掘者提出零口第二期遗存与枣园H1相似，命名为零口村文化，指出零口文化介于白家村文化与半坡类型之间是仰韶文化早期阶段遗存，可分为零口村文化枣园类型和老官台类型，零口村文化是半坡类型和庙底沟类型的渊源。实际上，两者差别很小，均已经出现了不少仰韶文化的因素，如尖底瓶的前身折唇口小口平底瓶或尖底壶（罐），应该归入仰韶文化的最早阶段，现在我们看到，该阶段的遗存在河南、陕西、山西、河北境内都有所发现，不妨命名为仰韶文化的第一期，至于各地的差别，可以划分为不同类型。

2. 关于庙底沟与半坡类型的关系

自从庙底沟遗址发掘以来就产生了这一问题。近年因山西枣园、北橄等遗址的发现引发新一轮的讨论。目前已经有不少学者倾向认为，半坡类型与庙底沟类型的关系既不是一前一后的对接，也不是首尾相伴的平行发展关系，而是部分交错，即半坡类型的晚段（有人称史家类型）与庙底沟类型的早期基本同时，至于庙底沟类型的渊源，要追溯到晋南和关中东部的所谓枣园文化。

3. 仰韶文化各支系研究

在20世纪80年代以前，注重探讨仰韶文化该分几期几个类型，进入20世纪80年代中期以后，研究重心已经转移到对仰韶文化内部各支系的个案研究，其中，如《后冈一期文化研究》、《半坡文化研究》、《半坡文化再研究》、《秦王寨文化研究》、《庙底沟文化的类型与分期》等，这是近20年来仰韶文化研究出现的新动向。显然，只有把仰韶文化各支系研究清楚了，才能给整个仰韶文化研究打下坚实的基础。

4. 仰韶文化新的四期说

关于庙底沟二期文化，严文明曾经列入仰韶文化第四期，后来又提出可以归入龙山时代。目前有不少学者认为应该把出现了空三足器的庙底沟二期文化归入龙山时代，不宜归

一、简 要 回 顾

（一）谱系研究

文化谱系的研究论著相当丰富，其中，有的就某一遗址进行分期研究[1]，有的是对某一文化类型进行研究[2]，有的对区域仰韶文化谱系进行仔细梳理[3]。在相关的研究论著也有大量篇幅涉及仰韶文化研究者，如张忠培、孙祖初对陕西[4]、戴向明对黄河流域新石器时代文化格局[5]，樊力对豫西南地区、韩建业对北方地区[6]、靳松安对河洛地区[7]的相关研究中都涉及对仰韶文化谱系的探讨。

综合研究的论著有严文明的《略论仰韶文化的起源与发展阶段》[8]，把仰韶文化分成四大期18个类型，张忠培的《仰韶时代》[9]，把仰韶文化细分为半坡文化、西阴文化、庙子沟文化、大司空文化、泉护二期文化、秦王寨文化等。巩启明的《仰韶文化》一书把仰韶文化分成三大期19个类型。可以说谱系研究是用力最多、成果最显著的研究内容。

谱系研究中取得的新进展主要有下列几点：

---

[1] 赵辉：《铜川李家沟仰韶文化遗存的初步分析》，《考古与文物》1986年第4期；张天恩：《试论福临堡仰韶晚期文化遗存》，《考古与文物》1987年第6期；严文明：《北首岭史前遗存剖析》，《仰韶文化研究》，文物出版社，1989年；张宏彦：《试论案板遗址仰韶文化遗存的分期》，《考古与文物》1988年第5、6期合刊；乔登云：《磁县下潘汪遗址仰韶文化遗存的分析》，《中原文物》1989年第1期；陈雍：《北首岭新石器时代遗存再检讨》，《华夏考古》1990年第3期；阎毓民：《关于垣曲古城早期遗存的性质和年代》，《文物季刊》1999年第2期；阎毓民：《零口遗存初探》，《远望集——陕西省考古研究所华诞四十周年纪念文集》，陕西人民美术出版社，1998年；赵春青：《山西芮城东庄村仰韶遗存再分析》，《考古》2000年第3期；宋建忠、薛新民：《北橄遗存分析——兼论庙底沟文化的渊源》，《考古与文物》2002年第5期。

[2] 赵宾福：《半坡文化研究》，《华夏考古》1992年第2期；孙祖初：《半坡文化再研究》，《考古学报》1998年第4期；张忠培、乔梁：《后冈一期文化研究》，《考古学报》1992年第3期；孙祖初：《秦王寨文化研究》，《华夏考古》1991年第3期；袁广阔：《阎村类型研究》，《考古学报》1996年第3期；王小庆：《论仰韶文化史家类型》，《考古学报》1993年第4期；魏坚：《试论庙子沟文化》，《青果集》，知识出版社，1993年；余西云：《西阴文化——中国文明的滥觞》，科学出版社，2006年。

[3] 张忠培：《"河套地区"新石器时代遗存的研究》，《江汉考古》1990年第1期；田广金：《内蒙古中南部仰韶时代文化遗存研究》，《内蒙古中南部原始文化研究文集》，海洋出版社，1991年；田建文：《晋南地区新石器时期考古学文化的新认识》，《文物季刊》1992年第2期；李友谋：《论郑洛地区的仰韶文化及其相互关系》《中原文物》1992年第3期；周星等：《简述丹江上游新石器时代遗址》，《文博》1992年第3期；孙祖初：《中原地区新石器时代中期向晚期的过渡》，《华夏考古》1997年第4期；樊力：《豫西南地区新石器文化的发展序列及其与邻近地区的关系》，《考古学报》2000年第4期；杨亚长：《略论郑洛文化区》，《华夏考古》2002年第1期；许永杰：《黄土高原仰韶晚期遗存的谱系》，科学出版社，2006年。

[4] 张忠培、孙祖初：《陕西史前文化的谱系与周文明的形成》，《远望集——陕西省考古研究所华诞四十周年纪念文集》，陕西人民美术出版社，1998年。

[5] 戴向明：《黄河流域新石器时代文化格局之演变》，《考古学报》1998年第4期。

[6] 韩建业：《中国北方地区新石器时代文化研究》，文物出版社，2003年。

[7] 靳松安：《河洛地区与海岱地区新石器时代文化的比较》，科学出版社，2006年。

[8] 严文明：《略论仰韶文化的起源与发展阶段》，《仰韶文化研究》，文物出版社，1989年。

[9] 张忠培：《仰韶时代——史前社会的繁荣与向文明时代的转变》，《文物季刊》1997年第1期。

近 20 年来仰韶文化研究的回顾与展望

李济对中国考古学和仰韶文化研究的杰出贡献，永远值得我们纪念。仰韶文化自 20 世纪 20 年代发现以来，走过了辉煌的道路，是中国考古学发展史的缩影。关于 20 世纪 80 年代中期以前的仰韶文化研究过程，严文明在《纪念仰韶村遗址发现 65 周年》一文里做过精辟的总结。从那时算起到现在又过去了整整 20 年。这期间学术界对仰韶文化的研究再次取得了显著进展。表现在三个方面：

（1）在发掘和研究当中自觉用聚落考古的方法从事调查发掘和研究，如对邓州八里岗的发掘、区域境内的聚落群调查，如内蒙古中南部岱海仰韶文化遗址的系统调查和研究。此外，环境考古、科技考古对仰韶文化研究的渗透越来越广泛和深入。在田野发掘方面，取得了一批新的重要成果。如河南郑州西山遗址、邓州八里岗、灵宝西坡、山西垣曲古城东关、翼城枣园、内蒙古岱海仰韶文化遗址群等。

（2）一批考古报告的问世，丰富了研究资料。其中，调查资料如《中国文物地图集》的《河南分册》、《陕西分册》和《青海分册》。重要的考古发掘报告如《洛阳王湾》、《郑州大河村》、《淅川下王岗》、《姜寨》、《龙岗寺》、《师赵村与西山坪》、《宝鸡福临堡》、《垣曲古城东关》、《汝州洪山庙》、《岱海考古（三）》、《扶风案板》、《晋中考古》、《华县泉护村》、《青龙泉与大寺》、《枣阳雕龙碑》、《秦安大地湾》、《庙子沟与大坝沟》等十余部，这些资料丰富的发掘报告，为读者提供了大量翔实的第一手资料，使量化研究成为可能。以前仰韶文化的发掘报告只有《西安半坡》、《庙底沟与三里桥》、《仰韶元君庙墓地》等少数的几部，这个阶段一下子发表了近 20 部，如果说以前是花多果少的话，现在是硕果累累。

（3）一大批新的论著的出版，促进仰韶文化迈向新的高度。综合研究如严文明的《仰韶文化研究》、巩启明的《仰韶文化》等，此外，还出现了对庙底沟文化的研究专著[1]。在一些区域性的研究专著当中也有大量篇幅涉及对仰韶文化各个方面的探讨[2]。

所有这些标志着仰韶文化研究已经超越了以谱系研究为主的阶段，走向了综合研究的新阶段。本文尝试对这 20 年来的仰韶文化研究作一粗略的回顾，并对仰韶文化今后的研究提出个人的浅见。

---

[1] 余西云：《西阴文化》，科学出版社，2006 年。
[2] 栾丰实的《海岱考古》，韩建业的《中国北方新石器时代文化》，靳松安的《河洛与海岱地区考古学文化的交流与融合》等著作都涉及这一问题。

陆　回顾与前瞻

部各时段各小区之间，的确存在不少差异，正因为如此，才有必要对这样一支大文化进行分层次的研究。不过，不能因此就否认它是一支考古学文化，不能拿内部的差异来忽视其统一性。如果把仰韶文化与周邻的大汶口文化、大溪文化、红山文化、马家窑文化相比，仍可以看出有它的一致性。因此，应该保留仰韶文化的命名，至于深化它内部各支系的研究，也不必升格为文化，而应分层次进行，这样比分别各个文化更有利于全面把握仰韶文化的全貌。

命名考古学文化的方法尽管有好多种，目前被普遍接受的主要有小地名法和典型遗址命名法两种。应该强调的是，大多数情况下，应该恪守以首次发现的小地名来命名的原则，只有在对某一个考古学文化的诸多方面有了相当了解且找到了典型遗址之后，才能采用以典型遗址的名称代替原来小地名的名称作为考古学文化的名称。所谓典型遗址，不只是具有典型陶器的遗址，必须是同时能够代表该考古学文化的居址、葬制特征乃至宗教信仰等方面内容的遗址，如果仅仅因为出现了若干典型陶器就命名或改名，很可能会陷入一改再改的被动局面。因为，典型陶器可以在同一考古学文化中的许多遗址中发现，而典型遗址在一个考古学文化中毕竟是极少数甚至是唯一的。量是质的必要条件，所谓典型不典型往往是比较出来的。没有一定数量的遗址做比较的对象，典型遗址也就无从确认。那种见到一组所谓"典型陶器"就急于命名为一个新的考古学文化的做法实在是不可取的。

我们认为不宜轻易改换约定俗成的考古学文化名称，对一些新的发现，在未得到深入研究之前，不妨暂时以首次发现的小地名命名为"某某遗存"，待找到典型遗址之后，再以典型遗址的小地名，命名为"文化"。只有展开对考古学文化的分支研究时，才能确立类型，而不能倒过来，在没有十足把握确立为新的考古学文化时，先叫出"某某类型"以做缓兵之计。

关于设立命名考古学文化的机构和程序的建议，似乎不宜马上实施。特别是厘定哪个遗址才是某考古学文化典型遗址往往需要一个过程。这一过程跟整个学科的发展水平有关，急不得。今天认为是典型的，或许明天就不认为是典型的。在某些学者眼里是典型的，在另外一些学者眼里未必就是典型，这恰好说明尚未找到典型遗址，如果在这个时候，靠走群众路线的办法表决或依赖权威机构的裁决，硬性指定某个遗址是典型遗址，肯定是不合适的。过些时候待真正的典型遗址被辨识出来之后岂不仍要更改？考古学的特色是因材料的不断翻新而不断前进的学科。回头看，那些与考古学文化命名原则不相符合的命名方法如文化特征命名法，像黑陶文化、硬纹陶文化等名称，已经基本上被考古学界所抛弃。相反那些找到了典型遗址之后更名的考古学文化名称一经采用，立即为学术界广泛接受。如二里头文化、良渚文化、大汶口文化，等等。这些考古学文化命名都没有经过权威部门的认证，也没有走所谓的群众路线，可是，哪一个没有得到学术界的广泛认可呢？如果某些考古学文化的命名一时定不下来，往往是因为争论各方均有自己的道理，究竟谁对谁错，远不是所谓走群众路线或权威机构所能裁定的。

（原载何驽主编：《李下蹊华——庆祝李伯谦先生80华诞论文集》，科学出版社，2017年，第48～59页）

三、怎样研究考古学文化

既然考古学文化是如此复杂的考古遗存，它的背后与古代人类的共同体有密切的联系，在一定程度上反映着共同体当时的活动状况，那么，在研究这个复杂的文化丛体时，就必须按照一定程序进行多角度、多侧面的综合研究。

从操作程序上讲，辨识考古学文化"典型"遗存是第一步。不言而喻，在考古学文化遗存当中，陶器固然是重要的标志物，但也不能忽视房址、葬制、工具、装饰品等一系列重要遗存的组合。据笔者在海南岛进行民族考古调查的经验，在相邻的村落中居住的黎族和苗族居民，他们使用的日常用具和工具包括锅、碗、瓢、勺、犁、砍刀、背篓等几乎完全一样，最主要的区别表现在精神领域，如语言、文身图案、葬俗等，如果即仅用共存的日常用品——类似史前考古学遗存中的陶器，我们就会把黎族和苗族视为同一个考古学文化反映的共同体。

第二步，把握时空范围，我们注意到，这个看起来较为简单的问题，其实并不简单。以裴李岗为例，早在 20 世纪 50 年代，已经发现了石磨盘等遗物，由于缺乏对这一新器物的认识，直到 70 年代发掘了裴李岗等遗址之后，才对裴李岗文化的时空范围有了比较明确的了解。再如，关于良渚文化的时间范围，迄今仍在讨论当中。

第三步，进行文化本身的分期分区研究。一个考古学文化自产生之后，不会一成不变，总要发展，步入产生——发展——鼎盛——衰亡的轨道。这个过程总有一定的时间，往往出现阶段性变化。此外，受自身发展和周邻文化的影响，它的范围在每一个阶段往往并不一致。随着资料的增加和研究的深入，分期和分区就势必提到议事日程上来。需要说明的是考古地层学和考古类型学仍然是分期和分区研究最基本的方法，目前，碳十四测年技术仍处于不断完善的过程当中，不能要求太过精细的测年结果，更不能把测年结果径直作为分期的依据。

第四步，开展环境背景、生产技术、聚落形态、社会组织、文化交流等各方面的研究。在研究过程中，要使用大量的科技手段，最大限度地提取各种信息以复原考古学文化当时的状况。

第五步，揭示考古学文化发展的原因和动力，总结考古学文化发展变化的规律和特点，除了物质层面之外，对考古学文化包含的精神领域也应该开展研究。

四、如何命名考古学文化

目前，考古学文化的命名方法依然多种多样，以仰韶文化的命名最为混乱。有人主张废止"仰韶文化"的命名，有人把仰韶文化分解成半坡文化、庙底沟文化、秦王寨文化等，最近还有西阴文化、零口文化等新的命名。实际上，考古学文化有大有小，它自身又是分层次的，大的考古学文化里面自然可以分出更多的层次来。仰韶文化面积广阔，内涵丰富，内况下，因文化内部的发展，从原来的某一文化过渡到下一阶段的新的考古学文化。如黄河下游的大汶口文化过渡到龙山文化再由龙山文化过渡到岳石文化，看不出有外族入侵导致新文化取代旧文化的证据。中国史前绝大部分地区都是以这种方式传承历史的，正是从这个意义上说中华民族是爱好和平的民族。

只有在文化边缘区，而且是在社会复杂化现象出现之后，才可能出现考古学文化转变的另一模式——异族入侵。一个典型的例证是江苏新沂花厅遗址[①]。关于花厅遗址的研究文章主要有两种意见：一是认为这里带有殉人的大墓是良渚文化的远征军阵亡英雄[②]；另一种意见是认为这些大墓的主人也是大汶口人，这个墓地是大汶口人的墓地，大墓的死者是大汶口人的首领[③]。实际上，如果把分期与墓地的布局结合起来就会看到，这里的墓地是按照自南向北的顺序排列的，墓葬不论大小都能分出早晚两期，早期这里是大汶口人的墓地，吸收了少部分良渚文化的玉器因素；晚期演变成良渚文化的墓地，是典型的异族入侵，不仅陶器的组合由大汶口的罐、鼎、壶改变为良渚文化的豆、鼎、壶，而且大墓主人佩戴的项饰也由大汶口式的牙璧改为良渚文化的玉琮[④]。

7. 考古学文化发展的动力与原因

关于考古学文化发展的动力与原因，严文明曾经有精辟的论述[⑤]。笔者想要补充的是关于自然环境对考古学文化的影响不能低估。近年来内蒙古中南部和西北地区考古学文化的兴衰演变与环境的变迁关系密切。不过，具体到中原地区，特别是裴李岗文化以来，人类认识自然、适应自然的能力提高，引起考古学文化变更和发展的主要因素不是自然，而是人类本身。因此，在讨论考古学文化与环境关系时必须具体问题具体分析，不能以偏概全。

8. 考古学文化之间的互动关系

关于考古学文化之间的互动关系，以前已经注意到有关文化交流、迁徙等情况，如在陶寺墓地见到良渚式玉器，在大溪文化、大汶口文化、红山文化可以看到仰韶文化庙底沟类型彩陶的影响，可以看出仰韶文化的强势。

到了仰韶文化的晚期，在豫东—郑州—洛阳一线发现有东方大汶口的背壶，甚至在偃师滑城还出现了大汶口的墓葬，在洛阳附近的卢氏县境内出现了大屈家岭的圈足器、扁足鼎和红陶杯，表明东方的西进与南方的北上共同给中原以巨大的压力。与此伴出的现象是殉人和乱葬坑的出现，展现出与和平相对立的战争的场景。深入研究这些考古学现象，并与相关的文献记载相联系，就看出考古学文化的互动关系。

---

① 南京博物院：《花厅——新石器时代墓地发掘报告》，文物出版社，2003 年。
② 严文明：《碰撞与征服——花厅墓地埋葬情况的思考》，《文物天地》1990 年第 6 期。
③ 栾丰实：《花厅墓地初论》，《东南文化》1992 年第 1 期；王根富：《花厅墓初探》，《东南文化》1992 年第 2 期。
④ 赵春青：《和平共处与异族入侵——来自花厅墓地的思考》，待刊。
⑤ 严文明：《新石器时代考古研究的两个问题》，《文物》1985 年第 8 期。

4. 考古学文化的基本因素

关于考古学文化因素，一般至少可以分为甲、乙、丙三大类。其中，甲类为传统因素也称自身因素，是指那些自身常见，别的文化不见或少见的器物。如王湾三期文化的小口高领罐、斝、双腹盆、乳足鼎等，这些陶器构成了王湾三期陶器群的主体部分。

乙类为外来因素，也分为两小类：A，从外地直接传来的，如大河村仰韶文化遗址中出土的大汶口文化的背壶；B，在当地制作的具有外地风格的，如大汶口文化中出现的具有花瓣纹的彩陶罐。

丙类为创新因素，如仰韶文化的小口尖底瓶、龙山文化的鬶、二里头文化的圆腹罐等。这些新的器形往往是在旧器形上改造的，如新砦期的双腹豆实际上是把龙山时代的双腹盆加上豆的圈足组合而成的。

一般而言，在同一个考古学文化当中，因长期受传统因素的影响，表现在文化因素上常常是以自身因素为主，外来因素为辅的。那种理论上认为主体因素与外来因素各占一半的所谓混合文化往往是不存在的。如以前把仰韶村文化遗存定性为混合文化实际上就是没有把龙山单位内的仰韶文化因素剔除出去。

当然，在两个文化的交界地带或早晚两个文化过渡时期，或许会出现内外因素或早晚因素旗鼓相当的局面，不过，更有可能与统计方法有关。

5. 考古学文化的发展过程

考古学文化同世界万物一样有它自身的发生、发展和消亡的过程。除极个别的情况，一个新的考古学文化不会是凭空蹦出来的，总是从先前的考古学文化群体当中逐渐脱胎而来的，势必带有先前文化的旧痕。其发生、出现的特点一般是先从旧文化的局部变异开始，逐渐扩大分布范围并日益退去旧文化的外衣，增长、健全新文化的因素。如二里头文化一期只局限在嵩山周围，二里头二期范围有所扩大，三期达到全盛。同时，二里头一期还保留着龙山时代的乳状鼎足和篮纹作风，到了二里头二期乳足鼎彻底消失，纹饰变为以绳纹为主，无论纹饰还是器物组合才将新文化的风采彻底展现。从地域来看，新的考古学文化往往最初是在旧文化的某一小块地方率先出现，以后逐渐占据甚至超出旧文化的整个地盘。在这个过程中，新文化对旧文化的取代不会是一刀切，只能是渐变过程。从最近几年对新砦期的探讨中可以看出，新砦二期遗存是率先从嵩山东南部地区兴起的，那时周邻地区大部分停留在龙山时代，只到了二里头文化一期，环嵩山地区才从龙山时代步入二里头文化时期。

6. 考古学文化的转变模式

在同一个地区，自早至晚往往有多个考古学文化，从早期的考古学文化演变到晚期的另一个考古学文化，大凡有两种转变模式。一是和平过渡，即基本是在不受外部干涉的情为二里头类型、东下冯类型；同样道理我们依据不同地域显示的文化面貌上的差异再把河南境内的龙山时代遗存划分为后冈二期类型、造律台类型、王湾类型、煤山类型等。其中，王湾类型本身又以嵩山为分水岭，嵩山以北为王湾亚型，以南为煤山亚型。

比考古学文化低一层次的地方分支就叫"类型"，比类型再低一级的不妨叫"亚型"，如有人把中原龙山文化的王湾类型再以嵩山为界划分为南北两个亚型，即北边的王湾亚型和南边的煤山亚型。

比亚型再低一级的为聚落群。聚落群是指距离较近的若干聚落组成的聚落群体，其范围通常小于"亚型"，聚落群之间表现在陶器群上差别很小，主要从分布地域上加以区别，内部依据聚落的规模可以分为若干级别，至于聚落群与哪一级别的人类共同体相联系，目前，可以推测它是由若干聚落组成的，如果单个聚落是氏族的话，聚落群应该由若干氏族联合起来的胞族或部落。如果单个聚落是家族，那么聚落群有可能是由若干家族构成的氏族。总之，它是介于亚型与单个聚落之间的共同体，今后，应加强对聚落群的研究，它是研究某地区社会结构的关键，当然聚落群的概念尚有待完善。

高于考古学文化的概念，用来表述时间范畴时叫时代，如龙山时代[①]、仰韶时代[②]，也有人把仰韶文化之前的考古学文化叫前仰韶时代，把与二里头文化大致同时的叫二里头时代[③]，这些概念都是若干时段考古学文化群的概括。

与"时代"处于同一层面的用以表述空间范畴的术语，还没有出现。不过，类似于原始民族文化区概念的"区"或"区系"，用于表述某一大范围内不同时代考古学文化的群体，如中原文化区、海岱文化区等，这类术语既带有明显的区域特征，又含有文化上的承袭关系。目前，已经逐渐被学术界所接受。

还有人提出"嵩山文化圈"[④]、"泰山文化圈"、"华山文化圈"、"太行山文化圈"[⑤]的概念，企图把考古学文化与某一山系综合联系起来，这些提法有待进一步的论证。

在探讨考古学文化及考古学文化群体的空间分布时，至少从龙山文化开始，应注意考古学文化的中心区与边缘区的划分。中原龙山文化就是个典型的例证。中央为王湾类型，东北为后冈类型，东南为造律台类型，南部为郝家台类型、西南有下王岗类型，西有三里桥类型，西北有陶寺类型。忽视这一点就会形成错误的认识，如把造律台类型看成是东夷文化系统[⑥]，实际上只是中心区与外围区的差异造成的。

---

① 严文明：《龙山文化和龙山时代》，《文物》1981年第6期。
② 张居中：《仰韶时代文化刍议》，《论仰韶文化》，《中原文物》1986年特刊。
③ 许宏：《略论二里头时代》，《夏商周文明研究·六——2004年安阳殷商文明国际学术研讨会论文集》，社会科学文献出版社，2004年。
④ 周昆叔：《中华民族文化的核心——嵩山文化圈》，《中国社会科学院古代文明研究中心通讯》第9期，2005年；周昆叔等：《论嵩山文化圈》，《中原文物》2005年第1期；张松林、韩国河、张莉：《嵩山文化圈在中国古代文明进程中的地位和作用》，《中国社会科学院古代文明研究中心通讯》第9期，2005年。
⑤ 张居中：《黄河中下游地区新石器时代文化谱系的动态思考》，《中原文物》2006年第6期。
⑥ 栾丰实：《王油坊类型初论》，《海岱地区考古研究》，山东大学出版社，1997年。

文化的重要内容，不过着眼点仍然是各类物质遗存。考古学文化的基本组成部分仍然是遗迹和遗物两大类，遗迹主要包括房屋、墓葬、灰坑、陶窑等构成的聚落，遗物包括陶器、骨器、石器、玉器、青铜器、丝织品等。在林林总总的遗迹遗物当中，通常以陶器最具特色和最富变化，从而成为考古学文化的风向标。

与人类活动相关的自然物质，如土壤、森林、动物、植物等，常常不是考古学文化的组成部分。

2. 考古学文化的时间范畴

任何一支考古学文化，总是存在于一定的时空纬度内的文化组合体，那么如何体现考古学文化的时间范畴，过去曾经拿类型来指示考古学文化的时间范畴，如把仰韶文化分成半坡类型、庙底沟类型和西王村类型，实际上是指仰韶文化前后连续发展的三个阶段。既然这里是说明仰韶文化的发展阶段，不妨用期代替类型一词，指示其时间刻度。当然，因考古学文化是分层次的，我们把考古学文化分成几个大的阶段，这些阶段用"期"来表示，而每一期当中，还会有阶段性的变化，不妨用"段"来指示。每一段当中如果进一步细分，就会发现所谓的"段"也可以划分出更小的时间单位，不妨称之为"组"[①]。

3. 考古学文化的空间范畴

关于考古学文化的空间范畴，学术界也没有统一，目前出现的名词有"区"、"文化"、"类型"、"亚文化"、"亚型"、"小区"等。其中，关于什么是文化，什么是类型，最难划分。这是夏鼐留下来的难题之一。他在谈起命名新的考古学文化的条件时指出："这里另外还有一个问题，但是那些可以算是两个不同的文化，那些只是由于地区或时代关系而形成的一个文化的两个分支。这里各人可能有不同的看法；所以最好留待将来有机会时再加详细讨论。"[②] 夏鼐这里说的分支实际就是后来广泛使用的"类型"。

关于类型一词的来源，安志敏指出："最初在处理仰韶文化不同性质的遗存时，所提出的半坡类型和庙底沟类型，是指它们在地理分布和年代上有所差别，当缺乏明确的分期证据以前，它们代表同一文化中不同的群，因以类型来命名。"[③] 可见，一开始，"类型"一词并没有明确是用来指示时间刻度还是指示区间差别，在实际运用当中，有人用以指示年代早晚关系（如把仰韶文化分成半坡类型、庙底沟类型和西王村类型），有人指示同一期别当中不同地域的仰韶文化遗存（如把仰韶文化第一期划分为半坡类型、东庄类型），为避免混乱，建议应该将类型与期分别指示考古学文化分支的地域关系和空间关系。如在论及二里头文化的时间范畴时，我们划分为第一至第四期，论及地域差别时我们把二里头文化划分

---

① 邹衡：《试论夏文化》，《夏商周考古学论文集》，文物出版社，1980年。
② 夏鼐：《关于考古学上文化的定名问题》，《考古》1959年第4期。
③ 安志敏：《关于考古学文化及其命名问题》，《考古》1999年第1期。

必须予以调整。"将一个仰韶文化弄成十分复杂的境地,未免是没什么必要的。"[①]

王仁湘对20世纪中国考古学回顾时,再次谈到考古学文化的命名问题[②]。后来写成专文予以发表[③]。他简略回顾了我国考古学界对考古学文化命名的讨论过程,重提尹达和夏鼐以往提过的意见,建议文化命名要通过一定程序,有权威机构予以确认,以制止考古学文化命名的泛滥状况。

进入21世纪后,又有学者在相关著作中,对考古学文化做较为系统的研讨[④]。国外有关考古学理论方面的译著当中,也涉及国外学者对考古学文化的思考[⑤]。

王巍最近指出,对考古学文化的研究,绝不仅限于对某一类器物的研究,还应包括对考古学文化所包含的各种遗存的研究,透过这些考古学文化遗存对当时人们的精神世界和社会结构及与其他集团的关系的研究等[⑥]。

回顾考古学文化的研究历程,不难发现,学术界对考古学文化的研究越来越深入。目前看来考古学文化绝不是三条因素或四原则的简单组合,实际上它是一个相当复杂的文化丛体,它不仅有一定的时空范围和一定的特征,而且它自身是多层次、多因素构成的。它不宜与古代人类的共同体直接画等号,但是,二者之间的确有密切的联系。通过近一个世纪的探讨,已经有不少学者对考古学文化的内涵、层次、结构、起源、文化因素、形成原因与发展动力等问题做过或深或浅的研究,这些研究无疑大大丰富了考古学文化的内容,以至于使考古学文化成为考古学研究的重要理论方法之一。毫不夸张地说,现在已经到了对考古学文化进行系统思考的时候了。

二、什么是考古学文化

1. 考古学文化的特征及其构成

考古学文化的特征是在一定时间和一定空间范围内反复出现的一群富有特征的物质遗存。这些物质遗存往往是能够看得到、摸得着的,往往是人们活动留下的遗迹和遗物。当然,在实际研究过程中,与考古学文化密切相关的环境背景、自然遗物也成为考古学家研究的对象,蕴涵在考古学文化当中精神层面的东西,如宗教信仰等,也是构成某一考古学

[①] 安志敏:《关于考古学文化及其命名问题》,《考古》1999年第1期。
[②] 知原主编:《面向大地的求索——20世纪的中国考古学》,文物出版社,1999年,第230~240页。
[③] 王仁湘:《考古学文化的命名原则与程序问题》,《文物季刊》1999年第3期。
[④] 栾丰实等:《考古学:理论·方法·技术》,文物出版社,2002年,第94~115页;陈淳:《考古学的理论与研究》,学林出版社,2003年,第156~161页。
[⑤] 中国社会科学院考古研究所:《考古学的历史、理论、实践》,中州古籍出版社,1996年;科林·伦福儒、保罗·巴恩著,中国社会科学院考古研究所译:《考古学:理论、方法与实践》,文物出版社,2004年;肯·达柯著,刘文锁等译:《理论考古学》,岳麓出版社,2005年。
[⑥] 王巍:《考古学文化及其相关问题探讨》,《考古》2014年第12期。

定义，不过三要素说最大的问题在于它只是一种弹性很大的原则。对所谓"一定时期、一定范围、一定特征"的理解，具体到研究者个人往往见仁见智。而且，关于什么情况下算作一支考古学文化，什么情况下是文化之下的类型，以及文化与分期、文化与类型的关系等问题，一直没有清晰的界定。由于在命名考古学文化时，实际上倚重陶器，而不太考虑居址、葬制、工具等因素，因此，出现了一见到几种研究者认为的"典型"陶器组合时就命名为一个新的考古学文化的现象。此外，出于同样的原因，也有学者把原来已有的考古学文化改动或分解成若干考古学文化。如后冈一期文化[1]、半坡文化[2]、庙底沟文化[3]、秦王寨文化[4] 等原来只是仰韶文化下面的诸类型（后来又把庙底沟文化再次改称为西阴文化[5]）均升格为文化。考古学文化命名似乎越来越乱。据统计，截至20世纪90年代中期，考古学文化命名的方法多达11种[6]，三峡地区在短短的几年时间内就出现了许多新的考古学文化命名，如魏家梁子文化、老官庙文化、中坝文化、哨棚嘴文化等，不一而足，一下子成为考古学文化的"高产区"。

与此同时，学术界对考古学文化的理论探讨热情不减。赵辉认为考古学文化概念只是一个介于考古学遗存和人们认识之间的中介，不可避免地带有研究者的主观因素。"考古学文化概念不同于历史上的民族、国家、朝代，也不同于考古遗物、遗迹、聚落等，而是考古学家为把握考古学文化客体历史意义所借助的一个中介"，强调对考古学文化进行研究时除了界定和梳理其发展过程外，还要研究探索其原因和目的，并开展行为过程研究[7]。

关于考古学文化的构成，严文明正式撰文指出至少包括聚落形态、墓葬形制、生产工具和武器、生活用具和装饰品、艺术品和宗教用品五大部分[8]。

安志敏一直没有停止对考古学文化的思考，他于1999年再次发表专文探讨考古学文化及命名问题，主张考古学文化的实质"是用来表示在考古学遗迹中，特别是在史前遗迹中所观察到的共同体，即考古发现的某几种特定型式的器物，经常在一定类型的住址或墓葬中共同出土，这些具有特点的群或组合，被称为考古学文化。一般用最初发现的典型地点或富有特征的遗迹、遗物给予命名。"一个考古学文化包括诸多文化因素，例如某几种特定型式的住宅形式、墓制、陶器、工具和装饰品等。两个考古学文化，可能有许多相同的因素，但必定有一系列独有的"标准器物"。每一个文化的背后有一个共同的文化传统。文化的分布范围，因人的主观能动性，不一定与自然地理区划完全一致。一个文化在发展过程中，有不同阶段，每一阶段范围也常常不同。对于命名，只要含义明确，不要轻易改动，如果容易引起混乱，

---

[1] 张忠培、乔梁：《后冈一期文化研究》，《考古学报》1992年第3期。
[2] 赵宾福：《半坡文化研究》，《华夏考古》1992年第2期。
[3] 张忠培：《中国史前时期的彩陶艺术——庙底沟文化的彩陶》，《瞭望周刊》（海外版）1990年8月6日。
[4] 孙祖初：《秦王寨文化研究》，《华夏考古》1991年第3期。
[5] 张忠培：《仰韶时代——史前社会的繁荣与向文明时代的转变》，《文物季刊》1997年第1期。
[6] 张国硕：《论考古学文化的命名方法》，《中原文物》1995年第2期。
[7] 赵辉：《关于考古学文化和对考古学文化的研究》，《考古》1993年第7期。
[8] 严文明：《关于考古学文化的理论》，《走向21世纪的考古学》，三秦出版社，1997年。

个区各有若干区域类型。他的区系类型思想大大加深了对考古学文化的认识，按照区系类型的学说，考古学研究显然不能停留在对一个考古学文化的研究上，而是要对超出考古学文化之上的更高层次的考古学遗存做进一步的归纳。

自80年代初，考古学文化因素分析方法被一些学者自觉运用，如李伯谦对吴城文化和造律台类型的研究[1]，俞伟超对楚文化的研究[2] 等，丰富了考古学文化研究方法。

到了80年代，安志敏对考古学文化作了更明确的定义，即考古学文化是"考古发现中可供人们观察到的属于同一时代、分布于共同地区、并且具有共同特征的一群遗存"[3]。

严文明对考古学文化的表述是考古学文化是"专指存在于一定时期、一定地域、具有一定特征的实物遗存的总和"，他还重点探讨了考古学文化的层次问题，主张考古学文化自身可以划分出若干层次，假如把文化作为第一层次，其下可以分期，每期又可以分为若干地方类型，这可以算作第二个层次。类型本身也可以分期，每个小期又可以分为小区，这可以算作第三个层次[4]。

1986年，张忠培同意夏鼐关于考古学文化的定义，强调考古学文化的关键是典型遗存，他所理解的典型遗存的条件是：①遗存在年代及地域上有一定的规模以及遗存的保存情况较好；②遗存在年代及地域上具有质的稳定性，而不是那些过渡性遗存；③考古工作有一定的质量及规模。明确主张不能将年代上或地域上的过渡性遗存作为考古学文化的典型遗存。他还指出"我国考古学界，基本上一致采用陶器这种类型品作为划分考古学文化的标志。""研究考古学文化的分期与类型，在某种意义上说，是探讨作为其标志的陶器在时间及空间上的变异问题。"确定某遗存是类型还是一考古学文化，要"看它们自身陶器的组合的变异程度。变异程度未超出一考古学文化陶器基本组合的范畴，则是这一文化的一种类型；超出了，当另划分一考古学文化"。以陶器为例，指出文化传播和文化迁徙是广泛存在的历史事实，在它的作用下，考古学文化之间大量出现了文化渗透、借用、融合、同化和考古学文化的分化，使任何一种考古学文化成了不同谱系的多元结构，即不同谱系的文化因素，结合成统一的考古学文化。"既然考古学文化是多元的谱系结构，那么，谱系分析就成了按考古学文化的本来面貌，来观察、研究考古学文化的一个重要方法"[5]。

从夏鼐、安志敏、严文明、张忠培等对考古学文化的描述看，都主张考古学文化是指一定的时间、一定的空间和一定的共同特征的考古遗存。这种考古学文化的三要素说被中国考古学界广泛接受。

可以说，截至20世纪80年代中期，大家普遍接受了夏鼐为代表的关于考古学文化的

---

[1] 李伯谦：《试论吴城文化》，《文物集刊》（第3集），文物出版社，1981年；李伯谦：《论造律台类型》，《文物》1983年第4期；李伯谦：《中国青铜文化结构体系研究》，科学出版社，1998年。
[2] 俞伟超：《楚文化的研究与文化因素的分析》，《考古学是什么》，中国社会科学出版社，1996年。
[3] 安志敏：《考古学文化》，《中国大百科全书·考古学》，中国大百科全书出版社，1986年，第253、254页。
[4] 严文明：《新石器时代考古研究的两个问题》，《文物》1985年第8期。
[5] 张忠培：《研究考古学文化需要探索的几个问题》，《中国北方考古文集》，文物出版社，1990年。

论考古学文化及其命名原则

考古学文化是考古学常用的概念之一,从这一概念的出现之日起,学术界围绕着什么是考古学文化,如何研究考古学文化,怎样命名考古学文化等问题,展开了多次讨论。随着讨论的逐步深入,学者们逐渐认识到考古学文化绝非几种因素的简单拼合,而是相当复杂的文化综合体。

一、考古学文化研究历程的简要回顾

考古学文化作为近代考古学基本概念之一,最初是德国考古学家科西纳于 1911 年首次使用的[1],后由英国考古学家柴尔德在《史前的多瑙河》一书明确提出[2]。他把考古学文化定义为"一批总是反复共生的遗存类型——陶器、工具、装饰品、葬俗和房屋式样"。在我国,曾经把河南渑池仰韶村遗址的文化遗存命名为"混合文化",即仰韶遗存中包含着龙山文化遗存,好在所谓"混合文化"的称谓并未流行开来[3]。首先对考古学文化这一概念加以系统阐述的是夏鼐。他在《关于考古学上文化的定名问题》一文当中,指出考古学文化是"表示在考古学遗迹中(尤其是原始社会的遗迹中),所观察到的共同体"[4]。强调命名一个考古学文化必须具备以下三个条件:第一点是:一种"文化"必须有一群的特征。第二点是:共同伴出的这一群类型,最好是发现不止一处。第三点是:我们必须对于这一文化的内容有相当充分的知识。应该说夏鼐的意见对 20 世纪五六十年代中国考古学研究有很大的指导作用。

1965 年苏秉琦发表《关于仰韶文化的若干问题》[5],把仰韶文化分为若干类型,并根据仰韶文化的分期,得出仰韶文化早期还处在原始氏族的上升阶段,后期已超越这个阶段,从而把对考古学文化的研究上升到对社会制度探索的高度。他对仰韶文化的分析研究方法,在国内外产生了广泛影响。

20 世纪 70 年代中期以后,苏秉琦考古学文化区系类型学说逐渐推向全国,各地掀起构建当地文化谱系的热潮,一时间涌现出许多新的考古学文化。苏秉琦于 1981 年发表的《关于考古学文化的区系类型问题》[6]一文,把全国的新石器时代文化划分为六大区,每

---

[1] 陈淳:《考古学理论》,复旦大学出版社,2004 年,第 64~66 页。
[2] V. G. Childe, *The Danube in Prehistory*, Oxford: The Clarendon Press, 1929, pp.v-vi.
[3] 夏鼐:《河南渑池的史前遗存》,《科学通报》第 2 卷第 9 期,1951 年。
[4] 夏鼐:《关于考古学上文化的定名问题》,《考古》1959 年第 4 期。
[5] 苏秉琦:《关于仰韶文化的若干问题》,《考古学报》1965 年第 1 期。
[6] 苏秉琦、殷玮璋:《关于考古学文化的区系类型问题》,《文物》1981 年第 5 期。

土色进行定量描述[①]。土壤质地是指土壤颗粒的粗细状况,我国土壤学界也曾制定出我国土地质地分类标准,以此可对地层质地实行定量描述。

4. 在环境考古田野工作中,要积极采用水选法提取环境信息

目前这一方法的初步运用已经开始[②],今后应大力推广。80年代出现的将植物孢粉分析与植硅石分析相结合以复原古代植被状况的方法[③],可以弥补单一研究植物孢粉的不足。今后亦应加强这方面的工作。

环境考古中的地层学研究还有许多问题需要探索,如地层分类问题、文化层间断问题、各类地层成因问题,等等。我们相信随着环境考古工作的逐步开展,环境考古中地层学研究内容将不断丰富,理论和方法也将日臻完善。

附记:在本文写作过程中,曾得到严文明、周昆叔、叶万松等先生的指点和帮助,文中有些认识便是在向他们请教之后和多次交谈之中产生的,特此致谢。

(原载《东南文化》2001年第11期)

[①] 程云生:《土壤颜色》,《中国大百科全书·农业》,中国大百科全书出版社,1990年。
[②] 吴耀利:《水洗法在我国考古发掘中的应用》,《考古》1994年第4期。
[③] 姜钦华:《花粉分析与植硅石分析的结合在考古学中的应用》,《考古》1994年第4期。

1. 在研究古文化遗址地层堆积中的土壤形态时，应引进土壤发生学和土壤微形态学的研究方法

  土壤发生学是俄国的 B. B. 多库耶夫于 20 世纪初提出的土壤形成因素学说，认为土壤是气候、生物、母质、地形和时间五种因子相互作用的产物，是一个独立的历史自然体，其发生过程与环境条件有密切关系，在空间分布上有明显的地带规律[①]，美国土壤学家詹尼（H. Jenny）在此基础上于 20 世纪 40 年代进一步提出土壤形成因素基本公式[②]，这个公式明确地表明了土壤性状是与成土因素紧密联系的。

  就古文化遗址中的文化层而言，人为因素也是一个重要的成土因素，人类活动可以造成土壤性状或强或弱的变化。

  土壤形态是指土壤的外部特征，如土壤剖面构造、土壤颜色、质地、结构、紧实度和孔隙状况等，这些特征可通过观察者的触觉和视觉来认识，从事这些研究，可称为土壤宏观形态学研究。此外，还有土壤微形态学研究，它是对肉眼看不见的土壤内部细微现象（如土壤中有机物质、动物骨骼、粘粒、微团聚体、新生体等），借助光学或电子显微镜观察的方法进行研究，它能较深入地反映土壤的自然条件、形成过程和土壤特性，我国环境考古今后应加强这方面的研究。

2. 建立区域性地质地层与考古学文化层对比关系

  我国古文化遗址遍布全国各地。开展环境考古中地层学研究的一项基础性工作便是建立不同区域内的第四纪地质地层与考古学文化层的对比关系。至于区域的范围大小，既可参照不同的考古学文化区系范围，也可参照自然地理区划范围，还可以再缩小到某一单独的古文化区域单元。其具体方法是从区域内某一典型遗址入手，首先建立其地层剖面，然后同周围遗址地层作一对比，确定哪类地层是该区域内某时期稳定性文化层，哪些不是，最后选择不同时期有代表性的地层建立区域地层剖面，为了解该地区环境变迁树立一把标尺。目前这项工作仅局限于关中地区[③]，今后不妨逐步扩大到中原地区、山东地区、长江中下游地区等古文化遗址丰富、古文化序列完整又可构成独立地理单元的地区。

3. 为便于地层对比研究，必须将对地层土质土色的描述由定性描述改变为定量描述

  考古工作者描述地层土质土色的定性化术语司空见惯，同一种土质土色，不同的观察者往往有不同的描述。因此，应引用土壤学中广泛使用的门赛尔（MUNSEL）颜色系统对

---

  ① 熊毅：《土壤学》，《中国大百科全书·农业》，中国大百科全书出版社，1990 年。
  ② 南京大学等：《土壤学基础与土壤地理学》，高等教育出版社，1980 年。
  ③ 周昆叔等：《关于环境考古调查简报》，《环境考古研究》（一），科学出版社，1991 年。

程程序来从事环境考古中的地层学研究,其工作程序可归纳为:依据土质土色划分地层→结合考古地质层学和类型学研究确定各地层年代→选出有代表性的含自然因素较多的地层→在上述地层采集分析标本→室内研究所采标本→结合其他材料的研究,复原古代自然环境。

所谓有代表性的含自然因素较多的地层是指那些具有时代特征又能反映该时期自然环境状况的地层。它由位于文化层之下的生土层上部和部分含有较多自然因素的文化层构成。

含自然因素较多的文化层,通常分布在遗址外围或遗址中其他少有人类活动的部位,其文化层堆积厚度比较均匀,土质土色比较一致,这些地层内出土人工遗物较少,而且大多为碎片。这类文化层虽经过人类的稍许活动,但受自然力作用更强,其土壤性状不会因人为活动而发生大的变化,通过对其土壤微形态等分析研究,仍可复原当时的环境状况。

简言之,含自然因素较多的地层包括生土层顶部、部分文化层、河流冲积层和湖相沉积层。这些地层通常要由某一遗址内几个地点的剖面结合起来,才能构成该完整的能够反映古环境变迁过程的地层剖面。

2. 在收集和研究古文化遗址中动植物遗存时,按层位采集标本

动植物遗存包括动物(含微体动物)骨骼、植物遗骸(根、叶、茎、籽、核)、花粉和硅酸体等。这些遗存不仅包含在地层堆积中而且也广泛分布于各类遗迹当中。我们认为,应将遗迹和地层一视同仁,在采集孢粉土样时,不能把遗迹丢在一边。其工作程序可归纳为:划分不同的地层和遗迹单位→归纳层位关系→在不同层位采集孢粉土样。

至于动物骨骼和遗物遗骸,不论出自地层还是遗迹之中均应采用水选法、筛洗法等方法全部采集,然后按其出土单位纳为不同层位,在此基础上与其他材料一起,复原古环境变迁过程。

3. 建立第四纪地质地层与考古学文化层对比关系时,不宜以此代彼

由于地质地层学划分地层的方法不同于考古地层学,因此,在全新世以降的古文化遗址中,同一剖面地质地层与考古学地层的划分结果往往不尽一致。

笔者认为,建立环境考古中地质地层与考古学文化层对比关系时,应分为三个步骤。

第一,选取古文化遗址中那些含有自然因素较多的地层所在的地点,画出地层剖面图。

第二,对整个遗址含有较多自然因素地层堆积规律掌握之后,绘出该遗址地质地层与考古学文化层对比关系图。

第三,对某一地理单元内众多古文化遗址地层堆积规律掌握之后,绘出该地区地质地层与考古学文化层对比关系图。

四

我们认为当前环境考古对于地层堆积的研究急待解决的问题有下列几点:

有关，有的含淤泥和细沙，显然经过水流作用。从地层原来用途讲，有古墓地、古耕层、古荒地等种类之分。这也是全新世以来古文化遗址中地层堆积与全新世地质地层的区别之一。因此在古遗址地层采样，不能照搬在地质地层中的方法。目前，已有人注意到应加强对此类地层的研究[①]。

多年来考古工作者通常只研究"文化层"，不少的考古报告对文化层之下的生土层情况甚至一字不提。其实生土层层面往往是某古文化遗址先民们最初活动的舞台台面。生土层层面上往往保存着人们最初活动于此的各种遗存，因而是研究其最初文化遗存空间关系及周围环境状况的理想层面。此外，"生土层"地层土体未经人类移动，内含的各种环境信息不曾或较少受到人为破坏，由此得出的环境信息往往较文化层更为真实和全面，据此可以复原某遗址人类活动之初的环境状况。总之，对于生土层的研究并非可有可无。

2. 古文化遗址中的不少遗迹含有丰富的环境信息

全新世以来人类改造自然的能力日益增强，其在古文化遗址中的表现之一便是大量遗迹的出现。遗迹是指房屋、灰坑、窖穴、烧窑、水井、墓葬等古人类活动后遗留下来的痕迹。它们往往与地层发生复杂的叠压打破关系，反映在一个古文化遗址剖面上，不仅有地层，而且常常伴出有众多的遗迹。如人们长期使用的灰沟灰坑里面，不仅含有花粉，而且也往往有不少人们吃剩下扔掉的动物骨头。在窖穴、墓葬、房屋中也常常残存着植物籽实和动物骨骼，这些都是复原古环境的理想材料。遗迹比起地层其年代刻度更小，这样，在环境发生急剧变化的时期内，遗迹材料较能精确地反映出这一短时期内的环境变迁状况。因此，不能忽视各类遗迹在复原古环境中的重要地位。

三

笔者认为在进行环境考古中地层学研究时，有下列几点需要注意：

1. 选取含自然因素较多的地层研究

按照地质地层学和土壤发生学的解释，不同自然环境中的地层堆积呈现不同的土质土色，反过来，根据地层堆积的土质土色也可以推测当时的环境状况。我国地质学家和考古学家曾依此原理，对我国全新世以前的地层分布规律进行了卓有成效的探讨，并结合动植物遗存材料分析不同地层所反映的自然环境状况[②]。这种研究方法后来推进到全新世以来的地层学研究中。不过由于该时期古文化遗址中的地层堆积因受人为活动的影响而变得十分复杂，往往出现同一时间段的地层不止一种土质土色的状况，这便要求我们按照一定的工

---

① 熊毅：《土壤学》，《中国大百科全书·农业》，中国大百科全书出版社，1990年。
② 裴文中：《中国原始人类的生活环境》，《裴文中史前考古学论文集》，文物出版社，1987年。

成功①。随着地质地层学的发展，20世纪70年代以来产生了多重地层分类概念②，以及多种地层划分和对比方法。与此相适应，地质地层学已产生出多种分支，如岩石地层学、生物地层学、年代地层学、事件地层学、地震地层学等，标志着地质地层学研究又迈入一个新阶段。

环境考古学十分重视对地层堆积的研究。这是因为"一个地区的文化层——地层综合剖面就是该地区环境变迁和沉积基面相对升降的最好记录"③，"通过详细分析考古堆积的成分、结构和特征、地层特征、动植物遗骸特征、土壤的化学特征和埋藏学特征，结合考古发掘获得的其他文化信息和资料，能够揭示遗址的形成过程，遗址所处的古环境条件、聚落生存活动，以及古环境及文化之间的关系等"④。环境考古对地层堆积的研究不仅包括考古学中的"文化层"，而且也研究"文化层"之下的生土层。不仅将地层、遗迹之间的叠压或打破关系作为确立地层和遗迹相对年代关系的依据，而且要以地层为线索探索环境变迁的轨迹。不仅研究地层和遗迹中的人物遗物而且也要研究其中的土壤特征、物理化学特征及各种动植物遗存。

二

为了更好地开展环境考古中的地层学研究，应进一步思考古文化遗址地层堆积的某些特征。

1. 全新世以来的古遗址中地层堆积成因复杂，所含自然环境信息多寡不一

考古学家通常把古文化遗址中的地层分为两大类：生土层和文化层。生土层是指因自然营力而形成的地层堆积，其主体未经人类扰动，不包含任何人工遗物，在古文化遗址内，它通常位于最底层的文化层之下。文化层是指人类在某个地点生存、活动遗留下来的各种物品的堆积的总和。在一般情况下，这些物品总是掺杂在被人们移动的泥土中，所以大多数文化层是一层夹杂着人工遗物的土层；有些经人们翻过的土层，即使不包含人工遗物，因为曾经人力搬动，结构发生变化，总是和因自然营力形成的土层不同，亦应归之于文化层的范畴。

文化层因人力作用形成，人之活动各种各样，致使文化层堆积复杂多样。从分布范围来看，有些地层遍布整个遗址，有些仅限于局部。从堆积厚度来看，有的地层比较均匀，有的则厚薄不均。从地层成因来讲，有的地层夹杂着大量的红烧土块，与房屋废弃后堆积

---

① 刘东生等：《中国的黄土堆积》，科学出版社，1965年。
② 夏树芳：《历史地理学》，地质出版社，1991年。
③ 杨怀仁等：《全新世海面变化与太湖的形成和演变》，《第四纪冰川与第四纪地质论文集》（二），地质出版社1985年。
④ 荆志淳：《西方环境考古学简介》，《环境考古研究》（一），科学出版社，1991年。

环境考古中地层学研究的几个问题

　　环境考古学（Environmental Archaeology）是近二三十年来在考古学、第四纪地质学、生物学等学科发展的基础上产生的一门新兴学科[1]。我国环境考古部分工作始于20世纪60年代[2]，甚至可追溯至20世纪20年代，当时瑞典学者安特生在河南省渑池县仰韶村开展考古发掘和调查时已注意到遗址周围环境等方面的研究[3]。但是，在我国环境考古作为一门考古学和地质学等分支学科的出现才不过近10年的光景[4]。从国内外众多的环境考古实践中可以看出，对于古代地层堆积的研究是开展环境考古研究的出发点，也是环境参考的重要内容之一。本文拟结合个人参加环境考古工作的一些体会，就这些问题谈些粗浅的看法。

一

　　考古地层学在我国经过半个多世纪的探索于20世纪80年代趋于成熟，被广大考古工作者在田野发掘和理论研究（特别在分期研究）中加以自觉运用。不过应当看到考古地层学仍带有某种局限性。如认为："考古学上称为地层学或层位学的，指的就是地层堆积层位上下堆积时代的相对迟早关系的研究"[5]。"考古学所研究的地层，主要是由于人们活动而形成的。在大多数情况下，地层是一些颜色质地不同的堆积。探讨这些堆积的时间与空间，或纵与横的关系，就是地层学或层位学"[6]。此外，对于考古地层学基本原理的探讨亦偏重于对文化层和遗迹单位上下叠压关系和相对早晚关系的考察[7]。受上述考古地层学理论的指导，考古工作者在田野发掘中只注意文化层和遗迹上下层位的划分，并不注重不同文化层成因的探讨。在室内整理或撰写分期文章时虽也常常罗列一系列地层关系，但是目的在于为分期提供线索。一个地层剖面所能告诉我们的似乎只有其中的文化层和遗迹单位孰早孰晚的年代关系，至于蕴含于其中的环境变迁过程及其内在原因，考古工作者往往关注不够，甚至只字不提。与考古地层学相比，地质地层学比较注重探讨地层堆积反映的环境变迁过程，也取得了举世瞩目的巨大成就，其中尤以刘东生等对黄土地区地层堆积的划分和研究最为

---

[1] 周昆叔：《开拓环境考古学新领域》，《中国科学基金》1993年第4期。
[2] 周昆叔：《半坡新石器时代遗址的孢粉分析》，《考古》1963年第9期。
[3] 陈星灿：《安特生与中国史前考古学的早期研究（续）》，《华夏考古》1992年第1期。
[4] 周昆叔：《开拓环境考古学新领域》，《中国科学基金》1993年第4期。
[5] 苏秉琦：《地层学与器物形态学》，《文物》1982年第4期。
[6] 张忠培：《地层学类型学的若干问题》，《文物》1983年第5期。
[7] 俞伟超：《关于考古地层学问题》，《考古学文化论集》（一），文物版社，1987年。

伍　理论与方法

地描绘了夏代早期（乃至尧舜时期）中原地区与四夷的关系图。在前辈学者研究《禹贡》九州时，龙山时代聚落研究尚未启动，谱系研究也不尽完善。如今，这两方面都取得了很大进展，我们应该结合考古学的新进展，尤其是聚落考古的新成果，对《禹贡》的最后一个堡垒五服制度——发起攻击。若与考古学文化相比附，我们认为王湾三期文化大致相当于王畿即甸服，环绕王湾三期文化的中原龙山文化诸文化类型包括后冈二期文化、造律台文化、三里桥类型、杨庄二期类型、下王岗类型、陶寺文化等当为侯服和绥服，分布在中原龙山文化东边的海岱龙山文化、南边的石家河文化、西边的客省庄文化和齐家文化、北边的老虎山文化当为要服和荒服。

需要说明的是，关于大禹的活动中心，学术界有不同的看法，大致有禹都晋南、禹都豫西、禹兴于西羌、禹生石纽和先晋南后迁豫西五种说法。其中，持禹兴于西羌和禹生石纽两说的人较少，主流意见有豫西和晋南地区两说，那么，禹都到底在晋南，还是豫西？还是先晋南后豫西？仅从文献上打笔墨官司是永远扯不明的糊涂账，只有靠考古学来解决。目前，虽说尚未有夏代文字这一铁证，但从文化谱系上以及聚落考古的成果来考察，已仍能够做出比较明确的回答。

从考古学谱系研究看，豫西地区龙山文化与二里头文化存在着直接的承继关系，而陶寺文化则看不出它与二里头文化早期存在承袭关系。因此，把禹都阳城定在豫西地区更为符合考古发现的实际情况。以前，安金槐力主登封王城岗为禹都阳城，近年我们提出夏启之居为新密新砦龙山文化城址，而二里头遗址为夏代晚期都城，总之把环嵩山地区视为夏代的中心地区即甸服，应该没有太大的问题。

除《禹贡》五服外，还有五帝时期的所谓三服说，《史记·秦始皇本纪》记诸臣议帝号时说："昔者五帝地方千里，其外侯服、夷服诸侯或朝或否，天子不能制。"顾颉刚注释："地方千里者，甸服也；其外有'侯服'，又其外有'夷服'。所云夷服，即要服也。实三服制而非五服制。"这一三服制或许比禹贡的五服制更早，可以追溯到五帝时代。不过在我们尚未对《禹贡》五服清算之前，不着急作更远的钻研，放到将来再进行五帝时代的"三服"制度与龙山时代早期整合研究吧。

综上所述，我们认为禹贡的五服说，不会是古人凭空想象的伪说。它和《禹贡》的九州篇一样，都是具有一定真实性的历史文献，对于我们研究龙山时代中原与四邻的关系、对于了解龙山时代早期国家形态、开展中国文明起源研究等都具有极其重要的参考价值。

（原载《中原文物》2006年第5期）

来自南边文化因素的如伊川马迴营出土的陶塑鸟和陶塑狗[1]，在白元遗址[2]出土的擂钵，禹县瓦店出土的鸟首形盉、竹节状觚，李楼出土的尖底缸，洛阳吉利东杨村出土的厚胎缸等，均与石家河所出同类器物相似。

（二）在诸中原龙山文化类型中见到的其他龙山时代诸支考古学文化因素

每相邻的两三支考古学文化类型，往往彼此含有较多的相同或相近的文化因素。如造律台类型与后冈二期文化、龙山文化互见的器物有子母口瓮、鬼脸式鼎足、覆钵形器盖、冲天流鬶等。

陶寺文化和老虎山文化常见斝、鬲、釜灶和单把罐，客省庄文化和三里桥类型常见单把鬲，客省庄文化和齐家文化共见器物双耳罐，下王岗类型与石家河文化互见的器物有宽扁足鼎、斜腹杯、高流盉，广富林遗存与王油坊类型共见白陶带流鬶、竖条形筒形杯和三角形扁足的鼎等。

（三）在各地龙山时代文化中见到的中原文化因素

与王湾三期文化见到较多的各地文化因素不一样，在外圈即中原龙山文化之外的诸龙山文化当中，很少见到内圈即王湾三期文化的典型器物。目前，经常见到的是带有时代特征的、不限于某一文化类型的器物，如钵、碗、豆、圈足盘等。属于王湾三期文化标型器的双腹盆、平流鬶、平底折腹斝等，很少在远离中原的其他文化当中出现。换言之，在内圈可以找到不少来自中圈和外圈诸文化类型相同和相近的器物。在中圈和外圈相邻的文化类型可以找到更多相同和相近的文化因素。可是，在外圈的诸文化类型当中，却很少能够找到内圈相同或相近的文化因素。这大概是因为，"揆文教、奋武卫"的事情是由绥服最多加上侯服来承担的，甸服不承担这样的义务。因此，经常与异族人即要、荒服打交道的是与之相邻的绥服，即中圈外围的大小邦国，它们自然与相邻的要、荒之人联系密切。这种在内圈可以见到四面八方来自中圈和外圈的物品，而在外圈却很少看到内圈物品的现象的确耐人寻味。

五、余　论

如前所述，李民和邵望平早已指出龙山文化圈与《禹贡》九州的范围大体相当。我们认为与《禹贡》九州紧密相关的《禹贡》的五服制度，也并非空穴来风。《禹贡》九州简略

---

[1] 洛阳地区文物保护管理处：《河南伊川马迴营遗址试掘简报》，《考古》1983年第11期。
[2] 洛阳地区文物队：《伊川白元遗址发掘简报》，《中原文物》1982年第3期。

为中心的聚落群，以常州寺墩遗址为中心的聚落群等。中心区聚落群的级别最高，其余比之低一个档次，是次中心聚落群。

综上所述，在第二圈之外，分布着更远一圈考古学文化，构成环绕第二圈的一周考古学文化分布带。其中，山东龙山文化为东夷人遗留的文化遗存；长江中游的石家河文化为苗蛮集团的古文化遗存；西边的齐家文化，应该是西戎集团的古文化遗存；而北边的老虎山文化，也无法归到中原龙山文化系统，只能估计为北狄人的物质文化遗存。这样，包围在中原龙山文化之外的实际上就是所谓"四夷"之文化遗存。

四、中原内部及其与"四夷"文化交流的考古学证据

（一）在王湾三期文化中见到的四邻的诸中原龙山文化因素

如前所述，龙山时代晚期在《禹贡》九州范围内的内圈范围虽然不算太大，但在这里却可以看到来自四面八方的文化因素。

来自东方文化因素的如小潘沟遗址出土的磨光红陶盉，洛宁"鬼修城"出土的鬼脸式鼎足[①]，吉利东杨村的带錾素面罐，郑州阎庄出土的冲天流鬶，与典型龙山文化的同类器相似。孟津涧沟遗址出土的泥质灰陶圈足盘、泥质灰陶尊[②]，郑州旭旮王遗址出土的镂空高圈足盘、黑陶高柄杯等亦常见于王油坊类型和典型龙山文化。

来自北边文化因素的如武陟大司马遗址出土的双耳大口深腹罐、甗等，与修武李固[③]龙山晚期及后冈二期文化[④]有相似之处；郑州马庄遗址出土的素面袋足甗常见于中原龙山文化后冈类型。在洛阳西吕庙遗址[⑤]发现的扁口罐与山西襄汾陶寺[⑥]所出的相似。小潘沟遗址出土的单把袋足鬲、西干沟遗址出土的釜灶与晋南龙山遗址[⑦]所出相似。

来自西边文化因素的如孟津菠萝窑遗址出土类似齐家文化的红陶双耳罐[⑧]；汝州李楼出土的单把罐与客省庄文化康家遗址所出相近。渑池郑窑遗址出土的单把鬲、绳纹矮足鼎、卷沿浅腹盆亦与客省庄文化同类器相似。

---

① 李健永、裴琪、贾峨：《洛宁县洛河两岸古遗址调查简报》，《考古通讯》1956年第2期。
② 洛阳博物馆：《1975年洛阳考古调查》，《河南文博通讯》1980年第4期。
③ 北京大学考古专业商周组、山西省考古研究所等：《晋豫鄂三省考古调查简报》，《文物》1982年第7期。
④ 中国社会科学院考古研究所安阳工作队：《1979年安阳后冈遗址发掘报告》，《考古学报》1985年第1期。
⑤ 洛阳市文物工作队：《洛阳西吕庙龙山文化遗址发掘简报》，《中原文物》1982年第3期。
⑥ 中国社会科学院考古研究所山西工作队、临汾地区文化局：《山西襄汾县陶寺遗址发掘简报》，《考古》1980年第1期；中国社会科学院考古研究所山西工作队、临汾地区文化局：《1978—1980年山西襄汾陶寺墓地发掘简报》，《考古》1983年第1期。
⑦ 杨富斗主编：《三晋考古》，山西人民出版社，1996年，第192~258页。
⑧ 洛阳博物馆：《1975年洛阳考古调查》，《河南文博通讯》1980年第4期。

现新津宝墩、都江堰芒城①、郫县古城②、温江鱼凫城③、崇州双河城④等龙山时代城址，确立了成都平原早于三星堆文化的宝墩文化。该文化主要分布在成都平原，属于《禹贡》梁州之域，亦即古代巴蜀人居住的地方。宝墩文化的陶器以灰色为主，纹饰以绳纹或线纹为主，此外夹砂深腹的盆、篦口沿上也往往有压印的纹饰。器类主要有平底器和圈足器两种，不见三足器和圜底器。代表性器物有绳纹花边口罐、圈足罐、敞口圈足尊、盘口圈足尊、喇叭口高领罐、壶、宽折沿平底尊、宽沿盆等。由于宝墩文化的研究刚开始不久，深入探讨有待时日，现已经初步查明宝墩文化是三星堆文化的直接渊源。从目前发表的资料看，其文化面貌与中原龙山文化差别明显，应属于古巴蜀集团的文化遗存。

在宝墩文化内部相距不远的范围内，已经查明的龙山时代城址居然有6座之多，可见，当时的成都平原与长江中游和黄河中游聚落群和城址分布一样，反映出当时的成都平原亦走进了邦国林立的社会发展阶段。

6. 东南：长江下游的良渚文化

良渚文化首次发现于浙江余杭县良渚镇一带⑤，1960年正式提出良渚文化的命名⑥。重要遗址有江苏吴县草鞋山⑦，武进寺墩⑧，余杭反山⑨、瑶山⑩、莫角山⑪、汇观山⑫，青浦福泉山⑬等。太湖流域是良渚文化主要分布区，其中，杭州西北部的良渚、瓶窑和安溪一带，是良渚文化的中心区。这里大致相当于《禹贡》扬州的范围，亦即古越族的所在地。良渚文化玉器特别发达，多见玉礼器，如琮、璧、钺、冠状饰，以及管、璜、珠等。陶器以泥质灰陶和黑皮磨光陶和红褐色夹砂陶为主，表面磨光，有的更施以朱绘和线刻的纹饰，多饰弦纹、镂空。器类以圈足器和三足器较发达，不少器类流行附加贯耳、盲鼻、宽把附件等。典型器类有鱼鳍形和"T"形足的陶鼎、细长颈袋足鬶、双鼻壶、鼓腹圈足壶、竹节状圈足豆、圈足盘、带流杯。

良渚文化聚落群的分布，以瓶窑地区为中心区。该地区的聚落群作为良渚文化的中心聚落群，不仅有莫角山遗址，周围还分布着反山、瑶山遗址。另有以上海市青浦县福泉山

---

① 成都市文物考古工作队等：《都江堰市芒城遗址的调查与试掘》，《考古》1999年第7期。
② 成都市文物考古工作队等：《四川郫县古城址的调查与试掘》，《文物》1999年第1期。
③ 成都市文物考古工作队等：《四川省温江鱼凫城遗址调查试掘报告》，《文物》1998年第12期。
④ 成都市文物考古工作队等：《成都史前城址发掘又获重大成果》，《中国文物报》1997年1月19日。
⑤ 施昕更：《良渚》，浙江省教育厅，1938年。
⑥ 夏鼐：《长江流域考古问题》，《考古》1960年第2期。
⑦ 南京博物院：《江苏吴县草鞋山遗址》，《文物资料丛刊》（3），文物出版社，1980年。
⑧ 南京博物院：《江苏武进寺墩遗址的试掘》，《文物》1983年第2期；南京博物院：《1982年江苏常州武进寺墩遗址的发掘》，《考古》1984年第2期。
⑨ 浙江省文物考古研究所反山考古队：《浙江余杭反山良渚墓地发掘简报》，《文物》1988年第1期。
⑩ 浙江省文物考古研究所：《余杭瑶山良渚文化祭坛遗址发掘简报》，《文物》1988年第1期。
⑪ 杨楠等：《余杭莫角山清理大型建筑基址》，《中国文物报》1993年10月10日。
⑫ 刘斌等：《余杭汇观山发现祭坛和大墓》，《中国文物报》1991年8月11日。
⑬ 上海市文物保管委员会：《上海福泉山良渚文化墓葬》，《文物》1984年第2期。

4. 南边：长江中游的石家河文化

石家河文化以湖北省天门市石家河遗址而得名[①]，过去曾叫作"桂花树三期文化"、"湖北龙山文化"、"青龙泉三期文化"、"长江中游龙山文化"等。重要遗址还有天门市谭家岭[②]、邓家湾[③]、肖家屋脊[④]、郧县青龙泉、大寺[⑤]、随州西花园[⑥]，湖南省安乡划城岗[⑦]等。主要分布在长江中游地区，北至河南南阳盆地南侧，东至湖北黄冈，南抵洞庭湖的北岸和西岸，西到西陵峡。大体处于《禹贡》荆州范围，亦即苗蛮集团所在地。石家河文化的陶器以灰色为主，也有一些红陶，篮纹和方格纹相当发达，基本上没有绳纹。陶器群以圈足器较为发达，三足器和凹底器较多，平底器较少。主要器类有高领罐、腰鼓形罐、罐形和盆形宽扁足鼎、豆、泥质瘦袋足鬶、擂钵、钵、厚胎斜腹红陶杯、折腹圈足杯、高圈足杯及尊等。

关于石家河文化，有学者划分为中心区的石家河类型、鄂西北的青龙泉类型、鄂东南的尧家林类型、江汉平原西南部的季家湖类型、洞庭湖北岸和西岸的划城岗类型等[⑧]。

石家河文化与中原龙山文化的下王岗类型、杨庄二期类型关系密切，折射出中原地区的华夏集团与苗蛮集团的互动关系。在石家河文化内部，不仅在中心区发现了面积达120万平方米的石家河城址[⑨]，而且还在湖北石首市的走马岭[⑩]、江陵县的阴湘城[⑪]、荆门市的马家垸城[⑫]发现有屈家岭—石家河时期的城址。另在湖南澧县也发现有城头山和鸡叫城两座城址[⑬]。这些城址的周围，往往分布着由不同等级的聚落组成的聚落群。表明在苗蛮集团的内部，也分布着大大小小的古国或邦国，其中，以西北部被划分为青龙泉类型者与中原地区的交往关系最为紧密。

5. 西南：长江上游的宝墩文化

宝墩文化以四川新津县宝墩村遗址而得名[⑭]。在1995年年底以来，在成都平原相继发

---

① 石龙过江水库指挥部文物工作队：《湖北京山、天门考古发掘简报》，《考古通讯》1956年第3期。
② 茂林：《天门县谭家岭遗址发掘简讯》，《江汉考古》1985年第3期。
③ 石家河考古队：《湖北天门市邓家湾遗址1992年发掘简报》，《文物》1994年第4期。
④ 石家河考古队：《肖家屋脊——天门石家河考古发掘报告之一》，文物出版社，1999年。
⑤ 中国社会科学院考古研究所：《青龙泉与大寺》，科学出版社，1991年。
⑥ 武汉大学历史系考古教研室等：《西花园与庙台子》，武汉大学出版社，1993年。
⑦ 湖南省博物馆：《安乡划城岗新石器时代遗址》，《考古学报》1983年第4期。
⑧ 张绪球：《石家河文化的分期分布和类型》，《考古学报》1991年第4期。
⑨ 石家河考古队：《石家河遗址群调查报告》，《南方民族考古》（第五辑），四川科学技术出版社，1993年。
⑩ 荆州市博物馆：《湖北石首市走马岭新石器时代遗址发掘报告》，《考古》1997年第5期。
⑪ 荆州市博物馆等：《湖北荆州市阴湘城遗址1995年发掘简报》，《考古》1998年第1期；荆门市博物馆等：《湖北荆州市阴湘城遗址东城墙发掘简报》，《考古》1998年第1期。
⑫ 湖北省荆门市博物馆：《荆门马家垸城址屈家岭文化城址调查》，《文物》1997年第7期。
⑬ 湖南省文物考古研究所等：《澧县城头山屈家岭文化城址的调查与试掘》，《文物》1993年第2期；湖南省文物考古研究所：《澧县城头山古城址1997—1998年度发掘简报》，《文物》1999年第6期。
⑭ 成都市文物考古工作队等：《四川新津宝墩遗址的调查与试掘》，《考古》1997年第1期。

相对独立的单元。在每个类型中分布着许多大小不等的聚落群,那些含有城址的聚落群,应该是大大小小的邦国。其中,聊城较场铺城址所在的聚落群,与中原龙山文化关系较为紧密。

2. 北边：内蒙古中南部的老虎山文化

老虎山文化以内蒙古凉城老虎山遗址而得名[①],是近几年确立的北方地区的龙山时代的考古学文化。目前,对这一文化的研究尚处于初期阶段,对该文化的年代、分布范围的认识还不尽一致。本文赞同把老虎山文化作为狭义的"北方地区"的龙山时代晚期遗存来理解。其范围大体为晋北、陕北、冀西北和内蒙古中南部地区。这里大体处于《禹贡》冀州的北部,属于北狄与中原交界的地带。

老虎山文化的陶器常见斝和斝式鬲、素面夹砂罐、口沿及器身饰多道附加堆纹的直壁缸、敛口瓮、高领罐、斜腹或浅腹盆、钵、豆、大口尊、单耳罐、罐形盉等。其中,以斝和斝式鬲、素面夹砂罐、高领罐、直壁缸和敛口瓮最具特征。

老虎山分为三个类型,即河套—陕北地区的白草塔类型、晋中地区的游邀类型和冀西北的筛子绫罗类型[②]。除了筛子绫罗类型受到来自山东龙山文化和河北、北京地区的文化影响外,更多的是老虎山的文化因素南下拓展。其中,鬲类的南下路线是晋南—豫西—豫东和山东。

关于老虎山文化有人主张归入中原龙山文化系统,本人认为它分布在陶寺文化以北,文化面貌大多不同于中原龙山文化,只是个别因素与中原相似,应属于北狄族的文化遗存,不宜归入中原华夏集团当中。

3. 西边：黄河上游的齐家文化

齐家文化以甘肃广河县的齐家坪遗址而得名[③]。重要遗址有甘肃永靖秦魏家[④]、武威皇娘娘台[⑤]和青海乐都柳湾[⑥]。齐家文化的分布以黄河上游为中心,东起陇东,西到河西走廊,南抵白龙江上游,已经超出了《禹贡》九州的范围,属于西戎之地。齐家文化的陶器以红褐色和橙黄色为主,灰陶较少。常见篮纹和绳纹,还有少量彩陶。主要器类是双大耳罐、高领罐和侈口夹砂罐,另有豆、碗和少数陶鬲。根据地域差异,有人主张把齐家文化自东向西依次划分为甘肃东部的七里墩类型、甘肃中部的秦魏家类型和河西走廊及青海东部的皇娘娘台类型[⑦]。东部类型与客省庄文化联系较为密切,越向西自身文化特征越突出。

---

① 田广金：《凉城县老虎山遗址 1982～1983 年发掘简报》,《内蒙古考古》1986 年第 4 期；内蒙古文物考古研究所：《岱海考古（一）——老虎山文化遗址发掘报告集》,科学出版社,2000 年。
② 韩建业：《中国北方地区新石器时代文化研究》,文物出版社,2003 年。
③ 裴文中：《甘肃考古报告》,《裴文中史前考古学论文集》,文物出版社,1987 年。
④ 中国科学院考古研究所甘肃工作队：《甘肃永靖秦魏家齐家文化墓地》,《考古学报》1975 年第 2 期。
⑤ 甘肃省博物馆：《甘肃武威皇娘娘台遗址发掘报告》,《考古学报》1960 年第 2 期；甘肃省博物馆：《武威皇娘娘台遗址第四次发掘》,《考古学报》1978 年第 4 期。
⑥ 青海省文物管理处考古队等：《青海乐都柳湾原始社会墓葬第一次发掘的初步收获》,《文物》1976 年第 1 期。
⑦ 谢端琚：《试论齐家文化》,《考古与文物》1981 年第 3 期。

期文化拿方向相反的两支文化类型加以比较，如把后冈二期文化与下王岗类型相比较，或者把客省庄文化与造律台类型相比较，二者之间就会产生文化面貌迥然不同的现象。位于中央地带亦即《禹贡》豫州的王湾三期文化，起到了沟通四面八方的纽带作用。

需要说明的是，在王湾三期文化内部，仍然可以划分出从内到外三层聚落群，最里边的是伊洛河下游及其附近的庞大聚落群，围绕它又分布着两周聚落小群。如果把王湾三期文化视为甸服的话，这种聚落群的分布状况或许反映出在王畿内部仍不是铁板一块，也可以分为若干大小不等的聚落群，这些聚落群的面积大约相当于当今一两个县。在某些聚落群中已经发现了面积在50万平方米以上的大型聚落或城址，说明每一个聚落群都有自己的中心聚落，构成一个相对独立的单位。结合《禹贡》五服，这些诸多的聚落群，或许就与甸服之内的所谓"邦"、"采"、"侯"有关。

（三）外圈：环绕中原龙山文化的诸龙山时代考古学文化

1. 东边：黄河下游的龙山文化

以山东省章丘龙山镇而得名[①]的山东龙山文化，主要分布在山东省及其邻近地区，学术界又称之为海岱龙山文化、典型龙山文化等，可简称为龙山文化。这里大约相当于《禹贡》兖州、青州和徐州的范围，按照徐旭生的研究亦属于东夷集团。龙山文化以高度发达的制陶技术闻名天下。陶器广泛采用轮制，陶胎很薄，器形规整，以黑陶和灰陶数量最多，另有白陶和橙黄陶。器表绝大部分为素面磨光，施纹者较少，常见纹饰有弦纹、镂空、压划纹。靠豫东越近，方格纹和绳纹出现得越多。器类当中三足器、圈足器和平底器都很发达，器身常带有流、耳、鼻、把等附件，常见子母口器和大量器盖。主要器类有盆形鼎和罐形鼎、袋足鬶、甗、豆、蛋壳陶杯、单把杯、盆、环足盘、罐、瓮等。

学者对龙山文化类型的划分不尽一致[②]，最新的研究成果是划分为胶东半岛的杨家圈类型，淄、潍河流域的姚官庄类型，鲁东南的两城类型，鲁中南为中心的尹家城类型，鲁西地区的尚庄类型[③]。在上述五个类型当中，接近豫东的尚庄类型，除主体文化因素为龙山文化外，还可以见到陶器器表纹饰当中除素面磨光外，篮纹的比例最高，次为方格纹和弦纹，器形当中也有与造律台类型接近的器物，如侈口方格纹或绳纹罐等，越往东龙山文化自身的色彩越浓，越往西与造律台类型、后冈二期文化共同的文化因素越多。

龙山文化城址已发现9处，计有城子崖、丁公、田旺、边线王、五莲丹土、景阳岗、藤花落、薛城、较场铺。除杨家圈类型外，其余各类型均发现有城址，每个类型至少都应该是一个

[①] 李济等：《城子崖——山东历城县龙山镇之黑陶文化遗址》，中研院历史语言研究所，1934年。
[②] 赵辉：《龙山文化的分期和类型》，《考古学文化论集》（3），文物出版社，1993年；李权生：《论山东龙山文化陶器的分期及地域性》，《考古学集刊》（9），科学出版社，1995年；何德亮：《山东龙山文化的类型与分期》，《考古》1996年第4期；栾丰实：《海岱龙山文化的分期和类型》，《海岱地区考古研究》，山东大学出版社，1997年。
[③] 李伊萍：《龙山文化——黄河下游文明进程的重要阶段》，科学出版社，2005年。

北地区以石峁遗址为代表的遗存归为客省庄文化石峁类型[①]，但因其文化因素中含有蛋形瓮、斝式盉、大口尊等，引起另一些学者的质疑[②]。

关于客省庄文化的性质，有人认为是齐家文化的源头[③]，有人认为是先周文化的渊源[④]。还有人认为西部遗存为先周文化所继承，东部的则为夏代有扈氏的祖源[⑤]。

5. 西南边：下王岗类型

以河南淅川下王岗遗址二期晚段为代表[⑥]，其分布范围在南阳盆地和丹江下游地区。介于《禹贡》豫州与荆州之间，亦即华夏集团与苗蛮集团之间。其重要遗址还有河南淅川黄楝树[⑦]、湖北郧县大寺[⑧]、均县乱石滩[⑨]等。陶器器表多绳纹、方格纹，常见器形有罐式或盆式扁三角形足的鼎、深腹圜底罐、细高柄或粗圈足浅盘豆、直口鼓腹瓮、盉形器、双耳罐式甗及高圈足杯等。

关于下王岗类型的性质和命名，有人命名为中原龙山文化下王岗类型[⑩]，有人归入石家河文化系统[⑪]，也有人把丹江下游的龙山时代晚期遗存命名为"乱石滩文化"，把南阳盆地的文化遗存命名为"八里岗四期遗存"[⑫]。之所以意见如此歧异，也是因为处于王湾三期文化、石家河文化和客省庄文化之间的缘故。本文仍视其为中原龙山文化的一支地方类型。

6. 南边：杨庄二期类型（处于豫州、徐州与荆州之间，亦即华夏、苗蛮与淮夷之间）

这是继河南驻马店杨庄遗址发掘之后提出的新类型。以驻马店杨庄第二期遗存为代表[⑬]，分布在豫南淮河上游地区，介于王湾三期文化、石家河文化之间，地处《禹贡》豫州东南部，亦即位于华夏集团与苗蛮集团之间。陶器罕见磨光黑陶与方格纹，器表纹饰以竖行或斜篮纹为主，绳纹少见。常见器形有深腹罐、鼓腹罐、大口罐、乳状足垂腹鼎、鸡冠耳盆、盆形甗、擂钵、碗、钵、细柄豆、圈足盘、实心高柄红陶杯等。

通观上述的七个文化类型，无不与王湾三期文化发生密切联系。但是如果越过王湾三

---

① 巩启明：《关于客省庄文化的若干问题》，《中国原始文化论集》，文物出版社，1989年。
② 梁星彭：《试论客省庄二期文化》，《考古学报》1994年第4期。
③ 梁星彭：《齐家文化起源探讨》，《史前研究》1984年第3期。
④ 徐锡台：《早周文化的特点及其渊源的探索》，《文物》1979年第10期；尹盛平：《先周文化的初步研究》，《文物》1984年第7期。
⑤ 张天恩等：《关于客省庄二期文化几个问题的探讨》，《考古与文物》1995年第2期。
⑥ 河南省文物研究所：《淅川下王岗》，文物出版社，1989年。
⑦ 长江流域规划办公室考古队河南分队：《河南淅川黄楝树遗址发掘报告》，《华夏考古》1990年第3期。
⑧ 中国社会科学院考古研究所：《青龙泉与大寺》，科学出版社，1991年。
⑨ 中国社会科学院考古研究所长江工作队：《湖北均县乱石滩遗址发掘报告》，《考古》1986年第7期。
⑩ 王震中：《略论"中原龙山文化"的统一性和多样性》，《中国原始文化论集——纪念尹达八十诞辰》，文物出版社，1989年。
⑪ 张绪球：《石家河文化的分期分布和类型》，《考古学报》1991年第4期。
⑫ 樊力：《豫西南地区新石器文化的发展序列及其与邻近地区的关系》，《考古学报》2000年第2期。
⑬ 北京大学考古学系等：《驻马店杨庄》，科学出版社，1998年。

关于陶寺文化的族属，开始有人认为与早期夏文化有关[①]，后有大多数学者认为可能和陶唐氏有关[②]。不过仍有人认为陶寺遗址是自尧至禹时期的都城所在，陶寺文化早期为尧（舜）文化，晚期应为夏文化[③]。

4. 西边：三里桥类型与客省庄文化

（1）三里桥类型

以河南陕县三里桥龙山文化遗存为代表[④]，重要遗址还有晋南芮城的南礼教[⑤]、夏县东下冯[⑥]、垣曲古城东关[⑦]等。主要分布在晋、豫、陕三省的交界地区，处于《禹贡》的"豫州"与"雍州"之间。从考古学看，因处于王湾三期文化、客省庄文化和陶寺文化之间，于是竟出现了把它分别纳入上述三支文化的三种划分方案[⑧]，也有人主张独立出来叫作三里桥文化[⑨]。实际上，该类型的特点就在于其复杂性。其陶器器表纹饰以绳纹为主，篮纹和方格纹次之。基本器类有双鋬鬲、单把鬲、贯耳鬲、斝、罐、单耳罐、罐形甗、双腹盆、敞口斜腹碗和单耳杯等。我们主张仍沿用三里桥类型的名称为宜。

（2）客省庄文化

以客省庄二期遗存为代表[⑩]，重要遗址有临潼康家[⑪]、武功赵家来[⑫]、岐山双庵[⑬]等。其分布范围以陕西关中地区为中心，东起华阴，西至甘肃天水，向北大致可抵洛川，南到商县。该地区处于《禹贡》雍州的偏南部。其陶器以灰陶为主，但也有不少红陶，黑陶只有1%左右。陶器绝大多数都有纹饰，以绳纹和篮纹为主，方格纹极其少见。常见器类为单把绳纹鬲、双耳罐形斝、盆、三耳罐、双耳罐、单耳罐、小口高领瓮等。东部的康家类型多灰陶，器类多鬲少斝；西部的双庵类型陶器多红陶，器类多斝少鬲。有学者主张把陕

[①] 高炜：《试论陶寺遗址和陶寺类型龙山文化》，《华夏文明》（一），北京大学出版社，1997年。
[②] 许宏等：《陶寺类型为有虞氏遗存论》，《考古与文物》1991年第6期。
[③] 黄石林：《陶寺遗址乃尧至禹都论》，《文物世界》2001年第6期；王克林：《陶寺晚期龙山文化与夏文化》，《文物世界》2001年第5、6期。
[④] 中国科学院考古研究所：《庙底沟与三里桥》，科学出版社，1959年。
[⑤] 中国科学院考古研究所山西工作队：《山西芮城南礼教村遗址发掘简报》，《考古》1964年第6期。
[⑥] 中国社会科学院考古研究所等：《夏县东下冯》，文物出版社，1988年。
[⑦] 中国历史博物馆等：《垣曲古城东关》，科学出版社，2001年。
[⑧] 第一，主张把它纳入王湾类型（即王湾三期文化），文见李仰松：《从河南历史文化的几个类型谈夏文化的若干问题》，《中国考古学会第一次年会论文集》，文物出版社，1979年；第二，主张划入客省庄文化，见郑杰祥：《河南龙山文化分析》，《开封师范学院学报》1979年第4期；第三，主张把黄河以北的归入陶寺文化，见张江楷等：《新石器时代考古》，文物出版社，2004年，第233、234页。
[⑨] 董琦：《虞夏时期的中原》，科学出版社，2000年，第57页。
[⑩] 苏秉琦、吴汝祚：《西安附近古文化遗址的类型和分布》，《考古通讯》1956年第2期。
[⑪] 西安半坡博物馆：《陕西临潼康家遗址第一、二次试掘简报》，《史前研究》1985年第1期；陕西省考古研究所康家考古队：《陕西临潼康家遗址发掘简报》，《考古与文物》1988年第5、6期。
[⑫] 中国社会科学院考古研究所：《武功发掘报告》，文物出版社，1988年。
[⑬] 西安半坡博物馆：《陕西岐山双庵新石器时代遗址》，《考古学集刊》（3），中国社会科学出版社，1983年。

2. 北边：后冈二期文化

该文化以河南安阳后冈第二期遗存为代表[1]，重要遗址还有河南安阳大寒[2]、汤阴白营[3]、辉县孟庄[4]，河北邯郸涧沟[5]等遗址。主要分布在河南北部和河北南部，基本在《禹贡》豫州的北部和冀州的东南部。陶器器表以绳纹为主，篮纹和方格纹次之，器类当中炊器以鬲为主，鼎少见，另有甗、甑、高领篮纹瓮、侈口绳纹罐、敛口碗、大平底盆、大圈足盘等。可分为南部的后冈类型和北部的涧沟类型，邹衡考证涧沟类型很可能是"伯益之族或其所属部落"的物质文化遗存[6]。最近还有人提出"孟庄类型"的命名，认为孟庄类型主要分布在太行山南麓以南、古黄河以北的区域（实即后冈二期文化的西北一角），与共工氏存在一定的联系[7]。目前在该文化已经发现后冈和孟庄两座城址。其中，孟庄城址较大。后冈城址破坏严重，面积较小。围绕这两座城址均有聚落群，或许是所在聚落群的中心所在。

3. 西北边：陶寺文化

以山西襄汾陶寺遗址为代表，重要遗址有襄汾陶寺[8]、临汾下靳[9]、曲沃方城—南石等[10]，主要分布在临汾盆地，居于《禹贡》的冀州、雍州与豫州之间，亦即华夏、西戎与北狄各族团之间。陶寺遗址分早、中、晚三期，其中早期属于庙底沟二期文化，中、晚期属于龙山时代的陶寺文化。早期陶器多为手制和模制，器表纹饰以绳纹为主，达90%以上，另有少量的篮纹、方格纹。器类中出现了大量的双鋬鬲、釜灶，另有罐形和盆形斝、侈口罐、大口瓮、直筒形罐、折腹盆和侈口扁壶等，晚期陶器纹饰以篮纹为主，绳纹和方格纹较少，器类主要有各种形态的鬲、圜底斝，另有甗、深腹盆、篮纹镂空圈足罐、扁腹壶、豆、碗及单把杯等。陶寺城址内发现了十余座大墓，出土了彩绘龙盘、穿孔玉斧、象牙雕筒、鼍鼓、带扉牙的铜器、成组的彩绘木器等。近年还发现了面积达300万平方米的城圈和可能与观测天象有关的大型遗迹等，使其再次成为探索中原文明起源的亮点。

---

[1] 中国社会科学院考古研究所安阳工作队：《1979年安阳后冈遗址发掘报告》，《考古学报》1985年第1期。
[2] 中国社会科学院考古研究所安阳队：《安阳大寒村南岗遗址》，《考古学报》1990年第1期。
[3] 河南省安阳地区文物管理委员会：《汤阴白营河南龙山文化村落遗址发掘报告》，《考古学集刊》（3），中国社会科学出版社，1983年。
[4] 河南省文物考古研究所：《辉县孟庄》，科学出版社，2003年。
[5] 河北省文物局文物工作队：《河北邯郸涧沟村古遗址发掘简报》，《考古》1961年第4期。
[6] 邹衡：《关于夏商时期北方地区诸邻境文化的初步探讨》，《夏商周考古学论文集》，文物出版社，1980年。
[7] 袁广阔：《孟庄龙山文化遗存研究》，《考古》2000年第3期。
[8] 中国社会科学院考古研究所山西工作队：《山西襄汾陶寺遗址发掘简报》，《考古》1980年第1期；中国社会科学院考古研究所山西工作队：《1978~1980年山西襄汾陶寺墓地发掘简报》，《考古》1983年第1期；中国社会科学院考古研究所山西工作队等：《陶寺遗址1983~1984年Ⅲ区居住址发掘的主要收获》，《考古》1986年第9期。
[9] 下靳考古队：《山西临汾下靳村墓地发掘简报》，《文物》1998年第12期；山西省临汾行署文化局、中国社会科学院考古研究所山西工作队：《山西临汾下靳村陶寺文化墓地发掘报告》，《考古学报》1999年第4期。
[10] 山西省考古研究所：《山西翼城南石遗址调查、试掘报告》，《三晋考古》（二），山西人民出版社，1996年。

遗址有洛阳王湾[①]、临汝煤山[②]、郑州大河村[③]、禹县瓦店[④]、登封王城岗[⑤]、新密古城寨[⑥]等。陶器器表纹饰以篮纹、方格纹最多，绳纹较少。器类以夹砂深腹罐、折腹斝、双腹盆、小口高领瓮、斜腹碗和豆最常见，另有罐形甗、单耳杯、刻槽盆等。以嵩山为界，大体可划分嵩山南边的煤山类型和嵩山北边的王湾类型。此外，郑州地区也具有一定特色。聚落群以伊洛河下游最为密集，可称为主体聚落群，其周边环绕两周大小不等的聚落群[⑦]。其中，在嵩山以南的煤山类型中已经发现了登封王城岗、密县古城寨与新砦、郾城郝家台[⑧]四座城址。说明每个聚落群都有发现一座城址的可能性。伊洛河下游地区迄今没有发现城址，或许与工作有关。

（二）中圈：环绕王湾三期文化的诸文化类型

1. 东边：造律台类型（文化）

以永城王油坊和造律台遗址为代表，发掘工作最多的是王油坊遗址[⑨]，有人主张命名为造律台文化[⑩]。主要分布在豫东的商丘、鲁西南和皖西北一带，基本上位于《禹贡》豫州的东部及与青、徐二州交界的地区，亦即华夏集团与东夷集团的交汇地带。陶器器表以素面磨光居多数的作风与海岱龙山文化相近。器表施纹饰者以方格纹为主，其次为篮纹和绳纹。常见器形有袋足鬶、罐形鼎、深腹罐，另有盆、豆、鬲、子母口瓮和器盖等，还发现有冲天流鬶、鬼脸式和V形鼎足等，其中部分器物与海岱龙山文化同类器物相似。聚落常常在高出地面的堌堆上发现，面积不大，已在淮阳平粮台发现城址一座[⑪]，城址面积不大，但建造得颇为讲究。

关于造律台类型，过去归为中原龙山文化系统，并认为是有虞氏文化[⑫]。后有山东一些学者提出应归入海岱龙山文化系统[⑬]。这种分歧的原因就在于造律台类型含有浓郁的海岱龙山文化因素，处于中原龙山文化与海岱龙山文化的过渡地带。

---

① 北京大学考古实习队：《洛阳王湾遗址发掘简报》，《考古》1961年第4期。
② 洛阳博物馆：《河南临汝煤山遗址调查与试掘》，《考古》1975年第5期；中国社会科学院考古研究所河南二队：《河南临汝煤山遗址发掘报告》，《考古学报》1982年第4期；河南省文物研究所：《临汝煤山遗址1987—1988年发掘报告》，《华夏考古》1991年第3期。
③ 郑州市文物考古研究所：《郑州大河村》，科学出版社，2001年。
④ 河南省文物研究所等：《禹县瓦店遗址发掘简报》，《文物》1983年第3期。
⑤ 河南省文物研究所等：《登封王城岗与阳城》，文物出版社，1992年。
⑥ 河南省文物考古研究所等：《河南新密市古城寨龙山文化城址发掘简报》，《华夏考古》2002年第2期。
⑦ 赵春青：《郑洛地区新石器时代聚落的演变》，北京大学出版社，2001年。
⑧ 河南省文物研究所等：《郾城郝家台遗址的发掘》，《华夏考古》1992年第3期。
⑨ 中国社会科学院考古研究所河南二队：《河南永城王油坊遗址发掘报告》，《考古学集刊》（5），中国社会科学出版社，1987年。
⑩ 董琦：《虞夏时期的中原》，科学出版社，2000年。
⑪ 河南省文物研究所等：《河南淮阳平粮台龙山文化城址试掘简报》，《文物》1983年第3期。
⑫ 李伯谦：《论造律台类型》，《文物》1983年第4期。
⑬ 徐基：《山东龙山文化类型研究简论》，《纪念城子崖遗址发掘60周年国际学术讨论会论文集》，齐鲁书社，1993年；栾丰实：《王油坊类型初论》，《海岱地区考古研究》，山东大学出版社，1997年。

包括要服和荒服亦即《国语》里称为蛮夷要服和戎翟荒服、《荀子》称之为蛮夷要服和戎狄荒服者，两服合计又在绥服以外四面各一千里，这里是"蛮"、"夷"、"戎"、"狄"外族人居住的地方，也是中国流放罪人之处。这种内、中、外三大圈的分布格局，不宜简单地理解成一种政治制度和贡赋制度，而是折射出中原地区与四夷之间分布态势。

所谓的贡赋关系，甸服之内明言"纳"贡，且纳贡内容十分具体，或许的确是一种地方向中央交纳贡物的纳贡制度。侯服及以外诸服，不言"纳"字，明显与甸服不同。《史记·夏本纪》言："(禹)与益予众庶稻鲜食。""与稷予众庶难得之食。食少，调有余不足，徙居。"益为东夷首领，属于要、荒服人，而稷是传说中周人的祖先。禹只能同他们一起"予众庶稻鲜食"，不得专权。可见，五服当中的所谓贡赋，很可能只局限在甸服之内，至于中央政府与侯服及以外诸服只是交换、贸易的关系。

总之，五服制度的实质是指大禹确立的中央与地方各大小诸侯及四夷远近亲疏的关系，它以理想化的图式描绘出一幅中央与地方及四邻的网络图。从平面上俯瞰这张巨大的网络图，从内到外大体可以划分为三圈。

三、龙山时代考古学文化分布格局与《禹贡》五服

经过数十年来考古工作者的辛勤劳动，目前学术界已经初步建立起中原及其附近地区的新石器时代考古学文化谱系。如中原地区为裴李岗文化——仰韶文化——中原龙山文化——二里头文化。海岱地区为后李一期文化——北辛文化——大汶口文化——岳石文化。长江中游地区是彭头山文化——大溪文化——屈家岭文化——石家河文化。内蒙古中南部地区是王墓山下层类型——海生不浪文化——老虎山文化——朱开沟文化。关中及其以西是老官台文化——仰韶文化——马家窑文化——客省庄文化——齐家文化等。

考察上述地区文化之间的分布格局及文化交流关系，到了龙山时代即大约公元前2500年以后，才开始出现了以中原为中心的历史趋势[①]。所谓的中原龙山文化是一个庞大的史前文化体系。处于中心区域的是王湾三期文化，是为核心文化圈，为第一个文化圈，也可以称之为"内圈"。围绕着它分布一周中原龙山文化诸文化类型，构成第二个文化圈，也可以叫作"中圈"。在中原龙山文化的外围，又分布一圈诸支龙山时代考古学文化，构成第三个文化圈，也可以称之为"外圈"。下面分别言之。

（一）内圈：环绕嵩山周围分布的王湾三期文化

王湾三期文化以河南洛阳王湾遗址新石器时代遗存第三期为代表，主要分布在洛阳、郑州和伊洛河流域及颍河、北汝河上游地区。基本上分布于《禹贡》豫州的中心区，主要

---

① 赵辉：《以中原为中心的历史趋势的形成》，《文物》2000年第1期。

他们有意造谣。"① 他在《中国古史的传说时代》中把分服说分为四种：（一）《国语·周语》上分的五服；（二）《尚书·禹贡》所分五服；（三）《周礼·夏官·职方氏》所分五服；（四）《史记·秦始皇本纪》上所记的侯服、夷服说。他认为，"后人对五服与九服所作出来大圈套小圈的图式与《禹贡》及《周礼》的著作人的原意不合"。"如果照后起的解释，中国的四面为夷、为狄、为戎、为蛮，那么，要是属于要服，就应该全属要服，属于荒服，就应该全属荒服，为什么戎狄为荒服，而夷蛮独属要服？如果拿西周的都城宗周（在今陕西西安市附近）来推，都城偏在西北，西边的戎，接近边境，就应该进为要服或宾服才对。为什么附近的反倒成了极远的荒服，而边远的东方的夷却进成要服呢？"《国语》内五服的说法并没有错，不能拿《禹贡》和《周礼》中后起的错误说法来怀疑原来不误的说法。"②看来，徐先生赞赏《国语》五服的说法，不主张把五服人为地划分得太具体，特别是不应该在边缘地区的所谓四夷当中再细分出什么夷服和荒服来。

20世纪80年代初，李民结合当时的考古学研究成果，认为"从龙山文化，尤其是它的晚期地区分布和周围那些所谓的'似龙山文化'的分布区域来看，它与《禹贡》所写的地域范围基本上是合拍的"。"《禹贡》的地域范围，实应为夏王朝及其与国以及较远的一些部落或部落联盟这一格局的写照。""《禹贡》中说的'五服'制度和范围被后人弄得神秘莫测，究其实，应属上述情况之折射。"③

20世纪80年代末，邵望平著《〈禹贡〉"九州"的考古学研究》，结合考古学资料否定了顾颉刚关于"中国古代并不曾真有九州这个制度"的结论，提出龙山文化圈恰恰与《禹贡》九州的范围大体相当，从而论证了《禹贡》九州的真实可信性。

在对《禹贡》九州的研读当中，先儒贤哲和近代学者都主张不能作机械地理解④。既不应该把所谓的五服看作整整齐齐的相套在一起的一串方块，也不能因为《禹贡》里把五服描画得规规矩矩、四四方方的样子就予以彻底否定。

现在看来所谓的五服，实质是指以王城所在地为中心、从内到外可以划分为三个大圈：内圈是甸服，亦即《国语》和《荀子》所谓邦内甸服者，地方千里，是王畿之地⑤。中圈在内圈之外，包括侯服和绥服，亦即《国语》所谓"邦外侯服、侯卫宾服"和《荀子》所谓"封外侯服，侯卫宾服"者，两服在甸服以外四面各一千里，是大小诸侯所在地，仍属于"中国"的范围，其使命是推广中原文化，保卫中央和诸侯国的安全。外圈在最外边，

---

① 徐旭生：《尧、舜、禹》（上、下），《文史》（第三十九、第四十辑），中华书局，1994年。
② 徐旭生：《中国古史的传说时代》（修订本），科学出版社，1960年，第38、39页。
③ 李民：《尚书与古史研究》（修订本），中州书画社出版，1981年。
④ 胡渭在《禹贡锥指》卷第十九引金吉甫云："五服之制，因地而为长短者……地有广狭，俗有夷夏，未必截然如此方正。"胡渭亦指出："《王制》曰：'凡四海之内，断长补短，方三千里'。〈汉书·地理志〉曰：'洛邑与宗周同封畿。东西长而南北短，短长相覆为千里。'……以是知先王体国经野皆用此法。虽云四面相距各若干里，其间容有所乘除，未必面面均齐，或赢缩也。"
⑤ 李民认为《禹贡》所说的"甸服"，是指夏王朝的中心区域，当然这个区域并不像伪《孔传》说的那样，是整整齐齐的"四面五百里"，"规方千里之内"。

无常，异于要服诸国之易于羁縻，惟有听其自然，斯为荒服矣"①。

可见顾颉刚只肯定西周实行过五服制度，此前的夏商不存在五服制度。可是，有不少古文献明确记载着周代实行的是所谓九服制度，并非五服制度。

《周礼·夏官·职方氏》曰："乃辨九服之邦国：方千里曰'王畿'；其外方五百里曰'侯服'；又其外方五百里曰'甸服'；又其外方五百里曰'男服'；又其外方五百里曰'采服'；又其外方五百里曰'卫服'；又其外方五百里曰'蛮服'；又其外方五百里曰'夷服'；又其外方五百里曰'镇服'；又其外方五百里曰'藩服'。"《周礼·秋官·大行人》云："'邦畿'方千里；其外方五百里谓之'侯服'，岁一见，其贡祀物；又其外方五百里谓之'甸服'，二岁一见，其贡嫔物；又其外方五百里谓之'男服'，三岁一见，其贡器物；又其外方五百里谓之'采服'，四岁一见，其贡服物；又其外方五百里谓之'卫服'，五岁一见，其贡材物；又其外方五百里谓之'要服'，六岁一见，其贡货物。九州之外谓之'蕃国'，世一见，各以其所宝贵为挚。"此乃六服，不同于《禹贡》。《周官·秋官·大司马》："乃以九畿之籍施邦国之政职：方千里曰'国畿'；其外方五百里曰'侯畿'；又其外方五百里曰'甸畿'；又其外方五百里曰'男畿'；又其外方五百里曰'采畿'；又其外方五百里曰'卫畿'；又其外方五百里曰'蛮畿'；又其外方五百里曰'夷畿'；又其外方五百里曰'镇畿'；又其外方五百里曰'蕃畿'。"这里只是把"服"改为"畿"，加上"国畿"为十畿。《春秋正义》卷五曰："周公斥大九州，广土万里，制为九服。邦畿方千里，其外每五百里谓之一服，侯、甸、男、采、卫、要六服为中国，夷、镇、蕃三服为夷狄。"不管是九服、十畿，还是六服，均不同于《禹贡》"五服"说，说明周代实行的九服制度原本就不同于《禹贡》的五服，则毋庸置疑。

顾颉刚自己也说"五服说的时代比较九州说为早"②。因此，我们认为如果承认周代实行的是九服制度，那么，五服制度就有可能早到大禹时期乃至更早的尧舜时期。

顾先生否定夏代的五服说，从方法论上说是与他怀疑古史的古史观一致的，古史辨派由疑古书到疑古史，动辄怀疑古人作伪。在这里因五服制度的整齐划一而被顾先生判为"不过是纯出于后人的理想，因而假托于夏或周"。从考古学来讲，顾先生作这篇《禹贡注释》时，中国考古学还处在初步发展时期，那时连龙山文化与仰韶文化孰早孰晚的问题还没有解决，更谈不上对龙山时代文化格局的了解。因此，那时他否定大禹五服制度的真实性，虽然有方法论的问题，但是，也不能不承认与当时的考古学发展不足也有一定的关系。

关于治古史传说的方法，徐旭生的态度截然不同于疑古派。他说"有些传说虽说里面掺杂了不少的神话，可是它们的确是从当时流传下来的，里面也包含着一些可靠的史实"。"古代的人并不作伪，就是《尧典》、《皋陶谟》、《禹贡》、《五帝德》、《帝系》、《五帝本纪》诸篇中所载靠不住的材料，那是因为他们作综合工作的时候所用的方法不够精密，并不是

---

① 顾颉刚：《畿服》，《史林杂识初稿》，中华书局，1963年。
② 顾颉刚：《禹贡注释》，《中国古代地理名著选读》（第一辑），科学出版社，1959年，第2页。

这是把王都作为中心而向四方扩展的。他说：在王都四面各五百里（即方五百里），这块地方叫做"甸服"；那里的人民应把农产品送到王都里去，为了远处运输困难，所以规定近处送的多，不但送谷子，连秸秆也要送去作牛马的饲料，远处送的少，只须把打出的精米送去就是。甸服以外四面各五百里，这块地方叫做"侯服"，这是帝王分封给诸侯的领土，近处封的是小国，远处封的是大国。侯服以外四面各五百里唤做"绥服"，这是介于中原和外族间的地区，应当给它安抚和羁縻，所以一方面要在那里推广中原文化，一方面又要整顿武备来保护甸服和侯服的安全。绥服以外四面各五百里唤做"要服"，要服以外四面五百里唤做"荒服"，这些地方都是外族所居，同时也是中国流放罪人的地方。①

顾颉刚译文完毕后说："照这般说来，那时的天下（甸、侯、绥、要、荒）共计方五千里，中央政府势力所及的地方（甸、侯、绥）所谓'中国'也者，是方三千里，而直属于中央的王畿（甸）则只有方一千里。"

他接着说："这个五服之说，我们一看就知道它只是假想的纸上文章，世界上哪有这样方方整整的区划！而且这个区划跟界线不规则的九州比较，就显出了很大的冲突。照九州说来讲，作者所设想的王都在冀州，所以各州的贡道都直接间接地达到黄河，然而冀州在九州里却是处于北部的一个州，和五服说把王都放在中心的绝对不同。两种说法画成了地图套不上去。"

不过，顾先生并未全盘否定五服说，他指出："五服说不是一个假想的制度，是古代实际存在的，在《国语》的《周语》里说：'先王之制：封内甸服，封外侯服，侯卫宾服，蛮夷要服，戎狄荒服。甸服者祭，侯服者祀，宾服者享，要服者贡，荒服者终王。日祭、月祀、时享、岁贡、终王。'那时所谓'夷'、'蛮'、'戎'、'狄'诸少数民族都是和诸夏杂居的，而甸服里也分诸侯，所以这里所谓'服'只是部分或类别的意思，不是分疆画界的意思。"②他认为"五服制是在西周时代实行过的，到中国战国而消亡"。1963年，顾颉刚发表《畿服》一文对《周语》中五服制度再次加以肯定③，并明确指出周代一些国家隶属于某服，如说"虢、毕、祭、郑皆畿内国，甸服也；齐、鲁、卫、燕受封于王，其国在王畿外，侯服也；杞、宋、陈皆先代遗裔，宾服也；邾、莒、徐、楚者，中原旧国，惟非夏、商之王族与周之姻亲，辄鄙为'蛮夷'，要服也；至于山戎、赤狄、群蛮、百濮之伦，来去飘忽

---

① 顾颉刚：《禹贡注释》，《中国古代地理名著选读》（第一辑），科学出版社，1959年。
② 顾颉刚：《禹贡注释》，《中国古代地理名著选读》（第一辑），科学出版社，1959年，第2页。
③ 顾颉刚在《畿服》一文中谈到《周语》之五服时说："合王畿、侯国与力所未及之区域而言之，以远近为次第，凡分五部，皆命之曰'服'。其曰'甸服'者，即〈商颂〉之'邦畿'；……'侯服'，诸侯也，王所封殖以自卫者。'宾服'，前代王家之有国者，以客礼待之，藉其能贴服于新职权，转而为今王之屏藩也。更别'夷蛮'、'戎狄'为'要'与'荒'。夷蛮者，虽非前代王族，而久居中原，其文化程度已高，特与新王室之关系较疏，故不使跻于华夏之列；然犹服我约束，故谓之'要服'；要者，约也。戎狄者，未受中原文化陶冶之外族……故谓之'荒服'；荒，犹远也。斯盖久当时形势加以理想化，作更精密之分析与更整齐之规划，而试定此五种称谓，原非事实上确有此等严整之界线。"见顾颉刚：《畿服》，《史林杂识初稿》，中华书局，1963年。

治洪水是奉尧或舜之命,他到了晚年仍把王位传给益,遵守的是尧、舜时期禅让的制度。因此,我们认为他虽然是夏代的奠基人,但是,实际上应该与尧、舜放入同一个时代,作为五帝时代向夏代过渡的人物来看待比较合适。关于尧舜禹时代的概念,徐旭生早在他的《中国古史的传说时代》[①]中就运用过,他生前的最后一篇著作就是《尧、舜、禹》[②],显然,他把禹放在与尧、舜同时期的人物来看待的。

诚如一些学者论定的那样,大禹治水土、划九州、征三苗等传说,并非空穴来风,而是有历史的"素地"。那么,《禹贡》五服说是否就一定是后人凭空臆想的呢?

五服制度的记述,见于《尚书》、《国语》、《左传》、《荀子》、《礼记》、《论衡》、《仪礼》、《史记》、《前汉书》等多种文献。虽说先儒各家对于五服制度涉及的各服范围大小等具体内容的考证互有分歧,但均深信五服制度的确存在,承认五服制度是大禹或者尧舜时期实行过的制度之一。其中,关于五服制度主要有两种说法。

1.《国语》之五服说

《尚书·皋陶谟》说大禹"弼成五服,至于五千"。《左传·昭公十三年》,子产曰:"卑而贵重者,甸服也。"《国语·周语上》记祭公谋父曰:"夫先王之制:邦内'甸服';邦外'侯服';侯卫'宾服';蛮夷'要服';戎狄'荒服'。'甸服'者祭,'侯服'者祀,'宾服'者享,'要服'者贡,'荒服'者王。日祭、月祀、时享、岁贡、终王。"《荀子》卷十二:"故诸夏之国同服同仪,蛮夷戎狄之国同服不同制。封内甸服,封外侯服,侯卫宾服,蛮夷要服,戎狄荒服。甸服者祭,侯服者祀,宾服者享,要服者贡,荒服者终王。"《国语·周语中》:"昔我先王之有天下也,规方千里以为甸服,以供上帝、山川、百神之祀,以备百姓兆民之用,以待不庭不虞之患。其余以均分公侯伯子男,使各有宁宇。"可见,《国语》等文献记载比较简略。

2.《禹贡》之五服说

《尚书·夏书·禹贡》:"五百里甸服:百里赋纳总;二百里纳铚;三百里纳秸服;四百里粟、五百里米。五百里侯服:百里采;二百里男邦;三百里诸侯。五百里绥服:三百里揆文教;二百里奋武卫。五百里要服:三百里夷;二百里蔡。五百里荒服:三百里蛮;二百里流。"这一说法完全被《史记·夏本纪》采纳。

自宋代以来,众多学者纷纷给《禹贡》"五服"作注。其中,集大成者有宋代蔡沈撰写的《书经集传·夏书》之《禹贡》篇;明代茅瑞征的《禹贡汇疏》和清代胡渭的《禹贡锥指》等。近人研究《禹贡》者以古史辨派领袖顾颉刚研究水平最高。1959年,顾颉刚发表《禹贡注释》(以下称《顾注》)一文,对"五服"全文作了言简意赅的注释。现摘抄如下:

---

① 徐旭生:《中国古史的传说时代》,科学出版社,1960年。
② 徐旭生:《尧、舜、禹》(上、下),《文史》(第三十九、第四十辑),中华书局,1994年。

的龙山文化、仰韶文化相比附。近年来,随着中原等地区史前文化序列的建立与完善,将古史传说某帝与某考古学文化相对应的呼声更加不绝于耳。参加讨论者也由历史学界扩展到考古学界。如对五帝之一的黄帝的研究,有人主张将黄帝时代与齐家文化相对照[1],有人放入龙山时代[2],有人归入仰韶文化[3],更有人主张可以把炎黄时代与裴李岗文化相对应[4]。从裴李岗文化到齐家文化时期,时间跨度长达五六千年以上,社会发展阶段亦发生了天翻地覆的变化,显然不会同属于一个时代!

众所周知,考古学研究的材料是物质遗存,其研究内容往往是宏观的,不拘泥于具体的人和事。狭义的历史学研究的材料是历史文献,研究内容往往是具体的人和事。因此,在将古史传说与考古学文化进行整合研究时似乎有必要注意以下两点:一是注重探讨传说中各帝都邑地望与活动空间、战争引起的文化变迁、重大社会变革、大范围的环境突变等内容,这些内容容易在考古学研究上得到反映;二是按照从已知推未知、由晚及早的技术路线展开研究。

近年学术界已经公认二里头文化为夏文化,早于二里头文化的是中原龙山文化。按照从已知推未知、从晚到早的原则,如果与考古学相结合来研究古史传说时期的社会状况,当然首选龙山时代。与龙山时代大致相当的是五帝时代的晚期——尧舜禹时代[5],而尧舜禹传说当中又以大禹时期的年代最近,传说最丰富,因此,可以把大禹时期作为考古学与历史学整合研究的首选目标。

传说中关于禹的重大功绩有平水土、划九州、征三苗、制五服等。其中已经有不少学者从考古学角度将大禹治水[6]、禹征三苗[7]、禹贡九州[8]联系起来加以考证,说明古人记载的这些掺杂有神话色彩的传说内容并非都是古人在造伪,相反都能够找到真实的考古学证据。

至于《禹贡》五服制度,似乎尚未有人专文将其与考古学成果相结合进行整合研究。本文尝试对龙山时代晚期的考古学文化分布格局与《禹贡》五服制度进行初步整合研究。

二、史籍中的大禹及五服制度

禹,不少人视为夏王朝的开国之君,实际上他的主要活动时间是与尧、舜同时的。他

---

[1] 刘起釪:《我国古史传说时期综考》,《古史续辨》,中国社会科学出版社,1991年。
[2] 严文明:《黄河文明的发祥与发展》,《华夏考古》1997年第1期。
[3] 许顺湛:《黄帝时代是中国文明的源头》,《中州学刊》1992年第1期;王震中:《从仰韶文化与大溪文化的交流看黄帝与嫘祖的传说》,《江汉考古》1995年第1期;陈旭:《炎黄历史传说与中华文明》,《河南博物院落成暨河南省博物馆建馆70周年纪念论文集》,中州古籍出版社,1998年。
[4] 李绍连:《炎黄文化与炎黄子孙》,《中州学刊》1992年第5期。
[5] 严文明:《文明起源研究的回顾与思考》,《文物》1999年第10期。
[6] 王青:《大禹治水的地理背景》,《中原文物》1999年第1期;袁广阔:《孟庄龙山文化遗存研究》,《考古》2000年第3期。
[7] 石兴邦、周星:《试论尧、舜、禹对苗蛮的战争——我国国家形成过程的考察》,《史前研究》1988年第1期。
[8] 邵望平:《〈禹贡〉"九州"的考古学研究》,《考古学文化论集》(2),文物出版社,1989年。

《禹贡》五服的考古学观察

一、前　言

三皇五帝的说法为中国人所熟知，不过这一中国最早的古史系统却并不是朝夕之功完成的。据历史学家考证，在西周文献中仅有"禹"等少数几个"帝"，到战国时期出现几种不同组合的"五帝"说，战国末始有"三皇"一词，到汉代以后才最终出现了三皇五帝的说法[1]。因儒家的宣扬，三皇五帝成了两千多年来中国人心目中正宗的古史系统。

唐代刘知几、宋代刘恕和清代崔述等人已经指出这一古史系统为后起伪说，并不可信。20世纪二三十年代，以顾颉刚为首的古史辨派更是从根本上对这一古史进行系统清理，彻底推翻了这一古史系统。不过，古史辨派大量采用默证的方法，以对古书的研究代替对古史的研究，认为古书上不曾提到的就是没有发生的，动辄指责古人造谣，以至于东周以上无古史，显然疑古疑过了头。继古史辨派后，又有傅斯年、徐旭生、蒙文通等人，研究古史传说时代，就民族分布地域来区分古史传说的几个大系统，但是这种方法注意了地域区别，却忽略了不同传说先后演变的过程，也遭到另一些学者的质疑。

真正将古史传说研究推向深入的正确途径是必须将古典文献记载与考古学研究相结合。古史辨派的主帅顾颉刚早就提出，建立新的古史需靠考古学的发展。前辈学者已经给我们积累了许多成功的经验，如王国维对商代先公先王的考证[2]、徐旭生于1959年对豫西的调查[3]、安金槐对登封王城岗的发掘和对禹都阳城的认定等[4]，莫不是在古代文献记载与考古学研究相结合的基础上做出了巨大成就。

如果说在古史辨派初期中国考古学还是一片荒芜的处女地，徐旭生著《中国古史的传说时代》时中国考古学尚处于初步发展阶段的话，当今的中国考古学已经发展到黄金时代[5]。传说中五帝时代时空范围内的物质文化资料源源不断地展现在世人面前，可以说，目前研究五帝时代的难题不再是苦于相应的考古学的材料太少了，而是"太多"了。面对遍地开花的考古学材料，即使是皓首穷经的古史学家也常常感到无所适从，常常不知将传说中的某帝某人与哪支考古学文化对应为好。

早在1921年近代考古学传入中国之后，就不断有历史学家尝试将古史传说与考古学上

---

[1] 顾颉刚：《与钱玄同先生论古史书》，《古史辨》第一册，上海古籍出版社，1982年。
[2] 王国维：《殷卜辞中所见先公先王考》、《殷卜辞中所见先公先王续考》，《观堂集林》（上），中华书局，1959年。
[3] 徐旭生：《1959年夏豫西调查"夏墟"的初步报告》，《考古》1959年第11期。
[4] 安金槐：《豫西夏文化初探》，《中国历史博物馆馆刊》1979年第1期。
[5] 张忠培：《以世界的中国姿态迎接新世纪》，《中国考古学九十年代的思考》，文物出版社，2005年。

的"沦积成渊"者。可见，《水经注》之武定水即今流经云岩宫的武定水。

《穆天子传》记载，穆天子经黄台冈观夏启之居。可见，夏启之居就在黄台冈不远的地方。

《水经注》所载黄台冈附近的几条河流名字，至今仍见之于新砦城址附近。武定水和赤涧水之间，被《水经注》提及的马关水、虎牍溪水等河流就分布在新砦城址附近。如《水经注》所云的赤涧水当是今新砦城址以东不远的武河，《水经注》说它与武定水同出于武定冈。今武河上游可达云岩宫水库以北地带的岗地，这里也是武定水的发源地，可见赤涧水的确与武定水共同发源于武定冈。赤涧水东南流经的黄台冈，很可能就是当今传说的力牧台。新砦遗址附近与黄台有关的地名有两处，一是黄台村，西南距新砦城址不足5千米。经调查，这是一处以黄姓人家为主的现代村庄，与历史上的黄台可能没有直接的关系。另一处是西北距新砦城址约3千米的力牧台，这里海拔200多米，高出新砦城址约50米，系武定水与赤涧水之间的制高点。该台据《密县志》记载又名黄台冈，《河南通志》记载，力牧台，一曰拜将台，一曰熊台。"在大隗镇东。俗传黄帝讲武于此"。又曰："筑拜风后。土人呼为台子冈，又曰黄台冈。"由此可见，《水经注》提及的黄台冈的确有可能就是指力牧台。该岗地为黄土丘，地面上保存有夯土台，其上为周代夯土建筑。地下未发掘。力牧台四周散布着周代和汉代的陶片。站在这里面朝东南方向，可以清楚地看到新砦遗址。

可见，新砦城址的位置完全符合《水经注》所云夏启之居的地望，城址的始建年代落入夏代早期年代范围之内，附近的新密市和新郑市境内没有比它更大的同期城址或遗址，依照遗迹遗物的规格，它本身具备王都的特征。综上所述，我们推测，新砦城址很可能就是夏启之居所在地。

（原载《中原文物》2004年第3期）

（4）黄台之丘左近。《穆天子传》云："天子南游于黄□室之丘，以观夏后启之所居。"崇山即今嵩山，可见夏后启生于今嵩山脚下，但是究竟在嵩山的哪一块，并未明言。

在以上三说当中，第一种说法，只能视为神话资料作为参考。第二种说法过于笼统。第三种说法仅指明启在此大享诸侯，不一定建都于此。而且，根据本人实地调查这里已经找不到史前时期的陶片。第四种说法以往不曾引起人们的重视，不过早有丁山详加考证。他在其《由三代都邑论其民族文化》一文中详细阐述了这一观点，现抄录如下：

《穆天子传》："天子东游于黄泽，宿于曲洛，废□。使宫乐谣曰：黄之池，其马歕沙，皇人咸仪。黄之泽，其马歕玉，皇人受谷。丙辰，天子南游于黄台之丘（今本作黄□室之丘，据文选注引改正），以观夏后启之居，乃□于启室。"郭璞注："疑此言太室之丘嵩高山，启母在此化为石，而子启亦登仙，故其上有启室也。"

启之生地，传说虽在太室，但太室之北无黄池黄泽，亦无黄台之丘。惟《水经注》云："洧水又东南，赤涧水注之，水出武定岗，东南流，迳黄台冈下，注于洧。洧水又东，与黄水合。黄水出太山南黄泉。黄即《春秋》之所谓黄崖也。故杜预注云：'苑陵县西有黄水'者也。又东南流，水侧有二台，谓之积粟台。黄水又东南，迳龙渊东南，注于洧水。"洧水先受赤涧水，次受黄水，黄水如可指为《穆天子传》之黄泽，则积粟台非《传》文黄台之丘，黄台之丘可确指其即赤涧水旁之黄台冈。洧水出于阳城山，与黄水所出之太山，正是一脉；而黄、阳二字，古音同步，意者洧、黄之间，即夏后启故居。夏后启之居阳城，《穆天子传》其确征也。

我们完全同意丁山把《水经注》与《穆天子传》联系起来综合考证的方法和洧、黄之间为夏启之居的推论。需要指出的是丁山指出的赤涧水旁的黄台冈很可能就是又名力牧台的夯土基址。为了把问题说清楚，我们看看《水经注》的原文是如何叙述洧水支流的。

《水经注》卷二十二：

"洧水又东南与马关水合，水出玉亭下，东北流历马关，谓之马关水。又东北注于洧。

洧水又东合武定水，水北出武定冈，西南流，又屈而东南流，径零鸟坞西，侧坞东南流。坞侧有水，悬流赴壑，一匹有余，直注涧下，沦积成渊。嬉游者瞩望，奇为佳观。俗人睹此水挂于坞侧，遂目之为零鸟水，东南流入于洧。

洧水又东，与虎牍溪水合，水发南山虎牍溪，东北流入洧。（《河南府志》按：在今双楼西）。

洧水又东南，赤涧水注之。水出武定冈，东南流经黄台冈下。又历冈东，东南注于洧。"

《密县志·山水志》卷六（清嘉庆二十二年本）按：《水经注》，武定水出武定冈，在南来马关水之下。考《溱洧全图》，是今之邵河也。武定冈即今之大冈、小冈。旧志以为阳河，误。零鸟水今无其名。其云悬流赴壑，沦积成渊，与所经响水潭合。

在今云岩宫水库以北有响水台，当即县志所云响水潭，亦即《水经注》所云零鸟坞西化时期的文化层所叠压，本身又叠压和打破龙山文化晚期的灰坑，应为新砦期建筑遗存。虽然尚未完整揭露，已经可以看出其平面大体为长方形。其东西长50余米，南北宽14.5米，已经发现大型建筑的南墙和北墙。墙体皆夯筑，墙宽约40、残高40~60厘米。墙内侧涂白灰。在北墙基上发现个别柱洞。南墙体附近发现有倒塌的红烧土块。居住面下为若干层包含大量红烧土粒的垫土层。居住面可见明显的踩踏而成的薄层。该大型建筑居小城中心偏北处，面积比二里头遗址1号宫殿的殿堂还要大，很可能是一座宗庙建筑。

大型建筑的东部，建有附属建筑。西距大型建筑10余米。就已经发掘的AT24、AT25内暴露的建筑遗迹来看，西边的一座破坏严重，东边的一座保存较好。可以看出，AT25内的房址为一中小形方形房址。其平面基本呈方形，分东西两间，中间以隔墙相隔，但留有门道相通。墙体宽15~20厘米，墙南侧为散水，北边被现代沟打破。

在大型建筑的前后两侧，均发现有路土向西延展，钻探表明，至少向西延展到30米开外。路土土质紧密，包含有红烧土颗粒、被打碎的陶片等。

在中心区以外，发现有手工业作坊区。新砦城址的手工业作坊区很可能在梁家台村南端濒临双洎河的台地上。2002年春天，曾在那里发掘出多只鹿角叠放在一起的灰坑，或许这是一座盛放骨料的窖穴，果真如此，这里当是与加工骨器有关的场所。

除遗迹之外，新砦城址内出土的遗物数量众多，做工精美，亦非普通聚落所能比。在这些大量的遗物当中不仅有制作精美的陶器如子母口瓮、簋形豆、双腹豆、猪首形盖纽等，而且还出土有玉凿、红铜容器等高规格器物以及与二里头遗址出土的铜牌饰纹饰相类似的兽面纹、雕刻精细的夔龙纹等。这些遗物规格也反映出新砦城址非普通意义上的一般聚落，应是都邑级的重要城址。

四

关于夏启出生和活动的地望，史籍多有记载，前人也早已做过详细的考证。大体说来，关于夏启的出生、活动和居住之地主要有四种意见。

（1）嵩山附近。见于《汉书·武帝纪》。《汉书·武帝纪》载元封元年帝"行幸缑氏……见夏后启母石。翌日亲登崇高……以山下户三百为之奉邑，名曰崇高"。《淮南子》也有类似的记载。

（2）夏或夏邑。见《今本竹书纪年疏证》："帝启，元年癸亥，帝即位于夏邑。"又《古史纪年》说："帝即位于夏邑。"注引《统笺》："郡国志颍川阳翟禹所都，盖禹始封于此，为夏伯。启即位居此，故曰夏邑。"《吴越春秋》："启即天子位，治国于夏。"《史记·夏本纪》正义说："夏者，帝禹封国号也。《帝王世纪》云，禹受封于夏伯，在豫州外方之南，今河南阳翟是也。"

（3）均台。《左传·昭公四年》云："夏启有均台之享。"杜预曰："有均台陂。"《帝王世纪》："在县西。"

夯层和夯窝。夯层厚5~7厘米，夯窝直径3~5、深1厘米。夯窝排列无序，黄褐色。

QⅠC，2层，为黄灰土及青灰沙层，推测在筑墙前清理GⅢ内淤积土形成青灰沙层，而黄灰土为QⅠ的底层垫土，土质紧密。

QⅡ分布在CT5~CT7中，夯土最高处暴露在2层下，打破3层，分为6大层，厚累计6.75米，南北宽9.25米，其中，QⅡA分为3小层，QⅡA1，夯土面距地表深1.5~3.1米，厚0~0.35米，分四小层，土质较硬，厚15厘米左右。为红黄花土，呈倾斜状堆积。QⅡA1叠压QⅡA2和QⅡA3，QⅡA3直接打破了T7当中的第8层，即龙山文化晚期地层。

QⅡB，夯土面距地表深2.65~3.85米，厚1.65米，夹褐黏土生土块。

QⅡC，距地表深2.3米，厚0~1.1米，红黄花土。

QⅡD，距地表深4.65~4.9米，厚0.45~0.85米，黄色，纯净。

QⅡE，距地表深5.3~5.5米，厚0.9米，红褐色，密度大。

QⅡF，距地表深6.4米，厚0.6米，质较硬，青黄土色。

上述各地层堆积当中，龙山文化晚期地层和QⅡ城墙及其护城河GⅢ出土龙山文化常见的薄胎方唇夹砂深腹罐、唇沿带凹槽的泥质灰陶钵和碗等陶器残片；新砦期城墙QⅠ和护城河GⅡ内发现有折壁器盖、厚胎钵等新砦期常见陶片；二里头文化时期的灰沟GⅠ内出土有花边罐口沿残片等。由此可见，新砦城址始建于龙山文化晚期末段，废弃于二里头文化早期。

按古本《竹书纪年》的记载，夏禹在位45年，其子启在位29年或39年，享年78或98岁[①]。又，夏商周断代工程将夏王朝的始年定为公元前2070年[②]，也有学者主张夏代始年为公元前2000年左右更为合适[③]。经碳十四测定，新砦遗址龙山文化晚期年代为公元前2200年~前1900年。新砦期年代大约为公元前1900年~前1750年[④]。新砦龙山文化城址打破龙山文化晚期文化层，其始建年代为龙山文化晚期偏晚阶段。按绝对年代计算，新砦城址的始建年代约为公元前2000~前1900年。无论将夏王朝始年定在公元前2070年还是公元前2000年左右，从年代学的角度分析，都不能排除新砦龙山文化城址始建于夏启的可能性。

三

新砦城址内部的遗迹有大型建筑，位于内壕圈占的内城中心区偏北处，今梁家台村东北的高台地上。这里是整个遗址海拔最高之处。该建筑上距地表1.2~1.5米，被二里头文

---

① 《古本竹书纪年辑校》禹条云："禹立45年。"（《太平御览》卷八十二）启条云："即位三十九年亡，年七十八。"参见黄永年校点：《古本竹书纪年辑校》，辽宁教育出版社，1997年。
② 夏商周断代工程专家组：《夏商周断代工程1996—2000年阶段成果报告》，世界图书出版公司，2000年。
③ 张国硕：《夏纪年与夏文化遗存刍议》，《中国文物报》2001年6月20日第3版。
④ 北京大学震旦古代文明研究中心、郑州市文物考古研究院：《新密新砦——1999—2000年田野考古发掘报告》，文物出版社，2008年。

城址[①]。这两座城址均系各自所属考古学文化的中心城址，即都邑性质的城址。新砦城址位于嵩山南麓，与史籍所载的夏启之居的地望相符。除它之外，嵩山周围同时期再没有别的城址可与之媲美，因此从城址面积上看，新砦城址并非普通聚落遗址，而是具备早期国家都城的可能。

二

自从发现城壕之后，我们对北城墙的中段和东段、东城墙的中段、西城墙的南段进行横断城墙的试掘。在试掘的探沟中发现了龙山文化城墙打破龙山文化地层、新砦期城墙打破龙山文化城墙、二里头文化壕沟打破新砦期城墙等一系列地层关系。我们在现存的三面城墙及其护城河位置上共发掘五个探沟，均发现了相同的地层叠压关系：龙山文化晚期城墙打破龙山文化晚期文化层，新砦期城墙叠压龙山文化晚期城墙又被二里头文化早期的壕沟所打破。

现以 2003 年发掘的煤土沟村南 CT4～CT13 东壁地层关系为例，介绍地层及其所在的城墙之间的关系。

第 1 层，耕土层，厚 0.15～0.25 米，黑褐色。

第 2 层，扰土层，厚 0.1～0.22 米，深 0.3～0.4 米，灰褐色。分两小层。

第 3 层，厚 0.1 米，深 0.35～0.55 米，浅黄色，土质一般。属隋唐时期。

第 4 层，厚 0.1～0.4 米，深 0.55～0.8 米，红黄色，土质较松。出绳纹瓦，汉代以后的堆积。分两小层。

第 5 层，厚 0.25～0.4 米，深 1.05～1.2 米，浅褐色，土质一般。

第 6 层，厚 0.25～0.4 米，深 1.05～1.2 米，浅黄色，土质一般。

第 7 层，厚 0.25～0.44 米，深 1.2～1.5 米，黄褐色，土质一般。

GⅠ，开口于 7 层下，距地表深 0.37～2.05 米，深 3.05 米，探沟内的分布南北宽 8.4 米，沟内填土分 7 层。有二里头时期的花边罐等。

GⅡ，被 GⅠ 打破，距地表深 4.6 米，深 1.3 米，探沟内南北宽 1.75 米，沟内填土分 5 层。出土新砦期器盖等。

GⅢ，上部被 QⅠB2 层及 QⅠC2 层叠压，沟口距地表深 4.85 米，深 0.95～1.9 米，沟内填土为 2 层。出土物为龙山时代遗物。

QⅠ，分布在 CT4～CT7 中，分为 3 大层：

QⅠA 为黄花土，含有大量的黄生土块，土质一般。也有较明显的夯层及夯窝。

QⅠB 为黄褐土，分上下两大层。其中，QⅠB（1）层的夯土质量最好，保存有明显的

[①] 梁星彭、严志斌：《陶寺城址的发现及其对中国古代文明起源研究的学术意义》，《中国社会科学院古代文明研究中心通讯》第 3 期，2002 年；中国社会科学院考古研究所山西第二工作队等：《2002 年山西襄汾陶寺遗址发掘》，《中国社会科学院古代文明研究中心通讯》第 3 期，2002 年。

河沟。自沟内壁直接打破原生土，沟口与被它打破的原生土面平齐，最高处上距今地表仅0.25米，沟底上距沟内壁最高处约6.7米。为了便于在沟内夯土，先把自然冲沟内侧的沟壁大体修改成若干台阶状，再于台阶上堆土夯筑。龙山文化城墙自身存高即是自然河沟现存深度，为6.7米，南北现存最宽9米。其中城墙下部的夯层直接夯打在自然河沟内，底部的数层填土每层厚0.6～1米。最底层厚0.6～0.75米，土质疏松，含沙量大，未经夯打，或许系干旱季节时的干淤土，以上夯层较薄，通常只有0.08～0.25米，土呈黄褐色，土质紧密。夯窝稀疏，直径7～8、深1～1.5厘米。龙山文化晚期的护城河紧靠城墙外侧，护城河上部被新砦期城墙打破，河底现宽1～3.65米，河底上距地表深6.95米。龙山文化晚期城墙废弃以后，新砦期的城墙直接建在龙山文化晚期城墙外坡之上，且打破龙山文化城墙外侧的护城河。现存新砦期城墙南北宽11.5米。筑墙时首先将龙山文化护城河内上部的淤土铺垫为新砦期城墙底层垫土，再倾斜堆积数层黄灰土作为下部垫土，然后于其上平夯灰褐色黏土层。该层土质紧密，夯层明显，每层厚5～7厘米。夯窝清晰，夯窝形状以椭圆形居多，也有不规则形等，直径多为5厘米左右，深1～1.5厘米。灰褐色黏土层之上再夯打黄花土层，系分段夯筑而成，每层黄花土层均包含大量的料姜石块和生土块，土质不如灰褐色夯土层紧密。黄花土层之上的墙体已被破坏殆尽。

西墙及其护城河系人工挖筑而成，西墙现存南北长470、深2.5米。也是由龙山文化晚期和新砦期两个时期的城墙叠压在一起。其中，龙山文化晚期的城墙筑成内高外低的坡状，直接压在生土上，龙山文化晚期城墙废弃后，新砦期城墙东高西低直接覆盖在龙山文化晚期旧址城墙之上，只是稍微向西拓展，就势斜夯为墙体外坡。

在现存的三面城墙当中，东、西城墙的南部已遭双洎河及其故道冲毁，按照复原面积计算城墙圈占的城内面积约为70万平方米。

新砦期的城墙和护城河，后被二里头文化早期的一条大壕沟打破。这条壕沟走势大体与新砦期的护城河相平行，只是略向内收。沟宽通常为15～20米，个别地段宽60～80米，河深通常为5～7米。

在新砦北城墙以外220米开外，另有一条人工与自然冲沟相结合而成的壕沟，是为外壕。东西长1500、南北宽6～14、深3～4米。自西向东有三处缺口，或许是三处供出入的通道所在。外壕只见于遗址北部，是遗址所在的地貌条件造成的。新砦遗址南临双洎河，西有武定河、东有圣寿溪河，只有北边与陆地相通，故在北边设置外壕以构成新砦城址北边的第一道防线。如果把外壕与城墙之间的占地面积计算在内，新砦城址的总面积将达到100万平方米左右。

新砦城址是双洎河流域面积最大的史前城址，也是整个中原地区仅次于陶寺城址的大型城址。面积在百万平方米以上的史前城址目前仅有湖北荆州石家河城址[①]、山西襄汾陶寺

---

① 石家河考古队：《湖北省石家河遗址群1987年发掘简报》，《文物》1990年第8期；石家河考古队：《石家河遗址群调查报告》，《南方民族考古》（第五辑），四川科学技术出版社，1993年；张驰：《长江中下游地区史前聚落研究》，文物出版社，2003年。

新密新砦城址与夏启之居

研究夏文化的重要方法之一是根据文献记载，查明夏代诸王居（都）地，借以进一步研究夏文化的分布与变迁。关于夏王朝诸王当中的禹都阳城、太康居斟鄩等夏王都城的地望已有不少考证。结合考古发掘材料越来越多的学者倾向认为禹都阳城在今河南登封告城的王城岗[1]，斟鄩有可能是河南偃师二里头遗址[2]。至于启都地望问题尚未有统一的意见。近年来在靠近新郑的密县东部的新密市新砦遗址发现了一处面积约100万平方米的龙山文化末期至新砦期城址，在城址的西南部发现有大型建筑[3]。根据新砦城址范围广大、文化堆积丰厚、城址出土众多高规格遗物等特征综合分析，这里显然是一处都邑性城址。结合其年代及相关历史文献记载，我们初步认为这座都邑城址很可能是黄台之丘附近的夏启之居，即夏启的都城。现根据发掘材料试论于后。

一

新砦城址位于河南省新密市东南18.6千米的刘寨镇新砦村。整座城址均掩埋在今地表以下，经钻探和局部解剖得知，城址平面基本为方形，南以双泊河为自然屏障，现存东、北、西三面城墙及贴近城墙下部的护城河。根据考古钻探和试掘材料，新砦城址的四周除南面濒临双泊河外，其余三面建有城墙和护城河，是为大城。大城西南部为内壕圈占的小城（内城），大城北边为东西长1500米左右的外壕，整个城址面积为70万～100万平方米[4]，不仅是新密市、新郑市境内最大的龙山文化晚期至新砦期城址，也是目前河南省境内面积最大的史前城址。

新砦城址的东墙和北墙是利用一条东西向自然冲沟的内壁修整、填土夯筑而成的。其中，东墙南半部大部被双泊河故河道冲毁，现存南北残长160、深约4米。北墙东西长924、深5～6米。至于龙山文化晚期和新砦期城墙及护城河的宽度，因遭受后期城墙和二里头文化时期壕沟的破坏而不能肯定，不过从已经暴露出来的墙体观察，无论是龙山文化晚期还是新砦期城墙宽度均在9米以上。

现以北城墙上的CT4～CT7探沟为例，简要介绍新砦城址的东、北两面城墙的建筑方法。

钻探和发掘得知，新砦城址北墙所在位置，在修筑龙山文化晚期城墙之前是一段自然

---

[1] 安金槐：《试论登封王城岗龙山文化城址与夏代阳城》，《中国考古学会第四次年会论文集》，文物出版社，1985年。
[2] 吴汝祚：《夏文化初论》，《中国史研究》1979年第2期。
[3] 赵春青等：《河南省新密市新砦遗址发现城墙和大型建筑》，《中国文物报》2004年3月3日第1版。
[4] 参见注[3]所附平面图。

肆 传说与史实

五、结　　语

　　地处黄河中下游的中原地区和长江中下游地区是中国两大农业体系即旱作农业和稻作农业的起源地，从新石器时代中期开始，就出现了较发达的农业，从而为大量养猪提供了条件，猪成为农业发达地区的原始先民们喜爱甚至崇拜的动物，这是中原地区和江淮地区出现大量猪的骨骼以至于用猪祭祀和随葬的背景。由于经常养猪，人们对猪的观察相当充分，原始雕塑艺术家应用细致入微地笔法把猪首雕刻在器盖上，在秉承传统和接受东、南文化传统的基础上，创造出融合了中原文化因素和东、南地区文化因素的这件难得的艺术珍品——猪首形器盖。

　　中原地区自仰韶时代晚期以来出现了把某些陶器做礼器的风尚，而制作精致的陶器盖和相配套的鼎、豆、壶恰恰是东、南地区的大汶口文化、龙山文化和良渚文化的礼器。在良渚文化除了玉器之外，一些刻画有蛇、鸟、鱼和龙纹的器盖盖在相配套的鼎、豆、壶的上面，如良渚文化福泉山墓地的 M74、M65 当中，也出土了饰有盘蛇纹的陶壶及器盖[①]，这些鼎、豆、壶也刻画着精美的图案，它们当是良渚文化陶器礼器化的反映[②]。

　　新砦出土的猪首形器盖也可能受此影响，将部分造型别致、制作精美的陶器盖和配套的陶器改造成陶礼器。因此，新砦遗址出土的这件猪首形陶器盖，应该是与祭祀有关的陶礼器。

　　综上所述，新砦出土的猪首形陶器盖是一凝聚着中原传统文化与东、南文化因素的用于祭祀的陶礼器。

[原载《考古学集刊》（18），科学出版社，2010年，第96~113页]

[①] 上海市文物管理委员会：《福泉山——新石器时代遗址发掘报告》，文物出版社，2000年，第111、112页，图七六，1、2。
[②] 芮国耀：《良渚文化陶器内涵及其礼器化现象探讨》，《浙江省文物考古研究所学刊》（第八辑），科学出版社，2006年。

干净卫生，或为了美观，值得注意的是个别制作精致的器盖盖在子母口瓮上，自身又刻画或彩绘某种图案，就不会是些日用品，而是与宗教活动有关的宗教用品了。

1999年就在新砦遗址发掘过1件刻画有龙形图案的残器盖，其年代为新砦二期晚段，编号为1999T1H24：1。该残器盖为泥质褐陶，盖顶近折壁处有一周凹槽，凹槽与盖纽之间的部位，雕刻一龙首图案，有人指认该图案为饕餮纹[①]或所谓"羽（社符）饰冠北斗神图"[②]，实际上，这一图案与二里头宫殿区3号院内出土的02VM3绿松石龙形器的龙首部分构图风格十分相近[③]，因此，新砦1999T1H24：1刻画的应是一个龙首图案无疑。这种突出的龙首图案，甚至给二里头文化的绿松石铜牌饰以直接的影响[④]。二里头遗址出土的大型绿松石龙形器和铜牌饰，显然是与祭祀活动相关的遗物。由此推测，新砦出土的龙纹器盖，其性质与二里头龙形器和绿松石铜牌饰一样，也应该是一件与宗教活动有关的器物，而非普通的陶器盖。

陶器盖的这一功能的推定，在另外一处新砦文化遗址——河南巩义市花地嘴遗址中再次得到证实。2003年郑州市文物考古研究所在河南巩义市花地嘴遗址的2个祭祀坑当中，发掘、修复了2件朱砂彩绘瓮，这2件彩绘瓮的子母口上，各自扣着1个彩绘器盖。盖顶用朱砂绘有等分的四个或六个圆点，盖壁中间位置的外缘绘有一条宽带。陶瓮腹部彩绘类似于简化的饕餮纹图案，与盖顶的圆点相呼应。这两个器盖的形制与普通器盖无异，不同凡响之处在于扣置在充满神秘色彩的陶瓮上，而且在盖顶和盖壁外面彩绘。发掘者将这2件彩绘陶瓮的图案推测为"北斗神"，我们虽然未敢完全认同这一推测，但是，显而易见，这2件器盖和组合在一起的陶瓮，显然不是普通的盛储器的器盖，而应该是与宗教活动有关的陶礼器[⑤]。

新砦遗址出土的猪首形器盖所在的2000T6第8层位于新砦遗址内城的东部，该层是内城东部壕沟中的冲积层。从这里向西数十米开外即为浅穴式大型祭祀遗迹所在。这件猪首形器盖，保存得基本完整，内壁不见使用痕迹，盖壁下端周边不见有磨损痕迹，说明它不被经常使用，外表也没有常常被抚摸或使用的痕迹，与普通的器盖有别，我们初步认为它有可能是祭祀时使用的与宗教活动有关的陶器盖，至于究竟盖在什么样的器物口沿之上，有待进一步考证。

---

① 中国社会科学院考古研究所河南新砦队、郑州市文物考古研究院：《河南新密市新砦遗址2002年发掘简报》，《考古》2009年第2期。
② 顾问：《"新砦期"研究》，《殷都学刊》2002年第4期；张松林主编：《郑州文物考古与研究》（一），科学出版社，2003年，第1464页。
③ 中国社会科学院考古研究所二里头工作队：《河南偃师市二里头遗址中心区的考古新发现》，《考古》2005年第7期。
④ 王青：《镶嵌铜牌饰的初步研究》，《文物》2004年第5期。
⑤ 顾万发、张松林：《巩义花地嘴遗址发现"新砦期"遗存》，《古代文明研究通讯》总第18期，北京大学震旦古代文明研究中心，2003年9月；顾问、张松林：《花地嘴遗址所出"新砦期"朱砂绘陶瓮研究》，《中国历史文物》2006年第1期。

山东泗水尹家城龙山文化的 65 座墓葬当中有 7 座埋葬成年男性的大、中型墓随葬猪下颌，共计 118 块，最多的随葬 32 块[①]。

初步看来，山东地区北辛文化时期，以猪祭祀，尚未以猪做随葬品。以大汶口文化晚期以猪随葬的现象最突出，到了龙山时代向大中型墓集中，这种情况与中原地区相似。

（三）江淮流域

在汉江流域，江苏常州圩墩遗址属于马家浜文化，在前后发掘的 55 座墓葬当中，只有 3 座墓随葬猪下颌骨[②]。

属于崧泽文化的崧泽遗址出土的动物骨骼当中，家猪占较大比例，猪肉是当时人们的主要来源。在崧泽 100 座墓葬当中，只有 M13 和 M93 随葬猪下颌骨，M41 随葬猪骨[③]。吴县草鞋山遗址 89 座崧泽文化墓葬当中只有 1 座墓随葬 2 块下颌骨[④]。

湖北枣阳雕龙碑遗址共分三期，分别与仰韶文化半坡期、庙底沟期和屈家岭文化时期相当，经鉴定，出土的各期动物骨骼中都以猪为主。第三期文化流行随葬猪下颌骨的习俗。少者 1 副，多者数十副，最多的 M16 虽说墓主是 1 名小孩，随葬猪下颌骨多达 72 副。雕龙碑各期遗存当中共出土了 35 个祭祀坑，大多埋葬有 1 头整猪，少数埋有猪头或其他部位的猪骨[⑤]。

青龙泉遗址的屈家岭文化早期房基（F6）的墙基下埋有完整的猪骨架 1 具。此外，在屈家岭文化早、晚期的文化层和灰坑中有猪的骨骼，在 23 座石家河文化（原称青龙泉三期文化）墓葬当中，有 4 座随葬猪下颌骨[⑥]。

浙江平湖庄桥坟遗址属于良渚文化，在属于良渚文化中晚期的墓地内，发现了编号为 H18 的长方形小坑，内置 1 具家猪，保存得相当完整，发掘者推测为祭祀坑[⑦]。

四、猪首器盖功用管窥

器盖是新砦文化居民常用的器类之一，在新砦遗址第二期当中出土数量极多，大小不一，可以盖在各种容器之口部，特别是可以盖在子母口鼎、子母口瓮的口部，这样在蒸煮食物时可以起到加热的作用。还有些器盖扣合在普通器物口部，或利于保存容器内的储物

[①] 山东大学历史系考古专业教研室：《泗水尹家城》，文物出版社，1990 年。
[②] 常州市博物馆：《江苏常州圩墩村新石器时代遗址的调查和试掘》，《考古》1974 年第 2 期；常州市博物馆：《江苏常州圩墩新石器时代遗址第三次发掘简报》，《史前研究》1984 年第 2 期。
[③] 上海市文物保管委员会：《崧泽——新石器时代遗址发掘报告》，文物出版社，1987 年，第 99~105 页。
[④] 上海市文物保管委员会：《崧泽——新石器时代遗址发掘报告》，文物出版社，1987 年，第 99~105 页。
[⑤] 中国社会科学院考古研究所：《枣阳雕龙碑》，科学出版社，2006 年。
[⑥] 中国社会科学院考古研究所：《青龙泉与大寺》，科学出版社，1991 年，第 205 页。
[⑦] 徐新民：《平湖庄桥坟遗址动物祭祀的初步认识》，《浙江省文物考古研究所学刊》（第八辑），科学出版社，2006 年。

埋葬的整猪，发掘者认为可能与奠基有关[①]。

山东邹县野店遗址属于大汶口文化的89座墓葬当中有5座随葬猪下颌，共25个，最多的1座随葬18个。另外还发现1座随葬整猪的墓葬。发现了2个因祭祀而挖的圆坑，每坑放置一猪。其中，K1为一圆角长方形坑，内埋一整猪，其上下各有缸片铺盖，K2为一圆角梯形坑[②]。

山东曲阜西夏侯遗址属于大汶口文化中晚期，在前后发掘的32座墓葬当中，5座随葬猪头，2座随葬肩胛骨、1座随葬猪下颌。H15埋葬一整猪，为捆绑后埋葬或为祭祀坑。另外，在文化层中埋葬3个猪[③]。

在莒县陵阳河大汶口墓地45座大汶口文化晚期墓葬当中，从早到晚流行随葬猪下颌骨[④]。

在山东泰安大汶口遗址138座墓葬当中有43座随葬完整的猪头，共96个，每座随葬1～14个，还有另外一些随葬猪下颌、肢骨、趾骨等[⑤]。

进入龙山时代，山东地区沿用大汶口文化盛行用猪随葬和祭祀的习俗。山东胶县三里河遗址属于大汶口文化晚期至龙山文化中期遗址，其中，大汶口文化晚期的66座墓中有20座随葬猪下颌，最多的为37块，最少的1块，共计144块[⑥]。

在安徽蒙城尉迟寺遗址第一阶段发掘中，发现了属于大汶口文化晚期的217座墓，其中有9座随葬猪下颌骨和肢骨等。此外，还发现6个土坑呈弧线分布于遗址的北部、东北部、东部和东南部，每个土坑内有1具猪骨架，呈捆绑状。这几个土坑，呈现一定的排列规律[⑦]。尉迟寺第二阶段发掘的动物遗骸鉴定表明，在大汶口文化时期，尉迟寺的哺乳动物以猪和麋鹿为主，龙山文化时期以猪最多[⑧]。发现埋葬猪骨的土坑1座，似被捆绑，应是人类有意的行为所致[⑨]。

山东胶县三里河遗址属于龙山文化的早、中期的98座墓葬当中有19座随葬猪下颌，每座1～14块不等，共计71块[⑩]。

山东诸城呈子遗址属于龙山文化的87座墓葬当中，有9座随葬猪下颌骨，每座1～13块不等[⑪]。

---

① 山东省文物考古研究所等：《枣庄建新》，科学出版社，1996年。
② 山东省博物馆等：《邹县野店》，文物出版社，1985年，第17页。
③ 中国社会科学院考古研究所山东工作队：《山东曲阜西夏侯遗址第一次发掘报告》，《考古学报》1964年第2期；中国社会科学院考古研究所山东工作队：《西夏侯遗址第二次发掘报告》，《考古学报》1986年第3期。
④ 山东省考古所：《山东莒县陵阳河大汶口文化墓葬发掘简报》，《史前研究》1987年第3期。
⑤ 山东省文物考古研究所：《大汶口续集》，科学出版社，1997年。
⑥ 中国社会科学院考古研究所：《胶县三里河》，文物出版社，1988年。
⑦ 袁靖等：《尉迟寺遗址动物骨骼研究报告》，《蒙城尉迟寺》，科学出版社，2001年，第424～441页。
⑧ 中国社会科学院考古研究所等：《蒙城尉迟寺（第二部）》，科学出版社，2007年，第312页。
⑨ 中国社会科学院考古研究所等：《蒙城尉迟寺（第二部）》，科学出版社，2007年，第99、100页。
⑩ 中国社会科学院考古研究所：《胶县三里河》，文物出版社，1998年，第159～184页。
⑪ 昌潍地区文物管理组等：《山东诸城呈子遗址发掘报告》，《考古学报》1980年第3期。

镞，说明这头猪很可能是猎物[1]。但是，与此同时，社会阶层分化更加明显了。虽说养猪的总数在增加，却越来越多地集中到显贵阶层的手中。他们死后埋葬大量的猪骨，普通平民和贫民的墓葬当中往往一贫如洗。如龙山时代都邑性城址——山西襄汾县陶寺遗址当中，1980年发掘的405座墓葬当中14座墓随葬猪下颌，数量1个到10多个不等，M3084随葬30个以上，普通小墓一无所有[2]。2002年发掘的陶寺中期大墓M22随葬了10头猪和1个猪下颌[3]。

继龙山文化之后的新砦文化时期，养猪业再一次得到发展。在新砦遗址的新砦二期文化层和各类遗迹当中出土不少零散的猪遗骸。经有关专家鉴定，猪在新砦遗址二期出土的各种哺乳动物中的总量占据主导地位，以个体最小数计算，在新砦二期各类家畜当中，家猪占据总数的53.57%，绵羊或山羊占10.71%，黄牛占7.14%[4]。可见猪是新砦居民最喜爱的家畜，总数达半数以上，猪肉是当时人们主要食肉来源。此外，2002年，在新砦遗址南部小城靠近浅穴式大型建筑南墙附近还发现了1具整猪骨架，这具猪骨架与浅穴式大型建筑处于同一层位，不见土坑，而是平放在地面上[5]，虽然不见专门埋葬用的土坑，但其性质与那些埋在土坑内的整猪是一样的，表明它与浅穴式大型建筑基址可能有密切的关系。

（二）黄河下游地区

截至目前，后李文化尚未有出土猪遗骸的报道。最早的是属于北辛文化的山东汶上东贾柏遗址。该遗址F12埋3个猪，发掘者认为可能与祭祀有关[6]。

进入大汶口时期以后，用猪随葬和祭祀的现象十分普遍。江苏邳县刘林遗址大汶口文化早期的一条灰沟底部集中堆放着20个猪下颌，应是祭祀现象[7]。邳县大墩子遗址大汶口文化前期的159座墓中有1座墓随葬1个猪头，6座墓随葬1个、2个猪下颌。至于用加工过的猪牙进行随葬的现象更多了。大墩子属于大汶口中期的141座墓葬当中有M218随葬完整的猪，另有两墓分别随葬1个和3个猪头，8座墓随葬1~3个猪下颌，21座墓随葬加工过的猪牙[8]。

山东枣庄建新遗址属于大汶口文化中期，M60随葬1个猪头。F27内发现一似被捆绑

---

[1] 河南省文物研究所等：《淅川下王岗》，文物出版社，1991年。
[2] 中国社会科学院考古研究所山西工作队等：《山西襄汾县陶寺遗址发掘简报》，《考古》1980年第1期；中国社会科学院考古研究所山西工作队：《1978—1980年山西襄汾陶寺墓地发掘简报》，《考古》1983年第1期。
[3] 中国社会科学院考古研究所山西工作队：《陶寺城址发现陶寺文化中期墓葬》，《考古》2003年第9期。
[4] 北京大学震旦古代文明研究中心、郑州市文物考古研究院：《新密新砦——1999—2000年田野考古发掘报告》，文物出版社，2008年，第418页。
[5] 中国社会科学院考古研究所河南新砦队、郑州市文物考古研究院：《河南新密市新砦遗址浅穴式大型建筑基址的发掘》，《考古》2009年第2期，第39页。
[6] 中国社会科学院考古研究所山东工作队：《山东汶上县东贾柏村新石器时代遗址发掘简报》，《考古》1993年第6期。
[7] 南京博物院：《江苏邳县刘林遗址第二次发掘》，《考古学报》1956年第2期。
[8] 山东省文物管理处等：《大汶口》，文物出版社，1974年，第136~155页。

这种状况到了仰韶文化大发展的庙底沟类型发生了较明显的变化。变化表现在两个方面：其一是一些极少数人的墓里开始随葬较多的猪下颌，其二是用于祭祀的猪的数量增多，最多可达50头。这种葬俗和祭祀两方面的变化都是以庙底沟期文化大发展、社会生产力大提高和社会发生巨大变革为背景的。庙底沟期是中原文化第一次大范围地向周邻文化辐射的时期，势力影响范围达大半个中国，可以说是史前中国第一次文化统一的浪潮，这样重大的历史变革事件势必影响到社会的方方面面，也在葬俗上有所体现。

在河南邓州八里岗遗址相当于仰韶文化半坡类型—庙底沟类型时期的120座墓里有极少数墓随葬较多的猪下颌。在一些墓葬旁边发现圆形或椭圆形的土坑，里面叠压摆放猪头和猪下颌，少则10～20个，多则40～50个[①]。这些圆形或椭圆形的土坑实际上就是祭祀坑，不同地点的祭祀坑可能是以家族为单位的，不同的家族祭祀用的猪骨差别如此之大，显示出家族之间贫富及地位的差别。

仰韶文化晚期，整个社会分层日趋严重。河南临汝中山寨遗址属于仰韶文化后期秦王寨类型，在16座窖穴中H56应为祭祀坑，分三层埋葬2猪2狗1人，其中，下层和中层各埋葬1猪1狗，上层埋葬1人，无论猪狗还是人，摆放得均不规整[②]。

郑州大河村遗址第四期属于仰韶文化晚期，在该期的文化层和灰坑内发现不少零散的猪骨外，还发现完整的猪骨架8具，有的埋在灰坑内，有的埋在事先挖好的长方形或不规则形的坑内，还有的埋在地层的低洼处。其中，6具头骨均向东南，又皆系杀后摆成仰卧、俯卧和侧卧，有1具是四蹄捆绑活埋，显然与祭祀活动有关[③]。

中原地区庙底沟二期文化时期沿袭仰韶文化晚期开始出现的把人和猪合在一起进行祭祀的残酷行为。在山西垣曲古城东关遗址庙底沟二期文化晚期的69座灰坑中，ⅢH63发现一猪，坑底西部有1具猪骨架，同坑埋葬的还有一男性少年和属于两个个体的人头骨和肢骨[④]。此时，一次性用于祭祀或随葬的猪的数量也在增加，如河南渑池班村遗址庙底沟二期文化的H629埋葬7头小猪[⑤]。

进入龙山时代，随着生产力的提高，养猪业获得进一步发展。在中小规模的龙山文化聚落遗址的地层和灰坑中，也常见不少整猪的遗骸。那些只葬猪的灰坑，很可能就是祭祀坑。如在郑州大河村遗址龙山文化的灰坑当中发现个别完整的猪骨架和猪下颌骨。在洛阳王湾遗址龙山文化遗存当中，也有在灰坑里埋葬整猪的情况[⑥]。在河南淅川下王岗龙山文化遗存当中，有专门葬猪的祭祀坑。H144为椭圆形直筒状，口部长径1.2米，短径0.94米，深0.67米。在坑底发现1具野母猪的完整骨架，在母猪的胸骨处，发现1枚三棱形骨

---

① 北京大学考古实习队等：《河南邓州八里岗遗址发掘简报》，《文物》1998年第9期。
② 中国社会科学院考古研究所河南一队：《河南汝州中山寨遗址》，《考古学报》1991年第1期。
③ 郑州市文物考古研究所：《郑州大河村》，科学出版社，2001年，第311页。
④ 中国历史博物馆考古部等：《垣曲古城东关》，科学出版社，2001年，第284～286页。
⑤ 袁靖：《中国新石器时代使用猪进行祭祀和随葬的研究》，《俞伟超先生纪念文集·研究篇》，文物出版社，2009年。
⑥ 北京大学考古文博学院：《洛阳王湾》，北京大学出版社，2002年，第27页。

野猪①。如果说新石器时代早期有没有家猪还有所疑问的话，到了新石器时代中期家猪肯定出现了。据鉴定，河南舞阳贾湖遗址出土的家养或可能家养的动物有家猪、狗、羊、黄牛、水牛等。在房址、灰坑里也见有猪头骨、下颌骨和猪牙。此外，用猪随葬的现象开始出现了，在贾湖遗址 349 座土坑墓中，已有 M113 和 M278 各随葬 1 块猪下颌骨②。

在河北磁山遗址 186 个灰坑当中，H5 的底部埋葬 2 头猪，另有 3 个灰坑各埋葬 1 头猪，猪身上堆满已经炭化的小米，在储藏粮食的窖穴底部埋葬整猪，可见很可能是整个氏族集团用于祭祀而有意摆放的，这是最早的用猪祭祀的实例③。

仰韶时代早期的陕西临潼零口村遗址距今 7300～6420 年，有人称之为零口村文化，该阶段出土的哺乳动物当中，以家猪最多，个体数占 49.5%，其次是斑鹿，再次是麝和四不像鹿，牛类数量较少④。可见，经过新石器时代中期的发展，农业水平的提高，家猪饲养业更加发达了。不过即使是这样，人们大多仍像此前一样，只有极少数人以猪的下颌骨或猪牙随葬，如陕西临潼姜寨遗址第一期遗存，属于仰韶文化半坡类型。按最小个体数计算，该期出土各类脊椎动物共 217 件，其中，家猪为 85 件，梅花鹿为 48 件，獐 21 件，鹿 19 件，家猪的数量是最多的⑤。不过在 298 座土坑墓当中只有 2 颗猪牙做墓葬随葬品，个别猪的下颌骨出土于房址内。可见，中原地区到了仰韶文化早期用猪骨做随葬品的现象仍然极少。

陕西南郑龙岗寺遗址半坡类型遗存当中，出土了 22 种动物遗骸。其中，家猪 17 块（件），野猪 230 块，羊骨 61 块，野生水鹿 43 块，牛骨 37 块。显然，猪在人们的肉食资源中占首位⑥。同时期的 423 座半坡类型墓葬当中，只有 M107 随葬猪椎骨，M4 随葬 1 块野猪下颌骨，还有一些墓葬随葬猪牙主要用作装饰品的，可见龙岗寺居民也是很少用猪随葬。

陕西华县元君庙仰韶文化半坡类型的 51 座墓葬当中，只有 3 座墓葬（M425、M439、M442）各随葬 1 块上颌骨或下颌骨⑦。

在河南淅川下王岗仰韶文化一期（稍早于仰韶文化半坡类型）的 123 座土坑墓中只有 M705 随葬猪上颌。在河南淅川下王岗仰韶文化二期（相当于仰韶文化半坡类型）的 451 座土坑墓中只有 M173 随葬一猪头⑧。

陕西西乡县何家湾遗址属于半坡类型晚期（有人叫史家类型）的 156 座土坑墓中只有 M90（50 多岁的男子）和 M24（成年女性）各随葬 1 件猪下颌骨⑨，另有少数墓葬随葬加工过的猪牙。

---

① 中国社会科学院考古研究所等：《桂林甑皮岩》，文物出版社，2003 年，第 341 页。
② 河南省文物考古研究所：《舞阳贾湖》，科学出版社，1999 年，第 461、462 页。
③ 河南省文管处等：《河北武安磁山遗址》，《考古学报》1981 年第 3 期。
④ 陕西省考古研究所：《临潼零口村》，三秦出版社，2004 年，第 283 页。
⑤ 半坡博物馆等：《姜寨——新石器时代遗址发掘报告》，文物出版社，1988 年，第 508 页。
⑥ 陕西省考古研究所：《龙岗寺——新石器时代遗址发掘报告》，文物出版社，1990 年，第 41 页。
⑦ 北京大学历史系考古教研室：《元君庙仰韶墓地》，文物出版社，1983 年，第 86～105 页。
⑧ 河南省文物研究所等：《淅川下王岗》，文物出版社，1991 年。
⑨ 陕西省考古研究所等：《陕南考古报告集》，三秦出版社，1994 年，第 112 页。

从新砦出土的猪首形器盖造型看，最接近东部大汶口文化猪形鬶和龙虬庄猪首罐的风格，推测新砦这件猪首形器盖的出现，是受东南文化的影响。这与新砦文化整体受东南的影响相呼应，就在与这件猪首形器盖同出的2000T6层器物群当中，就有不少器物带有浓郁的东南文化色彩，如炊器中的子母口鼎和镂空鼎，盛储器中的子母口四瓦足瓮、平底盆和双耳平底盆，酒器中的盉等[1]。

总之，这件猪首器盖巧妙地把器盖与猪首（中原、东方共同具有的对猪的崇拜）巧妙地组合在一起，创作出猪首形器盖这一崭新的器类，并出现在新砦城址这一都邑性质的城址的中心区，显然并非寻常现象。

三、中国考古中发现的猪及对猪的祭祀

我国各地新石器时代遗址中出土了不少猪的造型，这与我国新石器时代先民从很早的时候起就开始饲养猪有关。久而久之，人们甚至用猪作为随葬品和用猪进行祭祀，当然，在历史的长河中，随着社会的分化日益加深，社会显贵渐渐地把猪作为夸富和显示身份地位的标志，从而出现了中心型聚落的显贵大墓中随葬大量的猪而普通人家则失去了用猪随葬的可能。

关于在中国新石器时代遗址里常常发现使用猪进行祭祀和随葬的现象已经引起了学者们的注意[2]。有趣的是这一习俗最常见的地区恰恰是中国旱作农业和稻作农业两大农业体系所在的黄河中下游和长江中下游地区，这就充分说明农业的发达是饲养猪的必要条件。有了一定规模的农业的发展，养猪业才得以日益扩大再生产。总的来看，时代越晚，家猪的数量越多，同时，随着社会的发展，人们赋予猪以财富和宗教的意义。这样就出现了用猪随葬和祭祀用猪两种现象。这两种现象在中原地区、黄河下游和长江下游地区表现得相当清楚，在东北及内蒙古地区、华南地区和甘青地区也有程度不同的反映。我们这里着重介绍与新砦遗址出土猪首形陶器盖密切相关的中原地区、黄河下游和江淮地区这方面的情况。

（一）中原地区

河北徐水南庄头遗址是目前在中原地区发现的唯一一处新石器时代早期遗址，经鉴定这里出土的狗和家猪为家养动物[3]，有学者对这一鉴定结果表示怀疑[4]。目前所知最早的家猪出自距今约8000多年的广西桂林甑皮岩遗址[5]。另有学者认为甑皮岩遗址出土的猪全是

---

[1] 北京大学震旦古代文明研究中心、郑州市文物考古研究院：《新密新砦——1999—2000年田野考古发掘报告》，文物出版社，2008年，第278~311页。
[2] 王仁湘：《新石器时代葬猪的宗教意义》，《文物》1981年第2期；王吉怀：《试析史前遗存中的家畜埋葬》，《华夏考古》1996年第1期；袁靖：《中国新石器时代使用猪进行祭祀和随葬的研究》，《俞伟超先生纪念文集·学术卷》文物出版社，2009年。
[3] 保定地区文物管理所等：《河北徐水县南庄头遗址发掘简报》，《考古》1992年第11期。
[4] 袁靖：《论中国新石器时代居民获取肉食资源的方式》，《考古学报》1999年第1期。
[5] 李有恒等：《广西桂林甑皮岩遗址动物群》，《古脊椎动物与古人类》第16卷第4期，1978年。

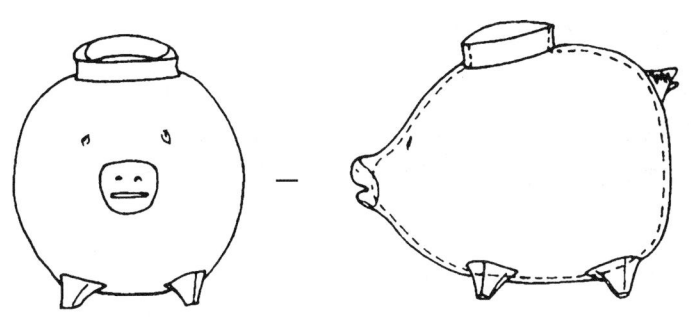

图一六　花厅遗址出土陶猪形壶
（M21∶14）

图一七　凌家滩遗址出土玉猪鹰
（98M29∶6）

器物形态逼真，吻部突出，嘴部雕刻明显，其上有两个鼻孔，在嘴的两侧有向上弯曲的獠牙。眼睛、耳朵用减地法表示，在腹部的一侧，简单地琢出两条弯曲的线，形似蜷曲的双腿[①]。需要说明的是这件大玉猪出土于整个凌家滩墓地最大也是出土玉器最丰富的墓葬（07M23）当中，自具有非凡意义。

湖北天门肖家屋脊遗址石家河文化出土有猪身的造型，肥臀、短尾，似公猪，臀后塑突出公猪的阴囊[②]（图一八）。

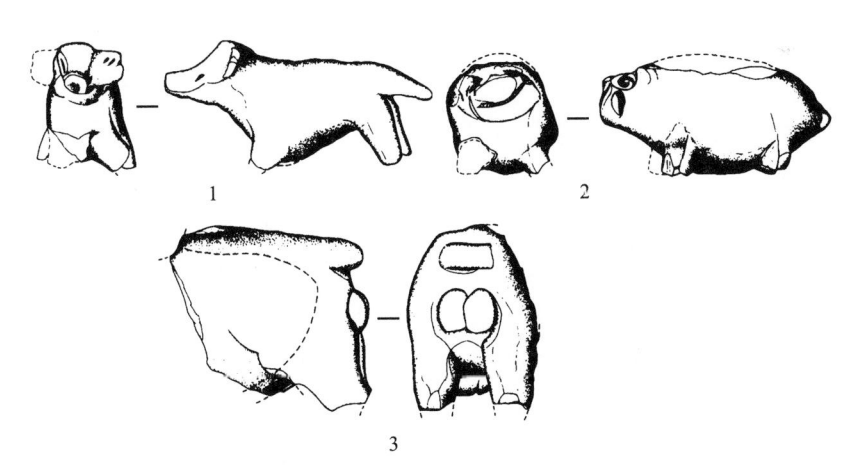

图一八　湖北天门肖家屋脊遗址出土陶猪
1. M158∶9　2. M158∶9　3. M158∶9

---

① 安徽省文物考古研究所：《安徽含山县凌家滩遗址第五次发掘的新发现》，《考古》2008 年第 3 期，第 9、10 页。
② 湖北省荆州博物馆等：《肖家屋脊》，文物出版社，1999 年，第 215～217、264、265 页。

家滩文化年代为距今5300~5200年，凌家滩遗址出土的玉猪，还发现在玉器上雕刻出猪的形象。如凌家滩98M29：6，中间为鹰，两翅各雕一猪头，猪头的耳、眼、长鼻孔、嘴栩栩如生（图一七），同出的还有玉版、玉人等[①]。2007年在对凌家滩进行第五次发掘时，将1987年发掘时已经暴露的1件大型玉雕猪揭露出来。这件玉猪全长约72、宽32厘米，重达88公斤，是目前我国发现的最早最大和最重的猪形玉器。整件

图一五　龙虬庄遗址出土陶猪形壶
1. M234：2　2. M158：9　3. M383：1　4. M383：4　5. M158：4
6. M234：3　7. M153：2　8. M158：3　9. M157：1

---

① 安徽省文物考古研究所：《凌家滩》，文物出版社，2006年，第248、249页。

小，腹下垂，做奔跑状①。T243④A∶235，圆角长方钵长边两侧各刻一只猪纹，长嘴、竖耳、高腿、短尾、粗鬃，腹略下垂，形象逼真②（图一三）。

在崧泽文化崧泽遗址出土1件陶匜，编号M52∶2，器形厚实，外壁近底部压印"S"形纹一周。报告推测此器为覆置，从照片上看，更像器盖，盖壁雕塑为猪首形，有眼、耳、鼻、嘴的明确结构③（图一四）。

江淮地区龙虬庄文化的龙虬庄遗址出土了9件猪首壶，与山东地区出土的猪首形鬶有异曲同工之妙，都是把整件器物塑成首、身、尾和

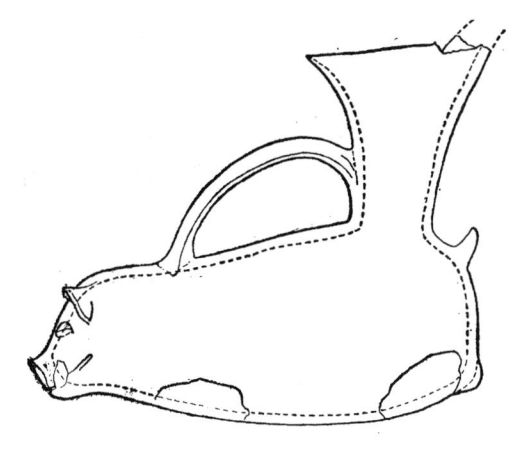

图一二　三里河遗址出土陶猪形鬶
（M111∶3）

四足齐全的造型，在猪身上开一器口（图一五）。这9件猪形壶都出自墓葬，其中第6层的M153、M157各出土1件，M234和M383各出土2件，第5层的M158出土3件。这几座墓的墓主均为成年男性，属于龙虬庄文化第二期，即距今6300～5500年。发掘者推测龙虬庄文化来源于淮河上游的贾湖文化，后来与凌家滩文化关系密切④。

图一三　河姆渡遗址出土陶野猪画纹
（T243④A∶235，报告第54、67页）

图一四　崧泽遗址出土猪首形陶匜
（M52∶2）

江苏新沂花厅墓地，大多用猪骨随葬，有的甚至用整猪随葬。引人注目的是出土了与龙虬庄猪形罐十分相似的器物（M21∶14），泥质黑皮陶，拱鼻，鼻上方有一对菱形小眼，口微张，短足，体态肥壮，背部有一矮颈圆口，可注水⑤（图一六）。安徽凌

---

① 浙江省文物考古研究所：《河姆渡》，文物出版社，2003年，第67页。
② 浙江省文物考古研究所：《河姆渡》，文物出版社，2003年，第54页。
③ 上海市文物保管委员会：《崧泽》，文物出版社，1987年，第80、81页，图版六〇。
④ 龙虬庄遗址考古队：《龙虬庄》，科学出版社，1999年，第289页。
⑤ 南京博物院：《花厅》，文物出版社，2003年，第132页。

手捏制而成。吻长而尖，竖耳、翘尾，双眼圆而小，身上为一倒喇叭状，似盖纽。身下已残。残高 3、全长 5.5 厘米[①]（图九）。

山东泰安大汶口遗址出土的大汶口文化红陶兽形器实际上就是猪的形象，标本 M9：1，夹砂红陶，圆面耸耳，拱鼻，张口，短四足，短尾上翘，背安提手，尾根为一筒形口，可受水，嘴可注水，体肥壮，近似猪形[②]（图一〇）。

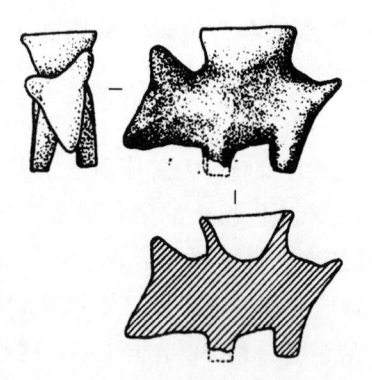

图九　大汶口遗址北辛文化出土陶猪形鬶
（T75⑤A：22）

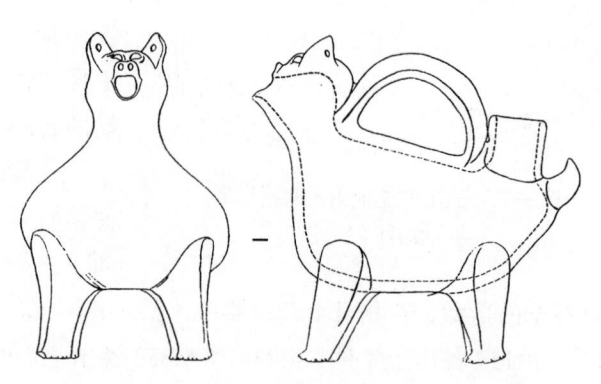

图一〇　大汶口遗址大汶口文化红陶猪
（M9：1）

山东兖州王因遗址大汶口文化灰坑当中出土 2 件陶猪，其中，T4018H3：131，泥质红陶，高 3.8、长 5 厘米。手制，小耳、长嘴，刻有双眼与鼻孔，翘尾，体肥，四足较短。背部着圆筒状口，实体，全形似"猪状鬶"[③]（图一一）。

山东胶县三里河遗址属于大汶口文化的 M111：3，也是 1 件猪型鬶，夹砂灰褐陶。头部较圆，小耳，嘴两侧有獠牙外露，短尾上翘。鬶的颈流部，安置在猪身后部靠近臀部处，四腿已残缺[④]（图一二）。

图一一　王因遗址出土陶猪
（T4018H3：131）

（三）江淮流域

有关猪的造型最早可以追溯到河姆渡文化第一期，有陶塑整猪 T21④：24，器形较

[①] 山东省文物考古研究所：《大汶口续集》，科学出版社，1997 年，第 56 页，图版一九，1。
[②] 山东省文物管理处等：《大汶口》，文物出版社，1974 年，第 92 页。
[③] 中国社会科学院考古研究所：《山东王因》，科学出版社，2000 年，第 136 页。
[④] 中国社会科学院考古研究所：《胶县三里河》，文物出版社，1988 年，第 55 页，图版二八，1。

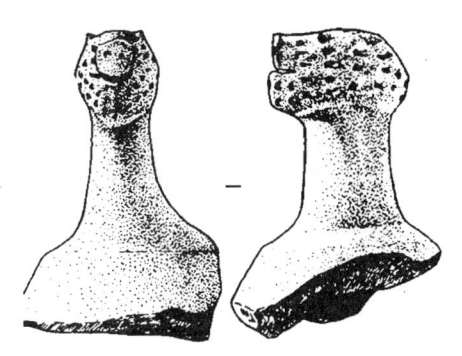

图五　何家湾遗址出土猪首形陶壶口
（T60③:22）

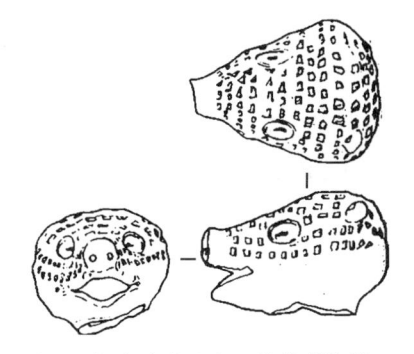

图六　何家湾遗址出土猪首形陶器口
（T57③:11）

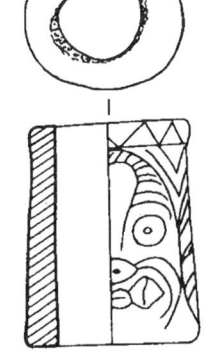

图七　何家湾遗址出土猪首纹骨管
（M168:1）

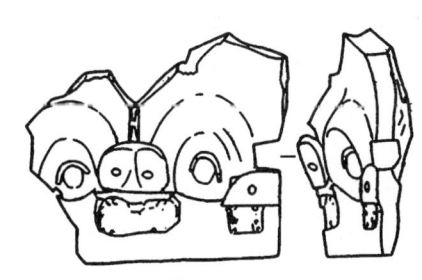

图八　师赵村遗址出土陶猪首
（T110②:22）

面的正面图案。其中，猪为长鼻、阔鼻孔、阔口、獠牙及满面鬃毛的形象栩栩如生[1]（图七），雕刻者有意识地把这两个猪首和人面连接起来雕刻在一起，表示出猪与人的亲密关系。

甘肃天水市师赵村第五期T110②:22，用陶泥塑出兽面。橙黄色，双目用阴线显示，宽而弯曲。圆睁突出，其上少部分由眼睑遮挡。鼻捏塑而成，呈猪鼻样。方形大嘴呈凹窝状，整个造型显得粗犷而狰狞[2]（图八）。

（二）黄河下游地区

在大汶口遗址的北辛文化遗存中，出土1件猪形鬹。标本T75⑤A:22，细砂红陶，

---

[1] 陕西省考古研究所等：《陕南考古报告集》，三秦出版社，1994年，第143页，图版五九，2、3。报告把这三幅图案全解释为人面，不妥，其实，猪面的獠牙及鬃毛很清楚地显现出猪首的特征。

[2] 中国社会科学院考古研究所：《师赵村与西山坪》，中国大百科全书出版社，1999年，第127页，彩版3-2。

二、新砦文化之前所见猪的造型

我国早于新砦文化的诸新石器时代文化中，已经出土过不少与猪有关的艺术品，其中，见于中原地区、黄河下游地区和江淮流域者扼要分述如下。

（一）中原地区

目前见到的最早的猪的造型是裴李岗遗址出土的属于裴李岗文化时期的 2 件陶猪头，短嘴，张口，塑造简单[①]（图三）。

河南淅川下王岗遗址下王岗仰韶文化第二期遗存出土 1 件猪首形器盖。标本 H169：9，夹砂灰陶，手制，握手为猪首形，眼、耳、鼻、鼻孔和口结构分明，造型生动，现象逼真[②]（图四）。

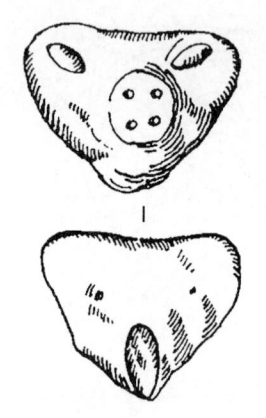

图三 裴李岗遗址出土陶猪头
（B 区 T32）

图四 下王岗遗址出土猪首形陶器盖
（H169：9）

陕西省西乡县何家湾遗址半坡类型晚期（有人叫史家类型[③]），出土了 2 件猪首形陶塑，均为细泥红陶，为陶壶的口颈部，猪首形壶口下与壶腹相通。其中，标本 T60③：22，猪首吻部突出，嘴微张，上有双鼻孔，小耳微耸（图五）。标本 T57③：11，吻部突出，张口，上有双鼻孔，眼窝内戳有小窝。双耳已残，整体饰满戳刺纹，用以表示鬃毛（图六）。

何家湾遗址半坡类型晚期 M168：1，是一件骨管，系用动物管状肢骨制成。上端直径 3.2、下端直径 3.5、孔径 2.2、高 4.4 厘米。骨管上雕刻出三个相连的图案，一为人面，另两个为猪

[①] 开封地区文物管理委员会等：《裴李岗遗址 1978 年发掘简报》，《考古》1979 年第 3 期，第 202 页；河南省文物研究所等：《淅川下王岗》，文物出版社，1989 年，第 159 页。
[②] 王小庆：《论仰韶文化史家类型》，《考古学报》1993 年第 4 期。
[③] 陕西省考古研究所等：《陕南考古报告集》，三秦出版社，1994 年，第 145 页。

泥质，浅灰色。盖壁部分为轮制而成，上部经慢轮修整和手工制作。口径23、高18、厚0.6~1厘米。此件器盖，下部与普通器盖无异，上部运用雕塑和刻划等手法，将盖顶部分塑造为猪首形状。其中，猪鼻、嘴、眼睛、耳朵乃至舌头、鼻孔、猪鬃等各部均塑造得细致入微、惟妙惟肖，把猪鬃当把手（惜已残），别出心裁，特别是把猪嘴置于盖顶部位，塑造成仰首长啸、恣意张扬的雄壮之态，整个器物融艺术性与实用性于一体，令人叹为观止。

猪首形器盖所在的2000T6第8层是新砦二期晚段的典型单位，遍布2000T6及其临近的几个探方当中，这里实际上是新砦城址内壕的一部分。该层东高西低，东部为灰黑土层，夹杂有白色、绿色土块，西部水作用明显，呈细薄层状堆积。该单位出土各类陶片共计4961片，其中，常见的纹饰是篮纹（19.69%）和方格纹（18.06%），其次是绳纹（10.06%）和附加堆纹加篮纹（9.57%），其余纹饰均在6%以下。各种器类当中，按照件数的多少依次为罐（35.43%）、器盖（31.96%）、侧扁足鼎（7.17%）、小口高领罐（6.52%）、盆（6.3%）和豆（5.65%）等，典型器物有唇沿加厚的深腹罐、折肩罐、子母口瓦足瓮、双腹豆、两侧带按窝纹的鼎足等新砦二期晚段典型器物[①]（图二）。因此，该器盖的年代应属于新砦二期晚段。

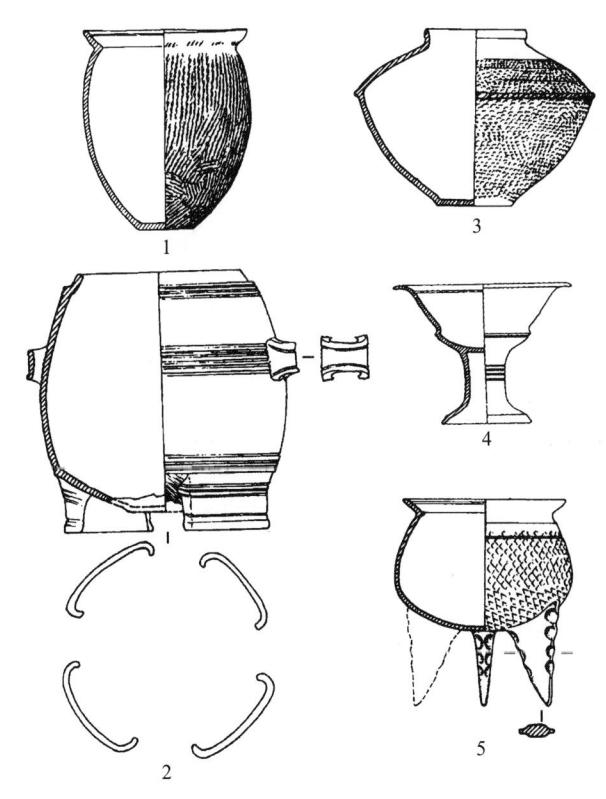

图二　与猪首形器盖共存的陶器群
1. 深腹罐（T6⑧:425） 2. 子母口瓦足瓮（T6⑧:784） 3. 折肩罐（T6⑧:303） 4. 双腹豆（T6⑧:840）
5. 侧扁足鼎（T6⑧:777）

---

① 北京大学震旦古代文明研究中心、郑州市文物考古研究院：《新密新砦——1999—2000年田野考古发掘报告》，文物出版社，2008年，第225、227页。

试论新砦遗址出土的"猪首形陶器盖"

河南新密新砦遗址是新砦文化时期代表性遗址，面积70万~100万平方米。主体遗存分为第一、第二、第三期。分别属于龙山文化晚期、新砦文化（或新砦二期文化）和二里头文化早期共三大阶段。其中，以新砦二期文化遗存最为丰富。新砦二期的年代经近年来系列样品测年为公元前1850年~前1750年[①]。自2002年起，新砦遗址纳入中华文明探源工程预研究和第一、第二阶段聚落研究课题当中，经过2002~2005年的持续发掘和研究，目前已初步判明新砦遗址是一处具有三重防御设施、浅穴式大型建筑的都邑性城址，城址的中南部以内壕圈成内城，构成整个遗址最重要的区域[②]。

新砦文化时期的各类遗存十分丰富，其中，在新砦南部内城发现的1件猪首形陶器盖，造型生动、形象逼真，是一件罕见的艺术珍品[③]（图一）。迄今为止，同类器盖在新砦文化和后续的二里头文化诸遗址当中尚未发现过，它不仅具有极高的艺术价值，而且蕴含着丰富的历史文化信息。

它为什么会在新砦遗址出现？有着怎样的历史背景？有什么样的意义？本文欲结合相关材料，对这些问题做一初步的探讨。

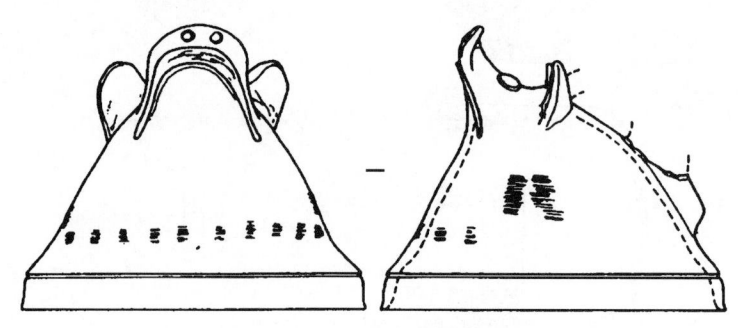

图一　新砦遗址出土猪首形器盖
（T6⑧:782）

一、出土状况与年代

猪首形器盖出土于2000T6第8层。保存基本完整。仅缺失盖纽部分。编号为2000T6⑧:782，

---

① 北京大学震旦古代文明研究中心、郑州市文物考古研究院：《新密新砦——1999—2000年田野考古发掘报告》，文物出版社，2008年。

② 中国社会科学院考古研究所河南新砦队、郑州市文物考古研究院：《河南新密市新砦遗址2002年发掘简报》、《河南新密市新砦遗址浅穴式大型建筑基址的发掘》、《河南新密市新砦遗址东城墙发掘简报》，《考古》2009年第2期。

③ 北京大学震旦古代文明研究中心、郑州市文物考古研究院：《新密新砦——1999—2000年田野考古发掘报告》，文物出版社，2008年，第312页，彩版一九。

甚至不见了射部，使玉琮形制和纹饰又一次得到改造。到了时代相当于商至春秋的四川金沙遗址，出土的玉琮以矮体素面为主，有可能是齐家文化式玉器进一步传播的结果。

良渚文化向南的传播，最为直接，可称为直接式。这可能与当时的文化环境有关。与强大的长江中游和黄河中下游史前文化相比，位于良渚文化南边的赣江和珠江流域当时的原始文化实力相对薄弱，这就为良渚文化的南下提供了可乘之机，成组的良渚玉器的出现就是明显的证据，这一点早有学者论述过了[①]。

[原载杨晶、蒋卫东主编：《玉魂国魄——中国古代玉器与传统文化学术讨论会文集（四）》，浙江古籍出版社，2010年，第294～314页]

---

① 宋建：《论良渚文明的兴衰过程》，朱非素：《广东石峡文化出土的琮和钺》，均见《良渚文化研究——纪念良渚文化发现60周年学术讨论会文集》，科学出版社，1999年。

起,将琮分为两节,素面无纹。出土玉琮附近,除了屈家岭文化墓地外,还有石家河文化的地层,于是,有人把这件玉琮的年代定为石家河文化[①]。这件玉琮与坳上湾村出土的玉琮相比,只剩下三竖槽和凸面上的横带,连细线纹也看不到了,其年代应该更晚,大概属于石家河文化中晚期。

此外,在湖北荆州枣林岗遗址两座石家河文化瓮棺中各出土1件残玉琮,其中,JZWM41:4中孔较大,呈圆角方形,器形较薄,上下有短射,外表有多道平行横阴线。另1件(JZWM38:3)仅存一角,应为外方内圆,短射,射高0.5厘米[②]。

这几件玉琮外表饰横线纹的风格,不见于良渚文化区,倒是与中原地区庙底沟二期文化和中原龙山文化带横槽的玉琮有某种相同之处。从仰韶时代开始,汉江就是连接中原与长江中游的通道,至龙山时代,双方的文化交流自然更加频繁。因此,枣林岗这两件残玉琮或许是与中原龙山文化玉器交流的结果。

长江中游地区与长江下游比邻,应该存在较密切的交往,然而考古工作者在长江中游地区发掘出的大量屈家岭文化和石家河文化的遗址和墓地中,却没有发掘出1件典型的良渚文化玉器。良渚文化玉器对长江流域的西传,似乎止步于良渚文化西临的薛家岗文化,在薛家岗和陆墩发现的玉管和锥形器或许只是薛家岗文化吸收良渚文化的结果,并不意味着良渚人势力范围的西进。

五、良渚玉器西传的模式

综上所述,良渚文化玉器的西传,可分南、中、北三路,其中,中路的西传止步于薛家岗文化的西部,屈家岭文化不见良渚玉器,石家河文化出土良渚式玉器数量极少,而且又与中原龙山时代玉器有某些联系,整个长江流域良渚玉器的传播呈现间断的现象,成都平原出土的商周时期的玉琮与良渚玉琮之间,看不出一步一步的传承环节,因而不大可能是经长江中游传播过去的。只有北路和南路才是良渚玉器对外扩散的两条主要途径。这南、北两路的传播又具有不同的模式。

北路的传播,呈现接力棒的特点,可称为间接式。良渚文化玉器北部路线的传播最初是以武力征服形式实现的,处于文化强势时期的良渚人强行抵达大汶口文化南部,同时带去了典型的良渚文化玉器群。随后,良渚玉器以改造了的形式得以在海岱地区继续发展,其代表是四面带横弦纹和圆圈纹的玉琮和方形玉圆孔璧等。黄河中游清凉寺、陶寺的庙底沟二期文化玉器中良渚式玉器再次得到改造,这时的玉琮连重圈纹也不见了,只保存了数道横槽。到了甘青地区的齐家文化阶段,目前发掘出的大批齐家玉器当中,几乎很难见到玉琮,已发掘出的3件玉琮,皆为朴素的矮体琮,而且连凸面上的横槽或线纹也不见了,

---

① 何介均:《湖南史前玉器》,《东亚玉器》,香港中文大学中国考古艺术研究中心,1998年。
② 湖北省荆州博物馆:《枣林岗与堆金台》,科学出版社,1999年。

中期偏晚阶段。玉琮石峡 M105：1、对面岗 M1：1 均属于本文所列举的 Bb 型高体琮，而石峡 M69：28 与瑶山 M7：50 相似，只是四个外凸的凸面上的纹饰更为简化，只剩有顶端的弦纹带。至于石峡 M6：2 和 M56：1 均属图案简化的矮体琮，年代当属良渚文化晚期。

广东封开县禄美村对面岗遗址，出土玉琮为内圆外方，四面中间刻一直槽，直槽两侧各刻一组两面转角相连的简化神人图案，每组分上下两节，属于本文所分的 Ba 型Ⅲ式，属于良渚文化晚期造型。

至于广东海丰县田乾镇出土的 4 件玉器当中因饰有云雷纹，年代或许属青铜时代，在此暂不予讨论①。

可以看出，大概从良渚文化中期偏晚开始良渚文化已经渗透到珠江流域。

（三）中路的传播

薛家岗文化与良渚文化的关系，过去认为是早晚关系，近年来认定它们曾经同时共存，东西对峙。其中，薛家岗文化可分为以皖西南为中心的薛家岗类型和以湖北蕲水以东至龙感湖一带为中心的鼓山类型，薛家岗文化的晚期与良渚文化早中期年代相近，末期近于良渚文化的晚期偏早阶段②。良渚文化沿长江下游溯江而上的第一站便要经过薛家岗文化。目前在薛家岗文化范围内却极少见到良渚文化玉器。其中，偏东的薛家岗类型只见到 2 件玉琮，均出土于薛家岗 M47③，其形制可排在本文所分的玉管 A 型Ⅱ式之后，年代可能相当于良渚文化中期，以往曾被认为是良渚文化玉琮的源头，现在看来玉琮在薛家岗文化数量极少，且无来源和下传的线索，当是受良渚文化影响的结果④。

鼓山类型出土的良渚式玉器在陆墩遗址仅有数件玉锥形器，大体接近本文所分的 A 型Ⅳ式和 B 型Ⅳ式，年代当在良渚文化晚期。如在湖北黄冈青石区白水乡毛家嘴村坳上湾发现玉璧、玉琮、玉镯等，其中，玉琮 1 件，内圆外方，外壁中央刻有两组细线纹，是本文所分 Ba 型Ⅲ式的进一步演化形式，连兽面纹的圆圈和横档都省略掉了，其纹饰特征与下述之湖南安乡县度家岗所出一致，年代或为良渚文化晚期⑤。

盘踞长江中游的屈家岭文化及其后继者石家河文化早期曾经与良渚文化晚期同时并存，但是，在屈家岭文化不见 1 件良渚式玉器，到了石家河文化时期也很少见到良渚文化玉器因素⑥。目前在长江中游地区发现的可能属石家河文化的良渚式玉器，仅有以下两处。

一处在湖南安乡县度家岗墓地附近，因农民在此动土，获得 1 件玉琮，高 7 厘米，内圆外方，上下均有射。外表正中有一道垂直的浅凹槽，凹槽两侧各有三道等距的带状横凸

---

① 杨少祥等：《广东海丰县发现玉琮和青铜兵器》，《考古》1990 年第 8 期。
② 朔知：《初识薛家岗与良渚的文化交流》，《浙江省文物考古研究所学刊》（第八辑），科学出版社，2006 年。
③ 安徽省文物考古研究所：《潜山薛家岗》，文物出版社，2004 年。
④ 朔知：《初识薛家岗与良渚的文化交流》，《浙江省文物考古研究所学刊》（第八辑），科学出版社，2006 年。
⑤ 汪宗耀：《湖北蕲春坳上湾新石器时代遗址》，《考古》1992 年第 7 期。
⑥ 杨建芳：《石家河文化玉雕（约公元前 2700—前 2000 年）》，《长江流域玉文化》，湖北教育出版社，2006 年。

道路，早在马家窑文化时期，已有线索，到商周时期两地的往来自然更为频繁。联系金沙遗址出土的绝大多数是矮体素面玉琮，其形制与齐家式素面琮更为接近，所以不能排除这些玉器大多数是由甘青地区辗转而来的可能性。

（二）南路的传播

1. 南下赣江下游

良渚玉器向南传播的第一站到达赣江下游一带，其中，在江西新余拾年山遗址，发掘出土的玉琮为内圆外方，饰纹极度简化，只有数周弦纹，比本文划分的 Ba 型 Ⅲ 式还要晚[①]，当属良渚文化晚期或更晚。另外，还有一些采集品，具有明显的良渚玉器特征。如江西省德安县邹桥乡湖塘水库区采集的玉琮，短筒似镯形，外方内圆，短射，每面中间有一凹形直槽，以四隅觭角为鼻，雕琢简体兽面纹四组[②]。这件玉琮可归入本文所分的 Ba 型 Ⅲ 式玉琮。

江西靖安县郑家坳遗址出土玉琮，镯形，方柱体，外方内圆，以四角为中轴，各有四块凸起块面，上刻神人图案。图案上部刻两长两短阴线象征羽冠，冠下为双眼，眼睑为三角形，中为圆圈形眼珠，下为阔鼻，再下为阴文阔嘴[③]。这件玉琮近似本文所分 Ba 型 Ⅱ 式玉琮。

江西省丰城茶塘乡古县城遗址采集玉琮，作外方内圆，上大下小的长方柱体。中间对钻圆孔，孔壁平齐光洁。通体外分为八节，每节以四角为中轴线向两侧展开，组成相对称的简体兽面纹，其构图是由两条平等横凹槽线夹一条凸线、双线圆圈和阔横（凹线等组成，分别表示冠帽、眼睛、鼻子和嘴巴[④]。该件玉琮可归入本文所分 Bb 型琮。

可见，良渚文化玉器沿南路的传播，在良渚文化中期已经来到了赣江下游地区，并持续到良渚文化晚期甚至更晚。

2. 跃进石峡文化

良渚玉器向南推进的第二站到达珠江流域。这里经发掘出土良渚式玉器的遗址有粤北的曲江石峡遗址[⑤]、粤西封开县的禄美村对面岗遗址[⑥]等，属于距今 4900～4200 年的石峡文化。其中，良渚式玉琮可分方柱形和圆筒形两类，其器形与纹饰与良渚文化玉器十分相似。如石峡出土的玉琮 M17∶13 大体相当于本文所分的 Ba 型 Ⅲ 式琮，年代有可能为良渚文化

[①] 江西省文物考古研究所等：《新余拾年山遗址第三次发掘》，《东南文化》1991 年第 5 期。
[②] 周迪人：《德安县几件馆藏文物》，《江西文物》1990 年第 3 期。
[③] 万良田、万德强：《江西出土的良渚文化型玉琮》，《东方文明之光——良渚文化发现 60 周年纪念文集》，海南国际新闻出版中心，1996 年。
[④] 万德强：《丰城出土的良渚文化玉器》，《江西文物》1989 年第 2 期。
[⑤] 广东省博物馆等：《广东曲江石峡墓葬发掘简报》，《文物》1978 年第 7 期。
[⑥] 杨式挺等：《广东封开县杏花河两岸古遗址调查与试掘》，《考古学集刊》（6），中国社会科学出版社，1989 年。

土玉琮（T409M8：1）为方柱形，通体磨光，连中原地区良渚式玉琮上残留的几道刻纹也不见了[①]。与之共出的玉璧（T409M8：2）为圆形，中间穿孔，一面平整，另一面留有切割锯痕。直径 18.4～18.6、好径 4.8～5.1 厘米[②]。齐家坪出土的 2 件玉琮当中 1 件为内圆外方，无射，变成了方筒的样子，通体素面无纹[③]；另 1 件有射，资料尚未正式发表[④]。

从发掘出土的情况来看，甘青地区齐家文化玉器器类简单，造型朴素，制作比较粗糙。有学者提出，齐家文化玉器特征是重璧轻琮[⑤]，实际上，这种现象早在良渚文化中期偏晚阶段已经开始出现了。在反山 M23、邱承墩 M5 等良渚文化中期晚期的墓葬之中，已经开始埋葬大量的玉璧却很少随葬玉琮。随着玉琮从良渚文化到大汶口文化再到中原龙山时代文化的辗转流传，至龙山时代玉琮已变得无足轻重，只不过是到了齐家文化阶段，这种重璧轻琮的现象更加突出而已。

5. 转向西南：以金沙遗址为代表

在屈家岭文化和石家河文化阶段，自今荆州以西一直到长江上游，未曾发现良渚文化玉器（详见后），没有想到，在成都平原的四川广汉三星堆遗址和金沙遗址却发掘出土了近 30 件玉琮。

四川广汉三星堆 1 号祭祀坑内出土过 1 件素面玉琮（K1：11-2），是从 K1：11 号铜头像内清理出来的，器形外圆内方，两端四角被磨成八棱形射，通高 7.6 厘米[⑥]，年代应在商代晚期。与数量众多的玉戈和玉璋相比，玉琮只有 1 件，可见，到了三星堆文化时期，玉琮已经属于点缀品。

成都金沙村晚商—西周初遗址出土各类玉器 2000 余件，其中，出土玉琮 27 件，玉琮以短方柱体为大宗，共 21 件，皆为单节素面，用材不精，加工粗糙，滑石化现象十分严重，应是当地制作的，年代属于晚商至西周。金沙出土 2 件饰有纹饰的玉琮当中，1 件为十节高体玉琮（2001CQJC：61），无论质料还是纹饰特征，都与典型的良渚晚期高体玉琮无异，当是典型的良渚文化玉琮辗转流传下来的，而另一件玉琮（2001CQJC：1），纹饰呈简化的风格，与甘青地区一些采集品相类似，或许是从甘青地区流传而至[⑦]。

成都地区良渚式玉器的来源，有人推测为来自长江中游[⑧]，实际上，从川北通向甘青的

[①] 古方主编：《中国出土玉器全集·15》，科学出版社，2005 年。
[②] 中国社会科学院考古研究所：《师赵村与西山坪》，中国大百科全书出版社，1999 年。
[③] 古方主编：《中国出土玉器全集·15》，科学出版社，2005 年。
[④] 叶茂林：《齐家文化的玉石器》，《考古求知集——96 考古研究所中青年学术讨论会文集》，中国社会科学出版社，1996 年。
[⑤] 叶茂林：《齐家文化玉器研究——以喇家遗址为例》，《玉魂国魄——中国古代玉器与传统文化学术讨论会文集（三）》，北京燕山出版社，2008 年。
[⑥] 四川省文物考古研究所：《三星堆祭祀坑》，文物出版社，1999 年。
[⑦] 朱章义、王方：《成都金沙遗址出土玉琮初步研究》，《文物》2004 年第 4 期。
[⑧] 杨建芳：《长江流域玉文化》，湖北教育出版社，2006 年。

文化和薛家岗文化有密切关系，仅有所谓"凸唇环"和1件方形环可能与玉琮有某种联系。

可见，在中原地区庙底沟二期文化的玉器当中，主要受大汶口文化和薛家岗文化的影响，却很少看到良渚文化因素。

清凉寺墓地所出玉器当中与良渚玉器相近的仅有玉琮（M521：1）、玉璧（M96：1）等少数几件①。其中，玉琮（M52：1），主体呈乳白色，间有灰蓝色和浅褐色，玉质温润，中间是双面管钻的圆穿孔，孔内壁光滑，射较低，而且四角高度不一。四个侧面较平整，每一面的中部各有两条竖向凹槽，凹槽的中间较宽深，两端略尖浅。这件玉琮与陶寺玉琮M3168：7相比，连块面上饰的浅横槽也省略掉了，仅剩下在四面中轴饰两道浅竖线。

除了陕北地区征集到一些良渚式玉器外，在中原地区龙山时代其他一些遗址当中，也发现过一些玉器，如陶寺晚期大墓中，出土有石家河文化的玉琥②，王湾三期文化中禹县瓦店遗址出土过玉鸟等③，总的来看，几乎看不出多少良渚传统，可以说，良渚文化玉器对中原龙山文化玉器的影响，远远不及山东龙山文化和石家河文化玉器对后者的影响大。或许正如高炜所言，到了龙山文化阶段，传统的良渚文化玉器在中原地区已经失去了昔日的光辉，沦为贵族们把玩的玩物了④。

4. 挺入甘青：以师赵村遗址为代表

甘青地区，在前仰韶文化时期罕见玉器，仰韶文化至马家窑文化时期只有生产工具和装饰品，到了齐家文化阶段，玉器才忽然发达起来。不过，这些所谓的齐家式玉器大多是征集品，失去了原有的层位，从而无法把握其真实的年代，因此，不宜做讨论的基础材料。截至目前，经过科学发掘且公布了发掘资料的齐家文化遗址有永靖秦魏家⑤和大何庄⑥、甘肃天水师赵村⑦、青海官亭喇家遗址⑧等，从这些发掘过的遗址来看，良渚式的玉琮数量极少而且形制再次发生了极大变化。在上述遗址当中，秦魏家出土5件石璧，武威皇娘娘台遗址出土的齐家文化墓地约有三分之一随葬璧，少者1件，多者达83件。青海民和喇家遗址出土玉器有玉璧、三璜联璧、锛、管、环等，不见玉琮。武威海藏公园玉石器作坊出土玉璧37件，玉镯1件，另有锛、凿、斧、刀等8件，就是没有玉琮⑨。

经发掘出土有良渚式玉琮的遗址只有师赵村与广和齐家坪两处遗址。其中，师赵村出

---

① 山西省考古研究所：《山西芮城清凉寺新石器时代墓地》，《文物》2006年第3期。
② 古方主编：《中国古玉器图典》，文物出版社，2007年。
③ 河南省文物考古研究所：《禹州瓦店》，世界图书出版公司，2004年。
④ 高炜：《中原玉器的两种文化现象》，《东亚玉器》，香港中文大学中国考古艺术研究中心，1998年。
⑤ 中国科学院考古研究所甘肃工作队：《甘肃永靖秦魏家齐家文化墓地》，《考古学报》1975年第2期。
⑥ 中国科学院考古研究所甘肃工作队：《甘肃永靖县大何庄遗址发掘报告》，《考古学报》1974年第2期。
⑦ 中国科学院考古研究所：《师赵村与西山坪》，中国大百科全书出版社，1999年。
⑧ 中国社会科学院考古研究所甘青工作队等：《青海民和喇家遗址2000年发掘简报》，《考古》2002年第12期；中国社会科学院考古研究所甘青工作队等：《青海民和喇家遗址发现齐家文化祭坛和干栏式建筑》，《考古》2004年第6期。
⑨ 梁晓英、叶茂林：《武威新石器时代晚期玉石器作坊遗址》，《中国文物报》1993年5月30日。

方形圆孔玉璧的先河。方孔玉璧，早在红山文化中已出土有类似的玉器，如辽宁省凌源县三官甸子墓出土1件，有人认为是红山文化玉琮[①]。我们推测，这种方形玉璧，应该是红山文化方孔玉璧去掉配系用的小圆孔，并在良渚文化方圆形玉琮变短之后，改造而成的新器形，到了庙底沟二期文化阶段，常见于黄河中游地区。

3. 西进中原：以清凉寺和陶寺墓地为代表

山西襄汾陶寺墓地为包含庙底沟二期文化和相当龙山文化时期的陶寺文化两个阶段的遗存[②]。据称，陶寺墓地在随葬玉石器的200多座墓中，共发现各类玉器800多件（组），主要有璧80多件、钺70多件、琮仅13件，13座墓中每墓各出1件玉琮，出土时，以平置于臂上的最常见，其次是套在右臂，也有个别平置胸腹间的，故看来属臂饰器的居多。陶寺出土的玉琮，包括外方内圆和圆形两种，都是扁矮的单节，器高在2~5厘米。其中，外方内圆者如M3168:7，为方形圆孔，通高3.2、宽7.1、孔径6.3、射高0.3厘米。上下圈口圆整，口略侈，短射，四面中轴饰两道浅竖线，块面上饰浅横槽三道。圆形者如M1267:2，呈镯形，高2.5、孔径7.5厘米，纹饰基本与M3168:7相同[③]。2004~2005年在陶寺晚期地层中还发现有石璇玑[④]。

山西芮城清凉寺墓地属于寺里—坡头遗址，位于山西省西南端的芮城县东北部。1995年，当地农民在该遗址挖窑洞时发现大量玉器，后者经辗转收缴，现分藏于芮城县博物馆和运城市盐湖区博物馆（原运城市博物馆），共90件玉器。其中，玉璧占大宗，共77件；另有玉琮2件；大玉管1件；还有小玉管、环、钺等[⑤]。2003年秋至2004年初冬，山西省考古研究所等对清凉寺墓地进行了考古发掘，共发掘墓葬262座，出土玉石器种类与下靳墓地相近，主要有玉璧、玉环、多孔石刀、风字形和斜刃石钺以及玉琮、牙璧、小玉饰等，其中既有大量薛家岗文化的因素，如多孔石刀、斜刃石钺、梯形石钺等，也有大汶口文化因素如玉牙璧、方形玉璧（M150:3）等。如前所述，方孔玉璧是大汶口文化新出现的玉器类型，而玉璇玑又称玉牙璧，也主要流行于大汶口文化晚期和龙山文化早期[⑥]。临汾下靳村庙底沟二期文化墓地533座墓葬当中，出土大批玉石器，种类以钺、璧为主，另有铲、刀、凿、璜、璇玑、圭、管等，不见玉琮[⑦]，出土的玉石钺、铲、双孔刀等，分别与大汶口

[①] 古方主编：《中国古玉器图典》，文物出版社，2007年。
[②] 卜工：《关于庙底沟二期文化的几个问题》，《文物》1990年第2期。
[③] 高炜：《陶寺文化玉器及相关问题》，《东亚玉器》，香港中文大学中国考古艺术研究中心，1998年。
[④] 中国社会科学院考古研究所山西队：《2004—2005年山西襄汾陶寺遗址发掘新进展》，《中国社会科学院古代文明研究中心通讯》第10期，2005年。
[⑤] 高炜：《龙山时代中原玉器上看到的二种文化现象》，《玉魂国魄——中国古代玉器与传统文化学术讨论会文集》，北京燕山出版社，2002年。
[⑥] 栾丰实：《牙璧研究》，《文物》2005年第7期。
[⑦] 山西省临汾行署文化局等：《山西临汾下靳村陶寺文化墓地发掘报告》，《考古学报》1999年第4期；下靳考古队：《山西临汾下靳墓地发掘简报》，《文物》1998年第12期；宋建忠：《山西临汾下靳墓地玉石器分析》，《古代文明》（第2卷），文物出版社，2003年。

花厅墓地出土玉琮（M50：9）的形制介于本文所分 A 型 Ⅱ 式与 A 型 Ⅲ 式玉琮之间，说明其年代上限有可能在良渚文化中期偏早阶段，而这里出土的玉锥形饰（M18：1）为方柱体，比陆庄出土的圆锥形要晚，说明其年代下限比陆庄要晚，或许到良渚文化中期偏晚阶段。

由此可见，在良渚文化中期，良渚文化的确已经挥师北上，在大汶口文化的领土打开了一个缺口。

2. 深入海岱：以五莲丹土遗址为代表

在黄河下游大汶口文化腹地发现的良渚文化玉器有五莲丹土的玉琮、临沂罗庄湖台扁平玉琮、山东茌平尚庄玉镯（M27：1）和莒县杭头村方形璧等。

山东五莲丹土出土 1 件玉琮，呈外方内圆、琮角为直角，纹样由较深的阴线槽和较浅的圆圈纹（单圈目）对称构成，与良渚文化玉琮非常相似，尤其与青墩遗址[①]出土的单节琮相似，是瑶山 M7：50 玉琮的进一步发展。这件玉琮，征集时由于缺乏共存陶器，不少学者认为是龙山文化时期的。后经发掘，在该遗址发现了大汶口文化晚期和龙山文化早期、中期的壕沟和城墙，因而有人认为更可能属于大汶口文化晚期[②]。

临沂罗庄湖台遗址出土的 1 件扁平玉琮，体扁平，呈四方形，每边有一相同的凹缺口，中心有一圆孔[③]。过去，多认为属于龙山文化，可是同出的还有背壶、盉等典型的大汶口文化晚期器物，因此，其年代亦应属于大汶口文化晚期[④]。

茌平尚庄玉镯（M27：1）为青玉质，内圆外方，内径 5.4～5.7 厘米。这件方形玉镯属于大汶口文化晚期，学者多认为是仿制的良渚文化玉琮[⑤]。

莒县杭头村遗址方形璧（M8：16），有人称为扁平玉琮，较早见于大汶口文化晚期的墓葬当中，体为方形，中间为圆孔，四边圆滑，体扁平[⑥]。

这几件玉器当中最具良渚风格的是五莲丹土出土的玉琮，显然是从良渚文化分布区简化的方形玉琮发展而来的。至于茌平尚庄出土的玉镯、湖台出土的扁平玉琮和莒县杭头出土的方形玉璧，已经很难看出玉琮的模样了。有人认为莒县杭头、湖台方形玉璧可能是从玉琮上横截取下来的[⑦]。实际上，与其说它们与良渚玉琮有关系，毋宁说开启了大汶口文化

---

① 南京博物院：《江苏海安青墩遗址》，《考古学报》1983 年第 2 期。
② 燕生东：《丹土与两城镇玉器研究——兼论海岱地区史前玉器的几个问题》，《东方考古》（第 3 集），科学出版社，2006 年。
③ 临沂罗庄湖台、临沂市博物馆：《山东临沂湖台遗址及其墓葬》，《文物资料丛刊》（10），文物出版社，1987 年。
④ 燕生东：《丹土与两城镇玉器研究——兼论海岱地区史前玉器的几个问题》，《东方考古》（第 3 集），科学出版社，2006 年。
⑤ 山东省博物馆等：《山东茌平县尚庄遗址第一次发掘简报》，《文物》1978 年第 4 期；山东省文物考古研究所：《茌平尚庄新石器时代遗址》，《考古学报》1985 年第 4 期。
⑥ 山东省文物考古研究所等：《山东莒县杭头遗址》，《考古》1988 年第 12 期。
⑦ 燕生东：《丹土与两城镇玉器研究——兼论海岱地区史前玉器的几个问题》，《东方考古》（第 3 集），科学出版社，2006 年。

钱塘江上游地区也发现了良渚文化晚期玉器。目前已知，至少在淳安—建德一带，良渚文化已经跨过钱塘江南岸。如在淳安县城左近曾经征集到玉琮[①]，从发表的线图和照片可以看出，玉琮为简化的矮体圆筒式，相当于本文的 A 型 V 式琮；玉钺的刃部外弧明显，相当于本文的Ⅲ式钺。在建德市大同区久山湖村东发掘到方锥形饰[②]，其年代也属于良渚文化晚期。

四、良渚文化玉器的西传

截至目前，在良渚文化区（含分布区与影响区）以外的长江、黄河流域以及赣江、珠江流域都发现有良渚式玉器，按照传播的途径，可以大体分为北路、中路和南路。

（一）北路的传播

按照目前发现的材料，我们可以看出，良渚玉器北路的传播路线沿着淮北（良渚文化中期）→黄河下游（大汶口文化晚期）→黄河中游（庙底沟二期文化和陶寺文化）→黄河上游（齐家文化）→长江上游（三星堆文化和商周时期）的路线，依次推进的。

1. 挺进淮北：以江苏新沂花厅墓地为代表

江苏新沂花厅墓地属于大汶口文化的范围，却出土了成组的良渚文化器物群如玉琮、琮形玉管、玉锥形器及玉梳背饰、锥形器等，其年代属良渚文化中期[③]。学术界关于花厅遗址的性质，有人主张是埋葬良渚北伐军阵亡战士的墓地[④]，也有人解释为"两合文化现象"[⑤]。如果把花厅南北两个墓区出土陶器排比一下，即可看出，北区的大墓至少可以分为两期，其中 M60 和 M61 三座大墓在同一中轴线上一字排开。随葬品皆以大汶口文化常见器物为主，随葬陶器皆属大汶口文化常见种类，如圜底釜、背壶、实足鬶、高柄豆、圈足杯等以及獐牙钩形器、牙璧、玉璜和素面玉珠组成项饰等，殉葬者的头前脚后也有相当数量的随葬品，而且头向也与墓主人保持一致，因而，这两座大墓的殉葬者更可能是墓主人的亲信。再看看 M50，随葬品有玉琮，上刻有良渚文化玉器特有的神人兽面纹，而且用刻有神人兽面的玉管串成项饰。与 M50 死者一起殉葬的是两个少年，小腿并拢，系生前捆绑所致，头前脚后是一些猪骨架，其头向与墓主人呈直角布列，显然不会是墓主人的亲信，更像是捉来的俘虏。如果此说不谬，则花厅墓地北区原本是大汶口文化贵族墓地，后来被远征的良渚贵族霸占了，因此，这些良渚贵族使用良渚玉器也就在情理之中了。

---

① 鲍艺敏：《从淳安发现的玉琮、玉钺看淳安古文化与良渚文化的关系》，《南方文物》1993 年第 3 期。
② 张玉兰：《建德县久山湖新石器时代遗址》，《中国考古学年鉴（1990）》，文物出版社，1991 年。
③ 南京博物院：《花厅》，文物出版社，2003 年。
④ 严文明：《碰撞与征服——花厅墓地埋葬情况的思考》，《文物天地》1990 年第 6 期。
⑤ 高光仁：《花厅墓地"文化两合现象"的分析》，《海岱区先秦考古论集》，科学出版社，2000 年。

接近，以地域不同大体可分为北部、西部和南部三大块。

北部，分布在淮河以北的苏北地区。以江苏省阜宁县板胡乡陆庄遗址和涟水三里墩为代表。其中，早在1975年就在陆庄遗址征集到玉琮和锥形饰等良渚式玉器，1995年，经科学发掘后证实该遗址的确含有不少良渚文化因素，但是，缺乏良渚文化的典型陶器——贯耳壶等，因而发掘者认为不宜划归良渚文化[1]。这里出土的玉琮为单节扁方柱体，孔为对钻，孔壁磨光，两端为短射，器表四面有直竖槽将全器划分为对称的四组图案。每组以四角为中轴线，分为左右两凸面，相垂直的两凸面上各饰有两周平行长横棱，棱上阴刻数周平行横线，表示羽冠，棱下刻一对重圈象征眼睛，再下为凸横档，档上阴刻卷云纹表示鼻子，组成简化的人面纹一组。这些特点可归入本文划分的BaⅡ式琮，年代约为良渚文化中期[2]。

涟水三里墩出土的玉琮，与陆庄M3玉琮相似，只是简化人面纹刻得更浅，相当于本文划分的Ba型Ⅲ式琮。按照玉琮的纹饰自中期到晚期逐渐简化的规律，这件三里墩的玉琮年代或许较陆庄玉琮稍晚，约为良渚文化中期偏晚或晚期偏早[3]。

西部，目前在安徽萧县、定远、肥东等已经发现数处含有良渚玉器的遗址，如在安徽萧县皇藏峪金寨遗址出土1件锥形玉饰，器作长方体尖锥角，上有短榫，对钻一小孔。锥体上部四面浅浮雕八组简化神人面纹，间以方道细弦纹相隔拉开，下部及锥尖部分为素面，器形精致规整，相当于本文划分的A型Ⅲ式锥形器，年代或为良渚文化晚期。另出土有良渚式玉璧，玉璧规整的风格，相当于本文所分Ⅲ式玉璧，也属于良渚文化晚期风格。故金寨所出良渚文化玉器，可归为良渚文化晚期。

定远县永宁乡德胜村出土的方柱体玉琮，器身分七节，属本文所分的Bb型，玉璧和玉锥形饰，相当于本文划分的Ⅲ式，均属良渚文化晚期作风[4]。

肥东县张集乡刘岗村出土玉琮，体作上大下小的方柱形，两端为四方抹角形射口，中心有一对穿圆孔。四面正中饰一道竖直宽凹槽，以较粗的横刻阴弦纹为界，将器体分为十五节，每节以边角为中柱线，各饰四组人面纹，以折角的凸长方块为鼻，以两道凸弦纹为冠。在其中一面可见有五处很浅的阴线刻小半圆圈表示眼睛，总体风格可归为本文所分的Bb型[5]。

安徽定远县山根许遗址出土长方体玉琮、规整的玉璧、玉镯和玉锥形饰等[6]，其中长方体玉琮和形制规整的玉璧相当于本文所分的Bb型琮和Ⅲ式玉璧，可定为良渚文化晚期[7]。

---

[1] 南京博物院考古研究所等：《江苏阜宁陆庄遗址》，《东方文明之光——良渚文化发现60周年纪念文集》，海南国际新闻出版中心，1996年。

[2] 蒋素华：《江苏阜宁陆庄出土的良渚文化遗物》，《东方文明之光——良渚文化发现60周年纪念文集》，海南国际新闻出版中心，1996年。

[3] 牟永抗、云希正主编：《中国玉器全集·原始社会》，河北美术出版社，1992年。

[4] 吴荣清：《安徽省定远县德胜村出土良渚文化遗物》，《东方文明之光——良渚文化发现60周年纪念文集》，海南国际新闻出版中心，1996年。

[5] 彭余江等：《肥东出土安徽首件大玉琮》，《中国文物报》1997年6月8日；古方主编：《中国出土玉器全集·6》，科学出版社，2005年。

[6] 杨立新：《安徽地区史前玉器的发现和研究》，《文物研究》（第12辑），黄山出版社，1999年。

[7] 浙江省文物考古研究所等：《良渚文化玉器》，文物出版社、两木出版社，1989年。

Ⅳ式，以寺墩 M3∶6 为代表，上端为椭圆柱体，下端为圆锥体。

我们把上文提及的墓葬排列在一起，可得表一。从中可以看出，上述器物形制的变化不是零星的、偶然的变化，而是至少两种以上的玉器普遍发生了阶段性变化。

表一　良渚文化玉器共存关系表

分期	地点	琮 A	琮 Ba	琮 Bb	管 A	管 B	锥形器 A	锥形器 B	钺	璧	梳背饰
早期	瑶山 M4									Ⅰ	Ⅰ
早期	张陵山 M4	Ⅰ					Ⅰ		Ⅰ	Ⅰ	Ⅱ
早期	瑶山 M11	Ⅰ									Ⅱ
早期	瑶山 M9	Ⅰ			Ⅰ	Ⅰ	Ⅱ	Ⅰ	Ⅱ		Ⅲ
早期	瑶山 M10	Ⅱ	Ⅰ						Ⅱ	Ⅰ	Ⅲ
中期	反山 M12	Ⅲ	Ⅱ		Ⅱ	Ⅱ	Ⅲ	Ⅱ	Ⅱ	Ⅱ	Ⅳ
中期	瑶山 M7						Ⅲ				Ⅳ
中期	反山 M23	Ⅳ	Ⅲ		Ⅲ						Ⅳ
晚期	福泉山 M40	Ⅴ	Ⅲ				Ⅳ	Ⅲ		Ⅲ	
晚期	邱承墩 M5			△			Ⅴ		Ⅲ	Ⅲ	Ⅴ
晚期	寺墩 M3	Ⅴ	Ⅳ	△	Ⅲ			Ⅳ	Ⅲ	Ⅲ	

注：表中瑶山 M7 打破瑶山 M11

从表一中我们可以看出，良渚文化分布区内的玉琮，A 型比 B 型出现得稍早，大概在早期后段二者已经呈同步发展的趋势，无论 A 型还是 B 型玉琮，其纹饰都有一个从简单到繁缛，再从繁缛到简化的变化过程，反映出玉琮存在从形成到发展再到衰落的轨迹。就形体而言，B 型琮的高体亚型（Bb 型）是良渚文化晚期的典型玉器，但是与之并行的还有矮体琮，只是晚期的矮体琮外表的纹饰趋于简化罢了。锥形器大体分高矮两型，其中下部的横截面均由圆锥形向长方体发展。梳背饰的顶部最初为长方形，然后，沿着弧顶——介字形顶——宝盖形顶——平顶的轨迹演变，最后阶段的梳背饰演化为整体为上大下小的倒梯形。至于玉璧，极有可能是从玉镯形器发展来的，时代越晚孔径越小、器体越扁、器形越规整。

上述良渚文化常见玉器的型式划分，树立了良渚文化常见玉器的演化标尺，我们可以据此比对那些良渚文化区（含分布区与影响区）以外的良渚式玉器，以确定其相对年代，并在此基础上观察良渚玉器的西传状况。

三、良渚文化影响区所见良渚玉器

大约在良渚文化晚期，在良渚文化分布区的外围已经形成北过淮河、西越天目山、南跨钱塘江的良渚文化影响区，影响区出土的良渚玉器与良渚文化分布区内的同类玉器十分

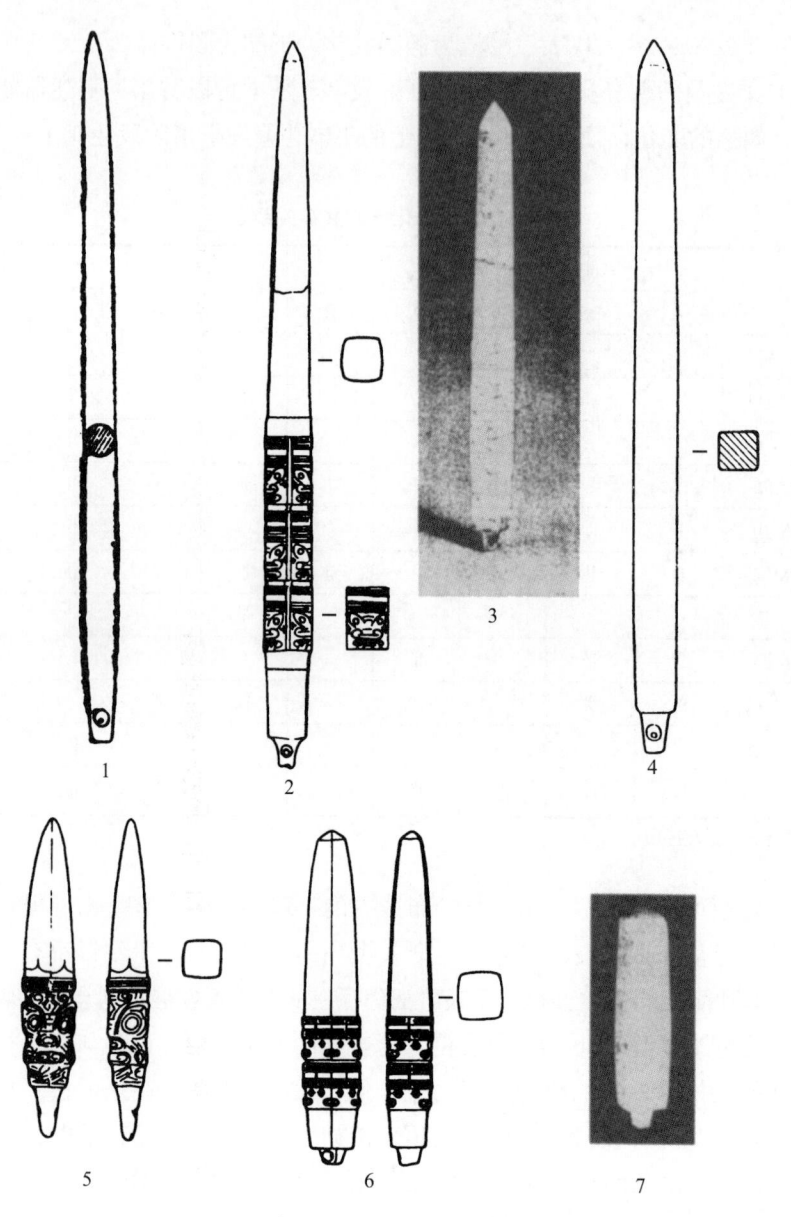

图九 玉锥形器分型分式图
1. A 型 I 式（张陵山 M4：07） 2. A 型 II 式（瑶山 M9：10） 3. A 型 IV 式（福泉山 M40：120）
4. A 型 V 式（邱承墩 M5：10） 5. B 型 I 式（瑶山 M9：7） 6. B 型 II 式（反山 M12：117） 7. B 型 III 式（福泉山 M40：92）

IV 式，以福泉山 M40：120 为代表，尖部变短，上端光素，下端刻简化的三组神人纹。

V 式，以邱承墩 M5：10 为代表，钝尖，截面为方形。

B 型 形体较短。分四式。

I 式，瑶山 M9：7，饰兽面纹，长条方柱形，上端光素，下端刻一组简化神兽纹。

II 式，以反山 M12：117 为代表，横截面为弧边正方形，下端刻两节神人兽面纹。

III 式，以福泉山 M40：92 为代表，整体光素，呈方柱体。

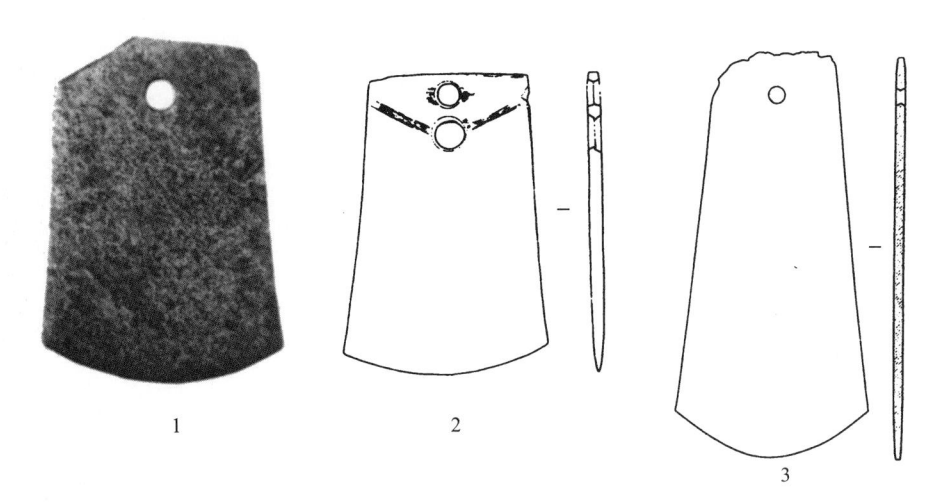

图七 玉钺分式图

1. Ⅰ式（张陵山 M4∶016） 2. Ⅱ式（瑶山 M10∶14） 3. Ⅲ式（邱承墩 M5∶6）

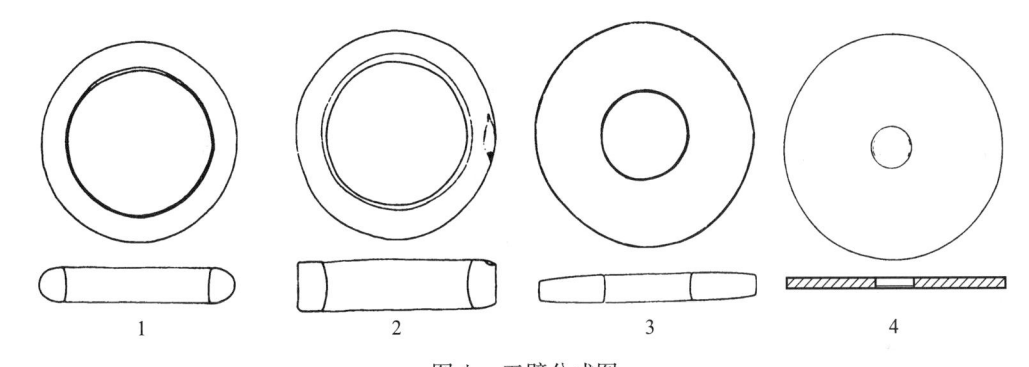

图八 玉璧分式图

1、2. Ⅰ式（瑶山 M4∶17、瑶山 M10∶28） 3. Ⅱ式（反山 M12∶95） 4. Ⅲ式（邱承墩 M5∶35）

Ⅰ式，以张陵山 M4∶09 和瑶山 M4∶17 为代表，整体接近镯形，孔径大于边宽。

Ⅱ式，以反山 M12∶95 为代表，孔径开始变小，几乎与边宽相等，整体变扁。

Ⅲ式，以邱承墩 M5∶35、福泉山 M40∶11 和寺墩 M3∶65 为代表，如邱承墩 M5∶35 器形整体扁平，小孔，规整，素面，孔内有管钻痕，经打磨留有台痕。

6. 玉锥形器

分长、短二型（图九）。

A 型　形体较长。分五式。

Ⅰ式，以张陵山 M4∶07 为代表，整体为圆锥形，外表光素无纹。

Ⅱ式，以瑶山 M9∶10 为代表，长条方柱体，下半段刻三段神兽纹，下部截面为方形。

Ⅲ式，以反山 M12∶74-5 为代表，尖为长锥形，横截面为弧边正方形，下端刻两节神人兽面纹。

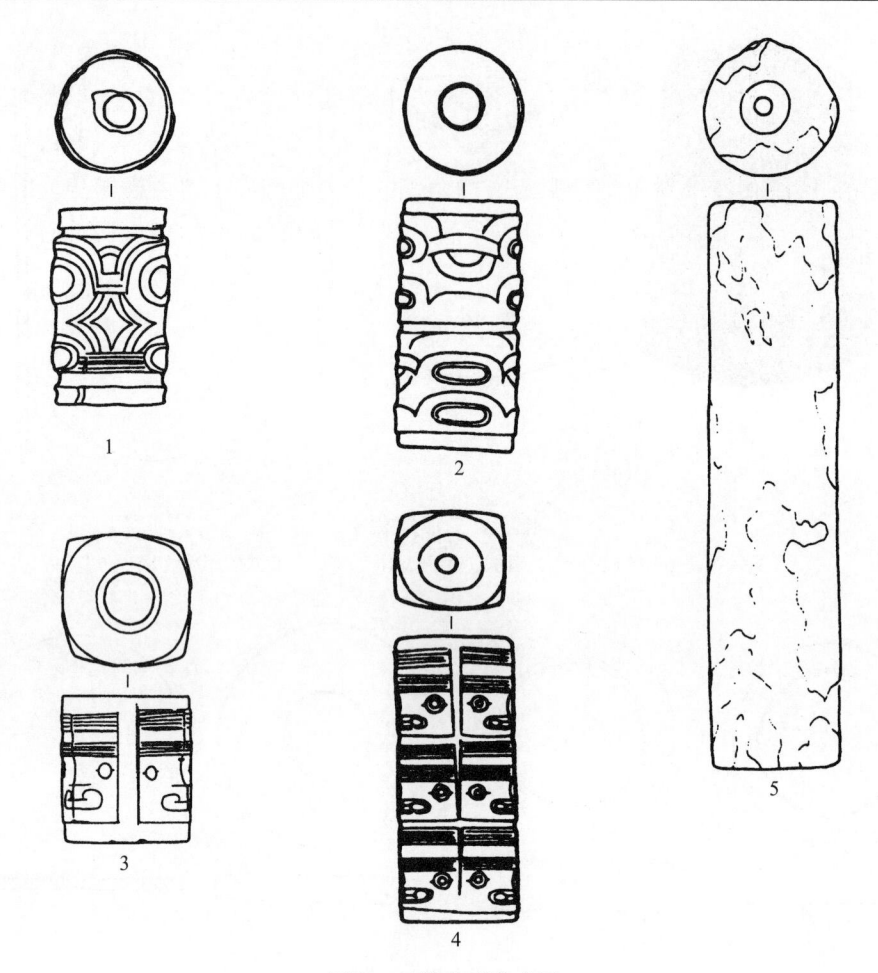

图六 玉管分型分式图

1. A型Ⅰ式（瑶山M9∶5） 2. A型Ⅱ式（反山H12∶129） 3. B型Ⅰ式（瑶山M9∶11）
4. B型Ⅱ式（反山M12∶168） 5. A型Ⅲ式（反山M23∶198）

4. 玉钺

按形制变化分为三式（图七）。

Ⅰ式，以张陵山M4∶016为代表，体扁薄，平面呈长梯形，顶窄刃宽，两侧斜直，双面弧刃。

Ⅱ式，以瑶山M10∶14为代表，平面呈梯形，顶端平直，弧刃。上部对钻两孔，上孔两侧有横线痕，下孔两侧至顶端两角各有一组细线痕。

Ⅲ式，以寺墩M3∶57为代表，扁平长梯形，上端部齐，下端弧刃，两侧边近直。另有邱承墩M5∶6。

5. 玉璧

分三式（图八）。

Ⅱ式，以反山 M12：98 为代表，矮方柱体，内圆外方，琮体四面中间有直槽，直槽内上下各琢刻一神人兽面纹图像，神人脸面为倒梯形，重圈圆眼，带小三角形眼角，阔鼻，龇牙，头戴羽冠，屈臂弯肘，五指平伸，胸腹部浅浮雕兽面，即有重眼圈，宽鼻梁，阔嘴，嘴内有獠牙，嘴下似有一对兽爪外撇。直槽两侧的长方形凸面上再由横槽分为上下两节，均以转角为中轴线向两侧展开。上下两节纹饰构图基本相同，每节的顶部有两条平行凸起的横棱及其间的卷云纹，这是羽冠的变体，羽冠下为简化的神人，它是由两个圆圈和一条横档组成的人面纹。神人的下面有一条凹弦纹，其下为一兽面纹和位于它左右两侧的鸟纹。兽面纹由两个大眼睛、桥形鼻梁和凸横档表示的鼻子组成，而两边的鸟纹由变形的首、翼、身组成。

Ⅲ式，以反山 M23：126 为代表，器表以直槽分块，块面上神人兽面纹简化为上下两道凸棱。上面的代表羽冠，下边的一条短棱代表鼻子。中间部分刻纹很浅。通体呈简化风格。

Ⅳ式，以寺墩 M3：5 为代表，器表以直槽分块，横槽分节，共分二节，上节由两道横棱组成，每道上面有数道弦纹，下节以一条短棱代表鼻子。通体更为简化。

Bb 型　内圆外方高体琮，以寺墩 M3：26 和邱承墩 M5：5 为代表。其中，寺墩 M3：26，方柱体圆管形，外方内圆，上大下小，大头朝上。两端有短矮的射。每面中间有直槽，一分为二，并有横槽分为十三节。每节分顶部和简化的人面纹两部分。其中，顶部有横槽，横槽上下为数道直线，人面纹以两个圆圈代表眼睛，以一短横档代表鼻子。

3. 玉管

良渚文化常出土玉管，有人将带有纹饰的琮形玉管称为小型琮，本文一律称之为玉管。根据形制不同，玉管也可以分为圆形和方形二型（图六）。

A 型　圆形。分三式。

Ⅰ式，以瑶山 M9：5 为代表，圆柱形，器表有四个对称的长方形弧凸面，各饰一节神兽纹。器表上下两端刻浅横槽，上横槽下饰一两个圆圈纹表示两眼，横线表示鼻梁，其下为另一周眼睛纹，但接近器底部被抹去。

Ⅱ式，以反山 M12：129 为代表，圆柱体，上下有短射。器表中部以凹槽分为上下两节，每节雕刻两个椭圆形圆圈代表眼睛，以连接眼睛的弧线代表鼻梁。

Ⅲ式，以反山 M23：198 和寺墩 M3：93 为代表，均是近椭圆形的玉管，均为素面，呈简化趋势。

B 型　内圆外方。分二式。

Ⅰ式，以瑶山 M9：11 为代表，方柱形，器表有四面弧凸面，分别以转角线为中轴，刻一节简化的神兽纹。图案上端饰两组弦纹，其下有单线圆圈眼和突鼻。

Ⅱ式，以反山 M12：168 为代表，方柱形，器表雕琢三节神人兽面纹。每节上端为两组弦纹表示羽冠，其下为一组简化的神人，其眼睛用重圈带眼角表示。

案，上部仅以两眼圈和一凸块表示眼、鼻；下部为简化的兽面纹，通体呈潦草简化的特点。

B 型　内圆外方。以高矮分二亚型。

Ba 型　体矮。分四式（图五）。

Ⅰ式，如瑶山 M10：19，矮方柱体，四面微弧凸，转角为钝角。以转角线为中轴，琢刻四幅图案。每幅图案由上部的神人以及下部的兽面纹组成，二者之间有横浅槽隔开，神人图案顶端有象征羽冠的平行弦纹，其下阴刻双眼，扁鼻凸起。兽面纹有阴刻的重圈圆眼、额、扁鼻、口及獠牙。主体纹饰周围饰以繁密的卷云纹。

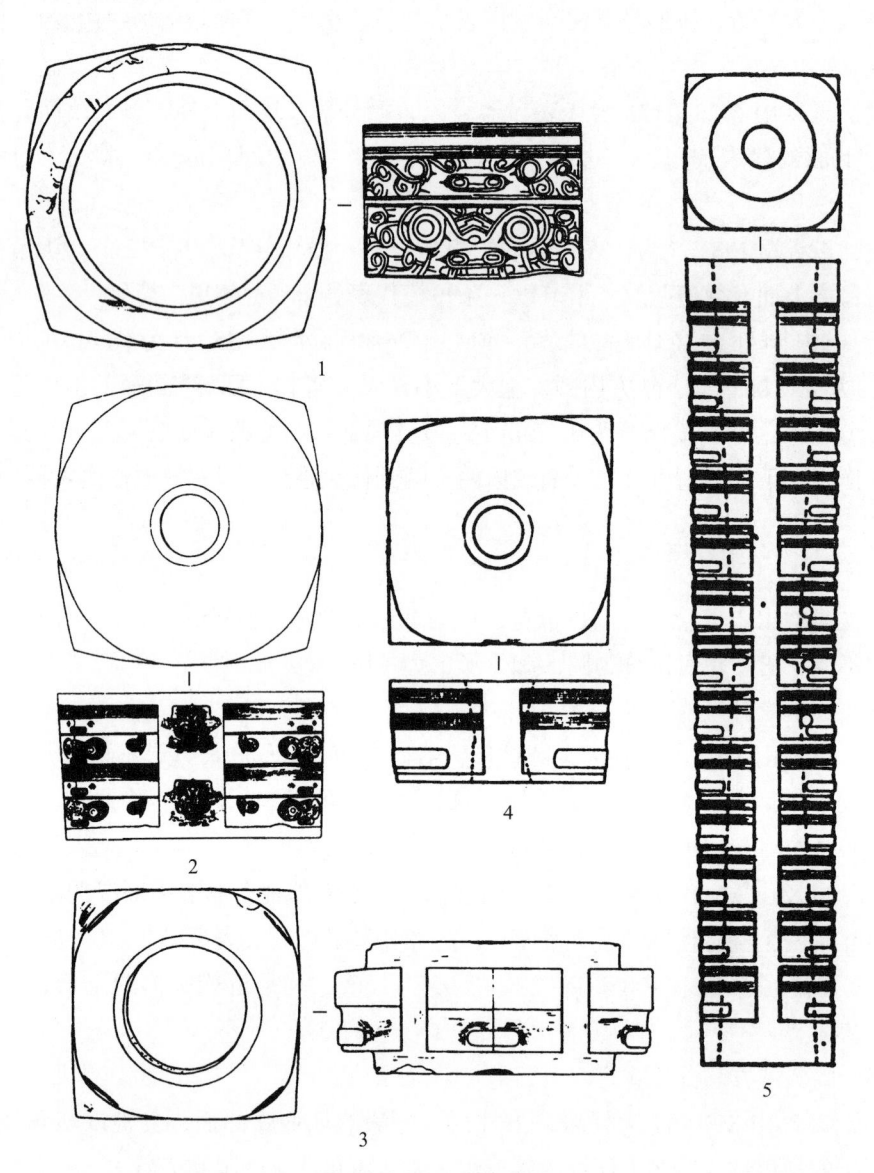

图五　B 型玉琮分式图
1. Ba 型Ⅰ式（瑶山 M10：19）　2. Ba 型Ⅱ式（反山 M12：98）　3. Ba 型Ⅲ式（反山 M23：126）
4. Ba 型Ⅳ式（寺墩 M3：5）　5. Bb 型（寺墩 M3：26）

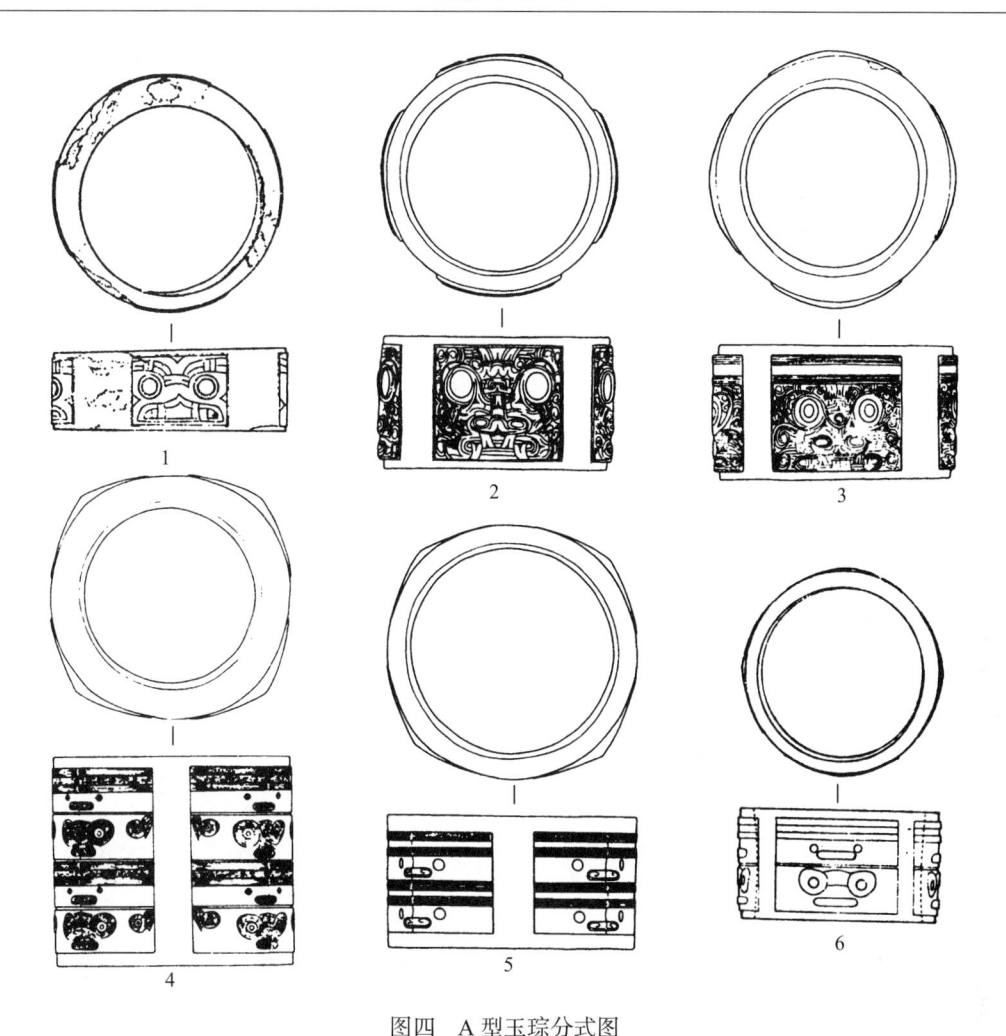

图四　A 型玉琮分式图
1、2. Ⅰ式（张陵山 M4∶02、瑶山 M9∶4）　3. Ⅱ式（瑶山 M10∶15）　4. Ⅲ式（反山 M12∶93）
5. Ⅳ式（反山 M23∶22）　6. Ⅴ式（寺墩 M3·43）

圆形眼眶、额、鼻。

Ⅱ式，以瑶山 M10∶15 为代表，器表有对称的四组长方形弧面，面上阴刻兽面纹，以浅浮雕琢出两眼、额、鼻翼、口、唇和一对獠牙。兽面纹顶部有两组平行弦纹带，主体纹饰周围饰以繁密的卷云纹。与Ⅰ式相比，主要是增加了顶部的弦纹带，以象征羽冠，主体纹饰为衬底的卷云纹。

Ⅲ式，以反山 M12∶93 为代表，雕刻上下两节神人兽面纹，每节刻纹由上、中、下三部分构成，上部有数周横弦纹，代表羽冠；中部为神人，仅刻双眼与横鼻；下部为兽面纹，有椭圆形眼睑，重圈管钻眼，有眼角和横档，眼部外侧各雕刻有一鸟形象。

Ⅳ式，以反山 M23∶22 为代表，雕刻上下两节神人纹，每节上下两端有数周弦纹，中间地带为简化的神人形象。神人以两个圆圈表示眼睛，以长条凸块表示鼻子。整体较为草率。

Ⅴ式，以寺墩 M3∶43 和福泉山 M40∶91 为代表，如寺墩 M3∶43，雕刻两节神人图列在前述第3组的后面，作为第4组，然后，按照相同原则把反山、福泉山和寺墩墓地所出主要玉器也带入分期框架之中，就可以对良渚文化常见的玉器——琮（含小玉琮管）、梳背饰、钺、璧和锥形器进行统一排序，如此可得它们的演化轨迹。

1. 梳背饰

可分五式（图三）。

Ⅰ式，以瑶山M4：28为代表，整体为长方形，下有三个钻孔。

Ⅱ式，以张陵山M4：03为代表，整体呈"山"字形，顶部中间部分为弧形，下有三个钻孔。

Ⅲ式，以瑶山M9：6和瑶山M10：4为代表。如瑶山M9：6，体扁，平面呈倒梯形，上端两角微外撇，中间凹缺处有尖突，即所谓"介"字形结构，下穿一长圆形孔。下端有扁平凸榫，其上均等对钻三个小圆孔。

Ⅳ式，以瑶山M3：5和反山M23：86为代表。如反山M12：81，体扁平，平面呈倒梯形。上端略平，冠顶为所谓"宝盖头"结构，下端为短榫内收，榫部对钻有五孔。

Ⅴ式，以邱承墩M5：18为代表。体扁，基本呈弧边倒梯形，上边平，两侧边内弧，下边微外弧，上有两个对钻的小孔。

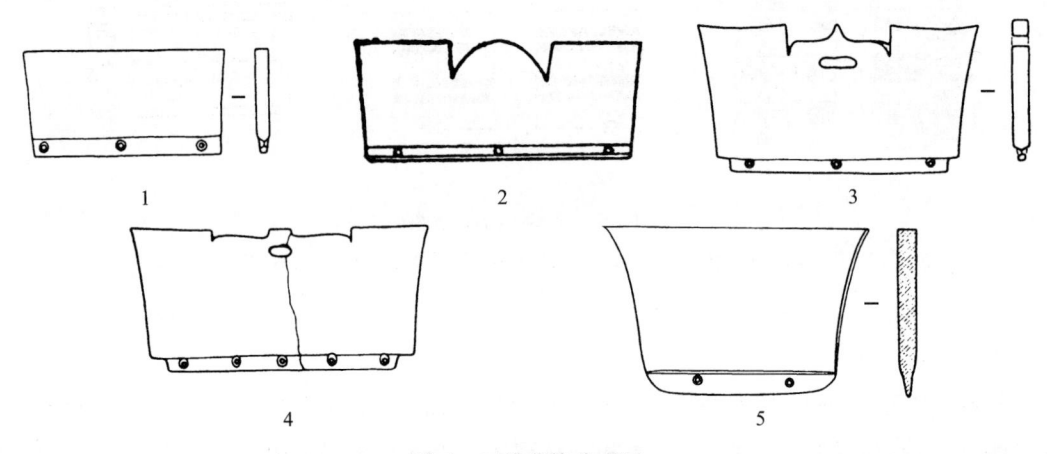

图三 玉梳背饰分式图
1. Ⅰ式（瑶山M4：28） 2. Ⅱ式（张陵山M4：03） 3. Ⅲ式（瑶山M9：6） 4. Ⅳ式（反山M12：81）
5. Ⅴ式（邱承墩M5：18）

2. 玉琮

可分为圆形和内圆外方形二型。

A型 圆形。以纹饰变化，大体可分为五式（图四）。

Ⅰ式，以张陵山M4：02和瑶山M9：4为代表，单节，器表有3~4条竖向凹槽，分割出3~4个弧面，面上阴刻兽面纹。如瑶山M9：4，四面兽面纹的图案基本相同，阴刻椭

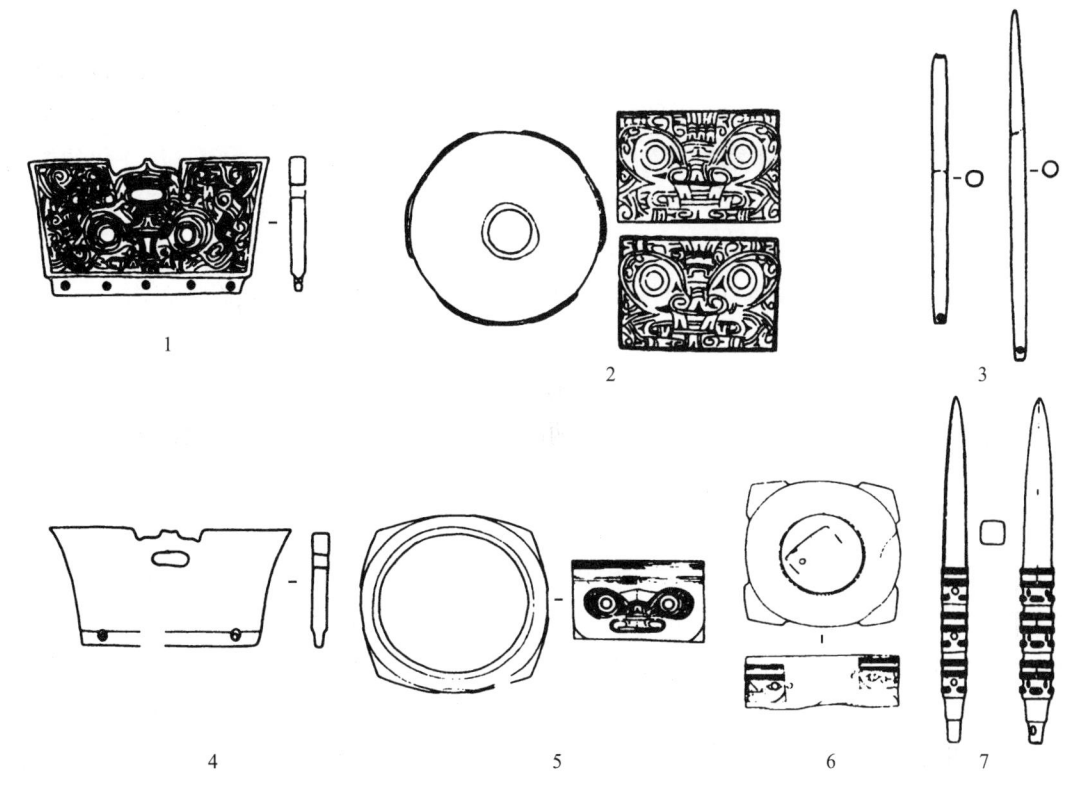

图二　瑶山 M7 与 M11 出土器物比较图

1. "介"字形头梳背（M11：86）　2. 圆形玉琮（M11：64）　3. 光素锥形器（M11：44、M11：75）　4. 宝盖头梳背（M7：63-27）　5. 内圆外方玉琮（M7：34）　6. 简化纹玉琮（M7：50）　7. 方柱形锥形器（M7：22）

M9 出土的圆形琮（M9：4、M9：1-1）与 M11：64 相同，纹饰特征也基本一致；M9 出土的玉锥形饰上部饰兽面纹，下部截面为方形，与 M7 所出相同，因此，也可以归入 M7 为代表的时间段。

M12 出土"介"字形梳背饰，而且该墓所出玉锥形饰也与 M7 所出相近。可见二者年代接近。

这样。我们可以把瑶山墓地的 12 座墓葬，分为四个年代组。

M1、M4、M5 和 M14 为第 1 组，出土长方形和弧顶"山"字形梳背饰。

M2、M3、M8～M12 为第 2 组，出土"介"字形梳背饰和圆形、三凸面的兽面纹玉琮。

M6、M7 为第 3 组，出土宝盖头梳背饰和外方内圆的玉琮等。

需要说明的是，瑶山墓地的分期，基本上涵盖了良渚文化从早期到中期的玉器演变过程，但是这一分期结果仍然缺乏良渚文化晚期的典型玉器。

江苏省无锡市鸿山镇邱承墩遗址 M5 出土的高体多节玉琮与寺墩 M3 所出相同[①]，后者被学界一致认为良渚文化晚期，因此，我们可以把邱承墩 M5 所出梳背饰、玉璧等玉器排

---

① 南京博物院等：《邱承墩——太湖西北部新石器时代遗址发掘报告》，科学出版社，2010 年。

等玉器都有人排比了前后变迁的轨迹[①]。近年来，福泉山[②]、瑶山[③]、反山[④]和邱承墩[⑤]等遗址发掘报告的陆续出版，为我们了解良渚文化玉器的共存、演变关系提供了详细的资料。我们不妨从具有地层关系和组合关系的瑶山墓地入手，梳理良渚文化分布区内常见玉器的演变轨迹。

《瑶山》公布了12座墓葬发掘资料，发掘者称"瑶山墓葬的年代处于良渚文化的中期偏早阶段"[⑥]。不过，已经有学者注意到瑶山各墓所出同一种器物往往有多种型式的差别[⑦]，可见瑶山墓地的12座墓葬遗存并非属于同一时期。

瑶山墓地发掘的12座墓葬当中M7打破M11，其中，M7出土玉器有梳背饰、琮、钺、锥形器、镯形器、三叉形器、带钩、玉牌饰等，其中玉琮有2件，1件为内圆外方形，另1件为不甚规则的角尺状凸面。M11出土玉器有梳背饰、琮、锥形器、镯形器等，两墓可比较的同类器物有梳背饰、玉琮、玉锥形器等，两两比较都有较大的差别。如M11的梳背饰的冠顶部分为所谓"介"字形，梳背饰的前后两面均刻兽面纹，而M7的梳背饰则为"宝盖头"形，通体素面；M11的玉琮圆形，三个外凸面饰三组兽面纹；M7出土的玉琮则为内圆外方形，对称的四个转角外凸面上饰四组兽面纹。M11出土的玉锥形饰横截面为圆形，通体素面，而M7出土的则于上部刻有简化的兽面纹，下部横截面为方形（图二）。此外，两墓出土的玉镯形器和柱形器也有所不同。瑶山是一座贵族使用的祭坛和墓地，不是普通人所能染指的神圣之地，如果相隔时间不长是不可能出现墓葬之间的打破关系的，加上这两座墓葬的随葬品存在如此诸多不同，也表明两者之间应具有不会太短的时间差，可代表前后两个年代组。

玉梳背饰是良渚文化玉器中最具特点的典型玉器种类之一，往往一座墓只出1件，其不同形制的变化很可能具有分期意义。在瑶山墓地出土"介"字形梳背饰的除了前述M11之外，还有M2、M3、M8、M10，可归入与M11相同的一组。出土所谓"宝盖头"形的梳背饰还有M6，可归入与M7相同的年代组。

M1、M5和M14出土的梳背饰顶部，不能归入上述两种梳背饰当中，其特点是整体为"山"字形，中间部分为弧顶，这种做法倒与良渚文化早期的张陵山M4所出的同类器相同，暗示其年代当早于上述"介"字形顶梳背饰。

M4出土的梳背饰为长方形，平顶，无法归入上述几种梳背饰当中，不过与之共存的玉璜有2件，其中，M4:6与M1:5相似，而M4:34的纹饰特征与张陵山M4玉琮上的纹饰相近，出土的玉璧也呈早期特点（详见后），因此，可把该墓划归与张陵山M4相同的年代组。

---

① 王巍：《良渚文化玉琮刍议》，《考古》1986年第11期；刘斌：《良渚文化的冠状饰与耘田器》，《文物》1997年第7期；蒋卫东：《试论良渚文化的锥形玉器》，《文物》1997年第7期；杨晶：《良渚文化玉质梳背饰及其相关问题》，《文物》2002年第11期；蒋卫东：《器形源流》，《神圣与精致——良渚文化玉器研究》，浙江摄影出版社，2007年。
② 上海市文物管理委员会：《福泉山》，文物出版社，2000年。
③ 浙江省文物考古研究所：《瑶山》，文物出版社，2003年。
④ 浙江省文物考古研究所：《反山》，文物出版社，2005年。
⑤ 南京博物院等：《邱承墩——太湖西北部新石器时代遗址发掘报告》，科学出版社，2010年。
⑥ 浙江省文物考古研究所：《瑶山》，文物出版社，2003年。
⑦ 蒋卫东：《神圣与精致——良渚文化玉器研究》，浙江摄影出版社，2007年。

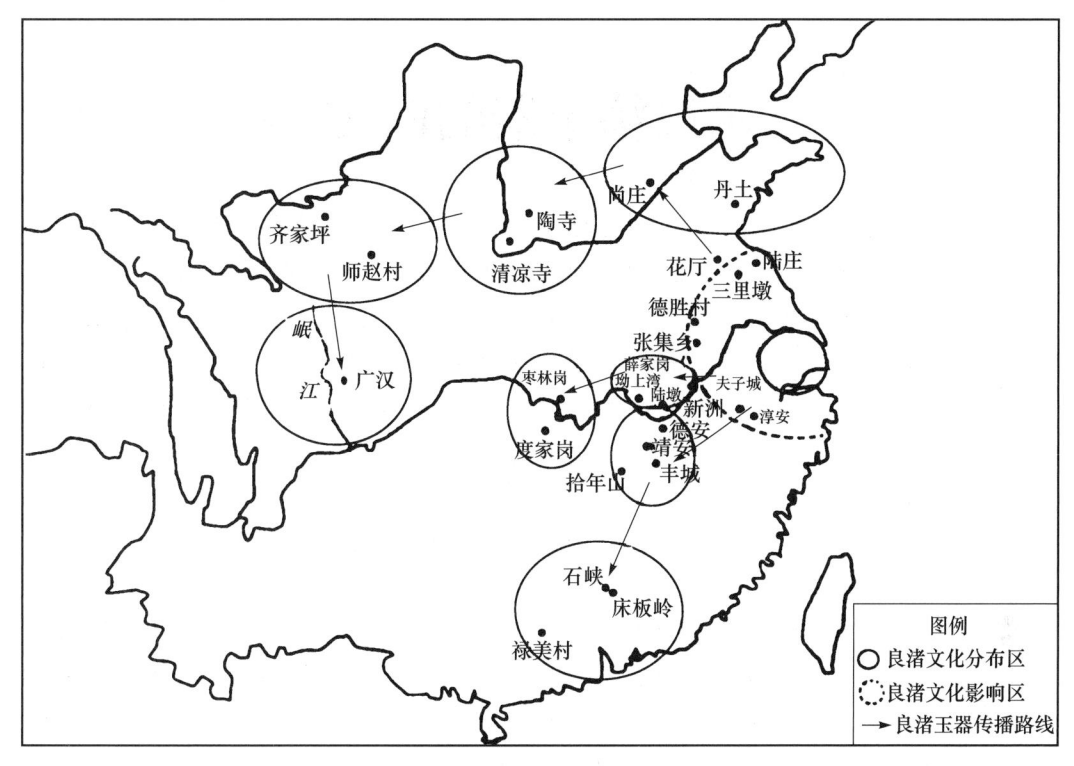

图一　良渚玉器西传示意图

良渚文化以外的地区发现的良渚式玉器，往往因时代和地域的差别而形制不一，因此，必须首先理清良渚文化区内玉器的演变轨迹，再把其他地区发现的良渚式玉器与之比较才能复原良渚文化玉器流传的过程。

二、良渚文化典型玉器的演变

良渚文化玉器萌芽于崧泽文化晚期，大体经过了一千来年的发展过程。目前多数学者倾向于把良渚文化分为早、中、晚三期，其绝对年代大致为公元前3200～前2200年[1]。在这漫长的岁月里，不少玉器都发生了不小的变化，有关玉琮、玉钺、玉璧、玉梳背饰、玉锥形饰

---

[1]　关于良渚文化的分期可参阅李国庆：《良渚文化分期及相关问题》，《东南文化》1989年第6期；杨晶：《论良渚文化的分期》，《东南文化》1991年第6期；黄宣佩：《良渚文化的分期》，《上海博物馆集刊》（第6期），上海古籍出版社，1992年；栾丰实：《良渚文化的分期与年代》，《中原文物》1992年第3期；栾丰实：《良渚文化的分期与分区》，《东方文明之光——良渚文化发现60周年纪念文集》，海南国际新闻出版中心，1996年；林华东：《良渚文化研究》，科学出版社，1998年；宋建：《论良渚文明的兴衰过程》，《良渚文化研究——纪念良渚文化发现60周年国际学术讨论会文集》，科学出版社，1999年；赵晔：《湮灭的古国故都——良渚遗址概论》，浙江摄影出版社，2007年；刘恒武：《良渚文化综合研究》，科学出版社，2008年。

论良渚玉器的西传

关于良渚文化玉器的传播，早已引起学术界的注意。特别是富有良渚文化特色的玉琮，它西至巴蜀，南逾南岭，北抵宁夏，东临大海，驰骋千里，神出鬼没，引发了学者们对良渚文化玉器广泛传播的种种讨论[1]。不过，细究良渚玉器的传播，就必须首先注意那些经过科学发掘获得的玉器，并且结合观察玉器所属的考古学文化及其相互关系，才可能对玉器的流传过程做出符合实际的估价。根据这一想法，本文将从考古学发掘出来的材料入手，探讨良渚玉器的西传问题，不妥之处，敬请方家指正。

一、良渚文化的分布区与影响区

关于良渚文化的分布范围，学术界大多认为大致在钱塘江以北、长江以南、宁镇山山脉以东的太湖流域[2]。在此范围内的良渚文化又可以分成若干小区[3]。我们不妨把这样的一个区域看作良渚文化的分布区。在这个分布区内发现的良渚文化玉器种类齐全，如琮、钺、梳背饰、三叉形器、锥形器、带钩等，而且在各类玉器特别是玉琮上面常常饰有繁缛的神人兽面纹。

出了这个良渚文化分布区，尽管某些遗址也可以见到少量良渚式的玉器。但是，却难以见到集中分布的良渚文化聚落群，更不用提在聚落群中的中心聚落了，因而也很难见到种类齐全、制作精美的良渚玉器群，特别是刻有繁缛神人兽面纹的玉琮、梳背饰和三叉形器等。

这些地点散布在良渚文化分布区的外围，其范围大体西到安徽肥东、南抵钱塘江以南、北到江苏阜宁一带，其文化遗存的特点是既含有良渚文化因素，又有不少当地的文化因素，只能是良渚文化人到达或停留之地，与良渚文化分布区有别，故可将这一良渚文化的外围区称为良渚文化影响区。

良渚文化分布区和影响区以外，仍可以见到良渚文化的玉器，特别是玉琮、玉璧和玉锥形器等，这些良渚式玉器是良渚文化对外传播的结果，排列这些地点可以追溯良渚玉器外传的路线（图一）。

---

[1] 李映福：《良渚文化玉琮的对外传播》，《四川大学考古专业创建三十五周年纪念文集》，四川大学出版社，1998年；朱非素：《广东石峡文化出土的琮和钺》，《良渚文化研究——纪念良渚文化发现60周年国际学术讨论会文集》，科学出版社，1999年；黄翠梅：《传承与变异——论新石器时代晚期玉琮形制与角色之发展》，《良渚文化研究——纪念良渚文化发现60周年国际学术讨论会文集》，科学出版社，1999年；陈杰：《良渚时期琮的流变及相关问题的讨论》，《上海博物馆集刊》（第九期），上海书画出版社，2002年；黄建秋：《良渚文化分布区以外的史前玉琮研究》，《浙江省文物考古研究所学刊》（第八辑），科学出版社，2006年。

[2] 林华东：《良渚文化研究》，浙江教育出版社，1998年；赵晔：《湮灭的古国故都——良渚遗址概论》，浙江摄影出版社，2007年。

[3] 丁品：《良渚文化聚落群初论》，《史前研究》（2004），三秦出版社，2005年；赵晔：《湮灭的古国故都——良渚遗址概论》，浙江摄影出版社，2007年。

续表

时代	遗址名称	文化性质	玉器种类	文献出处
龙山文化时期	临潼康家	客省庄二期	锛、凿、璧、圭	《考古与文物》1992年第4期
	浒西庄	客省庄二期	管、绿松石小坠	《武功发掘报告》
	长安客省庄	客省庄二期	璜5、软玉料	《沣西发掘报告》
	岐山双庵	客省庄二期	锛	《考古学集刊》(3)
	宝鸡石嘴头	客省庄二期	斧、锛、璧、纺轮	《考古学报》1987年第2期
	长安花楼子	客省庄二期	璜、簪	《考古与文物》1988年第5～6期合刊
	神木石峁	龙山时期客省庄二期	牙璋、圭、斧、钺、戈、刀、璧、璜、人头像、蚕、虎头、蝗、螳螂	《考古与文物》1988年第5～6期合刊
	神木新华	龙山时期末段	玉器30余件，器形包括钺、刀、圭、玦、璜、铲、斧等	《北京大学古代文明研究中心通讯》总第2期
	襄汾陶寺	中原龙山文化陶寺类型	中期墓葬中出土玉戚、佩饰、绿松石嵌片等	《中国社会科学院古代文明研究中心通讯》第5期
	芮城坡头—寺里	中原龙山文化	90件，其中有璧77以及琮、管、环、钺等	《中国社会科学院古代文明研究中心通讯》第2期
	洛阳矬李	王湾三期文化	玉饰1、绿松石1	《考古》1978年第1期
	洛阳王湾	王湾三期文化	绿松石饰	《洛阳王湾》
	偃师灰嘴	王湾三期文化	环2	《华夏考古》1990年第1期
	登封王城岗	王城岗三期	环	《登封王城岗与阳城》
	新密古城寨	王湾三期文化	铲1、凿1、环1	《华夏考古》2001年第1期
	郑州大河村	大河村六期	璜3、环1	《郑州大河村》
	孟津小潘沟	王湾三期文化	玦	《考古》1978年第4期
	禹县吴湾	中原龙山文化	钺	《中原文物》1988年第4期
	禹县瓦店	中原龙山文化	铲1、璧1、鸟1	《考古》2000年第2期
	安阳后冈	后冈二期文化	环1、璧3	《考古学报》1985年第1期
	安阳大寒	中原龙山文化后冈类型	环2	《考古学报》1990年第1期
	淅川下王岗	中原龙山文化下王岗类型	璜	《淅川下王岗》

［原载杨伯达主编：《中国玉文化玉学论丛（三编·上）》，紫禁城出版社，2005年，第279～319页］

续表

时代	遗址名称	文化性质	玉器种类	文献出处
仰韶文化时期	西安半坡	仰韶文化	绿松石坠饰	《西安半坡》
	临潼姜寨	半坡类型（姜寨第一期）	绿松石坠饰	《姜寨》
		半坡晚期类型（姜寨第四期）	圭	
	宝鸡福临堡	仰韶晚期	坠	《宝鸡福临堡》
	宝鸡北首岭	半坡类型	绿松石饰	《宝鸡北首岭》
	南郑龙岗寺	仰韶文化早期（半坡类型）	斧、铲、锛、凿、镞	《龙岗寺》
	西乡何家湾	半坡类型早期	绿松石饰 1	《陕南考古报告集》
		半坡类型中期	绿松石饰 1	
		半坡类型晚期	斧 1、锛 1、刮削器 1	
	郑州林山寨	仰韶文化晚期	璜	《考古通讯》1958 年第 2 期
	郑州大河村	仰韶文化中期（大河村一期）	绿松石饰	《郑州大河村》
		仰韶晚期（大河村四期）	刀 1、环 10、璜 11、玉饰 1	
	临汝中山寨	仰韶文化中期（中山寨三期）	玉环、石璜 1	《考古学报》1991 年第 1 期
		仰韶文化晚期（中山寨五期）	玉饰	
	偃师汤泉沟	仰韶文化晚期	璜	《考古》1962 年第 11 期
	临汝北刘庄	仰韶晚期	璜 2、珠 2、方形玉饰	《华夏考古》1990 年第 2 期
	南阳卧龙区黄山	仰韶、屈家岭	带孔铲、斧、镯、镰、铲	南阳师范调查材料
	西峡阳岗	仰韶、屈家岭	锛、斧	南阳师范调查材料
	社旗潭岗	仰韶、屈家岭	铲、佩	南阳师范调查材料
	内乡茶庵	仰韶、屈家岭	铲、凿	南阳师范调查材料
	方成大张庄	仰韶、屈家岭	锛	南阳师范调查材料
	南召竹园	仰韶、屈家岭	凿、斧	南阳师范调查材料
	西峡阳岗	仰韶、屈家岭	锛、斧	南阳师范调查材料
庙底沟二期文化	陕县庙底沟	庙底沟Ⅱ期	璜 2	《庙底沟与三里桥》
	郑州大河村	庙底沟二期（大河村五期）	刀 1、璜 2、环 6、玉饰 2	《郑州大河村》
	襄汾陶寺	陶寺早期（庙底沟二期）	钺、环、琮、梳、臂环、管	《考古》1980 年第 1 期；1983 年 1 期
	临汾下靳村	陶寺早期（庙底沟二期）	钺、璧、玉饰、刀、璜、圭形器、瑗、锛、环、杂饰、方形玉珠	《考古学报》1999 年第 4 期；《文物》1998 年第 12 期
	新安西沃	庙底沟二期	珠	《考古》1999 年第 8 期
	伊川伊阙城	庙底沟二期	玉饰 2、璜 1、佩饰 1	《考古》1997 年第 12 期
	渑池仰韶村	庙底沟二期	玉饰 2	《史前研究》1985 年第 3 期
	垣曲古城东关	庙底沟二期	璜、玉饰	《垣曲古城东关》

（三）时代特征

（1）装饰品中增加了玉玦，生产工具更为齐全，礼器中新出现了玉璋、玉戚。新增加了大量动物和人物造型这一新的玉器种类。总之，中原玉器至此走向了一个新的发展阶段。

（2）出现了专门埋藏玉器的玉器坑。如在神木新华遗址成人墓区的范围内，发现了一个"玉器坑"。坑口的平面略呈长方形，方向与墓穴的方向基本一致，坑底有序列并排着各种玉器30余件。器形包括钺、刀、圭、玦、璜、铲、斧等。玉器坑应该是个祭祀坑，很可能是新华先民们的祭祀场所。

（3）与南方石家河、东夷系统和南方的良渚文化玉器以及与凌家滩玉器均发生了文化交流现象，促进了中原玉器的发展，也使中原玉器呈现多姿多彩的区域特点。

五、关于中原新石器时代玉器的几点认识

（1）本文依据实物资料，将中原地区新石器时代玉器初步划分为萌芽期、形成期、转型期和发展期四个阶段，其中，萌芽期只有以绿松石为大宗的装饰品。形成期已经出现了玉质的生产工具和武器，装饰品当中也开始出现了玉璜。转型期最大的变化是在一些大型墓或随葬品较多的墓葬当中出现了玉礼器。到了发展期，各种玉器门类齐全，最突出的是有关人物和动物形象的出现。

（2）从中原玉器的发展史看，玉器来源于审美，最初的美石用于装饰，并非宗教用品，也不是享用者用于标示其社会地位的象征物。

（3）玉礼器脱胎于生产工具和武器。最初称为玉制品的是玉斧、铲、凿、锛之类的生产工具和镞之类的武器。可见，玉礼器来源于同类或相近的生产工具和武器。

（4）玉制品经历了从寻常人家到贵族专用的过程。这一过程自庙底沟二期文化开始。从玉器发展史观察得出的这一结论与聚落、生产力及丧葬习俗等方面的考察相一致，均表明庙底沟二期文化时期是中国史前社会发生急剧变化的重要转折时期之一。

（5）中原地区新石器时代玉器造型朴实无华，缺乏良渚文化玉器的神秘现象。同时又能博采众长，注重吸纳四邻玉器的不同风格，最终形成了既含有多方玉器文化因素，又不失纯朴端庄主流风格的中原史前玉器特色。

附表　中原地区新石器时代玉器出土地点一览表

时代	遗址名称	文化性质	玉器种类	文献出处
前仰韶时期	舞阳贾湖	裴李岗文化	绿松石饰	《舞阳贾湖》
	新郑裴李岗	裴李岗文化	圆形绿松石饰2	《考古学报》1984年第1期
	郏县水泉	裴李岗文化	绿松石饰	《考古学报》1995年第1期
	宝鸡北首岭	老官台文化	绿松石饰	《宝鸡北首岭》
	南郑龙岗寺	老官台文化	绿松石坠	《龙岗寺》

4. 人物和动物艺术造型

（1）人头像

神木石峁SSY122，玉髓质，双面平雕，头束高髻，团脸，鹰钩鼻，半张口，下唇稍长，线刻大眼，耳轮偏后，腮部鼓出，细颈，面颊透钻一圆孔。高4.5厘米（图二三）。

（2）蚕

神木石峁SSY123，灰玉，头小向前伸出，扁长体，煞尾向下微曲，体无纹饰，尾部呈蠕动前行之态（图二四，1）。

（3）虎头

神木石峁SSY124，正视作方形，侧视为圆形并纵贯一圆孔。正面两面雕出虎头形象，其耳、眼、鼻图案化，凹凸有致（图二四，2）。

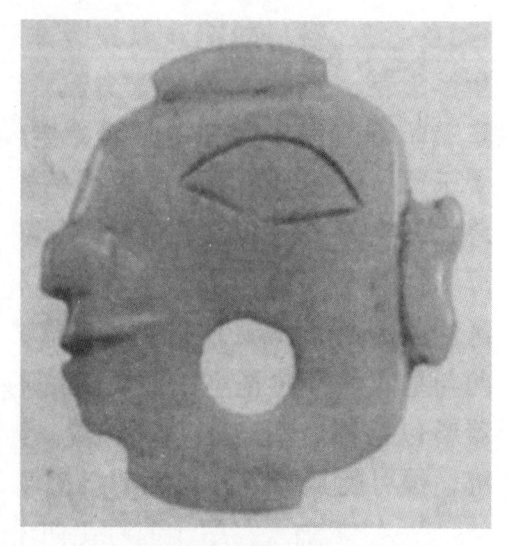

图二三 发展期（龙山文化时期）人头像
（石峁SSY122）

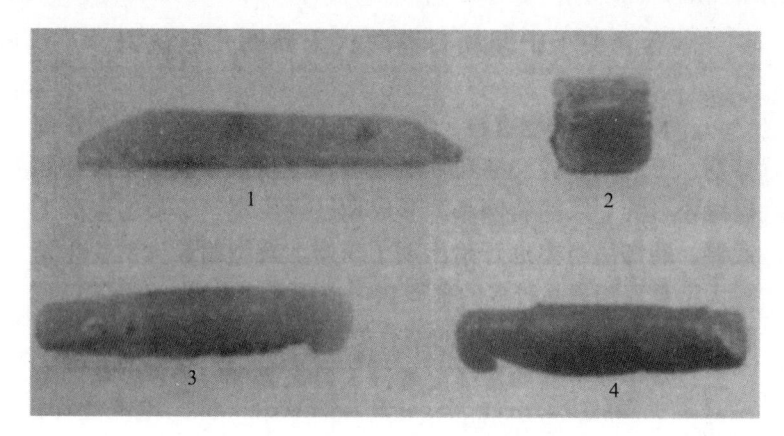

图二四 发展期（龙山文化时期）动物艺术造型
1.蚕（石峁SSY123） 2.虎头（石峁SSY124） 3.蝗（石峁SSY125） 4.螳螂（石峁SSY126）

（4）蝗

神木石峁SSY125，青玉，圆头方吻，体浑圆，颈与尾部稍细，线雕双翅（图二四，3）。

（5）螳螂

神木石峁SSY126，紫玉，圆头勾吻，体浑圆，呈蛹形，前后各有一棱，有跳跃之感（图二四，4）。

（6）鸟

瓦店ⅣT4W1：4，墨绿色，圆雕，柱形立鸟，鸟头、嘴以写实手法表现，双翅用线刻纹表示，圆锥形尾部钻一圆孔。长6.3、直径1.5、孔径0.1～0.4厘米（图一三，10）。

（3）戚

神木石峁 SSY45，黄玉，有云烟纹，弧刃，两角微翘出体外，平背，两侧近直，各有两组齿饰，近背端穿前后相对的大小孔各一（图二一）。

图二〇　发展期（龙山文化时期）钺

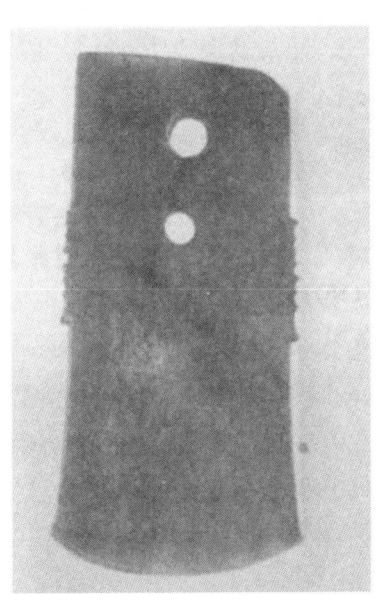

图二一　发展期（龙山文化时期）戚（石峁 SSY45）

（4）璧

瓦店ⅣT1H3：2，白色，残存三分之一，磨制。复原直径13、宽4、厚1厘米（图一三，8）。石嘴头 M2：8，残，体扁平，通体磨光。外径8.8、孔径4.4厘米（图一三，9）。

（5）圭

神木石峁遗址共发现9件，分别由青玉、墨玉、黄玉、绿玉和鸡骨白玉磨制而成，方首或两角略圆呈弧形，不少系由牙璋改制而成（图二二）。

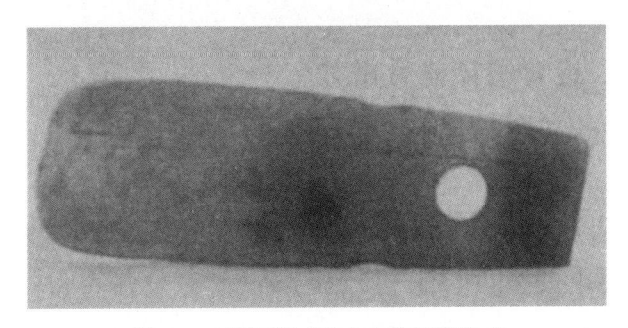

图二二　发展期（龙山文化时期）圭

（6）纺轮

石嘴头 M2：13，体扁平，通体磨光，底面有平行的锯痕。直径 4.7、孔径 0.4 厘米（图一三，7）。

（7）戈

神木石峁遗址共发现 3 件。石峁 SSY121，墨玉，长援方内，援上下有刃，双刃向前，折聚成锋，援身扁平无棱脊，援与内有明显界限，内有一穿（图一八）。

3. 礼器

（1）牙璋

神木石峁遗址共发现 28 件。墨玉，唯刃口薄处色较浅呈深茶色。形似铲，体扁平而长，柄作方形，前方正中透穿一孔，末端一边往往斜行。柄体连接处向两侧凸出，有的还附有齿状侧饰。首部歧出，如两个齿牙相对。标本 SSY18，刃口稍浑圆，仅比其外侧的扉棱薄些，没有开刃。可见非实用品，仅具象征意义（图一九）。

图一七　发展期（龙山文化时期）斧
（石峁 SSY44）

图一八　发展期（龙山文化时期）戈
（石峁 SSY121）

图一九　发展期（龙山文化时期）牙璋
（石峁 SSY18）

（2）钺

神木石峁遗址共发现 5 件玉钺。黄色，有透明感，刃部稍宽而钝，作弧形或斜弧形，背平直，体扁平近方形，穿一孔或两孔（图二〇）。

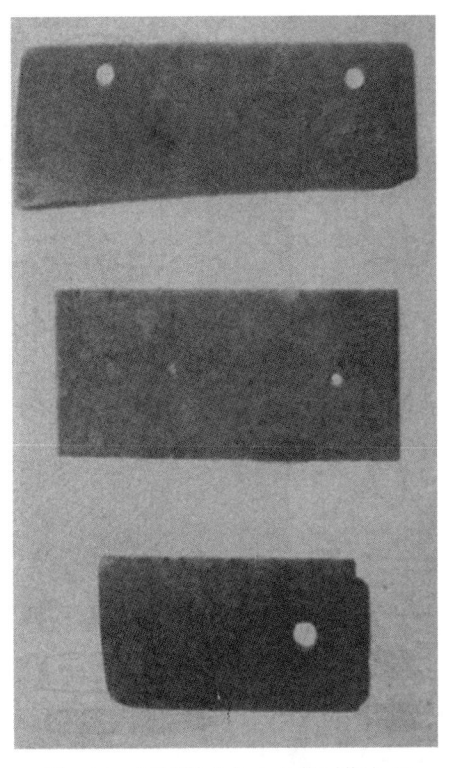

图一四 发展期（龙山文化时期）刀
（石峁 SSY105～SSY107）

B型 中长型，长度20~25厘米。石峁SSY89，平背，刃微内凹，两侧不对称，一头稍宽，近背处穿三孔（图一五）。

C型 器身较长，长度在30厘米以上。如石峁SSY82，背短，平直而厚，刃薄而长，穿五孔（图一六）。

（4）斧

石峁 SSY44，蛇纹石化栏杆岩磨制而成，色彩斑斓，方刃，弧背，刃部稍宽，两侧甚长，近背处纵穿二圆孔（图一七）。宝鸡石嘴头 M2：11，浅灰白色，通体磨光，扁平长方形，斜顶，斜刃，双面刃，一面有棱线，刃锋利。长9厘米（图一三，4）。

（5）凿

康家采：6，横剖面呈长方形，通体磨光，较精致。长5.4、宽1.1、厚0.8厘米（图一三，5）。古城寨Ⅲ T1F1：18，月白色，有数道青色纹理，磨制精细，长方形，一面略窄，背面略宽，单面刃。长6.2、宽4.3、厚2.4厘米（图一三，6）。

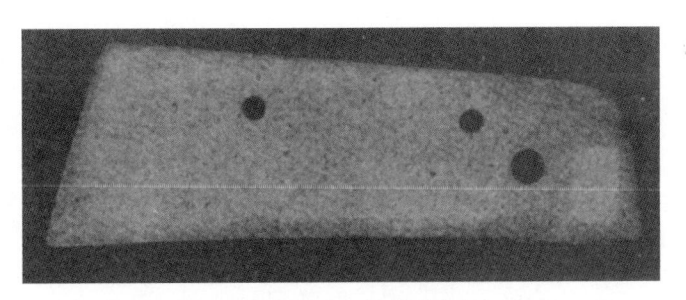

图一五 发展期（龙山文化时期）B型刀
（石峁 SSY89）

图一六 发展期（龙山文化时期）C型刀
（石峁 SSY82）

（1）铲

禹县瓦店ⅣT4W1∶5，墨绿色。长方形，双面弧刃，顶端有残损，磨制修整。长7.6、宽4、厚0.6厘米（图一三，1）。

（2）锛

康家F22∶5，片状，在顶部中间有一个单向钻的小孔，刃部有使用痕迹。长4.8、宽2.4、厚0.5厘米（图一三，2）。石嘴头M2∶12，浅灰白色。扁平长方形，双面刃，刃部锋利，通体磨光。长7厘米（图一三，3）。

（3）刀

神木石峁遗址共发现玉刀近40件，分三型。

A型 器身较短，长度在20厘米以下。石峁SSY105～SSY107，青玉，长方形，刃微外凸呈弧形，近背处穿1～2孔（图一四）。

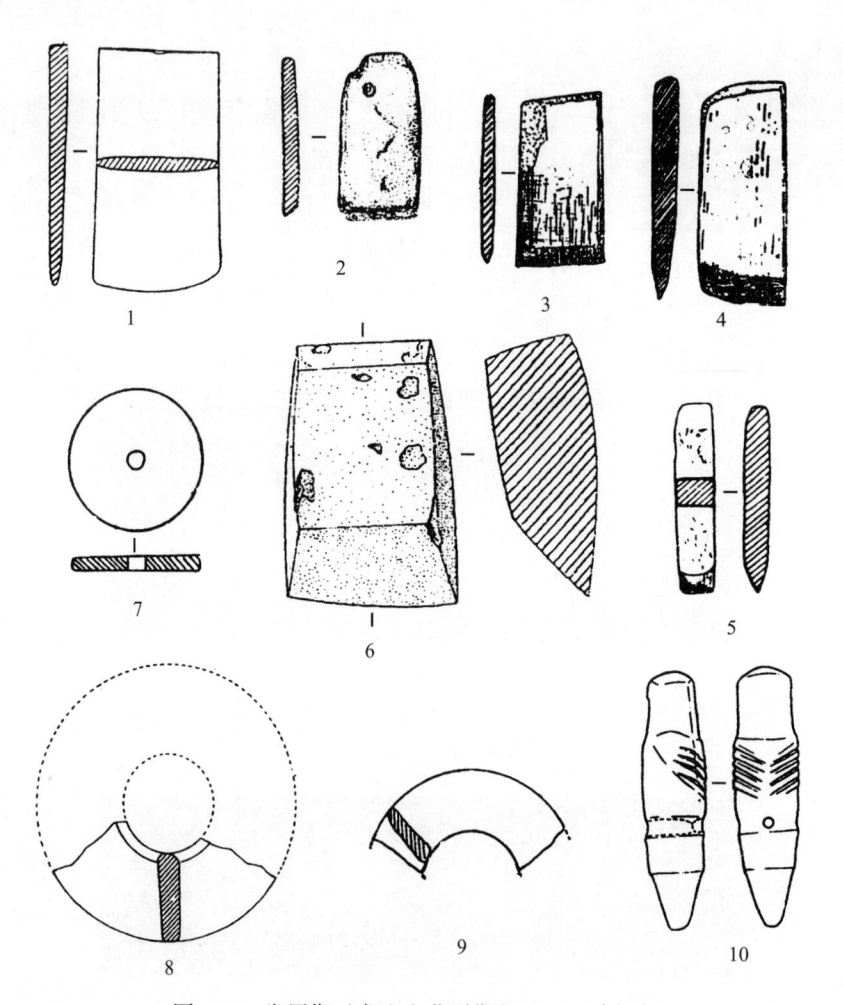

图一三 发展期（龙山文化时期）工具、璧与鸟

1.铲（瓦店ⅣT4W1∶5） 2、3.锛（康家F22∶5、石嘴头M2∶12） 4.斧（石嘴头M2∶11） 5、6.凿（康家采∶6、古城寨ⅢT1F1∶18） 7.纺轮（石嘴头M2∶13） 8、9.璧（瓦店ⅣT1H3∶2、石嘴头M2∶8） 10.鸟（瓦店ⅣT4W1∶4）

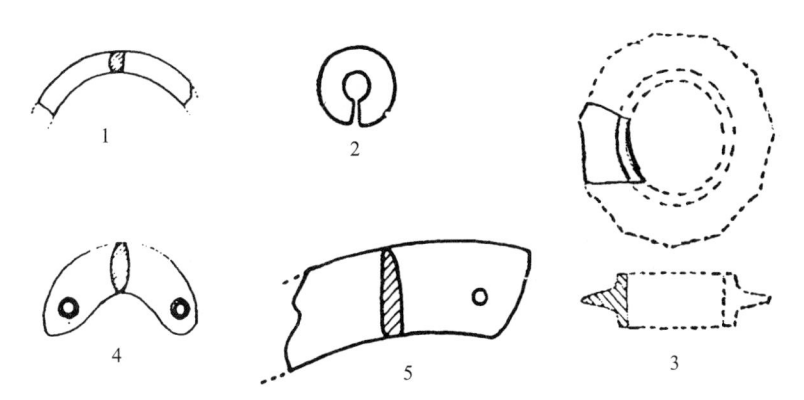

图一一　发展期（龙山文化时期）装饰品

1. A 型环（大河村 T9②：32）　2. 玦（小潘沟 T6H47：69）　3. B 型环（古城寨ⅢT1⑩Cb4：2）
4. A 型璜（大河村 T58⑤C：8）　5. B 型璜（大河村 T9②：13）

（3）璜

按整体形状分二型。

A 型　近牛角形。大河村 T58⑤C：8，米黄色，通体磨光，保存完整，扁圆体，弧形，两端圆弧形，各穿一圆孔。弧长 6.5、宽 1.6、厚 0.7 厘米（图一一，4）。

B 型　弧形。大河村 T9②：13，乳白色，已残，横断面为条形，扁平体，呈弧形，一端残，另一端平直略弧，并饰一圆孔。残长 4、宽 1.4、厚 0.3 厘米（图一一，5）。

（4）佩饰

陶寺 M22：136，整体呈戴一王冠的兽面形（图一二）。

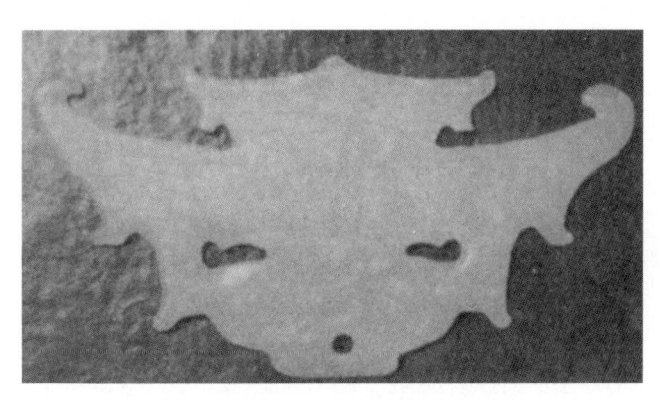

图一二　发展期（龙山文化时期）兽面玉饰
（陶寺 M22：136）

（5）簪

长安花楼子 T17②：5，深绿色，柱状。残长 9.4、直径 0.8 厘米。

2. 生产工具与武器

生产工具与武器有斧、铲、锛、凿、刀、纺轮和戈。

器坑的出现，标志着中原玉器进入发展阶段。陕西神木新华遗址出土了玉器 30 余件。器形包括钺、刀、圭、玦、璜、铲、斧等[①]。在其他遗址也出现不少玉器。如陕西长安县客省庄遗址出土了璜和软玉料 17 件[②]，陕西岐山双庵遗址出土锛 18 件[③]。陕西宝鸡石嘴头遗址出土有斧、锛、纺轮和璧 19 件[④]。陕西长安花楼子出土有璜和簪[⑤]。陕西临潼康家遗址出土有玉锛、凿、璧、圭等[⑥]。河南郑州大河村遗址和新密古城寨遗址出土了玉环和玉凿[⑦]。大河村出土有玉璜[⑧]。河南登封王城岗遗址第三期出土了白玉环，横剖面呈"丁"字形[⑨]。河南洛阳王湾遗址出土有绿松石饰[⑩]。河南孟津小潘沟遗址出土了玦[⑪]。河南禹县瓦店遗址出土了 1 件玉铲、1 件玉鸟和 1 件玉璧[⑫]。河南安阳后冈遗址出土了 1 件浅黄色玉环和 3 件灰白色璧[⑬]。安阳大寒遗址出土了 2 件玉环[⑭]。河南淅川下王岗遗址出土了玉璜[⑮]，等等。

（二）玉器种类及形制

1. 装饰品

装饰品有环、璜、玦、管、佩饰、簪等。

（1）环

按断面不同暂分二型。

A 型　断面呈半圆形。郑州大河村 T9②:32，已残。复原外径 6.4、内径 5、宽 0.5 厘米（图一一，1）。

B 型　断面呈"T"字形。古城寨ⅢT1⑩Cb4:2，白色，磨制精致，外轮为十一边形，内轮为圆形且高于外轮，中为圆孔。外轮直径 11、内径 4.9、内轮厚 2.8、外轮厚 0.2 厘米（图一一，3）。

（2）玦

孟津小潘沟 T6H47:69，淡黄色（图一一，2）。

[①] 王炜林、邢福来：《陕西神木新华遗址的考古新发现》，《北京大学古代文明研究中心通讯》总第 2 期。
[②] 中国科学院考古研究所：《沣西发掘报告》，文物出版社，1962 年。
[③] 西安半坡博物馆：《陕西岐山双庵新石器时代遗址》，《考古学集刊》（3），中国社会科学出版社，1983 年。
[④] 西北大学历史系考古专业 82 级实习队：《宝鸡石嘴头东区发掘报告》，《考古学报》1987 年第 2 期。
[⑤] 郑洪春、穆海亭：《陕西长安县花园村客省庄二期文化遗址发掘》，《考古与文物》1988 年第 5、6 期合刊。
[⑥] 陕西省考古所康家考古队：《陕西临潼康家遗址发掘简报》，《考古与文物》1988 年第 5、6 期合刊。
[⑦] 河南省文物考古研究所等：《新密市古城寨遗址发掘简报》，《华夏考古》2001 年第 1 期。
[⑧] 郑州市文物考古研究所：《郑州大河村》，科学出版社，2001 年。
[⑨] 河南省文物研究所、中国历史博物馆考古部：《登封王城岗与阳城》，文物出版社，1992 年。
[⑩] 北京大学考古文博学院：《洛阳王湾》，北京大学出版社，2002 年。
[⑪] 洛阳市博物馆：《孟津小潘沟遗址试掘简报》，《考古》1978 年第 4 期。
[⑫] 河南省文物考古研究所：《河南禹州市瓦店龙山文化遗址 1997 年的发掘》，《考古》2000 年第 2 期。
[⑬] 中国社会科学院考古研究所安阳工作队：《1979 年安阳后冈遗址发掘报告》，《考古学报》1985 年第 1 期。
[⑭] 中国社会科学院考古研究所安阳队：《安阳大寒村南冈遗址》，《考古学报》1990 年第 1 期。
[⑮] 河南省文物考古研究所、长江流域规划办公室考古队河南分队：《淅川下王岗》，文物出版社，1989 年。

Ab 型　多节璜璧。下靳村 M8∶4，黄褐色，由四节璜组成，器身较薄，两面平坦。外径 12.6、孔径 6.3、内宽 3、厚 0.3～0.4 厘米（图八，9）。
　　B 型　单个璧，按整体形状分二亚型。
　　Ba 型　带齿璧。下靳村 0046 号，青绿色，器身扁薄，平面大致呈圆形。好径很小，由两面对钻而成，实为一圆孔。外缘有三个回旋状尖齿，其中一齿附近有一个未钻透的小孔。器身厚度不均，一侧稍厚，另一侧稍薄。直径 3.6、好径 0.5、厚 0.3 厘米（图八，8）。
　　Bb 型　圆形。下靳村 M13∶3，浅绿色，孔径大于内宽，器身较厚，器面与侧面之间转角圆钝，磨制精致，光滑润泽，局部沁变成白色。外径 12.5、好径 6.2、内宽 3.2、厚 0.7 厘米（图八，10）。
　　（4）圭
　　下靳村 M15∶3，浅褐色，器身长条形，上端有三角形尖锋，下端平直，两侧垂直，尖锋两斜边磨薄，下部背面减薄。长 4.3、宽 1、厚 0.4 厘米（图八，11）。

（三）时代特征

　　（1）装饰品当中出现了玉管、玉珠、玉臂环和玉瑗，更加丰富了玉质装饰品的种类。
　　（2）到了庙底沟二期，开始出现了钺、璧、圭一类礼器，标志着中原玉礼器的出现。这些珍贵的高级礼器，多出土于贵族墓葬当中。可以说，玉礼器的产生是社会分化达到一定程度的指示器。
　　（3）中原地区的玉器风格呈现出良渚文化玉器的某些风格，如陶寺遗址出土的玉琮，其外方内圆的形制，与良渚文化玉琮不无相似之处，可能是受良渚文化玉器影响所致，标志着中原玉器与良渚文化玉器产生了交流关系。

四、发展期：龙山文化时期
（公元前 2500～前 1900 年）

（一）出土状况

　　到了龙山文化时期，山西襄汾陶寺中期墓葬中出土玉戚、佩饰和绿松石嵌片等[①]。陶寺中期大墓出土的玉戚、兽面玉佩饰，显示出具有王者气度的玉器。
　　陕西神木石峁遗址出现了专门埋葬玉器的"玉器坑"，坑中出土了牙璋、圭、斧、钺、戈、刀、璧、璜、人头像、蚕、虎头、蝗、螳螂等[②]。牙璋和玉戚等高规格玉器的出现和玉

---

① 中国社会科学院考古研究所山西工作队等：《1978～1980 年山西襄汾陶寺墓地发掘报告》，《考古》1983 年第 1 期。
② 戴应新：《陕西神木县石峁龙山文化遗址调查》，《考古》1977 年第 3 期；戴应新：《神木石峁龙山文化玉器》，《考古与文物》1988 年第 5、6 期合刊。

（2）锛

下靳村 M15∶1，浅褐色，顶略残，平面长方形，器身扁平，平直单面刃。残长 2.7、宽 1.3、厚 0.4 厘米（图八，3）。

3. 礼仪性玉器

（1）钺

按整体形状分二型。

A 型　长条形。下靳村 M37∶1，青绿色，局部浅褐色，平顶，斜平单面刃，穿孔直径大，器身很薄。正面稍隆起，逐渐向两侧减薄，形成刃状侧边。背面平，有切割痕。长 14.5、中宽 6.9、厚 0.4 厘米（图八，4）。下靳村 M10∶1，淡蓝色，局部受沁呈白色，器身为窄长的梯形，平顶，弧刃，侧面平直，正反两面与侧面呈直角状转折，磨制精致，在器身上部钻一圆孔。长 21.7、中宽 6、厚 0.8 厘米（图八，5）。

B 型　梯形。下靳村 AM153∶2，打磨光滑，器身扁平，平顶，底端稍宽且微外弧，双面刃，上部钻一圆孔。长 11.4、刃宽 6.5、厚 0.5 厘米（图八，6）。

（2）琮

外方内圆，按外边形状分二型。

A 型　外边呈四边形。陶寺 H271∶4（图九）。

B 型　外边呈八角形。陶寺 M267∶2（图一○）。

（3）璧

分复合璧和单个璧二型。

A 型　组合璧，以复合形式分双节璜和多节璜二亚型。

Aa 型　双节璜璧。下靳村 AM145∶2，白色，扁平体内厚外薄，由两节璜复合而成，两璜相接处分别钻有四个圆孔。直径 15.4、好径 6.1、厚 0.2～0.6 厘米（图八，7）。

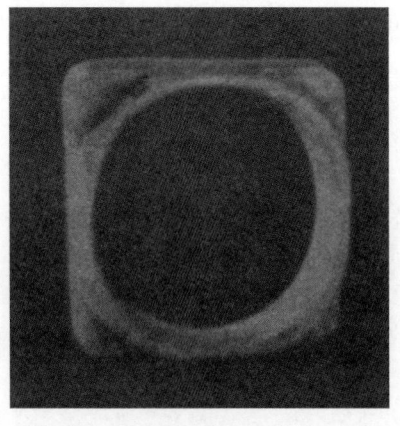

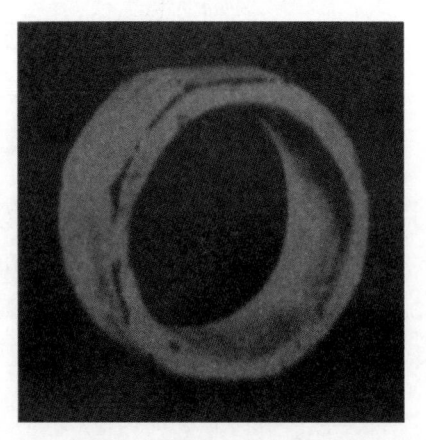

图九　转型期（庙底沟二期文化时期）A 型玉琮（陶寺 H271∶4）　　图一○　转型期（庙底沟二期文化时期）B 型玉琮（陶寺 M267∶2）

0048：1，灰白色，器身宽。一端一孔，一端两孔。长 11.8、宽 5、厚 0.4 厘米（图七，7）。

C 型　半圆形。北刘庄 H43：6，黑玉磨制而成。两端钻孔。长 4、宽 1.1、厚 0.45 厘米（图七，8）。

D 型　刀形。大河村 T6—T7 南圹③：16，磨制，蛇纹石大理岩，浅绿色，扁平体，前端呈三角形，尖稍残，弧形背，两面弧形，后端较平直，前端偏上钻一圆孔，后端上下各钻一圆孔，通体磨光。长 8.4、宽 2.8、厚 0.5 厘米（图七，9）。

2. 生产工具及武器

（1）刀

A 型　双面刃。下靳村 AM153：1，青白色，上有褐绿色斑纹，略呈梯形，顶和底部均呈斜坡状。体扁平，刃、背两侧均有刃。体两端各有一圆孔。长 22～23.5、宽 5.8～7、厚 0.9 厘米（图八，1）。

B 型　单面刃。下靳村 M51：6，灰黑色，背较厚，逐渐向下刃减薄，侧刃位于器身宽端，为双面刃。靠近刀背的穿孔较大，另一靠近器身窄端的穿孔较小，穿孔为单面钻。刀背留有切割玉材的痕迹。磨制精致，光滑润泽。长 23.5、中宽 9.6、厚 0.7 厘米（图八，2）。

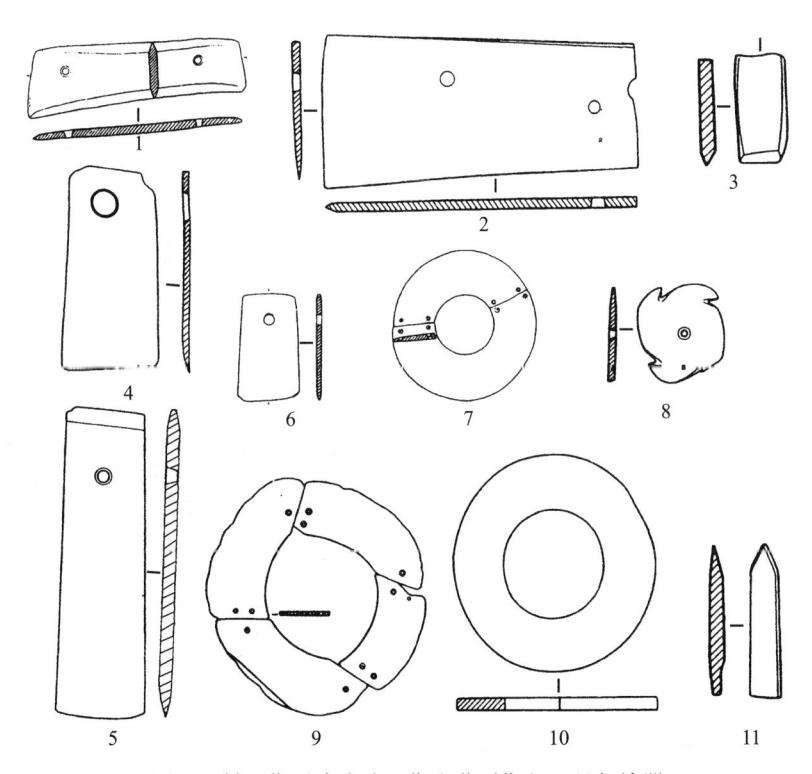

图八　转型期（庙底沟二期文化时期）工具与礼器

1. A 型刀（下靳村 AM153：1） 2. B 型刀（下靳村 M51：6） 3. 锛（下靳村 M15：1） 4、5. A 型钺（下靳村 M37：1、下靳村 M10：1） 6. B 型钺（下靳村 AM153：2） 7. Aa 型璧（下靳村 AM145：2） 8. Ba 型璧（下靳村 0046） 9. Ab 型璧（下靳村 M8：4） 10. Bb 型璧（下靳村 M13：3） 11. 圭（下靳村 M15：3）

（6）管

按整体形状分三型。

A型　方柱形。陶寺M3015：15，青绿色，磨制，圆角长方柱状，上下对钻一孔。长3.8厘米（图六，8）。

B型　椭圆柱形。下靳村AM58：2，椭圆柱，中空，系用管子从两面钻凿而成。长径1.5、短径1、通高4厘米（图六，9）。

C型　上方下尖。下靳村M39：2-1，玉质，浅绿色，器身上段为长方体，下部作弧刃铲状。上下两端有对钻穿孔。长3.7、宽1.4、厚0.6厘米（图六，10）。下靳村M39：5-2，玉质，绿色。器身上段作长方体，下部作三角形锥状。长3.1、宽1.2、厚0.9厘米（图六，11）。

（7）璜

按整体形状分四型。

A型　弧形。大河村T1③：34，扁平体，横断面近三角形，两端孔残，通体磨光。长5.8、宽1.6、厚0.4厘米（图七，1）。大河村H62：2，保存完整，横断面呈三角形，通体磨光，两端各穿一圆孔。长4.3、宽1厘米（图七，2）。北刘庄H43：7，黑玉，磨制而成，一端呈圆形，一端为方形，两端均有钻孔。长5.6、宽1.8厘米（图七，3）。伊阙城M5：1，保存完整，淡青色，两端各有一孔，为单面钻而成，表面有工具加工痕迹（也可能是装饰性纹饰）。长7.7、宽1.4、厚0.4厘米（图七，4）。

B型　扇面形。下靳村AM47：4，系用残璧改制而成，两端各钻一圆孔。长4.4、宽2厘米（图七，5）。下靳村0048：2，系用残璧制成，占原璧的四分之一左右。浅绿色，器身较宽，外缘较薄一端两孔，一端三孔。长8、宽3.7、厚0.3厘米（图七，6）。下靳村

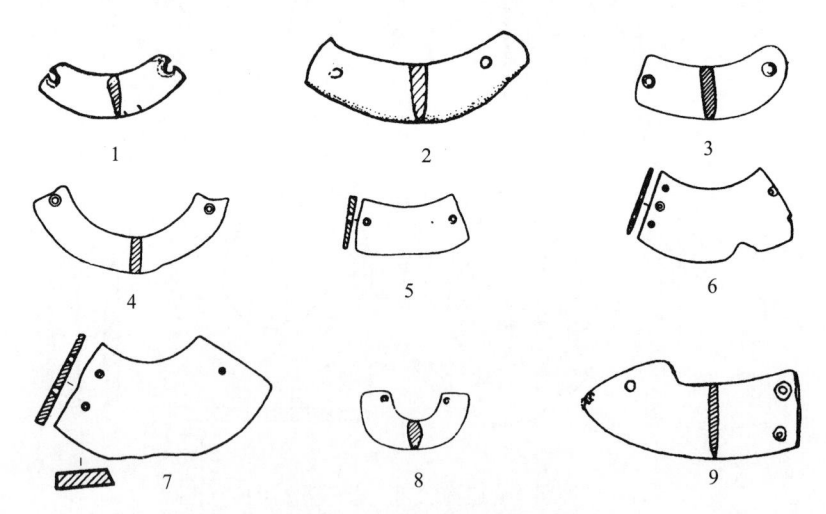

图七　转型期（庙底沟二期文化时期）玉璜

1～4. A型（大河村T1③：34、大河村H62：2、北刘庄H43：7、伊阙城M5：1）　5～7. B型（下靳村AM47：4、下靳村0048：2、下靳村0048：1）　8. C型（北刘庄H43：6）　9. D型（大河村T6—T7南圹③：16）

玉质较差，两端各有一个一面钻的穿孔。长约 6.4、宽约 1.7、厚约 0.5 厘米（图五，11）。下靳村 M16：2，白色，器身弧弯，上窄下宽，内弯一侧较厚，外缘一侧逐渐减薄成刃状边，顶端附近有两小孔，下部内弯边上有半个残小孔，外缘有一凸出小齿，磨制精细。长 10.4、宽 1.7～3.2、厚 0.7 厘米（图五，12）。

（3）瑗

按断面形状分三型。

A 型　断面呈长条形。陶寺 M1423：1，淡黄间褐色，圆周规整，磨制精细，肉内厚而外薄，郭呈圆刃状。外径 12.4、好径 6.1 厘米（图六，1）。

B 型　断面呈三角形。下靳村 AM70：1，白色，扁平体内厚外薄。直径 13.5、好径 6.6、厚 0.2～0.6 厘米（图六，2）。

C 型　断面呈梯形。陶寺 M3015：3，白色。外径 3.6、好径 1.9 厘米（图六，3）。

（4）臂环

陶寺 M1369：2，豆青色，磨制精细。外径 7.2、高 1.8、厚 0.4 厘米（图六，4）。

（5）珠

按形状分二型。

A 型　扁方块状。北刘庄 T22④：9，中间有一圆孔，白玉质，体透明，磨制较精。边长 1.4 厘米（图六，5）。下靳村 M78：2-5，玉质，浅绿色，器身扁薄，平面为方形，中央钻一圆孔。长 1.3、宽 1.2、厚 0.3 厘米（图六，6）。

B 型　圆管状。下靳村 M78：2-1，玉质，白色，一端较粗，一端较细，器身为圆管状，横截面为圆形，两端对钻穿孔。器身有旋转磨痕。长 1.2、直径 0.9 厘米（图六，7）。

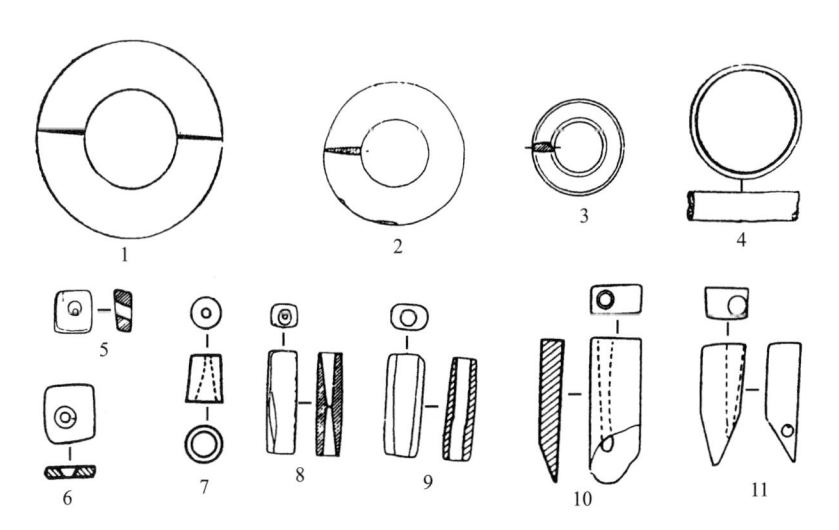

图六　转型期（庙底沟二期文化时期）装饰品

1. A 型瑗（陶寺 M1423：1）　2. B 型瑗（下靳村 AM70：1）　3. C 型瑗（陶寺 M3015：3）　4. 臂环（陶寺 M1369：2）　5、6. A 型珠（北刘庄 T22④：9、下靳村 M78：2-5）　7. B 型珠（下靳村 M78：2-1）　8. A 型管（陶寺 M3015：15）　9. B 型管（下靳村 AM58：2）　10、11. C 型管（下靳村 M39：2-1、下靳村 M39：5-2）

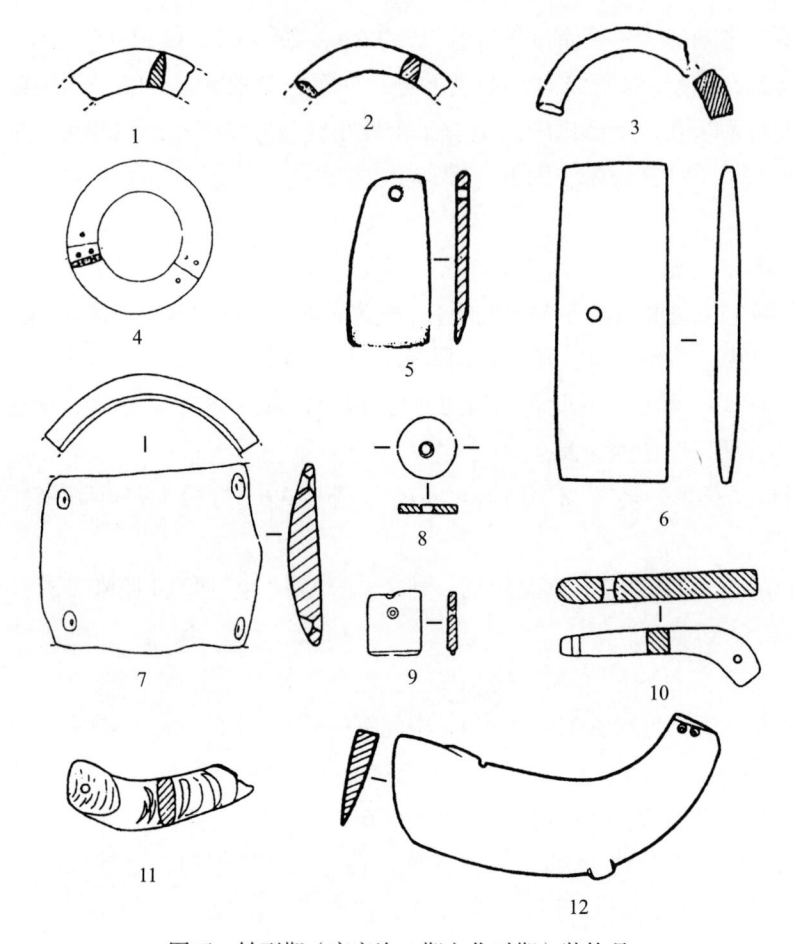

试论中原地区新石器时代玉器的分期

图五 转型期（庙底沟二期文化时期）装饰品

1.A 型环（大河村 T5③：35） 2.B 型环（大河村 T5 南扩③：45） 3.C 型环（大河村 T9③：32） 4.D 型环（下靳村 AM47：7） 5.A 型佩饰（大河村 T5③：27） 6、9.B 型佩饰（下靳村 M15：2、伊阙城 M5：2） 7.C 型佩饰（古城东关 I H275：13） 8.D 型佩饰（下靳村 AM47：3） 10～12.E 型佩饰（伊阙城 M6：1、伊阙城 M9：1、下靳村 M16：2）

A 型　铲形。大河村 T5③：27，扁平体，上端较窄，呈弧形，下端较宽，单面弧形刃，上部钻有一圆孔。长 2.8、宽 1.2、厚 0.2 厘米（图五，5）。

B 型　长方形（含方形）。下靳村 M15：2，浅褐色，器身扁平，近顶中部有一小孔。周边平直，两端稍减薄。长 6.7、宽 2.5、厚 0.5 厘米（图五，6）。伊阙城 M5：2，淡青色，已残，一端有对钻而成的两孔。残长 2、宽约 1.8、厚 0.3 厘米（图五，9）。

C 型　多边形。古城东关 I H275：13，白色大理岩，光滑似玉，体略大，宽扁，外弧，四角各钻一孔。长 4.8、厚 0.2～0.9 厘米（图五，7）。

D 型　圆形。下靳村 AM47：3，扁平圆片状，中央钻一圆孔。直径 2、好径 0.4、厚 0.3 厘米（图五，8）。

E 型　异形。伊阙城 M6：1，保存完整，乳白色，长方体，一端弯曲，曲部一端钻一孔。长约 6.8、宽 0.5～1.1、厚 0.3～0.5 厘米（图五，10）。伊阙城 M9：1，已残，乳白色，大都出土于陶寺大中型墓葬当中，应是器主等级和身份的标志物。

山西临汾下靳村遗址出土了钺、璧、玉饰、刀、璜、圭形器、瑗，另有锛、环、杂饰、方形玉珠等[①]。这些玉器也多出现于大中型墓葬当中，其性质与陶寺玉器一致。

山西芮城坡头—寺里遗址出土了龙山时代玉器 90 件。其中包括璧 77 件以及琮、管、环、钺等，总体风格与陶寺属于同一系统[②]。河南省洛阳市伊川县伊阙城遗址出土了玉璜、玉饰和 1 件佩饰[③]。

此外，其他一些遗址尤其是墓葬当中也散见其他一些零星玉器。如山西垣曲古城东关遗址出土了玉璜和玉饰[④]，河南郑州大河村遗址第五期出土了玉饰、玉环、玉刀、玉璜等[⑤]，河南新安西沃遗址出土了 1 件玉珠，河南渑池仰韶村遗址出土了 2 件玉饰，条状和半圆形各 1 件[⑥]。

（二）玉器种类及形制

转型期的玉器种类可分为三类：

1. 装饰品

装饰品有环、佩饰、瑗、臂环、指环、管、珠、璜等。

（1）环

按横断面分三型。

A 型　横断面呈三角形。大河村 T5③：35，外径 7.3、内径 4.9、宽 0.6 厘米（图五，1）。

B 型　横断面呈半椭圆形。大河村 T5 南圹③：45，外径 5.8、内径 4、宽 0.6 厘米（图五，2）。

C 型　横断面呈长方形。大河村 T9③：32，外径 5.6、内径 4、宽 1.6 厘米（图五，3）。

D 型　横断面呈梯形。下靳村 A[⑦]M47：7，青白色，扁平体，内厚外薄，断成两部分，断裂处分别钻有三个圆孔。直径 11.8、好径 6.9、厚 0.5 厘米（图五，4）。

（2）佩饰

按整体形状分五型。

---

① 下靳村考古队：《山西临汾下靳墓地发掘简报》，《文物》1998 年第 12 期；山西省临汾行署文化局、中国社会科学院考古研究所山西工作队：《山西临汾下靳村陶寺文化墓地发掘报告》，《考古学报》1999 年第 4 期。

② 高炜：《龙山时代中原玉器上看到的二种文化现象（提要）》，《中国社会科学院古代文明研究中心通讯》第 2 期，2001 年。

③ 洛阳市第二文物工作队：《河南伊川县伊阙城遗址仰韶文化遗存发掘简报》，《考古》1997 年第 12 期。

④ 中国历史博物馆考古部等：《垣曲古城东关》，科学出版社，2001 年。

⑤ 郑州市文物考古研究所：《郑州大河村》，科学出版社，2001 年。

⑥ 河南省文物研究所渑池县文化馆：《渑池仰韶遗址 1980～1981 年发掘报告》，《史前研究》1985 年第 3 期。

⑦ 本文将发表于《文物》1998 年第 12 期上的下靳村 A 类墓，简称之为"下靳村 A"，不加"A"者系指发表于《考古学报》1999 年第 4 期的下靳村发掘材料，下同。

制成，器体较厚，一侧边留有切割痕，单面平刃。长10、宽4.1、厚1.4厘米（图四，13）。

D型　三角形。何家湾T25③：3，硬玉制成，平面呈长三角形，器体扁平，单面直刃。长6.2、刃宽2、厚0.5厘米（图四，14）。

（4）凿

龙岗寺M121：6，青绿色软玉制成，窄长条形，单面平刃，顶端有敲砸痕迹。长6.6、宽1.8、厚0.6厘米（图四，15）。

（5）镞

平面略呈柳叶形，器体特薄。

龙岗寺M390：8，长6.35、宽2.6、厚0.1厘米（图四，16）。龙岗寺M286：8，墨绿色软玉制成，刃部锋利。长3.8、宽1.7、厚0.2厘米（图四，17）。

（6）刀

郑州大河村T12④：11，蛇纹石大理岩，磨制，仅存前端，凹背，双面弧形刃，近背处有长条形孔。残长6.5、宽4、厚0.3厘米（图四，18）。

（7）刮削器

何家湾H149：1，碧绿色硬玉制成，平面呈三角形，器体扁薄，通体磨光。上部有一个未钻透的小孔。刃宽4.5、厚0.3厘米（图四，19）。

（三）时代特征

（1）以装饰品为主，但到仰韶早期个别上层人物已经开始享用玉质生产工具和武器。这些玉器是生产工具和武器，也是稀有的珍品，一般来讲只有拥有较多财产的成年男子才能拥有。

（2）装饰品中开始出现玉璜，在此之前，曾经在中山寨出现过石璜，不曾见到玉璜。自此以后玉璜成为中原地区常见的玉器之一。

（3）尚未曾出现礼仪性玉器。

三、转型期：庙底沟二期文化时期
（公元前3000～前2500年）

（一）出土状况

山西襄汾陶寺遗址早期即庙底沟Ⅱ期出土了钺、琮、梳、环、臂环、管等[①]。这些玉器

---

① 中国社会科学院考古研究所山西工作队等：《1978～1980年山西襄汾陶寺墓地发掘报告》，《考古》1983年第1期。

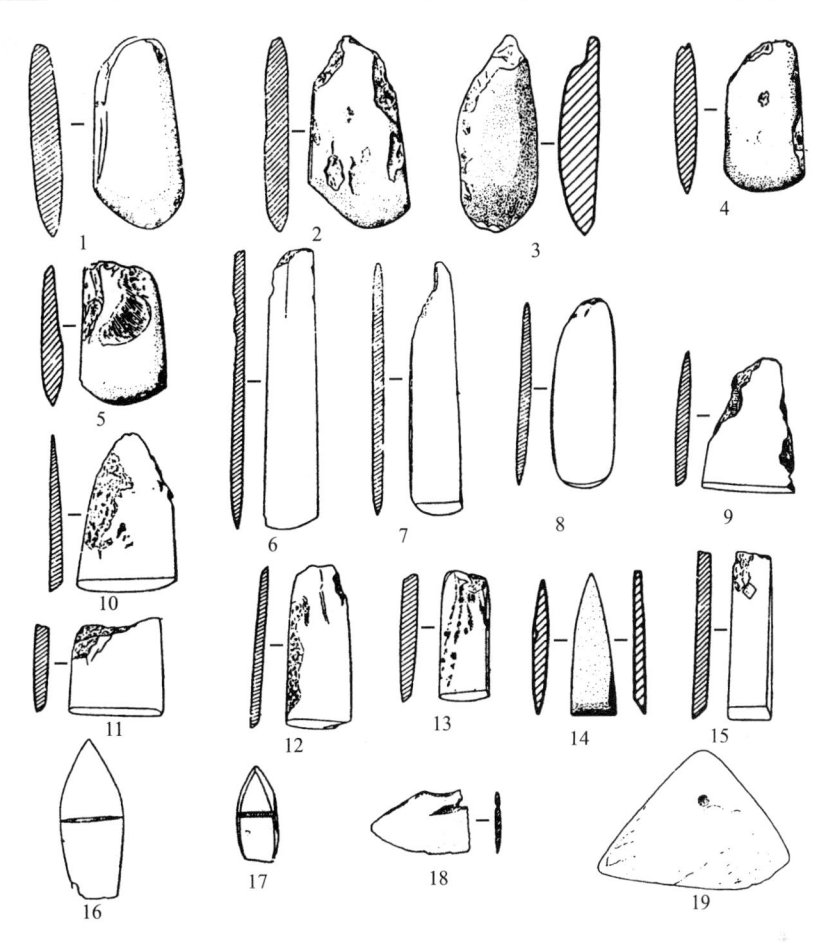

图四 形成期（仰韶文化时期）生产工具与武器

1～3. A 型斧（龙岗寺 M375：8、龙岗寺 M238：12、何家湾 T56③：10） 4、5. B 型斧（龙岗寺 M118：9、龙岗寺 M121：5） 6、7. A 型铲（龙岗寺 M345：21、龙岗寺 M346：7） 8. B 型铲（龙岗寺 M185：5） 9、10. A 型锛（龙岗寺 M296：16、龙岗寺 M277：14） 11. B 型锛（龙岗寺 M373：8） 12、13. C 型锛（龙岗寺 M277：13、龙岗寺 M431：5） 14. D 型锛（何家湾 T25③：3） 15. 凿（龙岗寺 M121：6） 16、17. 镞（龙岗寺 M390：8、龙岗寺 M286：8） 18. 刀（大河村 T12④：11） 19. 刮削器（何家湾 H149：1）

14.4、宽 5.4、厚 0.9 厘米（图四，8）。

（3）锛

按整体形状可分为四型。

A 型 梯形。器体小而扁薄，单面平刃。如龙岗寺 M296：16，灰绿色软玉制成，两侧边磨制粗糙。长 5.4、刃宽 3.8、厚 0.5 厘米（图四，9）。龙岗寺 M277：14，灰白色软玉制成。长 6.3、刃宽 4.1、厚 0.6 厘米（图四，10）。

B 型 方形。器体小而扁薄，单面平刃。龙岗寺 M373：8，深绿色软玉制成，刃部较陡直。长 3.35、宽 3.7、厚 0.5 厘米（图四，11）。

C 型 长方形。龙岗寺 M277：13，灰绿色软玉制成，器体较扁薄，上端略窄，顶部未磨平，单面平刃。长 13、宽 5.3、厚 1.1 厘米（图四，12）。龙岗寺 M431：5，灰白色软玉

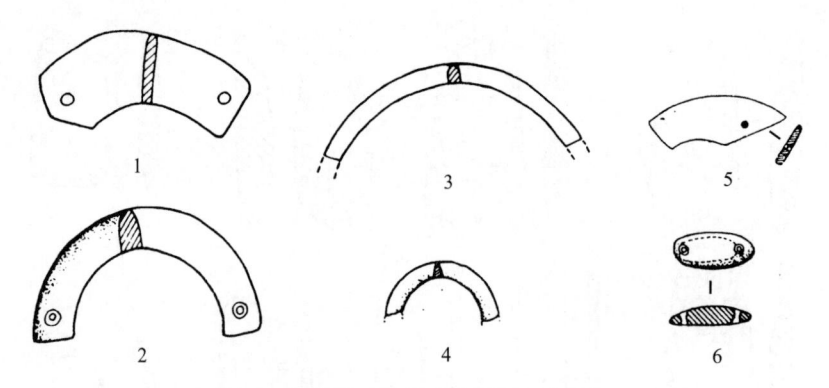

图三　形成期（仰韶文化时期）装饰品

1. A型玉璜（大河村H208：4）　2. B型玉璜（大河村T30⑨：5）　3. A型玉环（大河村H185：2）
4. B型玉环（大河村T12④：14）　5、6. 玉饰（中山寨H43：8、大河村T30⑩：1）

B型　断面呈三角形，如大河村四期所出的Ⅰ式玉环。标本T12④：14，磨制，表面光滑。外径5.7、内径4.1、宽0.5厘米（图三，4）。

（4）椭圆形玉饰

临汝中山寨H43：8，已残，扁平弧形，一端穿有小孔。残长约5厘米（图三，5）。郑州大河村T30⑩：1，保存完整，绿色，半透明。磨制，表面光滑，扁平体，近似梭形的绿松石饰，两端各钻一圆孔，圆孔两面对钻（图三，6）。

2. 生产工具和武器

（1）斧

按形状可分二型。

A型　多边形，刃部呈舌状。如龙岗寺M375：8，通体磨光。长15.9、宽7、厚2.7厘米（图四，1）。龙岗寺M238：12，通体粗磨，表面残留打制疤痕。长15.5、宽7.6、厚2.3厘米（图四，2）。何家湾T56③：10，碧绿色硬玉，上部斜尖，舌状圆弧刃。器身磨光。长11.1、宽4.8、厚2.4厘米（图四，3）。

B型　长方形，刃部略呈弧状。如龙岗寺M118：9，磨制，左上角残缺。长12.6、宽6.2、厚2厘米（图四，4）。龙岗寺M121：5，白色软玉制成，器身较宽短，体扁薄，双面弧刃。长14.4、宽5.4、厚0.9厘米（图四，5）。

（2）铲

均为龙岗寺所出，按形状分为二型。

A型　窄长条形。如M345：21，白色软玉制成，双面平刃，两侧边保留单向切割痕迹，表面一侧有磨蚀的浅凹槽。长22.2、宽4.1、厚0.9厘米（图四，6）。M346：7，墨绿色软玉制成，弧状单面刃，器上端残缺一角，一侧边有两面对磨的切割痕迹。长20、宽4.2、厚0.95厘米（图四，7）。

B型　近长方形。如M185：5，白色软玉制成，器身较宽短，体扁薄，双面弧刃。长对穿小圆孔。长径5.4、短径3.5、厚0.5厘米（图二，4）。

B型　柱形。如大河村T11⑤B：91，保存完好，淡绿色，三棱体，通体磨光。长3厘米（图二，5）。

C型　方形。如王湾M45：5，蓝色，扁平体，顶部穿一圆孔（图二，6）。龙岗寺M214：6，长方形，器身扁宽，上端对钻一穿孔。长2.1、宽1.5、厚0.3厘米（图二，7）。

D型　梭形。如龙岗寺M83：2，整体呈梭形，剖面呈椭圆形，两端各有一个对钻的圆孔。长3.4、断面直径1.5厘米（图二，8）。

E型　不规则形。如龙岗寺M309：21，上端有一小穿孔。长3.1、宽2.7、厚0.5厘米（图二，9）。

F型　三角形。如大河村T11⑤B：92，保存完整，草绿色，扁平体，大致呈三角形，一端钻一圆孔（图二，10）。

G型　铲形。如龙岗寺M15：1，器形很小，上端窄，下端宽，下端略内凹，上端有一小穿孔。长1.8、宽1.1、厚0.3厘米（图二，11）。龙岗寺M276：9，铲状，器身较长，上端窄，较平，下端宽，略向外弧，上端的两侧各有一缺口，两缺口间有一穿孔，器物中部有两个小穿孔。长4.5、宽1.6、厚0.3厘米（图二，12）。龙岗寺M309：22，上端较窄，下端较宽，上下边较直，上端有一个小穿孔。长4、宽3、厚0.5厘米（图二，13）。龙岗寺M385：3，器身窄长，上端有一个小穿孔。长3.6、宽1.3、厚0.35厘米（图二，14）。

H型　窄条形。如龙岗寺M314：5，器体扁薄，两端折曲向下，出土时一端弯曲，部分已残。器身中部上下两侧各有两个斜向对钻小孔，可以穿绳佩挂，佩饰两端下侧的穿孔可能还悬挂其他饰物。长22、宽2.6、厚0.8厘米（图二，16）。

I型　梯形。如王湾M45：4，蓝色，扁平体，上部穿一圆孔（图二，15）。龙岗寺M134：6，器形较小，上端切削成凹口。长2.3、宽1、厚0.5厘米（图二，17）。龙岗寺M309：20，器身较宽短，上端切削成凹口。长3.9、宽2.5、厚0.5厘米（图二，18）。

（2）璜

按整体形状分二型。

A型　弧形。如大河村H208：4，整体扁宽，断面为长条形，两端各钻一圆孔，表面平整光滑，一端平整，一端呈三角形。长5.5、宽1.6、厚0.3厘米（图三，1）。

B型　近牛角形。如大河村T30⑨：5，青色，断面呈半圆形，表面光滑。长7.8、宽1、厚0.6厘米（图三，2）。

（3）环

按断面不同分二型。

A型　断面呈半圆形，如大河村四期所出的Ⅱ式玉环。标本H185：2，磨制，断面呈半圆形，环径较大。外径8、内径7、宽0.35厘米（图三，3）。

和碧绿色硬玉刮削器。这几件玉器都非墓葬随葬品，而是散落在地层和灰坑当中，可能是实用工具。

仰韶中期，即相当于仰韶文化庙底沟期，在个别遗址开始出现玉环和石璜，如临汝中山寨三期出土有一件石璜和玉环，偃师汤泉沟遗址出土有短环形玉璜等。

到了仰韶晚期，即相当于仰韶文化西王村类型和秦王寨类型时期，增添了玉刀。如大河村四期，出土了玉刀、玉环、玉璜和1件椭圆形玉饰等。

（二）玉器种类及形制

1. 装饰品

（1）绿松石饰

按形状可分为九型。

A型　圆形（含椭圆形）。如龙岗寺M282∶7，中心有一漏斗形穿孔。直径2.5厘米（图二，1）。龙岗寺M282∶6，器形很小，中心有一小穿孔。直径1.15厘米（图二，2）。何家湾M12∶10，磨制，圆形片状，中部有一面对穿的小圆孔，边缘有一缺口。直径1.66、厚0.4厘米（图二，3）。何家湾M19∶3，平面呈椭圆形，中部较厚，周边较薄，上部有一

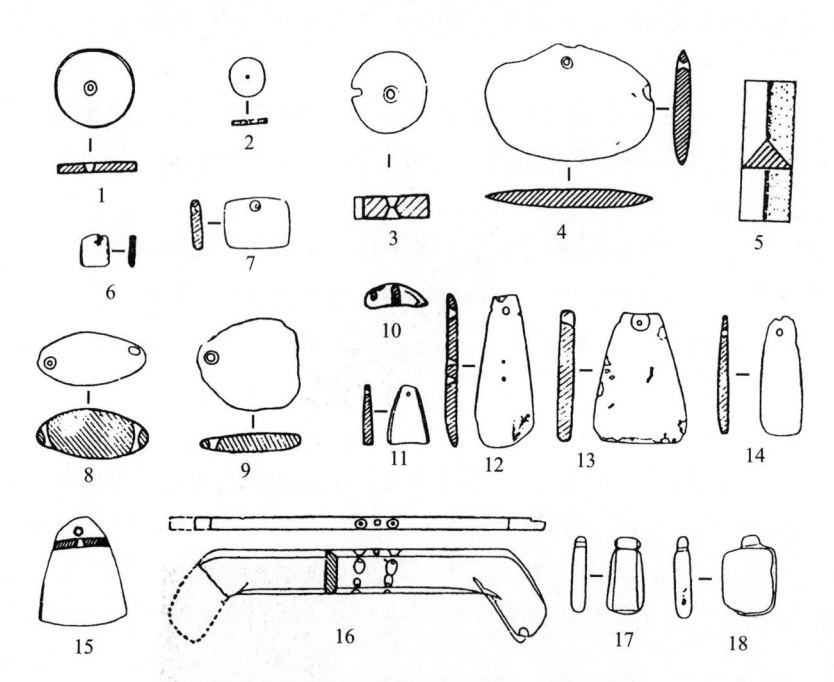

图二　形成期（仰韶文化时期）绿松石饰

1~4. A型（龙岗寺M282∶7、龙岗寺M282∶6、何家湾M12∶10、何家湾M19∶3）　5. B型（大河村T11⑤B∶91）
6、7. C型（王湾M45∶5、龙岗寺M214∶6）　8. D型（龙岗寺M83∶2）　9. E型（龙岗寺M309∶21）
10. F型（大河村T11⑤B∶92）　11~14. G型（龙岗寺M15∶1、龙岗寺M276∶9、龙岗寺M309∶22、龙岗寺M385∶3）
15、17、18. I型（王湾M45∶4、龙岗寺M134∶6、龙岗寺M309∶20）　16. H型（龙岗寺M314∶5）

两面对钻。长3.14、宽0.78、厚0.5、孔径0.26厘米（图一，8）。舞阳贾湖M243：3，形制与舞阳贾湖H282：1相近，唯一边更窄。长2.75、厚0.27、孔径0.12厘米（图一，9）。舞阳贾湖M121：12，形制规整，中间两面对穿圆孔，孔斜，横剖面呈椭圆形。长3.22、宽0.62、厚0.41、孔径0.25厘米（图一，12）。

F型　不规则形。如舞阳贾湖M67：1，料较粗糙，一面近平，一面有自然凹槽，下端近直，上端中间凸起，两侧圆弧形，上端中间和一侧边对钻一圆孔，孔斜通，佩于胸前。长4.7、宽2.67、厚1.3、孔径0.3厘米（图一，10）。舞阳贾湖M58：10，大致呈五边形，一面平，一面中间凸起，磨制较精细，但无穿孔，佩于颈部，似为镶嵌物。最大长2.47、最大宽1.44、厚0.87厘米（图一，11）。

（三）时代特征

前仰韶时代尚未出现真正的玉器，只有似玉的美石——绿松石及个别大理岩、白玉石等。就种类而言，只有装饰品一类，而且多见于墓葬当中。

以出土绿松石较多的舞阳贾湖遗址为例，出土绿松石的墓葬大多随葬有较多的随葬品，但一些随葬品特别多的墓葬，反而不见绿松石。随葬绿松石饰者既有男性墓葬，也有女性墓葬，墓主既有老年也有幼年。可见，随葬不随葬绿松石装饰品与死者的年龄和性别无关，也不赋予死者财富和宗教上的含义。这些用作装饰品的绿松石制品只起装饰的作用，属于死者生前普通的装饰品。

二、形成期：仰韶文化时期（公元前5000~前3000年）

（一）出土状况

仰韶文化早期，在陕西省南郑县龙岗寺遗址和河南省郑州市大河村遗址出土有用绿松石制作的装饰品，这是对前仰韶文化的装饰品的沿用。不仅如此，更为引人注目的是新出现了一组玉质生产工具。其中在陕西省南郑县龙岗寺遗址开始出现了一组生产工具，如斧、铲、锛、凿、镞，这些玉器全部用绿色或白色半透明状软玉磨制。

这些玉器大多出现在墓葬当中，出玉器的墓葬具有下列两个特点：①随葬品数量多；②墓主人基本上全是成年男性。可见，只有掌握社会财富较多的男性成年才能拥有此类玉质生产工具和武器。

这种玉质生产工具还见于陕西西乡何家湾遗址[①]。该遗址出土有碧绿色硬玉斧、硬玉锛

---

① 陕西省考古研究所等：《陕南考古报告集》，三秦出版社，1994年。

A型　圆形（含椭圆形）。如舞阳贾湖 M342：13，两面平，周边直，边棱较显，横剖面呈长方形，不甚规整。直径 0.66~0.69、厚 0.46~0.6、孔径 0.18~0.2 厘米（图一，1）。舞阳贾湖 M58：4，两面平，周边斜，边棱较显，横剖面呈梯形，不甚规整。上部直径 1.3~1.5、下部直径 1.5~1.62、厚 0.38~0.81、孔径 0.36~0.4 厘米（图一，2）。舞阳贾湖 M274：1，两面平，周边微弧，边棱不显，横剖面呈圆角方形，制作规整。直径 1.74、厚 0.95、孔径 0.27~0.3 厘米（图一，3）。

B型　方形（含长方形）。如舞阳贾湖 M115：5，形状规整，但孔未钻透。长 2.31、宽 1.16~1.31、厚 0.41、孔径 0.28 厘米（图一，4）。舞阳贾湖 M58：9，系绿松石截磨而成，在一侧边对钻一小圆孔。长 2.46~3.04、宽 2.1、厚 1.28 厘米，小圆孔孔径 0.1 厘米（图一，5）。

C型　棒形。如宝鸡北首岭 77M14：6，蛇纹岩制成，平面作梯形，剖面为三角形，窄端薄，宽端厚，窄端钻一圆孔。通身磨光，制作精致。长 8.2、宽 1.6、厚 1.4 厘米（图一，6）。

D型　三角形。如舞阳贾湖 M58：12，略呈等腰三角形，直角处两面对穿一圆孔。底边长 1.76、边长 1.04、孔径 0.11、厚 0.31 厘米（图一，7）。

E型　梭形。如舞阳贾湖 H282：1，上部两侧边一边稍长，一边稍短。穿孔偏上，为

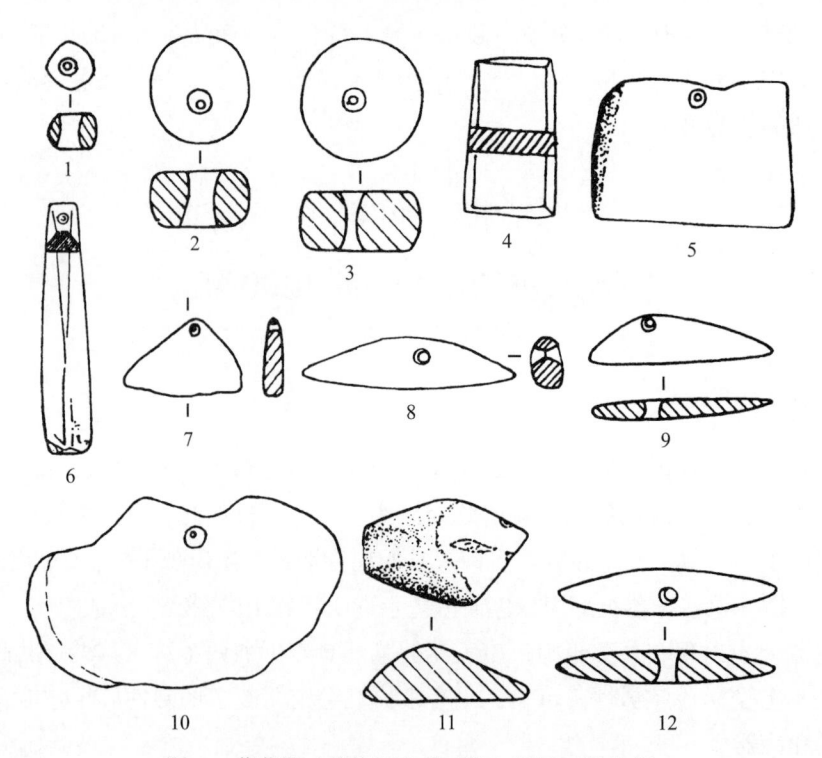

图一　萌芽期（前仰韶文化时期）绿松石装饰品

1~3. A型（贾湖 M342：13、贾湖 M58：4、贾湖 M274：1）　4、5. B型（贾湖 M115：5、贾湖 M58：9）
6. C型（北首岭 77M14：6）　7. D型（贾湖 M58：12）　8、9、12. E型（贾湖 H282：1、贾湖 M243：3、贾湖 M121：12）　10、11. F型（贾湖 M67：1、贾湖 M58：10）

试论中原地区新石器时代玉器的分期

广义的中原地区是指黄河中游及其附近的广大地区,包括河南全境、陕西中部和东部、山西和河北中南部地区。经过数十年探讨,中原地区不仅已经建立了较为完整的新石器时代文化谱系,而且积累了相当重要而丰富的新石器时代玉器材料,不少学者对中原地区的玉器进行了卓有成效的研究。本文将在前人研究的基础上,将中原地区新石器时代玉器初步划分萌芽期、形成期、转型期和发展期四个阶段,并逐一观察每一阶段玉器的特征。

一、萌芽期:前仰韶文化时期
(公元前7000~前5000年)

(一)出土状况

绿松石属于似玉的美石(又称"假玉"),在前仰韶文化许多遗址当中都出土有绿松石做成的装饰品。

新郑裴李岗遗址出土了圆形绿松石饰2件,中间穿孔,一长一短。扁平绿松石饰1件,弧背,中间穿孔[1]。

陕南地区南郑龙岗寺出土了3件绿松石坠,平面呈椭圆形、长方形,另有一件整体为馒头形[2]。

舞阳贾湖遗址出土了大量的绿松石饰,其中计有圆形26件、三角形11件、方形7件、棒形4件、梭形2件、不规则形2件[3]。

郏县水泉裴李岗文化墓葬和宝鸡北首岭老官台文化晚期墓葬当中也出土了绿松石饰[4]。

前仰韶文化的绿松石质装饰品,多出土于墓葬当中,这些墓葬尚未出现分化现象。

(二)玉器种类及形制

前仰韶文化的玉器只有装饰品一类。按质料分,主要为绿松石,另有个别蛇纹岩。按形制可以将装饰品分为六型。

---

[1] 中国社会科学院考古所河南一队:《1979年裴李岗遗址发掘报告》,《考古学报》1984年第1期。
[2] 陕西省考古研究所:《龙岗寺——新石器时代遗址发掘报告》,文物出版社,1990年。
[3] 河南省文物考古研究所:《舞阳贾湖》,科学出版社,1999年。
[4] 中国社会科学院考古所河南一队:《河南郏县水泉裴李岗文化遗址》,《考古学报》1995年第1期。

五、柳湾彩陶符号

  柳湾彩陶上除了绘有各式精美的纹饰外，还在彩陶上未描绘这样的腹下部或底部，绘制有各种各样的彩绘符号，如彩版中第 181 页波折纹彩陶罐 M1364∶18、第 184 页四大圆圈纹彩陶壶 M1413∶13、第 188 页菱形纹彩陶壶 M1437∶25 等。这里发现的彩陶彩绘符号，是考古发掘中在同一地点发现的原始符号数量最多、种类最丰富的。如按陶器计算，带有符号的彩陶大约占了彩陶器总数的 1/13，按墓葬计算，平均每 3.7 座马厂时期的墓葬中就有 1 座墓出有带符号的陶器。《青海柳湾》中收录了各种符号 679 件、144 种，分别出于 235 座墓葬中。尚民杰另外又搜集了独立符号 43 种[①]，同一器物上的相邻两个符号形成的"组合符号"又有 8 组。所以柳湾彩陶符号已经整理过的至少有 195 种，它们具有如下特点：①大量简单的独立符号本身常是彩陶图案的一部分，早在半山类型的陶纺轮上独立纹饰就已经出现了；②彩陶符号集中出现于马厂类型墓葬的中期，早期和晚期仅有二十几种；③从马厂早期到晚期一直存在的且数量最多的是类似于"+"、"-"、"×"的符号；④马厂晚期未出现新符号；⑤符号规模与彩陶规模成正比，但不是每个器物上都有。

  这些彩绘符号代表什么含义，学术界众说纷纭，最主要有两种观点：一种观点认为这是汉字的起源和早期形式，另一种观点认为它们是起记号作用的特殊标记。无论是哪种观点，他们都不能否认，柳湾原始文明已经达到了相当高的程度。

  柳湾墓地出土的各种彩陶纹饰与符号，其数量之多和种类之丰富是其他任何一处原始社会墓地所无法比拟的。柳湾墓地的彩陶纹饰的发展也印证了彩陶纹样艺术经历了单独的动植物、自然景观纹样到几何纹，再到复杂的多方连续纹样的过程。这一发展过程也是原始先民对艺术语言美的感悟与运用不断拓展成熟的过程。走近柳湾彩陶，也就好像走进了柳湾原始先民们的内心世界，我们能从中体会出他们渴望在彩陶上描绘一切所能看到的美好事物的那种殷切心情，柳湾彩陶上的各式纹样，也可以看作柳湾原始先民对于"美"这个概念独特理解的最初表达。

  柳湾墓地出土彩陶丰富、含义广泛，不愧为彩陶百花园中瑰丽多姿的一苑。这里只选取一小部分，贡献给读者朋友，谨以此纪念柳湾遗址考古发掘四十年，并恭贺中国青海柳湾彩陶博物馆建馆十周年！

  （原载中国青海柳湾彩陶博物馆、中国社会科学院考古研究所：《青海柳湾彩陶选粹》，上海古籍出版社，2014 年，前言，第 I～VII 页）

---

① 尚民杰：《柳湾彩陶符号试析》，《文博》1988 年第 3 期。

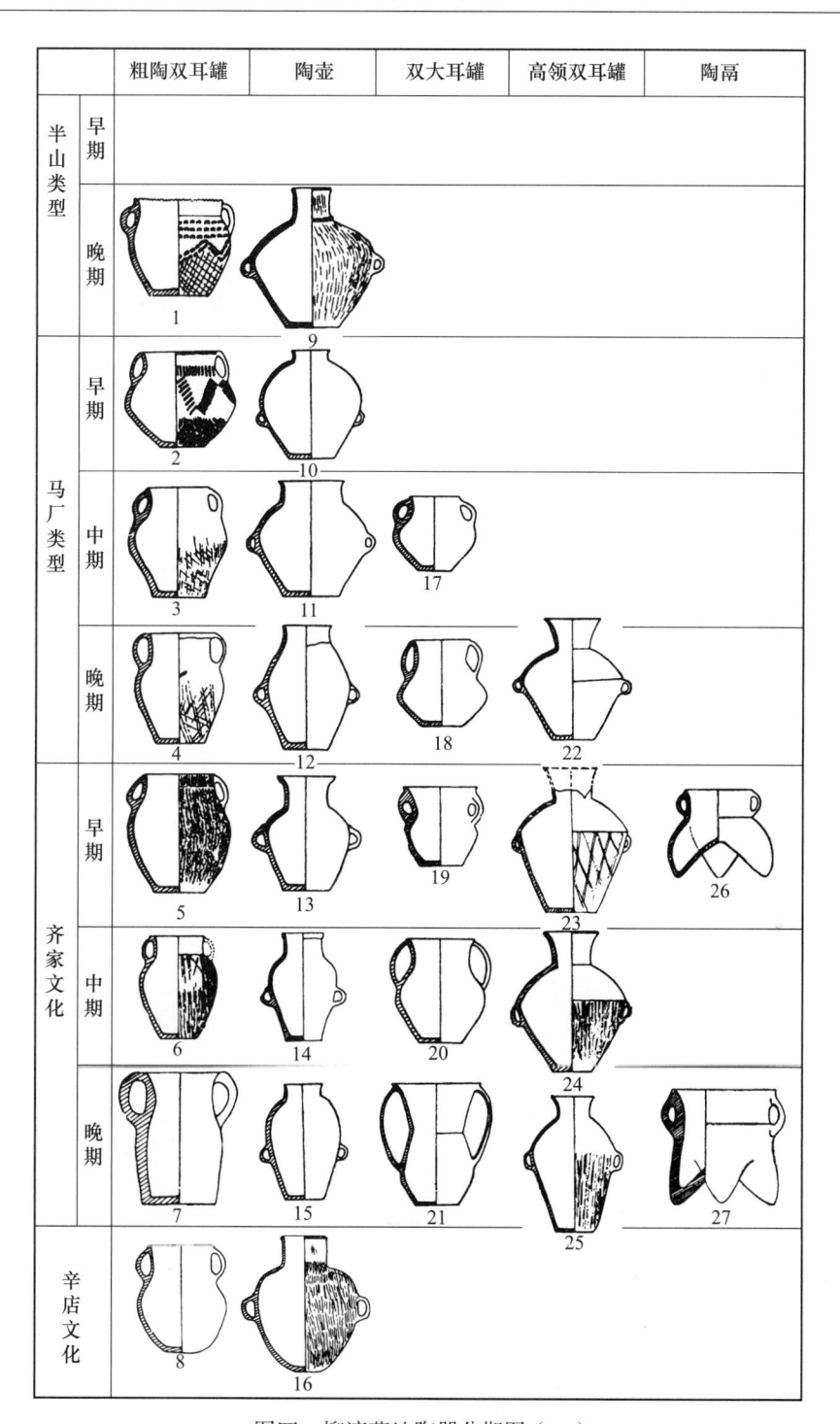

		粗陶双耳罐	陶壶	双大耳罐	高领双耳罐	陶鬲
半山类型	早期					
	晚期	1	9			
马厂类型	早期	2	10			
	中期	3	11	17		
	晚期	4	12	18	22	
齐家文化	早期	5	13	19	23	26
	中期	6	14	20	24	
	晚期	7	15	21	25	27
辛店文化		8	16			

图四 柳湾墓地陶器分期图（二）

1～8. 粗陶双耳罐（M602∶2、M1060∶29、M375∶4、M878∶1、M267∶7、M1008∶3、M728∶1、M1244∶1） 9～16. 陶壶（M606∶19、M505∶38、M45∶3、M1284∶9、M1128∶1、M1127∶5、M369∶6、M1196∶5） 17～21. 双大耳罐（M82∶12、M1214∶1、M965∶12、M1127∶2、M696∶3） 22～25. 高领双耳罐（M1137∶5、M543∶8、M972∶26、M951∶1） 26、27. 陶鬲（M1103∶13、M771∶2）

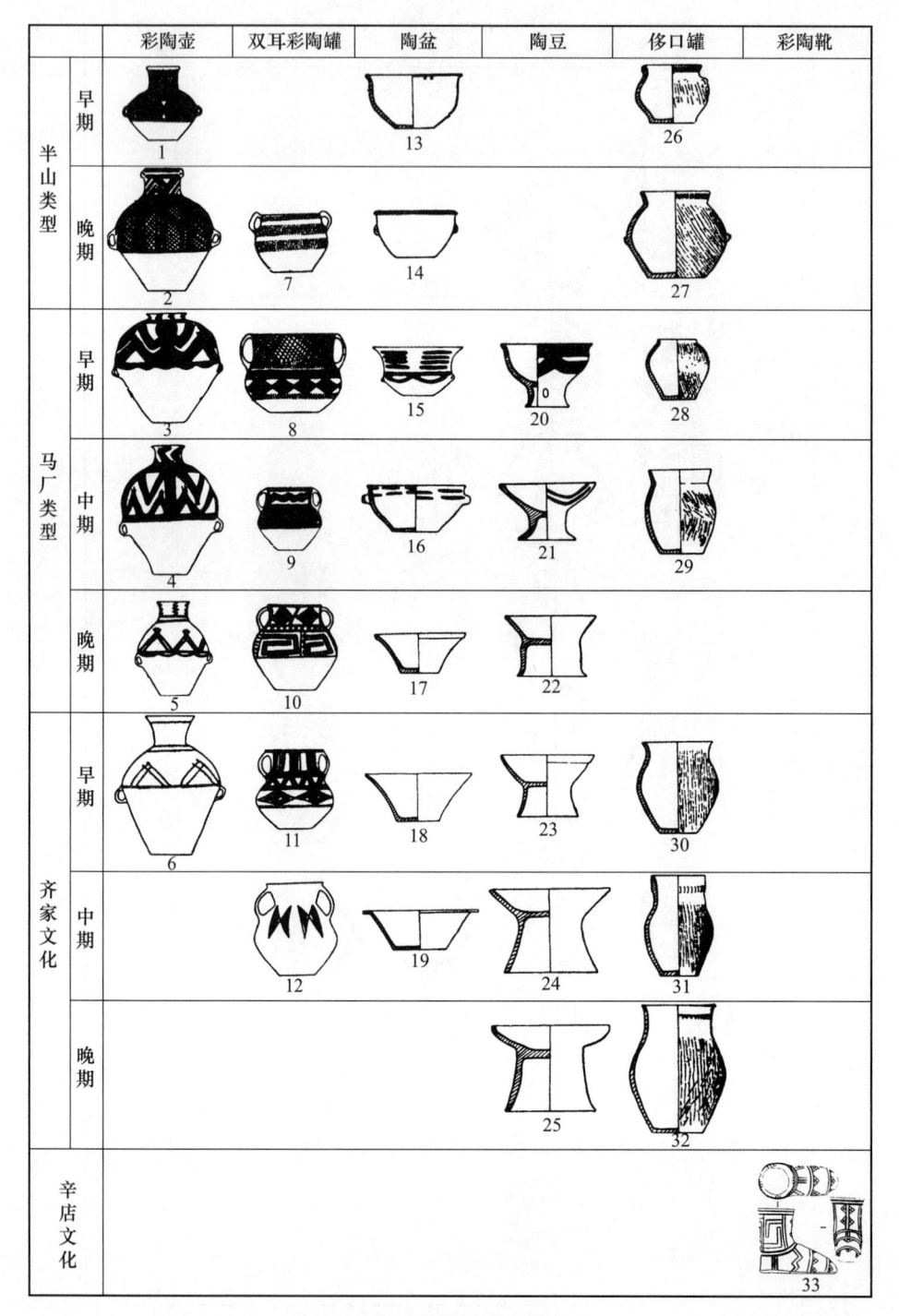

图三 柳湾墓地陶器分期图（一）

1～6.彩陶壶（M612∶2、M627∶7、M338∶12、M564∶38、M914∶10、M992∶6） 7～12.双耳彩陶罐（M576∶1、M1014∶12、M908∶19、M805∶3、M965∶1、M954∶7） 13～19.陶盆（M655∶1、M468∶1、M214∶4、M890∶1、M996∶8、M855∶14、M972∶17） 20～25.陶豆（M619∶22、M213∶13、M105∶26、M278∶4、M1332∶10、M271∶3） 26～32.侈口罐（M446∶3、M300∶1、M554∶13、M500∶2、M370∶7、M968∶1、M141∶2） 33.彩陶靴（北部台地采集）

小的杯形腹；陶盆由折腹演变为带耳，再发展成宽沿浅腹；豆由矮圈足发展成高圈足，由彩盘豆发展成素盘豆；鬲发现不多，但其早晚期特征很明显，即由高裆鬲演变为低裆鬲。总之，这些器物的演变特点是：体形由粗矮往瘦长发展，腹部由扁而圆、再往椭圆或长圆腹发展，耳把由小环耳往弧形大耳发展，鬲则沿着高裆至低裆的规律演变。

彩陶花纹方面，也可以总结出其演变的规律。最明显的变化是彩陶比例的减少，由彩陶占多数的半山类型发展到彩陶数量屈指可数的齐家文化。彩绘花纹由富丽堂皇到繁缛多样，再到简单明快。着彩的特点是由单黑彩发展成黑红两彩再发展到单红彩，直至消失不见。彩绘在马家窑文化半山类型与马厂类型早期达到了最为繁荣的阶段，到马厂类型中期以后，纹饰逐渐趋于简化，最后发展到齐家文化已处于衰落阶段了。彩绘花纹中，最能反映这种变化的是蛙纹，它是沿着全形蛙到蛙身再到蛙肢的逐渐简化的演变顺序发展的，这也是彩陶图案从复杂向简化演变的一个最好例证。

4. 辛店文化

辛店文化彩陶寥寥无几，目前，可以确认的只有彩陶靴形器一种（图三、图四）。

四、各文化类型彩陶间的演变关系

马家窑文化半山类型彩陶常以黑色锯齿纹和红色带纹合镶的复合纹构成各种花纹，并且几何形纹样占多数。这是因为半山类型以前的一些具象纹样，经过长期的发展，已经演变成抽象的几何形纹样，其中旋纹数量最多。在彩陶壶、罐下腹两面，各以一对左右对称的圆圈为旋心，各旋心间由曲线组成二方连续旋纹，顺着旋纹的上、下方并置多组旋线，具有波澜壮阔的气势。而到了马厂类型早期，彩陶仍然保留着相当一部分半山时期的黑红复彩构图，并延续了已变得有些潦草简化的锯齿纹样。到了马厂类型的繁荣期，即马厂类型中期，这些半山时期的因素才彻底消失，此时彩陶流行红色陶衣黑彩，锯齿纹消失。马厂时期彩陶器中长颈器减少，与此相对应，颈部的花纹也更为简单、程式化，腹部花纹则出现大量新纹样，但这些纹样又或多或少与半山时期的花纹保持着千丝万缕的联系，如由漩涡纹演变而来的四大圆圈纹、变化丰富的蛙纹，以及菱格纹、圆点纹、网格纹等，总之，马厂时期各类花纹的母题都可以在半山类型中找到原型。

齐家文化的陶器在质料、色泽、制法上与马厂类型基本相同，陶器的组合、器形与纹饰的演变方面也与马厂类型一脉相承。特别是马厂类型晚期和齐家文化早期，许多器物的器形几乎雷同。例如，彩陶壶、双耳彩陶罐、豆、侈口罐、粗陶双耳罐、双大耳罐等，不仅器形相似、纹饰一致，而且器物在墓葬中的种类组合也都相同，不同时期的同类器物间存在着上下演变的关系。其在彩陶花纹方面的主要差别是马厂类型常见的四大圆圈纹、蛙纹，发展到齐家文化时基本消失了，但是新出现了蝶形纹、蕉叶纹等。总的趋势是齐家文化时期彩陶已经到了衰落时期。至辛店文化，这种衰落的趋势就更加明显了。

的器物；双耳罐也较普遍，不仅早期有，中、晚期也有。值得注意的是部分器物如长颈壶与罐等尚保留有半山类型的特点。其彩绘特点是黑红彩兼用，颜色十分鲜明，即以红彩为主，内外用黑彩镶边，然后在主题花纹内外的空隙处再描绘各种不同的花纹。全形蛙纹为这一时期代表性的花纹，蛙肢多互相串通呈粗线弧边人字形纹，圆圈纹一般较硕大，边廓浑圆规整。

中期以 M82、M108、M540、M564 等为代表的马厂类型中期墓葬，主要器物有壶、双耳罐、瓮等，壶占绝大多数，此外还有豆、碗、盆等。彩绘花纹不如早期繁缛，蛙纹以蛙身为主，全形蛙纹已不见。圆圈纹数量骤增，且圈内填缀的花纹种类多，纹样复杂。圆圈纹之间的空隙处多补缀互不相连的直线人字纹。同时，符号花纹较为常见，其数量与种类之多是其他各期所无法比拟的。

晚期以 M87、M105、M541、M558、M805 等为代表的马厂类型晚期墓葬，主要器物有各种壶、双耳罐等，素陶壶是最常见的器物，数量最多，彩陶壶数量减少，彩陶瓮不见，新出现的器形有高领双耳陶罐、折腹陶罐等。总的特点是素面陶器增多，彩陶比例明显减少。彩绘花纹趋于简单图案化，蛙纹仅见蛙肢纹，不见全形蛙纹与蛙身纹，笔调粗犷潦草，图案不如早期对称规整。

3. 齐家文化

早期以 M399 等为代表的齐家文化早期墓葬，主要器物仍然是各种壶、罐、瓮等，其中陶壶屡见不鲜，敛口陶瓮也较常见，彩陶壶、双耳彩陶罐等数量不多。彩绘纹饰趋于简单，主题突出，纹样有平行条纹、波折纹、蛙纹、锯齿纹、菱格纹、方格纹、人字纹、叶脉纹、三角纹、蝶形纹、圆圈纹等，除部分与马厂类型相似外，大部分都独具风格。

中期以 M398 等为代表的齐家文化中期墓葬，其主要器类有双大耳罐、双耳罐、壶、高领双耳罐、三耳罐，还有少数带嘴陶罐与鸮面陶罐。双耳罐与双大耳罐是常见器类，往往在一座墓葬中同时出现，此外高领双耳罐也很普遍，三耳罐则是这一时期比较有特点的器物。绘彩陶器很少，纹饰有波折纹、网格纹、人字纹、三角纹、蝶形纹等。

晚期以 M271 等为代表的齐家文化晚期墓葬，其主要器类有高领双耳罐、豆、双大耳罐、单耳罐、壶、尊、鬲、盆、敛口瓮等，这一时期陶器的最大特点是不见彩陶器，并且陶器的数量大为减少，器类也较简单。

在马家窑文化半山类型、马厂类型与齐家文化三个文化类型中，共有的陶容器有彩陶壶、素陶壶、双耳彩陶罐、粗陶双耳罐、侈口陶罐与陶盆等，这些器物都是一脉相承、逐步演进的。如彩陶壶由小口细颈演变为侈口短颈，再发展为侈口高领，腹部由扁圆形至浑圆形，再演变为椭圆形，器形由粗矮变瘦长；素陶壶与彩陶壶的演变规律相似，也是由扁圆形往椭圆形发展；双耳彩陶罐由侈口短颈发展成侈口高领，两耳由环形小耳发展成弧形大耳；粗陶双耳罐两耳由小环耳发展成弧形大耳；侈口罐器形由粗矮演变成瘦高形；高领双耳罐器形较高大，腹部由圆腹发展成长腹，器形由粗壮发展成瘦长；双耳陶罐与双大耳陶罐最明显的变化是两个耳把由小环耳发展成大而长的弧形耳，腹部由扁圆、浑圆发展成是将泥浆刷在器表或将器物置放于泥浆中蘸泡而成，经鉴定，红色陶衣的原料是含铁量高的红粘土，白色陶衣多为白垩土。

（三）工具

彩陶工具有两类：第一类是颜料的加工工具，第二类是绘彩的工具。在柳湾墓地中，出土了一些显然是作为加工颜料使用的工具，如石锤、石磨棒、石研磨器等，还有一些盛放过颜料的陶碗。至于彩绘的工具，我们从花纹的流畅笔法以及笔画描绘痕迹，可以推断出当时可能已经使用毛笔，尽管至今尚未发现五千年前的毛笔实物。

（四）柳湾墓地出土陶器的分期

柳湾墓地发掘的1730座墓葬中，存在多组具有地层关系的墓葬，墓内出土了众多陶器，这对墓群分期具有重要意义。在各个不同文化类型墓葬之间，有打破、叠压关系的共有14组，皆为齐家文化打破或叠压马家窑文化马厂类型，这为两者的相对年代提供了确凿的地层证据，但是还没找到马家窑文化半山类型与马厂类型有打破关系的墓葬。前期发掘的1500座墓葬，根据碳十四的测定数据及类型学研究结果，可按文化性质分为马家窑文化半山类型、马厂类型，齐家文化和辛店文化四种不同文化类型，各文化和文化类型中除了辛店文化由于墓葬资料少而不能分期外，其余三种文化类型都能分期，各期在时间上都有明显的早晚区别。因此，我们主要借用《青海柳湾》的第六章墓葬分期，来对柳湾墓地出土彩陶进行分期。我们将柳湾墓地出土的马家窑文化半山类型彩陶分为早、晚两期，马厂类型彩陶分为早、中、晚三期，齐家文化彩陶分为早、中、晚三期。柳湾墓地的辛店文化墓葬由于发现的数量很少，暂未分期。下面将按照时间的早晚顺序分别说明。

1. 马家窑文化半山类型

早期以M599等为代表的半山类型早期墓葬，其出土陶器组合以彩陶壶、盆、钵三类器形为主，其中以彩陶壶最为常见，此外还有侈口陶罐等器物。其纹饰是以单黑彩花纹最具特点，纹样以束腰葫芦形网格纹最为典型。

晚期以M596等为代表的半山类型晚期墓葬，其出土陶器组合的器类较多，除彩陶壶、盆、钵等器类外，还有彩陶罐、单耳罐、双耳罐等几种，每墓最多者达五件。彩绘纹饰以壶、罐上的旋纹为主要特点，旋心逐渐增大，旋心中还饰有网纹、十字圆点、圈点轮形纹等纹饰。

2. 马家窑文化马厂类型

早期以M53等为代表的马厂类型早期墓葬，主要器物有瓮、小口垂腹罐、长颈壶、粗陶双耳罐、侈口罐、双耳罐与侈口双耳罐等。其中瓮、小口垂腹陶罐是马厂类型早期最为常见理，陶色呈红褐色或橙黄色。器形有陶壶、钵、盆、无耳罐、单耳罐、双耳罐等，皆为平底器。陶器纹饰除了绳纹、划纹和附加堆纹外，最富特色的是彩绘花纹。彩绘都是在陶器入窑烧制前先绘于陶坯上的，所用颜料因皆为矿物质颜料，所以高温烧造后，历经数千年纹样颜色依然清晰。常见的纹饰有锯齿纹、平行条纹、波折纹、漩涡纹、菱形纹、葫芦形纹、圆圈纹等，其中最富半山类型彩陶特点的是以黑红二彩相间的锯齿纹为主体组成的各种不同的几何形纹，其图案结构严密，画面绚丽多彩。

马家窑文化马厂类型的陶器占了柳湾墓地出土陶器的绝大多数，具体数据为87.79%。按质料可分为泥质红陶、夹砂红陶、泥质灰陶和夹砂灰陶四种，以泥质红陶居多，制作方法与半山类型相似，有些器物的表面还施有陶衣。器形上，有盆、碗、杯子、小口垂腹罐、提梁罐、高足罐等二十多种，其中最有特点的陶器有方形彩陶器、提梁罐、葫芦形罐与裸体人像彩陶壶。造型上除了平底器外，还有圈足器。纹饰除了绳纹与附加堆纹外，主要为彩绘花纹。常见的彩绘花纹有四大圆圈纹、蛙纹、变形蛙纹、波折纹、菱形纹、回纹、网格纹、三角纹、"十"字纹、"卍"（"卐"）字纹、连弧纹、贝纹等，其中以四大圆圈纹、蛙纹、波折纹、菱形纹和回纹最为流行。彩陶特点是造型凝重，彩绘纹饰繁缛复杂。

柳湾墓地出土的齐家文化陶器也很多，占墓地出土陶器总数的10.58%。按陶质可分为泥质红陶、夹砂红褐陶、泥质灰陶等，以泥质红陶为主。陶色多呈橙黄色，部分陶器外表还施一层白色陶衣。制作方法除了泥条盘筑法外，已经开始采用慢轮修整技术，器形有碗、盆、匜、杯、尊、高领折肩篮纹壶、带嘴罐、鸮面罐等二十多种，其中带嘴罐、高足杯、鸮面罐与盉为新发现的器形，为其他文化类型所罕见。造型上以平底器为主，其次为圈足器，少数为三足器，比较特别的是不少在器物的颈腹部或口腹间多置有一对称环形耳或宽长的弧形耳。纹饰除素面外，还有绳纹、篮纹、方格纹、锥刺纹、划纹、附加堆纹和彩绘，其中以绳纹与篮纹居多。彩绘的纹饰主要为几何纹，如平行条纹、波折纹、人字纹、菱格纹、三角纹、叶脉纹、蝶形纹、蛙肢纹、锯齿纹与方格纹等十多种，此外，还有少数象征动植物形的纹样。

辛店文化的陶器出土数量很少，占出土陶器总数的0.07%，皆为夹砂红褐陶。陶色多呈红褐色或砖红色。制作方法为泥条盘筑法。器形有壶与双耳罐、靴三种。造型上的特点是底部多呈圜底或平底。纹饰上，除了彩陶靴彩绘之外，其他陶器多为素面上装饰绳纹与附加堆纹。

（二）颜料

柳湾墓地所出的彩陶以黑色为主，其次是红色、褐色、白色，其他颜色基本不见。我们经过检测判断，这些颜色的颜料应该全部来自矿物质颜料：黑彩的着色剂是氧化铁和氧化锰的混合物；红彩的着色剂是氧化铁；褐彩其实是一种黑红复合彩，由红色赤铁矿中掺入一定量的磁铁矿或黑锰矿，研细后彩绘而成；白彩的着色剂是石英。红色、白色陶衣则

1978年柳湾墓地 1500 座墓葬的发掘经过和墓地材料。上册是图文并茂的叙述，包括前言、第一章的墓地地理环境与发掘工作概况、第二章的马家窑文化半山类型墓葬、第三章的马家窑文化马厂类型墓葬、第四章的齐家文化墓葬、第五章的辛店文化墓葬、第六章的墓葬分期、结语等内容，对柳湾墓地出土各类墓葬的状况进行了简要的概述和分析；下册是图片，包括 4 幅彩色图版和 212 幅黑白图版。本书于 1986 年 8 月荣获"中国社会科学院考古研究所夏鼐考古学成果二等奖"。其中，关于出土彩陶的研究是柳湾墓地研究的主要内容之一，特别是马家窑文化半山类型和马厂类型、齐家文化墓葬出土的各类彩陶，数量众多，种类多样，《青海柳湾》对此详加分析，成为研究马家窑文化和齐家文化彩陶的成功范例之一。

需要说明的是，在《青海柳湾》出版之后，学术界对柳湾彩陶的关注长盛不衰。凡是研究中国远古文明的著作、文章，都将柳湾墓地作为最重要的资料之一，予以专门关注；凡是研究彩陶的著作、文章，都将柳湾彩陶作为最重要的研究对象之一，予以重点讨论；仅以柳湾为标题的研究文章就不胜枚举，如尚民杰的《柳湾彩绘符号试析》[1]、阿朝东的《从青海柳湾人像彩陶壶谈人类祖先崇拜现象》[2]、刘宝山的《青海出土的彩陶人像壶和四面铜人像与生殖崇拜》[3]、汤惠生的《青海史前彩陶纹饰的文化解读》[4]、叶舒宪的《蛙人：再生母神的象征——青海柳湾"阴阳人"彩陶壶解读》[5]、霍福的《从四大圆圈纹到蛙纹图形的嬗变——柳湾马厂彩陶主体纹饰的民俗学解读》[6]、王小明的《青海柳湾彩陶的民俗文化意象》[7]、陈玭的《青海乐都柳湾墓地彩绘符号研究》[8]，等等。这无疑表明了柳湾彩陶的丰富性和多样性，广大专家学者也可以从多个角度对柳湾彩陶进行研究解读。

三、柳湾墓地出土陶器的制作工艺

（一）器类与花纹

柳湾墓地出土的陶器按彩绘图案的有无可以分为彩陶和素面陶两大类。其中，彩陶约占陶器总量的一半之多，这个比例在中国目前的史前考古中，是十分惊人的。

马家窑文化半山类型的陶器占出土陶器总数的 1.54%。按质料可分为泥质红陶、泥质灰陶和夹砂红陶等，以泥质红陶为主。制作方法采用泥条盘筑法，陶器表面多经过打磨处

---

[1] 尚民杰：《柳湾彩绘符号试析》，《文博》1988 年第 3 期。
[2] 阿朝东：《从青海柳湾人像彩陶壶谈人类祖先崇拜现象》，《青海民族学院学报》1997 年第 3 期。
[3] 刘宝山：《青海出土的彩陶人像壶和四面铜人像与生殖崇拜》，《陇右文博》1997 年第 4 期。
[4] 汤惠生：《青海史前彩陶纹饰的文化解读》，《民族艺术》2002 年第 2 期。
[5] 叶舒宪：《蛙人：再生母神的象征——青海柳湾"阴阳人"彩陶壶解读》，《民族艺术》2008 年第 2 期。
[6] 霍福：《从四大圆圈纹到蛙纹图形的嬗变——柳湾马厂彩陶主体纹饰的民俗学解读》，《民间文化论坛》2009 年第 6 期。
[7] 王小明：《青海柳湾彩陶的民俗文化意象》，《大众文艺》2010 年第 18 期。
[8] 陈玭：《青海乐都柳湾墓地彩绘符号研究》，《南方文物》2012 年第 4 期。

图二　柳湾墓地地形图

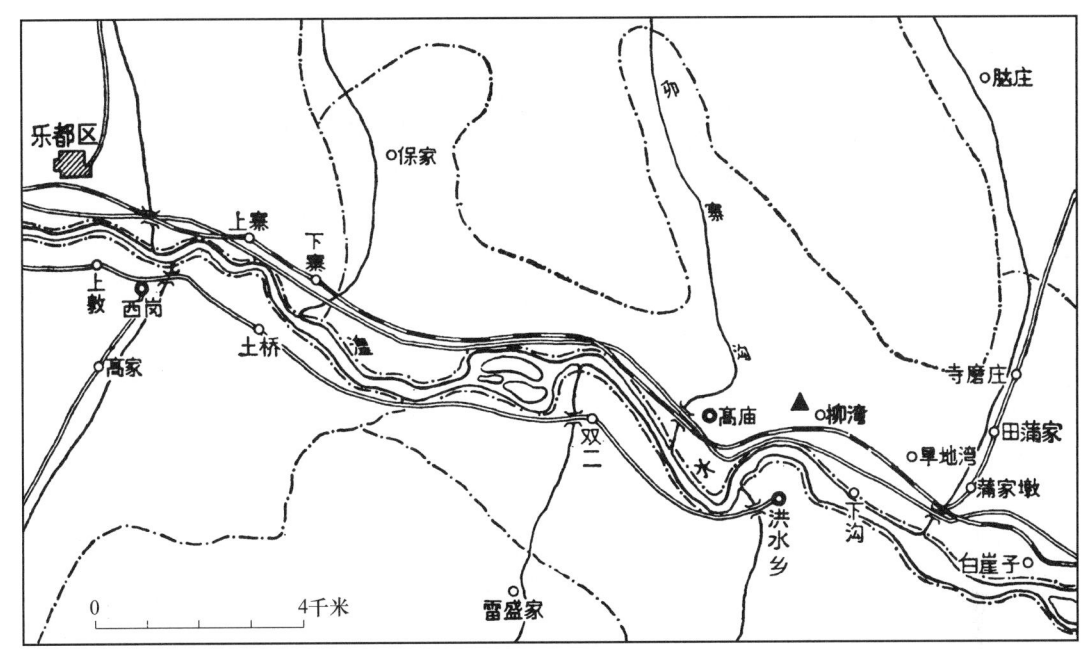

图一 柳湾墓地位置图

重达一半之多。其中马家窑文化半山类型墓葬 257 座,出土陶器 266 件;马家窑文化马厂类型墓葬 872 座,出土陶器 13227 件;齐家文化墓葬 366 座,出土陶器 1618 件;辛店文化墓葬 5 座,出土陶器 12 件。

1978 年后,又陆续发掘了 230 座墓葬,全部为马家窑文化马厂类型和齐家文化墓葬。其中,出土马家窑文化马厂类型陶器 1928 件、齐家文化陶器 209 件,无法判断年代的陶器 2 件,合计 2139 件。受当时条件所限,这 230 座墓葬的发掘资料迟迟没有整理公布。

关于柳湾墓地各文化类型的绝对年代,经过对 8 座墓葬出土棺木标本的碳十四年代测定得知,马家窑文化半山类型的年代为 2505±150 BC(树轮校正年代,下同);马厂类型共 6 个标本,分别为 2415±265 BC、2280±140 BC、2280±160 BC、2250±140 BC、2145±120 BC、2040±100 BC,即在 2415 BC~2040 BC;齐家文化为 1915±155 BC。从数据中可以计算出,从半山类型至齐家文化,其间大约经历了 590 年。

二、柳湾墓地出土彩陶研究的简要回顾

《青海柳湾——乐都柳湾原始社会墓地》发掘报告的资料整理准备工作实际上从 1977 年冬天就开始了,并于 1984 年 5 月正式出版[①]。全书分上、下两册,简略介绍了 1974~

---

① 青海省文物管理处考古队、中国社会科学院考古研究所:《青海柳湾——乐都柳湾原始社会墓地》,文物出版社,1984 年。

柳湾墓地的发掘与柳湾彩陶的分期

青海乐都柳湾墓地的发掘和研究在中国考古学史上具有十分重要的意义。柳湾墓地是迄今为止黄河上游地区规模最大、保存较为完整的一处新石器时代氏族公共墓地。1974年至今，青海省文物管理处考古队、中国科学院考古研究所等单位，在约12万平方米的台地上发掘了1730座墓葬，出土各类陶器17262件，其中彩陶的比例约占一半。

据《青海柳湾——乐都柳湾原始社会墓地》发掘报告统计，在前期发掘的1500座墓葬里出土陶器15123件，在后续发掘的230座墓葬中又出土各类陶器2139件。这些陶器种类繁多，包括马家窑文化半山类型和马厂类型、齐家文化、辛店文化共三种文化四个阶段。彩陶数量上的巨大优势以及纹饰的多样性，为探究从马家窑文化半山类型到齐家文化彩陶器形纹饰的演变过程提供了充足的实物依据，大大提升了马家窑文化和齐家文化彩陶的整体研究水平。

20世纪70年代对柳湾墓地的发掘使它成为研究黄河上游地区远古文明的圣地，而30年后，即2004年在墓地附近柳湾先民们生活过的遗址上面，建成的我国最大的专题性彩陶博物馆——中国青海柳湾彩陶博物馆，则标志着对柳湾彩陶的保护研究进入了一个崭新的阶段。

一、柳湾墓地发现、发掘与年代

柳湾遗址位于青海省海东市乐都区以东17千米的高庙镇柳湾村（图一），于2006年5月被国务院公布为全国重点文物保护单位。柳湾墓地地处湟水河中游北岸第二台地的柳湾旱台上，海拔1950米，其范围西至沙沟，东到柳湾大趟沟，北到柳湾大顶，南至大峡支渠，整个墓地北高南低，东西皆被台地环抱，南北宽250米，东西长450米，总面积在112500平方米以上。按地貌现状和文化类型的不同，从东向西可以把墓地分为东、中、西三个墓区，东区以马家窑文化半山类型墓葬为主，中区以马家窑文化马厂类型墓葬为主，西区以齐家文化墓葬为主；墓地北部高处则以辛店文化墓葬为主（图二）。在各自相邻地段，不同文化性质的墓葬互有交错。

1974年春，当时的柳湾大队社员在平地造田、挖渠引水的时候发现了柳湾墓地，后由解放军巡回医疗队向当时的青海省文化局汇报了情况。同年7月，由中国科学院考古研究所青海队和青海省文物管理处考古队共同负责的柳湾墓地考古发掘工作正式开始。大规模的发掘工作一直持续到1978年，先后参与发掘工作的有青海省文物考古队、中国科学院考古研究所、北京大学历史系考古专业、西北大学历史系考古专业、甘肃省博物馆文物工作队等单位。共发掘从马家窑文化半山类型到辛店文化的墓葬1500座，出土各种生产工具、生活用具、装饰品以及其他文化遗物共3万余件，其中出土陶器数量为15123件，所占比

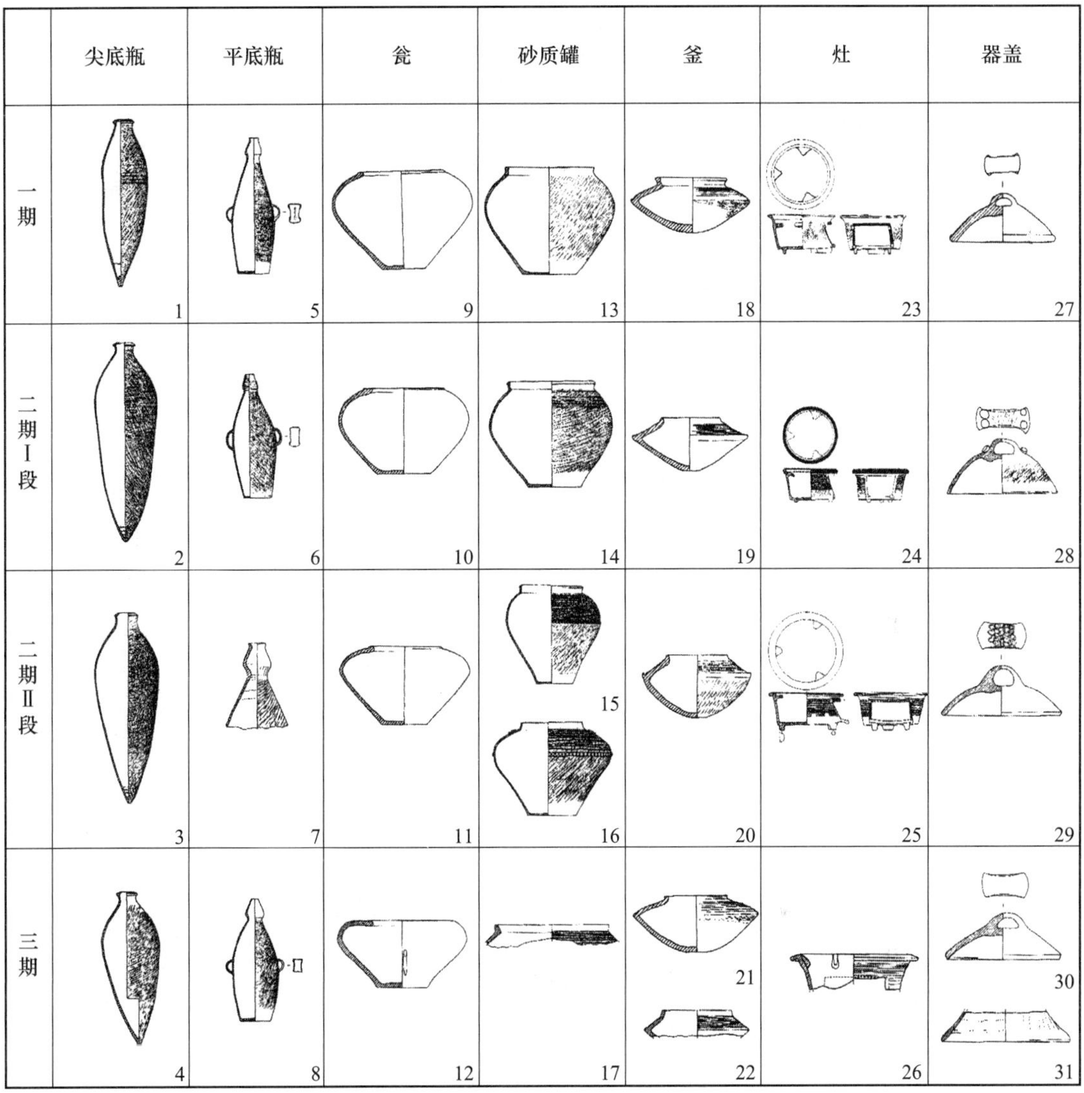

	尖底瓶	平底瓶	瓮	砂质罐	釜	灶	器盖
一期	1	5	9	13	18	23	27
二期Ⅰ段	2	6	10	14	19	24	28
二期Ⅱ段	3	7	11	15、16	20	25	29
三期	4	8	12	17	21、22	26	30、31

附图二 庙底沟典型陶器分期图（二）

尖底瓶 1. Ⅰ式：02SHMT21⑨：96 2. Ⅱ式：02SHMT25H108：13 3. Ⅲ式：02SHMT52南扩H432：98
4. Ⅳ式：02SHMT3H5：12
平底瓶 5. Ⅰ式：02SHMT30H110：9 6. Ⅱ式：02SHMT25H108：15 7. Ⅲ式：02SHMT52H432：100
8. Ⅳ式：02SHMT35H170：1
瓮 9. Ⅰ式：02SHMT17⑧：56 10. Ⅱ式：02SHMT13H116：36 11. Ⅲ式 02SHM41H255：5
12. Ⅳ式：02SHMT41H286：16
砂质罐 13. Ⅰ式：02SHMT21⑧：98 14. Ⅱ式：02SHMT43H302：10 15. Ⅲ式：02SHMT52南扩H432：96
16. Ⅳ式：02SHT43H166：62 17. Ⅴ式：02SHMT17③：64
釜 18. Ⅰ式：02SHMT21⑧：24 19. Ⅱ式：02SHMT12H277：1 20. Ⅲ式：02SHMT41H255：4
21. Ⅳ式：02SHMT18H373：1 22. Ⅴ式：02SHMT21③：105
灶 23. Ⅰ式：02SHMT21⑧：36 24. Ⅱ式：02SHMT34H122：5 25. Ⅲ式：02SHMT72H653：17
26. Ⅳ式：02SHMT17③：65
器盖 27. Ⅰ式：02SHMT17⑧：49 28. Ⅱ式：02SHMT34H102：3 29. Ⅲ式：02SHMT52H432：95
30. Ⅳ式：02SHMT11H51：19 31. Ⅴ式：02SHMT21②：106

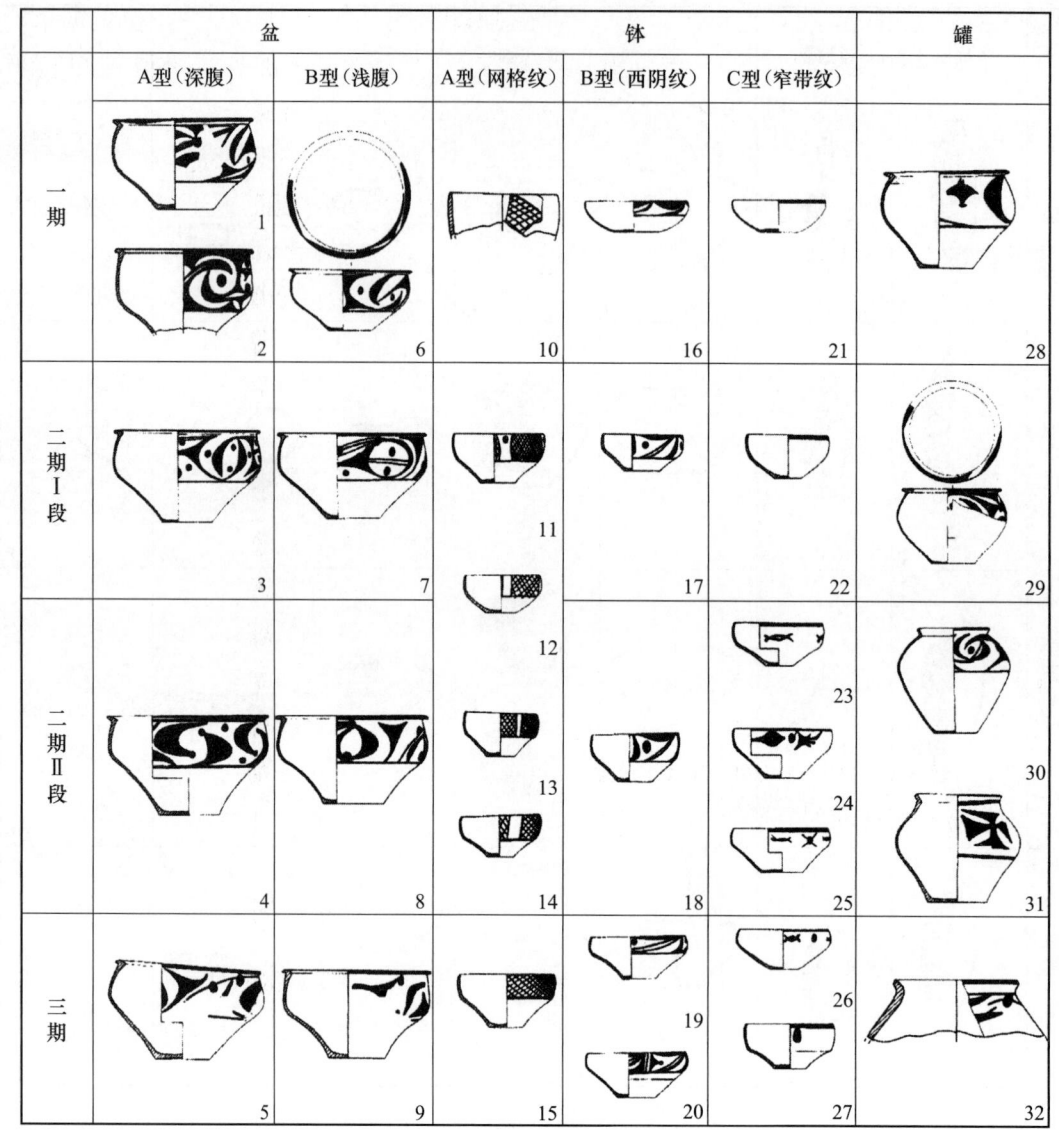

	盆		钵			罐
	A型（深腹）	B型（浅腹）	A型（网格纹）	B型（西阴纹）	C型（窄带纹）	
一期	1 / 2	6	10	16	21	28
二期Ⅰ段	3	7	11 / 12	17	22	29
二期Ⅱ段	4	8	13 / 14	18	23 / 24 / 25	30 / 31
三期	5	9	15	19 / 20	26 / 27	32

附图一　庙底沟典型陶器分期图（一）

A型盆　1. AⅠ式：02SHMT21⑨：90　2. AⅡ式：02SHMT17⑧：25　3. AⅢ式：02SHMT41H278：14
　　　 4. AⅣ式：02SHMT11H29：7　5. AⅤ式：02SHMT11H51：13
B型盆　6. BⅠ式：02SHMT21⑨：89　7. BⅡ式：02SHMT41H278：15　8. BⅢ式：02SHMT52 南扩 H432：93
　　　 9. BⅣ式：02SHMT3H5：5
A型钵　10. AⅠ式：02SHMT17⑧：66　11. AⅡ式：03SHMTG230H900：208　12. AⅢ式：02SHMT1H7：2
　　　 13. AⅣ式：02SHMT11H29：10　14. AⅤ式：02SHMT37H114：14　15. AⅥ式：02SHMT26H111：6
B型钵　16. BⅠ式：02SHMT21⑨：79　17. BⅡ式：03SHMTG230H900：28　18. BⅢ式：02SHMT38H408：32
　　　 19. BⅣ式：02SHMT11H51：11　20. BⅤ式：02SHMT1H1：4
C型钵　21. CⅠ式：02SHMT21⑨：80　22. CⅡ式：02SHMT13H116：44　23. CⅢ式：02SHMT43H166：19
　　　 24. CⅣ式：02SHMT62H477：36　25. CⅣ式：02SHMT62H477：12　26. CⅤ式：02SHMT11H51：9
　　　 27. CⅥ式：02SHMT6H87：4
　罐　 28. Ⅰ式：02SHMT17⑨：46　29. Ⅱ式：02SHMT34H122：13　30. Ⅲ式：02SHMT52 南扩 H432：45
　　　 31. Ⅳ式：02SHMT11H29：24　32. Ⅴ式：02SHMT11H51：26

器物形制变化和花纹不同，进一步细分为第Ⅰ和第Ⅱ段。其中，第二期Ⅰ段典型单位有 02SHMT41H278、03SHMTG230H900、02SHMT13H116 等，第二期Ⅱ段典型单位有 02SHMT11H29、02SHMT52 南扩 H432、02SHMT38H408 等。

彩陶器物种类有曲腹盆、弧腹盆、钵、碗、罐等，新增加大口钵，但每种器物所饰花纹繁缛，突出表现在曲腹盆的器表流行饰繁缛的回旋勾连纹和回旋圆圈纹，彩陶钵和彩陶碗的纹饰种类大大增加，除第一期已经出现的花纹外，新出现有简体鸟纹、典型西阴纹、方框眼纹等。早在第一期出现的垂弧纹与凸弧纹、弧线三角圆圈纹等，数量也比第一期大大增加。主要依据各类花纹从简到繁的变化可细分为Ⅰ、Ⅱ两段。

与第二期彩陶共存的小口尖底瓶不见明显的亚腰形，器身开始变短，双唇口之内环宽窄相当。

（三）第三期彩陶特征

第三期彩陶数量比第二期有所减少。典型单位有 02SHMT3H5、02SHMT26H111、02SHMT11H51 等。彩陶纹样中大量出现圆点纹和横 X 纹等。回旋勾连纹已不如第二期繁缛，开始变得简化和草率，圆点纹数量减少，勾叶分解，花瓣纹也开始变得不够规整，方框眼纹已去掉圆点纹，多层凸弧纹反倒增多，这和西阴纹上增加弧线三角圆点纹一样，倒是比第二期复杂起来，显得与第三期的总体风格格格不入。

与第三期彩陶共存的小口尖底瓶的双唇口口部的外环宽于内环，器身变得更为短小。

结合相关遗址的彩陶分期可以看出，庙底沟类型的彩陶在整个庙底沟文化当中，不算是最早的，即庙底沟遗址的第一期彩陶之前，还有一个庙底沟文化的形成期，加上这一形成期，整个庙底沟类型（或庙底沟文化）的彩陶经过了形成、勃兴、繁荣和衰落四个阶段。

除了庙底沟类型之外，在庙底沟遗址还发现有仰韶文化秦王寨类型（有人称之为"秦王寨文化"）和庙底沟二期文化的文化遗存。此时的彩陶数量大大减少且纹样单调，可以看作庙底沟遗址出土彩陶的孑遗。

众所周知，庙底沟彩陶是庙底沟文化的重要组成部分，在庙底沟遗址数量众多、绚丽多姿的彩陶纹样当中，最突出的是庙底沟类型的花卉纹图案，其影响范围遍及大半个中国。根据苏秉琦的研究，庙底沟彩陶的花卉纹母体图案，可能与"华"、"华山"和"华夏族"的得名有关，"花"、"华"、"华山"、"华夏"，在远古时代具有密切的联系。由此，我们把庙底沟遗址出土的彩陶称之为"华夏之花"。美丽端庄、热情奔放的华夏之花，像旭日东升的朝阳一般，曾经照亮中国文明诞生之路。

另附庙底沟典型陶器分期图（附图一、附图二）。

（原载河南省文物考古研究院：《华夏之花——庙底沟彩陶选粹》，上海古籍出版社，2013年，前言，第Ⅰ～Ⅶ页）

彩陶器上的图案都绝不相同，说明庙底沟遗址出土的彩陶都是一器一绘，没有固定的制作模式。

通过我们的观察，庙底沟遗址出土陶器上的花纹都是手工绘制的，没有发现所谓的"轮绘"技术，即使图案间繁缛细小的线条也是手工描绘的。这一点在每一件彩陶的笔触粗细等方面都有清晰的反映。

在每一件陶器施彩前，应该都有详细的布局构思。我们推测在施彩前首先是用硬笔勾勒出图案的大致轮廓，然后用软笔在轮廓内填色，有些图案是用粗号的软笔一次描绘而成，有些图案则是用细号的软笔在轮廓内数次绘制而成。对于一些大件陶器上的图案，在描绘出轮廓内的色彩后，对溢出规定图案的部分是用利器加以刮削修饰的。有些彩陶花纹由于涂抹过量的颜料从而形成了立体的效果。至于小件的陶器，并不排除是在构思后一气描绘而成的。这样的作品往往在图案的完整性和绘制的准确性等方面留有较为显著的痕迹，从而留给后人一种遗憾之美。

庙底沟遗址出土的彩陶主要是绘制在盆和钵这两种器物之上，也有少量是绘制在罐、壶和器盖之上的。施彩的部位一般在器高二分之一以上的位置，因为这个位置便于肉眼观察。彩陶图案构成的基本元素是以点、圆、线、三角、方块等几何图形为主；彩陶图案纹饰的主要构成方式，是以二方连续形式为主流，又可细分为两分、四分、六分和八分等几种，其中四分最为常见。

四、庙底沟类型彩陶的分期

在庙底沟遗址 2002 年发掘当中，存在多组具有分期意义的地层关系和出土众多彩陶的单位。依据这些地层关系，参照与尖底瓶共存的各种彩陶器物的形制和花纹演变，结合小口尖底瓶形制演变轨迹，我们把庙底沟彩陶分为三期四段。

（一）第一期彩陶特征

第一期典型单位有 02SHMT17 与 02SHMT21 的第 8 层、02SHMT21 第 9 层等。这几个单位都是庙底沟遗址地层最靠下的遗迹，是壕沟的最下层。

曲腹彩陶盆分深、浅两型，浅腹盆的纹饰主要是弧线三角圆点纹，深腹盆的花纹显得繁缛一些，主要是弧线三角加花瓣纹。弧腹盆的口沿上所饰花纹多为对顶三角纹和垂弧纹。彩陶钵的形制为大口圜底，口沿所饰花纹简单，主要有宽带纹、窄带纹、垂弧纹和原始西阴纹。彩陶罐的形制与深腹盆接近，所饰花纹为弧线三角花瓣纹。早期的两件器盖上绘有花纹，也以弧线三角圆点纹和花瓣纹为主。

与第一期彩陶共存的小口尖底瓶整体为亚腰形长体尖底瓶，口部为双唇口，口部的内环比外环要宽，呈早期作风。

（二）第二期彩陶特征

第二期彩陶纹样种类繁多，图案繁缛，步入庙底沟类型彩陶的鼎盛阶段。可以以

三、庙底沟彩陶制作工艺

（一）器类与花纹

庙底沟仰韶文化陶器可以分为彩陶与素面陶两大类。其中，彩陶约占陶器总量的 25%。

素面陶中的炊器主要有鼎、釜、灶、夹砂罐、甑等，饮食器有钵、碗、盆，储存器有瓮、缸、泥质罐，此外还有器盖等。

彩陶器类有钵、碗、深腹盆、敞口盆、叠唇盆、泥质罐、器盖等。在某一类器物类型中，常在某一时期，装饰同样较为固定的花纹图案。如钵、碗类常饰垂弧纹，曲腹盆常饰回旋勾连纹，泥质罐常饰花瓣纹等。

（二）颜料

庙底沟遗址所出彩陶的颜色以黑色为主，其次是红、褐及白色，其他颜色基本不见。我们初步判断这些颜色的颜料来源应该均为矿物原料。一般而言，黑彩的着色剂是氧化铁和氧化锰的混合物，白彩的着色剂是石英，红彩的着色剂主要是铁。我们把庙底沟遗址出土的一些彩陶碎片请河南省煤田地质局一队的范旭光做了简单的成分分析，他用的是手持 X 射线荧光分析仪（DC6000）。经过分析，他认为红彩中的成分依次是钙、铁、钾、锰、锑等，黑彩中的成分依次是锰、钙、铁、钾、锑等，而白彩中的成分则为钾、铁、钙、硫、锑等。

（三）工具

彩陶工具有二，第一是颜料的加工工具，第二是绘彩的工具。在庙底沟遗址 2002 年的发掘中，出土了一些显然是作为加工颜料使用的工具，如石锤、石磨棒、石研磨器等。在这些石器的器身上有明显的红色遗留物，特别是器身的下部，如在 H9 中出土的石锤（H9：93）、石研磨器（H9：195），说明庙底沟遗址的大量彩陶都是在当地施彩制作的，而且所用矿物颜料也都是在本地粉碎研磨的。另外在一些陶器上（H9：208，C 型盆）还发现有内壁遗留红色颜料的痕迹，这无疑是储存彩绘颜料所用的器物。至于彩绘的工具，我们通过对庙底沟遗址所出彩陶纹饰的各色图案的认真观察，特别是对各种纹饰的宽窄粗细、颜料的浓淡明暗、填色的先后叠压、笔触的轻重锐钝等进行了细致入微的查验对比，推测当时应该出现了类似毛笔的作画工具，甚至还有软硬粗细之分。至于制笔的材料，原则上应是毛发、细皮一类的软料物质，当然也不排除有些图案是用硬笔勾画而成的。硬笔的材料就比较广泛了，树枝、兽骨、兽牙、鱼刺都可以胜任。

（四）技法、笔法与构图原则

庙底沟遗址出土彩陶数量众多，图案繁缛，虽然母体都是圆点、弧边三角纹，但是每一件施峡市文物考古研究所、郑州大学考古专业等单位，在报请国家文物局批准后，又一次对庙底沟遗址进行了大规模的抢救性发掘。这次发掘历时半年，发掘面积18000平方米，发现了仰韶文化庙底沟类型、西王村类型（秦王寨类型）及庙底沟二期文化时期保存较为完好的房基10余座，灰坑和窖穴800多座，陶窑20座，壕沟3条等遗迹，同时还发掘清理了200余座唐宋元明时期的墓葬，出土了大量珍贵的文物。这次发掘，不仅充实了庙底沟类型的文化内涵，为进一步细化庙底沟类型的分期提供了层位学和类型学的新材料，而且还发现了仰韶文化晚期的西王村类型和秦王寨类型遗存，从而填补了该遗址从庙底沟类型至庙底沟二期文化之间的空白。

关于庙底沟类型的绝对年代，经中国社会科学院考古研究所科技中心张雪莲研究员对庙底沟遗址2002年发掘的H9内出土动物骨骼所做的碳十四年代测定（实验室编号ZK-8036），其碳十四年代为距今4556±26年，经树轮校正年代，可得不同置信区间的三组年代数据，分别为3370 BC～3330 BC（28.7%），3220 BC～3180 BC（17.9%），3160 BC～3120 BC（21.6%）。

二、庙底沟彩陶研究的简要回顾

学者们对庙底沟彩陶的研究早在调查和发掘的过程中已经开始了。《庙底沟与三里桥》报告（以下简称《报告》）的结语部分对庙底沟遗址出土彩陶进行了专题研究[1]。

在《报告》公开出版之后，杨建芳[2]、安志敏[3]、苏秉琦[4]、严文明[5]、张朋川[6]等都曾经对庙底沟彩陶进行深入分析。近年来，王仁湘连续发表多篇庙底沟类型彩陶或与庙底沟类型彩陶有关的论文，分别对庙底沟文化彩陶图案中常见的花瓣纹[7]、回旋勾连纹[8]、"西阴纹"[9]、"庙底沟文化鱼纹"[10]等各类纹样进行深入分析，把庙底沟文化彩陶的兴起和在全国范围的传播比作一股史前艺术的一次浪潮[11]。

我们注意到，探研彩陶艺术的基础是分期，可是这方面的研究，没有怎么开展。关于庙底沟彩陶的分期，仍然是一个薄弱环节。庙底沟遗址21世纪初大规模的发掘为重新认识庙底沟彩陶的分期提供了一大批新的资料。

---

[1] 中国科学院考古研究所：《庙底沟与三里桥》，科学出版社，1959年。
[2] 杨建芳：《庙底沟仰韶遗址彩陶纹饰的分析》，《考古》1961年第5期。
[3] 安志敏：《关于庙底沟仰韶纹饰分析的讨论》，《考古》1961年第7期。
[4] 苏秉琦：《关于仰韶文化的几个问题》，《考古学报》1965年第1期。
[5] 严文明：《论庙底沟仰韶文化的分期》，《考古学报》1965年第2期。
[6] 张朋川：《中国彩陶图谱》，文物出版社，1990年。
[7] 王仁湘：《我国新石器时代花瓣纹彩陶图案研究》，《考古与文物》1989年第1期；王仁湘：《庙底沟文化的花瓣纹彩陶研究》，《庆祝何炳棣先生九十华诞论文集》，三秦出版社，2008年。
[8] 王仁湘：《关于史前中国一个认知体系的猜想——彩陶解读之一》，《华夏考古》1999年第4期。
[9] 王仁湘：《彩陶"西阴纹"细说》，《鹿鸣集》，科学出版社，2009年。
[10] 王仁湘：《庙底沟文化鱼纹彩陶论（上、下）》，《四川文物》2009年第2、3期。
[11] 王仁湘：《中国史前艺术的浪潮——庙底沟文化彩陶艺术研究》，文物出版社，2011年。

庙底沟遗址的发掘与庙底沟彩陶的分期[*]

  河南三门峡（原陕县）庙底沟遗址的发掘和研究在中国考古学史上具有十分重要的意义。正是由于庙底沟遗址的发掘，才确立了仰韶文化庙底沟类型，首次辨认出从仰韶文化向龙山文化过渡的"庙底沟二期文化"，从地层证据和器物类型演变上，彻底理清了仰韶文化与龙山文化的早晚关系，大大提高了我国仰韶文化与龙山文化的整体研究水平。

  如果说20世纪50年代的发掘是拉开了庙底沟遗址研究的序幕的话，那么21世纪初的又一次大规模发掘，再次把庙底沟遗址推向学术研究的前沿。

一、庙底沟遗址的发现与发掘

  庙底沟遗址位于河南省三门峡市西南部的湖滨区韩庄村，2001年6月被国务院公布为全国重点文物保护单位。这里地处黄河支流——青龙涧河和苍龙涧河之间的黄土塬上，西北距黄河仅1千米。地理坐标为东经111°10′、北纬34°45′，海拔342～352米。周围地势较为平坦，较为密集地分布着三里桥、李家窑等众多新石器时代遗址。

（一）20世纪50年代的发现与发掘

  1950年，新中国刚刚成立，百废待兴，国家有关部门启动黄河三门峡水利工程建设。1953年，为了解三门峡水库库区内的文物分布情况，中国科学院考古研究所河南考古调查队开始在陕县、灵宝开展考古调查，首次发现了位于原陕县县城南关东南的庙底沟遗址。1955年10月，文化部和中国科学院联合组成黄河水库考古工作队，又对该遗址进行了重点勘查。1956年9月～1957年7月，黄河水库考古工作队抽调当时各省精英近80人，对庙底沟遗址展开了历史上第一次大规模的发掘工作，揭露遗址面积4480平方米。共计发现仰韶文化时期灰坑168个、房基2座，龙山文化早期灰坑26个、房基1座、窑址1座以及墓葬156座（绝大部分为庙底沟二期文化），另外还发现有较薄的东周文化层及少数汉唐墓葬。

  由于该遗址仰韶文化遗存呈现出不同于半坡遗址仰韶文化遗存的风貌，故被命名为仰韶文化庙底沟类型，介于仰韶文化与龙山文化之间的遗存则被命名为"庙底沟二期文化"。

（二）21世纪初的大规模发掘

  2002年6月，由于国道310线三门峡市城区段急需拓宽，河南省文物考古研究所会同三门

---

[*] 与樊温泉合作撰写本文。

花卉图案于一体的彩陶盆,这件彩陶盆编号为F33:4,泥质红陶,直口,侈沿,厚圆唇,浅腹上部微鼓,圜底,饰黑彩,黑彩图案由大小约略相等的相同两幅图案所构成。每幅图案均可分成三部分,即头部的鸟首,中部的花卉和尾部的鱼尾纹所构成,生动地描绘出鸟、花、鱼三位一体的生动画面,是活灵活现的鱼、鸟和谐共处的又一幅杰作(图一一)[①]。

图一一 原子头彩陶盆
(F33:4)

与原子头F33:4大致相似的还有甘肃秦安大地湾遗址的K707:1彩陶盆(见《秦安大地湾——新石器时代遗址发掘报告》第142页),这件彩陶盆,口径43.2、高14.6厘米,腹饰写意鱼纹、鸟首和花卉纹,其彩陶图案也是由鱼尾、花瓣和鸟首所构成,其年代属大地湾二期,与原子头的年代大致相当(图一二),可见,这种带有庙底沟类型早期特点的彩陶,弘扬鱼鸟共存共融的理念,盛行于庙底沟文化的早期阶段。

图一二 大地湾彩陶盆
(K707:1)

这种将鱼、花和鸟的形象集于一体的风格,始于史家类型,很可能由史家类型较早阶段常见的鱼尾加变形四边形图案发展而来,张宏彦就曾经把这两类图案都归结为大地湾二期,他认为是大地湾二期是从半坡类型向庙底沟类型过渡阶段[②],实际上,二者曾经同时,恰好说明半坡类型晚段与庙底沟类型早段曾经同时并行。

总之,仰韶文化庙底沟期,彩陶图案已相当绚丽多姿,不仅仰韶彩陶的器物数量大增,而且出现了将鸟首融入彩陶图案当中,构成"鱼鸟共融"的美好画卷。换言之,在庙底沟类型早段,仰韶文化的先民们创造出一幅幅精美的原始艺术品——仰韶文化庙底沟类型彩陶图,为我们了解仰韶文化庙底沟期的时代风貌,留下辉煌璀璨的印记,而这件绘制有"鱼鸟共融图"的彩陶罐(02SHMT1H9:27)即是庙底沟文化的珍贵原始艺术品。

2016年6月20日初稿于河南新密,2016年10月22日修改于北京。

(原载《南方文物》2016年第4期)

[①] 宝鸡市考古工作队、陕西省考古研究所:《陇县原子头》,文物出版社,2005年。
[②] 张宏彦:《从仰韶文化鱼纹的时空演变看庙底沟类型彩陶的来源》,《考古与文物》2012年第5期。

步，文化繁荣，陶塑艺术也得到空前发展，以陶器为例，常见的器物如直口钵、敛口钵、碗、盆、罐等，常常施以各种类型的花纹图案，构成仰韶文化庙底沟期的常见彩陶图案。

因此，与这件器物大体同时期的器物常见鱼鸟相融的彩陶纹饰，此前仰韶文化的鱼集团和鸟集团，二者相互争斗，互不相让，最终以鸟集团获得成功而告终。此时的彩陶图案也大力宣传鱼鸟共融的场面，而这件彩陶罐上的"鱼鸟共融图"，或许正是突出鱼鸟和谐共存的时代主题。通览该幅鱼鸟谐趣图，除了彩陶罐唇部的一条窄带外，整幅画面，其主体内容或可进一步细分为三部分。

第一部分由双鱼和双鸟构成，是该幅彩陶图案的着重渲染之所在。其中，双鱼为两个网格纹所构成。其中，左边的一条鱼仅存鱼身，隐去鱼头和鱼尾，整条鱼搁置于左侧鸟的鸟身之上，乍一看仅存一段斜方格纹，放置在鸟身之上，实际上，这是一条树立的鱼身。在这条"鱼"的下边和右边画有一只鸟的鸟身和鸟首。只见这只雄鸟昂首、挺胸、拖一条长长的尾巴，巨型长喙向右前方深入到另一条"鱼"上翘的嘴中，整体神态显得怡然自得。这第二条鱼，也是向上顺置鱼身，鱼身的左侧较为顺直，而右侧稍显拱背弯曲，富有鱼体的写实特点。第二条鱼的下半身被右边的第二只鸟（或龙）的尾巴拦腰截断。这第二只鸟（或龙）像左边的第一只鸟一样，两个鸟首一并深入下端的同一个鱼嘴之中，这二鸟戏一鱼的镜头煞是好看，只是右边这只鸟（或龙）的颈部向右边突起，再向下拖迤，留下长长的尾巴，整只鸟儿整体呈反写的 C 形（如果把这只鸟当作一条巨龙看待，似也无可厚非）。引人注目的是，这由双鱼双鸟（龙）构成的图案的左右两块空白处，各点一圆点，好似鱼眼或鸟眼，颇为引人入胜，整个画面突出鱼鸟合体的主体含义却十分明了。

这幅彩陶图的第二部分，紧贴第一部分图案的右边，由一条简化的大体向右侧弯曲的鸟首和其右侧的简化的鱼身所构成，无论是左边的鱼首还是右边的鸟身，均各有一圆点，分置于鱼首、鱼鸟身近旁。第二部分的画面较小，可视为小幅的"鱼鸟共融图"。

该幅彩陶图的第三部分，画面阔大，面积占据整只陶罐的一半，画面是一组带有抽象色彩的图案，分别是两条鸟儿分列左右构成，每一条都是低首，弯胸，翘尾，且左右相连，鸟首处，各施以圆点，代表鸟的眼睛。只是左边鸟的一条尾巴比右边鸟的尾巴稍高一点。整个画面突出的是双鸟合体，需要说明的是，画面中的鸟有两只，代表鸟集团可能不止一处，寓意鸟集团内部仍可以划分次一级别的若干族团。

通览三部分彩陶图案，虽有区分为三组的可能，但是，三者密不可分，融为一体，整个彩陶罐宣扬鱼鸟和谐相处的主题，看不出鱼鸟征战的痕迹，无论是鸟集团还是鱼集团，均是你中有我，我中有你，和平共处，和谐友善。这种从彩陶画面上传达出来的信息，与庙底沟时代鱼鸟共存、和平共处的主旋律十分契合。

这样，仅从仰韶文化的彩陶构图，即可看到，自仰韶文化前期开始，先是鱼鸟相战，到了庙底沟时代，鱼鸟和谐相处成为时代的最强音，那些庙底沟时代的画匠们，在各类陶器上，大力宣扬鱼鸟和平共处的主体理念，需要说明的是，此类图案，不仅仅出现于中原地区，远在陕西陇县和甘肃境内，也有发现。如陕西陇县原子头遗址就出土了一件鱼、鸟、类型早段，西边为仰韶文化史家类型，两者东、西对峙，是当时的仰韶文化分布之基本态势。与此相呼应，在仰韶文化彩陶当中，比这件"鱼鸟共融图"彩陶年代稍早即仰韶文化半坡类型时期已经出现将鱼和鸟两类动物画在一件器物之上，如著名的鱼鸟相战图[①]、鹳鸟石斧图[②]等。此类彩陶画卷的着重点在于传达鱼鸟相争的历史事实，不妨称之为"鱼鸟相争"图。此类彩陶图案展示出仰韶文化早期同属于仰韶文化组团的鱼集团同另一集团——鸟集团各不相让、互相争斗的历史背景。

大约到了仰韶文化半坡类型晚期即史家类型，亦即庙底沟类型早期，鱼鸟争斗的场面渐次消失，鱼鸟相融的彩陶画面，则屡见不鲜。如姜寨二期M76出土的葫芦瓶上（M76：10）（图九），器耳之间的正反两面均绘一幅圆形二等分的鱼鸟共存图。其中左半部都是一对合体鱼纹，右半部则是一个鸟头；姜寨二期H467：1葫芦瓶上，两个器耳的上下部位绘有写实性和抽象性的鱼纹，器身之间正反两面皆绘鸟纹、人面鸟纹，鸟纹在下，人面鸟纹在上（图一〇）[③]。

图九　姜寨二期葫芦瓶（M76：10）

图一〇　姜寨二期葫芦瓶（H467：1）

自庙底沟类型之始，鸟集团逐渐夺取了战斗的胜利，用鱼鸟相融的新风貌代替原来鱼鸟相争的旧传统。这一重大的历史性变革在彩陶上也有所体现。这件庙底沟遗址出土的彩陶罐上的"鱼鸟共融图"，即属于仰韶文化的庙底沟期，比前一时期为晚，该时期有人称之为庙底沟文化[④]，当是仰韶文化当中最为重要的时期，也是仰韶文化彩陶最发达的阶段，有学者认为此时已进入最早的中国阶段[⑤]。该阶段的仰韶文化，地域广阔，聚落众多，生产力进

[①] 赵春青：《从鱼鸟相战到鱼鸟相融——仰韶文化鱼鸟彩陶图试析》，《中原文物》2000年第2期。
[②] 严文明：《鹳鸟石斧图跋》，《文物》1981年第12期。
[③] 半坡博物馆等：《姜寨——新石器时代遗址发掘报告》，文物出版社，1988年。
[④] 王仁湘：《史前中国的艺术浪潮——庙底沟文化彩陶研究》，文物出版社，2011年。
[⑤] 韩建业：《早期中国：中国文化圈的形成和发展》，上海古籍出版社，2015年。

图八　庙底沟曲腹盆（02SHMT1H9）

1. 02SHMT1H9：20　2. 02SHMT1H9：21　3. 02SHMT1H9：43　4. 02SHMT1H9：44　5. 02SHMT1H9：45　6. 02SHMT1H9：47

庙底沟类型，主要分布在关中、晋南和豫西地区，北到河套，南达汉江，西至洮河，东抵郑州附近。以河南省三门峡市庙底沟遗址为代表，典型陶器有双唇口尖底瓶、曲腹盆、曲腹碗、绳纹罐等。

泉护类型，是由史家类型发展而来，主要分布在渭河中下游地区，以陕西省华县泉护村遗址为代表。典型陶器常见曲腹碗、曲腹盆、双唇口尖底瓶、釜、灶、杯等。纹饰以线纹常见，还有条纹、涡纹、三角涡纹等。与庙底沟类型相比，泉护类型只能相当于庙底沟类型的中晚期，属于庙底沟文化的一支地方类型。

上述四支类型是仰韶文化前期的重要考古学类型。其中，关于仰韶文化半坡类型（或文化）和庙底沟类型（或文化）的关系，学术界长期纷讼不已。有人认为半坡类型早于庙底沟类型[1]，另有人主张反过来，是庙底沟类型早于半坡类型[2]，也有人主张半坡类型和庙底沟类型是并行发展的两支考古学文化[3]。笔者曾提出庙底沟类型的早期与半坡类型的晚期（有人叫史家类型）大体同时，而其中晚期则晚于半坡类型[4]。最近，有人依据地层关系，再次审视半坡文化和庙底沟文化的年代关系，认为"庙底沟文化的一期可以早到半坡文化的二期，半坡文化的三期和庙底沟文化的二、三期是两文化的并行发展时期"[5]，这一观点与笔者前些年分析山西芮城东庄村遗存时得出的结论基本相符[6]。

现在看来，半坡类型和东庄类型均属于仰韶文化早期，而庙底沟类型和泉护类型属于仰韶文化中期，庙底沟类型的早期与史家类型约略同时，从分布地域来看，东边为庙底沟

---

[1] 石兴邦：《黄河流域原始社会考古研究上的若干问题》，《考古》1959年第10期。
[2] 安志敏：《中国新石器时代考古学上的主要成就》，《文物》1959年第10期。
[3] 苏秉琦：《关于仰韶文化的若干问题》，《考古学报》1965年第1期。
[4] 赵春青：《东庄村仰韶遗存再分析》，《考古》2000年第3期。
[5] 许永杰：《再审半坡文化和庙底沟文化的年代关系》，《考古》2015年第3期。
[6] 赵春青：《东庄村仰韶遗存再分析》，《考古》2000年第3期。

在庙底沟文化的罐类器物上施彩的现象并不多见，这件彩陶罐自肩部至唇部皆施彩纹，且图案的一半为写实性的"鸟"、"鱼"图案，另一半为写意性的"鸟"、"鱼"图案，二者十分巧妙地结合在一起，突出鱼、鸟和谐共处的主体，自当有着不同寻常的意义。

众所周知，仰韶文化早期划分出考古学上的半坡类型、东庄类型等，仰韶文化庙底沟期主要有庙底沟类型、泉护类型等[①]。这四种类型，被称为仰韶文化前期。其中，半坡类型，是仰韶文化最早的一种地方类型，主要分布在渭河中下游地区。典型陶器有圜底或平底钵、圜底或平底盆、直口尖底瓶、蒜头细颈壶、侈口鼓腹罐等，主要纹饰有绳纹、线纹、弦纹、锥刺纹、指甲纹和彩纹等，彩陶纹样简单，以红地黑彩为主，少数为红彩，母题有鱼、鹿（或羊）、蛙、人面等，少量植物枝叶纹，以及由直线、横条、三角、圆点、波折等组成的几何形图案花纹。

图五　庙底沟大口钵（02SHMT1H9）
1. 02SHMT1H9∶46
2. 02SHMT1H9∶82

图六　庙底沟彩陶碗（02SHMT1H9）
1. 02SHMT1H9∶49　2. 02SHMT1H9∶50　3. 02SHMT1H9∶85

图七　庙底沟弧腹盆（02SHMT1H9）
1. 02SHMT1H9∶11　2. 02SHMT1H9∶25　3. 02SHMT1H9∶75

东庄类型，主要分布在山西南部、河南中西部等地区，以山西芮城东庄村遗址为代表。典型陶器有小口尖底瓶、平底盆、圜底鼎、双耳筒形罐、镂空钟形器等。经分析东庄类型的年代为距今7000～5900年，约略与半坡类型同时。

---

① 严文明：《略论仰韶文化的起源与发展阶段》，《仰韶文化研究》，文物出版社，1989年。

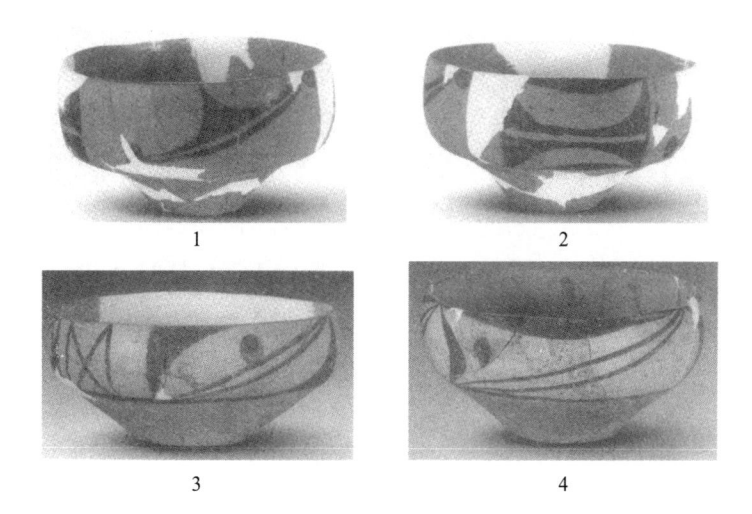

图三　庙底沟直口钵（02SHMT1H9）

1. 02SHMT1H9：31-1　2. 02SHMT1H9：31-2　3. 02SHMT1H9：83　4. 02SHMT1H9：86

图四　庙底沟敛口钵（02SHMT1H9）

1. 02SHMT1H9：12　2. 02SHMT1H9：15　3. 02SHMT1H9：77　4. 02SHMT1H9：88　5. 02SHMT1H9：91

（图七）、曲腹盆（20、21、43、44、45、47）（图八）等，仅《华夏之花》就公布了20余件彩陶器物。彩陶纹饰种类有"西阴纹"、"垂弧纹"、"方框眼纹"、"对顶三角纹"、"弧边三角纹"、"垂弧纹"、"圆点纹"、"圆圈纹"、"回旋勾连纹"、"花瓣纹"、"简体鸟纹"和"简体西阴纹"等[①]，均是庙底沟文化鼎盛时期常见的花纹类型，故而《华夏之花》将其年代定为庙底沟遗址第二期第二段，即庙底沟文化的鼎盛时期是十分准确的。

---

① 直口钵见于《华夏之花》第114页（31）、91页（86）、119页（83）；敛口钵见于第86页（88）、90页（12）、92页（77）、95页（15、91）；碗见于第128页（85）、129页（49）、131页（50）；大口钵见于第139页（82、46）；曲腹盆见于第149页（44）、157页（20）、第162页（21）、第163页（45）、第164页（43、47）；弧腹盆见于第166页（25）、167页（75、11）；壶见于第177页（22）。

鱼鸟共融图试析

史前彩陶艺术是中华原始艺术的重要载体，其中，不少彩陶图案，色彩明快，寓意深远，为探寻当时的社会状况，提供了鲜明的素材。庙底沟遗址是仰韶文化庙底沟类型的代表性遗址，该遗址出土了数以千计的彩陶艺术品，这些艺术品为研究仰韶文化时期的艺术与社会，提供了珍贵的第一手资料，《华夏之花——庙底沟彩陶选粹》公布的一件彩陶罐（编号02SHMT1H9∶27）正是其中的一件，我们不妨把该件彩陶陶罐上的图案命之为"鱼鸟共融图"。

《华夏之花——庙底沟彩陶选粹》公布了这件庙底沟文化彩陶罐的照片（图一）及其展开图（图二）[①]。该罐口径22.8、底径13.6、通高23.40厘米。文字描述为"泥质黄陶。唇部绘一周黑彩，上腹绘黑彩回旋纹、网格纹与圆点等组成的图案"。实际上，这段文字只是对该件彩陶的直观描述，至于彩陶图案的具体内容，有待进一步探讨，我们觉得，依据图案构图的含义，不妨径直叫作"鱼鸟共融图"更为妥帖。

图一　庙底沟彩陶罐
（02SHMT1H9∶27）
1. 02SHMT1H9∶27-1　2. 02SHMT1H9∶27-2　3. 02SHMT1H9∶27-3

图二　庙底沟彩陶罐
（02SHMT1H9∶27）

我们首先观察这件器物的年代。与这件彩陶罐同出一个单位（02SHMT1H9）的器物还有直口钵（31、83、86，此为器物编号，下同）（图三）、敛口钵（12、15、77、88、91）（图四），大口钵（46、82）（图五）、碗（49、50、85）（图六）、弧腹盆（11、25、75）

[①] 河南省文物考古研究院：《华夏之花——庙底沟彩陶选粹》，上海古籍出版社，2013年。

再说葫芦瓶。它是仰韶文化史家类型的典型器之一，其数量之多几乎完全取代了半坡类型的小口尖底瓶[1]。史家墓地是仰韶文化史家类型的代表性遗址，据该墓地的分期研究，可把史家村墓地的葫芦瓶大致分为三式[2]（图四）。其演变规律为口部由大到小，颈部由粗到细，通体由矮胖趋于瘦高，晚期在腹部附加双耳，已脱离葫芦的模样，姜寨出土的两件鱼鸟彩陶葫芦瓶形制与Ⅲ式相近，年代当为史家类型晚期的最后一个阶段。

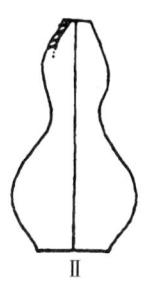

图四　史家墓地葫芦瓶演变图
Ⅰ. M15∶1　Ⅱ. M24∶3　Ⅲ. M5∶3

三

如果上述认识不误，前面介绍的四幅鱼鸟彩陶图的含义也就容易理解了。在史家类型早期，渭河流域仰韶文化当中的"鸟"集团与豫西地区仰韶中的"鱼"集团东西对峙，双方相互交战，但一时间难分高下。为了鼓舞士气，双方的画师都把自我形象渲染得勇猛强大，而把对手描绘得渺小可怜。如武功游凤所出彩陶图，绘者置客观性、可能性于不顾，竟画出鱼吞鸟这一有悖常理的画面。并且把鱼画得威武雄健，鱼大张嘴巴，仿佛一把铁钳，正在吞噬鸟头，小鸟吓得目瞪口呆，作俯首就擒之状。与此相反，出土于豫西地区的鹳鱼石斧图，画师"把白鹳画得雄壮有力，气势高昂，用来歌颂本族人民的胜利，他把鲢鱼画得奄奄一息，俯首就擒，用来形容对方的惨败"[3]。这两幅彩陶图两相对照，可见豫西地区所出彩陶图竭力张扬鸟强鱼弱的主题，而关中地区所出彩陶图则针锋相对地展示鱼强鸟弱的主题。

到了史家类型早期偏晚阶段，或许"鸟"集团已在交战中占了上风，它已深入"鱼"集团腹地并发起进攻，由于"鱼"集团此时实力尚存，完全有力量抵御入侵者，北首岭所出鱼鸟彩陶图才描绘成鱼鸟相战、难分伯仲的画面。

姜寨所出葫芦瓶上的两幅彩陶图，年代当为史家类型晚期的最末段，与鸟啄鱼尾图之间存在百年左右的差距。此时"鸟"集团或已占领了"鱼"集团的地盘，并与之融为一体。于是不仅着画的器物已换成葫芦瓶，更重要的是画面内容发生了质的变化。鱼与鸟不再是互相攻打的宿敌，而是密不可分的一家人了。看来，最迟自史家类型晚期末段开始，仰韶文化中"鱼"集团和"鸟"集团已融合为一体。

（原载《中原文物》2000年第2期）

---

[1] 王小庆：《论仰韶文化史家类型》，《考古学报》1993年第4期。
[2] 张忠培：《史家村墓地的研究》，《北方考古论集》，文物出版社，1990年。
[3] 严文明：《〈鹳鱼石斧图〉跋》，《仰韶文化研究》，文物出版社，1989年。

后两幅均绘在葫芦瓶上，突出的主题是鱼鸟相融，极为形象地注解了远古时代鱼鸟相战相和的复杂关系。数十年来研究工作表明：仰韶文化时期，鱼纹主要流行于半坡类型，以关中地区最为常见。鸟纹主要流行于庙底沟类型，以豫西地区最为常见。因此，这几幅不同寻常的鱼鸟彩陶实际上还隐含着仰韶文化当中以鱼为图腾和以鸟为图腾的两支社会集团之间的多变关系。欲弄清这一点，需首先了解这几种器物的年代。

先说细颈瓶。它是仰韶文化半坡类型和史家类型的典型器物之一，主要分布在关中地区。在半坡类型当中常与之共存的陶器有直口半球状圜底钵、杯形口尖底瓶、锥刺纹罐、绳纹侈口罐、弧腹平底盆等，与之共存的彩陶图案主要是由直线组成的几何纹[1]。新出现的有弧线纹、圆点纹和弧线三角构成的花纹，尤为引人注目的是出现了鸟纹[2]。

据研究，从半坡类型早期到史家类型晚期历时约900年，即公元前4900～前4000年[3]。在这一漫长的时期内，细颈瓶形制前后发生了明显变化。依据其所出单位的地层关系、与之共存的器物组合特点及其自身演变的逻辑序列，我们这里将其暂分为七式（图三）。其演变趋势为：通体由高变矮，口部由小变大，颈部由长到短再到无颈。其中Ⅰ～Ⅲ式的年代属半坡类型[4]，Ⅳ～Ⅶ式属史家类型[5]。按照这一演变序列，武功所出细颈瓶形制与Ⅳ式相似，年代当为史家类型早期[6]。北首岭 M52∶1 细颈瓶形制介于Ⅳ式与Ⅴ式之间，年代稍晚于Ⅳ式，约为史家类型早期偏晚阶段。

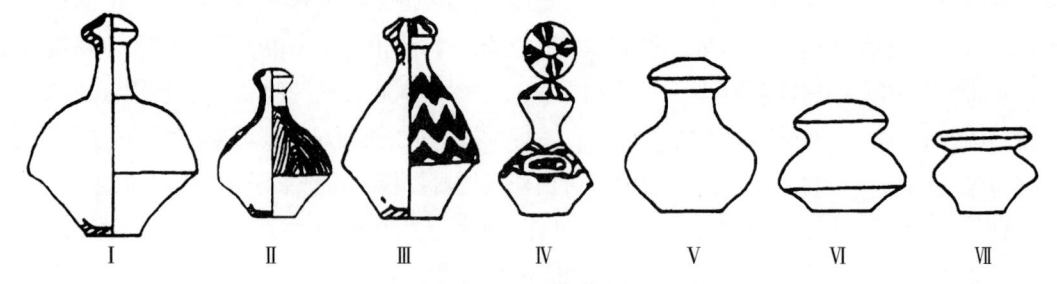

图三　细颈瓶演变图
Ⅰ.北首岭 77M12∶5　Ⅱ.北首岭 77M45∶3　Ⅲ.半坡 P.4736　Ⅳ.王家阴洼 M53∶7
Ⅴ.史家 M5∶6　Ⅵ.史家 M15∶3　Ⅶ.史家 M28∶5

---

[1] 严文明:《论半坡类型和庙底沟类型》,《仰韶文化研究》,文物出版社,1989年。
[2] 王小庆:《论仰韶文化史家类型》,《考古学报》1993年第4期。
[3] 严文明:《论半坡类型和庙底沟类型》,《仰韶文化研究》,文物出版社,1989年。
[4] Ⅰ式标本北首岭 77M12∶5 与Ⅲ式标本半坡 P.4736，按严文明的分期，均属半坡类型早期。参见严文明:《半坡仰韶文化的分期与类型问题》、《略论仰韶文化的起源和发展阶段》,《仰韶文化研究》,文物出版社,1989年。
[5] Ⅳ式标本王家阴洼 M53∶7，与史家墓地仰韶墓所出同类器物相比，器物形制略异，如头较小，颈较细等，年代或稍早。参见甘肃省博物馆大地湾发掘小组:《甘肃秦安王家阴洼仰韶文化遗址的发掘》,《考古与文物》1984年第2期；Ⅴ～Ⅶ式均出自仰韶文化史家类型的史家墓地，参见西安半坡博物馆等:《陕西渭南史家新石器时代遗址》,《考古》1978年第1期。
[6] 武功游凤遗址采集的绘有鱼鸟彩陶图的器物的年代，原简报认为属半坡类型。实际上这件彩陶器物的口部已呈莲蓬状，通体已较矮胖，且出现鸟纹，而这些因素均不见于半坡类型。联系到该遗址还采集到葫芦瓶口等史家类型的遗物，故将这件彩陶瓶的年代定为史家类型早期。

于用力过猛,转身过急,使得脊椎关节都突出起来。看来水鸟虽然来势汹汹,却未能大获全胜。鱼虽说遭到袭击,可凭借实力仍有逃生的机会。从双方差不多占据大小相等的画幅,以及双方旗鼓相当地斗争场面来看,鸟鱼一时难决高下(图一,2)。

3. 鱼鸟共存图

绘于陕西临潼姜寨二期 M76 出土葫芦瓶的腹颈[①]。葫芦瓶为泥质红陶,高 21.5、口径 3.5、腹径 9.5、底径 6 厘米。口微敛,口颈分界不明显,饰双耳,最大腹径接近底部,口腹全饰黑彩纹。器耳所在左右侧又似鸟头的画面。器耳之间的正反两面均绘一幅圆形二等分的鱼鸟共存图。其中左半部是一对合体鱼纹,右半部则是一个鸟头。类似左半部的合体鱼纹图案在姜寨一期彩陶 W63:1 中已经出现过[②],半坡遗址也有类似的图案[③],应为鱼纹无疑。画面中的鸟头十分形象,绘者突出描绘鸟的大眼,并把眼珠绘成三角形以增强其犀利勇猛之感。总的来看,此画的主题内容是鱼鸟和平共处,平分秋色(图一,3)。

4. 鱼鸟合体图

绘于陕西临潼姜寨二期遗址出土的 H467:1 葫芦瓶上[④]。葫芦瓶为泥质红陶,高 29、口径 3.5、腹径 4.5、底径 6 厘米。敛口微鼓,鼓腹最大径在腹中部,附带双耳。口部、腹部绘黑彩。整个画面由互为联系的四个单元部分构成。其中两个器耳所在的侧面各为一单元,分别是一组对称的写实鱼纹和抽象鱼纹;左右器耳之间的正反两面,构成另外两个单元,每一单元均由上下两部分图案组成。单元图案下边是鸟纹,上边可称之为"人面鸟纹"(图一,4)。这样由鱼、鸟和人面鸟组成的四个单元,和谐统一于同一画面之中,特别是画面当中占据显著位置的人面鸟纹图,既保持了半坡类型常见的人面鱼纹的某些传统风格(如头顶上的三角纹装饰、双眼和鼻梁,以及两耳外侧面画有鱼纹等),又有创新之处。最突出的是将半坡类型常见的人面鱼纹中下部的鱼纹改换为鸟纹,极为生动地展示出鱼与鸟你中有我,我中有你,互相融合、密不可分的亲密关系(图二)。

图二 人面鱼纹与人面鸟纹之比较
1. 采自《西安半坡》,第 180 页,图一八八
2. 姜寨二期 H467:1

二

纵观前述四幅仰韶文化鱼鸟彩陶图,前两幅均绘在细颈瓶上,突出的主题是鱼鸟相战。

---

① 半坡博物馆等:《姜寨——新石器时代遗址发掘报告》,文物出版社,1988 年,第 244 页,图一七四,10。
② 半坡博物馆等:《姜寨——新石器时代遗址发掘报告》,文物出版社,1988 年,第 114 页,图九一,6。
③ 中国科学院考古研究所、陕西省西安半坡博物馆:《西安半坡》,文物出版社,1963 年,第 117 页,图一二六,3。
④ 半坡博物馆等:《姜寨——新石器时代遗址发掘报告》,文物出版社,1988 年,第 247 页,图一八三,1、2。

从鱼鸟相战到鱼鸟相融
——仰韶文化鱼鸟彩陶图试析

仰韶文化彩陶当中，一些将鱼纹和鸟纹同绘于一件器物之上的鱼鸟彩陶图，不仅具有古朴素雅的艺术风格，而且还蕴藏着仰韶文化内部不同支系之间社会集团的相互关系，因而格外引人注目。尤其是出土于河南汝州阎村的《鹳鱼石斧图》，已有数篇文章对此做过细致的分析[①]。本文拟对另外四幅鱼鸟彩陶图作对比分析，以期抛砖引玉。

一

1. 大鱼吞鸟图

绘于陕西武功游凤遗址出土的细颈瓶上腹部。细颈瓶"小口如花苞状，腰以下向内收敛，在口唇上绘辐射状的条形花纹，中腹以上绘有鱼纹"[②]。我们从简报上发表的细颈瓶照片上可以看出，画面上有一条大鱼张开大口，正在吞食一只小鸟，小鸟的头部已落入鱼口之中。整个画面竭力渲染鱼的雄健有力和鸟的渺小可怜（图一，1）。

2. 水鸟啄鱼图

绘于陕西宝鸡北首岭遗址仰韶中期M52：1细颈瓶上腹部[③]。细颈瓶为细泥红陶，通高21、口径1.5、顶部直径9.6、腹径20.7、底径8.4厘米。颈部作花苞状，折腹，平底。顶部绘四道黑彩，腹肩处用黑彩画一只水鸟啄食一条大鱼的尾巴。只见水鸟鼓张翅膀，立足未稳即向鱼发动进攻，结果未能击中对方要害，只是啄着了鱼的尾巴。鱼也不甘示弱，它怒目圆睁，鱼翅横起，挺起腰身，奋力抵抗。由

图一 鱼鸟彩陶图
1. 武功采集品　2. 北首岭 M52：1
3. 姜寨二期 M76：10　4. 姜寨二期 H467：1

[①] 临汝县文化馆：《临汝阎村新石器时代遗址调查》，《中原文物》1981年第1期；张绍文：《原始艺术的瑰宝——论仰韶文化彩陶上的〈鹳鱼石斧图〉》，《中原文物》1981年第1期；严文明：《〈鹳鱼石斧图〉跋》，《文物》1981年第12期。
[②] 西安半坡博物馆等：《陕西武功发现新石器时代遗址》，《考古》1975年第2期。
[③] 中国社会科学院考古研究所：《宝鸡北首岭》，文物出版社，1983年。

为一成年男性，绘有两组蜥蜴图案的 W128 为一儿童瓮棺，这与将男性生殖器绘于成年女性瓮棺上的情况有别。表明蜥蜴不大可能是男性生殖器的象征物。有人认为，我国传说中的伏羲，也许本为蜥蜴[1]，顾颉刚曾把禹解释为蜥蜴[2]。洪山庙 W128 儿童瓮棺之上，绘两组蜥蜴图案，以图腾庇护幼弱的含义十分明显。可见，蜥蜴也可能是洪山庙先民崇拜的一种灵物。

综上所述，洪山庙仰韶彩陶图内容丰富，反映的原始宗教至少有自然崇拜、生殖崇拜、狩猎巫术和图腾崇拜四方面的内容，是我们研究仰韶文化原始宗教珍贵的实物资料。我们相信，随着研究工作的深入进行，洪山庙仰韶彩陶蕴含的真实内涵，终将昭示于世人面前。

（原载《中原文物》1998 年第 1 期）

---

[1] 赵国华：《生殖崇拜文化论》，中国社会科学出版社，1990 年。
[2] 顾颉刚：《讨论古史答刘胡二先生》，《顾颉刚古史论文集》，中华书局，1988 年。

房，生殖器集男女两性性器官于一体[①]。在新疆呼图壁县雀儿沟乡康家石门子岩画中，有一比真人还要高大的双头同体像，右为男头，左为女头，身体部分交合在一起[②]。此外，在印度、希腊和原苏联境内都曾发现过古代男女两性合体的雕像[③]。

男女合体崇拜是古代生殖崇拜的一种。随着古代先民对人类生育知识的逐步增长，人们由起初认为的女性自身生育，到后来认识到男子在生育中的作用，这便相应地产生了对男性生殖器的崇拜和对男女合体的崇拜。洪山庙W10∶1只绘男性生殖器，是典型的男性生殖器崇拜，W116∶1和W39∶1则是男女合体崇拜的明证。

（三）关于狩猎巫术

巫术是原始人类普遍存在的精神形式，力图通过模仿某一目标的造型，施加特殊行为，达到控制、操纵目标的目的。至今，在某些少数民族的偏远山区仍可见到巫术的存在。在我国北方和西南地区的岩画中，到处可见狩猎图案。所不同的是，洪山庙的狩猎对象是乌龟，乌龟可能是我国东部地区古代居民崇拜的灵物。如东北红山文化出土有雕琢精美的乌龟玉雕，大汶口文化墓葬常用龟甲随葬等。在洪山庙彩陶图中，要么被人追捕，要么遭双鸟围攻，显然，在这里乌龟只是洪山庙人一种普通猎物，并不是他们尊崇的圣物。"狩猎图"把乌龟和鹿放在一起，也说明乌龟和鹿一样，都属于洪山庙人捕猎的对象。这与岩画中常见的猎人追捕的各种动物，并没有什么本质意义上的区别，均是模拟狩猎对象画出对象的形态，再画出人物已捕获了它们，认为这样做可以增进狩猎效果。这是一幅典型的狩猎巫术的彩画。

（四）关于图腾崇拜

鸟是仰韶文化阎村类型先民的图腾。这里以前即发现过《鹳鱼石斧图》[④]。洪山庙发现的"双鸟戏龟"图，再次把鸟的形象画得雄壮有力，突出鸟的威武强大，与《鹳鱼石斧图》宣扬的主题不谋而合。不过，在《鹳鱼石斧图》中，鸟的死敌是鱼，而"双鸟戏龟"图中鸟的对手却是龟，可见这两幅彩陶图中，占主动地位的都是鸟，这一点没有变，但是鸟的对手，一个是鱼，一个是龟。在仰韶时代，鱼是渭河流域原始先民的图腾，这一论点已基本为学术界所公认。龟几乎不见于渭河流域，倒常见于我国东部地区，如在大汶口文化、马家浜文化、大溪文化的墓地当中，均见用龟甲随葬的墓，红山文化和良渚文化中还发现了玉龟，可见应为东部地区原始先民崇拜的灵物之一。

洪山庙M1出土数量较多的动物还是蜥蜴。据人骨鉴定，绘有蜥蜴爪的W54所葬死者

---

① 李仰松：《柳湾出土人像彩陶壶新解》，《文物》1978年第4期。
② 文物出版社：《中国岩画》，文物出版社，1993年。
③ 赵国华：《生殖崇拜文化论》，中国社会科学出版社，1990年。
④ 严文明：《〈鹳鱼石斧图〉跋》，《仰韶文化研究》，文物出版社，1989年。

拜祷告，祈求赐福给他们。""他们认为月亮是陪伴他们夜间打猎的神灵'别亚'，每年正月十五和二十五日，均要向月亮叩拜"[1]。新中国成立前，阿昌族普遍供奉太阳、月亮神，认为有了太阳和月亮，才有白天和黑夜、冷和暖，万物才会生存，人才有吃有穿，所以对太阳、月亮神供奉最勤[2]。我国古代岩画中也常常可以见到天象崇拜的图像。在云南石林岩画、内蒙古阴山岩画和江苏连云港将军崖岩画中均发现了丰富的天象图[3]。洪山庙M1出土的绘有日、月、星纹的彩陶图在该墓各种彩陶图中数量最多，说明洪山庙人流行天体崇拜。

在以农业为基本经济活动的原始部族中，除流行与农业生产有关的天体崇拜之外，也盛行对谷物的崇拜。这在我国民族学材料中不乏其例。如崩龙族认为，谷种上附有谷魂，在每个季节及种谷的每道工序，都须祭谷魂，谷物的收成才能好[4]。壮族把禾神当作神灵崇拜之一，农家常于厨房角落挂几束稻穗或玉米花，认为这样方得丰收[5]。瑶族盛行对谷神的崇拜，春播开始时要为谷魂举行仪式，谷物生长过程中要举行"保苗"、"赎禾魂"、"求禾花"的祭祀活动[6]。土家族有的村寨五月十五日要敬五谷神，有的土家人以为青苗神是管理庄稼好坏的，在六月六那天，必须用新熟的玉蜀黍、新鲜辣椒和酒去酬劳它[7]。在高山族农事祭中以粟祭为主要，目的在于祈求答谢粟的丰收[8]。我国典籍中保存了大量对谷物祭祀的记载。如《国语·鲁语》云："昔烈山氏之有天下也，其子曰柱，能殖百谷，夏之兴也，周弃继之，故祀以为稷。"再如《孟子·滕文公上》："后稷教民稼穑，树艺百谷，五谷熟而人民育。"洪山庙W59所绘禾苗图，表明洪山庙人对禾苗的崇拜和对五谷丰收的祈祷。

（二）关于男女合体崇拜

洪山庙共出土3幅男根图。如前所述，W10：1是在白彩底上画扁条形的男根图。而W116：1却是在白彩圆饼内再画男根图。白彩圆饼是月亮的象征物，代表女性，将男根画在上面，用意十分明显。彩陶图中的人物与我国岩画中常见的生育崇拜舞蹈或交媾图中的人像姿态十分相似[9]。特别是W39：1，是在一女性彩陶图中加塑一男性生殖器，突出男女合体这一主题，可命之为"男女合体图"。这类图像并不罕见。青海乐都柳湾三坪台就曾出土过一件塑有男女合体彩陶人的彩陶壶，人像胸前有一对男性乳头，两边还有一对妇女乳

---

[1] 宋恩常：《中国少数民族宗教》，云南人民出版社，1985年。
[2] 宋恩常：《中国少数民族宗教》，云南人民出版社，1985年。
[3] 文物出版社：《中国岩画》，文物出版社，1993年。
[4] 宋恩常：《中国少数民族宗教》，云南人民出版社，1985年。
[5] 宋恩常：《中国少数民族宗教》，云南人民出版社，1985年。
[6] 宋恩常：《中国少数民族宗教》，云南人民出版社，1985年。
[7] 宋恩常：《中国少数民族宗教》，云南人民出版社，1985年。
[8] 宋恩常：《中国少数民族宗教》，云南人民出版社，1985年。
[9] 盖山林：《我国生殖崇拜岩画》，《美术史论》1990年第1期。

残高19.1厘米。腹壁斜直，平底。肩部残留有三个鸟喙状錾。腹部经过抹光，然后绘宽带状白彩一周，以深棕色勾边，中间再用深棕色彩绘两组蜥蜴图，对称分布于陶缸两面。蜥蜴图作扁圆形，身体为椭圆形，由四条短弧线组合而成，细尾较长，四肢屈伏于壁，四爪作爬行状（图一，14）。

泥塑壁虎，贴塑于W46：1之上。W46：1为泥质黄陶缸。口径36厘米，底径16.5厘米，通高44.5厘米。直口微敛，斜直腹，平底，沿下饰数周凹弦纹，肩部饰有四个鸟喙状錾。錾之间的上腹部贴塑泥壁虎，体长14厘米（图一，12）。

W54：1之上的蜥蜴只剩下残部。W54：1为泥质红陶缸，肩以上残。底径20厘米，残高25.5厘米。弧腹内收，大平底，下腹以白彩绘有动物图案。仅存一足为三爪，伏于壁。上部残留的身体的一部分也为白彩，动物体形较大，从爪的形状判断，应为蜥蜴类。

绘有鸟与乌龟图案的彩陶图，《报告》称之为"双鸟戏龟"图，绘于W84：1的上腹部。W84：1，泥质红陶，底有一圆孔。缸口径28.1厘米，底径16.8厘米，通高38.5厘米。器体略瘦长，口沿下有三周宽弦纹，肩部饰四个鸟喙状錾。腹中部先经过打磨，然后绘白色宽带纹一周，宽约10.2厘米，上下又以深棕彩平行线镶边。白彩之上用深棕彩绘主体图案。中间的是龟，伸颈，张口，头部为椭圆形，前后各显一条腿，四趾张开，作奔跑状，身后有一小短尾。乌龟前后各立一鸟。龟身后的鸟头向前倾，爪子几乎抵住了龟的后趾，张口大叫，哄赶乌龟；龟前边的一只鸟，双爪前伸，颈向后仰，几乎支撑不住身体的重心，却挡住乌龟的去路。双鸟一赶一截，使乌龟成了瓮中之鳖。整个画面极力渲染双鸟的雄健和乌龟的仓皇之态（图一，11）。

二、洪山庙彩陶图中所见的原始宗教

如前所述，洪山庙彩陶图题材有天象图、男根图，也有与生产有关的禾苗图，以及富有神秘色彩的双鸟戏龟图等，上述四类彩陶图案，应是洪山庙人天象崇拜、生殖崇拜、生产巫术和图腾崇拜的真实写照。

（一）关于自然崇拜

日、月、星辰，几乎是一切民族古代先民的崇拜对象，特别是对日、月的崇拜，在我国古代更为流行，这在历史文献、民族学资料和古代岩画中屡见不鲜，其例证不胜枚举。如《尚书·尧典》云："分命羲仲，宅嵎夷，曰旸谷，寅宾出日，平秩东作……分命和仲，宅西，曰昧谷，寅饯纳日。"在我国藏族、羌族、珞巴族、景颇族、阿昌族等众多民族中均可见对天象的崇拜[1]。如鄂伦春人"称太阳神叫'得勒钦'，每年农历正月初一都要朝它跪

---

[1] 宋恩常：《中国少数民族宗教》，云南人民出版社，1985年。

W39:1为泥质红陶缸，上部已残。底径17.8厘米，残高28.3厘米。残腹斜直，平底。腹中部用白彩绘一人形，再以黑彩勾边，现残存腹部以下部分，圆鼓腹凸起，似一孕妇，双腿弯曲且向外叉得很开，两脚上跷，似在舞蹈之中。人物肚腹浑圆硕大，双腿粗细均匀，线条流畅，女性特征明显，但在双腿之间却泥塑一男根，顶部涂有红彩。缸的另一面，对称画有彩陶图，惜已残破，现残存一刻划符号[①]（图一，13）。

（三）狩猎图

洪山庙所出彩绘陶缸当中，画幅最多的要数W42:1所绘"狩猎图"。W42:1为泥质红陶缸，体形较瘦长，平底略小。口径35厘米，底径20.2厘米，通高41.6厘米。敛口近直，圆唇，斜直壁，口沿下有四个鸟喙状錾。上腹部经过抹光，然后以白彩作底，绕缸一周，宽约8厘米，上下用黑彩镶边，中间五等分绘出五组图案，其中两组为同心圆纹。《报告》介绍道："具体顺序是两组同心圆中间画一侧视的鹿，鹿昂首，口微张，前后肢向前方弯曲，臀部有一短尾，鹿作奔跑状。缸的另一侧面画一人，昂首，倾身，上身前倾，下肢仅显一腿，向前弯曲，腿部肌肉发达，上肢一前一后下垂。""人物前面有一俯视的乌龟，圆形体，头向下，尾与四足相同，均是在龟体外，分出五条射线，线端绘一圆点作脚掌。"这些观察都是相当准确的，但《报告》认为："狩猎图"中人物的"手掌夸张为圆形，以五条直线表示五指"[②]似乎不确。查《报告》彩版四：4、6即可看出，《报告》认为是"手掌"的部分，与乌龟很相似，呈圆形，体外分出四条射线（原应有五条，惜已残掉）表示龟的四肢与头部，特别是头部特意加上一椭圆点，画出龟的头来，我认为画中人的两手实际上正捉住了两只龟。前曲的一只手捉住的龟，头向前斜伸，四爪展开，力图下地奔跑。后甩的一只手捉住的龟，头和爪皆已下垂，显得气息奄奄，无力反抗（图一，9）。人前的一只龟，正在拼命前逃。"人捉龟"图的前面隔一个同心圆纹之后，便是前边说过的鹿图。从画面上看，它昂首、屈肢、跷尾、张口，一幅气喘吁吁、短暂歇息的模样。整个"狩猎图"中，人物、乌龟和鹿奔跑的方向一致，即人前有龟，龟前有人，传神地描绘出人物追捕猎物的内容。

（四）蜥蜴图与乌龟图

蜥蜴图共有2幅，另有一壁虎的泥塑。壁虎是蜥蜴类常见的一种。《尔雅·释鱼》云："蝾螈，蜥蜴，蝘蜓，守宫，一物，形状相类而四名也。"晋张华《博物志》云："蜥蜴或名蝘蜓。"可见古人也把蜥蜴与壁虎视为同一类动物。

画有蜥蜴图的W128:1为泥质红陶缸，口部已残。腹径12.4厘米，底径15.2厘米，

[①]《报告》图二七：6和图三三：8所示之"末"的双肩及柄部之上均画有虚线，表明所谓的"末"形纹，原应为"山"形。这实际是仰韶文化常见的一种符号。参见王蕴智：《史前陶器符号的发现与汉字起源的探索》，《华夏考古》1994年第3期。

[②]《报告》第38页。

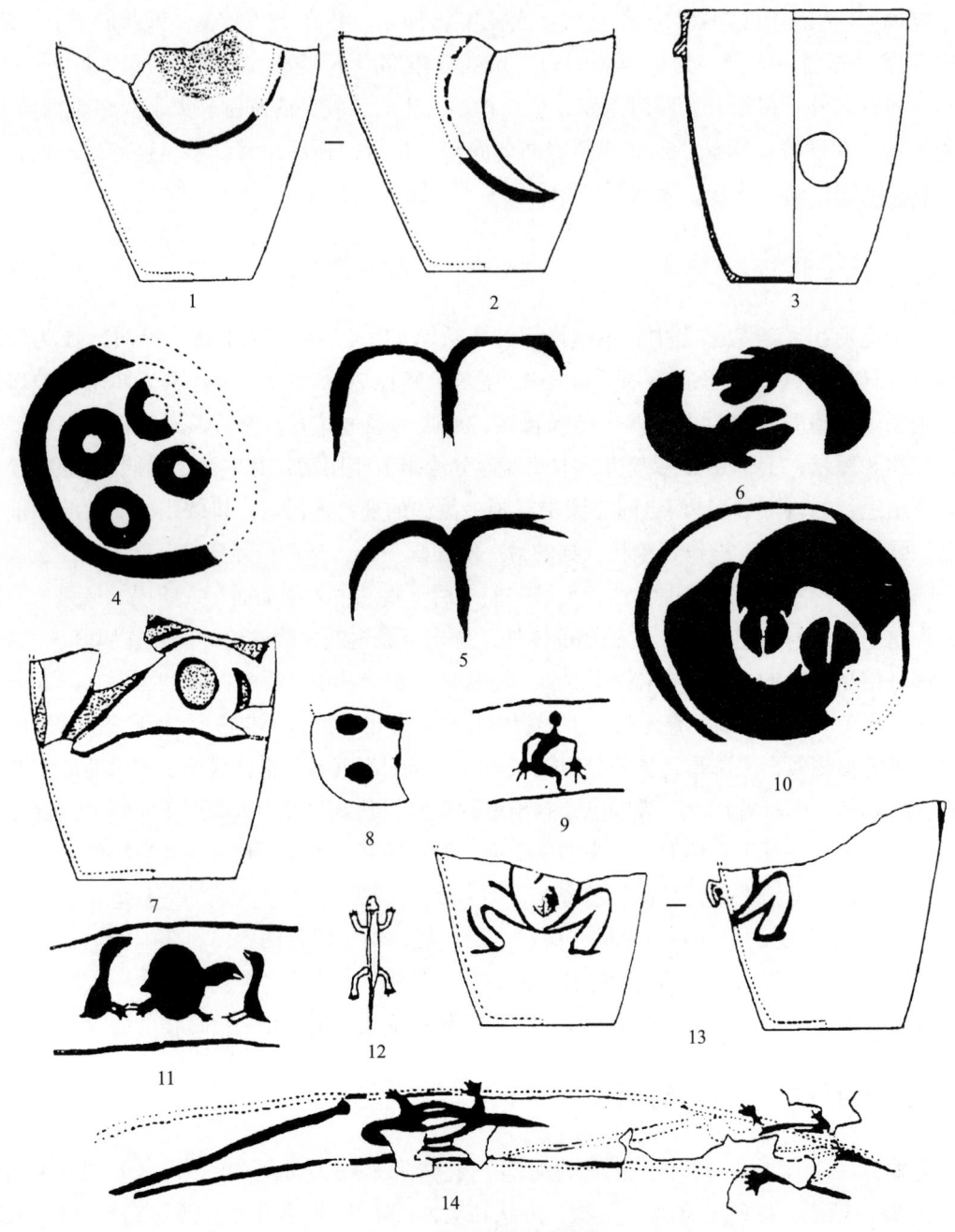

图一 洪山庙仰韶彩陶图

1、2. 日、月图（W91∶1） 3. 圆月图（W41∶1） 4. 月亮图（W118∶1） 5. 禾苗图（W59∶1） 6、10. 男根图（W10∶1、W116∶1） 7. 日月图（W7∶1） 8. 星月图（W50∶1） 9. 人捉双龟图（W42∶1） 11. 双鸟戏龟图（W84∶1） 12. 泥塑壁虎（W46∶1） 13. 男女合体图（W39∶1） 14. 蜥蜴图（W128∶1）

组男根图，由两根首尾交错盘在一起的男根组成。整个画面大体呈圆形，构图与阴阳鱼太极图颇有近似之处（图一，10）。

4. W118 所绘月亮图

W118：1 为泥质红陶。口径 30 厘米，底径 19.1 厘米，通高 39.1 厘米。敛口，鼓肩，上腹外鼓，平底上凹，腹中部先以白彩绘一圆饼，再以深棕色镶边，中间填绘四个对称的小圆圈。整幅图案，实际上是由一个大月亮内含四个小月亮组成（图一，4）。

5. W50 所绘星月图

W50：1 为泥质红陶，已残。底径 17.7 厘米，残高 26.2 厘米。弧腹，平底，腹一面先以白彩画一圆饼，其上点缀四个对称的椭圆点。白彩圆饼，应为圆月。至于四个圆点，或为星星（图一，8）。

另据《报告》介绍，W42、W55、W74 的彩陶图中均见有白彩作底的同心圆纹，着彩构图与上述几件有异曲同工之处。《报告》还曾提到，W42 所绘同心圆纹中的太阳纹被涂成红色[1]，取红日之意，可见这些同心圆纹也应是日、月图。

洪山庙 1 号墓绘禾苗图的是 W59（图一，5，《报告》称之为"羊角纹"，不确），为泥质红陶缸。口径 32 厘米，底径 14.8 厘米，通高 40 厘米。口微敛，肩外鼓，贴塑三个扁形錾。在缸的上腹部先经过打平，然后涂一层红衣，其上用黑彩绘出禾苗，缸之两面各有一幅。两棵禾苗均画出两片叶子，左边的一片弯曲下垂，右边的一片稍平，但叶端发出叉来。苗根部带有根系。

（二）男根图

洪山庙出土的男根图共有 3 幅，另有一男根泥塑雕像。

W10：1 为泥质红陶缸。口径 30 厘米，底径 20 厘米，通高 34.4 厘米。口微内敛，肩微外鼓，弧腹小平底，底中央有穿孔。沿下饰数周弦纹，肩饰三个鸟喙状錾。腹外侧偏上部先以白彩绘一周宽带纹，上以深棕色画三组男根图，三者之间两两间距相等。每组男根图图幅上下较窄，左右较长，整幅呈横条形（图一，6）。

W53：1 为泥质红陶缸，器上部已残。底径 20 厘米，残高 25.5 厘米。腹微鼓，小平底，通体抹光，腹部饰男根图，先以镶边白彩圆饼图作底，内绘男根，残甚。可以看出 W53：1 与 W10：1 最大的不同在于整个画幅呈圆形而不是横条形。

W116：1 为泥质红陶缸，形体较瘦长。口径 32 厘米，底径 22 厘米，通高 49.2 厘米。直口，下腹内收，大平底。肩部有两个椭圆形錾。腹中部以白彩作底，绘三组图案。其中一幅呈曲肢状，其两侧画两幅男根图。每组皆以镶黑边的白彩圆饼图作底，饼内再画一

---

[1] 见《报告》第 62 页。

洪山庙仰韶彩陶图略考

河南汝州洪山庙遗址是近年来新发现的仰韶文化阎村类型的一处重要遗址[1]。该遗址1号墓出土的100多件"伊川缸"上，多施彩绘，图案内容有天象、人物、动物、植物和装饰图案等，具有极高的学术价值和审美价值，已经引起学术界的重视[2]。本文拟依据《汝州洪山庙》发掘报告（以下简称《报告》），就洪山庙所出部分彩陶图中的题材内容及其反映的原始宗教，提出一点粗浅看法。

一、洪山庙所出部分彩陶图的题材内容

（一）天象图与禾苗图

查阅《报告》可知，天象图是洪山庙仰韶彩陶图中最常见的题材，施天象图的瓮棺至少有下列各件。

1. W91∶1 所绘日、月图

W91∶1为泥质红陶，上部已残。腹径36厘米，底径15.6厘米，残高31厘米。通体抹光。腹中部前后两面对称绘出弦月图和日月同辉图。弦月是先用白彩涂成弦月，外侧以黑彩镶边。日月同辉图，先用白彩画成圆饼，周边镶以黑彩，代表圆月；月内用红彩画一轮红日，直径约12厘米。太阳用红色，月亮用白色，日月交相辉映（图一，1、2）。

2. W41 所绘明月图

W41∶1器形完整，口径31厘米，底径18.3厘米，高36厘米。大口稍敛，肩略鼓，弧腹，大平底。肩饰数周细密凹弦纹，口沿下饰有对称的四个鸟喙状鋬。腹中部偏下，以白彩绘出圆饼状圆月，前后各有一幅，圆月直径约7.2厘米，不及W91所出太阳纹直径大。该图以白彩画圆饼，是为明月无疑（图一，3）。

3. W7 所绘日、月图

W7∶1为泥质红陶，现残存底部。底径22厘米，残高36厘米。弧腹，大平底，下腹饰红衣，然后用白彩填绘图案。但在中部留出圆轮红日与勾月，日月同辉，跃然图上（图一，7）。

---

[1] 河南省文物考古研究所：《汝州洪山庙》，中州古籍出版社，1995年。
[2] 袁广阔：《洪山庙一号墓男性生殖器图像试析》，《文物》1995年第4期；吴汝祚：《汝州洪山庙仰韶文化部分彩陶纹饰浅析》，《文物季刊》1997年第1期。

叁 史前艺术

筑祭坛，然后在祭坛上修建贵族墓葬的丧葬制度。

从瑶山、反山和汇观山出土的梳背饰型式演变和陶器排序来看，似乎瑶山年代最早，反山次之，而汇观山年代最晚。

如果以上认识不误，那么，在良渚文化遗址群当中，自东向西，依次有瑶山、反山和汇观山三座祭坛与贵族墓地前后相继出现，它们应该是良渚文化集团不同时期的祭祀中心和贵族墓地。

（原载中国考古学会：《中国考古学会第十四次年会论文集》，文物出版社，2012年，第69～76页）

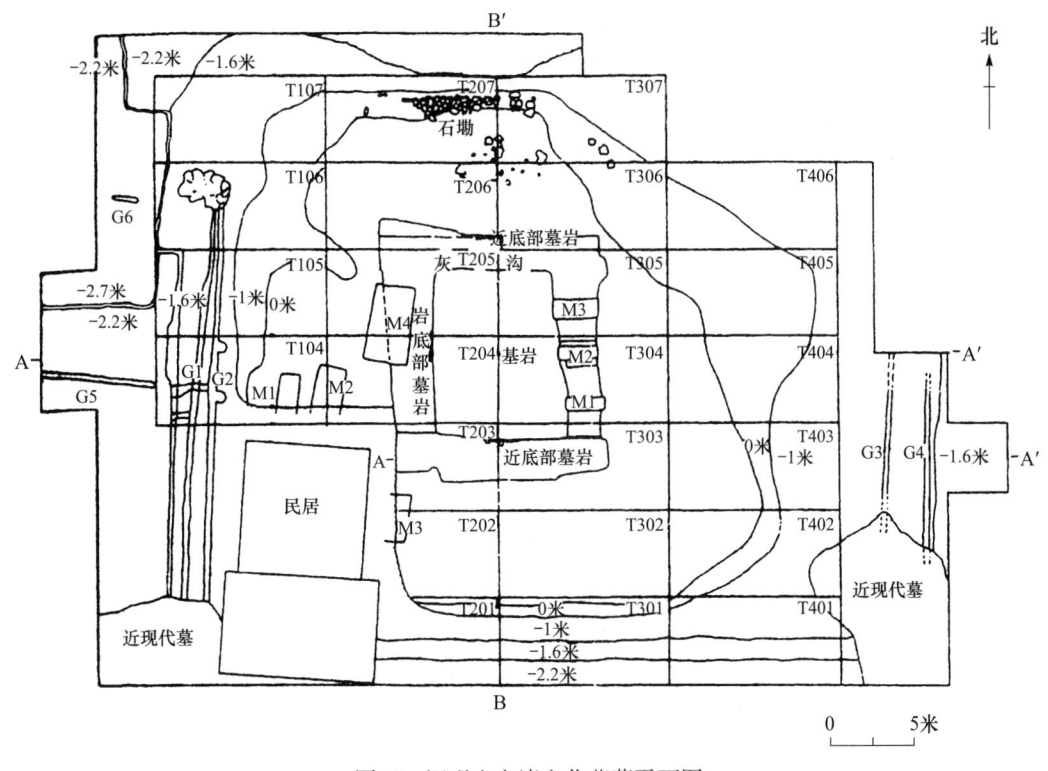

图四　汇观山良渚文化墓葬平面图

四、与反山良渚文化墓地的关系

瑶山第一、二、三期的冠状饰不见于反山，反山墓地各墓葬出土的玉梳背与本文划分的第Ⅳ式相近。其中，反山墓地的M15、M16出土的玉梳背与瑶山M2出土的相似，只是神人图像呈简化趋势。而反山的M12、M17、M14出土的玉梳背均为宝盖头式，而且M20、M23的玉梳背的宝盖头部分近平，呈现出偏晚作风。M22出土的玉梳背底边只有三孔，与底边饰五孔者相比，也呈现偏晚作风。这些墓葬已占反山墓地的绝对多数，可见，反山的年代约略与瑶山的晚期相当。也可能是在瑶山遭到破坏以后，良渚人才开始建造反山祭坛和墓地的。

五、祭坛上建墓是良渚文化的通制

从目前揭露的瑶山、反山[①]和汇观山[②]三处祭坛、墓地的材料来看，良渚文化流行先建

[①] 浙江省文物考古研究所：《反山》，文物出版社，2005年。
[②] 浙江省文物考古研究所、余杭市文物管理委员会（刘斌等）：《浙江余杭汇观山良渚文化祭坛与墓地发掘简报》，《文物》1997年第7期。

三、墓地的布局

整个墓地的大多数墓葬集中在祭坛的西南部，基本排列成南、北两排，这与反山和汇观山的墓地布局原则是一致的。

反山墓地的墓葬，据反山报告图四及相关文字可知，M13为祭祀坑，M24为疑似坑，其余的墓葬大体分为南、北两排。其中，北边的一排，自西向东为M18、M20、M22、M23；南边的一排，自西向东是M15、M16、M12、M17、M14（图三）。

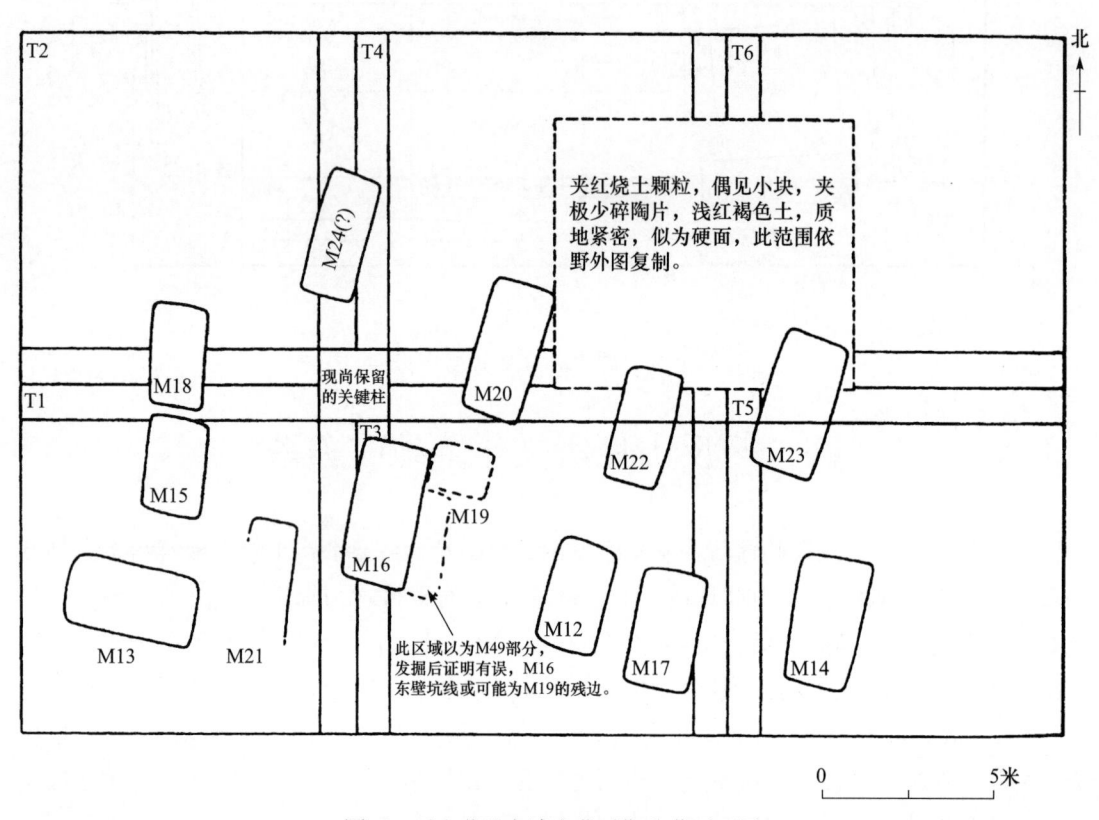

图三　反山墓地良渚文化时期墓葬平面图

汇观山祭坛的墓地也可以分为南、北两排。其中，北边的一排，由M1、M2和M4构成，大致呈西南—东北向；南边的一排只发掘出M3一座墓葬，估计其他墓葬已被现代民居所破坏（图四）。

根据对反山墓地出土玉梳背形制的分析，其早晚关系也是西边的较早、东边的较晚（详后）。

M9 的年代应晚于瑶山 M4，或可定为良渚文化中期。至于瑶山 M6、M7 所出的梳背饰，按型式演变序列，可排在 M9 所出梳背饰之后，年代当然会更晚一些。

（三）墓葬排序

首先，葬入祭坛的只有 M4，估计那时石塝所围护着的灰土沟和红土台尚在，于是，M4 的主人死后，只敢葬在石塝的边沿，不敢向祭坛中央地带伸进。

然后围绕 M4 的墓葬有 M1、M5 和 M14，均不到灰土沟处。其中，M1 位于 M4 的西侧，也是靠近石塝的外侧，而 M5 和 M14 却跨越了石塝朝灰土沟迈进。

接着向南入葬的是 M3 和 M10，也不敢碰灰土沟；可是到了 M9、M11 就打破了灰土沟的西边缘；再到后来 M8 和 M12 时就打破了红土台的东南角和南边中部；最后，M2、M6 和 M7 相继打破红土台东北、东南和西南角了。此时，整个祭坛的格局彻底遭到了破坏（图二）。

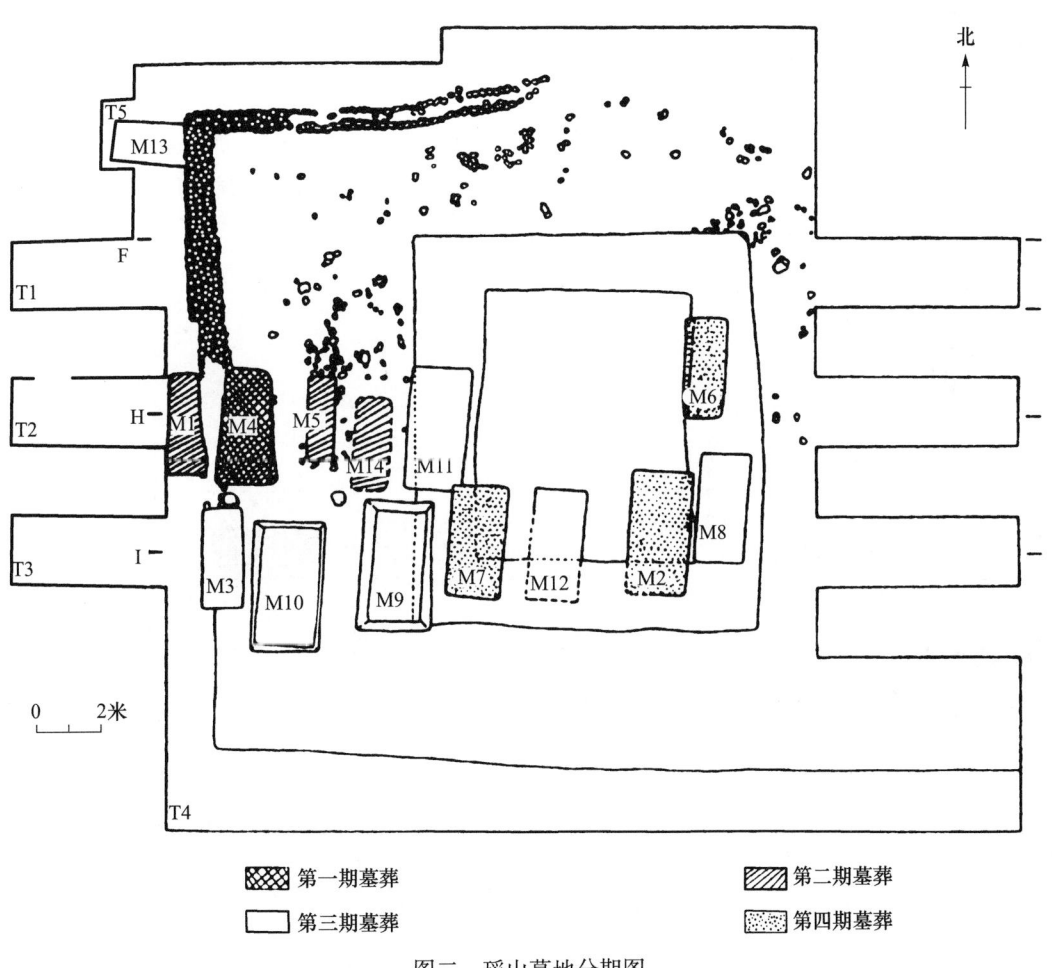

图二　瑶山墓地分期图

二、分期与排序

（一）玉器的分期

玉器当中，以梳背饰最具代表性，以其形制不同可分为不同型式。参照其他墓地的分析结果，可以把瑶山的梳背饰分为四期。

第一期：M4 所出，梳背饰整体为平板式，顶部平直。

第二期：M1、M5、M14 出土，梳背饰顶部为"山"字形。

第三期：梳背饰顶部为"介"字头形，可以细分为两段，即第 1 段，出土于 M3 和 M10；第 2 段出土于 M8、M9、M11 和 M12。

第四期：梳背饰的顶部为宝盖式，且底边只有两个圆孔，为 M6、M7 所出。M2 顶部亦为宝盖头形，但底边穿三孔，暂归入第四期较早阶段（图一）。

（二）陶器的分期

报告公布的陶器当中，以本文所分瑶山第一期的 M4 和第三期的 M9 较为齐全，其中，M4 出土的鼎和豆接近张陵山 M4 所出陶鼎，加上张陵山 M4 所出的梳背饰与瑶山 M4 所出相同[①]，故可将瑶山 M4 的年代定为良渚文化早期。

瑶山 M9 所出的鼎和豆与庙前良渚文化第一期晚段 M10 所出同类器相似[②]，因此，瑶山

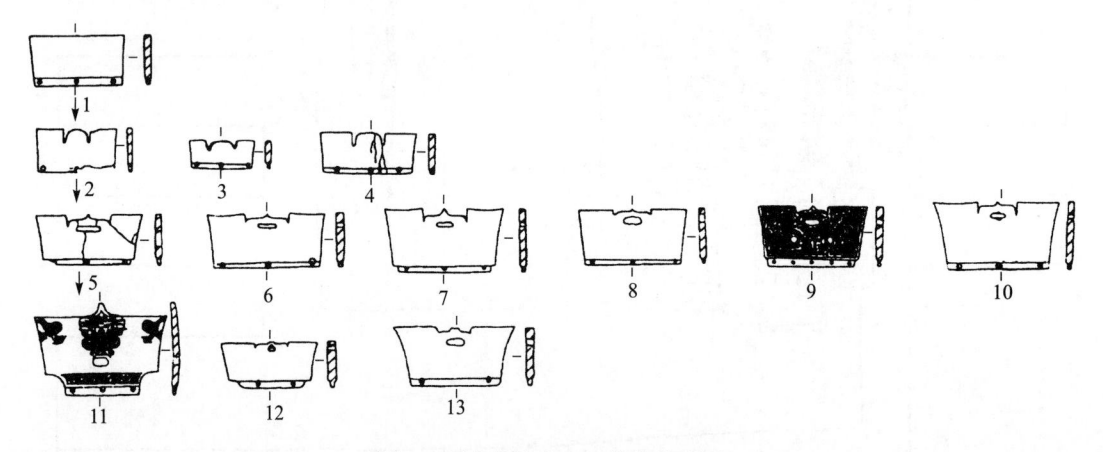

图一 瑶山墓地出土玉梳背分式图

1. Ⅰ式（M4∶2） 2～4. Ⅱ式（M1∶3、M5 出土、M14∶10） 5～10. Ⅲ式（M3∶5、M8 出土、M9∶6、M10 出土、M11∶86、M12∶2850） 11～13. Ⅳ式（M2∶1、M6 出土、M7∶63-27）

---

① 南京博物院（纪仲庆）：《江苏吴县张陵山遗址发掘简报》，《文物资料丛刊》（6），文物出版社，1982 年。
② 浙江省文物考古研究所：《庙前》，文物出版社，2005 年，第 62 页，图四一。

续表

行别	墓葬编号	长	宽	深	玉梳背
南行	M9	4	1.95~2.2	1.3	Ⅲ式
	M7	3.2	1.6	0.64~1.3	Ⅳ式
	M12	不详	约1.2	不详	Ⅲ式
	M2	3.5	1.6	0.12~0.8	Ⅳ式
	M8	3.08	1.54	0.36	Ⅲ式

其中，面积最大的是 M9，面积达 8 平方米以上。

（五）随葬品特征

随葬品有玉器、陶器、石器等。其中，玉器为 678 件（组），可见以玉器为主。详见《瑶山》表三[①]。

在 M1~M11、M14 墓葬当中，每座墓中均随葬 1 件梳背饰。此外，在采集品中 M12 也有 1 件玉梳背饰。在西区出土的玉器中，也有 1 件玉梳背饰。这样，《瑶山》发掘报告共发表了 14 件梳背饰。

在墓地的 13 座墓葬当中，M4 和 M11 各出土 7 件陶器、M5 出土 3 件陶器，其余各墓均出土 4 件陶器。整个墓地共出土陶器 55 件。其中，陶鼎 13 件。除 M11 出土 2 件外，其余各墓分别出土 1 件。泥质陶豆，除 M2 出土 2 件外，其余各墓分别出土 1 件。圈足罐除 M1、M4 和 M5 未出外，其余各墓分别出土 1 件。夹砂缸，除 M2、M5、M6 未出外，其余各墓分别出土 1 件，详见《瑶山》表二[②]，这四类器物，占据全部陶器的 83%，是墓葬的主要随葬陶器。

表二　瑶山墓地出土玉梳背登记表

行别	墓葬编号	玉梳背
北行	M1	Ⅱ式
	M4	Ⅰ式
	M5	Ⅱ式
	M14	Ⅱ式
	M11	Ⅲ式
南行	M6	Ⅳ式
	M3	Ⅲ式
	M10	Ⅲ式
	M9	Ⅲ式
	M7	Ⅳ式
	M12	Ⅲ式
	M2	Ⅳ式
	M8	Ⅲ式

---

① 浙江省文物考古研究所：《瑶山》，文物出版社，2003 年，第 203 页。
② 浙江省文物考古研究所：《瑶山》，文物出版社，2003 年，第 202 页。

竖穴，基本南北向，随葬品有玉器共计 678 件（组），包括梳背饰、带盖柱形器、三叉形器、成组锥形器、琮、钺、小琮、璜、圆牌、镯形器、牌饰、带钩、纺轮等，但未发现玉璧。

瑶山遗迹平面略呈长方形，其南端大致以南 1 石坎为界，西端大致以西 6 石坎为界，北界中段以 T0310、T0410 的陡坡为界。比较难定的是东界，大致在 T0909 西壁所在的南北向界线上[①]。

瑶山遗迹最终被一条位于瑶山遗址西南部陡坡之下的可能是良渚文化时期的沟所打破。

（二）地层关系

第 1 组：M4 → 石坎。

第 2 组：M7 → M11 → 灰土沟，从报告图五之 B—B′中可以看出，M11 的底部比 M7 的底部低得多，M7 打破 M11 的地层关系，确定无疑。

第 3 组：M6 → 红土台和灰土沟，这从报告图六之 H—H′中可以看得很清楚。

（三）墓葬排列

全部墓葬分成南、北两行[②]，排列比较整齐，其中，北行墓列有 6 座，自西向东依次是 M1、M4、M5、M14、M11、M6；南行墓列共有 7 座，自西向东依次是 M3、M10、M9、M7、M12、M2、M8。

（四）墓葬形制

均为长方形竖穴土坑墓。具体情况见表一。

表一　瑶山墓地墓葬登记表　　　　　　　　　　　　　　单位：米

行别	墓葬编号	长	宽	深	玉梳背
北行	M1	2.84	0.8～1.18	0.2	Ⅱ式
	M4	3.3	1.28～1.68	0.58～0.76	Ⅰ式
	M5	2.42	0.79	0.34	Ⅱ式
	M14	2.8	1～1.15	0.6	Ⅱ式
	M11	3.15	1.7	1.58	Ⅲ式
	M6	2.85	0.84～1.26	0.52	Ⅳ式
南行	M3	2.86	1.04～1.22	0.84	Ⅲ式
	M10	3.35	1.75	1.34	Ⅲ式

---

① 另据发掘者之一浙江省文物考古研究所刘斌先生相告，发掘区未能抵达祭坛东边。从报告图六之 F—F′剖面图上也可以看出，祭坛的西边即在西石坎处，整个剖面从西向东逐渐抬高，未见明显接线，似未到边。又据报告图九之 T202、T201 平面图和相关文字介绍，这两条探沟，在揭去耕土层后，便暴露出平坦的山体基岩，散见一些砂石，可见，T202 内无明显的祭坛边界。看来，祭坛的东边已经被破坏掉了。

② 打破石坎西北角的 M13 为东周墓，参见报告第 9 页第 15 行文字介绍。

论瑶山墓地的分期、排序及相关问题

瑶山墓地是良渚文化最富代表性的墓地之一。然而这座墓地的墓葬是属于一个时期的呢？还是不同时期陆续形成的？学术界却存在着不同意见。《瑶山》发掘报告认为："瑶山各墓出土的陶器组合中，同类器物的形制相似，这表明它们应属于同一时期。""瑶山墓葬的年代处于良渚文化的中期偏早阶段"[①]。也有学者依据瑶山墓葬的出土玉三叉器的造型，把瑶山墓地细分为五个发展阶段[②]。笔者依据瑶山 M7 打破 M11 的地层关系，并排比了该墓地各墓所出玉梳背（每墓各出一件）等典型玉器的形制，提出瑶山墓地的墓葬并非属于同一时期，而是贯穿良渚文化早、中期[③]。

探讨分期与年代是开展墓地研究的第一步，本文首先究明瑶山墓地的分期并在此基础上进一步讨论该墓地的排序、布局及其与反山墓地的关系等。不正之处，敬请方家指教。

一、墓地概况

（一）墓地范围

瑶山位于良渚文化群东北部的东北角，它是天目山的余脉凤凰山向东伸展的低矮山丘，海拔约 36 米。

经过 1987 年以来的多次发掘，基本上弄明白了瑶山祭坛和墓地的布局状况。其中，良渚文化时期的祭坛平面呈方形，有里外三重土色，最里面的一重土偏于东部，是一座红土台，平面略呈方形，基本为正南北方向，东边长为 7.6、北边长 5.9、西边长 7.7 米。第一重为灰色土，围绕在"红土台"四周，平面呈"回"字形。堆积剖面呈方角沟状，沟壁较直，平底，现存深度 0.65～0.85、宽 1.7～2.1 米。围沟内灰色填土疏松，未见任何遗物。在第二重灰土围沟的西、北、南三面，是黄褐色土筑成的"土台"，上有较多的砾石，大小不一，原来有可能铺有砾石台面。灰土围沟东面为自然山土，而南面的台面由于破坏，仅存高约 0.2 米的"土坎"。

在砾石黄土台的西、北边缘，各有一道由砾石叠砌而成的石塍，石块叠筑整齐，自土台向外呈斜坡状分布。

历年来发掘的良渚文化墓葬有 13 座，主要集中在瑶山的东北部。墓葬均为长方形土坑

---

① 浙江省文物考古研究所：《瑶山》，文物出版社，2003 年，第 203 页。
② 翟扬：《试论良渚文化玉三叉器的功能——以瑶山、反山墓地的分析为例》，《玉魂国魄——中国古代玉器与传统文化学术讨论会论文集（四）·中华玉文化特刊》，浙江古籍出版社，2010 年，第 240 页。
③ 赵春青：《论良渚玉器的西传》，《玉魂国魄——中国古代玉器与传统文化学术讨论会论文集（四）·中华玉文化特刊》，浙江古籍出版社，2010 年，第 297 页。

附表九　A类邻葬墓统计表　　　　　　　　　　　　　　　　　　　器物单位：件

类	墓号	性别	年龄	位置	随葬品	与之邻葬的瓮棺葬
Aa类	M88	女	青年	Ⅲ区西南群	钵2、壶1、罐2、骨管1、鹿下颌骨1、陶刮削器1	W227（幼儿）
	M167	女	成年	Ⅲ区西南群	钵2、罐1、瓶1	W269（幼儿）
	M181	女	①30岁 ②13～15岁	Ⅲ区西南群	残钵1	W280
	M54	女	15岁	Ⅰ区西南群	钵3、罐3、瓶1、石球4、耳坠2、骨珠2052	W11
	M52	女	中年	Ⅰ区西南群	盆1、钵1、罐1、石铲1、骨镞1、骨锥1	W73
Ab类	M161	男	30～35岁	Ⅲ区西南群	钵2、罐1、盂1、骨匕1、蚌饰1	W268（随葬骨珠87）
	M162	男	30～35岁	Ⅲ区西南群	钵3、罐3、碗1	W228（幼儿）
	M8	男	23岁左右	Ⅰ区西南群	钵2、瓶1、残瓶1、罐1、陶刮削器1、石球1	W4

附表一〇　B类邻葬墓统计表　　　　　　　　　　　　　　　　　　　器物单位：件

墓号	性别	年龄	位置	墓向	随葬品	邻葬墓号	性别	年龄	位置	墓向	随葬品
M258	男	成年	DT4	270°	无	M259	女	青年	DT4	270°	钵1、残尖底瓶1
M260	女	40岁以上	DT4	西	钵6、尖底瓶1、罐4、石拍1、卵石9、残骨铲1	M261	男	30岁左右	DT4	西	钵3、罐3、尖底瓶1
M267	男	壮年	DT9	270°	钵1、罐1	M272	女	成年	DT9	西	钵3、罐3
M269	男	壮年	DT9	东	钵1、罐1	M270	女	30岁以下	DT9	东	钵1、壶1、罐1
M104	男	成年	DT1	西	尖底瓶1	M105	偏女	35岁以上	DT1	西	钵1

附表一一　姜寨一期墓地各墓区随葬品状况统计表

项目\墓区	墓葬总数	出土陶器墓数及百分比	出土生产工具墓数及百分比	出土装饰品墓数及百分比	平均每墓出土陶器	平均每墓出土生产工具
Ⅰ	51座	40座（78.4%）	26座（50.1%）	12座（23.5%）	2.73件	1.37件
Ⅱ	55座	33座（60%）	5座（9.1%）	4座（7.3%）	1.82件	0.13件
Ⅲ	48座	26（54.2%）	7座（14.6%）	10座（20.8%）	1.93件	0.5件

（原载《华夏考古》1995年第4期）

续表

墓号	年龄	随葬器物	合计
M90	40~50	陶刮削器 2	2
M149	40~50	陶刮削器 2	2
M161	30~35	骨匕 1	1
合计 12 座		陶器 13 件、骨器 3 件、石器 5 件	21

附表七　姜寨一期女性成年人墓随葬生产工具统计表　　年龄单位：岁　器物单位：件

墓号	年龄	随葬器物	合计
M7	16~17	陶锉 1、石刮削器 1、石球 1	3
M9	40 左右	石凿 1	1
M23	50	骨匕 1、骨镞 1	2
M33	22~25	陶刮削器 3	3
M52	中年	骨镞 1、骨锥 1、石铲 1	3
M54	15	石球 4	4
M88	青年	陶刮削器 1	1
M95	40 以上	石球 1	1
M158	①19~24　②6~7	石球 3	3
M182	40~45	石球 1、骨匕 1	2
M183	40	石刮削器 1	1
M260	40 以上	石拍 1、骨铲 1	2
合计 12 座		陶器 5 件、骨器 6 件、石器 15 件	26

附表八　姜寨一期儿童墓（经过性别鉴定者）统计表　　器物单位：件

墓号	性别	年龄	陶器	石器	骨器	蚌器	合计
M22	男	7 岁左右	钵 1、刮削器 1	凿 1、磨棒 1	匕 1、笄 1、珠 14	刀 2、饰 1	9（不含骨珠）
M27	男	6 岁左右	罐 1、锉 1、钵 1		锥 1、镞 1		5
M26	男	6 岁左右	罐 1、刮削器 1				2
M29	男	5~6 岁	钵 3、罐 3	球 3	铲 1、锥 1、珠 72		11（不含骨珠）
M146	男	6 岁以下	锉 1、壶 1				2
M159	男	8~9 岁	罐 2、盆 1、瓶 1、锉 1	斧 1	笄 1		7
M69	女	小孩	碗 1、罐 1				2
M28	女	8~9 岁					
合计 8 座			22 件	6 件	7 件（不含骨珠）	3	38（不含骨珠）

续表

墓号	年龄	钵类	罐类	瓶	壶	盆	盂	合计
M54	15	3	3	1				7
M95	40 以上	1						1
M99	55 以上		1	1				2
M101	成年	2		1				3
M103	30~35			1				1
M105	35 以上	1						1
M182	40~45	3	2					5
M183	40	2	2	1				5
M260	40 以上	6	4					11
M262	24	2						2
M263	壮年	3	2	1				6
M270	30 以下	1	1		1			3
M271	15~17	2	1					3
M272	成年	3	3					6
M87	约 13	1		1				2
M88	青年	2	2		1			5
M92	25 左右	3	2	1				6
M156	19~24			1				1
M157	20 左右	2	2					4
M163	20 左右	3	1	1				5
M167	成年	2	1	1				4
M180	20~24	2	1			1		4
M280	青年	1	1					2
合计 32 座		64	39	16	3	2		124

附表六 姜寨一期男性成年人墓随葬生产工具统计表　　　年龄单位：岁　器物单位：件

墓号	年龄	随葬器物	合计
M2	55 以上	石斧 1	1
M8	23 左右	石球 1、陶刮削器 1	2
M12	中壮年	陶刮削器 1	1
M14	40~45	陶刮削器 1	1
M15	40 左右	陶刮削器 1、骨锥 1、牙锥 1	3
M19	40 以上	陶刮削器 2、石箭头 1	3
M24	30~35	石斧 1	1
M25	50 左右	陶刮削器 2	2
M32	60 以上	陶锉 1、石纺轮 1	2

续表

墓号	年龄	钵类	罐类	瓶	壶	盆	盂	合计
M12	中壮年	1	2					3
M13	45左右			1				1
M14	40~45	1						1
M15	40左右		1					1
M18	55以上	3	4	2				9
M21	成年	1	3	1				5
M24	30~35		1					1
M32	60以上	3	1	1				5
M104	成年			1				1
M106	35左右	1						1
M108	成年	1	1	1				3
M141	35以上	2	1	1			1	5
M149	40~50	2	1					3
M151	40以上		1	2				3
M184	成年	1						1
M185	17左右	4	2	1				7
M186	40左右			1				1
M191	40	1	1					2
M261	30左右	3	1	1				5
M266	30以上		1			1		2
M267	壮年	1	1					2
M269	壮年	1	1					2
M155	30~35	1	1					2
M161	30~35	2	1				1	4
M162	30~35	3	3					6
合计29座		36	31	16	1	1	2	87

附表五 姜寨一期成年女性随葬陶器统计表   年龄单位：岁 器物单位：件

墓号	年龄	钵类	罐类	瓶	壶	盆	盂	合计
M4	35~40	3	2	1				6
M5	40左右	2		1				3
M7	16~17	1						1
M9	40左右	2	2		1			5
M17	40左右	2	2					4
M20	50	2		1				3
M23	50	4	1	1				6
M33	22~25	2	2					4
M52	中年	1	1				1	3

政治还是经济方面都有一定的独立性，原来某些氏族的职能已被这一中心家族和其他几个家族所取代，氏族制度已经松弛，各家族之间不平衡的现象已经出现。

附记：此文是据本人于1993年1月通过的北京大学考古系硕士学位论文部分章节修改而成的。在学位论文及本文写作过程中，自始至终得到了导师李仰松先生和严文明先生的悉心指导，特此致谢。

附表一　东南墓区人骨鉴定统计表　　　　　　　　　　　　单位：个体

性别＼年龄组	儿童（0～12岁）	青年（13～20岁）	壮年（21～35岁）	中年（36～49岁）	老年（50岁以上）	成年	未定	合计
男	1	2	5	5	1	1		15
女		10	5	1		2		18
未定	31	1				1	12	45
合计	32	13	10	6	1	4	12	78

附表二　东区墓地人骨鉴定统计表　　　　　　　　　　　　单位：个体

性别＼年龄组	儿童（0～12岁）	青年（13～20岁）	壮年（21～35岁）	中年（36～49岁）	老年（50岁以上）	成年	未定	合计
男	4		3	7	7	3		24
女	1	5		5	2	1		14
未定	39			5			8	52
合计	44	5	3	12	9	4	8	85

附表三　东北区墓地人骨鉴定统计表　　　　　　　　　　　　单位：个体

性别＼年龄组	儿童（0～12岁）	青年（13～20岁）	壮年（21～35岁）	中年（36～49岁）	老年（50岁以上）	成年	未定	合计
男	1	1	10	11	3	4		30
女		3	3	9		3		18
未定	4						4	8
合计	5	4	13	20	3	7	4	56

附表四　姜寨一期成年男性随葬陶器统计表　　　年龄单位：岁　器物单位：件

墓号	年龄	钵类	罐类	瓶	壶	盆	盂	合计
M3	50左右			1				1
M6	25～30				1			1
M8	23左右	2	1	1				4
M10	55左右	2	2	1				5

别一夫一妻制的某些情形毫不奇怪。民族学材料为我们这一推论提供了旁证。云南省宁蒗县永宁区纳西族过去盛行男不娶女不嫁，由男子夜间拜访女子的"阿注"婚，这是一种不稳定的望门居的婚配形式，属对偶婚的早期阶段。男女"阿注"死后，只能分别埋葬在自己母方的"尔"（氏族）或"斯日"（家族）公共墓地当中。但是在永宁区拖支、温泉等纳西族周边地区，"阿注"婚发展为从妻居甚至从夫居婚，实行"阿注"同居婚配。此时，无论是男居女家还是女居男家的"阿注"，配偶双方死后都葬入所在家庭的"斯日"墓地[①]。这种现象表明婚配双方的关系已变得稳固和持久，他们不仅生前共同生活于同一对偶家庭，死后也可以名正言顺地埋入同一墓地。

除邻葬墓外，姜寨一期还有4座合葬墓，其中2座为成年女性与儿童合葬墓，其死者之间的关系可解释为血亲关系。另有1座成年男性与儿童的合葬墓，关于他们究竟是血亲关系还是姻亲关系有不同看法[②]。我们认为不论究竟是什么关系，这种现象已说明父权因素的突出。

综上所述，姜寨一期墓地较常见成年女性与儿童的邻葬墓、合葬墓，少见成年男性与儿童的邻葬墓、合葬墓，表明姜寨一期居民流行从妻居的母系对偶家庭，同时已开始出现少数从夫居的对偶家庭，每一家族或为一正向父系家族公社过渡的母系家族公社。

五

姜寨一期以每墓区为代表的各家族之间经济状况如何呢？此将姜寨一期Ⅰ、Ⅱ、Ⅲ墓区土坑墓随葬品状况统计如附表一一，统计表明，Ⅰ区墓葬的经济实力最强，这里百分之七八十的墓葬均有随葬品，每墓随葬陶器和生产工具的平均数目均在其他两区之上，尤以生产工具最为突出，一半以上的墓中出生产工具。与此相反，东北墓区（Ⅱ区）仅有9.1%的墓葬随葬生产工具，不足Ⅰ区的五分之一，而且随葬陶器也不如Ⅰ区丰富。可以说，在Ⅰ、Ⅱ、Ⅲ区墓地所代表的三个家族当中，以经济实力而论，Ⅰ区最强，Ⅲ区次之，Ⅱ区最弱。

墓葬材料呈现出的各家族经济实力不平衡与房屋、窖穴和烧陶窑等资料提供的信息相吻合。从平面布局中既可看出，东组房屋显示的经济实力最雄厚。这里的大房子F1面积为120平方米，比其余各组房屋中的大房子都要大。这里分布着众多的窖穴。以占地面积而论，东组房屋占地面积最广，差不多相当于西北组与西组占地面积的总和。种种情况都表明它与众不同。或许居住于东组房屋的家族是姜寨氏族中的中心家族。F1面积阔，或许兼做全氏族聚会之用。东组房屋的壕沟沟边有1座烧陶窑，与全村公用的临河河岸的窑场相距遥远，说明它或许为东组房屋居民单独使用。这一切均说明东组房屋代表的家族无论在

---

① 夏之乾：《中国少数民族的丧葬》，中国华侨出版公司，1991年，第135页。
② 半坡博物馆等：《姜寨——新石器时代遗址发掘报告》，文物出版社，1988年，第357页；严文明：《史前聚落考古的重要成果——〈姜寨〉评述》，《文物》1990年第12期。

Ab 类邻葬墓当是新出现的父权因素的产物，表明姜寨一期已出现从夫居的对偶家庭。

或许有人会说，Ab 类邻葬墓实为姻亲关系，死者的关系不是父与子（女）而是舅与甥（甥女）。即便如此，也同样说明姜寨一期男子地位的提高。这些儿童的某些舅舅们死后不按惯例与其兄弟们埋在一起，而是葬入原属姐妹们的墓群当中，表明他们已经取得了某些只有女性成年才能拥有的权利。在他们死后，更将个别外甥（甥女）与之邻葬，足见彼此关系的密切。这一切在繁荣的母系家族公社内是根本不可能发生的，只有在母系家族公社后期，才可能出现这一局面。此时的女子面对自己社会地位江河日下，男子社会地位日见提高以及由此引起的上门来到女方氏族的男性对偶企图代替行使家长职权的状况，他们不得不赋予自己的兄弟以更多的权利，以抑制新出现的父权因素，这便是舅权得以突出的原因。然而由于舅舅们也是男性，他们和那些上门来的男人一样，同存改变旧有母系制的愿望。因此在时机成熟时，他们便会把自己的对偶和子女留在自己的家中，而将自己的姐妹及其子女赶出家门，从而实现由舅权家庭向夫权家庭的转变。

因此，无论 Ab 类邻葬墓死者之间是血亲关系还是姻亲关系，这种成年男子与儿童不同寻常的邻葬均表现出强烈的夫权色彩。

B 类邻葬墓，在姜寨一期墓地集中在东北墓区。我们前文已提及此类墓葬死者之间的关系或为对偶关系。或许有人会问：按照氏族具有共同墓地的原则，外氏族成员死后是不得埋入本氏族墓地的。这里怎么会出现外氏族成员葬入姜寨氏族墓地呢？我们认为，这恰好说明姜寨一期传统的埋葬制度已经动摇，与此相适应，其婚姻家庭形态已步入对偶家庭。大量的民族学材料表明，对偶家庭盛行于母系家族公社取代母系氏族公社时期。其本身经历了"望门居"、"从妻居"和"从夫居"几个发展阶段。从婚姻家庭形态演变总趋势看是由对偶家庭向一夫一妻制小家庭过渡。对偶家庭本身十分脆弱，在很大程度上依赖于家族公社，但它却是建立在一男一女相匹配的基础之上，因而具有一夫一妻制小家庭的某些特点。"这时的妇女不仅是其丈夫的主妻，她也是他的伴侣，是为他安排饮食的主妇，她所生的子女现在也开始稍有把握地确认为他的亲生子女了"[①]。摩尔根曾说过，将各种婚姻家庭形态依发展顺序予以恢复，"并不是说，某一种形态完全出现在某一级社会之中……然后，它在下一个更高级的形态中消失。伙婚制的个别情形可以在血婚制中出现，反之亦然；偶婚制（即对偶婚——引者注）的个别情形可以在伙婚制中出现，反之亦然；而专偶制（即一夫一妻制——引者注）的个别情形也可以在偶婚制中出现，反之亦然"[②]。"每一种形态在开始时都只在部分地，然后才是一般地，最后才是普遍地流行于广大地区"[③]。从对偶婚向一夫一妻制的过渡，从母系制向父系制的过渡是"人类所经历过的最激进的革命之一"[④]，这一过程是漫长而曲折的，也必然是渐进而反复的，因而在姜寨一期流行对偶婚的同时，出现个

---

① 摩尔根著，杨东莼等译：《古代社会》，商务印书馆，1992年，第459页。
② 摩尔根著，杨东莼等译：《古代社会》，商务印书馆，1992年，第466页。
③ 摩尔根著，杨东莼等译：《古代社会》，商务印书馆，1992年，第466页。
④ 恩格斯：《家庭、私有制和国家的起源》，人民出版社，1972年。

的"邻葬墓"以及合葬墓等。

所谓"邻葬墓"是指那些平面位置相邻、关系密切的一对或一对以上的墓葬,其性质与合葬墓有相似之处,是在较接近的时间内将死者依次埋入位置相近的墓穴中形成的。这种"邻葬墓"在民族学与民俗学材料中均有广泛的例证[①]。在半坡墓地[②]、北首岭墓地[③]等仰韶墓地中也可以见到。"邻葬墓"又可分为"成人与儿童邻葬墓"与"成人与成人邻葬墓"两大类。可分别称之为A、B类。兹将姜寨一期A、B类邻葬墓统计如附表九、附表一〇。A类常以一座成年人土坑墓加上一两座儿童瓮棺葬的形式出现,其中可进一步细分为"女性成年与儿童邻葬墓"(Aa类)和"男性成年与儿童邻葬墓"(Ab类)。

Aa类似为"母子邻葬墓",这种埋葬方式或许与母子死亡时间有关。儿童死亡时间无非有三种可能:一是比母亲先死,二是比母亲后死,三是与母亲同时死亡。第一种最为普遍,由于新石器时代儿童出生率与死亡率特高,许多儿童先母亲而亡,健在的母亲为了表示对死者的怀念,便把他们埋在住房附近甚至是房屋之中,这种事例在民族学材料中较多[④],这也可能是姜寨一期居住区内出现大量儿童瓮棺葬的原因。第二种情况较少,其中不足三岁的幼儿由于失去了母亲的养育极易死亡,此时由于人们尚能清楚地记得其前不久去世的母亲的墓葬位置,便可能将他(她)埋在母亲的墓旁,形成Aa类邻葬墓。至于三岁以上的儿童,在母亲去世以后,由其他家族成员收养,有的长大成人,有的不幸夭折。夭折的儿童,或埋入收养人的房屋附近,或埋入家族墓地中的儿童墓群中。这或许便是姜寨一期居住区内儿童墓葬数目大大超出居住区外公共墓地内儿童墓数的原因。第三种情况最少,因而姜寨一期成年女性与儿童一次性埋入同墓穴即实行母子合葬的墓葬特别少。不足墓葬总数的1%。

Ab类邻葬墓数量少于Aa类。考察Ab类邻葬墓中的成年男子墓,发现其位置处于以成年女性和个别儿童为主的墓群当中,不在以成年男子为主的墓群当中,而且每座墓均有4～6件随葬陶器,远在成年男子随葬陶器平均数1.3件之上[⑤],说明其经济实力远在一般成年男子之上。Ab类邻葬墓中成年男子与儿童的关系有两种可能:一是血亲关系,即父子(女)关系;二是姻亲关系,即舅甥(甥女)关系。若是血亲关系,这些儿童的父亲大概是姜寨氏族的成员,凭借较强的经济实力,冲破了传统的成年男子上门到外氏族组成对偶家庭的规矩,定居在本氏族,从外氏族娶来女性对偶,组成从夫居的对偶家庭。他们不仅生前要像更多的成年女性那样,定居在自己的氏族内,而且死后也要像她们一样,安葬在以成年女性和个别儿童死者为主的墓群内,以显示与那些仍然按照传统上门到他氏族生活的成年男子的区别。那些男子死后,只能有很少的随葬品,且相对集中地埋在同一墓群。果真如此,

---

① 笔者调查海南岛本地黎族葬俗资料。河南、山东等地目前仍大量存在夫妻并穴葬。
② 中国社会科学院考古研究所、陕西省西安半坡博物馆:《西安半坡》,文物出版社,1963年。
③ 中国社会科学院考古研究所:《宝鸡北首岭》,文物出版社,1983年。
④ 夏之乾:《中国少数民族的丧葬》,中国华侨出版公司,1991年,第57、58页。
⑤ 据《报告》附表四,姜寨一期已鉴定为男性成年墓者共65座,合计出土陶器87件,平均每墓1.3件。

割禾穗[①]；三是石球，既是狩猎工具，也是看护农具[②]。我们统计工具时将这三类器物包括在内，统计如附表六、附表七。

统计表明，男性成年人墓随葬生产工具的有12座，占男性成人墓总数的18.5%，共出生产工具21件，平均每墓出土0.32件；女性成年人墓中随葬生产工具的有12座，占女性成年人墓总数的25.5%，出土工具共计26件，平均每墓0.55件。男性成年人墓随葬生产工具以陶质为主，其中仅刮削器就有12件，占总数的一半以上，女性墓则以石质生产工具为主，计有石铲、石凿、石拍、石球等，可见女性成年随葬生产工具无论质与量均比成年男性占优势。

从生产工具种类来讲，男性墓出土石斧和较多的刮削器，女性墓出土石铲和较多的石球，这表明在农业劳动当中男性成年偏重于砍伐树木，准备耕地和抢收谷物；女性成年则偏重于田间管理。可见男子在备耕与收割这两个需要重体力劳动的重要环节当中，都起着主力军的作用，这与仰韶时期妇女是农业生产主要承担者的传统看法正好相反。

男女两性墓都出有狩猎工具——石镞、骨镞和石球，都有手工工具——陶锉、骨匕和骨锥，说明男女在这些劳动当中分工并不明显。此外，男子墓出有纺轮，说明男子也参与纺织。制陶工具只见于女性墓，说明制陶业由女子承担。

以往论述仰韶文化社会性质，有人曾以"女孩厚葬"作为论据之一，我们在这里将12岁以下的做过性别鉴定的儿童墓统计如附表八。

统计表明，6座男孩墓出土陶器15件，平均每墓2.51件。3座女孩墓共出土陶器3件，平均每墓1件。男孩墓另出生产工具18件，平均每墓出3件。女孩墓未出一件生产工具。如果说厚葬的话，厚葬的恰恰是男孩，而不是女孩。

综上所述，成年女性在随葬陶器与生产工具方面均比男性稍占优势。但是这种优势是相当有限的。首先，无论是成年男性墓还是成年女性墓均有相当数量的墓葬无任何随葬品，看不出他们之间有何差别。其次，不少成年男性墓随葬品数量反而超出成年女性墓随葬品平均数，很难说他们当中女性的经济地位一定会高于男性。因此，这里既看不出以女性为中心，女性经济地位占绝对优势的现象，更看不出以男性为中心，男性经济地位超出了女性的现象。只能说男女两性经济地位大体相当，其中以女性稍占优势。不过应当看到，男性在经济活动中已占据举足轻重的地位。男孩墓比女孩墓拥有更多的随葬品。这些现象表明，姜寨一期至少不会存在像新中国成立前云南纳西族曾经流行的"养男不如养女"[③]的社会状况。

四

姜寨一期居民的婚姻家庭形态，在墓葬材料中亦有所反映，这些材料包括本文提出

---

① 笔者在黎族居住区进行民族考古调查时，曾多次见到收割禾穗用的铁刃刮削器，据黎民讲，原使用陶质刮削器收割禾穗，状与姜寨所出相似。
② 宋兆麟：《投石器与流星索》，《史前研究》1989年第2期。
③ 宋兆麟：《云南永宁纳西族的住俗》，《考古》1964年第8期。

总之，姜寨一期墓地为一氏族公共墓地；每一墓区为同一氏族内相对独立的一处家族墓地。同一墓区内同一儿童墓群中又划分为若干组瓮棺葬，应是同一家族内不同的对偶家庭或小家庭遗留下来的儿童瓮棺葬。由墓葬材料反映出的姜寨一期居民的社会组织主要由氏族公社与家族公社两级构成。其中家族公社中又包含相对独立性不甚明显的若干对偶家庭或小家庭。

三

探讨姜寨一期居民的男女经济地位比起空泛地谈论姜寨一期居民所处的社会阶段或社会性质更直观。关于仰韶文化的社会性质问题，已争论了三十多年，目前关于仰韶后期已不再是繁荣的母系氏族公社时期的观点似乎已无大的分歧，关于对仰韶早期社会性质的判断，仍存在着母系说、过渡说和父系说。以往主张仰韶文化母系说者往往喜欢用"女孩厚葬墓"、"多人合葬墓"、"男女分别埋葬"等墓葬材料作为论据。这种论证方法和论据本身后受到不少学者的质疑[1]，看来把仰韶早期视之为繁荣的母系氏族公社的观点，已被越来越多的学者所放弃。

但是，会不会像某些学者指出的那样，仰韶文化早期甚至裴李岗文化时期，即已进入父系氏族阶段呢[2]？我们亦不敢苟同。严文明曾一针见血地指出：不要把婚姻家系形态同社会发展阶段两个不同性质的问题混为一谈[3]。因此，我们从墓葬材料出发观察一下姜寨一期男女经济地位或有助于某些问题的深入讨论。

在墓葬材料中，男女两性随葬生产工具和陶器的数量，或许能够反映出男女经济地位的某些倾向，现将姜寨一期成年男女墓随葬陶器统计如附表四、附表五。

统计表明，姜寨一期有成年男性墓62座，其中29座出有陶器，占46.77%，共出土陶器87件，平均每墓1.4件，其中一墓出土5件及以上者8座，占29.6%，一人随葬陶器最多的9件。姜寨一期共有女性成年墓47座，其中陶器墓32座，占68%，共出土陶器124件，平均每墓2.63件，其中一墓出陶器5件及以上者12座，占37.5%，一人随葬陶器最多为11件，可见女性墓在以上各项统计中均略占优势。

在统计男女两性随葬生产工具之前，先确定以下三种工具的用途：一是石斧，它既是手工工具，也是砍伐树木准备耕地用的农业工具[4]；二是刮削器，除别的用处外，也用以收

---

[1] 严文明：《半坡类型的埋葬制度和社会制度》，《仰韶文化研究》，文物出版社，1989年；邵望平：《横阵仰韶文化墓地性质与葬俗》，《考古》1976年第3期；汪宁生：《仰韶文化葬俗和社会组织的研究》，《民族考古论集》，文物出版社，1989年。
[2] 丁清贤等：《从濮阳蚌壳龙虎墓的发现谈仰韶文化的社会性质》，《中原文物》1988年第1期。
[3] 严文明：《纪念仰韶村遗址发现六十五周年》，《仰韶文化研究》，文物出版社，1989年。
[4] 宋兆麟：《我国的原始农具》，《农业考古》1986年第1期。

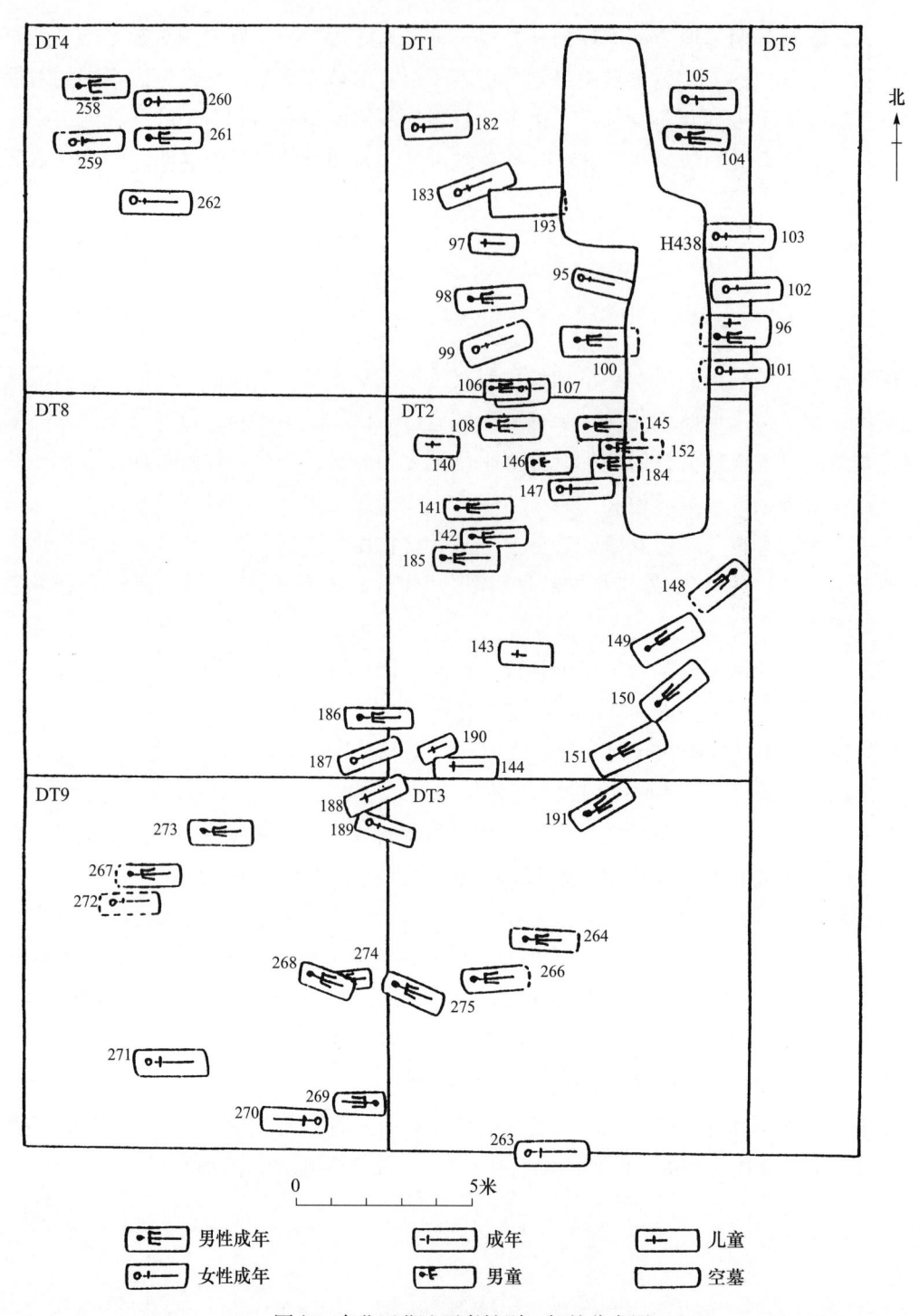

图七　东北区墓地死者性别、年龄分布图

象。这些墓葬从若干群墓葬中游离出来，组成单独的小单元，很像是对偶家庭当中一对对偶的墓葬（详见后文）。

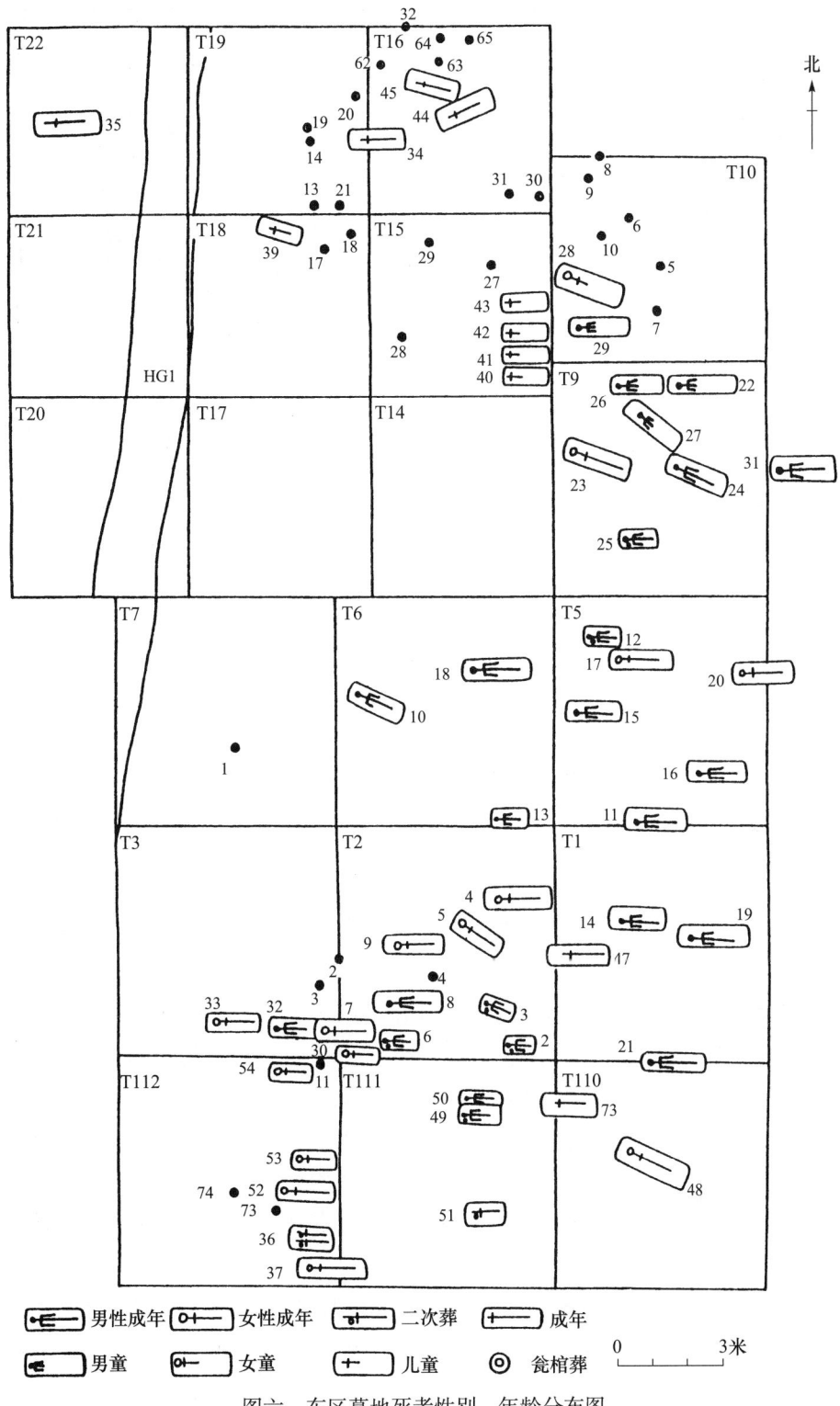

图六　东区墓地死者性别、年龄分布图

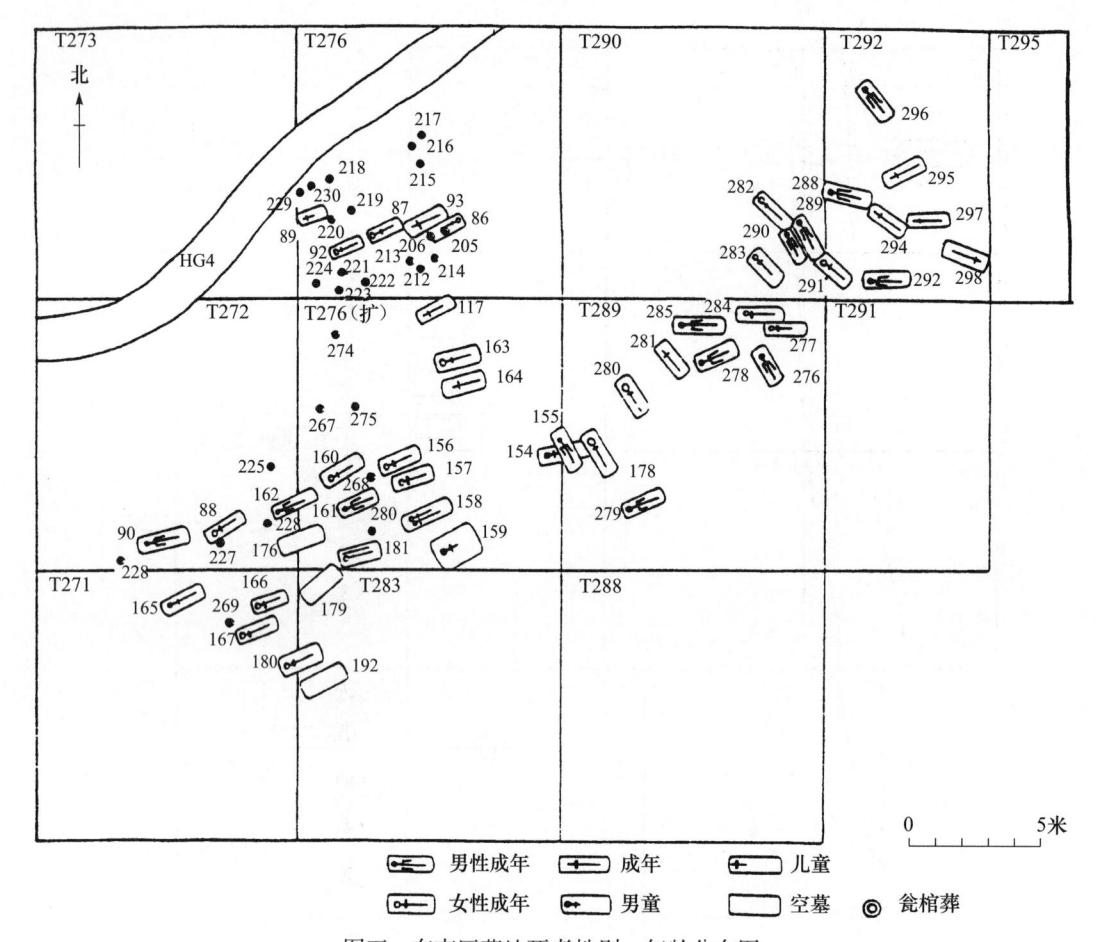

图五　东南区墓地死者性别、年龄分布图

家族内部通常又包含若干对偶家庭或小家庭。那么姜寨每一家族墓地即每一墓区当中是否可进一步寻找出对偶家庭或小家庭的迹象呢？

我们不妨首先观察一下瓮棺葬的情况。东南墓区（Ⅲ区）儿童墓群中的瓮棺葬可分为4组：东北组包括W215等3座，东南组包括W205等5座，西北组包括W218等5座，西南组包括W221等4座。在同墓群当中又划分为若干墓组，说明墓组代表的社会组织的级别要低于墓群代表的社会组织的级别。前文已分析出墓区为家族墓地，墓群只是家族墓地内按照死者性别年龄的不同分别埋葬而形成的，是家族墓地的组成部分，它所代表的社会组织的级别仍然是家族。因此同一儿童墓群中进一步细分出来的墓组所代表的社会集团当是低于家族级别的对偶家庭或小家庭。

东区墓地（Ⅰ区）也可分为若干组瓮棺葬：其中北组有W32等8座，南组有W13等4座，东组有W8等8座。说明该墓区儿童墓群当中也存在以对偶家庭或小家庭为单位的瓮棺葬组。

东北墓区（Ⅱ区）土坑墓中的某些现象引人注目，常见到一对成年男女相邻而葬的现里藏族自治县项脚乡的"纳日"人，每个家族都有自己的公共墓地，辈分大的埋在上方，辈分小的埋在下方，属于同一辈分的人又按年龄大小进行排列[①]。在云南勐海县曼散寨布朗族的村寨公共墓地中，又以家族为单位划分为各自的墓区。在每家族墓区内，老年死者埋在上部，中年死者埋在中部，儿童死者埋在下部[②]。海南省白沙县南开乡方通村本地黎居民，过去在家族墓地中实行男子埋在墓地中央，女子靠近男子，儿童埋在墓地边缘的埋葬方式[③]。保亭县一区番文乡十内村黎族每"姓"人家有一块公共墓地。老年男性在墓地的上方靠左，老年女性埋在墓地的上方靠右；青年、壮年和少年男性埋在墓地的下方靠左、青壮年妇女埋在墓地的下方靠右。这样整个墓地实事上又按年龄、性别划分为四个墓群。每个墓群埋葬的均是年龄相近、性别相同的死者[④]。

姜寨一期墓地划分为五个（现存三个）墓区，每一墓区中又按性别年龄的不同进一步划分为若干墓群，如图五所示，东南墓区（Ⅲ区）可划分为西部的儿童墓群（包括M117、W274以西的18座儿童瓮棺葬和6座土坑墓）；东北部的成人墓群（包括M154、M279以北的23座土坑墓）和西南部的混合墓群（含M156、M159以西的17座土坑墓和9座瓮棺葬）及一些零星墓葬。其中儿童墓群以埋葬儿童为主，只有个别成年人。成年人墓群不见一座瓮棺葬或儿童土坑墓，死者皆为成年人且以男性为主。混合墓群又埋成年（主要是女性）又埋儿童。三墓群界线明显（图五）。东区墓地（Ⅰ区），北部自M27以北为儿童墓群，绝大多数为儿童瓮棺葬和儿童土坑墓，只有个别成年人墓。中部是以埋葬男性成年为主的成年人墓群，西南部为混合墓群，既有以成年女性为主的成年人土坑墓，又有个别儿童瓮棺葬（图六），其做法与东南墓区极为相似。东北区墓地（Ⅱ区）墓葬可划分为一大群及若干小群墓葬。其中M148等5座的一小群和M264等5座的一小群皆为成年男性，显然也是按同一性别的原则埋在一处的（图七）。

姜寨一期墓地划分为若干墓区，每一墓区再以性别年龄的不同划分为若干墓群的布局方式与民族学材料当中同一氏族墓地划分为若干家族墓地，在家族墓地内又按年龄性别的差异安排墓穴位置的做法十分相似。前文已指出姜寨一期每墓区日常人口为20～25人，相当于或略少于上述民族学材料当中母系或父系家族的人口数目。有鉴于此，我们把姜寨一期墓地中的各墓区推测为家族墓地，各墓区所属社会集团当为家族公社。在原始社会通常由若干家族组成一氏族村落或村寨。姜寨一期现存三墓区均位于居住区东部，各墓区的墓向、墓葬形制、规模与随葬品组合等基本一致，表现出强烈的共性特征，应是同一氏族墓地中的三片家族墓地。换言之，姜寨一期墓地应是一处氏族公共墓地，因而姜寨一期村落应是一氏族村落，其社会组织由氏族公社——家族公社两级构成。

---

① 夏之乾：《中国少数民族的丧葬》，中国华侨出版公司，1991年，第48页。
② 云南省编辑组：《布朗族社会历史调查》（一），云南人民出版社，1981年，第65页。
③ 1994年，笔者赴海南省白沙县黎族居住区调查资料。
④ 夏之乾：《中国少数民族的丧葬》，中国华侨出版公司，1991年，第50页。

余形态。纳西族的社会组织分为三级，即"尔"（氏族）、"斯日"（母系家族）、"依度"（母系家庭也叫对偶家庭）。每个"依度"一般有2~4代成员，平均七八口人；每一"斯日"由若干"依度"组成，每一"斯日"有数十人①。云南澜沧县糯福区和勐海县巴卡囡寨等地的拉祜族直到20世纪中叶，仍保存母系家族的残余制度。这里的母系家族（又称"母系大家庭"）叫作"底页"，其成员包括一个母亲所生的女性后代及她们的丈夫，全体"底页"成员共住一所干栏式房屋。内分数小间，每一小间居住一个叫作"底谷"的小家庭，每个"底谷"七八口人。每个"底页"一般有六七个小家庭，共四五十人②。

"父系家族也是一个相当大的，包含几代人的父系最近亲属集团，其成员包括男子及其妻子，以及男子的子女"③。例如我国独龙族的父系家族，独龙族称之为"吉可罗"，通常有六七个小家庭共30~50人，最多有14个小家庭共70余人④。海南省白沙县黎族——"本地黎"居民，往往在氏族（派）内部，又分出若干家族，每一家族通常有4~6个小家庭共30~50人⑤。云南省基诺山区基诺族的一个村寨——龙帕寨也曾保存着父系家族的残余制度。该村寨居民共有4个姓，即"阿侧诺"、"阿拉拉"、"阿沙撒"和"窝侧"。除"窝侧"外，其余各姓均有三座长房，每座长房内包括若干户，每户一个火塘，长房本身称为"着"或"的着"，意为"家"或"一家人"，每一户称为"葛究"或"的究"，意为"火塘"或"一个火塘"，大多数火塘由一对配偶及其子女组成。可见该寨的居民，每一姓为一氏族，每一长房为一家族，每一户为一家庭。每一长房即每一家族的人口一般在16~30人，每一"葛究"即每一小家庭通常有3~5人，也有7~8人的⑥。

同一家族成员，不仅生前共同生活在一起，而且死后也要相对集中地埋在一起，从而形成在氏族公共墓地内进一步划分为若干家族墓地的现象。例如，在云南纳西族，早前"每个氏族均有自己的公共墓地……在同一氏族的墓地上，每个母系大家族也是分别埋葬的"⑦。在锡伯族的氏族组织（"哈拉"）又分为若干家族（"莫昆"）。早前，每个"哈拉"有一块氏族公共墓地，后来在"哈拉"墓地中又划分为若干"莫昆"墓地⑧。海南省白沙县本地黎也存在家族墓地分片共存于氏族墓地的现象⑨。

家族墓地流行按性别年龄的区别安排墓葬位置的作风。如云南纳西族"凡是同一家族的死者，都安葬在这里（即家族墓地），男女分为两列，女子居右，男子居左"⑩。四川省木

---

① 詹承绪：《永宁纳西族的母系家庭》，《中国大百科全书·民族》，中国大百科全书出版社，1986年，第509页。
② 林耀华主编：《民族学通论》，中央民族学院出版社，1991年，第210页；詹承绪：《拉祜族的母系家庭公社》，《中国大百科全书·民族》，中国大百科全书出版社，1986年，第199页。
③ 张忠培：《北方考古论集》，文物出版社，1990年，第62页。
④ 詹承绪：《独龙族的父系家庭公社》，《中国大百科全书·民族》，中国大百科全书出版社，1986年，第199页。
⑤ 1994年，笔者赴海南省白沙县黎族居住区调查资料。
⑥ 汪宁生：《基诺族的长房》，《民族考古论集》，文物出版社，1989年。
⑦ 宋兆麟：《云南永宁纳西族的丧俗》，《考古》1964年第4期。
⑧ 夏之乾：《中国少数民族的丧葬》，中国华侨出版公司，1991年，第39页。
⑨ 1994年，笔者赴海南省白沙县黎族居住区调查资料。
⑩ 宋兆麟：《云南永宁纳西族的丧俗》，《考古》1964年第4期。

2 名左右的儿童和 1 名成年人。东区墓地所属社会集团的日常人口当有 17~21 人，其中包括 4~5 名儿童，7~9 名成年人，4 名老年人以及另外 2~3 名人员。

（三）东北区墓地

该墓区现有 55 座土坑墓，其中 1 座为双人合葬墓，其余均为单人葬，共计 56 个个体。前文曾指出该墓区被后期破坏掉一些土坑墓，原有土坑墓数可达 65 座左右，关于该墓区瓮棺葬的数目，从东南区与东区墓地瓮棺葬均占土坑墓总数的 50% 以上来看，东北区的瓮棺葬应有 35 座左右。

东北区土坑墓人骨鉴定结果如附表三。由附表三得其平均年龄（4 个未鉴定出年龄者暂不计入）为 32.57 岁，如加进 35 个儿童个体，则其平均年龄为 22.1 岁。我们将被后期破坏掉的墓葬归入未定年龄的墓葬之中，暂设其总数为 13 人左右，各年龄组人口状况如下表：

年龄组（岁）	0~12	13~49	50 以上	未定	合计
平均岁数	6	31	52.5	22.1	22.1
墓区人数	40	44	3	13	100
日常人口	2	11.36	1.31	2.39	17.06

加上埋入居住区内的 2 名儿童，偶尔还要加上埋入居住区内的 1 名成年人，还有东北区原应有瓮棺葬群，而瓮棺葬群中常穿插个别成年人土坑墓。考虑到这些因素，我们推测东北区墓地所代表的社会集团日常人口为：儿童 4 名左右，成年 12~13 人，老年 1~2 人，另有 3~4 人未定年龄的人员，总计 20~23 人。

总之，姜寨一期墓地每墓区所属社会集团的日常人口，以墓地沿用时间至少 120 年计算，最多 17~23 人。这一数目有些保守，不难理解，出于客死异乡或被野兽残害或远征而亡等各种特殊原因，同一家族成员往往不能百分之百地葬入家族墓地，加上他们无疑会提高日常人数。不过，若取超过 120 年的墓地沿用时间来计算，无疑又会降低日常人数。考虑到上述各种因素，我们把姜寨一期墓地每墓区所属日常人口推测为 20~25 人，或许比较合适。

二

欲复原姜寨一期居民的社会组织，需借助相关的民族学材料进行比较研究。

在原始社会，除血缘家族之外，只有母系家族和父系家族两种家族形态。"母系家族是人数相当多的，包括 4 到 5 代的母系最近亲属集团，它的成员包括女子、男子，以及女子的后嗣"[1]。新中国成立前在我国云南纳西族和云南澜沧县拉祜族，还保留着母系家族的残

---

[1] 张忠培：《北方考古论集》，文物出版社，1990 年，第 64 页。

得其平均寿命为 17.36 岁。考虑到尚有 12 座土坑墓墓主年龄未定，而它们当中绝大多数当为成年人，加上他们便会提高平均寿命，因此，将东南墓区死者的平均寿命估计为 19 岁左右则比较合适。

据前述日常人口计算公式，可得下表：

年龄组（岁）	0~12	13~49	50 以上	未定	合计
平均岁数	6	31	52.5	19	19
墓区人数	32	33	1	12	78
日常人口	1.6	8.53	0.44	1.9	12.47

表中数据只是根据东南墓区内死者总数得出的。实际上每一墓区所代表的社会集团均有一部分死者埋在居住区内各组房屋附近，他们当中绝大部分为儿童死者。

每组房屋究竟有多少儿童墓呢？据报告附表四、附表五所列居住区内墓葬位置可以统计出：东组与南组最多均在 40 座以上，西组不足 10 座，其余两组在 30 座左右，这大概与发掘有关[①]，也可能与原本既有差异有关。由于我们不能肯定居住区外的三个墓区究竟同居住区内的哪三组房屋相对应，因此取 40 作为平均数，如此求得每一墓区所属社会集团还应有同时生活在一起的 2 名左右的儿童死后葬在居住区内。由于居住区内还有个别成年人墓，在计算其日常人口时有时还要加上 1 名成年人。

综上所述，东南墓区所属社会集团的日常人口有 15~17 人，其中包括 1 名老年人、3~4 名儿童，9~10 名成年人以及另外 2 名人员。

（二）东区墓地

埋入东区墓地的死者如下：瓮棺葬 33 座，共计 33 个儿童个体；土坑墓 51 座，其中 1 座为双人合葬墓，共计 52 个个体；合计 85 人，人骨鉴定结果如附表二。由人骨年龄鉴定结果得其平均寿命为 20.3 岁，各年龄组日常人口如下表：

年龄组（岁）	0~12	13~49	50 以上	未定	合计
平均岁数	6	31	52.5	20.3	20.3
墓区人数	44	24	9	8	85
日常人口	2.2	6.2	3.94	1.35	13.69

除上述统计到的墓葬之外，该墓区东北部没有发掘到头，那里或许还有一些土坑墓和 3、5 座瓮棺葬。在 M37 之南也有个别墓葬未被发掘到的可能，再加上埋入到居住区内的

---

① 笔者于 1992 年秋走访巩启明先生，他告诉笔者在姜寨遗址西北部特意留出一块地方不予发掘，留待将来进一步研究时再做发掘。

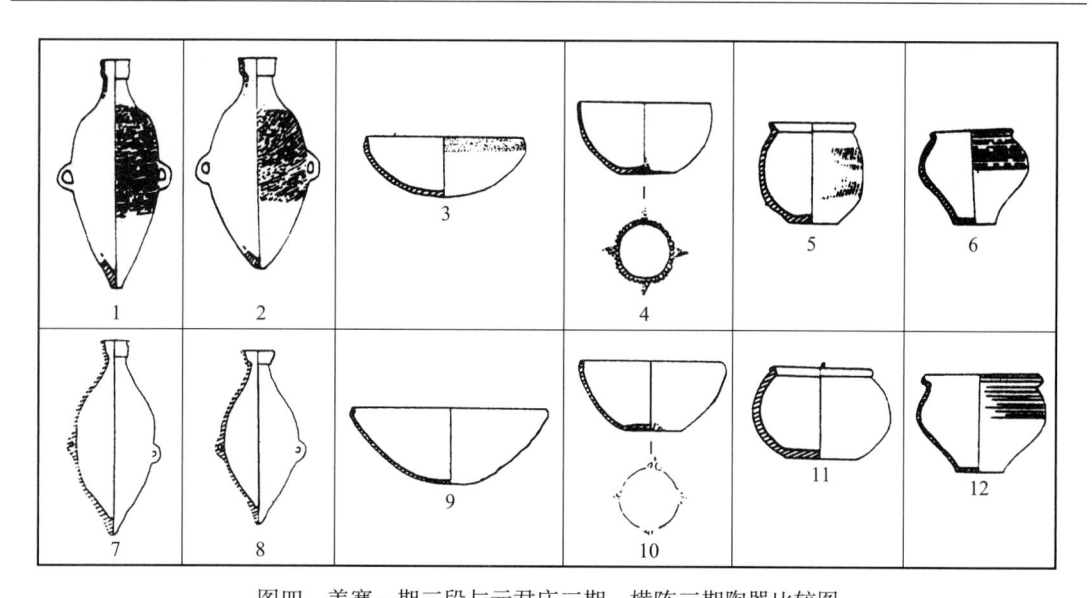

图四　姜寨一期三段与元君庙三期、横阵三期陶器比较图

1~6. 姜寨（M176∶4、M183∶5、W167∶1、M162∶1、M272∶5、W176∶3）　7~10. 横阵（MⅡ4∶2、MⅡ6∶5、MⅡ7∶4、MⅡ1∶4）　11、12. 元君庙（M442∶10、M420∶21）

21~35岁定为壮年，36~49岁为中年，50岁以上为老年。在计算死亡年龄时，儿童取6岁，青年取16.5岁，壮年取28岁，成年取38岁，中年取42.5岁，老年取52.5岁。按照上述计算方法，据报告附表四得出：Ⅰ区墓地成人平均寿命为38.9岁，Ⅱ区为35.4岁，Ⅲ区为26.7岁，合计成人平均寿命为33.7岁。此数值可视为姜寨一期每一段成年人平均寿命的近似值，如此姜寨一期Ⅰ、Ⅱ、Ⅲ段成年人平均寿命之和当超出100年，换言之，姜寨一期墓地沿用时间最短也在100年以上，或可达到至少120年。

总之，我们认为姜寨一期墓地沿用时间最长不会超过225年左右，最短也不会少于120年左右。

在墓地完整、死者总数确定的情况下，墓地使用时间越短，由墓地所代表的社会集团的日常人口越多。我们取姜寨一期墓地沿用时间至少120年这一最小值逐墓区计算其人口数量，当是每墓区所代表的社会集团日常人口的最大数额。计算日常人口公式为：

日常人口 = 各年龄组日常人口之和

$$某年龄组日常人口 = \frac{该年龄组平均岁数 \times 该年龄组个体之和}{墓地沿用时间}$$

据此，我们逐墓区分析其人口结构：

（一）东南墓区

东南墓区共有土坑墓48座，其中2座为双人合葬，另有28座瓮棺葬，按每墓至少一名死者计算，合计78人。由报告附表四可得东南墓区人骨鉴定统计表（附表一），由此表

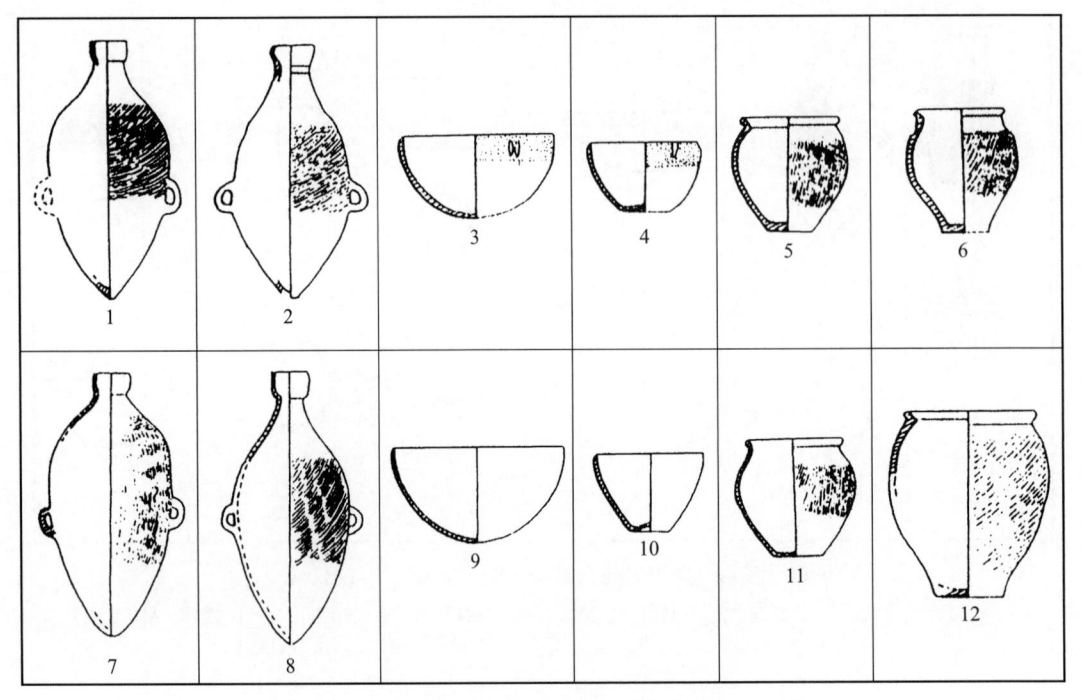

图二 姜寨一期一段与元君庙一期、横阵一期陶器比较图
1~6. 姜寨（M42:2、M21:1、M17:3、M117:2、M175:5、M263:5） 7、10. 横阵（M51:1、M15:7）
8、9、11、12. 元君庙（M456:9、M457:5、M453:5、M456:3）

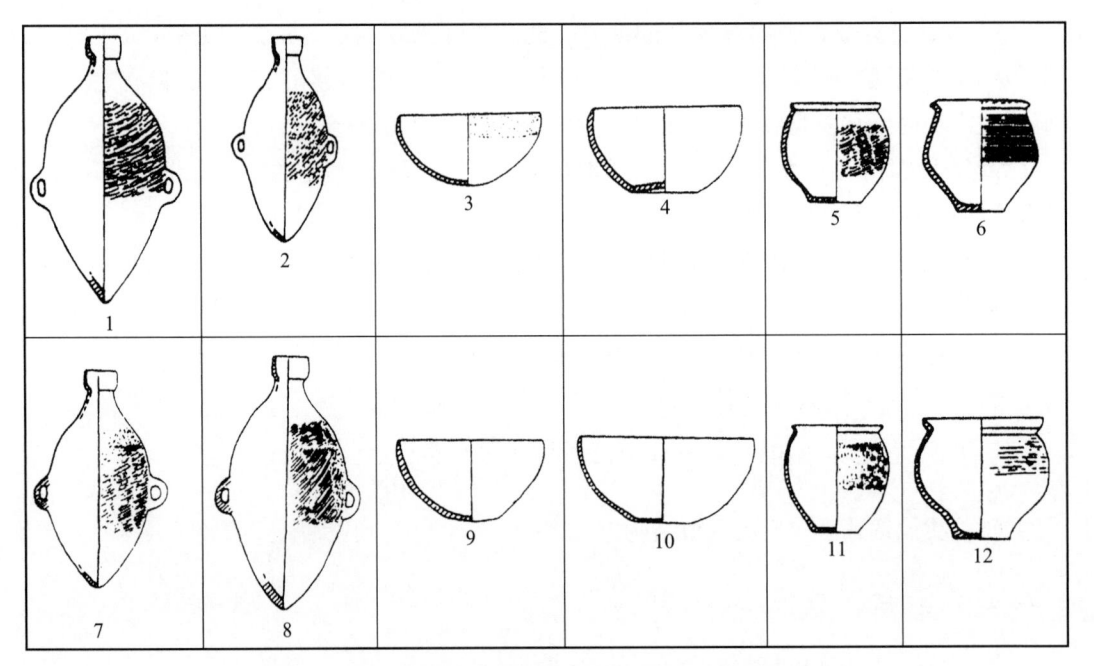

图三 姜寨一期二段与元君庙二期、横阵二期陶器比较图
1~6. 姜寨（M163:5、M44:6、M46:2、M42:8、F46:7、M18:9） 7、11、12. 横阵（MⅢ3:1、MⅢ1:2、MⅢ3:3） 8~10. 元君庙（M410:1、M439:8、M439:4）

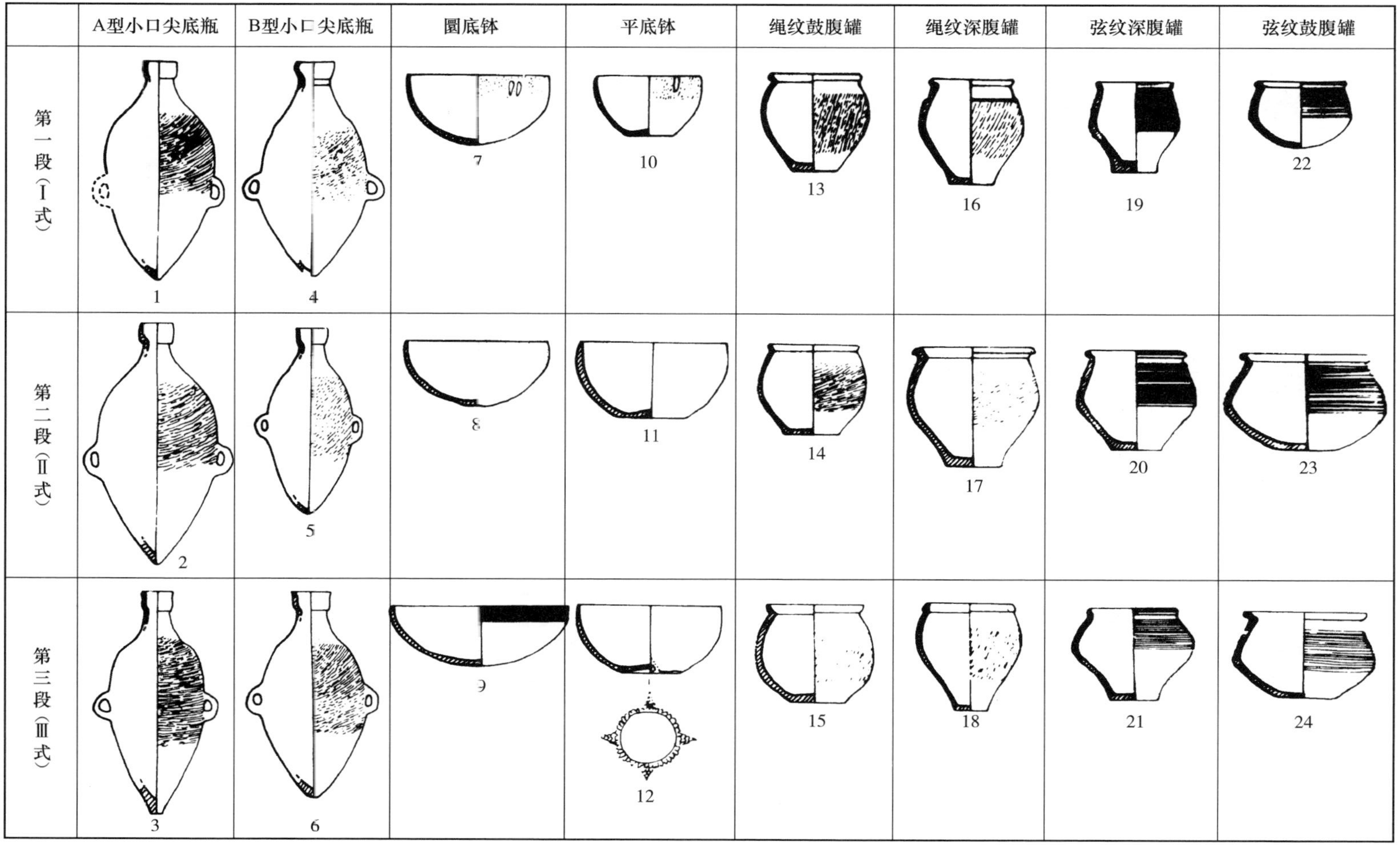

图一 姜寨一期典型器物分式分段图

1. M42:2 2. M163:5 3. M176:4 4. M21:1 5. M44:6 6. M183:5 7. M17:3 8. F46:2 9. W167:1 10. M117:2 11. F42:8 12. M162:1 13. M17:5 14. F46:7 15. M272:5 16. M263:5 17. M190:3 18. W192:2 19. M159:3 20. M18:9 21. W275:5 22. M117:7 23. M18:9 24. F30:16

均寿命；④界定墓地沿用时间。就姜寨一期墓地而言，最麻烦的是第 4 个问题，即该墓地沿用时间究竟有多长？

姜寨一期文化性质属仰韶文化半坡类型早期[①]，整个仰韶文化约历时 2000 年[②]，内分前后相继的 4 个类型[③]，按每一类型约 500 年计算，半坡类型早期或历时约 250 年，这一数值可以看作某一半坡类型早期遗址或墓地的沿用时间的最大值。就姜寨一期墓地而言，其沿用时间同样难于超过 250 年。换言之，姜寨一期墓地沿用时间的最大值为 250 年。

姜寨一期墓地沿用时间的最小值是多少呢？我们认为，姜寨一期所有房屋跨越的时间幅度应与所有墓葬跨越的时间幅度大体一致。报告将姜寨一期房屋分为三批，其中 F14、F29 为早批，F17 为中批，上述三座房屋均做过碳十四测年[④]，其中 F17 与 F14 时间差约 90 年，F17 与 F29 相差约 225 年，F14 与 F29 相差 135 年左右。我们不能排除碳十四测年结果会有误差的可能。但是，联系到姜寨一期房屋之间存在极为复杂的叠压打破关系，再参照碳十四测年结果，我们推测姜寨一期房屋的延续时间至少为 120 年左右，大概不会有太大误差。这一数据同样可以作为姜寨一期墓地沿用时间最小值的参考数据。

经研究姜寨一期文化与元君庙仰韶墓地[⑤]和横阵仰韶墓地文化性质相同[⑥]，三者之间不仅陶器组合方式完全相同，而且典型器物如小口尖底瓶、钵、罐等也具极其相似的演变序列（图一～图四），表明姜寨一期实际上可进一步细分为Ⅰ、Ⅱ、Ⅲ段，分别与元君庙仰韶一、二、三期和横阵仰韶一、二、三期[⑦]相对应。属于姜寨一期Ⅰ段的成年人墓有 M17、M21、M117、M180、M185 等；属于一期Ⅱ段的成年人墓有 M18、M163 等；属于一期Ⅲ段的成年人墓有 M15、M162、M183、M272 等。说明姜寨一期三段之中，每段均有成年人墓。至于每一段跨越的时间范围，至少不会短于该段成年人的平均寿命。由于我们未能对姜寨一期墓葬统统予以再分期，就有必要统计一下一期墓地所有成年死者的平均寿命。其公式为：

$$成人平均寿命 = \frac{成年死者年龄总和}{死者个体总和}$$

姜寨一期成人墓葬除个别因人骨朽甚外，绝大多数均做过年龄鉴定，有的采用分级制，有的采用单个数值，便于统计起见，我们将 0～12 岁定为儿童，13～20 岁定为青年，

---

① 严文明：《略论仰韶文化的起源和发展阶段》，《仰韶文化研究》，文物出版社，1989 年。
② 如果不把庙底沟二期文化也算入仰韶文化之中，那么仰韶各期的绝对年代绝大多数落在公元前 4900～前 3000 年，历时约 2000 年。参见严文明：《略论仰韶文化的起源和发展阶段》，《仰韶文化研究》，文物出版社，1989 年，第 150、151 页。
③ 严文明曾把关中地区仰韶文化划分为三个类型，即半坡早期类型、庙底沟类型和半坡晚期类型，其中半坡早期可细分为前后两段。参见严文明：《半坡仰韶文化的分期与类型问题》，《仰韶文化研究》，文物出版社，1989 年。亦有人主张把关中地区仰韶文化划分为半坡类型、史家类型、庙底沟类型和西王村类型，参见半坡博物馆等：《姜寨——新石器时代遗址发掘报告》，文物出版社，1988 年，第 346～348 页。
④ 中国社会科学院考古研究所：《中国考古学中碳十四年代数据集》，文物出版社，1983 年。
⑤ 北京大学历史系考古教研室：《元君庙仰韶墓地》，文物出版社，1983 年。
⑥ 严文明：《横阵墓地试析》，《仰韶文化研究》，文物出版社，1989 年。
⑦ 严文明：《横阵墓地试析》，《仰韶文化研究》，文物出版社，1989 年。

姜寨一期墓地再探

陕西临潼姜寨[①]遗址一期墓地，特别是一期原始村落居住区外的三区墓地，界限分明，布局有序，保存发掘得又比较完整，出土随葬品丰富，是仰韶文化早期代表性墓地之一，早已引起学术界的重视，不少学者已著文研究[②]。本文愿在此基础之上，对姜寨一期墓地做进一步地探讨，试图通过对墓葬材料分析，了解姜寨一期居民的人口结构、社会组织、婚姻家庭形态等各方面的情况，意在抛砖引玉。不妥之处，敬请识者不吝指教。

一

姜寨一期墓地包括居住区内与居住区外两大部分。从《姜寨——新石器时代遗址发掘报告》（以下简称《报告》）图六中可以看出，居住区内的墓葬与居住区内五组房屋相对应，大致分为五区，分别分布于各组房屋附近，共计154座瓮棺葬和20座土坑墓，其中绝大多数为儿童墓[③]。居住区外的墓葬，据分析原亦应有五区墓地，现仅发掘出其中的三区，即报告所分Ⅰ、Ⅱ、Ⅲ区。从报告图六、图五一、图五三、图五六中可以看出，东南墓区（Ⅲ区）保存发掘得最为完整，周边皆有大片空地。东区墓地（Ⅰ区）基本完整，虽然可能会有零星墓葬超出发掘东北部边缘，但数量不会太多。东北区墓地（Ⅱ区）土坑墓北、东、西三面均已到边，南面据钻探资料也已到边[④]，可见土坑墓除H438可能会破坏掉个别墓葬外，保存发掘得也相当完整，至于该区不见一座瓮棺葬，可能另有原因[⑤]。姜寨一期成年死者均埋入土坑墓中，土坑墓最能体现姜寨一期葬俗特征。我们不妨以成年人墓保存、发掘得基本完整的Ⅰ、Ⅱ、Ⅲ区墓地为重点分析对象，结合居住区内墓葬以及居住区外瓮棺葬材料，逐墓区分析其人口结构状况及其相关问题。

从墓葬材料入手，分析墓葬所属社会集团的人口结构，必须首先了解：①墓地是否完整；②若墓地完整，那么共埋入多少死者？每一死者个体的年龄性别如何？③统计死者平

[①] 半坡博物馆等：《姜寨——新石器时代遗址发掘报告》，文物出版社，1988年。
[②] 严文明：《姜寨早期的村落布局》，《仰韶文化研究》，文物出版社，1989年；尚民杰：《关于姜寨遗址的几个问题》，《考古与文物》1992年第5期；庞雅妮：《试论姜寨一期文化的劳动分工》，《考古与文物》1995年第2期。
[③] 据《报告》图六及附表四、附表五可知，居住区内共有154座瓮棺葬和20座土坑墓。瓮棺葬死者全为儿童；土坑墓中经人骨鉴定，5座为成年人，另有5座年龄不详，其余10座全为儿童，可见居住区内埋葬的死者绝大部分是儿童。
[④] 1992年秋，笔者走访姜寨遗址主要发掘者之一——巩启明先生，承蒙巩先生披露此条信息，特此致谢。
[⑤] 原因大致有二：一是或许与发掘有关，通观其余两墓区瓮棺葬绝大部分集中在村边壕沟外侧，而东北墓区距壕沟较远，与之相近的HGⅠ又未发掘到头，这条壕沟附近是否有瓮棺葬不得而知。二是与后期破坏有关，据报告东北墓区一些土坑墓因遭后期破坏或残缺不全或仅有十几厘米的深度，在这种情况下，瓮棺葬被完全破坏掉也不无可能。

总之，东北墓区土坑墓布局方式虽有别于另外两墓区，但该墓区也并非有多少墓群就有多少家族墓地。该墓区同样实行按性别原则安排墓群的埋葬方式。

通过对姜寨一期三区墓地的分析，我们可以看出，每一墓区均可划分为若干墓群，划分墓群的原则是依据死者的性别和年龄，因此墓群并非是家族墓地，至于由若干墓群组合而成的墓区究竟是家族墓地？氏族墓地还是胞族墓地？现有不同看法，我们认为在回答这一问题之前有以下两点值得注意。

就每一墓区而言，现有墓葬总数均不超过100座。加上埋入居住区内的墓葬，其总数也难于突破150座[①]，这不足150座墓葬中的死者是历经姜寨一期整个过程陆陆续续埋入的。不言而喻，某一社会集团埋入同一墓地的人数一般总是多于该社会集团在某一时期内同时生活在一起的人数。在墓地死者人数确定的情况之下，墓地沿用时间越长，同时生活在一起的人数越少。姜寨一期墓地沿用时间不会太短，因此每墓区所代表的社会集团的人口规模不会太大。

东南和东区墓地儿童墓群当中，往往又可划分为若干组，每组由3～5座儿童墓组成。由本文墓葬分段可知，同一组别的儿童墓往往处于不同的时间段。因此，将儿童死者在同一墓群中又划为若干组的原因，并非因其死亡时间相同（近），而很可能是因为死者生前即分属于不同的低于墓群级别的社会集团。换言之，姜寨一期墓地每区墓地当中存在着墓区（墓群）与墓组所代表的两级社会组织。

至于墓区与墓组究竟是哪两级社会组织，还有待今后各方面的深入研究。

（原载《考古》1996年第9期）

[①] 据《报告》东区墓地共有77座墓葬，其中土坑墓51座，瓮棺葬26座；东北区墓地现只有55座土坑墓；东南区墓地共有74座墓葬，其中土坑墓48座，瓮棺葬26座。居住区内共有墓葬174座，其中土坑墓20座，瓮棺葬154座。每组房屋拥有墓数为35～40座的平均数。居住区外三区墓地即使每一墓区再加上35～40座墓葬，其总数也难于突破150座。

成人墓由《报告》图六与图五三可知，也由若干墓群组成。其中一大群位于墓区东北部共 26 座土坑墓，其余各墓群比东北群小得多，只有 3～6 座。查《报告》附表四可得图八，从图八中可以看出 M148 等 5 座的一小群和 M264 等 5 座的一小群均为男性成年人墓，显然是按照同一性别的原则埋成同一小群的。它们只有与别的墓群结合在一起才可能构成家族墓地。

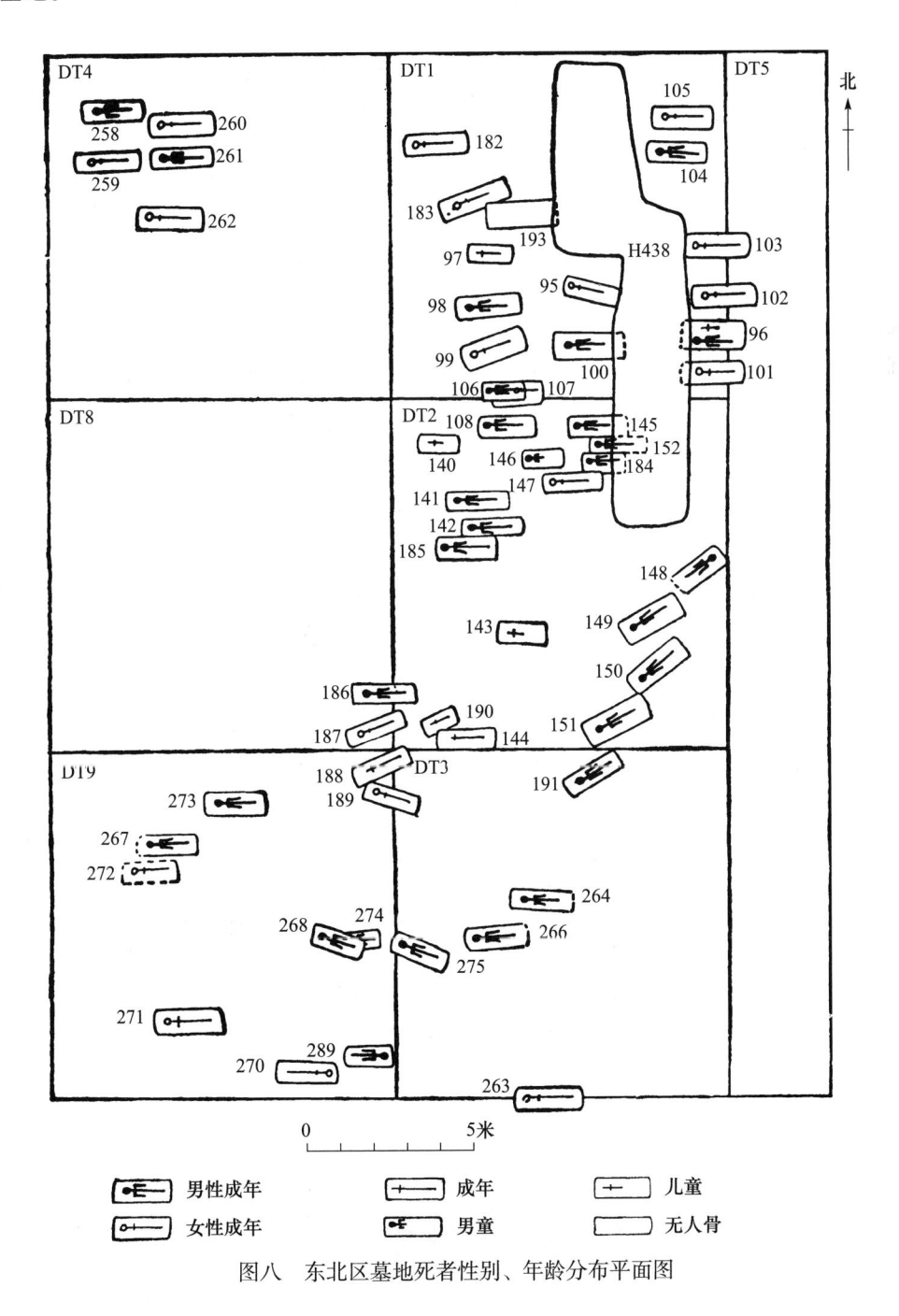

图八　东北区墓地死者性别、年龄分布平面图

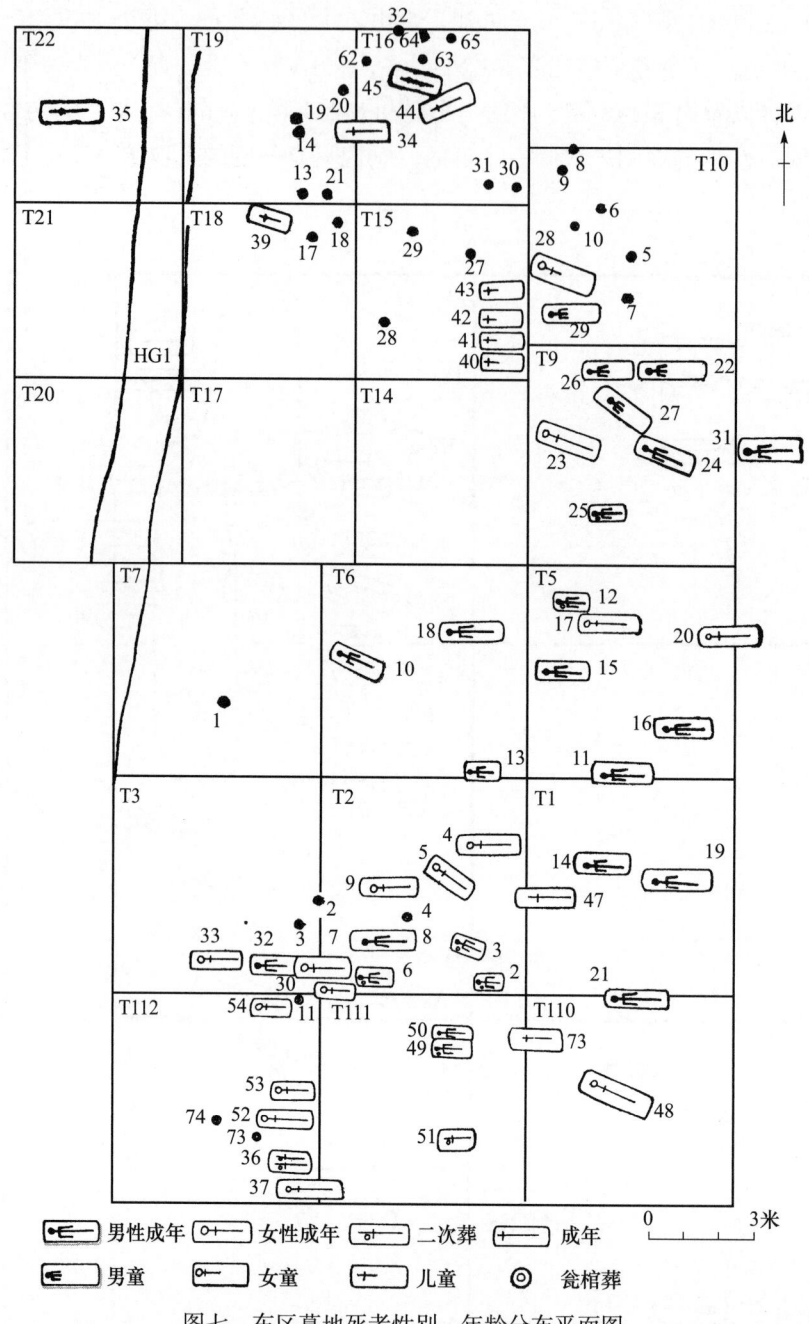

图七　东区墓地死者性别、年龄分布平面图

图例：男性成年　女性成年　二次葬　成年　男童　女童　儿童　瓮棺葬

（三）东北区墓地

我们在分析墓地范围时已指出，东北区墓地不见一座瓮棺葬的原因在于已遭破坏或尚未发掘出来。从另外两墓区均有集中的瓮棺葬群来考虑，东北区墓地或许原也拥有相对集中的瓮棺葬群，从而构成"儿童墓群"。

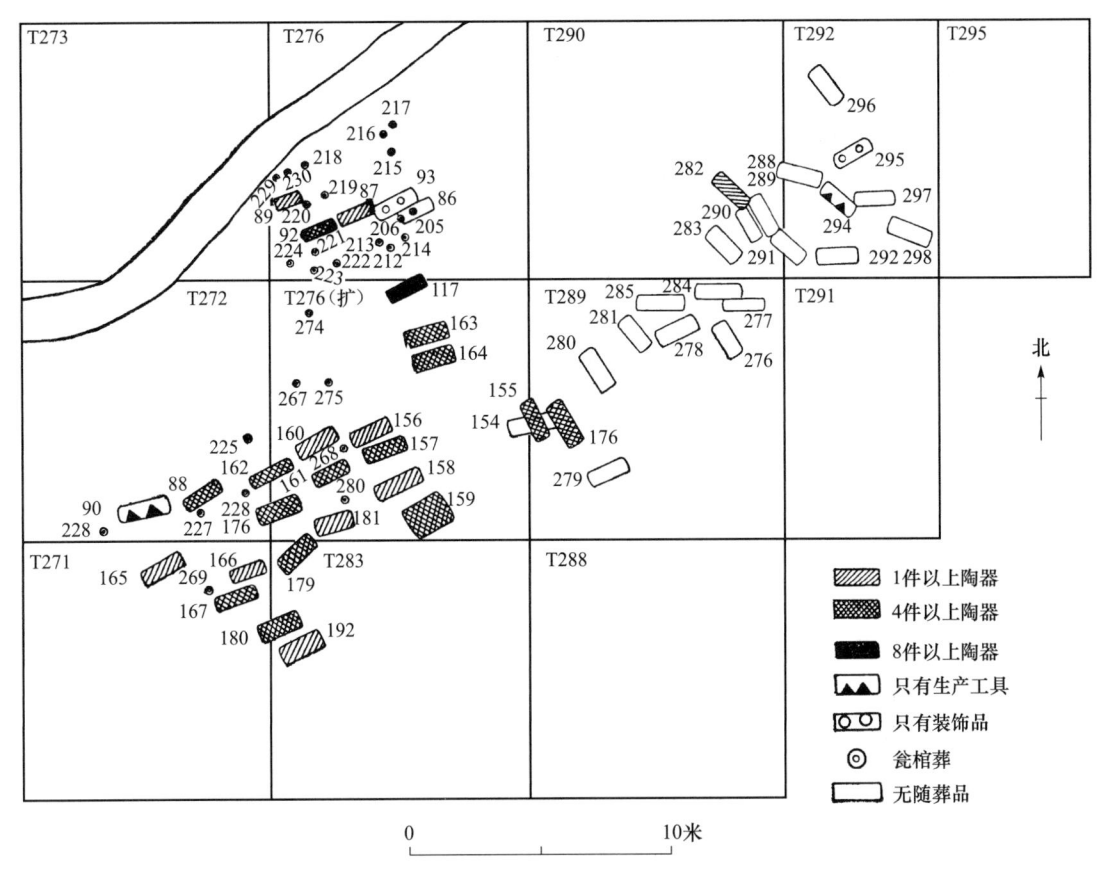

图六　东南墓区随葬品分布平面图

表二　东南墓区墓葬分群统计表

项目 墓群	土坑墓数	瓮棺葬数	成年男:成年女	成年人:儿童	陶器总数	平均每墓随葬陶器件数
A	5	17	0:3	3:18	11件	0.5
B	23	0	11:6	17:0	5件	0.22
C	17	6	3:8	13:9	59件	2.6
零星	3	5	0:1	2:5	29件	3.6
合计	48	28	44:18	35:32	104件	1.37

群相接处有些穿插。如北部A群本是"儿童墓群",在其南端却埋入4座成人墓。东部B群本是成人墓群,在其西南部却埋入数座儿童瓮棺葬。不过东区墓地布局总体格局——北部为儿童墓群、东部为成人墓群、西南部为共同墓群——还是相当清楚的。这一格局与东南墓区相似,可见东区墓地也是按照死者性别与年龄的不同来划分墓群的。因此,该墓区三群墓葬亦并非三处家族墓地。

埋在 C 群。这种按死者性别、年龄分别埋葬的习俗在民族学材料中屡见不鲜[①]。因此，东南墓区中的三个墓群并非三处家族墓地。

（二）东区墓地

从《报告》图五一可以看出，东区墓地也可分为若干墓群。其中北部自 M25 以北为 A 群，包括 23 座瓮棺葬和 17 座土坑墓；中部自 M12 至 M48 为 B 群，共 29 座土坑墓和 4 座瓮棺葬；西南角为 C 群，共 4 座土坑墓和 2 座瓮棺葬。W303、W304、W305 位于 W74 之西南或可归入 C 群。W1 与 M51 为零星墓葬。

查《报告》表四、表五可知，A 群已经年龄鉴定的死者当中，除南端的 M23、M24、M25、M31 之外，其余均为儿童墓，可称"儿童墓群"。B 群除西南部数座儿童墓外，其余均为成年人，且以男性为主，可称"成人墓群"。C 群既有成年人又有儿童，成人当中以女性为主，可称"共同墓群"（图七）。这种划分墓群的方式酷似于东南墓区，只不过在两墓

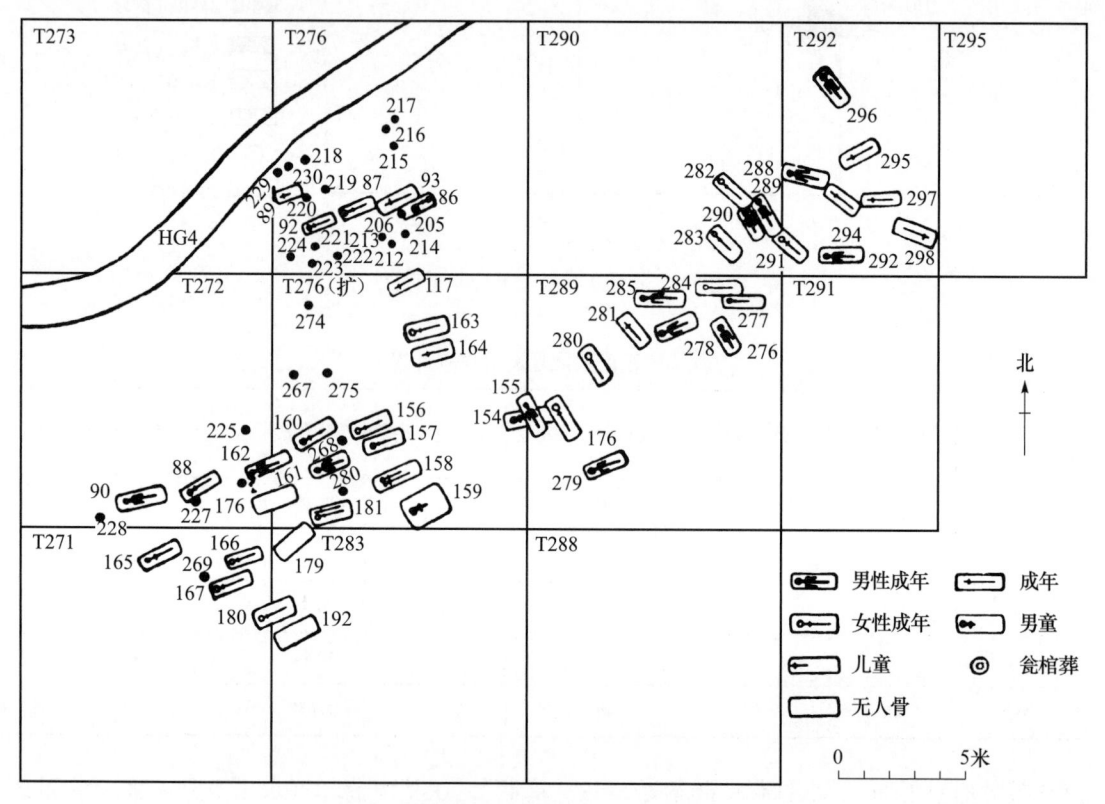

图五　东南墓区死者性别、年龄分布平面图

---

① 汪宁生：《仰韶文化葬俗和社会组织的研究》，《民族考古学论集》，文物出版社，1989 年；夏之乾：《中国少数民族的丧葬》，中国华侨出版公司，1991 年。

有陶器但《报告》未公布图片资料，也不便进一步细分段别。不过现有分段结果已经表明，居住区外现存三区墓地中，每区墓地均有分属于姜寨一期Ⅰ、Ⅱ、Ⅲ段的墓葬。可见三区墓地形成的时间过程是基本同步的。这说明死亡时间相同或相近的姜寨人，死后却分别埋入不同的墓区。造成这一状况的原因，只能是这些死者生前即属于相对独立的不同的社会集团。

三

通过分期我们确认，姜寨一期居住区外的三区墓地实为三个相对独立的同一级别的社会集团遗留下来的墓地。至于每区墓地所属社会集团的级别如何，我们不妨进一步分析每一墓区平面布局特征，以期为解决这一问题提供线索。

（一）东南墓区

据《报告》图六与图五六，该墓区由界限明显的三群墓葬和一部分零星墓葬所构成。如A群在墓区西部自W212至W217、W229等，共有5座土坑墓和17座瓮棺葬；B群在东北，自M154至M296等共23座土坑墓；C群在西南，自M159至M165等共17座土坑墓和7座瓮棺葬。三群之间有M117、M163、M164和W274、W267、W275等，另有W252、W302远离上述墓群，这8座墓葬归为零星墓葬。

在同一墓区中划分出若干墓群，似乎表明墓区代表一级社会组织，墓群代表比墓区低一级的社会组织。比方说，若把墓区推测为氏族墓地，那么墓群就有可能是家族墓地。但是，若检查每墓死者的性别、年龄与随葬品状况，就会发现上述推测难于令人信服。根据《报告》附表四结合图五六，我们可得东南墓区死者性别、年龄分布图（图五）与随葬品分布图（图六）及表二。从图五、图六和表二可以看出，A群以埋葬儿童为主，可称"儿童墓群"，共有5座土坑墓和17座埋葬儿童的瓮棺葬。土坑墓中M89为儿童，M87死者为13岁，剩下的2座全是女性成年墓。B群全为成年人土坑墓，可称"成人墓群"，成年男女之比为11∶6，女性明显少于男性。成人随葬陶器数量除年龄不明的5座之外，平均每墓0.29件。C群是既有成人墓又有儿童墓的"共同墓群"，成年男女之比为3∶8，男性明显少于女性。成年人随葬陶器数量平均每墓5.36件，是三群当中最高的，比B群高出18.5倍。统计表明，东南区墓地中的A、B、C三群墓葬不可能各自是一处家族墓地。不能想象某一家族墓地会像A群墓葬那样以埋葬儿童死者为主，只有个别成年女性，没有一个成年男性。也不可想象同属一个氏族的B群家族与C群家族，成人随葬品数量会有近20倍的差别。实际上，这三群墓葬更可能是同一社会集团，按性别、年龄来划分墓群的。这一社会集团的某些儿童死者主要埋在A群，成年男性死者主要埋在B群，成年女性及个别儿童死者主要

Ⅰ段：W46、W116、W222。

Ⅱ段：W50、W44、W115、W140、W156、W162、W197、W205、W215、W221、W269。

Ⅲ段：W63、W122、W138、W143、W144、W167、W170、W192、W252、W275。

姜寨一期瓮棺葬具中最常见的是陶瓮，《报告》也公布了不少陶瓮的插图。我们前文已分析出W222、W50、W275之年代分属于姜寨一期Ⅰ、Ⅱ、Ⅲ段。对比这三座瓮棺葬中陶瓮的形制即可看出其早晚演变规律为：通体由瘦长渐趋矮胖，腹部由较斜直腹变为鼓腹或曲腹，腹部最大径逐渐下移。根据这一规律我们把《报告》公布插图的姜寨一期瓮棺葬所出陶瓮划分为三组：①组与W222∶2相似，包括W151∶2、W188∶2、W268∶1、W291∶1、W163∶2；②组与W50∶2相似，包括W115∶2、W153∶2、W100∶2、W190∶2、W302∶2；③组与W275∶5相似，包括W111∶1、W158∶2、W176∶3、W192∶2、W227∶2。这三组实为陶瓮前后变化的三类不同形态，根据共存关系和器物演变的序列，可将其分别归为Ⅰ、Ⅱ、Ⅲ式，其年代也因之分别归入姜寨一期Ⅰ、Ⅱ、Ⅲ段。

至此，我们对姜寨一期40座土坑墓和38座瓮棺葬进行了再分段。分段结果与典型器物共存关系完全符合（表一）。

表一　姜寨一期陶器分段器物共存关系表

段别	器类 式别 墓号	A型小口尖底瓶	B型小口尖底瓶	圜底钵	平底钵	绳纹深腹罐	弦纹深腹罐	带耳绳纹深腹罐	弦纹鼓腹罐	绳纹鼓腹罐	彩陶盆	碗	盂	瓮	矮口尖底瓶
Ⅰ	M17	Ⅰ							Ⅰ						
	M21	Ⅰ					Ⅰ								
	H17			Ⅰ		Ⅰ	Ⅰ		Ⅰ						
	M159					Ⅰ			Ⅰ						
	M185				Ⅰ										Ⅰ
	W222		Ⅰ										Ⅰ		
Ⅱ	M18				Ⅱ		Ⅱ								
	M44	Ⅱ		Ⅱ											
	M164		Ⅱ				Ⅱ			Ⅱ					
	M190				Ⅱ										Ⅱ
	M192	Ⅱ			Ⅱ										
	W50								Ⅱ			Ⅱ			
	W115								Ⅱ			Ⅱ			
	F42			Ⅱ	Ⅱ										
	F46	Ⅱ		Ⅱ					Ⅱ						
Ⅲ	M282										Ⅲ	Ⅲ			

我们未能对所有姜寨一期墓葬进行再分段，因为有些土坑墓未出陶器，有些墓葬虽出

细颈壶（M52：1），口部呈喇叭状，与上述3件蒜头状判然有别。《报告》定为Ⅵ式细颈壶，查《报告》表四可知，只有M52和M166两座墓出土这种壶，这两座墓随葬陶器组合为钵、罐、壶，这种组合方式与姜寨一期钵、罐、尖底瓶的组合方式不同，而较常见于姜寨二期墓葬。可见M52、M166年代去姜寨二期不远。

综上所述，我们将姜寨一期土坑墓进一步划分为三段。

Ⅰ段：M17、M21、M39、M42、M62、M70、M87、M117、M159、M180、M185、M263。

Ⅱ段：M9、M18、M44、M151、M157、M163、M164、M165、M178、M190、M192。

Ⅲ段：M6、M10、M15、M36、M46、M52、M71、M88、M89、M144、M146、M162、M166、M176、M183、M272、M282。

（二）瓮棺葬分期

姜寨一期瓮棺葬用做葬具的陶器有钵、盆、罐、尖底瓶、细颈壶等，这些陶器也常见于土坑墓随葬品中，且各类陶器的演变序列也与之相同。因此，我们可首先从这些陶器入手，参考土坑墓分期结果以及元君庙、横阵仰韶墓地分期结果对姜寨一期部分瓮棺葬进行分段研究。

钵（W222：1），直口，深腹，口沿饰一红色宽带纹，与本文所分姜寨一期A型Ⅰ式钵相似。

钵（W197：1），直口，腹较浅，与本文所分A型Ⅱ式钵相近。

钵（W269：1），直口，腹较浅，平底，与本文B型Ⅱ式钵相相似。

钵（W144：1），浅腹，圜底，通体呈"V"字形，与本文A型Ⅲ式钵相似。

彩陶盆（W116：1），深腹，凹底，形制与本文A型Ⅰ式盆相似。

彩陶盆（W50：1、W115：1、W156：1、W221：1）形制基本相同，均为凹底，腹较深，沿面饰简单的几何花纹，与本文A型Ⅱ式盆相似。

素面盆（W224：1），直口，平沿，深腹，凹底，与本文B型Ⅰ式盆相近。

素面盆（W140：1），敞口，沿面外斜，腹较浅，平底，与本文B型Ⅱ式盆相近。

素面盆（W138：1），卷沿，圆唇，圆鼓腹，圜底，与姜寨一期其他陶盆明显不同，而与姜寨二期同类器（如W56：1、T275②：2等）比较接近，可见其年代也应去姜寨二期不远。

罐（W46：6），通体较瘦长，饰桥形纽，腹饰绳纹，与本文所分C型Ⅰ式罐相似。

罐（W44：3、W205：3）形制相似，其最大腹径位于腹中部的作风与姜寨一期Ⅱ段M44：4接近。

细颈壶（W252：2），蒜头口较大，颈部较为细长，折肩，与本文所分姜寨一期Ⅲ段的M146：2相似。

据此，我们将上述瓮棺葬分为三段。

姜寨一期墓地初探

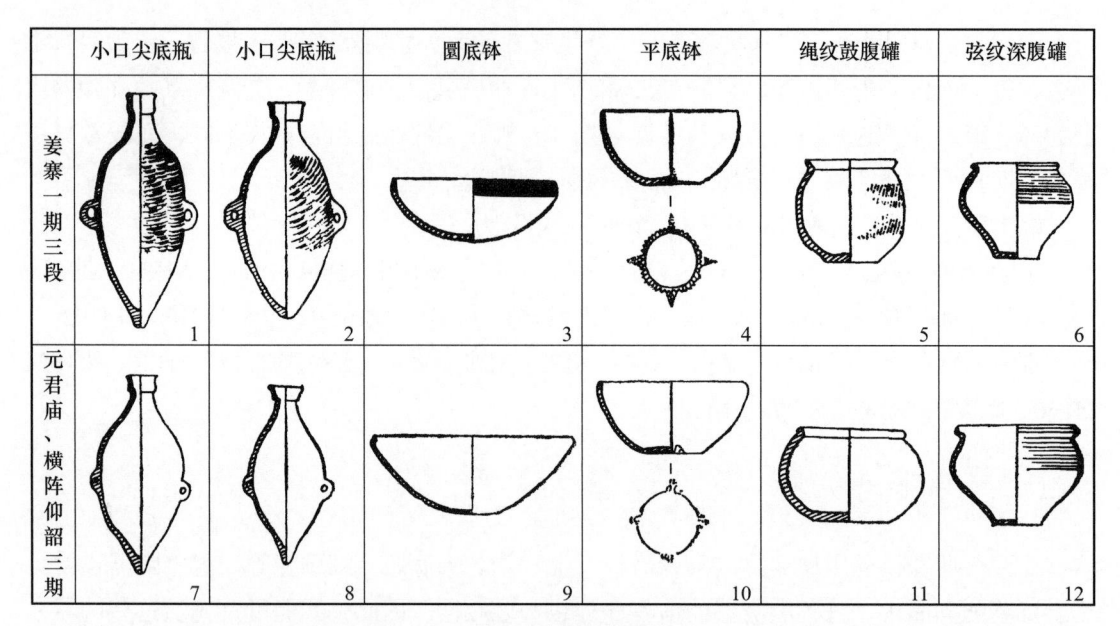

	小口尖底瓶	小口尖底瓶	圜底钵	平底钵	绳纹鼓腹罐	弦纹深腹罐
姜寨一期三段	1	2	3	4	5	6
元君庙、横阵仰韶三期	7	8	9	10	11	12

图四　陶器比较图

1～6.姜寨（M176：4、M183：5、W167：1、M162：1、M272：5、W275：5）　7～10.横阵（MⅡ4：2、MⅡ6：5、MⅡ7：4、MⅡ1：4）　11、12.元君庙（M442：10、M420：21）

据此，我们把本文所分姜寨一期Ⅰ、Ⅱ、Ⅲ式各类器物及其所在单位的年代，视为前后相继的一、二、三段，分别相当元君庙和横阵仰韶墓地的一、二、三期。不妨称之为姜寨一期Ⅰ、Ⅱ、Ⅲ段。

《报告》公布的另外一些陶器，也具有分期意义。

小口尖底瓶（M87：2），与姜寨一期Ⅰ段M21：1相似。M70：3形制与姜寨一期一段M185：7相同，只是未饰绳纹。

故M87、M70属姜寨一期Ⅰ段。

素面罐（M157：4），与元君庙二期M411：8相似，均为肩部较鼓，最大径靠近腹上部。

小口尖底瓶（M192：2）与姜寨一期Ⅱ段M44：6相似。

锥刺纹罐（M165：3）与元君庙二期M468：1相似，均为直口，腹上部饰三角形锥刺纹。

小口尖底瓶（M151：3）与姜寨一期Ⅱ段M44：6形制相似。

故M192、M151、M157、M165可归入姜寨一期Ⅱ段。

尖底瓶（M36：2），器形较小，大口，溜肩，双耳在腹中部偏上，这些特征已接近姜寨二期同类器。

盂（M71：2）与前述姜寨一期Ⅲ段墓M46所出M46：4形制相似，只是前者口沿外侧有七个小穿孔。

弦纹深腹罐（M89：3）与元君庙三期M420：15相似。

细颈壶（M6：1）与M88：24、M146：2形制相近，均为微敛口，口较大，小平底，颈部较长，鼓腹圆折有显著的棱脊，这些特征与姜寨二期细颈壶相似。

	小口尖底瓶	小口尖底瓶	圜底钵	平底钵	绳纹鼓腹罐	绳纹深腹罐
姜寨一期一段	1	2	3	4	5	6
元君庙、横阵仰韶一期	7	8	9	10	11	12

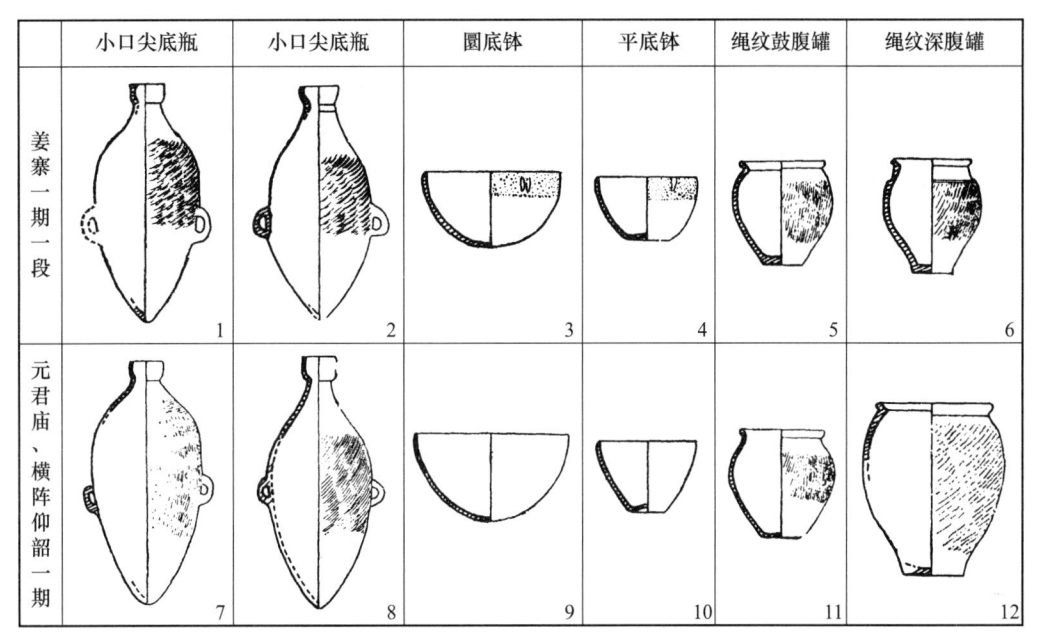

图二　陶器比较图

1～6. 姜寨（M42∶2、M21∶1、M17∶3、M117∶2、M17∶5、M263∶5）　7. 横阵（M51∶1）
8、9. 元君庙（M456∶9、M457∶9）　10. 横阵（M15∶7）　11、12. 元君庙（M453∶5、M456∶3）

	小口尖底瓶	小口尖底瓶	圜底钵	平底钵	绳纹鼓腹罐	弦纹深腹罐
姜寨一期二段	1	2	3	4	5	6
元君庙、横阵仰韶二期	7	8	9	10	11	12

图三　陶器比较图

1～6. 姜寨（M163∶5、M44∶6、F46∶2、F42∶8、F46∶7、M18∶9）　7、11、12. 横阵（MⅢ3∶1、MⅢ1∶2、MⅢ3∶3）　8～10. 元君庙（M410∶1、M439∶8、M439∶4）

姜寨一期墓地初探

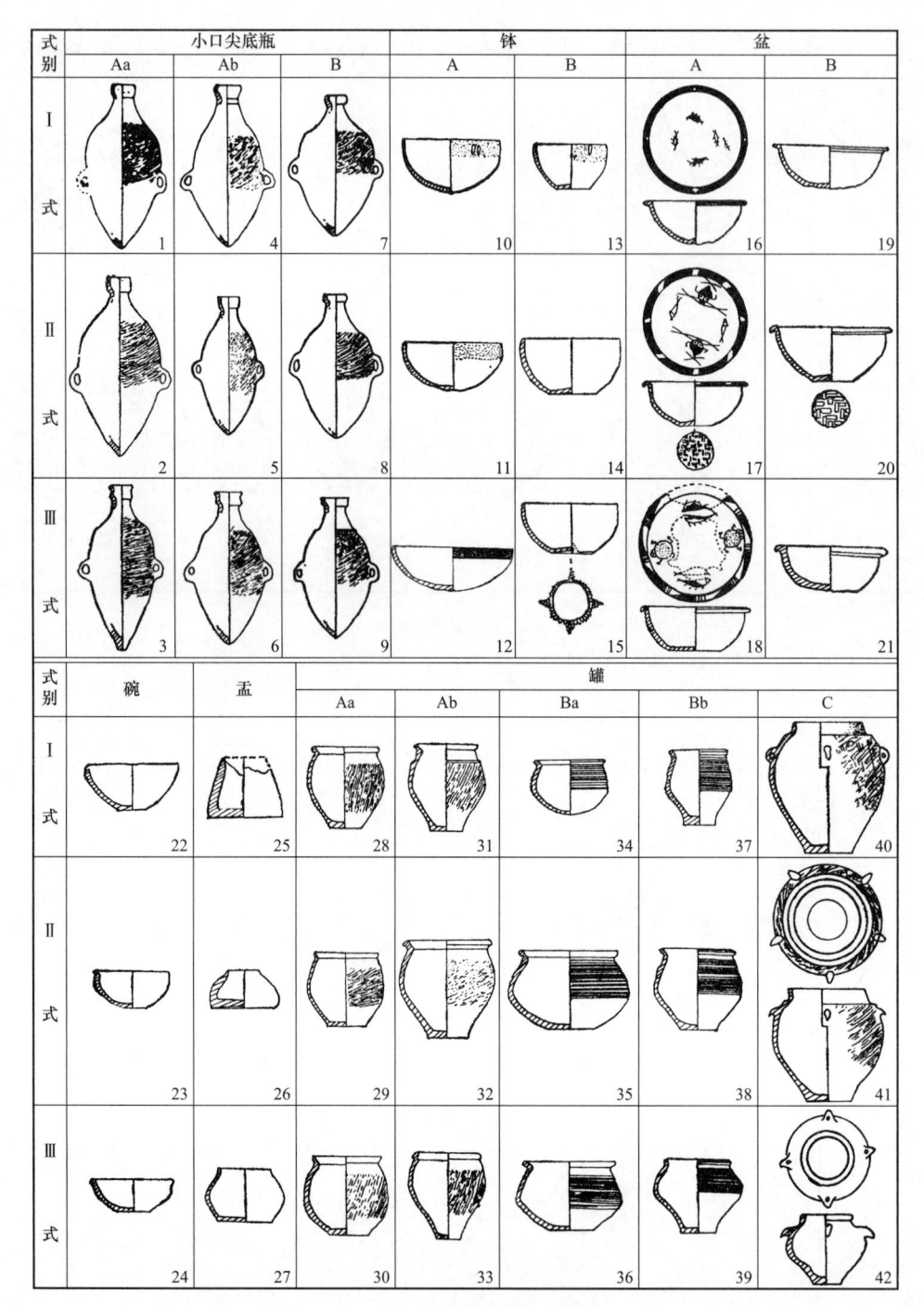

图一　姜寨一期陶器分段图

1. M42∶2　2. M163∶5　3. M176∶4　4. M21∶1　5. M44∶6　6. M183∶5　7. M185∶7　8. M190∶4　9. M144∶3　10. M17∶3　11. F46∶2　12. W167∶1　13. M117∶2　14. F42∶6　15. M162∶1　16. M159∶2　17. W162∶1　18. W63∶1　19. M180∶3　20. W215∶1　21. M46∶3　22. M39∶3　23. M178∶1　24. M282∶1　25. M62∶4　26. M164∶3　27. M10∶3　28. M17∶5　29. F46∶7　30. M272∶5　31. M263∶5　32. M190∶3　33. W192∶2　34. M117∶7　35. M18∶9　36. F30∶16　37. M159∶3　38. M18∶9　39. W275∶5　40. M117∶6　41. M164∶4　42. M15∶1

破关系，但排比出土陶器，可看出相当清楚的演变序列。兹重新排列姜寨一期主要陶器型式如下。

小口尖底瓶　小口，鼓腹，尖底，腹部饰线纹。依口部特征分为二型。

A型　杯形口，体较长。依肩部特征分二亚型。

Aa型　鼓肩，分三式（图一，1~3）。变化规律为：口部由敛口到直口再到曲腹杯形口，鼓肩逐渐明显，腹部线纹方向由斜到平，施纹范围逐渐扩大，双耳位置逐渐上移。

Ab型　溜肩，分三式（图一，4~6）。变化除颈部由粗短渐至较细长外，余与Aa型略同。

B型　矮口，体较矮。分三式（图一，7~9）。由鼓肩趋于溜肩，由微敛口到直口再到敞口。

钵　依底部不同，分为二型。

A型　圜底钵，分三式（图一，10~12）。变化规律为由直口到敞口，由深腹到浅腹。

B型　平底钵，分三式（图一，13~15）。变化规律为由深腹到浅腹，由平底到凹底。

盆　分为二型。

A型　彩陶盆，分三式（图一，16~18）。变化规律为口部由敞口卷沿到直口平沿，底部由圜底内凹到平底，沿面花纹由简单的几何形纹到复杂的几何纹图案，壁及底部花纹由鱼纹到人面鱼纹再到青蛙与双鱼组成的图案。

B型　素面盆，分三式（图一，19~21）。除无花纹外，其余变化规律略同于A型。

碗　分三式（图一，22~24）。由敛口到直口再到敞口，腹部由深到浅，底部由小到大。

盂　分三式（图一，25~27）。变化规律为最大腹径逐渐上移，口部渐大，底部渐小。

罐　是姜寨一期陶器中，种类形制最为复杂者。分为三型。

A型　绳纹罐，依腹部特征分为二亚型。

Aa型　鼓腹罐，分三式（图一，28~30）。变化规律主要为最大腹径逐渐下移。

Ab型　深腹罐，分三式（图一，31~33）。变化规律为底部渐小，腹曲渐甚。

B型　弦纹罐，依腹部形制特征分为二亚型。

Ba型　鼓腹，分三式（图一，34~36）。变化规律为底部由圜底到平底，微鼓腹到鼓腹再到鼓腹较甚。腹部所饰弦纹范围由宽到窄。

Bb型　深腹，分三式（图一，37~39）。变化规律主要为最大腹径逐渐上移，腹部所饰弦纹由宽到窄范围渐小。

C型　肩部附纽，分三式（图一，40~42）。变化规律为通体由瘦长到矮胖，器纽由桥形到鸟喙形再到穿孔鸟喙形。

通过上述6类14种常见器物分型定式，不难看出，姜寨一期墓葬随葬陶器主要器形均存在各自演变序列，型式划分结果与地层关系不悖，亦与共存关系相符。上述器物与元君庙仰韶墓地和横阵仰韶墓地出土陶器相比较，即可发现，本文所分姜寨一期Ⅰ、Ⅱ、Ⅲ式各类器物当中不少典型器物与横阵仰韶一、二、三期或元君庙仰韶一、二、三期之同类器物相同或相近（图二~图四）。

区所见），也因其比土坑墓更易遭受破坏而未能保存下来。据《报告》称该墓区受取土等后期破坏，不少土坑墓深度仅存 10 多厘米，甚至荡然无存，瓮棺葬破坏殆尽也就不足为怪了。所幸，东北区墓地成人土坑墓保存得基本完整，且全部发掘出来，基本保持其完整性。

综上所述，我们认为姜寨一期居住区外三区墓地是保存、发掘得相当完整的三处公共墓地。

二

前面我们仅从分布范围上对姜寨一期墓地做了初步分析，这远远不够。因为"任何墓地都不是一下子形成的，人是逐渐死的，墓葬是逐渐埋的。每个墓地形成的时间有长有短，但是总有一个过程……而仅仅是从平面分布来看问题不可能有正确地分析"[①]。

姜寨一期文化遗存堆积厚，遗迹之间往往具有多重叠压或打破关系，出土陶器形制复杂，均表明姜寨一期实际可进一步细分为若干段。经研究姜寨一期属半坡类型早期[②]，与元君庙仰韶墓地和横阵仰韶墓地性质相同。后两者均已被进一步划分为三期[③]，同理，姜寨一期同样可分为若干小期。

（一）土坑墓分期

姜寨一期土坑墓共有 14 组叠压或打破关系：

① M49 → M50，② M189 → M188，③ M268 → M274，④ M282 → M290，⑤ M106 → M107，⑥ M142 → M185，⑦ M193 → M183，⑧ M87 → M93，⑨ M282 → M289 → M291，⑩ M294 → M297，⑪M147、M152 → M184，⑫M155、M178 → M154，⑬ M144 → M190，⑭ M7 → M32。

上述 14 组墓葬中，①～③组未出陶器；④～⑪组每组中只有其中 1 座墓出陶器；⑫组中 M154 未出陶器；⑬、⑭两组当中每座墓均出有陶器。可直接用于比较的器物有钵、罐和小口尖底瓶。《报告》中只见第⑬组中小口尖底瓶的插图（即 M144：3 和 M190：4），这两件尖底瓶的确不同，前者为敞口短矮、溜肩、通体较瘦长，后者为直口短矮、微鼓肩、通体较矮胖。可见二者应处于不同的时间段。此外，第⑬组两墓所出陶罐、第⑭组两墓所出陶钵之式别，据《报告》附表四介绍，亦有所不同。如果仅据此线索去推断姜寨一期再分段，显然不大可能。

《报告》公布了姜寨一期众多陶器资料，这些陶器所在单位之间虽缺乏直接的叠压或打

---

① 严文明：《纪念仰韶村遗址发现六十五周年》，《仰韶文化研究》，文物出版社，1989 年。
② 半坡博物馆、陕西省考古研究所、临潼县博物馆：《姜寨——新石器时代遗址发掘报告》，文物出版社，1988 年，第 346 页。
③ 北京大学历史系考古教研室：《元君庙仰韶墓地》，文物出版社，1983 年；严文明：《横阵墓地试析》，《仰韶文化研究》，文物出版社，1989 年。

我们首先观察这三区墓地的保存、发掘是否完整。

（一）东南区墓地

位于遗址南部，此处"堆积层比较单纯，在农耕土及近代扰土层以下除有零星的仰韶晚期灰坑以外，均为单一的同期遗存，文化堆积约1米多厚"[①]，可见未遭晚期破坏。从《报告》图六中可以看出，该墓区四至以外均有大片空地，现存墓区边缘便应是原墓区周边。

（二）东区墓地

《报告》叙述东区墓地T1~T4地层堆积状况为"一般分二层，局部分四层。第一层为耕土层，第二至第四层为仰韶文化层"[②]。从《报告》图六及图五一中可以看出，东区墓地除东北角可能有个别墓葬超出发掘区范围以外，其余各方位都已到边，可见该墓区保存良好，发掘得相当完整。

（三）东北区墓地

《报告》在表述东北区墓地所在的遗址东部地层堆积时写道："尤其东北部原堆积较厚地势较高，在本世纪60年代初平地时，约挖掉了2米厚的文化堆积层，现存的文化堆积就很薄了"[③]。此外，该墓区"因被姜寨第四期文化遗迹及历代人为破坏，有些墓葬已被破坏"[④]。

由于姜寨一期文化层位最低，20世纪60年代初的平整土地，对东北区墓地的破坏还不至于太严重。只是姜寨四期灰坑（H438）的确破坏了一些墓葬。从《报告》图五三中可以看出，完全被H438破坏掉的土坑墓不会太多，有一些土坑墓只破坏掉一部分，还残留着墓坑主体。至于墓区四至，从图五三中可以看到东边、北边、西边均已到边。南边虽然M263已部分超出发掘区范围，但据钻探资料，该墓区以南已无墓葬[⑤]。

东北区墓地不见一座瓮棺葬，可能与发掘范围有关。东南和东区两处墓地的瓮棺葬群，均靠近村边的壕沟外侧。东北区墓地距村边较远，与东北墓区相近的壕沟（HG2）又没有发掘到头。这条壕沟外侧靠近东北墓区的地方有无瓮棺葬群，因没有发掘不得而知。此外，由于瓮棺葬具不少是竖放的，即使东北墓区土坑墓之间夹杂有个别瓮棺葬（如同其余两墓

[①] 半坡博物馆、陕西省考古研究所、临潼县博物馆：《姜寨——新石器时代遗址发掘报告》，文物出版社，1988年，第12页。

[②] 半坡博物馆、陕西省考古研究所、临潼县博物馆：《姜寨——新石器时代遗址发掘报告》，文物出版社，1988年，第8页。

[③] 半坡博物馆、陕西省考古研究所、临潼县博物馆：《姜寨——新石器时代遗址发掘报告》，文物出版社，1988年，第7页。

[④] 半坡博物馆、陕西省考古研究所、临潼县博物馆：《姜寨——新石器时代遗址发掘报告》，文物出版社，1988年，第56页。

[⑤] 1992年秋，笔者赴西安走访陕西省考古研究所所长、姜寨遗址主要发掘者之一巩启明先生，承蒙巩先生披露此条信息，特此致谢。

姜寨一期墓地初探

陕西临潼姜寨遗址自1972年至1979年，先后经十一次发掘，共揭露面积17084平方米，发现仰韶文化早期至客省庄二期文化等前后相继的五期文化遗存。最重要的发现首推一期文化的原始村落。发掘单位曾及时地公布一些重要发现，并对各期文化性质等进行了初步分析[①]。苏秉琦、严文明、李仰松等利用简报的资料，就姜寨遗址的陶器分期、村落布局及社会组织等问题，发表了许多精辟的见解[②]。《姜寨——新石器时代遗址发掘报告》(以下简称《报告》)出版之后[③]，对该遗址各方面的研究工作仍在继续[④]。本文愿在前人研究的基础上，就姜寨一期墓地的分布范围、墓葬分期及平面布局特征等问题，谈些粗浅的认识，不正之处，敬请不吝赐教。

一

姜寨一期墓地以一期原始村落东部壕沟为界，分居住区内与居住区外两大部分。居住区内的墓葬，以每组房屋为单位相对集中分布，可划分为与居住区内五组房屋相对应的五个墓区，共计154座瓮棺葬和20座土坑墓。

居住区外公共墓地现存三个墓区，共有52座瓮棺葬和174座土坑墓。其中东北区墓地距东区墓地约40米，东区墓地距东南区墓地约20米。据分析，还应有两个墓区未被发掘出来，加起来，居住区外公共墓地原应有五个墓区[⑤]。据《报告》介绍，居住区内墓葬绝大部分为儿童墓[⑥]，且不够完整。我们重点分析居住区外现存三个区的墓地，这里每区墓地均以埋葬成人为主，最能体现姜寨一期葬俗特征。

[①] 西安半坡博物馆、临潼县文化馆：《1972年春临潼姜寨遗址发掘简报》，《考古》1973年第3期；西安半坡博物馆、临潼县文化馆、姜寨遗址发掘队：《陕西临潼姜寨遗址第二、三次发掘的主要收获》，《考古》1975年第5期；西安半坡博物馆、临潼县文化馆：《临潼姜寨遗址第四至第十一次发掘纪要》，《考古与文物》1980年第3期。

[②] 苏秉琦：《姜寨遗址发掘的意义》，《考古与文物》1981年第2期；严文明：《姜寨早期的村落布局》，《仰韶文化研究》，文物出版社，1989年；李仰松：《西盟马散佤族村落对研究姜寨遗址村落的启示》，《纪念北京大学考古专业三十周年论文集》，文物出版社，1990年。

[③] 半坡博物馆、陕西省考古研究所、临潼县博物馆：《姜寨——新石器时代遗址发掘报告》，文物出版社，1988年。

[④] 严文明：《史前聚落考古的重要成果——〈姜寨〉评述》，《文物》1990年第12期；尚民杰：《关于姜寨遗址的几个问题》，《考古与文物》1992年第5期；庞雅妮：《试论姜寨一期文化的劳动分工》，《考古与文物》1995年第2期。

[⑤] 这两个墓区"一个可能在遗址的西北部被姜寨村所压。1970年在村内居民赵生财院内打井时曾有墓葬发现过"。另一个"可能在遗址北部偏东的地段。1973年农民取土时曾有墓葬发现，但已破坏殆尽"。参见《报告》，第69页。

[⑥] 姜寨一期共有儿童瓮棺葬206座，其中"分布在三区公共墓地中的有五十多座，约占总数的四分之一，其余四分之三分布于居住房屋附近"。参见《报告》，第64页。另外，据《报告》附表四，分布于居住区内的20座土坑墓中有10座为儿童墓。

续表

地区	编号	城址名称	面积（平方米）	年代	文献出处
岱海地区	6	阳谷景阳岗	38万	龙山文化中晚期	《考古》1996年第5期
	7	费县防故城		龙山文化，城垣外有壕沟	《考古》2005年第10期
	8	连云港藤花落	内圈4万 外圈14万	龙山文化早中期	《东南文化》2001年第1期
	9	滕州庄里西	近15万	龙山文化	《中国考古学年鉴（2003）》，文物出版社，2004年
	10	日照两城镇	20万~80多万	龙山文化为主	《中国考古学年鉴（2002）》，文物出版社，2003年；《东方考古》（第5集），科学出版社，2008年
	11	日照尧王城	100万以内	龙山文化	《中国聚落考古的理论与实践学术研讨会论文集》（一），科学出版社，2010年
	12	聊城教场铺	5万	龙山文化	《考古》2005年第1期
	13	固镇垓下	15万	大汶口文化晚期至龙山文化初期	《中国文物报》2010年2月5日
长江中游	1	澧县城头山	7万	大溪文化一期至石家河文化	《文物》1993年第12期；《文物》1999年第6期
	2	天门石家河	120万	屈家岭晚期至石家河早期	《南方民族考古》（第五辑），四川科学技术出版社，1993年
	3	荆门马家垸	24万	屈家岭文化	《文物》1997年第7期
	4	荆州市阴湘城	20万	屈家岭文化早期至石家河文化早期	《考古》1997年第5期；《考古》1998年第1期
	5	公安鸡鸣城	15万	屈家岭文化	《文物》1998年第6期
	6	石首走马岭	7.8万	屈家岭文化早期至晚期	《考古》1998年第4期
	7	澧县鸡叫城	15万	屈家岭文化中期	《文物》2002年第5期
	8	天门龙嘴	8.2万	油子岭文化早期二段至屈家岭文化	《江汉考古》2008年第4期
	9	天门笑城	9.8万	屈家岭晚期至石家河文化	《考古学报》2007年第4期

（原载《中国社会科学院古代文明研究中心通讯》第21期，2011年）

有许多这样的例证，今后应该进一步加强。

（六）加强文物保护理念

最后，要特别强调的是，在史前城址的调查、发掘和研究中，要自始至终贯彻文物保护理念，力争将调查、发掘、保护、展示的一体化思路，贯彻到城址研究的各个环节。不仅要争当史前城址发掘与研究的排头兵，也要努力做城址保护、规划、开发的参与者与守望者。

附表　中国史前城址一览表

地区	编号	城址名称	面积（平方米）	年代	文献出处
中原地区	1	郑州西山	3.1万	仰韶文化晚期	《文物》1999年第7期
	2	鄢陵郝家台	约3.3万	公元前2656±121年	《华夏考古》1992年第3期
	3	淮阳平粮台	3.4万	龙山文化早期至晚期	《文物》1983年第3期
	4	辉县孟庄	16万	孟庄一期至龙山文化末期	《辉县孟庄》，中州古籍出版社，2003年
	5	登封王城岗	小：1万余 大：30万余	小城约公元前2100年 大城约公元前2050年	《登封王城岗与阳城》，文物出版社，1992年；《登封王城岗考古发现与研究》，大象出版社，2007年
	6	新密古城寨	17.65万	龙山文化早期至晚期	《华夏考古》2002年第2期
	7	安阳后冈		公元前2500～前2300年	《中央历史语言研究所集刊》（13），1948年；《殷墟发掘》，生活·读书·新知三联书店，1955年
	8	新密新砦	70万～100万	龙山文化晚期至新砦期	《考古》2009年第2期
	9	平顶山蒲城店	20万	龙山文化至二里头文化	《文物》2008年第5期
	10	郑州大师姑	51万	二里头文化	《郑州大师姑》，科学出版社，2004年
	11	温县徐堡	20万	龙山文化晚期	《中国文物报》2007年2月2日
	12	襄汾陶寺	278万	龙山文化	《考古学报》2005年第3期
	13	博爱西金城	30.8万	龙山文化	《中国文物报》2008年1月23日
	14	濮阳戚城	16万	龙山文化	《中国文物报》2008年4月9日
	15	禹州瓦店	40万	龙山文化	《中国历史文物》2010年第5期
岱海地区	1	寿光边线王	5.7万	龙山文化中晚期	《中国文物报》1988年7月15日
	2	邹平丁公	15万	龙山早期至岳石文化	《中国文物报》1992年1月12日
	3	章丘城子崖	约24.8万	龙山早期至晚期	《中国文物报》1990年7月26日
	4	五莲丹土	早期城9.5万 中期城11万 晚期城18万	大汶口文化晚期至龙山文化中期	《中国文物报》2000年1月17日
	5	临淄桐林	早：15万 晚：30多万	龙山文化	《中国考古学年鉴（2006）》，文物出版社，2007年

那么，为了整体把握遗址内部各区是否为同一个聚落，就有必要先在每个单元，有意做散点试掘，以考察其文化性质是否一致，是否为同一个聚落还是不同时期的若干聚落。发掘工作的一个重点是解剖城墙和壕沟，这时，不仅要严格按照考古地层学的原理进行清理，更要坚持按照每层出土的陶片核定各夯层年代，而且，发掘完毕后，将那些分别判断为城墙堆积层和壕沟内淤积的土样，交给地质部门做鉴定，以鉴定每层土的干密度，通常在同一个地方，城墙的干密度要大于淤积土的密度，从而可以帮助我们确定哪些是夯土、哪些是沟内堆积。

（四）开展区域系统调查

为了究明大型特别是超大型城址在同期聚落群中的地位，就应该开展区域系统调查。中国幅员辽阔，各地史前聚落分布与保存的特点不同，应该制定符合当地实际的调查技术路线。我们在调查新砦城址所在的河南嵩山南部溱洧流域先秦聚落群时，采用了传统调查与区域系统调查相结合的方法对溱洧流域开展区域调查。调查时我们把新密市博物馆和新密市文物管理所所收藏的历年调查到的实物，一同收集，这样增大了调查文物的数量，也搞清楚了一些被完全破坏掉了的一些遗址的文化性质。按照这样的调查方法，我们历时约6个月，将原来调查得到的30余处先秦时期聚落遗址增加到约88处，新增遗址资料50余处。其中裴李岗文化遗址18处，仰韶文化遗址37处，龙山文化遗址46处，新砦期遗址14处，二里头文化遗址28处，商代二里冈文化遗址23处，商代殷墟—西周文化遗址11处（图一）。

调查结果表明，在各期文化遗址当中，新砦期遗址14处，百年内共存数为新砦期前、后各时期最大值，可见新砦城址的出现并非偶然。

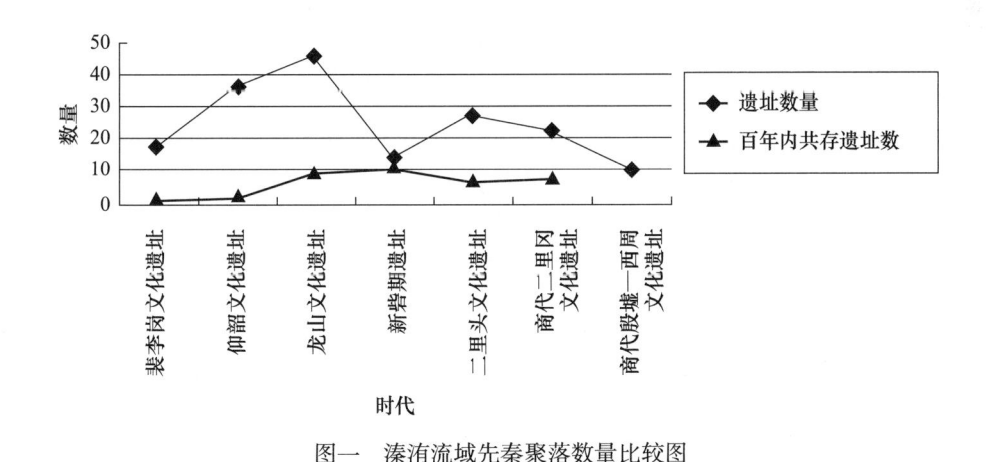

图一　溱洧流域先秦聚落数量比较图

（五）开展多学科合作

史前城址研究内容广泛，一定要主动地与自然科学工作者开展合作研究，目前，已经

三、未来趋向

截至目前，虽然已经发现了至少 70 座史前城址，但是，估计随着田野工作的开展，今后一定会继续增加，特别是在东北的燕辽地区和西北的甘青地区，有望实现史前城址零的突破。长江下游地区也不会只有良渚一座孤零零的大城，其他各区也肯定会有新的发现。

那么，该如何把史前城址的研究工作做得更好呢？

首先要说明，考古工作中的每一个环节都有其局限性，研究城址要根据实际情况，在一定时期内采用不同层次的手段。诸如地面踏查、钻探、发掘、综合研究等都有特定的功用和局限性，但也均有其不可或缺的重要作用。应该按照一定的程序、步骤把上述每一个环节都充分发挥好，才能达到揭示城址布局的目的。不能指望只用其中一道程序就企图完成所有的任务。在实际工作中，可以分为以下几个步骤。

（一）单个城址的拉网式地面调查

在调查之前，应该先测量一个 1：2000 的地貌图，把遗址所在分为若干区，每区再分为若干小区，每小区再以耕地地块为单位进行编号。

地面调查时采取拉网式调查，即 5、6 个人并成一排，碰到标本就放下一个塑料密封袋，当密封袋达到一定数量时，由工作人员用全站仪对采集的每一件标本都进行测量、编号，最后进行鉴定、整理。

我们采用上述地面拉网式调查方法，于 2010 年冬季对河南新密新砦遗址进行了复查。从复查结果来看，陶片密集分布的范围与遗址外壕圈占的范围基本相符，可见即使在农业高度开发的河南农业区内的史前遗址当中，陶片密集分布范围与遗址范围存有相当高的相关度。至于遗址外围零星分布的标本，或与后期人为移动有关。依照标本的密集程度观察，新砦城址外壕有可能向西南方向延伸。这为下一步钻探提供了重要线索。外壕的两个出入口附近陶片较多，预示此处可能为人们经常活动的地方，今后应加强对此处的钻探和发掘。

（二）考古钻探

单个遗址的钻探，以我们在新砦遗址的工作为例，我们为了寻找遗址外围有无防御设施，先从中央向外围方向钻探，不久就寻找到了壕沟；在中心区域钻探，发现了大型建筑的地块比较干净，遂决定发掘此处。虽然不是预想中的大型宫殿毕竟为我们确定城址的中心区提供了重要线索。可见，考古钻探是田野发掘的先行官。

（三）城址局部的重点试掘

大型城址面积动辄达数十万乃至上百万平方米，不可能在短时间内一次性发掘完毕，

3. 城址自身的年代及诸城址之间的相互关系

城址往往有一个修建、使用、修补、扩建直至废弃的过程，反映在城墙和壕沟上往往会有不同时期的堆积。目前，有一些城址的分期工作做得比较好，如湖南澧县城头山城址的发掘者把城头山的城墙划分为四期、新砦城址的城墙被分为三期，但是更多的城址的城墙只简单地分早期和晚期，甚至没有做进一步的分期，而是把整座城址视为一个时期。如果不对城址作进一步的分期或分期过于简单，就不便与附近的其他城址作比较研究。比如，中原地区的诸城址之间的关系有人认为基本营建于同一时期①，同时也有人认为郝家台古城的年代在公元前2600年前后，而平粮台为公元前2300年左右，王城岗和古城寨在公元前2100年前后，同时古城寨又晚于王城岗②。至于海岱地区诸城址的相对年代乃至同一座城的年代分期也存在不同的认识。这些都应该在今后的研究中多加注意。因此，今后搞城址发掘时必须分层收集陶片，并按层位公布城墙各层次的陶片，这样才能究明城墙的自身的分期以及便于比较与其他城址的相对关系。

4. 城址的分级与分类的标准

根据目前的发现，从城址面积划分，100万平方米以上的是超大型城址，30万～100万平方米者为大型城址，10万～30万平方米为中型城址，而10万平方米以下的为小型城址，因此那些面积在数万平方米的城址，就不太可能与都邑特别是传说时代著名的方国都邑有关了。

众多城址应该有不同的功能。根据目前的发掘资料，我们赞同北方的石城多属于军事性质的城堡，超大型城址属于都邑的意见，至于30万平方米以下的城址则可能是某区域内的中心城址。至于有没有专门的手工业城址或其他特殊功能的城址，目前尚难于做出明晰的界定。

5. 编号问题

目前关于城墙的编号比较混乱，有些报告不论是地层还是城墙，一律用阿拉伯数字表示，还有的把城墙以及墙体的层次编号为内第几层、外第几层，容易造成混乱。

建议把不同时期的城墙不妨编为QⅠ、QⅡ、QⅢ，即可以按照发掘时地层叠压的顺序，把最晚的城墙编为QⅠ，也可以按照整理后的城墙的早晚关系，把最早的城墙编号为QⅠ；同一时期城墙的不同的夯层，可在其后依次编号为①、②、③……；不同时期的壕沟可编号为GⅠ、GⅡ、GⅢ、G……，同一壕沟内的不同土层可在其后自上而下依次编号为①、②、③……。

---

① 魏兴涛：《中原龙山城址的年代与兴废原因探讨》，《华夏考古》2010年第1期。
② 方燕明：《关于新密古城寨城址的年代与性质》，《华夏文明的形成与发展——河南省文物考古研究所建所五十周年庆祝会暨华夏文明的形成与发展学术研讨会论文集》，大象出版社，2003年。

这种遗迹必须与城墙的走向重合，因此，仅靠解剖沟某一小段的剖面，不宜均视为墙基槽，有些仅是处理地面时填实的坑、沟之类的遗迹而已。从中原地区的史前城址看，不仅仰韶文化的西山城址没有基槽，就是龙山文化的城址也多不见基槽，只有王城岗等极少数城址带有基槽，真正出现墙基槽是在二里头文化以后。

（4）护坡

城墙护坡是指在修建城墙时，在城墙内外有意与墙体一起修筑的斜状夯土层，既不同于废弃堆积层，也不同于因扩建形成的续建城墙。当然，晚于城墙的后期堆积和后期城墙，也不能被当作护坡。

（5）回填土

壕沟内的回填土是指在清理壕沟内的淤土时将原来城墙墙体上倒塌下来的堆积，回填到壕沟内的堆积，与壕沟内的冲积土不一样，通常显得比较纯净。

2. 城墙与壕沟的关系

除上述几个概念以外，特别要注意史前城址中城墙与壕沟的关系，至少在中原、海岱和长江流域的城址中的城墙和壕沟，一个共同的特点是城址周围有一圈城墙，紧贴城墙外侧挖一周壕沟，甚至墙边与墙脚下的壕沟边可以连成上下一条线，这是边挖沟壕边筑城墙形成的，是史前城址原始的特点。这样的墙、壕组合，很容易造成洪水暴发时壕沟内的洪水对城墙的浸泡，也很容易使城墙倒塌后的墙土坠入壕沟之内，造成壕沟淤积、堵塞。中原地区发现的郑州西山城址、新密古城寨城址和新砦城址、淮阳平粮台城址莫不如此。

中原地区史前城址在经历了相当长时间的发展之后，壕沟才开始有意开设在距城墙有一定距离的地方。目前所见，最早在王城岗大城城墙局部以外数米之外开挖壕沟，偃师商城和郑州商城在8～10米以外设壕沟，洹北商城的壕沟可能因时代晚于郑州商城和偃师商城而与城墙保持更远的距离。这或许是洹北商城目前只发现城墙没有见到壕沟的原因。

关于海岱地区龙山文化城址城墙与壕沟的关系，栾丰实指出"丁公、丹土、桐林等遗址的城墙在使用期间均经过不同程度的修葺和增补，而增补的那一部分城墙均直接叠压在壕沟之内和壕沟之上。在这种情况之下，如果将地面以上城墙完全去掉，留下来的只是位于地面下壕沟以内的部分，则可以看到增补的那一部分城墙，并且这一部分城墙的基部就在低于地平面的壕沟之内"[①]。可见，海岱地区史前城址城墙与壕沟的关系与中原地区相似。

长江流域史前城址多采用堆筑法，城墙与壕沟的关系与中原和岱海地区有相通之处，也是普遍在城墙脚下开挖壕沟，形成沟边与墙边一条线或沟边距墙外边不远的现象。这样堆筑而成的城墙，更容易垮塌在壕沟内，因此，常见后期城墙建在早期壕沟之上的现象，如湖南澧县城头山城址等。

---

① 栾丰实：《关于海岱地区史前城址的几个问题》，《东方考古》（第3集），科学出版社，2006年，第72页。

址继承了这一特点，发展成为近圆形，再到龙山时代发展成为方形城址。筑城技术以夯筑技术为主，后吸收了长江流域的堆筑技术，呈现出综合特点。

（3）北方石城起源于内蒙古准格尔旗白草塔城址的一面石墙与三面自然断崖构成的防御系统，年代为海生不浪类型，后发展成为用石墙将整个城址基本上封闭起来。筑城方法则为石砌。

（4）长江、黄河流域史前城址的平面形状均朝方形迈进的轨迹，对中国古代城址的发展方向产生了深远影响。

（二）依然存在的几个问题

1. 亟待澄清的几个概念

（1）城址

利用夯筑、石砌或堆筑的方法构建起来的封闭性聚落就是城址。有人认为山东鲁西地区的所谓"沙基堌堆遗址"，是依古河道中沙洲构建而成的，是针对鲁西易发洪水水患低湿环境的一种适应方式，不能叫作城。按照这种说法，山东聊城教场铺就不是城[①]。我认为，即使是此类沙基堌堆遗址，只要经过人工加工，夯筑或堆筑有土墙，而且能把聚落封闭起来的聚落就可以叫作城址。教场铺经过发掘和钻探，其城圈可以封闭起来，就可以称作"城"。当然，被某些学者认定为城的鲁西地区的数座遗址，仅凭钻探和调查，是不能确认为城的，至多是提供了城址的线索而已。

还有学者以商代以后成熟的城址标准去套史前城址，强调墙有无收分？有无护坡？有无基槽？城内有无手工业作坊区等，这就忽视了城址有自身的发生、成熟的过程，实际上，不能把原始城址与成熟之后的城址混为一谈。

（2）面积

在考察遗址或城址大小时，常常涉及遗址（含城址）的面积问题。所谓面积有好几种，应分清陶片分布面积、遗址面积、聚落面积、城址面积等。其中，陶片分布面积是最容易确定的，通常大于遗址的面积；遗址面积要由文化层、文化遗迹及构成聚落边界的地界如河边、断崖边来圈定；聚落面积通常是指某遗址内部某一时期遗址的面积，一般要小于遗址的面积；城址面积又可以进一步区分为：①城墙以内的城内面积，②包括城墙在内的面积，③包括墙外壕沟在内的面积，④包括城外墓地或手工业作坊等部分的面积共四种。由于城墙和壕沟是城的最重要的组成部分，当然应该计算入城址面积之内。即使是城外的墓地或手工业作坊区，如果与城墙内的主要遗迹年代相同，是城址不可分割的一部分，也应算入城址面积。

（3）墙基槽

墙基槽是指在建墙之前为了使城墙加固有意识在当时的地面上向下发掘的沟状遗迹，

---

① 孙波：《鲁西地区的沙基堌堆遗址》，《考古》2003 年第 6 期。

由后冈、孟庄、西金城和徐堡组成①。海岱地区分南北两条横线，即北线自西向东由聊城教场铺、章丘城子崖、邹平丁公、临淄桐林和寿光边线王组成；南线由滕州庄西里、费县防城、日照尧王城、五莲丹土和日照两城镇组成②。长江中游的史前城址构成一个弧状分布带③，似可进一步划分为南北两条横线和一条自西南向东北的弧线，其中，南线自东向西由张西湾、门板湾、笑城、笼嘴和城河所组成；北线自东向西由叶家庙、王古溜、陶家湖、石家河、马家垸和阴湘城组成；一条弧线由城头山、鸡叫城、青河和鸡鸣城所组成。成都平原的城址可归为大致呈弧线的东西两条线，东线自东北向西南依次有三星堆、古城、鱼凫城和宝墩组成；西线自北向南依次有芒城、双河、紫竹、盐店和高山所组成④。位于蒙古中南部的石城亦呈带状分布⑤，后被一些学者视为原始长城⑥，更是为学界所熟知。上述各区域除了提及的城址以外，也有个别城址甚至是超大型的城址游离于所在的城址分布线之外，不过不影响总体呈线状分布的大局。

中国史前城址这种线状分布的现象，从宏观角度和广阔的背景更好地说明，史前城址的性质多具防御色彩。

3. 超大型城址的分布及其性质

中原地区的陶寺城址、海岱地区的两城镇城址、长江中游的石家河城址、长江下游的良渚城址、长江上游的宝墩城址等都超过了100万平方米。这样在史前中国重花瓣式的七大文化区域中有五个文化区都发现了超大型城址。这些超大型城址周围都有密集的聚落群，如石家河遗址群、良渚遗址群、陶寺遗址群、宝墩城址群、两城镇遗址群等，因此，这些超大型史前城址应该是都邑性城址，是某一地区的政治、经济和文化中心。各地区在龙山时代不约而同地出现这一现象，应与当时万邦林立、文明凸显的时代背景有关。

4. 关于中国史前城址起源与演变的模式

（1）长江流域史前城址起源于八十垱的挖沟堆土，后发展为湖南澧县城头山那样的圆形城址再发展为近方形。筑城技术因气候湿热多雨，湖泊河流众多，多采用堆筑技术。

（2）黄河流域史前城址起源于仰韶文化的环壕聚落，到了仰韶时代晚期的郑州西山城

---

① 魏兴涛：《中原龙山城址的年代与兴废原因探讨》，《华夏考古》2010年第1期，第50页，图一。
② 孙波：《山东龙山文化城址略论》，《中国聚落考古的理论与实践——纪念新砦遗址发掘30周年学术研讨会论文集》，科学出版社，2010年，第365页，图一。
③ 刘辉：《长江中游新石器时代城址聚落的新发现与新思考》，《中国聚落考古的理论与实践——纪念新砦遗址发掘30周年学术研讨会论文集》，科学出版社，2010年，第254页，图七。
④ 李水城：《成都平原社会复杂化进程区域调查》，《中国聚落考古的理论与实践——纪念新砦遗址发掘30周年学术研讨会论文集》，科学出版社，2010年，第96页，图一。
⑤ 田广金：《内蒙古长城地带石城聚落址及相关诸问题》，《纪念城子崖遗址发掘60周年国际学术讨论会文集》，齐鲁书社，1993年。
⑥ 韩建业：《试论作为长城"原型"的北方早期石城带》，《华夏考古》2008年第1期。

为了探明石家河遗址群有没有城，赵辉、张弛采用徒步调查的方法终于发现了石家河古城，成为采用区域调查方法发现史前城址的首例[①]。

1995年，成都市文物考古工作队对新津县宝墩村传说为孟获城的古城进行解剖，结果确认为龙山时代的城址[②]，从此拉开成都平原发现史前城址的序幕。

因石家河和宝墩城址的发现，把我国发现史前城址的地区扩展到长江中游和长江上游，从学术意义上讲，这种以主动寻找史前城址为目的工作方法加快了寻找史前城址的速度，截至1999年年底，史前城址总数已达45座。

自1995年年底开始，源自外国的"区域系统调查"法，在山东日照地区实施，后在河南安阳洹河流域、河南伊洛河流域等区域应用。这种围绕中心城址进行系统调查的方法在史前城址考古中显示出广阔的前景。

（四）持续发展阶段（2000～2010年）

进入20世纪以后，城址考古中的课题意识更加突出，区域系统调查方法被广泛使用。2002年中华文明探源工程启动之后，被列入工程首批项目的中原地区几座著名的特大型和大型城址如著名的山西襄汾陶寺遗址、河南登封王城岗遗址、新密新砦遗址、偃师二里头遗址等都有突破性进展。据不完全统计，截至目前全国发现史前城址的总数达70座以上（附表）。

二、研究现状

首先，近年来的这些新发现和新探索，充实或修正了我们对中国史前城址的某些认识。

（一）关于史前城址的几点新认识

1. 分布地域

截至目前，史前城址分布在六大区域，其中，中原地区15处、海岱地区13处、成都平原地区9处、长江中游地区17处、长江下游1处、内蒙古中南部15处。

2. 龙山时代城址的线状分布

龙山时代的城址大致呈条带状或线状分布是值得重视的普遍现象。如中原地区的城址大体分两条横线和一条纵线，即黄河以南有南北两条横线，北线自西向东由王城岗、新砦和古城寨组成；南线由蒲城店、郝家台和平粮台所组成。黄河以北为一条纵线，自北向南

---

① 石家河考古队：《石家河遗址群调查报告》，《南方民族考古》（第五辑），四川科学技术出版社，1993年。
② 成都市文物考古队等：《四川新津县宝墩遗址调查与试掘》，《考古》1997年第1期。

中国史前城址研究的过去、现在与未来

中国史前城址考古研究肇始于中国考古学诞生初期，自 1977 年以来得到迅速发展。跨入 21 世纪以后，迈入了持续发展阶段，成为探索中国文明起源的重要内容，引起了学术界和社会各界的高度关注。不过，就研究现状而言，依然存在某些亟待改进之处，那么，如何进一步开展史前城址研究？本文略抒管见，以期抛砖引玉。

一、学术回顾

（一）肇始阶段（20 世纪 30 年代初）

中国史前城址考古肇始于 20 世纪 30 年代初，那时是中国考古学的草创时期，仅在黄河中下游发现了两座史前城址，即河南安阳后冈[1]和山东章丘龙山镇城子崖城址[2]。

因当时中国考古学研究的工作重点在于发现史前遗址，而且这两座城址发掘的地层关系也不够清楚，因而没有引起学术界足够的重视。

（二）确认阶段（1977~1989 年）

1977 年，著名夏商考古专家安金槐，为寻找夏代禹都阳城，到他的家乡河南登封一带开展考古工作，最终在登封告成镇一座名为王城岗的地方，发现了东西并列的两座龙山文化城堡，他认为这就是禹都阳城[3]。可是，该城址面积只有 1 万多平方米，遭到不少人的质疑。不过经夏鼐等的认定，虽然未能就王城岗的性质达成一致意见，但是，大家共同认定这两座小城堡遗址的年代确为龙山时代[4]。此后不久，先后在内蒙古包头市阿善[5]、河南淮阳平粮台[6]和山东寿光县边线王等遗址都发现了龙山时代的城址，截至 1989 年，全国共确认龙山时代城址达 16 座，从此龙山时代有城再也不成问题了。

（三）发展阶段（1990~1999 年）

截至 1990 年，长江中游的石家河遗址群已经发掘出多处屈家岭至石家河文化的遗址，

---

[1] 胡厚宣：《殷墟发掘》，生活·读书·新知三联书店，1955 年。
[2] 中研院历史语言研究所：《城子崖》，1934 年。
[3] 安金槐：《试论登封王城岗龙山文化城址与夏代阳城》，《中国考古学会第四次年会论文集》，文物出版社，1985 年。
[4] 余波等：《国家文物局在登封召开告城遗址发掘现场会议》，《河南文博通讯》1978 年第 1 期。
[5] 内蒙古社会科学院蒙古史研究所等：《内蒙古包头市阿善遗址发掘简报》，《考古》1984 年第 2 期。
[6] 河南省文物研究所等：《河南淮阳平粮台龙山文化城址试掘简报》，《文物》1983 年第 3 期。

文化的时代特征。

新砦遗址是新砦期的代表性遗址，年代介于王湾三期文化与二里头文化之间。该遗址面积约 70 万平方米，是目前所见新砦期遗址当中面积最大者[①]。继 2002 年发现了大型建筑之后，2003 年又在遗址的西、北、东三面发现有环壕[②]。这些发现对于探索早期夏文化大型聚落的布局与结构无疑具有重要意义。

（三）比较分析

长江中游衰弱，而在长江中游地区却见不到类似二里头一、二期的遗址，那里受到中原龙山文化的挤压，中断了最终迈入文明时代的进程。

黄河中游在二里头文化范围内，二里头遗址一枝独秀。其势力范围应已经遍及二里头文化。属于都城型城址。标志着迈入真正的文明社会。

综上所述，长江中游和黄河中游的史前城址分别构成中国两大城址建筑模式。长江中游是圆形堆筑城墙的代表，在史前城址的起源、同一考古学文化内部城址群体的出现和都城型城址的诞生三大阶段均领先于黄河中游地区。黄河中游只是到了龙山时代才迎头赶上，并逐渐成为方形夯筑城墙的代表，城址平面呈方形的建筑风格直接为夏商周都城建筑奠定基础，在中国都城建筑史上产生了深远影响[③]。最终产生了以二里头遗址为代表的都城型城址，标志着中国迈入真正的文明社会。

（原载《江汉考古》2004 年第 3 期）

[①] 中国社会科学院考古研究所河南二队：《河南密县新砦遗址的试掘》，《考古》1981 年第 5 期；赵芝荃：《略论新砦期二里头文化》，《中国考古学会第四次年会论文集》，文物出版社，1985 年。

[②] 中国社会科学院考古研究所新砦课题组发掘资料。

[③] 许宏：《先秦城市考古学研究》，北京燕山出版社，2000 年。

类型的次中心城址，看来，在中原龙山文化内部，后冈二期文化当中，同时有后冈和孟庄两座城址，在王湾三期文化煤山类型当中同时有王城岗和古城寨两座城址，除陶寺城址以外，看不出这些城址有等级性差异。

黄河中游龙山时代城址另一个共同的特征是基本上完成了城址平面由圆形开始向方形转变，城址的功能由防御开始向政治中心、宗教中心或手工业中心的方向转化。

四、青铜时代早期——长江中游城址的衰落与黄河中游都城的兴起

（一）长江中游

继石家河文化晚期之后，长江中游的史前文化似乎中断，几乎不见类似中原地区二里头文化一、二期的文化遗址，更谈不上该时期的城址了[①]。

（二）黄河中游

目前，黄河中游青铜时代早期的考古学文化为二里头文化，一般分为伊洛河下游为核心的二里头类型和山西夏县东下冯遗址为代表的东下冯类型。符合都城标准的只有二里头遗址一处。二里头遗址不仅位于二里头类型的中心区，而且面积广大，达4平方千米。以往在二里头遗址发现有二里头文化三期的一、二号大型宫殿，近年来在探索遗址的结构与布局方面，又取得了重大进展。特别是二里头二期第3号基址的发掘，说明早在二里头文化第二期已存在大型夯土建筑基址群[②]，二里头遗址其他具有王者风范的遗迹和遗物[③]，毋庸置疑地说明这是一座夏代晚期的都城[④]。围绕二里头遗址分布的其他遗址，规模均不及二里头遗址。原来盛传的稍柴遗址，只有40万平方米[⑤]，至多为一区域性次中心聚落，不可与二里头遗址同日而语。在整个二里头文化范围内，一扫龙山时代城址林立的局面，很少见到二里头文化的城墙建筑，目前仅在郑州西北郊的大师姑遗址发现二里头文化城墙的线索[⑥]，其他众多遗址包括二里头遗址自身，不见城墙的踪影，显示出都城独尊于整个二里头

[①] 王红星：《长江中游地区新石器时代遗址分布规律、文化中心的转移与环境变迁的关系》，《江汉考古》1998年第1期。
[②] 中国社会科学院考古研究所二里头工作队：《二里头遗址宫殿区考古取得重要成果》，《中国社会科学院古代文明研究中心通讯》第5期，2003年。
[③] 中国社会科学院考古研究所：《偃师二里头》，中国大百科全书出版社，1999年。
[④] 中国社会科学院考古研究所：《偃师二里头》，中国大百科全书出版社，1999年；赵芝荃：《论二里头遗址为夏代晚期都邑》，《华夏考古》1987年第2期。
[⑤] 刘莉等：《中国早期国家的形成》，《古代文明》（第1卷），文物出版社，2002年，第96页。
[⑥] 郑州市文物考古研究所发掘资料。承发掘者王文华先生相告。

上，墙高尚有3.5米，底宽13、顶宽8~10米，内侧陡直，墙外挖护城河。在南北墙上发现城门。南门门道两侧各建方形门房一间，门道正中埋有陶下水管道。城内发现有土坯建造的连间式建筑十余所，有的有夯土台基和房内回廊，城内还出有铜渣和祭祀坑等，城墙建筑在龙山文化早期，直到龙山晚期还在使用。

平粮台所处的聚落群，位于造律台类型的西部，群内绝大部分为面积只有数千到2万平方米之间的小型聚落，但聚落密度较大。平粮台聚落遗址面积约5万平方米，本身虽也属中原龙山文化的小型聚落遗址，但是在自身聚落群内面积稍大。

5. 郝家台类型

郝家台城址[①]，位于河南省郾城县东南3千米石槽赵村东北的高地上，遗址面积65000平方米。城址平面呈长方形，南北长222、东西宽148米，总面积32856平方米。东墙中部有一缺口，可能是城门，城内发现数排长方形排房，以及陶窑、水井、灰坑、瓮棺葬等，城外有护城河。城址年代为郝家台二期文化，即龙山文化的偏早阶段。

郝家台类型通常指豫中偏南沙河和颍水流域的龙山文化遗存，郝家台遗址位于该类型的西北部，遗址所在的聚落群当中，不乏10万~20万平方米者，郝家台遗址属于小型聚落。

（三）比较分析

长江中游较之于屈家岭文化时期，城址数量急剧下降，只有个别城址从屈家岭文化时期沿用下来，显然改变了屈家岭文化时期城址林立的局面，但城址之间的层次差别更加明显。按照目前发现的材料至少可以分为三个层次：分别以石家河、马家垸和城头山为代表，其中，石家河为势力范围波及整个石家河文化的最高级城址，或称为文化中心城址，面积达120万平方米。马家垸大概为管辖石家河文化中心区的区域性的中型城址，面积达20万平方米以上。城头山城址管辖石家河文化偏南部即文化边沿区的小型城址，面积为10万平方米上下。

黄河中游龙山时代城址缺乏长江中游城址的层次性。势力范围有可能波及整个考古学文化的大概只有陶寺城址一处。而陶寺文化又是中原龙山文化当中较小的一支，截至目前，在陶寺文化内部尚未见到其他龙山时代城址。王湾三期文化内部的王城岗和古城寨只是煤山类型当中偏北和偏东的两处，其中，王城岗城址面积太小，不足代表王湾三期文化的发展水平，也不会是煤山类型的中心聚落，更不会是整个王湾三期文化的最高级的城址。古城寨城址基本不出石器，却出土大量的盔形器，带有某种手工业中心的色彩，却未必是该文化的中心城址。至于平粮台和郝家台城址，分别位于造律台类型的西缘和郝家台类型的南部，不同于石家河城址位于文化中心的地理优势，充其量为中原龙山文化当中某支地方

---

① 河南省文物研究所等：《郾城郝家台遗址的发掘》，《华夏考古》1992年第3期。

古城寨聚落群,沿双洎河及其支流分布,旁及周邻聚落若干,共计17处。该聚落群位于煤山类型的东部边沿地带。群内聚落面积大多在10万平方米以下,古城寨遗址加上城外面积达数十万平方米,属本聚落群中的大型聚落,但在中原龙山文化当中仍属中型聚落。

3. 陶寺文化

陶寺遗址,位于山西襄汾县城东北约6.5千米的塔尔山西麓,处在汾河与塔尔山之间。面积约400万平方米。年代在公元前2600～前2000年,陶寺城址于1999～2000年得以确认[①]。城址坐落于遗址的中心区域,面积在280万平方米以上。其中,大城年代为陶寺文化中期,距今4400～4200年,是迄今面积最大的一处龙山时代城址。2002年陶寺城址进一步发掘确认了陶寺早期小城、宫殿区、中期小城内墓地和东部仓储区,探索城址布局再次取得重大进展[②]。其中,早期小城位于大城的东北角,面积56万平方米,大致为长方形。贵族居住区位于小城的南部,其中,东部或为宫殿区,西部或为下层贵族居住区。贵族居住区的东南部为大型窖穴仓储区,面积近1000平方米。中期小城呈刀形,分布于中期大城的东南部,面积约10万平方米。在中期小城的西北角发现了陶寺中期的墓地,面积约1万平方米,墓葬可分为大中小三类。

据1959～1963年的调查,陶寺类型主要分布在临汾盆地,遗址面积除个别较小外,一般都在数万平方米以上,有的甚至数十万平方米。陶寺遗址所在的聚落群,位于陶寺文化的中部,陶寺城址位于陶寺聚落群中央部位[③]。

值得注意的是,虽然在陶寺文化分布区,暂时没有找到陶寺以外的城址,但处于另一个聚落群的翼城开化遗址面积达128万平方米;而处于翼城和曲沃之间的方城—南石遗址为230万平方米。这些百万平方米以上的大型聚落目前虽然没有发现城址,但是它们在各自聚落群中属面积最大者,有可能是各自聚落群中的中心聚落,其与陶寺城址的关系,尚待探讨。目前,从面积考察,似不如陶寺城址规格之高,可能为陶寺文化内部仅次于陶寺城址的中心聚落。

4. 造律台类型

平粮台城址[④],坐落在新蔡河北岸的低丘上,城址平面呈正方形,边长185米,城内面积34000多平方米,属于龙山时代小型城址。城墙墙体夯筑在大汶口文化时期的平坦堆积

[①] 梁星彭等:《陶寺城址的发现及其对中国古代文明起源研究的学术意义》,《中国社会科学院古代文明研究中心通讯》第3期,2002年。
[②] 中国社会科学院考古研究所山西第二工作队等:《2002年山西襄汾陶寺城址发掘》,《中国社会科学院古代文明研究中心通讯》第5期,2003年。
[③] 中国社会科学院考古研究所山西工作队:《晋南考古调查报告》,《考古学集刊》(第6集),中国社会科学出版社,1989年。
[④] 河南省文物研究所等:《河南淮阳平粮台龙山文化城址试掘简报》,《文物》1983年第3期。

1. 后冈二期文化

孟庄城址①，位于河南省辉县市东南孟庄镇东的椭圆形台地上，遗址面积达 36 万平方米。城址平面约呈平行四边形，东城墙保存较好，长 375 米，北墙长 340 米。墙残高 2 米，顶宽 3～5 米，底宽 20 米，城外有护城河，深 5.7 米，城内东北部和西南部发现了房子和密集的灰坑，西南部还有四口水井，是生活区。年代为中原龙山文化中晚期。

孟庄遗址群，位于后冈二期文化的西部边缘，各聚落遗址散布于新乡市及其周邻地区，共计 20 余处。群内聚落可分为 30 万～40 万平方米，10 万平方米以上及 5 万平方米以下三个等级，孟庄无疑属于群内面积最大者之一，但在龙山文化聚落当中，仍属中型聚落。

后冈城址聚落群，安阳后冈城址位于安阳洹河南岸，遗址面积 10 万平方米左右。在后冈城址发掘出龙山文化时期一段高 2～4、长 70 余米的夯土城墙，但城址的整体形制不明②。

后冈聚落群，位于后冈类型的北部，分布于安阳市周围，有三处遗址面积达 20 万平方米以上，其余均在 5 万平方米以下，安阳后冈遗址在本群聚落当中属于中小型。

2. 王湾三期文化煤山类型

王城岗城址③，位于河南省登封市东南告城镇西侧颍水与五渡河交汇的高岗上，为东西并列的两座小城，中间共用一墙，西城保存较好，西墙长 92 米，南墙长 82.4 米，南墙东段有一个缺口，可能是城门。东城内的遗迹基本无存，西城内发现了多片零碎的夯土以及很多用人作牺牲的奠基坑。其年代发掘者定为王城岗二期，实即龙山文化晚期。

王城岗聚落群，沿颍河上游及其支流分布，共计 10 余处，位于煤山类型的北部。群内聚落除一处为 10 万平方米以外，其余均在 5 万平方米以下，经笔者实地调查，城址所在只是王城岗龙山文化遗址的一部分，整个遗址面积至少有 5 万平方米。王城岗遗址面积在本群当中稍大一些。不过仍属于中原龙山文化面积较小的聚落。

古城寨城址④，位于河南省新密市东南 35 千米处，与新郑市临界的曲梁乡大樊庄古城寨村周围的溱水东岸旁的台地上，平面为长方形，其西墙部分被河水冲毁。东墙长 353、南北墙各长 500 米。墙外护城河宽 34～90 米，深 4.5 米不等，城中部偏北地段发现面积约 330 平方米的大型夯土台基，以北还发现一道由门道、守门房和众多柱洞组成的廊庑式建筑，城址面积 17 万余平方米，遗址总面积近 28 万平方米。发掘者认为城墙建筑年代不会早于龙山早期，废弃在龙山文化晚期之前，实际上，据笔者观察，其年代为龙山文化晚期。

---

① 河南省文物考古研究所：《河南省辉县市孟庄龙山文化遗址发掘简报》，《考古》2000 年第 3 期。
② 胡厚宣：《殷墟发掘》，生活·读书·新知三联书店，1955 年；尹达：《新石器时代》，生活·读书·新知三联书店，1979 年，第 54 页。
③ 河南省文物研究所等：《登封王城岗与阳城》，文物出版社，1992 年。
④ 河南省文物考古研究所等：《河南新密市古城寨龙山文化城址发掘简报》，《华夏考古》2002 年第 2 期。

河），它的北墙在高高的邱山岭上，远离河道，不会是防水的设施，这座面积不大、出土遗物规格不高的城址，显然也是用于防御敌人的城堡。

（三）比较分析

长江中游屈家岭文化的中心地区出现的多城址聚落群，与黄河中游此后数百年才出现的中原龙山文化城址群有某种相似之处。长江中游的城址位置，开始向文化中心区推进，但尚未出现凌驾于诸城址之上的都城型城址，更像邦国阶段的城邦型城址。

黄河中游尚处于单城址聚落群阶段，其发展速度比长江中游慢半拍，相当于长江中游地区前一个阶段的发展水平。

三、铜石并用时代晚期——长江中游中心城址的形成与黄河中游地区城址群的涌现

（一）长江中游

1. 中心城址聚落群——石家河聚落群

石家河古城，位于湖北省天门县石家河镇，平面略呈长方形，南北长约1200、东西宽1100余米，城墙高3～8米，墙底宽30～50米。城外侧有护城河，宽60～100、深4～6米。城址始建于屈家岭文化时期沿用至石家河文化晚期，石家河文化城址周围密集地分布着中小型聚落，形成以石家河为中心的石家河聚落群。

2. 次中心城址聚落群——马家垸聚落群

马家垸聚落群，在荆门市境内，流入长江和汉水间洼地——长湖的荆河、张家河、戴家港等几条小河流域构成了马家垸聚落群，由分布在马家垸城址周围的中小型聚落构成。

3. 区域中心城址聚落群——城头山聚落群

系始自大溪文化的城头山城址聚落群的延续，为石家河文化内部偏南部的区域中心城址聚落群。

（二）黄河中游

黄河中游铜石并用时代晚期的城址分布在黄河两岸中原龙山文化系统的五支考古学文化（类型）当中。

25～37米，顶部宽10～20米，城墙上有5处缺口，其中当有城门，有些缺口两侧的城墙顶部还存在土台，可能是防御性建筑的台基。

（5）阴湘古城[①]，位于湖北省江陵马山镇，城垣已夷为平地，现为高出周围4～5米的一处台地。平面略呈大圆角方形，现存城垣全长约9000米，东西最宽约580、南北长约350米，面积约20万平方米，墙高8、宽40米。城墙四面均有缺口，可能是城门，城外侧护城河宽约20、深2米。

（6）马家垸古城[②]，位于湖北省荆门五黑镇，平面呈梯形，北墙较短，面积24万平方米，城墙现高出地面约5.6米，宽30米，城墙四边各有一缺口，可能是城门，其中，有的似水门，城外有护城河，宽20～50、深4～5米。护城河系由人工壕沟与自然河流连接而成。在马家垸城址周围分布有较密集的中小型聚落，构成马家垸聚落群。

（7）门板湾古城[③]，位于湖北省应城市西南3千米的星光村，面积达110万平方米。城址平面近方形，南北长550、东西宽400米，面积约20万平方米。城垣现高3～5米，底宽近40米，顶部宽13～15米。城外有护城河。西垣中段有豁口，可能是城门。城内东北部和西北部各有一面积较大的高台建筑遗迹，年代为屈家岭文化时期。

（8）石家河聚落群[④]，位于石家河文化的核心区域，在天门市石家河遗址周围散布着许多遗址分布点，构成石家河聚落群，其中，石家河古城位于湖北省天门县石家河镇，平面略呈长方形，南北长1000、东西宽900余米，城墙高3～8米，墙底宽30～50米。城外侧有护城河，宽60～100、深4～6米。城的中心部分是谭家岭遗址，是居住区。西北部的邓家湾发现许多塔形陶器，估计是宗教用品。有几处用大陶缸相套排列成弧形，其中有的陶缸上刻有刻划符号，估计与宗教活动有关，包括猪、狗、牛、羊、鸡、猴、象、长尾鸟、龟、鱼等陶塑，还有成百件人抱鱼像，显然是一处宗教活动中心。西南部的三房湾遗址发现大量的红陶杯，达数十万件之多，说明这里曾持久地进行大规模宗教活动。

（二）黄河中游——郑州西山聚落群（单个城址）

郑州西山的城址具有两重性：从聚落群的角度观察，它的附近分布着大河村等20多处同时期遗址，在这些聚落当中，它的面积不是最大的，出土遗物的规格也不如大河村所出的引人注目，因此，它不会是当时的中心聚落。同时，它毕竟是一处带有城墙的遗址，该遗址坐落于北高南低的邙山岭上。如果说其南城墙的功能可用于防水患（如南墙贴近枯

[①] 江陵县文物局：《江陵阴湘城与探索》，《江汉考古》1986年第1期；荆州博物馆：《湖北荆州市阴湘城遗址1995年发掘简报》，《考古》1998年第1期。
[②] 湖北省荆门市博物馆：《荆门马家垸屈家岭文化城址调查》，《文物》1997年第7期。
[③] 陈树祥、李桃元：《应城门板湾遗址发掘获得重要成果》，《中国文物报》1994年4月4日第1版。
[④] 石家河考古队：《石家河遗址群调查报告》，《南方民族考古》（第五辑），四川科学技术出版社，1993年。

看不出为政治中心或文化中心的特征，这些特点说明城头山城址是相当原始的城址，刚刚从环壕聚落状态脱胎而来。

黄河流域该时期至今尚未发现城址，但据下一个阶段即仰韶晚期西山城址已经具有先进的筑城方法推测，在仰韶文化早期的一些中小型聚落当中，今后有可能发现城址。不过，就目前考古发现而言，与郑州西山城址年代相若的长江中游更是出现了数座屈家岭文化时期的城址，以致在屈家岭文化中心区形成城址群，说明长江中游早期城址较黄河中游有更为深厚的基础，以至于我们倾向于推测在中国城市建筑史上长江中游有可能较黄河中游地区提前一步。

二、铜石并用时代早期——长江中游城址的发展与黄河中游单个城址的产生

（一）长江中游——屈家岭文化中心区城址群

迄今为止，在长江中游南北两翼地区亦即屈家岭文化中心区，已经发现了8座屈家岭文化时期的城址，构成屈家岭文化城址群。

（1）城头山古城，即始建于大溪文化早期的城头山城址，沿用至石家河文化时期。城址平面大致呈圆形，城墙四周有相对应的有四个城门，城垣内的中部偏南部有夯土台基，还发现有道路和制陶区等。城外侧有护城河，宽30~50、深约4米，是由自然河道与人工河构成。

城头山城址附近分布着几十处聚落遗址。

（2）鸡叫古城，位于湖南省澧县城北10千米涔南乡文家村。城址建在岗上，平面呈圆角长方形，东西约400、南北约500米。残墙高出现地面2~4米，墙宽20~30米，城墙四周有四个缺口，应为城门，城内有夯土台基，城外有护城河，东、西、南三面为自然河道，北面有人工护城河[①]。

（3）鸡鸣城，位于湖北省公安县三州乡清河村，坐落在岗地上。城址平面呈圆形，直径约200米，城有四门，城外有人工护城河[②]。

（4）走马岭城[③]，位于湖北省石首焦山河乡，平面呈不规则椭圆形，东西长370、南北最宽处300米，城墙周长约1200米，面积7.8万平方米，现存城墙最高处约5米，墙基宽

---

① 湖南省文物考古研究所：《澧县城头山屈家岭文化城址调查与试掘》，《文物》1993年第12期；曹传松：《湘西北楚城调查与探讨》，《楚文化研究论集》（第二集），湖北人民出版社，1991年。
② 贾汉清：《湖北公安鸡鸣城遗址的调查》，《文物》1998年第6期。
③ 张绪球：《石首市走马岭屈家岭文化古城址》，《中国考古学年鉴（1993）》，文物出版社，1995年；荆州市博物馆等：《湖北石首市走马岭新石器时代遗址发掘简报》，《考古》1998年第4期。

属于大溪文化时期的遗迹至少有城内东部的祭坛区和稻田区、东北部的居住区、西北部的墓葬区、西部的手工业作坊区。城内设有祭坛，埋有随葬品较多的墓葬，说明城内也是经常举行宗教活动的场所。同时，在这个面积不大的小城里面还长期辟有大片稻田，使城头山城址兼有乡村的复合功能。将祭坛、墓地、农田、房屋，按照一定布局，统统安置在城内，使城的功能多样化，这正是城乡分化初期产生的最初城市的特点。这些和它平面布局保留着环壕聚落以及城墙内坡较为平缓等的特点，使这一城址看起来就像一个被围墙圈起来的农业聚落。但同时不能不看到，壕沟边上的堆土，由不予加工的堆放到有意夯打加固说明此时更注意防御设施的坚固程度，大概是为了抵御经常性的侵犯活动，它所防御的对象不仅仅是凶猛的野兽，更常常是狡猾的敌人。

（二）黄河中游

迄今为止，黄河中游地区尚未见到同时代的城址，但据河南灵宝西坡遗址[①]的发现，仰韶文化庙底沟期的聚落已经出现分化。郑洛地区的仰韶早期聚落也可以分为三级[②]，聚落的分化是促使城市诞生的温床。势力较弱的中小型聚落出于对付邻近和异族人的入侵，更可能会率先筑城防御。因而黄河中游某些小型聚落有可能发现仰韶早期的城址，目前只是因工作的原因暂未找到而已。

（三）比较分析

长江中游有可能较黄河中游提前一步建筑城。早在大溪文化之前的彭头山文化时期在长江中游已经出现了湖南梦溪八十垱遗址的土垄遗存[③]，可能是人们在开挖环壕时将挖出的土方堆放在沟外，这一土垄似乎不具备明显的夯实痕迹，与夯筑城垣的建筑方法差别明显，不过这里的土垄式围墙已经在壕沟外边凸显起一周防护的屏障，与壕沟组成更为有效的防御系统，这就为后来夯土城垣的出现打下伏笔。因而，该遗址可视为城的萌芽。到了大溪文化时期出现圆形城址并不奇怪。

从其位置看，城头山城址位于大溪文化的西侧，且面积只有7.6万平方米，充其量相当于大溪文化中小型聚落的面积，不具备中心聚落的性质。这说明长江中游率先筑城的也不是大型聚落，而是中小型聚落，特别是靠近文化区边沿地带的中小型聚落，其重要功能之一当是防卫相邻文化异族人的入侵。至于文化中心区的大型聚落或因无须担心异族人的入侵，而不必要建筑城墙。

城头山城址平面为圆形，保留着环壕聚落的特点。筑城方法为堆筑，与中原地区夏商以来广泛流行的夯筑有别。其功能兼防水、防御野兽和外族人入侵及防止家畜逃逸于一体，

[①] 河南省文物考古研究所等：《河南灵宝市西坡遗址2001年春发掘简报》，《华夏考古》2002年第12期。
[②] 赵春青：《郑洛地区新石器时代聚落的演变》，北京大学出版社，2001年。
[③] 国家文物局考古领队培训班：《郑州西山仰韶时代城址的发掘》，《文物》1999年第7期。

长江中游与黄河中游史前城址的比较

城市的出现被普遍认定为文明形成的标志,在学术界热烈讨论中国文明起源这一重大学术课题的过程中,已有不少学者关注史前城址的研究[①]。特别是20世纪90年代以来,随着长江中游和黄河中游一系列史前城址的发现[②],学术界再次把目光投向这里,使黄河中游和长江中游再度成为探讨城市起源和文明起源的焦点[③]。本文欲从城址及其所处聚落群变迁的角度对黄河中游和长江中游地区发现的史前城址,作一对比分析,以期对探索黄河中游和长江中游地区的文明化进程有所帮助。

一、新石器时代晚期——长江中游率先出现城址

(一)长江中游——城头山聚落群(单个城址)

城头山大溪文化城址位于湖南澧县西北约12千米处。通过对西南城墙的解剖可知,整个城墙的地层堆积可分12层,第12层即第一期城墙建造于大溪文化一期,距今6000年以前,是中国目前所见最早的城墙[④]。

大溪文化时期的城墙为夯筑,夯土质地为红褐色黏土,呈丘状。墙基宽11、高约1.5米。往西在第13层即生土中挖出壕沟,壕沟靠近城墙的内坡,甚陡,深2.5米,中间深度未见底,外坡现为护城河的水面,未能挖通,大溪文化时期的城墙,虽高仅2米,但因它的基脚到壕沟开口尚有1.5米高差,其下再有深2.5米的环壕,三者结合起来,可以起到有效的防御作用。

城头山城墙第12层夯土与环绕整个城墙的壕沟为同时建造的并利用壕沟取土筑城,这使得城头山古城的规模和范围在筑城初期即已定型。从地面上现存屈家岭文化时期城址布局,可以看出城址平面呈相当规整的圆形,内径314~324米,面积约8万平方米。护城河宽35~50米,城门缺口4个,东西、南北相对应,显然城内布局经过精心规划。

---

① 严文明:《龙山时代城址的初步研究》,《中国考古学与历史学之整合研究》,中研院历史语言研究所,1997年;任式楠:《中国史前城址考察》,《考古》1998年第1期;钱耀鹏:《中国史前城址与文明起源研究》,西北大学出版社,2001年;赵辉等:《中国新石器时代城址的发现与研究》,《古代文明》(第1卷),文物出版社,2002年。
② 张绪球:《屈家岭文化古城的发现与初步研究》,《考古》1994年第7期;张玉石:《西山仰韶城址及相关问题研究》,《中国考古学的跨世纪反思》,香港商务印书馆,1999年。
③ 王红星:《长江中游地区早期城址管窥》,《长江中游史前文化暨第二届亚洲文明学术讨论会文集》,岳麓书社,1996年;孟华平:《试论长江中游古城的兴起》,《青果集》,知识出版社,1998年。
④ 湖南省文物研究所等:《澧县城头山屈家岭文化城址的调查与试掘》,《文物》1993年第2期;《澧县城头山古城址1997~1998年度发掘简报》,《文物》1999年第6期。

式初探》[1],唐剑波、周文生的《大遗址分类及其地理数据编码研究》[2],孙华的《试论遗产的分类及其相关问题》[3],韩炳华等的《河曲坪头遗址新石器时代房址的现场保护与提取》[4],张慧等的《浙江萧山跨湖桥独木舟遗址加固保护试验研究》[5],都或多或少地涉及聚落保护与展示的内容。看来,在发掘过程中的每一个环节都要考虑发掘工作结束以后的文物保护、开发甚至利用工作。这是聚落考古的新理念,值得关注。

2012年过去了,聚落考古在各个方面都取得令人瞩目的新进展,但是,围绕聚落考古的田野工作方法、基本理论问题等,仍待进一步深入讨论。

(原载《南方文物》2013年第1期)

---

[1] 陈艳:《古镇遗产分类及资源型古镇的保护性利用模式初探》,《东南文化》2012年第1期。
[2] 唐剑波、周文生:《大遗址分类及其地理数据编码研究》,《文物保护与考古科学》2012年第3期。
[3] 孙华:《试论遗产的分类及其相关问题》,《南方文物》2012年第1期。
[4] 韩炳华等:《河曲坪头遗址新石器时代房址的现场保护与提取》,《文物保护与考古科学》第24卷第3期,2012年。
[5] 张慧等:《浙江萧山跨湖桥独木舟遗址加固保护试验研究》,《文物保护与考古科学》2012年第3期。

四、新　方　法

　　中国社会科学院考古研究所聚落考古中心与《南方文物》编辑部，共同发起大型聚落田野考古方法笔谈活动，笔谈聚集了长期主持凌家滩、西坡、良渚、周家庄、陶寺、新砦、宝墩、二里头、洹北商城等大型聚落一线工作者的观点，并就环境考古、年代学、科技勘查等问题与相关学者充分开展讨论，深入探讨大型聚落的调查和发掘方法[1]。

　　栾丰实把聚落分为微观和宏观两种，前者是指单个聚落形态及其内部结构，后者是区域的空间聚落形态，两者都会涉及历时变迁问题。强调区域系统调查与传统的调查，既有相同之处，也有很大差别。调查时，要认识到陶片分布范围不等同于遗址分布范围，要解决这一问题，必须对每一个遗址都要进行实地的勘探工作。提出按照大的环境区域统一采集方法和规则，如制定采集区的范围等，很有必要。在地层学中如何操作"地面"，在聚落发掘过程中如何贯彻遗址保护等都做了较深入地思考[2]。

　　张弛提出，所谓聚落的同时性的理解要看研究问题的需要以及堆积的性质，并不是层位关系所能回答的。他认为对遗址堆积性状和性质的研究就是聚落考古。总之，田野考古的目的是对遗址中堆积物性质和性状的分辨及其对其成因的解释。在遗址的不同部位会有不同的局部自然堆积物产生，这些自然堆积是遗址不同部位的指征，如淤土，指示可能有壕沟。以聚落考古为目的的发掘，都必须以方便对遗址堆积物的整体性把握来涉及发掘策略[3]。

现代科技在聚落考古中的应用

　　中国社会科学院考古研究所编著的《科技考古的方法与应用》[4]，全书共分十一章，其中第二章为"考古勘探"，介绍了遥感、影像、航空、卫星遥感和水下考古以及物探技术；第四章，环境考古，讲述聚落形态与自然环境的关系等；第十一章，为"考古地理信息系统"，主要讲述考古 GIS 在聚落考古中的应用。这些内容均与聚落考古有关，值得一读。

五、新　理　念

　　2012 年，在一些地方学术刊物和专题性学术刊物上，还有不少文章涉及聚落发掘过程中和发掘后的保护和展示等内容，如陈艳的《古镇遗产分类及资源型古镇的保护性利用模

---

[1] 中国社会科学院考古研究所聚落考古中心：《大型聚落田野考古方法纵横谈》，《南方文物》2012 年第 3 期。
[2] 栾丰实：《聚落考古田野实践的思考》，《考古学研究》（下册），文物出版社，2012 年。
[3] 张弛：《理论、方法与实践之间——中国田野考古中对堆积物研究的历史、形状与展望》，《考古学研究》（下册），文物出版社，2012 年。
[4] 中国社会科学院考古研究所：《科技考古的方法与应用》，文物出版社，2012 年。

（五）聚落与环境

夏正楷出版《环境考古》教材，内容涉及聚落与环境的关系，是截至目前把聚落形态及其演变与古环境及其演变的互动关系讲得最为透彻的专著，值得认真阅读[①]。

袁广阔认为中原、山东一带龙山城址突然出现的主要原因是水患过多，城墙是当时为抵御洪水的一种主要措施。城墙都比较宽、都不设基础槽、建筑年代接近，都处在两条河流交汇的台地上，其防水的功能十分显著[②]。

唐启翠察觉到成都平原史前聚落城址都滨河而建，城内地面普遍高于城外地面，大多有穿城而过的古河道或洪水冲积层，城墙普遍呈斜坡状堆积，应具有防洪功能。他还认为，关于水与成都平原史前聚落形态关系的探索，尚待深入，"水"不单单是自然生态环境，还具有更多的生存技能、文化、族群、宗教和政治意义[③]。

（六）聚落演变与文明起源研究

张忠培发表《良渚文化墓地与其表述的文明社会》[④]，通过对福泉山、马桥和瑶山三处墓地的分析，认为良渚文化中晚期已经存在六个级别的墓地。其中，福泉山的墓葬的墓主人一类是"神王"，二类是掌军权的人物，三类是拥有丰富财富的亦工亦军的战士。瑶山墓地是某一家族几代掌权人及其妻子但不包括家人的墓地。马桥墓地的墓主人是地位极低的人群。整个良渚文化社会，神权最高，王权次之，但却是这个社会统治权力的基础，因此，良渚文化社会政权的性质是神王国家，也可称为政教合一的国家。

栾丰实分析了仰韶时代中期五个主要文化区的聚落和墓葬，即中原地区，从西坡遗址和灵宝铸鼎塬看，仰韶文化中期已经形成规模不一的聚落群，其内部出现了具有等级意义的差别，墓地内部也出现了明显的等级差别。海岱地区，大汶口文化早期的墓葬也出现了贫富分化；环太湖地区的崧泽文化时期墓葬，如东山村和凌家滩遗址的墓地，等级差别明显。江汉地区的大溪文化时期聚落数量迅速增多，城头山环壕城址出现，以及天门龙嘴大溪文化城址的出现反映出聚落群内部差别明显。燕辽地区的红山文化中晚期，牛河梁地区10余处积石冢存在巨大差别。从而认为仰韶时代中期已经由平等社会开始进入分层社会，是中华古文明发展史上的一个重要阶段[⑤]。

---

① 夏正楷：《环境考古学》，北京大学出版社，2012年。
② 袁广阔：《豫东北地区龙山时代丘类遗址与城址出现原因初探》，《南方文物》2012年第2期。
③ 唐启翠：《水与城：成都平原史前聚落形态研究综述》，《华夏考古》2012年第1期。
④ 张忠培：《良渚文化墓地与其表述的文明社会》，《考古学报》2012年第4期。
⑤ 栾丰实：《试论仰韶时代中期的社会分层》，《东方考古》（第9集），科学出版社，2012年。

原后的使用面积达304平方米，可能是目前发现的同时期也就是仰韶中期最大的单体房子。房子的地面都是用料姜石烧制而成的白灰，它们的发掘对仰韶时期的建筑技术以及该遗址聚落结构的研究具有重要意义[①]。

陈星灿根据河南灵宝西坡F102、F104、F106，陕西彬县水北F1等仰韶文化中期大房子的分析，结合民族志所见"大房子"的相关材料，认为这种不分间的大房子，很可能是集体活动的场所，应当定义为举行部落公共活动的场所[②]。

李文杰认为大溪文化所见的红烧土房屋的墙壁和地面是加工工艺的组成部分，不是失火造成的，但是对于屋顶是否也经过人工火烧，则持保留态度[③]。

（二）单个聚落形态研究

胡保华认为内蒙古白音长汗二期乙类遗存中的大部分房屋具备居室功能，以居室为单位的家庭可能是白音长汗聚落的次级社会组织，女性遗物（马蹄形泥圈、石臼、磨盘、磨棒、骨锥、骨针、骨簪、骨管、纺轮等）在室内广泛分布，很可能说明女性具有较高地位，而男子（劳动工具有石铲、石锛、石饼形器），多从事户外活动，体现出基于男女体质差别的自然分工[④]。

（三）聚落群研究

赵晔撰文指出，浙江余杭临平遗址群西距良渚遗址群仅20千米，目前已发现13处不同规模和类型的良渚文化遗址，是规模和等级略低于良渚文化遗址群的次级文化中心[⑤]。

孙波考察了桐林遗址龙山文化时期聚落与社会[⑥]。

（四）聚落演变研究

李少兵、索秀芬认为内蒙古自治区东南部新石器时代遗址分布以每百年为单位计算的遗址数量差别较大，其中，以红山文化为界，以前为上升趋势，从红山文化到小河沿文化则呈下降趋势，就遗址规模来讲也以红山文化的规模最大[⑦]。

邱国斌将内蒙古敖汉旗新石器时代聚落分为四期，即小河西文化为形成期，兴隆洼文化和赵宝沟文化为发展期，鼎盛期为红山文化时期，小河沿文化为衰落期[⑧]。

---

① 王炜林等：《陕西白水县下河遗址大型房址的几个问题》，《考古》2012年第1期。
② 陈星灿：《庙底沟期仰韶文化"大房子"功能浅论》，《考古学研究》（下册），文物出版社，2012年。
③ 李文杰：《大溪文化"红烧土"房屋研究》，《中国国家博物馆馆刊》2012年第6期。
④ 胡保华：《内蒙古白音长汗二期乙类遗存房址居住面上遗存分析》，《内蒙古文物考古》2012年第2期。
⑤ 赵晔：《浙江余杭临平遗址群的聚落考察》，《东南文化》2012年第3期。
⑥ 孙波：《桐林遗址龙山文化时期聚落与社会之观察》，《东方考古》（第9集），科学出版社，2012年。
⑦ 李少兵、索秀芬：《内蒙古自治区东南部新石器时代遗址分布》，《内蒙古文物考古》2010年第1期。
⑧ 邱国斌：《内蒙古敖汉旗新石器时代聚落形态研究》，《内蒙古文物考古》2010年第2期。

（3）《郾城郝家台》[①]

郝家台遗址最重要的发现是龙山文化城堡遗迹。该报告较为详细地公布了发掘资料，全书共七章，内容包括：概述、郝家台龙山文化、郝家台二里头文化、郝家台东周文化、郝家台唐代文化等。

（二）区域系统调查报告

（1）《鲁东南沿海地区系统考古调查报告》[②]

鲁东南地区是我国率先开展区域系统调查较早的地区之一，该报告将1996~2007年共13个工作季的成果加以汇总，形成《鲁东南沿海地区系统考古调查报告》。

这部调查报告是目前为止国内已发表的所有区域系统调查报告中篇幅最大的一部，全书分上、下两册，近1000页。较为全面地公布了调查方法与成果。

（2）《滹沱河上游先秦遗存调查报告（一）》[③]

由山西省考古研究所、中国国家博物馆田野考古研究中心和忻州市文物管理处共同编著，由科学出版社于2012年7月出版发行。

本书是关于滹沱河上游先秦遗存调查成果的报告。书中较为详细地介绍了滹沱河上游繁峙、代县、原平三县发现的新石器时代到战国时期的363处遗址。书中对这些遗址分布的地理位置、自然地形地貌、遗存分布状况进行了详细的阐述和呈现，为下一步的聚落考古研究和文物保护奠定了基础。

（3）《杭埠河中游区域系统调查报告》[④]

该报告是安徽省第一本区域系统调查报告。调查时把对象分为遗址、采集点和墓葬三类，在不超过100米的范围内，发现有3件以上陶片时，定为遗址，否则为采集点。遗物采集采用"全部采集"和"抽样采集"两种。

三、新 观 点

（一）聚落内部的遗迹研究

王炜林等研讨了陕西省白水县下河遗址发掘的两座仰韶中期向晚段过渡的大型房址。其中编号为F1的房址被考古人员认为是目前所发现的同期单体房址中最大的一例。其复

[①] 河南省文物考古研究所：《郾城郝家台》，大象出版社，2012年。
[②] 中美日照地区联合考古队：《鲁东南沿海地区系统考古调查报告》，文物出版社，2012年。
[③] 山西省考古研究所、中国国家博物馆田野考古研究中心等：《滹沱河上游先秦遗存调查报告（一）》，科学出版社，2012年。
[④] 安徽省文物局等：《杭埠河中游区域系统调查报告》，文物出版社，2012年。

地处大兴安岭东南边缘、松辽平原西端、科尔沁草原的腹地。是我国北纬43°以北首次发掘的保存最完整的史前聚落。整个遗址掩埋在风积沙层之下，2010年5~9月，内蒙古自治区文物考古研究所对哈民忙哈遗址进行了首次发掘，分为A、B两个发掘地点，揭露面积共1300平方米，共清理14座半地穴式房址、28座灰坑和墓葬3座。出土陶器、石器、骨器、角器、蚌器等遗物350余件。其中，陶器主要以筒形罐和壶为主，也有少量的钵、盆和斜口器，陶器纹饰多见麻点纹，初步显示该遗址文化内涵属于一种新的考古学文化遗存。

2011年4~11月进行第二次发掘，在2010年两个发掘区的附近大量布方，发掘面积为2850平方米，共清理房基29座，灰坑10座，墓葬3座，环壕1条，其中，部分房址发现有柱洞，房内堆积多为两层，遗物集中在居住面上，遗址东南部的7座房址因火烧，较好地保存了房屋木质构件的坍塌痕迹。房址成排分布，规整统一，位于房址区东南角的F40内发现大量堆压的凌乱人骨，至少有97个个体，因屋顶坍塌着火，部分人骨被烧黑或挤压变形。

二、新 成 果

（一）田野发掘报告

（1）《西安米家崖新石器时代遗址2004~2006年考古发掘报告》[①]

该报告系统公布了西安米家崖遗址2004~2006年考古发掘成果，将所获遗存划分为半坡四期文化、庙底沟二期文化及客省庄文化三个发展阶段，对遗址中灰坑出土人骨进行了体质人类学方面的研究。

（2）《濮阳西水坡》[②]

西水坡遗址位于濮阳县城西南隅，面积5万余平方米。1987~1988年，文物工作者先后对该遗址进行两次考古发掘，开挖探方125个，探沟3条，发掘面积6000平方米。遗址自下而上有仰韶文化、龙山文化、东周、汉、唐等不同时期的文化遗存，清理古墓葬216座、瓮棺葬69座、房址6座、窑址2座、灰坑359个、东周阵亡将士排葬坑30座。其中，最引人注目的是用蚌壳摆砌而成的三组龙虎图案（B1、B2、B3），其中，第一组中的龙形象被誉为"中华第一龙"。

《濮阳西水坡》分上、下册，内容包括西水坡遗址概况、地层堆积及遗址分期、第一期文化遗存、第二期文化遗存、第三期文化遗存等。

[①] 陕西省考古研究院：《西安米家崖新石器时代遗址2004~2006年考古发掘报告》，科学出版社，2012年。
[②] 河南省文物考古研究所等：《濮阳西水坡》，中州古籍出版社、文物出版社，2012年。

发掘表明，叶家庙城址，略呈长方形，有城垣和环壕，城内面积约15万平方米，该城垣兴建于屈家岭文化晚期，至石家河文化早期，城垣加宽加高，此时，形成了以叶家庙城址为中心的11个聚落。城外家山墓地的使用时间则从屈家岭文化早期延续至石家河文化早期，大致分布在两个相对集中的区域，有瓮棺葬和土坑墓两类。

（3）湖北天门市石家河古城三房湾遗址[①]

为探明石家河城址的东南部低地有无城墙，2011年在该遗址发掘了200平方米，证明此地广泛存在城垣堆积，大致呈西南—东北走向，从而将石家河古城连接得更为完整。

（4）武汉市黄陂区张西湾新石器时代城址[②]

该遗址位于西高东低的台地上，2008年发掘了425平方米，确认的张西湾城址现存有东部和北部城垣及壕沟，平面呈圆形，南部未发现城垣，西部被一近代大水塘破坏。发掘表明，该城址在石家河文化早期已初具规模，至石家河文化中期，步入繁荣时期，出现了附属聚落，到石家河文化晚期完全废弃。发掘者推断，它可能是长江中游史前城址中使用时间最短的史前城址。至于城址的功能，发掘者联系到该城址周围并无大的河流湖泊，因而不大可能是防水用的，更可能是社会分化的结果。

3. 长江下游地区

（1）浙江平湖戴墓墩良渚文化遗址[③]

遗址位于杭州湾西北部的浙江平湖市乍浦镇，遗址总面积约16万平方米。2001年发掘了68平方米，发现祭祀遗迹1处，墓葬5座。其中，在发掘区的北部暴露出大片的红烧土块和草木灰，厚薄不一，发掘者推测为是良渚文化时期人工营造的祭坛。

（2）凌家滩遗址所在地区的系统调查与钻探[④]

安徽省文物考古研究所对安徽凌家滩遗址所在地区进行了分层次的区域调查，对凌家滩遗址本身也进行了系统钻探，这些工作凸显出凌家滩遗址的重要性，为今后正式发掘奠定了坚实基础。

（三）东北地区

内蒙古科左中旗哈民忙哈新石器时代遗址[⑤]

哈民忙哈遗址位于内蒙古科左中旗舍伯吐镇东南约20千米，西南距通辽市30千米。

---

① 湖北省文物考古研究所、北京大学考古文博学院：《湖北天门市石家河古城三房湾遗址2011年发掘简报》，《考古》2012年第8期。
② 湖北省文物考古研究所等：《武汉市黄陂区张西湾新石器时代城址发掘简报》，《考古》2012年第8期。
③ 平湖市博物馆：《浙江平湖戴墓墩良渚文化遗址发掘简报》，《文物》2012年第6期。
④ 中国社会科学院考古研究所聚落考古研究中心：《2012年度中国聚落考古新进展专家座谈会在京举行》，《中国社会科学院古代文明研究中心通讯》第24期，2013年。
⑤ 内蒙古文物考古研究所等：《内蒙古科左中旗哈民忙哈新石器时代遗址2010年发掘简报》，《考古》2012年第3期；内蒙古文物考古研究所等：《内蒙古科左中旗哈民忙哈新石器时代遗址2011年的发掘》，《考古》2012年第7期。

鱼化寨遗址的发掘，拓展了对关中地区仰韶文化发展阶段聚落形态的认识。

（4）山东日照尧王城发现大汶口—龙山文化时期的城墙[①]

中国社会科学院考古研究所山东队发现、确认了山东日照尧王城城墙，初步试掘表明，该城墙主要为大汶口文化时期，这是山东地区年代最早的城址之一。

另外，还有山西襄汾陶寺、河南新密新砦、偃师二里头等遗址的钻探或发掘，均取得一定程度的新进展[②]。

（二）长江流域

1. 长江上游地区

（1）三星堆遗址的新发现

据介绍，2012年，四川三星堆遗址考古取得突破性进展。在该遗址的青关山地点最近发现了一座大型红烧土建筑基址，大约由6~8间正室组成，分为两排，沿中间廊道对称分布。在该建筑基址里出有象牙、玉璧和石璧等，有人推测当与原始宫殿建筑有关[③]。

（2）成都市郫县三观村遗址[④]

该遗址位于成都市西北，东南距金沙遗址约13.6千米，整体呈东北—西南带状分布，面积约14万平方米，2009年发掘了800平方米。其中，属于宝墩文化的遗存有灰坑、墓葬和房址等。房址呈"日"字形和双室两种结构，面积30~40平方米，均为木骨泥墙，开挖基槽，基槽内有柱洞。

2. 长江中游地区

（1）湖北城河城址

2012年秋、冬两季，中国社会科学院考古研究所在湖北洋河镇城河遗址进行试掘，发现了屈家岭至石家河文化时期的城址，面积约60万平方米，是仅次于石家河城址的长江中游地区规模宏大的史前城址[⑤]。

（2）湖北孝感市叶家庙新石器时代城址[⑥]

2008年，湖北省文物考古研究所等单位对叶家庙遗址进行了发掘，整个叶家庙城址聚落由四部分组成，包括叶家庙城址、城外的家山遗址，以及城址西面的杨家咀、何家埠两个附属聚落，共计5个自然村，整个聚落群的总面积约56万平方米。发掘面积共计926平方米。

[①] 中国社会科学院考古研究所山东队内部资料。
[②] 中国社会科学院考古研究所山西队、河南新砦队与二里头工作队的内部资料。
[③] 中国社会科学院考古研究所聚落考古研究中心：《2012年度中国聚落考古新进展专家座谈会在京举行》，《中国社会科学院古代文明研究中心通讯》第24期，2013年。
[④] 成都文物考古研究所：《成都市郫县三观村遗址发掘简报》，《考古》2012年第5期。
[⑤] 中国社会科学院考古研究所湖北队内部资料。
[⑥] 湖北省文物考古研究所等：《湖北孝感市叶家庙新石器时代城址发掘简报》，《考古》2012年第8期。

新发现、新成果、新观点、新方法、新理念：
2012年度中国史前聚落考古研究的新进展

2012年，中国史前聚落考古研究再次取得了新进展。归纳起来，大概可以分为以下几个方面。

一、新发现

2012年中国史前聚落在黄河流域、长江流域和东北地区都取得了新发现，现按照区域依次介绍如下。

（一）黄河流域

（1）陕西神木石峁城址的确认

据最近报道，陕西省考古研究院在陕西神木石峁遗址发现了石峁城址，分内外城两大部分，总面积约425万平方米，城址结构复杂，发现了类似后代角楼、门的设施。2012年，陕西省考古研究院等重点发掘了东城门，东城门结构比较复杂，可能牵涉到城门建制。进入城门区域发现了类似门塾的设施。这里还发现两个头骨坑，一个位于外瓮城早期，第一层地面之下，年代最早，两个坑都埋藏了24个头骨，埋藏方式相似。头骨上有夯打、砍灼、烧灼痕迹[1]。

（2）河南西峡老坟岗仰韶文化遗址[2]

该遗址位于西峡县五里桥乡封湾村老坟岗村北的半岛形台地中东部。河南省文物考古研究所等于2000年10月至2001年4月发掘了1200平方米。发现有房基、墓葬和灰坑。北部和南部均有房基出土。其中，圆形房基均出土于南部，长方形房基均出土于北部，似有规律可循。

（3）西安鱼化寨遗址[3]

该遗址位于西安市雁塔区鱼化寨村西北侧、皂河西岸的二级台地上。2002~2004年，西安市文物保护考古研究院对该遗址进行了发掘，发掘面积2885平方米。遗址仰韶文化遗存可分为半坡类型、庙底沟类型、半坡晚期类型三个时期，其中半坡类型又可划分为三段，其第一段遗存为此次发掘的重要收获之一。

---

[1] 中国社会科学院考古研究所聚落考古研究中心：《2012年度中国聚落考古新进展专家座谈会在京举行》，《中国社会科学院古代文明研究中心通讯》第24期，2013年。
[2] 河南省文物考古研究所等：《河南西峡老坟岗仰韶文化遗址发掘报告》，《考古学报》2012年第2期。
[3] 西安市文物保护考古研究院等：《西安鱼化寨遗址发掘简报》，《考古与文物》2012年第5期。

中国聚落考古的全面检验与广泛交流——"中国聚落考古的理论与实践暨纪念新砦遗址发掘30周年学术研讨会"综述（代前言）

此外，中国社会科学院考古研究所赵春青对30年来新砦遗址及新砦期遗存的研究历程进行了学术回顾，他提出继续开展聚落研究应为新砦考古的方向。他对单个聚落尤其是大型聚落的研究方法提出了自己看法，如发掘应制定长期规划，具体发掘时应从核心部位入手，开展聚落群的调查时应以文化层和遗迹分布作为遗址范围的参考标准，不能仅以陶片分布面积计算遗址面积，不同地区的调查方法应该有所区别。蔡全法根据考古、文献资料，对新砦遗址及新砦期遗存的命名、历史定位以及"黄台"、"启都"等问题进行了分析和探讨。郑杰祥结合文献记载，认为新砦城址可能是夏代"启室"。顾万发简要介绍了巩义市花地嘴遗址的聚落布局概况，并认为以花地嘴为代表的新砦期遗存是新砦类型的一个亚型——花地嘴亚型。

北京大学教授严文明作总结发言。他就这次会议的研讨内容及成果做了简要的梳理。他指出，这次会议气氛热烈，内容丰富，会上的报告、发言是对我国聚落考古学研究的一次全面性的检验和一次相当广泛的交流。他还就聚落考古的相关问题谈了自己的看法。首先，聚落考古在中国其实有很长的历史，差不多与中国考古学的发生是同步的，尤其是随着20世纪80年代中国文明起源问题的热烈讨论。聚落考古的应用更为普遍，也在理论和方法上进行了很多的探讨。其次，除上述讨论外，我们还应加强游牧、海洋文化聚落的研究。再次，聚落考古的方法应根据聚落的不同性质而有所区别，但也应有一些基本的要求。在这方面，一要注意聚落的共时性问题；二要善于寻找聚落分布的新规律；三要详细地公布调查的方法和结果。最后，他还强调在聚落考古研究中，一方面要注意规律性的总结和掌握，另一方面要具体问题具体分析。

研讨会结束后，与会学者还实地考察了新密新砦，郑州西北郊的娘娘寨、蒋寨遗址的发掘现场，参观了"郑州地区聚落考古新进展"展览室，观摩了新郑唐户、新密新砦、巩义市花地嘴、郑州大师姑诸遗址的出土遗物，并就一些学术问题进行了交流。

［原载中国社会科学院考古研究所、郑州市文物考古研究院编：《中国聚落考古的理论与实践》（第一辑），科学出版社，2010年，第 i～viii 页］

性、人口测算、调查结果的数据整合以及地貌对调查的影响等问题的思考，并认为根据区域系统调查所揭示的新问题、新发现，应进行专门性的调查研究，如手工业的专业化生产、特殊资源的获取与利用等，而且应该"点面结合"，在调查的同时对典型遗址进行发掘。

中国社会科学院考古研究所朱乃诚通过对已有资料和研究的检视，认为在对聚落或聚落群进行整体考察的同时，也需要深化聚落或聚落群中各种考古遗存的年代学研究，尤其应重视聚落内部或聚落之间的共时性问题，也应发展和完善测年技术、考古类型学等方法，进而构建聚落的时空平面。

中国科学技术大学张居中对聚落考古调查、宏观聚落考古研究、微观聚落考古研究、聚落经济形态研究、人口研究等方面进行了探讨，重点对聚落数量确认、面积计算、资源域划分的实际操作方法进行了思考。他认为应在动态、全面的视角下研究聚落布局和经济形态，而且应注意居住方式、环境地貌等因素对人口研究结果的影响。

郑州市文物考古研究院张松林介绍了郑州地区近年聚落考古研究的状况，并以此为基础对聚落考古的必要性、考古调查的局限性、聚落规模的动态判定、遗址数量的确定、聚落与生态环境之间的关系、聚落考古理论建设等问题提出了自己的见解。

四、相关学科在聚落考古中的应用

任何聚落都与当时的环境发生着千丝万缕的联系。北京大学城市与环境学院夏正楷回顾了中国环境考古的发展历程，对每一发展阶段的背景和特征进行了简要说明，并阐释了环境信息与聚落、经济形态、社会组织、文化意识之间的关系。随后他以二里头遗址为例，讲述了环境考古的工作原理、方法及内容等方面，并且根据环境考古调查的结果，详细复原了前二里头时期至偃师商城晚期二里头遗址附近河道的历时性变化，并对当时的古地貌特征进行了细致分析。

随着自然科学技术的不断发展，提取的信息将不断增加和丰富，聚落内居民的社会关系和生活状况也逐渐得以廓清。中国社会科学院考古研究所张雪莲使用稳定同位素 $\delta^{13}C$、$\delta^{15}N$ 分析方法对郑州西山、西安鱼化寨和灵宝西坡遗址仰韶文化时期人骨中的碳、氮稳定同位素进行了分析，结果显示上述遗址古代居民以 C4 类植物为主食，也有一定程度的肉类，而且营养级与墓主人身份等级之间存在某种联系。同时，她还对西坡、瓦店、古城寨遗址动物样品进行了 $\delta^{13}C$ 分析，表明家养动物与野生动物主食状况明显不同，而且家养动物的主食状况与人的主食状况具有相关性。

北京大学考古文博学院张海借助国外有关早期国家统治疆域研究的数学计算模型和计算机模拟技术，对二里头早期国家的疆域、控制途径进行了有益的探讨，尤其是通过对比不同参数取值条件下模型模拟的结果，他认为河流交通对于二里头早期国家对外影响力的扩张起到了关键性的作用，并从资源控制、政治或文化共同体角度对二里头早期国家的疆域进行了阐释。

了二里头考古工作队近十年来在该遗址微环境、现存范围与成因、遗址功能分区和中心区等方面所做的工作和积累的经验，以及洛阳盆地系统区域调查的理念和方法。除此之外，他还对遗址聚落形态研究提出了若干思考，譬如：遗迹和陶片分布范围的区别对待、地层学和埋藏学在聚落考古中的重要作用、聚落布局的动态解读等，并且呼吁聚落考古视角下田野考古应向精细化方向发展。

中国社会科学院考古研究所唐际根详细介绍了他们在殷墟及其附近地区所做的研究，包括引入"邑"的理念，希望通过对甲骨文、金文的研究以及墓葬、壕沟、窖穴、建筑遗存、道路遗迹的空间分析，廓清当时居民点（邑）的内部结构；借助 E-Arch 信息系统，对殷墟及洹北商城历年发掘资料进行了数据库建设，以此作为探讨洹北商城和殷墟遗址布局特征以及"邑"的内部结构的基础；将岩相分析、锶同位素等方法运用于陶器、人骨等资料的研究上，对殷墟时期区域与跨区域的文化交流和人群迁徙进行了有益的探讨。

北京大学考古文博学院雷兴山介绍了周公庙遗址的工作理念和方法，重点讲述了"大范围调查、大面积钻探、针对性发掘"的田野工作思路和具体操作方法，而且在发掘与整理中，他强调对堆积单位性质与形成过程的分析；注重各类现象和遗物间的关联性，如"由建筑找甲骨"；根据遗存特征设计具体发掘方法和整理方法；针对资料管理与相关研究之需要，构建 GIS 信息系统。

三、聚落考古的理论方法

北京大学考古文博学院李伯谦在发言中着重讲述了聚落考古和文明起源的关系。他指出，我们应坚持恩格斯提出的"国家是文明社会的概括"的观点。而且，关于文明形成的判断应从聚落形态演变入手，紧紧抓住国家这个核心概念，从不同角度、不同侧面进行综合考察，至少应考虑大型聚落的出现、有无防御设施、是否存在高规格遗迹（宗教礼仪中心、中心广场、大型建筑等）、墓地是否出现分化、有无"官营"的手工业作坊及仓储群、有无专用的武器或象征最高权力的权杖、是否出现文字或贵族垄断文字使用的现象、聚落内部是否出现异部落的居民及其遗存、各级聚落间是否存在上下统辖关系、大型聚落的资源获取方式等十个方面。同时，他强调从考古学研究文明的形成单靠调查、试掘还是不够的，对重点、关键的遗址有必要开展足够面积的发掘。

安徽省文物考古研究所吴卫红详细辨析了目前中国多项考古调查的工作主体、田野方法及信息分析方法，并对田野方法中调查目的、区域范围、年代选择等差异较大的几方面进行了探讨，强调应对遗址进行动态考察，呼吁公布调查资料时应对田野调查方法、信息采集与处理方法以及调查数据进行详细、全面的报道，而且也应根据调查区域内的地貌、植被覆盖情况对地表的可见度进行估算。

中国国家历史博物馆戴向明对中外区域考古概况以及国内近年开展的区域系统调查项目进行了比较分析，尤其以运城盆地调查项目为例，提出了对于遗址（聚落）范围、共时浙江省文物考古研究所孙国平以浙江田螺山、茅山、莫角山古城等遗址为例，介绍了浙江史前聚落考古的最新进展，重点对田螺山、茅山遗址水稻田遗迹的发现、分布及其综合研究进行了介绍，并对浙江史前聚落考古的优势和局限性进行了比较。

（六）江淮地区

安徽省文物考古研究所王志介绍了固镇县垓下遗址的发掘收获，详细讲解了该遗址大汶口文化晚期的聚落布局和城墙走向、筑造方式、结构、年代推断等问题，并对新发现的壕沟、城墙上的排房和城内高台基址进行了分析。结合淮河流域的环境状况，他对该遗址史前居民的居住方式进行了考察。

（七）成都平原

北京大学考古文博学院李水城详细介绍了成都平原中外合作调查项目，包括调查钻探的基本单位、地表调查组的人员配置、钻探点的选取方法和记录内容以及调查所用的工具组合等。在此基础上，他依次展示了该调查项目所使用的资料管理和分析系统以及陶器成分、古地貌、磁力及物理勘探的研究或运用情况，并根据调查资料对相关区域的遗址分布、聚落特征、人地关系、资源利用以及社会复杂化进程进行了探讨。

成都市文物考古研究所周志清分析了成都平原先秦聚落考古的研究现状，注意到该区域聚落考古的必要性和紧迫性，并对已经开展的中美成都平原史前聚落考古区域系统调查、安宁河流域区域系统调查、金沙聚落考古进行了说明，尤其对安宁河流域区域系统调查的设计理念与目的、调查方法与收获及典型遗址的文化遗存进行了详细介绍，也讨论了下一步工作需改进的方面。

（八）东北地区

辽宁省文物考古研究所郭大顺结合编写《牛河梁遗址发掘报告》的体会，认为红山文化时期存在着明显的聚落分层现象，并通过对"坛庙冢台"遗迹的分析，进一步揭示了红山文化聚落群赖以维系的内在精神维度。

中国社会科学院考古研究所金英熙介绍了辽宁长海县小珠山贝丘遗址的工作方法和考古收获，对该遗址贝丘文化层的田野发掘技术进行了总结。在此基础上，又对小珠山贝丘遗址一至五期聚落形态和功能、人类活动空间的历时性变化以及当时的生业模式进行了考察。

二、夏商周时期聚落考古

中国社会科学院考古研究所许宏对二里头遗址田野考古研究的历程进行了检视，讲述两城镇城址的区域聚落社会结构进行了分析，由此进一步考察了当时的社会形态和发展模式，并强调应该因地制宜地研究古代社会的发展模式。

（三）甘青地区

甘肃省文物考古研究所郎树德对大地湾遗址的发掘概况进行了介绍，并对该遗址一至五期遗存的地理分布特征进行了总结，认为一至五期文化遗存依次沿山前平地、山间台地、山顶分布。在此基础上，他以动态的视角对该遗址一至五期的聚落布局、分布面积、房址结构进行了分析，尤其解释了"大房子"及其出土物所昭示的社会关系。

西北大学文博学院钱耀鹏介绍了甘肃陈旗磨沟遗址的工作理念、方法和发掘收获，对该遗址齐家文化墓葬的结构、埋葬过程与特点、随葬现象进行了详细分析，尤其对新发现的坟丘、封门进行了介绍，并以随葬陶器组合为线索，对齐家与寺洼文化的关系提出了有益的探索。

（四）长江中游地区

南京师范大学裴安平以聚落形态为基础，把长江中游史前城址分为单聚落、双聚落、多聚落城址三类，并对三类城址的特征和属性以及所在聚落群的形态进行了深入分析。由此结合其他考古信息和民族志材料，又对城址内居民的血缘关系、城址周围聚落群团的关系、不同类型城址存在的原因以及城址规模逐渐扩大的内因进行了探讨，并认为单聚落、双聚落城址的基本社会属性与血缘关系存在直接的联系，而多聚落城址则是血缘关系变迁、重组以及一体化的代表。

湖南省文物考古研究所郭伟民通过对油子岭文化的性质、年代和源流的探析，从多种角度对澧阳平原油子岭文化时期的聚落及其他文化遗存进行了分析，进而总结了油子岭文化时期长江中游的文化与社会发展的趋势与特征。在此基础上，他对城头山、宋家台、三元宫、划城岗遗址油子岭文化时期聚落规模、墓葬差异等相关指数及其所关联的社会结构、聚落分布的空间情景进行了比较研究，并对聚落布局的决定因素、考古学对聚落关系的解释方式、手工业专业化和社会复杂化之间的关系提出了思考。

湖北省文物考古研究所刘辉讲述了孝感叶家庙遗址的分布范围和发掘情况，尤其对该遗址屈家岭文化晚期的聚落选址与布局、城垣、环壕等防御设施以及城内供水系统、城外排水系统进行了重点考察，也对遗址居住区、公共墓地进行了详细分析，并且复原了该遗址城垣的营建方式。而且，他介绍了对该遗址附近的调查资料，由此进一步分析了该遗址所在区域的聚落分层现象，并对武汉张西湾遗址石家河文化早期的城垣和壕沟进行了介绍。

（五）长江下游地区

聚落内部及其附近的农耕遗迹，是古代居民生活生产状况的必要物质载体，值得关注。

规律，同时，通过对该遗址相关陶器文化因素的观察，进一步揭示了仰韶时期的文化交流状况，凸显了汉水中游地区的文化通道作用。

陕西省考古研究院张天恩根据最新的考古资料，分别考察了渭水流域仰韶文化早、中、晚时期的聚落规模与分布情况、聚落形态、房址结构以及核心建筑（区）等方面，并对该时期的社会状况提出了思考。

北京大学考古文博学院张弛介绍了南阳盆地白河流域史前聚落的调查情况，尤其说明了调查的具体内容，包括数字化地图上的定位、GPS测量地形地物成图、遗址堆积物范围铲探、暴露遗迹测绘、遗址暴露剖面测绘、剖面分层遗物采集、遗址各时期堆积保存状况评估、各时期聚落分布情况推断、分层土样采集等方面。其中，他还对在调查中如何判定遗址范围、面积以及被破坏的程度等问题提出了思考，并对多个遗址面积和建筑区面积进行了比较。

中国社会科学院考古研究所李新伟介绍了河南灵宝铸鼎塬地区庙底沟时期聚落的系统调查理念和方法，并讲述了该调查所取得的初步认识，如聚落明显成组分布、为三级聚落等级结构、中心性聚落发现有大型房址遗迹等。同时，他还对该调查项目的下一步工作进行了介绍，包括地理信息系统数据库建设、古代环境复原、地表遗存分布规律分析、系统取样、可耕地分析以及重点遗址的钻探等。而且，为说明下一步的工作设想，他还引介了国外同行在调查方法、内容及数据整合中所用的理念和方法，尤其强调了空间分析技术在调查中的作用。

墓地作为聚落内涵的构成元素之一，是探求史前社会组织的重要线索。山西省考古研究所薛新明讲述了芮城清凉寺墓地的发掘情况，并对各期墓葬的规模、葬式、随葬品组合进行了介绍。在此基础上，他对该墓地所反映的贫富分化、社会分层、丧葬礼仪、殉葬制度、埋葬顺序、男女性别比例乃至社会变革进行了动态解读，也对各期墓葬的墓主身份与盗扰原因进行了推测。

（二）黄河下游地区

山东省文物考古研究所何德亮对大汶口、龙山文化时期的聚落形态进行了考察，并且重点分析了上述两文化时期的城址和墓葬，由此对大汶口、龙山文化时期文化和社会发展状况以及海岱地区的文明演进道路进行了阐释。

山东大学东方考古研究中心王芬对山东北阡遗址的发掘收获及其综合研究的理念和规划进行了介绍，重点分析了该遗址大汶口文化的墓葬种类、葬俗、拔牙风俗以及房址的结构和建造方式。同时，她对该遗址大汶口文化时期和周代的经济形态、聚落规模以及海洋资源的利用情况进行了动态解读。

山东省文物考古研究所孙波以山东龙山文化城址为研究对象，总结了该时期城址在形状、城垣特征、夯筑技术、空间分布等方面的特点。随后，他对山东龙山文化城址的地域基础进行了详细考察，提出可从经济联系角度阐释这些城址之间的关系，同时也对城子崖、

中国聚落考古的全面检验与广泛交流
——"中国聚落考古的理论与实践暨纪念新砦遗址发掘30周年学术研讨会"综述（代前言）[*]

2009年12月28～30日，由中国社会科学院考古研究所、郑州市文物考古研究院、新密市人民政府主办的"中国聚落考古的理论与实践暨纪念新砦遗址发掘30周年学术研讨会"在河南新密市召开。来自全国16家文物考古研究机构、4家文博考古刊物和10所大学文博考古院系以及日本驹泽大学等单位的90余位专家学者参加了会议。

会议围绕中国聚落考古以及新砦遗址的有关学术问题进行了讨论，内容涉及新石器时代各重要区域的聚落考古研究、夏商周时期重要都城遗址的聚落考古研究、聚落考古的理论和方法以及新砦遗址相关问题等诸多方面，会议达成的基本共识有：聚落研究必须以分期为基础，必须与其他科技手段相结合，在确定聚落范围时不能仅以陶片的分布范围为依据。这些认识必将对今后聚落考古的开展起到积极作用。

一、新石器时代聚落考古的新进展

新石器时代聚落考古在全国已经蔚然成风，举凡黄河流域、长江流域和东北地区都开展了卓有成效的工作。如果说20世纪80年代末聚落考古在中国还处于摸索阶段的话，如今已经成为常见的田野考古方法之一，而且在不少地区都取得了重要收获。来自全国各地的学者分别介绍了最近的聚落考古研究成果。

（一）中原地区

郑州市文物考古研究院信应君对新郑唐户裴李岗文化聚落的布局及其附近旧石器点的发掘情况进行了介绍，并根据房址和灰坑的分布规律，将该遗址裴李岗文化时期的居住区分为5处。在结合其他遗迹的基础上，他对当时居住区的通道、防护设施、排水设施以及房址的建造方式进行了复原，并对居址布局的规划性和选址意识及少量房址的功能进行了分析。

郑州大学历史学院考古系靳松安介绍了淅川沟湾仰韶文化聚落的发掘情况，对发现的壕沟、房址、墓葬、遗物进行了分析。以此为基础，他归纳了该遗址的聚落布局及其演变

---

[*] 与张松林合作撰写本文。

在中心区，目前只发现了大型浅穴式建筑，在它的南边已经钻探出大量的红烧土遗迹，那么，是否有与之配套的类似宫殿式的建筑？应予以关注。

有关聚落群的调查，经过2008~2009年的田野调查，新发现数十处史前遗址，这批调查材料，亟须细致整理。

在多学科合作方面，有必要开展陶器成分分析，帮助确认那些带有外地因素的陶器究竟是不是本地制作的。大量出土的石器和玉器的来源在哪里？人类的食谱分析已经做了一些，但是数量太少，应该加大工作量。

目前，聚落考古已经成为我国田野考古学普遍采用的方法之一，多学科合作也呈现日新月异之势。在新砦遗址的发掘中，我们利用聚落考古的田野工作方法，初步做过一些有益的探索，今后，还应该结合实践进一步归纳、总结，以期对大型遗址聚落考古的理论方法继续做出积极的贡献。

（原载《中原文物》2010年第2期）

山周围的东南部地区。在今嵩山以东的郑州市,嵩山东南的新密市和新郑市,嵩山西北的巩义市均发现有新砦期遗址。但是,新砦期聚落群的范围似乎北不过黄河,西南到不了禹州市。就聚落规模而言,在现有的新砦期聚落当中,还没有发现比新砦城址更大规模的聚落遗址。

2008~2009年,经过近两年的实地踏查,我们对新砦遗址所在的溱洧流域进行细致的地面调查并辅之以钻探核实遗址面积。初步认识是,该流域自旧石器时代已经有人类居住于此,裴李岗文化时期已经出现较发达的农业,仰韶文化前期聚落得到较快的发展,仰韶文化后期聚落分化明显加剧,到了龙山时代开始出现城址,至新砦二期终于出现了都邑性质的原始城堡,二里头文化时期中心聚落似乎迁往他处,至东周时期再度繁荣。

三、多学科合作:聚落考古必不可少的手段

在新砦遗址新一轮的发掘调查研究当中,我们十分重视多学科合作的应用。多学科合作贯穿研究的各个环节,如我们利用现有的影像资料,借助相关的计算机技术,迅速、准确地制作遗址大比例尺的地形图。新砦遗址1:2000的地形图就是由中国社会科学院考古研究所科技中心的专业人员依照1999年的航片资料和测绘机构测绘的1:10000的地形图通过相关软件在计算机上制作完成的。在寻找城墙和壕沟时,我们积极采用现代物探技术,结合传统的洛阳铲进行勘查。在判断遗址范围时,吸取地质学家的意见,并加以考古学证明。此外,还进行了古环境的复原、人类食谱分析、动植物遗存的分析和对出土铜器分析等,都取得了显著成绩[①]。

四、展望未来:新砦考古中今后应加强的几个方面

经过30年来的发掘和研究,新砦遗址在文化谱系研究、聚落形态研究、多学科合作研究等方面取得了一定成绩,但是仍面临着亟待解决的不少问题。

在文化谱系方面,虽然目前可以确认新砦二期早于二里头文化一期,但是,新砦二期文化因素并非二里头文化因素的全部来源,在新砦二期涌现的来自各地的文化因素的流传过程亟待梳理。

在聚落形态方面,目前已经分别在现已发现的城壕以外,见到有新砦期的灰坑和地层,那么,在新砦遗址是否另有更大的防御圈?此外,新砦城址历经龙山文化晚期和新砦期,至少有100多年以上的时间是作为大型城邑来使用的,应该有专门的墓地埋葬死者,因此,寻找墓地应是下一阶段的主要目标之一。

---

① 北京大学震旦古代文明研究中心、郑州市文物考古研究院:《新密新砦——1999—2000年田野考古发掘报告》,文物出版社,2008年。

2003年秋季，我们通过在煤土沟村和梁家台西共三条探沟的发掘，终于在东、东北和西围壕内侧确认了新砦遗址的城墙。原来城墙用的夯土就是上半年使我们困惑不解的沟内的黄灰土，是以原来一条自然河沟的内坡修建的，墙下即为护城河。使用一段之后，第一期的城墙坍塌，第一期的壕沟内底部开始淤土，到了新砦第二期，把第一期的壕沟填平、夯实，在其上面夯打起城墙，城墙外侧另行开挖出第二期的壕沟。再过了一段时期之后，新砦第二期的城墙连同第二期墙外的壕沟都被二里头文化早期的壕沟冲塌。总体来看，城墙及护城河有一个不断外扩的过程。我们先后在东城墙、东北城墙、北城墙和西城墙分别开挖了6条探沟，探沟内的地层堆积状况基本相同，均呈现第一期的城墙和壕沟被第二期的城墙和壕沟打破，而第二期的城墙和壕沟又被第三期壕沟所打破的堆积状况。这充分说明这些现象绝不是偶然的重复，而是人为所致。至此，新砦遗址的城墙和壕沟终于被找到了。

（三）大型浅穴式建筑的发现

新砦遗址的城墙和壕沟寻找到之后，我们把目光转移到大型建筑基址上来。面积如此之广，有三重防御设施的聚落，绝不会是普通聚落，应该是一处中心聚落，这种聚落很可能会建造有大型的建筑，那么，新砦遗址的大型建筑在哪里呢？

我们注意到，位于梁家台村以东的高台地是整个遗址海拔最高、视野最开阔的地带。它的东面和北面都有沟状堆积，形成一个相对独立的区域。联想到1999年度和2000年度的发掘结果，这里已经出土有类似二里头文化的兽面纹和龙纹图案以及铜器残片等高规格遗物，说明此处很可能是遗址的重要区域即聚落中心区。此外，这里的灰坑，形制规整，容积颇大，从遗迹规格看，此处亦非普通居民区。后经钻探，得知这里的确为一大片相当干净的地层堆积，很可能存在连成一片的大型遗迹。后经2003年和2004年的持续发掘及2005春季的解剖，目前已基本可以肯定这是一处新砦期晚段的多次使用的大型浅穴式露天活动场所。东西现存长92.6米，主体部分南北宽14.5米，平面总体呈刀形，方向为东偏北40°，唯东端向南内收2.4米。结合文献记载其性质或许与"墠"或"坎"之类的活动场所有关[1]。

（四）聚落群的初步调查

在新砦城址的城墙、护城河、内壕、外壕以及大型建筑找到以后，凸显的问题是该城址在新砦期聚落群当中，处于什么样的位置？它是同时期聚落当中最大的一处吗？要想回答这一问题必须开展聚落群的调查工作。

为此，我们于2004年春已经开始了调查的第一步：查阅以往相关材料，初步划出新砦期聚落群的范围。目前大体可以看出，新砦期聚落的分布大势为以嵩山为中心，分布在嵩

---

[1] 中国社会科学院考古研究所河南新砦队、郑州市文物考古研究院：《河南新密市新砦遗址浅穴式大型建筑基址的发掘》，《考古》2009年第2期。

性。2002年春，我们以有无文化层为依据，采用观察现存地层剖面和钻探地下文化层相结合的方法，确认遗址范围大体为：北边在今苏沟村以北10~20米处，东至煤土沟村东南约350米，南到东湾村的中部，西到梁家台村以西30~50米，合计总面积约70万平方米。如果计入外壕与内壕之间的区域范围，总面积达100多万平方米。

仅从地质学上加以推测当然是不够的，于是，我们在遗址范围内部的各个主要发布区分别布方或探沟发掘，结果表明各个区域大体经过龙山文化晚期——新砦二期早段——新砦二期晚段——二里头文化早段等时期，各区域基本保持同步发展，可见遗址范围内的各区，很有可能同属一个大型聚落遗址。

（二）城墙与壕沟的发现

既然遗址是一个大型遗址，那么，它有没有防御设施呢？我们知道在比新砦二期为早的龙山文化晚期是一个城堡林立的时代，在比新砦二期为晚的郑州大师姑遗址发现了二里头文化时期的城址。因此，按道理讲，在新砦二期也不能排除发现城址的可能性，具体到新砦遗址本身，究竟有没有城墙、壕沟之类的设施呢？如何寻找城墙和壕沟呢？新砦遗址现在的地表已无任何蛛丝马迹可寻，只能在地下寻找。为此，确立物探与钻探相结合的地下勘查方法，从遗址的边缘开始探查，在钻探现场将钻探路线与遗址边缘呈十字形排列探孔，把第一个探孔设在遗址边沿外围，然后，一字排开，向遗址内部深入。按照这一设想，我们将第一条钻探路线选在遗址边缘最清楚的现代苏沟村北边，从北向南钻探。

2003年春，实施上述钻探方案不久，就在苏沟村北边发现了宽数十米、深6~7米的壕沟。从苏沟村北边开始分别向东、西两个方向延伸，继续顺藤摸瓜地钻探，遇到壕沟中断时，考虑是否遇到了壕沟转弯或缺口，随时调整钻探路线，最终把紧贴遗址边缘的北、西、东三面壕沟全部钻探出来了。南面不见壕沟，或许原本即以双泊河为天堑。三面壕沟加上双泊河将整个遗址封闭起来，壕沟圈占地面积约70万平方米。在三面环壕发现之后，按照同样的工作方法，相继找出了外壕和内壕。内壕现存西、北和东三面，与南边的双泊河一起，围绕着遗址的西南部（今梁家台村东北）即遗址的中心区。其中，北内壕东西长约300米，东、西内壕的南部均遭破坏，长度不明。保守计算内壕所圈占地面积当在6万平方米以上。壕沟的平面分布状况清楚以后，即着手在北壕沟和东壕沟上解剖探沟，以解决壕沟的年代。解剖后得知，这条壕沟内部堆积复杂，可分20多层，大多呈倾斜堆积。其中，靠近底部的10多层内的包含物年代为龙山文化和新砦期，最上面的若干层包含物的年代为二里头文化早期。令人费解的是壕沟内的填土尤其是靠近壕沟内侧的填土纯净、紧密，呈黄灰色，与沟内靠近外侧的灰褐土判然有别。

城墙通常距壕沟不远，新砦遗址有了壕沟，会不会有城墙呢？已经确认的围绕遗址边缘分布的壕沟又宽又深，联想到壕沟内的填土又硬又净，不像壕沟内的淤土倒像城墙上的夯土。

绝对年代数据大多落在公元前1880~前1770年。新砦遗址第二期晚段的测年数据，除两个偏晚外，其余大多落在公元前1770~前1730年。据此，我们认为新砦二期的绝对年代当在公元前1850~前1750年，它大体经历了100年左右的历程。

新砦期绝对年代的测年结果，出乎预料的晚[①]。新砦期的这些测年数据的上限，比相当长时期内流行的二里头文化上限为公元前1900年的说法还要晚。为了验证测年的可靠性，曾经把在国内测过的若干样品拿到维也纳重新测定，其结果与国内的测年结果基本相符合。那么，现在的测年结果怎么与以往的测年结果相比要晚呢？

以往学术界流行的把二里头一期绝对年代的上限估计为公元前1900年，很重要的原因之一就是把二里头文化测年数据所示年代范围的上限当作二里头一期的始年了[②]。那么，二里头文化的年代究竟是多少呢？夏商周断代工程采用新方法给出的二里头文化最新的测年结果为二里头文化一期的上限不超过公元前1750年，即接近新砦期的下限，正好与新砦期相衔接，这说明原来测定的关于二里头文化的年代范围是粗线条的，采用系列样品法拟合之后，二里头文化一期的上限就可以更加细化。这样看来，不仅二里头文化第一期不会是夏文化的上限，新砦期也不会是最早的夏文化。如果要追寻早期夏文化就必须到比新砦二期文化更早的龙山时代遗存中去寻找，这无疑给探索早期夏文化和中华文明的形成搭建了新的支点。

二、聚落形态研究：必须遵循行之有效的步骤

2002年以前，新砦遗址工作的重点是建立文化谱系。自2002年中华文明探源工程启动之后，作为该工程预研究的子课题之一，新砦遗址田野工作及研究的重点转移到聚落布局研究上来。取得的重要收获有：

（一）遗址范围的核定

新砦遗址内部现被两条黄土冲沟（"煤土沟"和"苏沟"）和双洎河故道切割为四大块，这样的地势使得整个遗址显得支离破碎。但据被邀请到现场考察的地质学家讲，在黄土地带，遇到暴雨天气很容易冲出像煤土沟和苏沟那样的黄土冲沟。因此，在新砦遗址主体遗存所处的龙山文化晚期和新砦期阶段，不能排除这里是连接在一起的一个大型聚落的可能

[①] 赵芝荃曾经估计新砦期的年代有可能达到公元前2000年，见赵芝荃：《关于二里头文化类型与分期的问题》，《夏文化论集》，文物出版社，2002年，第384页。

[②] 测年专家的意见本来是说："二里头遗址的时代应不早于公元前1900年，不晚于公元前1500年"（见仇士华等：《有关"夏文化"的碳十四年代测定的初步报告》，《考古》1983年第10期），显然，不早于公元前1900年是说其实际年代只能比公元前1900年要晚，究竟晚多少年，是几十年还是一二百年，从理论上说都是可能的。但是自20世纪70年代提出"二里头文化的一期至四期的年代，约自公元前1900~前1600年"（见夏鼐：《碳-14测定年代和中国史前考古学》，《考古》1977年第4期）以来，不少学者把二里头一期不早于公元前1900年理解为始于公元前1900年。

内容[①]。换言之，即使在新砦遗址内也有特定的内涵，也不是所有的遗存都是新砦期的。如果这样理解新砦期，新砦期自然是存在的，那种认为整个新砦遗址所出的史前文化遗存都是新砦期的观点也是不适当的。

（四）"新砦文化"和"新砦二期文化"的提出

关于新砦期与二里头文化的关系，杜金鹏主张把二里头文化一期遗存与新砦期合并起来，称之为"新砦文化"[②]（我们看来这是把两支考古学文化的尾和头捏合在一起，详后），他的这一提法得到部分学者的响应[③]。李维明认为属于二里头文化一期的早段，可称为二里头一期"新砦型"[④]；顾万发主张把新砦期这类遗存归属于二里头文化，可称之为新砦文化亚态，将新砦期早段称为新砦期较为合适，新砦期晚段与二里头文化一期同时[⑤]；赵芝荃坚持新砦期早于二里头一期，并提出新砦期文化源于河南龙山中期文化，发展成为二里头一期文化[⑥]。

我们通过自1999年以来对新砦遗址重新发掘所发现的大量的地层关系和类型学研究，提出所谓的新砦期实际上是指以新砦遗址第二期为代表的文化遗存，它既不便归入龙山文化，也不便归入二里头文化，而是介于龙山文化晚期与二里头文化早期之间的古文化遗存，新砦期主要分布在嵩山东部及东南部地区，大体相当于二里头一期东半部及其东南，不像原来推测的那样广泛。自身具有特征鲜明的文化遗迹和遗物，分布在一定地域，从而提出"新砦二期文化"的命名[⑦]，如果只是笼统地提出"新砦期"，不将第一期或第三期的内容分开来谈，就会混淆它们与第二期的区别。正如所谓"新砦文化"，有学者就主张把二里头文化一期和原定的新砦期合并，这实际是把两个考古学文化的首（二里头文化）尾（新砦二期文化）两端拼成一个考古学文化，显然是不合适的。现在，"新砦二期文化"的提法已经开始得到部分学者的认同[⑧]。

（五）"新砦期"的绝对年代的认定

新砦遗址第二期出土木炭经首批碳十四年代测定的有6个数据。其中，第二期早段的

[①] 赵春青：《关于新砦期与二里头一期的若干问题》，《二里头遗址与二里头文化研究——中国·二里头文化遗址与二里头文化国际学术研讨会论文集》，科学出版社，2006年。
[②] 杜金鹏：《新砦文化与二里头文化——夏文化再探讨随笔》，《中国社会科学院古代文明研究中心通讯》第2期，2001年7月。
[③] 庞小霞、高江涛：《关于新砦期遗存研究的几个问题》，《华夏考古》2008年第1期。
[④] 李维明：《二里头文化一期遗存与夏文化初始》，《中原文物》2002年第1期。
[⑤] 顾万发：《"新砦期"研究》，《殷都学刊》2002年第4期。
[⑥] 赵芝荃：《夏代前期夏代文化综论》，《考古学报》2003年第4期。
[⑦] 北京大学震旦古代文明研究中心、郑州市文物考古研究院：《新密新砦——1999—2000年田野考古发掘报告》，文物出版社，2008年。
[⑧] 蔡全法：《新砦期与启都问题》，"中国聚落考古的理论与实践——纪念新砦遗址发现30周年学术研讨会"会议论文。

二里头文化的一期是不是最早的夏文化的问题。于是，工程办公室决定增设新砦遗址分期研究作为夏商周断代工程的子课题之一，对新砦遗址重新进行发掘，勘验那里到底有无新砦期。1999年重新发掘的结果表明，新砦遗址的主体文化内涵分龙山文化、新砦期和二里头文化早期三种遗存，新砦期作为早于二里头文化、晚于龙山文化的遗存是存在的[①]。当然，新砦期的范围有多大，其器物组合特征与二里头文化相比有何不同，单凭1999年的发掘材料，不够充分，于是2000年再次发掘，而且找到了二里头早期文化层直接叠压新砦期的地层证据。这次发掘出土的器物群也相当丰富，从器物形制演变逻辑关系上也可以看出[②]，新砦期的陶器形制介于龙山文化晚期与二里头早期同类陶器之间，以后的碳十四测年结果也证实了这一结论[③]，新砦期得到了确认[④]。

以前，有关二里头文化是夏文化，二里头文化的上下限与夏文化年代的上下限早晚相对应的学术观点颇为流行，可是，新砦期的存在却打破了这一说法，二里头一期显然不是夏文化的上限。新一轮的测年数据表明，"二里头第一期的年代上限应不早于公元前1750年"[⑤]，根本到不了史载夏文化的上限，更不用说二里头文化了。比新砦期年代还要晚的二里头文化只能是夏代中期以后的夏代晚期遗存，这些观点对于夏文化的探索，无疑等于投掷了一枚炸弹，引起了强烈反响。于是，少数学者或无视新砦遗址发掘的新材料，仍然否认新砦期的存在[⑥]，或虽看到了新材料，仍然固守旧观点，对新砦期的存在疑虑重重[⑦]。但是，新砦期的存在得到了更多学者的认同[⑧]。

（三）关于"新砦期"的新认识

新砦遗址的再发掘，证实新砦遗址的古文化主体遗存分为三大阶段，或曰三期，即第一期属于河南龙山文化晚期，也有人称之为中原龙山文化的王湾类型，或叫"王湾三期文化"；第三期，是相当于二里头文化早期的遗存；介于这二者之间的，应该是新砦期文化。因此，所谓的新砦期并非说新砦遗址所有的主体遗存带有从龙山文化向二里头文化过渡的风格，而是指在遗址的第一、第三期遗存之间，还有一期过渡形态的一套东西，这一套东西才是新砦期，其余早于它的属于龙山文化，晚于它的属于二里头文化，均不是新砦期的

---

① 北京大学考古文博院、郑州市文物考古研究所：《河南新密市新砦遗址1999年试掘简报》，《华夏考古》2000年第4期。
② 北京大学古代文明研究中心、郑州市文物考古研究所：《河南新密市新砦遗址2000年发掘简报》，《文物》2004年第3期。
③ 张雪莲等："新砦早期的年代约为1870～前1790年，新砦晚期的年代约为公元前1790～前1720年"，见《新砦——二里头——二里冈文化考古年代序列的建立与完善》，《考古》2007年第8期。
④ 赵春青：《新砦期的确认及其意义》，《中原文物》2002年第1期。
⑤ 张雪莲等：《新砦——二里头——二里冈文化考古年代序列的建立与完善》，《考古》2007年第8期。
⑥ 董琦：《虞夏时期的中原》，科学出版社，2000年，第88页。
⑦ 李维明：《来自"新砦期"论证的几点困惑》，《中国文物报》2002年1月11日；程平山：《夏代纪年、都邑与文化》，《夏商周历史与考古》，人民出版社，2005年。
⑧ 夏商周断代工程专家组：《夏商周断代工程1996—2000年阶段成果报告》，世界图书出版公司，2000年；方酉生：《略论新砦期二里头文化——兼评〈来自"新砦期"论证的几点困惑〉》，《东南文化》2002年第9期。

新砦聚落考古的回顾与展望
——纪念新砦遗址发掘 30 周年[*]

2009 年适逢河南新密新砦遗址首次发掘 30 周年，30 年来，新砦遗址在文化谱系、聚落形态和多学科合作方面均取得了不少重要成果，在实践过程中我们认识到，谱系研究是聚落考古的基础，而聚落形态研究又离不开多学科合作研究，只有把三者结合起来，才能深入有效地开展单个遗址的聚落考古研究。

自 1999 年以来，笔者有幸参与了新砦遗址谱系研究和聚落形态研究，这里欲结合新砦考古的实践，回顾 30 年来新砦考古的历程，并对未来的工作谈些不成熟的看法。

一、文化谱系研究：聚落考古的基础

（一）"新砦期"的提出

新砦遗存至迟在 20 世纪 70 年代中期已经被发现了。1975 年，在临汝煤山遗址发掘中，发现了早于二里头文化一期的遗存，归入二里头文化[①]。

1979 年，经过豫东和豫中地区广泛调查之后，赵芝荃试掘了河南新密新砦遗址，发现了介于河南龙山文化与二里头文化之间的遗存。1983 年，赵芝荃正式命名为"新砦期二里头文化"[②]，归入二里头文化系统当中，作为二里头文化最早的一期，即比二里头遗址的二里头文化一期还要早，有时称之为二里头文化的"新砦期"，简称"新砦期"。但是有关新砦期的材料最典型的只有新砦遗址一处，而且，后来发掘证明的确有把个别本属于二里头文化或河南龙山文化的器物归入到新砦期当中，作为新砦期的典型标本，这更加重了人们对新砦期的怀疑，虽然没有公开发表文章，实际上认为发掘者把不同年代的东西混在一起了。当然，也有个别学者对新砦期持肯定态度，惜未展开正面论述，不承认新砦期的存在是学术界当时的主流意见。

（二）"新砦期"的确认

1996 年夏商周断代工程启动之后，有关"新砦期"的话题被重新提起。如果在二里头一期之前还有一期即"新砦期"的话，二里头遗址的上限就不会是夏文化的上限，这涉及

---

[*] 与张松林合作撰写本文。
[①] 洛阳博物馆：《河南临汝煤山遗址调查与发掘》，《考古》1975 年第 5 期。
[②] 赵芝荃：《略论新砦期二里头文化》，《中国考古学会第四次年会论文集》，文物出版社，1985 年。

对人骨的同位素分析结果也颇有意义。通过对遗址中心区的 6 具新砦期晚段人骨的碳氮稳定同位素分析，发现他们的饮食多以小米等 C4 类食物为主。这些人骨均出自平民墓，无随葬品。在新砦第二期晚段农业以水稻为主的情况下，这些平民只能吃粗粮，饮食来源并不稳定。但在遗址的中心区却出有玉器、红铜器、刻划精美龙形图案的陶礼器等珍贵遗物。这表明在聚落的中心区，一方面平民们靠粗粮和野菜糊口，另一方面一些特权人物却过着奢华富足的生活。看来新砦第二期聚落既是繁荣的中心聚落，也是一个充满着贫富分化色彩的聚落。

除了上述工作，新砦聚落考古也注重对古耕地的研究及石器岩性分析等，这些工作为全面了解新砦聚落提供了丰富的信息。

总之，我们在新砦聚落考古的探索过程中深切体会到，从事大型遗址聚落考古研究必须树立聚落考古课题意识，无论是课题选题、技术路线的设计、实地工作过程等各个环节都必须牢固树立聚落考古的理念，才有可能不断取得大型遗址聚落考古的新进展。

（原载《考古》2009 年第 2 期）

期之间的演变，也是我们将要调查的内容。从现有材料可以看出，裴李岗文化遗址多集中在台地上，遗址之间的地带较大，整个聚落群呈散点状分布；仰韶文化遗址分布在河流较高阶地上，整个聚落群呈线状分布；龙山文化遗址在靠近河流的较低的河流阶地上向远离河流的地带发展，从而使整个聚落群呈团状分布。而新砦期聚落与龙山文化时期的聚落分布特点相同。

比新砦期更晚的二里头文化时期的遗址数量稀少，这是工作原因，还是随着聚落中心的转移出现的变化，有待进一步调查。

四、相关学科在聚落考古中的作用

当今相关学科对考古学研究的渗透越来越全面和深入，聚落考古也不例外。相关学科技术在聚落考古中的运用，已经成为聚落考古的有机组成部分。新砦聚落考古过程中吸收环境考古、动物考古、植物考古、科技考古等多学科专家参加研究，这些研究不仅有助于了解聚落演变的背景和原因，而且有的工作已经成为聚落考古本身的研究内容。

在调查新砦壕沟和城墙时，我们曾邀请中国社会科学院考古研究所考古科技实验研究中心的专业人员，在钻探出相关线索的基础上，使用物探技术对重点区域进行勘查。虽然目前物探技术尚处于探索阶段，不能取代钻探技术。但在新砦聚落考古的实践当中，这一技术为我们判别地下遗迹的性质和城墙走向提供了一定的帮助。

关于环境背景，根据孢粉组合、氧碳同位素、化学组分和有机组分等多项古气候代用指标的分析，可以得知新砦第一期为温和较干燥气候，植物以蒿属为主，禾本科和藜属次之，有少数松属和阔叶落叶树，属于生长有稀疏松树和落叶阔叶树的暖温带草原植被。因气候较干燥，河水量不大，洪水对人类的威胁不大。第二期开始变为温和干燥的气候，植物以蒿属为主，禾本科和藜属次之，属于生长有稀疏松树和落叶阔叶树的暖温带草原植被。后来，发展成为温暖湿润—温暖较湿润气候，植物以蒿属为主，禾本科和藜属次之，生长有较多松属和阔叶落叶树种，并有较多湿生水生草本和蕨类，属于暖温带森林草原植被。新砦第二期气候的显著变湿有可能导致大洪水的爆发。到了第三期，气候转向温和干燥，出现生长有稀疏落叶阔叶树的暖温带草原环境。由于气候变干，河水水量减少。

关于农业，通过浮选植物遗骸、观察生产工具种类和统计农作物的种类与比重来了解。1999～2000年发掘期间，我们在现场自己制作浮选机械，并把浮选出的植物遗骸由专家予以鉴定。鉴定时不仅观察植物遗骸的外形，而且根据遗骸的种脐判断其种属，增加了鉴定的准确度。对浮选物种类，不仅统计绝对数量，也统计出土频率。结合环境背景研究，发现气候变化与农业生产关系密切。新砦第一期为温和较干燥气候，有稻作农业，但采集经济占有相当比重。第二期发展成为温暖湿润—温暖较湿润气候，属于暖温带森林草原植被，稻作农业更为发达。第三期气候转向温和干燥，雨量减少，农业生产方式有可能向旱作农业转变。

多正对遗址西南部大型建筑所在的方向,而且大型浅穴式建筑的北边有一条东西向的大路向东西方向延展,或许西壕上的这一缺口就是通往聚落外面的门道。

在三面环壕发现之后,按照同样的方法,相继找出了外壕和内壕。

外壕位于新砦北环壕220米以外,系一条人工与自然冲沟相结合的壕沟。东西长1500、南北宽6~14、深3~4米。自西向东有三处缺口,或许是三处供出入的通道所在。外壕只见于遗址北部是因地貌条件造成的。如前所述,新砦遗址南临双泊河,西有武定河、东有圣寿溪河,只有北边与陆地相通,故在北边另设置外壕以加强新砦遗址的防御。外壕应是新砦城址北边的第一道防线。

内壕现存西、北和东三面,与南边的双泊河一起,围绕着遗址的西南部(今梁家台村东北)即遗址的中心区。其中,北内壕东西长约300米,东、西内壕的南部均遭破坏,长度不明。保守计算内壕内的面积应在6万平方米以上。西内壕中部有缺口,应为通往遗址中心区的第二道出入门。

壕沟的平面分布状况清楚以后,即着手通过探沟解剖北壕沟和东壕沟,以解决壕沟的年代。经解剖,壕沟内部堆积复杂,可分20多层,大多呈倾斜堆积。其中,靠近底部的10多层内的包含物年代为龙山文化和新砦期,最上面的若干层包含物的年代为二里头文化早期。令人费解的是壕沟内的填土尤其是靠近壕沟内侧的填土纯净、紧密,呈黄灰色,与沟内靠近外侧的灰褐土判然有别。

城墙通常距壕沟不远,新砦遗址有了壕沟,会不会有城墙呢?已经确认的围绕遗址边缘分布的壕沟宽而深,联想到壕沟内的填土硬且纯净,不像壕沟内的淤土而像城墙上的夯土。2003年秋季,我们通过在煤土沟村东和梁家台村西共4条探沟的发掘,在东、东北和西围壕内侧确认了新砦遗址的城墙[1]。

(十)开展聚落群调查

在找到新砦城址的城墙、护城河、内壕、外壕以及大型建筑后,凸显的问题是该城址在新砦期聚落群中处于什么样的位置,它是否是同期聚落中最大的一处?要想回答这一问题必须开展聚落群的调查工作。

为此,我们于2004年春开始了调查的第一步:查阅相关材料,初步明确新砦期聚落群的范围。目前,大体可以肯定:新砦期聚落主要分布在嵩山的东南部地区。在今嵩山以东的郑州市,嵩山东南的新密市和新郑市,嵩山西北的巩义市均发现有新砦期遗址。但是,新砦期聚落群的范围似乎北不过黄河、西南不到禹州市。就聚落规模而言,在现有的新砦期聚落中,还没有发现比新砦城址更大规模的遗址。

比新砦期更早的龙山文化时期、仰韶文化时期和裴李岗文化时期的聚落分布态势及各

---

[1] 中国社会科学院考古研究所河南新砦队、郑州市文物考古研究院:《河南新密市新砦遗址东城墙发掘简报》,《考古》2009年第2期。

在完成上述工作之后，2002 年秋决定在这里布方进行发掘。为了便于从大范围把握可能存在的大型遗迹，首次布下 10 米 × 10 米探方 5 个，5 米 × 10 米探方 1 个，这 6 个探方连在一起的发掘区覆盖了 2 座大墓和一大片"纯净"土。发掘工作开始不久就查明钻探出来的大墓是 2 座东周墓葬（墓内出土了陶壶和铁器碎块）。不过在这 2 座墓葬的东西壁上均暴露出属于同一遗迹的"南壁"。从大墓的东壁上可看到，该"墙壁"被二里头文化层叠压、同时又打破了新砦期的灰坑和文化层。这一看似偶然发现的现象成为我们追踪大型遗迹的重要线索。其后，我们根据这一线索一边向东连续扩方，以追寻其向东延展的情况，一边向北扩方，意在寻找与这一大型遗迹"南壁"相对应的"北壁"。在确认南北两壁平行向东西方向延展之后，决定进行全面揭露。经 2003 年和 2004 年的发掘及 2005 年春季的解剖，目前已基本可以肯定这是一处新砦期晚段的多次使用的大型浅穴式露天活动场所。其东西现存长 92.6 米，主体部分南北宽 14.5 米。该建筑西边已遭农田破坏，东边被近代扰土层破坏，只在南北两边保存垫土层，据此可以大体推断出东边的位置。建筑平面总体呈把刀形，方向为 86°，唯东端向南内收 2.4 米。至于其性质或许与"墠"或"坎"之类的活动场所有关[①]。在其附近，已经钻探出其他建筑基址。因此，不排除该区域另有其他重要建筑的可能性。至此，不仅找到了新砦聚落的中心区，而且也找到了大型浅穴式建筑遗迹。

（六）寻找壕沟和城墙

既然新砦遗址是一处建有大型建筑的大型聚落遗址，就应该考虑它有没有城墙或壕沟之类的防御设施以保卫中心区。

如何寻找城墙和壕沟呢？新砦遗址现在的地表已无任何蛛丝马迹可寻，只能在地下寻找。为此，我们确立物探与钻探相结合的地下勘查方法，从遗址的边缘开始探查，一旦发现诸如壕沟或硬土（很可能是夯土）立即向两端予以跟踪探查。

勘探时从遗址最明显的边缘地带入手。如果说核定遗址范围时，钻探的方向是从遗址中央向遗址外围呈放射状行进的话，此时正好相反，采取从遗址的外围向遗址内部的方向实施钻探。如果遗址周边的确有壕沟或城墙，这种遗迹的堆积与生土层区别明显，容易辨认。按照这一设想，我们将第一条钻探路线选在遗址边缘最清楚的现代苏沟村北边，从北向南实施钻探。

2003 年春，实施上述钻探方案不久，就在苏沟村北边发现了宽数十米、深 6～7 米的壕沟。从苏沟村北边开始分别向东、西两个方向延伸，继续钻探。遇到壕沟中断时，考虑是否遇到壕沟转弯或缺口，随时调整钻探路线，最终将紧靠遗址边缘的北、西、东三面壕沟全部钻探出来。南面不见壕沟，或许原本即以双洎河为天堑。三面壕沟加上双洎河将整个遗址封闭起来。值得注意的是在西壕的中间部位有一缺口，南北宽 30 多米，该缺口差不

[①] 中国社会科学院考古研究所、郑州市文物考古研究所：《河南新密市新砦城址中心区发现大型浅穴式建筑》，《考古》2006 年第 1 期。

土沟和东湾村则一直没有做工作。这四个自然村所叠压的古代文化遗存究竟是否是四个小聚落呢？2002年秋季，我们分别在煤土沟、东湾、梁家台村西南部，开探沟若干条，以核定遗址各区的共时性。发掘结果表明，遗址内各区大体同步，共同经历了王湾三期文化晚期、新砦期早段、新砦期晚段三个前后相继的阶段。这一发掘结果与地质学家的判断不谋而合，进一步表明新砦遗址有可能是由各区连接在一起的一处大型聚落遗址。

需要说明的是聚落考古的共时性不易做过于精细的理解，而是有一定的时间范围。这里所讲的共时只能细化到考古学分期中的"段"的层面，至于更细致的时间刻度，有待进一步探讨。我们在新砦的着眼点是只要划分出考古学分期中的分段，观察出各区域都经历了相同的时段，即可认为各区域可能为同步发展的同一聚落的若干区域而不是相互独立的若干聚落。

（五）寻找遗址的中心区和重要建筑

在确定了新砦遗址很可能为一处大型聚落之后，新问题是遗址的中心区在哪里？遗址中心区的标志应该是大型建筑，那么，新砦遗址有没有大型建筑？为解决这些难题，接着开展仔细的徒步踏查和钻探。

地面踏查的重点首先是暴露在遗址沟沿、田埂之上的遗迹现象。我们先后对煤土沟、苏沟和双洎河故道两侧断壁进行反复的实地踏查。结果发现，煤土沟北侧断崖上面，几乎不见任何遗迹，南侧的断崖靠近东端有文化层。苏沟南壁暴露有大段的沟内堆积土层（后证明为内壕之北段），北壁西部有一处明显为沟状堆积（后证明为西城墙及壕沟），其余地段局部有沟内堆积层（性质尚不明确），个别地段显示有文化层和灰坑。双洎河故道所在断崖，现有约20米的高差。在梁家台东台地以东的西断崖上暴露有沟状堆积文化层（后证明为内壕之东段）、灰坑和文化层，在今东湾村即D区的北边部分断崖上暴露有新砦第二期的文化层。

通过地面踏查，认识到苏沟以南的A区最值得注意。这里不仅是遗址海拔最高、视野最开阔的地带，而且在它的东面和北面都有沟状堆积，形成一个相对独立的区域。联想到1999年和2000年度的发掘结果，这里出土具有二里头文化特征的兽面纹和龙纹图案以及铜器残片等高规格遗物，说明此处很可能是遗址的重要区域即聚落中心区。而且从遗迹规格看，此处亦非普通居民区。如这里的灰坑形制规整、容积颇大。

当我们把A区东北高台地初步判断为遗址的中心区之后，即对该区域实施钻探。因A区东北高地的范围也相当大，当时的钻探方案是先疏后密，即先以20米×20米的行距和孔距钻探，将整个东台地粗略地钻探一遍。当时从台地最高处开始，从南向北成行钻探。钻探数行之后发现，靠近高台地北部的一片区域，很少发现灰坑，显得相当"纯净"。至此，在这一块区域加密探孔的行距和孔距（大部分为5米×5米，局部为2米×2米），加密钻探的结果印证这里的确为一大片相当纯净的地层堆积，很可能存在连成一片的大型遗迹。此外，在这一片区域内还钻探出2座大型墓葬。

（二）绘制遗址平面图

利用现有的影像资料，借助相关的计算机技术，可以迅速、准确地制作大比例尺的遗址地形图。新砦遗址 1∶2000 的地形图，就是由专业人员依照 1999 年的航片资料和测绘机构所测绘的 1∶10000 的地形图通过相关软件在计算机上制作完成的。其步骤是：首先，收集航片和大比例地图；其次，邀请制图人员到现场实地勘查，实地核实图像资料；再次，在现场与田野考古人员一起选择和确定坐标点；最后，运用计算机技术整合成图。其中的关键点是要把图纸上标出的坐标点与地面标示的坐标点相对应。我们的经验是，为了方便在各个部位测图，除基点外应尽可能多设分坐标点。在新砦遗址测图时，我们在遗址内共选出 70 个分坐标点，分散在遗址各处，为日后测量、标示各个探方相对位置和大型遗迹的范围、走向提供了多个参照点。运用这种方法测图，只需数日即可完成。如果按照以往的方法，邀请考古专业测绘人员到遗址实地测绘新砦遗址 1∶2000 的地形图，因该遗址面积大、障碍物众多，不仅至少需要一两个月，而且测出的效果也未必令人满意。

（三）核实聚落范围

新砦遗址内部现被两条黄土冲沟（"煤土沟"和"苏沟"）和双洎河故道切割为四大块，整个遗址保存现状显得支离破碎。但据被邀请到现场的地质学家考察，在黄土地带，遇到暴雨天气很容易冲出像煤土沟和苏沟那样的黄土冲沟。根据现有冲沟和河流故道的特征判断，这两条冲沟和双洎河故道出现的年代不会早于公元前 1000 年。换言之，在新砦遗址主体遗存所处的龙山文化晚期和新砦期阶段，这里可能是连接在一起的一个大型聚落，而非今日呈现的相互分割的四个小村落。

那么，这个原来连成一片的聚落究竟有多大面积呢？2002 年春，我们以有无文化层为依据，采用观察现存地层剖面和钻探地下文化层相结合的方法，确认遗址重点范围大体为：北边在今苏沟村以北 10~20 米处，东至煤土沟村东南约 350 米，南到东湾村的中部，西到梁家台村以西 30~50 米，合计总面积约 70 万平方米。如果计入外壕与内壕之间的区域，总面积达 100 万平方米左右。

（四）核定遗址各区的共时性

中原地区相当多的大型聚落遗址往往位于当今村落的下面，因自然和人为破坏的原因，多被冲沟或现代道路分割为若干区域。在大体明确遗址范围以后，接着需要解决的是遗址内各区究竟是大体同时的还是前后相继的。此前，地方文物工作者曾根据新砦遗址现存格局和地面陶片的时代特征把今苏沟村和梁家台村所叠压的古代遗址定为两处遗址[①]。至于煤

---

① 国家文物局主编：《中国文物地图集·河南分册》，中国地图出版社，1991 年。

需在分期的基础上进一步深入。如果是小型聚落，不妨采取全面揭露的办法。但是，面对上百万平方米的大型遗址，是不可能也没有必要全面揭露。在探索新砦聚落布局的过程中，我们采用了如下的步骤。

（一）收集影像资料

聚落考古的首要内容之一是把握聚落遗址的地理环境和地貌状况，对聚落所处背景有所了解。新砦课题组在实地踏查之前，即先行收集该遗址的各种影像资料。

在探索新砦聚落布局之初，我们先后收集到新砦遗址1957年、1972年、1988年和1999年等不同年份的卫星航拍影像资料。不仅直观地了解到遗址在最近几十年的变迁脉络，而且注意到遗址所在区域地处双洎河的北岸，内有两条黄土冲沟穿过遗址。其中，穿越遗址中部的黄土冲沟名为苏沟，自西向东流。沟南为梁家台村，沟北为苏沟村，沟东端最深处距地表为十余米。贯穿遗址东北部的黄土冲沟名为煤土沟，自西北流向东南。该沟最终汇入双洎河故道，其东南端深与苏沟相当。该沟西为苏沟村，沟东南为煤土沟村。双洎河故道为半圆形，自西南转向北再流向东南，深距地表约20米，将东湾村包围起来，使之成为孤岛状（图一）。

从更大的空间观察，新砦遗址所在的地貌系嵩山南麓向华北大平原过渡的山前平原地带。新砦遗址位于双洎河北岸，其东西2千米外分别为圣寿溪水和武定河两条自然溪流，北为无阻隔的平地。其地貌特点为三面临水，仅北边有陆路与外界相通。从防御的角度观察，东、西、南均可以凭借自然河流作为屏障，唯有北边当修筑防御工事。这些影像无疑为寻找新砦遗址聚落防御设施提供了直观的背景资料。

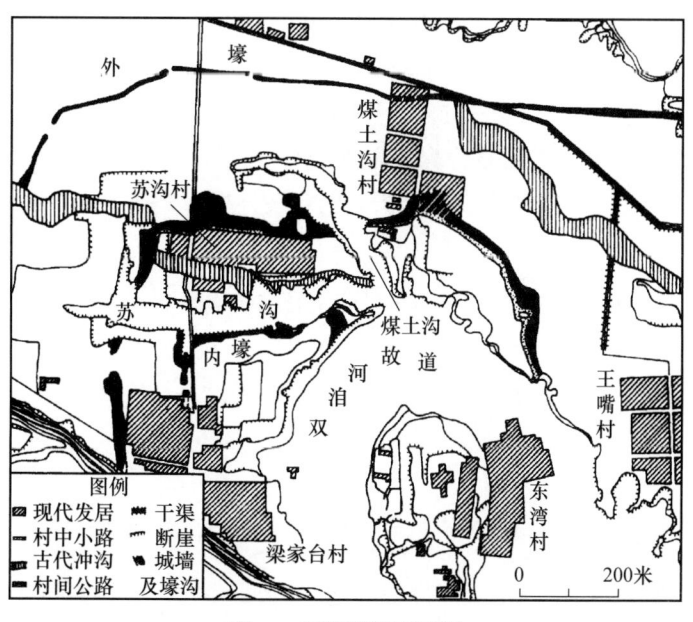

图一　新砦遗址平面图

1999 年，我们在该遗址进行第二次发掘后把主体遗存划分为二期三段，即第一期为龙山文化晚期，第二期为新砦期。而第二期又可细分为早晚两段[①]。2000 年扩大发掘面积，清理出大量的窖穴、灰坑，并修复较多的陶器，尤其是找到了二里头文化早期遗存叠压新砦第二期的地层关系。这样，经 1999 年和 2000 年两次发掘，我们将遗址主体遗存分为三期，即第一期为王湾三期文化，第二期为新砦期遗存，第三期为二里头文化早期。其中，每期皆可以细分为早晚两段[②]。

新砦遗址第一期文化，即中原龙山文化的王湾类型（也称王湾三期文化或河南龙山文化豫西类型），所出灰坑平面形状以圆形为主，常见袋状坑。陶器以深腹罐、碗、小口高领瓮为主，另有圈足盘、鬶（盉）、豆、杯、平底盆、乳状足鼎等。陶器器壁较薄，火候较高。罐类口沿多方唇，有的唇沿施一周凹槽。纹饰以篮纹、方格纹为主，方格纹和绳纹的印痕十分清晰。第一期遗存的绝对年代为公元前 2050～前 1900 年。

第二期即所谓的"新砦期"，灰坑以圆形居多，坑壁多为直壁，袋状坑减少。陶器器壁增厚，纹饰仍以篮纹和方格纹为主，但印痕变得草率。陶器组合仍以罐类占据一半以上，其次是碗（钵），这与龙山文化相近。但出现了大批器盖，夹砂罐和鼎的唇部多为尖圆唇，鼎、罐和缸的口部开始流行子母口作风。不少器类的形制介于龙山文化与二里头文化的演变序列之间，呈现出过渡色彩，如鼎、深腹罐、钵（碗）、豆、甗等。第二期的绝对年代约为公元前 1850～前 1750 年。

第三期出现不少二里头文化常见的花边罐和菌状纽器盖等二里头文化标型器。陶器纹饰也以绳纹为主，方格纹少见。其绝对年代应与二里头文化早期相当。

具体到每一期，都可以进一步划分为早晚两段。这样，我们就可以看出，新砦遗址主体遗存从龙山文化晚期延续到二里头文化早期，可划分出前后延续的三期六段。其中，新砦遗址第二期遗存遍布遗址各区，遗迹众多，单个遗迹的规模大，地层堆积也十分丰厚，地面散布的陶片随处可见，应是新砦遗址最繁荣的时期。第一期遗存与第二期相比，稍显逊色。第三期遗存几乎不见灰坑等遗迹，只在局部区域零星分布。

因此，结合分期结果可看出新砦聚落发展大势为：第一期，聚落出现之后不久即发展到相当规模；第二期尤其是晚段，聚落最为繁荣；第三期，聚落急剧衰落。

三、探索聚落布局的步骤和方法

文化分期的建立为探索聚落的整体演变建立了基础，但具体到对各期聚落布局的探索，

[①] 北京大学考古文博院、郑州市文物考古研究所：《河南新密市新砦遗址 1999 年试掘简报》，《华夏考古》2000 年第 4 期。
[②] 北京大学古代文明研究中心、郑州市文物考古研究所：《河南新密市新砦遗址 2000 年发掘简报》，《文物》2004 年第 3 期。

新砦聚落考古的实践与方法

聚落考古的基本内容包括对单个聚落、聚落与聚落之间以及聚落演变过程等方面的研究[①]。其中，对单个聚落遗址的研究是从事聚落研究的基础。我国考古学界早在20世纪50～70年代就开始对陕西西安半坡和临潼姜寨等史前遗址进行大面积乃至全面性的揭露，从而积累了不少单个遗址聚落考古的经验[②]。不过，这些大都是规模较小的仰韶文化聚落遗址。至于如何在面积达数十万甚至数百万平方米的大型遗址上开展聚落考古，急需在田野考古的具体实践当中不断地加以探索和总结。本文欲结合近年来河南新密市新砦遗址的聚落考古实践，就上述问题谈一点体会。

一、树立聚落考古意识并制定聚落考古技术路线

自2002年中华文明探源工程启动之后，作为该工程预研究的子课题之一，新砦遗址田野工作及研究的重点从文化谱系转移到聚落布局研究上来。在此之前，新砦遗址仅发掘了数百平方米，且发掘相对集中于同一地点，对聚落布局的了解几乎是一片空白。如何开展新砦遗址的聚落布局研究？我们认为最重要的有两点：一是树立聚落考古意识，时刻以聚落整体为观察、思考和研究的对象。二是制定一套不同于谱系研究的技术路线。鉴于新砦遗址面积大，各处堆积情况复杂，我们制定的技术路线是：第一，查阅和搜集相关文献和图像资料；第二，开展地面详细踏查；第三，在地面踏查的基础上选择重点区域进行必要的钻探和物探；第四，在钻探的基础上选择重点部位进行较大面积的发掘；第五，联合其他学科共同研究新砦聚落的环境背景、演变过程及其对社会发展的影响。

二、文化分期是开展聚落考古的基础

分期是从事聚落考古的基础。离开分期谈聚落形态，就会将不同时期的遗迹混在一起。新砦遗址像中原地区许多史前遗址一样，是一处多层堆积的原始文化遗址。在这样的遗址上做聚落考古首先要搞清楚遗址的文化分期。

关于新砦遗址的分期，首次试掘的简报将主体遗存分为龙山文化和二里头文化早期两大期[③]。

---

① 严文明：《聚落考古与史前社会研究》，《文物》1997年第6期。
② 半坡博物馆等：《姜寨——新石器时代遗址发掘报告》，文物出版社，1988年。
③ 中国社会科学院考古研究所河南二队：《河南密县新砦遗址的试掘》，《考古》1981年第5期。

继龙山文化之后，到了新砦至二里头文化时期，才出现了真正意义上的早期国家。

综上所述，我们通过对中原地区各个阶段聚落形态的对比，能够比较清楚的、也比较全面地刻画出中原地区的文明化过程。既然我们要研究嵩山文明、中原文明并研究它的内涵及其变化过程，而聚落形态研究是开展此项研究的最重要的手段之一，因此，今后应该加大该地区聚落考古的研究力度。

［原载郑州中华之源与嵩山文明研究会主编：《中华之源与嵩山文明研究》（第一辑），科学出版社，2013年，第26～30页］

新砦①、古城寨②，这样由西向东有一组；再往南，下到淮河的上游，比如郝家台③、平粮台④，还有最近发现的蒲城店城址⑤，这几个城址又构成了一组，这几个城址挨得还特别近，不远就有一个城址，这是龙山时期最突出的一个变化，令人不能不相信城邦林立的那种社会状态。

还有一个值得注意的是某些龙山城址的面积特别大。刚才我们谈到仰韶文化时期的城址面积都不大，如郑州西山城址比较小，不到10万平方米，长江中游的城头山也只有数万平方米，可是，龙山时代的城址面积非常大，如新密新砦龙山文化城址的面积可达到100万平方米。另外，挖掘出来的遗物也非常高档，有铜器、石器、彩绘龙船等，这时候社会分化现象在中原地区提升到另一个更高的阶段。龙山文化聚落形态变化还有一个特点就是仰韶晚期的连间房、多间房不见了，取而代之的是一个个的单间房，我个人理解，这是由家族继续向家庭分化的标志。有人问仰韶晚期就不能有家庭吗？不能有，那个时候因为社会生产力的发展程度有限，必须在人口比较多的地方才能构成一个完整的社会单位。到了龙山文化的时候，生产力提高了，比如说水井出现了，农业更加发达了，有可能导致一个比较小的人口规模构成一个完整的社会单位，所以我觉得可能是由家族向家庭形态的转化，才是引起龙山文化聚落形态单间房大量出现的原因。

除了我们所熟悉的河南龙山文化以外，在客省庄文化当中，有人也叫陕西龙山文化，盛行"吕"字形双间房，这是黄土地区龙山时代居民特有的居住形式。

这几年我的工作之一，就是确定了在龙山与二里头之间，有个新砦期⑥。关于新砦遗址的聚落考古工作还刚刚开始。我个人做的工作有三项：第一，新砦城址本身是一个城的规模，可能有工业区和手工作坊等。它不是零散的村庄，它的面积还比较大，可以定为一级聚落。第二，我开展了溱洧地区聚落调查，调查得出的结论是到了新砦期的时候，聚落达到了一个高潮，比如说裴李岗时期、仰韶时期、新砦时期的聚落大大增加。第三，新砦的城市甚至分成大小两个级别。当然，新砦期聚落形态的具体内容，我相信随着工作的深入和开展还会不断地丰富和增加，这只是目前的一些认识。除了新砦城址外，在溱洧流域，还有一个聚落有城址，它就是在座的蔡全法最早发现并且做过解剖的人和寨遗址。可见，新砦期的城址至少可以分为大小两级。

---

① 中国社会科学院考古研究所河南新砦队、郑州市文物考古研究院：《河南新密市新砦遗址东城墙发掘简报》，《考古》2009年第2期。

② 河南省文物考古研究所、新密市炎黄历史文化研究会：《河南新密市古城寨龙山文化城址发掘简报》，《华夏考古》2002年第2期。

③ 河南省文物考古研究所：《郾城郝家台》，大象出版社，2012年。

④ 河南省文物研究所、周口地区文化局文物科：《河南淮阳平粮台龙山文化城址试掘简报》，《文物》1983年第3期。

⑤ 河南省文物考古研究所、平顶山市文物局：《河南平顶山蒲城店遗址发掘简报》，《文物》2008年第5期。

⑥ 北京大学震旦古代文明研究中心、郑州市文物考古研究院：《新密新砦——1999—2000年田野考古发掘报告》，文物出版社，2008年。

一些。但是据目前的材料来说，郑州西山城至少是中国比较早的城址，因为除了城头山城址的年代相当于仰韶文化中期以外，其余的城址年代较早的就是仰韶文化晚期和大汶口文化时期，因此，把西山城定名为"中国早期的城址之一"，问题不大。

城址的出现是史前聚落形态发生的一个重大变化，还有一个重大变化就是长房（或者叫排房）比较多地出现了。排房的出现打破了之前的流行单间房的局面。我个人认为这是家族功能逐渐取代了氏族功能在聚落形态上的体现。

继仰韶文化晚期之后，就到了庙底沟文化二期。河南大部分学者认为它既不属于仰韶文化系统，也不属于王湾三期文化，而是介于二者之间的一个时代，我的导师北京大学考古文博学院的严文明把它定义为仰韶文化末期[①]。随着近年来庙底沟文化二期的一些考古新发现不断增多，把它独立出来的可能性更大一些。在座的李德方很清楚，他发掘并整理过河南孟津县妯娌遗址[②]，该时期聚落形态的最大特征之一就是它可以分为居住区、墓葬区以及作坊区等，特别是在墓葬区当中，分化也是非常明显的，其中有的墓葬随葬有非常豪华的东西，有的小墓随葬品就很简单，还有一座墓埋葬了四个人。尽管它非常独立，面积不大，可是它作为一个庙底沟二期的遗址，已经足以说明那个时候即使像妯娌遗址这样比较偏僻的地方，聚落内部的分化现象也已经开始了。

如果再把眼光放远一点，扩展到山西芮城的下靳村[③]、清凉寺墓地[④]，就看得更清楚一些。这两个墓地都出土了大批的玉器，这些玉器的特色是包含有良渚文化和龙山文化的玉器因素，当然，这里的玉器风格已经经过中原的改造。可是有的墓葬也一无所有，所以这两个墓地也再次显示出墓葬成员发生了分化，但是毕竟他们还埋在一块，所以仍然处于一种既有氏族共生死的参与，又有新社会到来之后分化的迹象，这两个遗址我都去过，都是非常偏僻的地方，要是不到实地里去调查的话，甚至会怀疑这么破、这么偏的一个遗址怎么会出这么精美的遗物。所以再次说明到了庙底沟二期的时候，社会分化的现象非常普遍化了。

庙底沟二期文化之后，就到了中原龙山文化时期。我们知道中原龙山文化时期突出的聚落变化就是城市群的出现。城址如果在仰韶时期还只是个别现象的话，到了龙山时代已经出现了城址群，中原地区的城址群，归纳起来大概可以分为三组，黄河以北有一组，大概是从南往北；黄河以南大概又有两组，嵩山脚下有一组，也就是王城岗[⑤]、

---

① 严文明：《仰韶文化研究》，文物出版社，1989年。
② 河南省文物管理局等：《黄河小浪底水库考古报告（二）》，中州古籍出版社，2006年。
③ 山西省临汾行署文化局、中国社会科学院考古研究所山西工作队：《山西临汾下靳村陶寺文化墓地发掘报告》，《考古学报》1999年第4期。
④ 山西省考古研究所等：《山西芮城清凉寺新石器时代墓地》，《文物》2006年第3期。
⑤ 河南省文物研究所、中国历史博物馆考古部：《登封王城岗与阳城》，文物出版社，1992年；北京大学考古文博学院、河南省文物考古研究所：《登封王城岗考古发现与研究（2002～2005）》，大象出版社，2007年。

基本上都是由若干各家族构成的聚落。

唐户遗址的房址大概可以分成北、中、南、西北四个组，这四个组合起来大致成圆圈状，中央为大片的空地。这个聚落具体的演变过程，即这几个聚落组究竟是同时的、还是先后相继形成的，就需要仔细地排比唐户遗址出土陶器的变化规律，探求其各自的变化轨迹，如果是同时的就非常有意义了。这种大致呈圆圈状的布局方式开启了仰韶文化时期向心式聚落布局的先河。

仰韶文化时期的聚落形态大家就非常熟悉了。头一个就是西安附近的姜寨遗址，这个是上了中国历史教科书的。大家都知道，姜寨一期聚落内部有五组房屋构成，每组房屋都朝向中间位置，中间是个大广场，每组房屋都有一座大型房屋、数座中型房屋和十来座小型房屋。居址外围另有若干片墓地以及陶窑等，整体构成非常经典的一处环壕聚落[①]。和它相似的、在河南境内还有新安荒坡遗址，这个是前几年刚刚公布的[②]。到了仰韶早期的时候，具有一定规模的环壕聚落在中原地区、关东地区已经出现了。

到了仰韶文化的中期，中原地区的聚落形态再次发现了大的变化。其中，河南灵宝西坡遗址是最近发现的，那里已经揭露的数座大房子的面积特别大，比姜寨遗址最大的房址还要大四五倍，全部计算起来一共500多平方米[③]。这个遗址的工作刚刚开始，目前主要集中在大房子和墓地的发掘上面[④]，虽然目前得知整个聚落由相对应的两段壕沟与两条自然河流包围成一个封闭空间，但是，聚落内外的布局究竟怎样？我们不清楚，但是有一点可以肯定，相对于仰韶早期它已经显示出来几个特点，其中分化的特点非常明显，不仅聚落的面积大，而且大型房屋的面积特别特别大，我相信这几座大房子绝不是孤立的。我在西坡遗址调查过，它应该还有一些小的房子。然后它的墓地也是这样，有一些墓特别大，随葬的东西有玉器，但是有的随葬就比较一般化，这个在姜寨以及以前的时期是没有的，而是基本上是平等的，就是说到了仰韶文化中期，从聚落形态上已经可以看出向文明分化的方向迈出的第一步，特别是到了仰韶文化晚期的时候。

刚才会长也注意到了，郑州西山城址的发现，他刚才讲了能不能把它定为中国最早的城址，我现在做一个否认的答复。因为在长江中游大家都知道有湖南澧县城头山城址[⑤]，目前来看它最早建于大溪文化第一期，距今已有6000年。我们西山古城定的是距今5300～4800年，但是我个人觉得郑州西山城址的始建年代似乎还有必要再讨论一下。从简报公布的地层剖面图上来看，它的夯土层打破了一些仰韶文化比较早的层，这究竟是怎么回事，我觉得还可以再做工作。目前报告正在整理当中，没准可以把它的时代再往前提早

---

① 半坡博物馆等：《姜寨——新石器时代遗址发掘报告》，文物出版社，1988年。
② 河南省文物管理局、河南省文物考古研究所：《新安荒坡》，大象出版社，2008年。
③ 河南省文物考古研究所等：《河南灵宝市西坡遗址2001年春发掘简报》，《考古》2002年第2期。
④ 中国社会科学院考古研究所等：《灵宝西坡墓地》，文物出版社，2010年。
⑤ 湖南省文物考古研究所：《澧县城头山古城址1997—1998年度发掘简报》，《文物》1999年第6期。

略论中原地区史前聚落的演变

嵩山文明是中原文明的一个重要核心，中原文明的内容是非常繁杂的，各方面的研究也是非常多样的，目前来讲，从考古学上怎么研究中原地区的文明形成和发展的过程呢？采用聚落考古的方法显得越来越重要，考古学研究古代文明固然有许多方法和途径，但是从聚落的角度，把过去的遗址视为一个较大的空间，放到比较长的时段内，去考察它在历史长河当中的变化，会比较准确、全面、系统地反映过去古代文明演变的轨迹，所以聚落考古目前渐渐成为考古学者探讨古代文明的重要方法。

我个人从1999年开始在嵩山脚下做了十几年的研究，研究内容可以概括为两大方面，一个是考古学文化谱系方面，另一个便是聚落考古方面。我个人比较关注史前聚落的研究，所以今天我重点谈一谈中原地区史前聚落演进的概况。

大家知道中原地区不仅是中国近代考古学的发源地，也是中国最早开展聚落考古的地区。我说的中原地区跟周昆叔所列的那个范围大致相吻合，东到开封，西到宝鸡，北到山西的南部，南到南阳盆地。在这个范围当中大家可以看到，20世纪50年代半坡遗址[1]的发掘、70年代姜寨遗址[2]的发掘等，在聚落考古的研究当中迈步是比较早的，工作做得比较典型，具有代表性意义。进入到21世纪以后又有一些新的发现，使得中原地区史前聚落的链条更加丰满了。比如说最近发现的唐户遗址[3]就填补了裴李岗文化时期完整居址方面的空白，更有进入仰韶时代、龙山时代一系列城址和聚落的发现，使中原地区的演变轨迹有可能一环套一环地呈现给大家。

中原地区最早能和聚落挂上边的就是去年发现的李家沟遗址[4]，因为它的年代比较早，所以表现在聚落方面的信息是极其有限的。根据目前简报公布的材料和其他文献一些简单的介绍可以看出来那时候的居民已经发明了陶器，制陶地点很可能就在居住区的原地或居住地附近，已经使用了陶器，这就暗示着当时的人们极有可能已经定居下来，换句话说聚落应该处于萌芽状态。接下来，到了裴李岗文化时期，我们嵩山地区、中原地区发现的聚落遗址就更多了。

我本人专门研究过郏县的水泉遗址和新郑的裴李岗聚落遗址，这些聚落应该都是由若干家族构成的[5]。这几个遗址都是墓地资料比较齐全，通过墓地的分析可以得出我刚才说的、

---

[1] 中国科学院考古研究所、陕西省西安半坡博物馆：《西安半坡——新石器时代遗址发掘报告》，文物出版社，1963年。
[2] 半坡博物馆等：《姜寨——新石器时代遗址发掘报告》，文物出版社，1988年。
[3] 郑州市文物考古研究院：《河南新郑市唐户遗址裴李岗文化遗存2007年发掘简报》，《考古》2010年第5期。
[4] 北京大学考古文博学院：《河南新密市李家沟遗址发掘简报》，《考古》2011年第4期。
[5] 赵春青：《郑洛地区新石器时代聚落的演变》，北京大学出版社，2001年。

边；北组的大房子 F47 位于北组的东边；西组的大房子 F53 位于村中大道的路旁，东组的 F1 位于寨门内侧；南组的大房子 F142 位于南组的北边靠近中心广场的边上。将公房安排在村旁路口或僻静处，目的在于便于外氏族人员来访和男女聚会。海南岛腹地黎族目前仍然存在的"布隆闺"就是一种专供未婚男女青年居住用的房屋，有人认为是古代男女公房的孑遗①。至今，"布隆闺"仍按传统习惯建在村旁村口或僻静处②。

中型房屋与大房子的区别在于它没有房间后半部的大片空地，说明它不具备集会的功能。房内（如 F17、F19）出土大量生产工具和生活用具，表明它的确是一个日常生活单位。根据灶坑两侧可睡人数推算，中型房屋可住 10 人左右。

小型房屋情况比较复杂。有的接近中型房屋，虽然面积较小，但像中型房屋一样也出土不少生产工具和生活用具，如 F109；有的则与下述之特小型房屋有相似之处，如那些面积仅有 10 平方米多一点的个别房屋，不仅室内不见生产工具和生活用具，甚至连灶坑也没有，表明不具备生火做饭的功能，也就难说是一处家户住所了。

特小型房屋，成分更为复杂。如前分析的那样，有的充作哨所，有的是储藏室，有的是供男女青年谈情说爱的小房屋。这三种房屋都不设灶坑。另有极个别带灶坑的特小型房屋，面积在 5 平方米上下，仅容一两人入内，除去灶坑，室内供人活动的空间已十分狭小，也不会是一处家户住所。

通过对上述各类房屋功能的分析，我们认为在利用同时使用的房数作为基数估算人口时，显然应该除去大房子和特小型房屋。只能以中型房屋和绝大多数小型房屋同时使用数作为基数。前面已经说过，东组房屋同时使用的中型房屋只有 1 座，小型房屋 4～5 座，除去个别类似于特小型房屋中的小型房屋，东组房屋同时供家户居住的大约只有 1 座中型房屋和 3～4 座小型房屋。除此之外，同时使用的虽然还有 1 座大房子和 2～3 座特小房子，不过，这几座房屋并非用于住人，也就不能将其计于基数之内用于统计人口。这样，按中型房子住 10 人左右，小房子住 3～4 人推算，东组房屋同时所住人数为 20～25 人。

从《报告》图六及《报告》第 41 页房屋登记表中可以看出，东组房屋数量及占地面积约与南组相当，是姜寨一期 5 组房屋当中较大组房屋之一，其余 3 组房屋占地面积及房屋数量未必超出东组房屋。如此推算，姜寨一期 5 组房屋当中每组日常居住人口各 15～30 人，5 组合计 100 多人。这一数目与墓葬材料反映出来的人口数相符合③。

综上所述，我们认为姜寨一期原始村落同时使用的房屋 50 座左右，村中居住人口总数 100 多人。

（原载《考古与文物》1998 年第 5 期）

---

① 汪宁生：《中国考古发现中的"大房子"》，《民族考古论集》，文物出版社，1989 年。
② 1994 年春，笔者赴海南岛白沙县本地黎族调查资料。
③ 赵春青：《姜寨一期墓地再探》，《华夏考古》1995 年第 4 期。

座室内面积狭小，除去灶坑所占空间外，人们在里面活动已十分不便，更无处安置生产工具和生活用具，也不像一个日常生活场所。

如前所述，在东组房屋范围内还有 50 个左右的零星灶坑。其中 K315，直径达 1.72~2.2、深 0.82 米，或许是又一座大房子的遗留。除此之外，尚有 3~4 个中型房屋的灶坑，剩下的约 45 个灶坑当属于Ⅲ、Ⅳ型房屋的残留。由于Ⅳ型房屋使用周期仅为Ⅲ型房屋的一半左右（详后），因此在 45 个左右的灶坑当中，或许有 15 个属于Ⅲ型房屋，另外 30 个属于Ⅳ型房屋。诚如此，东组房屋原应有 3 座左右大房子，6 座左右中型房屋，35 座左右的小型房屋和 40 座左右的特小型房屋，除此之外，或许另有数座房屋已被破坏殆尽。

不言而喻，Ⅰ~Ⅳ型房屋，由于面积大小不一，坚固程度不同，其使用周期自然长短不等。按笔者在海南岛本地黎地区对黎族木骨泥墙房屋的调查结果[①]，考虑到仰韶早期黄土地区气候状况对木骨泥墙房屋使用周期的影响，兹将姜寨一期大房子使用周期推测为 40 年，中型房屋为 20 年，小房子为 15 年，特小型房屋为 7~8 年，或不致有太大的失误。

东组房屋总体延续时间，应与姜寨一期墓地延续时间差不多。笔者曾根据各方面材料把姜寨一期墓地延续时间推测为至少 120 年。这一数据可作为东组房屋总体延续时间的近似值。

将以上各项数据套入前述计算公式，可得东组房屋同时使用房数为：

$$\frac{3\times40}{120}+\frac{6\times20}{120}+\frac{35\times15}{120}+\frac{40\times8}{120}=1+1+4.4+2.7\approx9\text{（座）}$$

即约有 1 座大房子，1 座中型房屋，4~5 座小房子和 2~3 座特小型房子，总数不超过 10 座左右。

需要说明的是，前述计算公式中的房屋使用周期，东组房屋沿用时间等数据，限于目前学术水平，只能是一些约数，如何使之精确化，有待相关工作的进展。故这一计算结果充其量只能是相对准确一些，略备一家之言而已。

三

下面先谈谈各类房屋的用途，然后再进行人口估算。

东组房屋当中现存两座大房子有几个共同特点：房间后半部是大片空地；前半部以灶坑为中心两侧设对称土床；房间内不见任何生产工具和生活用具。这些现象也见于其余各组大房子之中，可见并不是偶然现象，而是姜寨一期大房子的一定模式。关于姜寨一期大房子的用途目前已有好几种说法，我们认为用做男女公房或集会用的可能性更大。房间里不见生产工具和生活用具，说明不像是一个过日常生活的家户住房。房间内除土床外，约一半的空间留为空地，显然是聚会用的处所。另外，从大房子位置来看，它们并非处各组房屋的中心，而是往往位于路口或每组房屋边缘处。如西北组大房子 F74 位于西北组的北

[①] 1994 年春，笔者赴海南岛白沙县本地黎族调查资料。

续表

项目 分批	房号	形制	尺寸 长	尺寸 宽	尺寸 直径	尺寸 面积	灶坑	室内遗物	分型
中批	F140	方形半地穴	4.96	5.39		26.73	K327		Ⅰ？
中批	F119	圆形居穴			口径7.6 底径3.4	23.86 10.67	K285	骨刀1	Ⅲ～Ⅳ
中批	F130	圆形地上			2.4	7.54			Ⅳ
晚批	F20	圆形地上					K40		？
晚批	F19	圆形地上					K39		？
晚批	F24	圆形地上			7.00	21.98		陶纺轮1	Ⅱ～Ⅲ
晚批	F8	圆形地上			2.4	7.54			Ⅳ
晚批	F12	圆形地穴			2.92	9.17	K11		Ⅳ
晚批	F1	方形地上	10.60	11.85		125.6	K1		Ⅰ

根据表二所标东组房屋所在探方号，我们可把相同探方中的零星灶坑集中起来，归入东组房屋零星灶坑之中。这些灶坑是：K6、K9、K13、K14、K15、K19、K20、K21→K22→K23（箭头表示叠压打破关系，下同）、K24、K27、K30、K32→K36→K45→K46、K35→K42→K44、K38、K43、K47→K48、K49、K50、K51、K53、K54→K60、K56→K57、K58、K59→K61、K85、K94、K92→K293→K294、K295→K296、K297、K298、K301、K302、K307、K308、K309、K315，共计50个。

现存房基数加零星灶坑数合计为85个，考虑可能另有个别房屋被破坏殆尽，可将东组房屋总数估计为90座左右。

讨论房屋分类，确定各类房数只能从现存的房屋入手，然后辅之以零星灶坑的材料。

根据东组房屋形制特征及面积大小，可将东组房屋划分为四型：

Ⅰ型 大房子，面积在60平方米以上，现存F1与F141两座。平面呈方形，整个房间分前后两大部分。前部分以灶坑为中心，左右各砌低平的土床，后部分是很大一块空地。F140平面形制与F1、F141相同，它叠压F141，又被F1叠压，面积较一般中型房屋稍大，或许也可归入大房子。在东组房屋当中，现知早批大房子为F141，晚批大房子为F1，唯独中批不见大房子。从层位关系看，F140早于F1晚于F141，加上F140所处位置，平面形制均同于大房子，或许F140即是介于F141与F1之间的中批当中的大房子。

Ⅱ型 中型房屋，面积在20～40平方米，现存3座（F13、F17、F29）。它们与大型房屋的主要差别是没有房间后半部的大片空地，也不见对称分布于灶坑两侧的土床，而是仅有两片空地，可供3～4人睡觉用。灶坑均为单个灶坑。

Ⅲ型 小型房屋，面积在10～20平方米，设有单个灶坑，现存13座，原应有20座左右。由于室内面积小，往往只在室内一侧留下供2～3人睡觉用的空地，其他地方放置物品。

Ⅳ型 特小型房屋，面积不足10平方米，现存13座，考虑到使用期限较短，共存9座左右，同时使用。其中F10、F130为哨所，F145、F146均为不带灶坑的储藏室。另外5

表二　姜寨一期东组房屋登记表　　　尺寸单位：米　器物单位：件

项目 分批	房号	形制	长	宽	直径	面积	灶坑	室内遗物	分型
早批	F124	圆形居穴			口径1.96 底径3.40	6.15 10.68		骨笄1	Ⅳ
	F141	方形半地穴	8.00			64	K328		Ⅰ
	F14	方形半地穴	3.77	3.60		13.57	K10	夹砂鼓腹罐1，钵2，甑1，盘1，陶刮削器1，彩陶片，石磨棒2，石球1，残石斧1，残石铲2，骨鱼叉2，骨笄1，残骨镞1	Ⅲ
	F15	圆形半地穴			4.00	12.56	K4		Ⅲ
	F23	圆形地上			6.90	21.67	K94	钵1	Ⅱ～Ⅲ
	F29	方形半地穴	4.86	4.84		23.5	K60	钵3，器座1，石砍伐器2，石磨盘1，石斧1，石球1，石墩1，石核1，木椽残段4，铜片1	Ⅱ
	F11	方形半地穴							
	F27	方形半地穴	2.95	2.35		6.9	K52	陶刮削器1	Ⅳ
	F28	圆形半地穴			3.09	9.7	K55	陶刮削器1	Ⅲ～Ⅳ
中批	F146	圆形居穴			口径1.40 底径2.00	4.4 6.28			Ⅳ
	F145	圆形居穴			口径1.10 底径1.80	3.45 5.65		角矛1，残骨锥1	Ⅳ
	F131	圆形地上			4.00	12.56	K300		Ⅲ
	F144	圆形居穴			3.68	11.56			Ⅲ
	F22	圆形地上			6.90	21.67	K94	钵1	Ⅱ～Ⅲ
	F17	方形半地穴	5.64	5.44		30.68	K17	钵4，盆1，罐2，瓮1，彩陶片1，残陶锉1，残石锛1，骨笄1，残骨镞1	Ⅱ
	F10	方形半地穴	2.8	2.16		6.05			Ⅳ
	F33	圆形地上			3.80	11.9			Ⅲ
	F21	方形地上	2.10	2.10		4.41	K42		Ⅳ
	F13	长方形地上	6.24	4.28		26.71	K8		Ⅱ
	F139	方形半地穴	3.20	2.60		8.32			Ⅳ
	F7	方形半地穴	2.15	1.96		4.2	K7		Ⅳ
	F109	圆形半地穴			3.14	9.86	K264	钵4，罐2，甑1，石锛1，残陶锉1，残磨石1	Ⅲ～Ⅳ
	F97	方形半地穴	4.0				K238		Ⅲ
	F106	圆形地上			5.00	15.7	K260		Ⅲ
	F116	圆形地上			2.6	8.16	K280		Ⅳ
	F117	方形地上	2.4	2		4.8	K278		Ⅳ

之处，尽管如此，却不能将它们统统归入为住人用的房屋之列。这些房屋既然不是一个生活单位的遗迹，也就不能用它们作为基数来统计人口。

归纳起来，我们认为：不同层位或虽处于同一层位但具有打破叠压关系的房屋不可能同时使用；处于同一层位，平面又缺乏直接联系的房屋因其兴废时间不一定完全一致，使用周期不尽相同，也不见得全部都是同时使用的，同时使用的房屋也不见得住的都是一个生活单位。而统计人口只能依那些同时使用而且住的均为生活单位的房屋数目作基数。这就要求我们在用房屋资料统计人口之前，首先摸清以下几个方面的情况：①现存房屋总数（设为 S）。②房屋的分类状况。不同种类的房屋数（设为 a1、a2、a3……），各类房屋的使用周期（设为 t1、t2、t3……）。③整个村落总体沿用时间（设为 T）。如设某村落同时使用的房屋数为 χ，则

$$\chi = \frac{a1 \times t1}{T} + \frac{a2 \times t2}{T} + \frac{a3 \times t3}{T} + \cdots n$$

我们认为，如果仅仅偏重于平面布局，不考虑各类房屋使用周期的差别，只注意房屋共存数目的多少，不考虑各类房屋功能的差异，就会夸大同时使用的房屋数和人口总数。有鉴于此，本文拟结合相关的民族学材料，对姜寨一期村落的人口另作一番探讨，以就正于方家。

二

姜寨一期原始村落当中，比较完整或能看出形状的房屋有 120 座，零星灶坑 181 个（不包括房内灶坑）[①]。按一个零星灶坑代表 1 座房屋计算，原有房屋 300 座左右。这远远不是姜寨一期原始村落房屋的总数，原因是村落未能挖全[②]，发掘区内也有可能没能挖出早已被破坏殆尽的房屋。不过从众多的具有极其复杂的叠压打破关系链当中的遗迹来看，位于最底层或中间层位的房屋或灶坑常常还能残留一部分说明，发掘区内被破坏得无影无踪的房屋，数量不会太多。如果某组房屋分布范围全在发掘区内，该组房屋总数，就有可能根据其房基数加零星灶坑数之和得出其近似值。

据报告图六可知，在姜寨一期 5 组房屋当中以东组发掘得最为完整，四至均已到边。该组房屋种类齐全，我们即以此为重点，先弄清该组房屋与人口数目，然后回过头来再分析整个姜寨一期原始村落中的房屋与人口状况。

据《报告》"姜寨一期房屋布局情况及其相对层位"表，可知东组房屋现存 35 座，结合《报告》附表四，可得"东组房屋登记表"（表二）。

[①] 半坡博物馆等：《姜寨——新石器时代遗址发掘报告》，文物出版社，1988 年，第 16 页及第 35 页有关叙述。

[②] 笔者于 1992 年秋走访姜寨遗址主要发掘者之一巩启明先生，承蒙巩先生告诉笔者在姜寨遗址西北部特意留出一块地方不予发掘，留待将来进一步研究时再做发掘。

一时期的房屋数绝不能与同时使用的房屋数径直画等号，这是两个截然不同的概念，不能相互混淆。

可是，《报告》并不这么认为。《报告》第352页写道："姜寨一期文化遗留下来的120座房屋，为我们进行分析（同时存在的房屋总数）提供了极为有利的条件。除去居住期间房屋不断损坏、重建等因素外，可以基本上确定姜寨第一期文化同时使用的房屋总数约在100座左右。"

对照《报告》前后叙述，它先是从姜寨一期现存120座房屋当中，剔除打破叠压关系中的重复数目，得出"基本上属于同一时期"的房屋有100座左右的初步结论，后来不加任何进一步地分析，径直把"基本上属于同一时期"的房屋数等同于同时使用的房屋数（二者均为100座左右）。我们前文已分析出《报告》所云"基本上属于同一时期"的时期实为一相当长的时间段，《报告》更是把姜寨第一期文化之"第一期房屋"视之为"基本属于同一时期"，其间房屋自然不会同时使用。《报告》把"基本上属于同一时期"的房屋数，与同时使用的房屋数等同起来，难以服人。

《报告》对各组房屋数目的推算也令人费解。它讲"每组房屋的数目若以保存较好的东组和北组各有22座为标准,其他各组都在20座左右"[①]。查《报告》提到东组和北组房屋数量有两处，一是第41、42页的房屋登记表，表中列东组房屋35座，北组房屋20座。二是第67、68页《报告》公布"基本属于同一时期的房屋数目"时，列举东组房屋21座，北组现存14座，加上北组东西两边被现代村庄所压之房，估计北组房屋总数也应在20座以上。此两处均不见22座的记录。实际上《报告》对各组数目的推算仍是根据"保存较好"等现有平面布局状况而做出的推测，并未详述其他论据。

《报告》在估算每组房屋有20座左右之后，以每组房屋同时使用1座大房子、2座中型房子和17座左右的小房子，并按"大房子住20人左右，中型房屋住10人左右，小型房屋住3～4人推算每组房屋所住总人数达500人左右"[②]。这种估算方法显然是按每座房屋都是住人的，多一座房屋就相应增加一些人口来进行的。可实际情况并非如此。拿东组房屋来说，被《报告》视为"基本属于同一时期"的21座房屋当中，F10、F130又被《报告》推测为哨所[③]，F15、F97也被《报告》推测为"专供青年男女谈情说爱甚至同居用的"公房[④]。此外，F145、F146均为圆形穴居，口小底大，口径仅1.1和1.4米，底部又无灶坑，不像一个生活单位，更像储藏物品的窖穴。诸如此类的房屋自然不宜作为统计人口的基数。

民族学住俗材料表明，原始村落中的建筑物相当复杂，其中某些哨所、谷仓、宗教建筑、公共活动建筑、男女青年社交建筑等废弃之后，其遗迹形态与住人的房屋有不少相似

---

① 半坡博物馆等：《姜寨——新石器时代遗址发掘报告》，文物出版社，1988年，第354页。
② 半坡博物馆等：《姜寨——新石器时代遗址发掘报告》，文物出版社，1988年，第355页。
③ 半坡博物馆等：《姜寨——新石器时代遗址发掘报告》，文物出版社，1988年，第350页。
④ 半坡博物馆等：《姜寨——新石器时代遗址发掘报告》，文物出版社，1988年，第356页。

表一　姜寨一期房屋分批表

组别	分批	房屋分布情况
东组35座	晚	F1▲　　F12　F8　F24▲ F19▲ F20▲
	中	F130 F119 F140 F116 F97 F109 F7 F139 F13 F21 F33 F10 F17 F22 F144 F131 F145 F146 ▲▲▲▲F117 F106▲▲▲▲▲▲▲▲▲▲▲▲
	早	F124 F141　▲F14　▲F15 F23　F29 F11　F27　F28
北组20座	晚	F31　　　F62
	中	F34 F42 F47 F86 F85 F49 F56 ▲F46 ▲F44 F26▲
	早	F93 F48 F51 F35 F30 F61 F45 F50
南组38座	晚	F96 F102 F78 F77 F101
	中	F129 F127▲　F100 F99 F98 F103 F104 F88 F108 F95 F82 F80 F79 F92 F112 ▲F132 ▲▲▲▲▲▲▲▲ F142 F81 F83 F90 F123 F121 F111 ▲ F91 F89 F126 F128 F125 F120
	早	F110 F105 F107 F118
西北组11座	晚	F66▲
	中	F73 F70 F137 F74 F69 F68 F72▲ F71
	早	F76 F94
西组16座	晚	▲F39 F38 F57
	中	F53 F41 F40 F58 F36 F64 F138
	早	F52 F43 F75 F37 F63 F60▲

注：▲为《报告》所称"基本属于同一时期"者

从表中可以看出，被《报告》声称是"剔除了打破叠压关系中重复数目的"、"基本上属于同一时期"的房屋当中，实际上并未全部剔除了打破叠压关系中的重复数目，如北组 F46 → F44（→代表打破叠压关系，下同），南组 F103 → F110。此外，原本已被《报告》分成了早、中、晚三批的房屋，这里又被《报告》统统归入"基本上属于同一时期"。这样就不自觉地忽略了早、中、晚三批房屋之间实际存在着的早晚关系，也不顾与分批结果相矛盾，把不少具有早晚关系的房屋，统统归为"基本上属于同一时期"的房屋，为最后推算姜寨一期同时使用约 100 座左右房屋打下伏笔（详见下文）。

我们认为，被《报告》列入"基本上属于同一时期"的房屋，既然是按照"遗迹的打破和叠压关系及上下层位"而被分成早、中、晚三批的，且同批房屋之中有的还存在着直接的打破叠压关系，那么从早批到晚批房屋之间必然经历了一个相当长的时间过程，如果将这一时间过程视之为"基本上属于同一时期"，那么，这一时期内的房屋因其建造早晚不同、坚固程度不同、使用周期长短不一等原因绝不可能同时使用。换言之，基本上属于同

也谈姜寨一期村落中的房屋与人口

《姜寨——新石器时代遗址发掘报告》（以下简称《报告》）把姜寨一期原始村落复原成为同时使用100座左右的房屋、500人左右居民人口的大村落[①]。这一观点已在学术界产生了相当广泛的影响。然而仔细阅读《报告》相关资料，就会发现《报告》对姜寨一期房屋和人口数目的推算值得商榷。鉴于姜寨一期原始村落在我国史前聚落考古中占有极其重要的地位，有必要对上述问题继续进行探讨。

一

首先让我们看一看《报告》是怎样推算姜寨一期房屋和人口数目的。

《报告》第16页写道："姜寨一期文化共发现房屋遗迹120座，除此而外，还发现许多因房屋废弃或后世破坏而零星存留的灶坑、柱洞和居住面。"

《报告》第39页写道："第一期房屋基本属于同一时期（着重号为笔者所加，下同），但根据遗迹的打破和叠压关系及上下层位，可知房屋的建造有先后，大致分三批。"接着《报告》公布了早、中、晚三批房屋的房号及每批数量，三批合计120座。看来，《报告》这里把姜寨第一期文化发现的120座房屋遗迹全视为"基本属于同一时期"的房屋。

《报告》第67页说："围沟内发现比较完整或能看出形状的房屋有120座，零星灶坑180个。部分房屋是在倒塌损坏的房屋基址上重建的，叠压打破关系复杂。如果剔除其打破叠压关系中的重复数目，基本上属于同一时期的房屋数目大约只100座左右。"不难看出，《报告》这次所讲的"基本上属于同一时期的房屋"比起前面已有所变化，这次所纳入的仅指被剔除了打破叠压关系中重复数目之后的房屋，数量约100座左右，不再是120座左右了。这次所讲的100座左右的房屋有哪些个呢？《报告》第67、68页曾予分组介绍，其中被指出房号的有69座，约占上述"基本属于同一时期"房屋总数的70%，剩下的30%《报告》认为应在残存的灶坑中寻找一部分，还有一部分被破坏殆尽或被现代村庄所压未能发掘出来[②]。不过被《报告》点出房号的占总数70%的房屋，应当足以涵盖《报告》所云"基本属于同一时期"的房屋特征。这里我们把这些房屋与《报告》第41、42页"姜寨第一期房屋布局情况及相对层位"登记表所列房屋相对照，其结果如本文表一。

[①] 半坡博物馆等：《姜寨——新石器时代遗址发掘报告》，文物出版社，1988年。

[②] 半坡博物馆等：《姜寨——新石器时代遗址发掘报告》，文物出版社，1988年，参见第67、68页对南组、西组、西北组和北组房屋总数的叙述。

坑壁表面抹一层灰色硬土,此类灰坑原应是储藏物品的窖穴,垃圾坑则可能是当时取土用的遗留。坑内堆积以灰土和少量红烧土最为常见,遗物通常有少量陶片、残石器以及动植物遗骸,应是人们废弃的生活垃圾。关于灰坑的分布特点以及灰坑与其他遗迹之间的关系,我们已经在前边的相关部分进行了讨论,兹不赘述。

值得提及的是在郏县水泉和新郑裴李岗两处遗址都还发现了陶窑遗址。裴李岗的陶窑远离墓葬区,靠近居住区,为一圆形结构,窑堂直径约96、深约52厘米,窑壁厚8~14厘米,窑室南壁有5个半圆形残孔眼,火道向东,长约80、宽50、深60厘米。郏县水泉遗址的陶窑共有2座(Y1、Y2)位于居住区的西侧,南北向,两窑并排,相距约1.5米。两窑窑室已被完全破坏,只残存火膛,其中Y1火膛断面为半圆形,残长约36、宽80、深50厘米,可见窑的规模不太大。从结构看,仍属横穴窑,与裴李岗发现的陶窑相似。

综上所述,我们认为,郑洛地区裴李岗文化已经形成了定居的农业聚落,这些聚落规模小、人口少,一般定居在山区和山前平原的小河流岸边。生产力还很低,除农业外必须以采集和渔猎经济作为经济生活的重要补充。每一聚落由氏族—家族两级社会组织构成。聚落内部是平等的氏族社会,男女之间虽有分工不同,社会地位并无区别,只有个别首领或能工巧匠享有较高的社会地位,但他们仍是普通的劳动者,他们之所以赢得人们的尊重只是因为他们比别人付出了更多的劳动或具有更高的专业技能,整个社会尚未出现阶层分化,而是处于大体平等的氏族社会发展阶段。

(原载赵春青:《郑洛地区新石器时代聚落的演变》,北京大学出版社,2001年,第21~52页)

东北有一近圆形的烧土硬面，直径约1.2米，厚4～7厘米，上有红烧土块和草木灰。在居住面上堆积有红烧土块、灰烬和石料等（图一一）。F1的门道已遭破坏，联系圆形房屋的烧灶均设于房屋后部，而F1的东壁、南壁和北壁均不见门道的遗留来看，F1的门道当开在西壁上，门朝西。果如此，则F1的门向与其余几座房屋不同。F1居住面上不见柱洞，房屋西半部和半地穴穴壁外侧是否有柱洞不得而知，不过就穴壁内侧不设柱洞来看，其建筑结构已有异于圆形房屋。加上F1单独另立于居住区的边缘，凡此种种，或许说明F1并非普通的住房，而是守望用的瞭望设施。

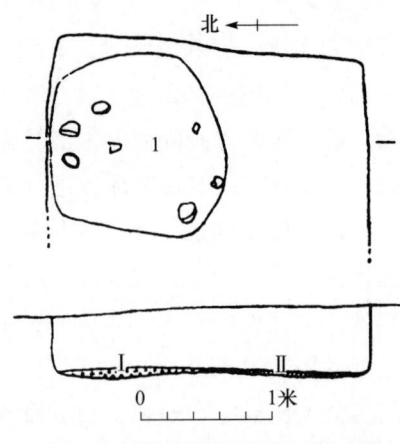

图一一　莪沟北岗F1平、剖面图
1.灶址　Ⅰ.红烧土　Ⅱ.垫土
（资料来源同上）

如上所述，莪沟北岗现存的F2、F3、F4均为小型房屋，从室内可以睡人的空间来看，最多只能住2人左右，前面我们已经指出，这类房基是不是郑洛地区裴李岗文化时期的居址或居址的主要形态，有待进一步探索。

郑洛地区裴李岗文化聚落遗址当中数量最多的遗迹要数灰坑了，其总数300个以上，其中发掘灰坑较多的有长葛石固遗址，共发现灰坑189个，水泉83个、莪沟北岗44个、裴李岗20多个、沙窝李20个，这些灰坑的形制以圆形、椭圆形直壁平底或圜底坑为主，另有方形、长方形、袋形、不规则形坑和大小相套的套坑等（图一二）。灰坑坑口的面积一般在1～1.5平方米，灰坑深度因受后期破坏的影响，各遗址之间和同一遗址的各灰坑之间差别很大，平均为1～1.5米。这些灰坑就用途而言大体只有储藏物品的窖穴和垃圾坑两大类。窖穴绝大部分小而浅，但修筑得相当规整，如石固遗址的部分长方形灰坑坑底及

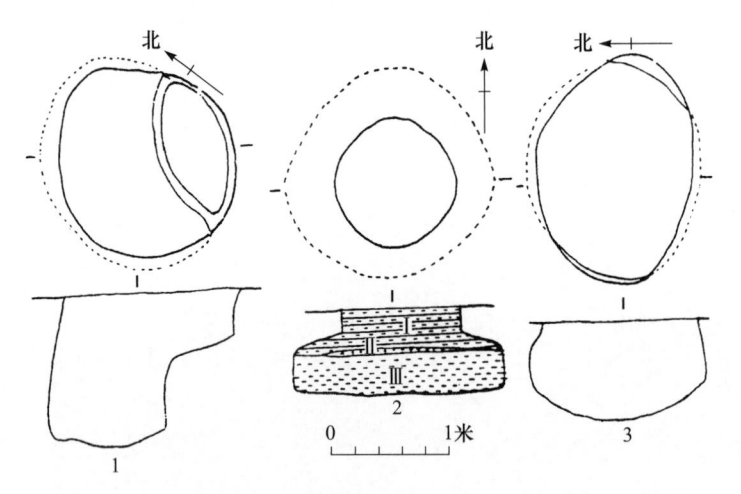

图一二　裴李岗文化窖穴平、剖面图（莪沟北岗发掘出的灰坑）
1. H12　2. H8（Ⅰ.深灰土　Ⅱ.红烧土　Ⅲ.灰土）　3. H1
（资料来源同上）

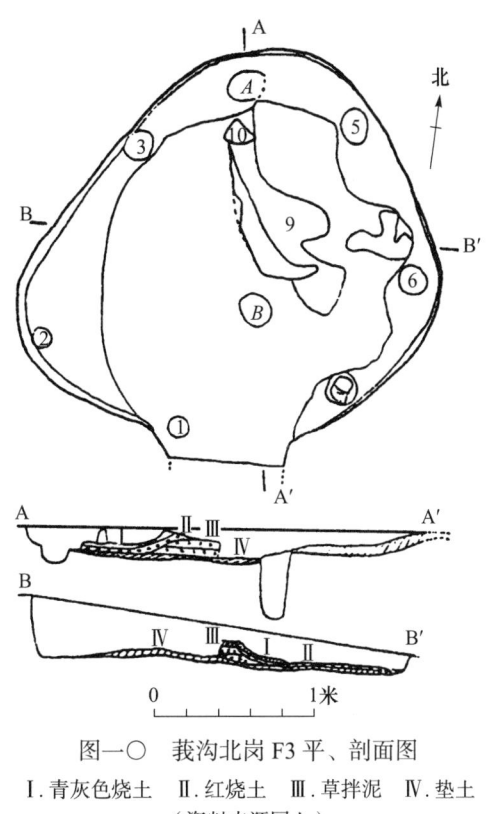

图一〇 莪沟北岗F3平、剖面图
Ⅰ.青灰色烧土　Ⅱ.红烧土　Ⅲ.草拌泥　Ⅳ.垫土
（资料来源同上）

有一大而深的柱洞，直径20、深40厘米，洞内填有炭粒，洞底平而较硬。房内东北部有一箕形灶址，灶壁用草拌泥筑成，残长1、宽0.6、高0.1米。灶内有一层草木灰，灶底硬面被烧成青灰色，厚2～6厘米，应是生火做饭之处。

A型房屋朝南设有门道，后部正对门口设有灶或红烧土硬面，应是居住遗留。Aa型房屋墙壁周围均匀分布柱洞，推测构成木骨泥墙；未设中心柱，推测顶盖为在周围向心架椽，扎结成架，然后将架置于木骨泥墙上，构成穹庐顶。这种穹庐式房屋与北美阿吉布洼（O-jibwa）部落的印第安人住房有相似之处，只不过后者面积较大，一般供两、三个对偶家庭共同使用，相比之下，裴李岗的穹庐顶屋更为原始，面积狭窄，灶设在房屋后部，灶的前边约有1.5平方米的空地。供1～2人睡觉之用，最多只能住一个对偶家庭。Ab型房屋与Aa型房屋结构相似，只是在房屋中央设中心柱，顶盖构架应是从周壁顶部搭椽，向中心柱柱顶斜架椽木，构成伞状屋顶，增设中心柱会减轻屋顶对墙壁的压力，使房屋更为牢固。中心柱右侧有一片1.5～2平方米的空地，最多可供2～3人睡觉之用，说明这种房屋最多也只能住一个2～3人的家户。

B型　方形房屋。

只有一座（F1），房基残存东半部，南北长2.4、东西宽1.32、壁高0.35～0.4米。系从地面向下挖成的直壁平底方坑，房内地面平整，铺垫一层黄灰土，厚约4厘米。在房屋的半地穴式单间建筑，依其平面形态可分为 A 型——圆形和 B 型——方形两型。分述如下：

A 型 圆形房屋。

由门道、灶坑和柱洞所构成，房屋不大，直径 2.2～3.8 米，周壁残存高 5～40 厘米。以顶部结构的不同，可分为二亚型。

Aa 型房屋。周壁设柱洞，但房内中央不设柱洞，以莪沟北岗 F2 为例（图九），居住面直径 2.12～2.14 米，壁残高 0.2 米。门朝南，门道残长 40、宽 55～58 厘米，残存两层台阶。居住面平整并铺垫一层灰白色土，厚 2～6 厘米，周边较薄，中部及门道附近较厚。房内居住面周边与墙壁相接处较均匀地分布 6 个柱洞，其中位于门道东侧的柱洞最大。房内与门相对的东北部地面上，有一圆形红烧土硬面，直径 60、厚 2 厘米，其上堆置有石块和红烧土块，应为灶面的遗留。海南岛黎族一些山区居民，直到 20 世纪 90 年代仍在使用"三脚石灶"，即在房屋中央或靠近墙壁处，呈"品"字形摆放三块石头，其上架设炊具，生火做饭，日积月累，"三脚石"下面的地面便被烧成青灰色的硬面[①]。莪沟北岗 F2 的烧土面上堆有石块，其用途或与"三脚石灶"相似。

Ab 型房屋。室内中间设一柱洞，以莪沟北岗 F3 为例（图一〇），直径 2.4～2.64、壁残高 0.1～0.37 米。门朝南，门道为斜坡形，残长 0.2、宽 0.72～0.8。居住面较平整，铺垫一层白胶泥，厚 2～6 厘米，中部稍高。房内周壁有分布比较均匀的柱洞 7 个，房内中央

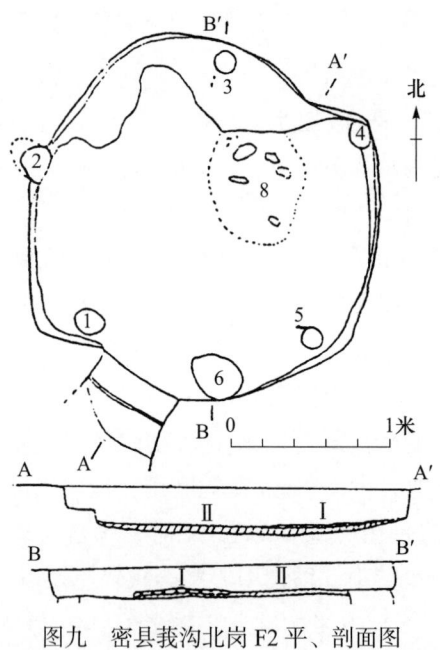

图九 密县莪沟北岗 F2 平、剖面图
Ⅰ.红烧土 Ⅱ.垫土
（采自《河南密县莪沟北岗新石器时代遗址》）

---

① 本人赴海南岛黎族调查材料。

磨石3件，另有与制作石器有关的石锤、石料、石片、燧石和细石器各1件。在这些随葬品中，不见石磨盘和石磨棒，表明死者有可能是男性。从墓穴较大、残留8颗牙齿来看，有可能是一成年人。这位成年男子随葬好几套生产工具，显然并非只限于个人使用，加上同时随葬与加工石器有关的石制品和加工工具，如石料是制作石器的原材料，石片是制作石器的半成品，石锤则是加工工具，这些都说明：死者生前有可能是一位石器制作能手，他制造出来的石器不仅供个人使用，也供给别人；在他死后，给他随葬较多的石器和石制品，只是对他专业技能的尊重，并非因为他是一位享有特权的权贵。

第四种以新郑裴李岗M38为代表，它在墓地中的位置适中，周围也有相当的空地，面积也是整个裴李岗墓地中最大的（5.46平方米），但随葬品却不是最多的，共14件，在整个墓地的墓葬当中，排第三位；它是一座成年人与一小孩的合葬墓。在这座合葬墓中，生产工具统统放在小孩的脚下，日常生活用具放置在成年人身旁和身上。如果把随葬品以二人分开计算的话，那么，这座墓的随葬品数就更不能算多了。至于把墓穴挖大一些，也许是出于要合葬两人的原因。因此，这座面积大的合葬墓并不比其他墓葬高级到哪去。

综上所述，我们看到，那些墓穴大、随葬品多的墓葬中的死者，身份相当复杂，其中，不排除极其个别的人可能是氏族或家族的首领，有的也可能是工匠一类的劳动者，有的可能是分管炊事和分食的主妇。在他们死后，给他们随葬较多的随葬品，或是出于对他（她）专业技能的尊重，或出于他（她）对氏族或家族的贡献。从他们自身而言，生前仍未曾脱离生产劳动和家务劳动，而是恰恰相反，他（她）们往往是氏族或家族中的劳动能手，这与后来随着社会贫富分化而产生的脱离生产劳动的社会权贵有本质的区别。

以上通过对裴李岗时期单个聚落的初步分析，了解到裴李岗文化时期的单个聚落往往是一个氏族的居住地，规模较小、人口约数十人。每个聚落常由若干家族所组成，家族之间和氏族成员总体来看为平等关系，社会尚不曾出现分化。如果想进一步了解聚落内部各类遗迹的具体情况，就必须考察聚落内部房基、窖穴等各类遗迹。

三、聚落内部重要遗迹的分析

裴李岗时期聚落内部主要遗迹有房屋、窖穴和陶窑等聚落单元，全是与人们日常定居生活密切相关的各种遗迹。这些遗迹的存在充分说明裴李岗时期的人们已经进入定居阶段。

郑洛地区裴李岗文化时期的房屋资料十分稀少，目前能够看得比较清楚的有密县莪沟北岗的6座[①]，巩义铁生沟的1座[②]，长葛石固的3座[③]，共10座房屋。这10座房屋均为

[①] 河南省博物馆、密县文化馆：《河南密县莪沟北岗新石器时代遗址》，《考古学集刊》(1)，中国社会科学出版社，1981年。

[②] 开封地区文管会、巩县文管会、郑州大学历史系考古专业：《河南巩县铁生沟新石器早期遗址试掘简报》，《文物》1980年第5期。

[③] 河南省文物研究所：《长葛石固遗址发掘报告》，《华夏考古》1987年第1期。

墓地除 M29 这座特殊的墓葬（详见下文）外，水泉墓地的绝大多数墓穴面积为 1~2 平方米，由此可见，就墓穴面积而言，水泉各个墓葬绝大多数看不出有什么明显差别。

各墓地当中墓葬之间的随葬品数量虽多少有别，甚至有相当大的差异，但是同时还应该看到：

（1）所有死者的随葬品绝大部分没有超出生产工具和生活用具的范围，只有极少一些墓里随葬骨簪、绿松石之类的小件装饰品，看不出与其他墓葬有显著区别。

（2）就单个墓葬而言，墓葬面积大小和墓葬随葬品的多寡不成正相关。有的墓穴较大，但随葬品较少，如水泉墓地的 M72，虽然墓圹较大（3.12 平方米），随葬品却只有 5 件，似无特殊之处。另如沙窝李下层墓 M12 在沙窝李墓地中面积最大，但随葬品却只有 4 件，不及该墓地下层墓出土随葬品的平均数（4.41 件）。与此相反，有的墓穴大小一般却随葬较多的随葬品，如水泉 M31，墓穴面积只有 1.98 平方米，相当于水泉墓穴面积的平均数，但随葬品数仅次于前述 M29，居整个墓地的第二位，共有 17 件。可见，把墓穴挖得大一点，或多随葬几件器物，并不等于墓葬之间具有分化的意义。

（3）存在男女自然分工现象。裴李岗文化的墓葬当中，随葬石磨盘、石磨棒的墓葬往往不随葬石斧、石铲等生产工具，而随葬生产工具的墓葬又往往不随葬石磨盘和石磨棒，这一现象早已为人们注意到了。

（4）个别墓穴面积又大、随葬品又格外丰富的墓葬的确引人注目。这类墓葬细分起来，大致有四种：

第一种以莪沟北岗的 M34 和 M61 为代表，这两座墓是北岗墓地墓穴最大（都超过了 3 平方米）且随葬品最多（均 14 件）的两座。但是从位置上看，M61 位于北岗墓地第一墓群的西北边缘，M34 位于遗址南部属零星墓葬，看不出这两座墓有何特殊之处。从随葬品看，M34 共随葬有 8 件陶三足钵、2 件陶罐以及石磨盘、石磨棒、陶三足壶、陶勺各 1 件，M61 随葬有 9 件陶三足钵，另有石磨盘、石磨棒、陶罐、陶壶和陶勺各 1 件。这两座墓的随葬品全是生活用具，不见石斧、石铲、石镞之类的生产工具。生活用具中仅三足钵就占所有随葬品总数的三分之二以上。这类墓葬的主人，或许是给大家分饭的主妇，她个人并没有多大特权。

第二种以水泉墓地 M29 为代表，它是该墓地面积最大（4.08 平方米）、随葬品最多（31 件）的墓葬。它位于水泉西部墓群的中间地带，周围留出较大的空地，因而位置不同一般。随葬品当中，既有 7 件陶罐、6 件双耳壶、4 件三足钵、2 件平底钵等日用陶器，又有石斧、石铲、石镞、石球等生产工具，合计随葬品多达 31 件，比水泉墓地每墓出土随葬品的平均数（4.05 件）高出七八倍。这种墓葬的主人，着实不同一般，或许是氏族中的首领。

第三种以新郑沙窝李上层墓 M19 为代表，沙窝李上层墓葬单个墓葬平均面积为 2.1 平方米，平均每墓随葬品 3.73 件。M19 的面积也是所有上层墓葬当中最大的（3.49 平方米），随葬器物亦高达 24 件，超过上层墓随葬品平均数的 6 倍以上。在 24 件随葬品中只有 1 件陶器（双耳壶），剩下的 23 件全是石器，其中有石铲和残石铲 6 件、石凿 5 件、石斧 4 件、各群墓地的死者人数将会在原来成人数量的基础上增加50%左右。这样水泉东部墓群原应有死者50~60人，中部墓群死者有40~50人，西部墓群死者有70~80人。不过这些只是水泉各墓群的死亡人数，这一数目是经年累月累加起来的，至于某一时期同时生活多少人，最重要的因素取决于墓地的起止时间幅度和死亡者的平均年龄值。关于估算墓地的起止时间和死亡者的平均年龄，已有学者进行了有益的探讨[①]，但这些研究毕竟受人骨保存状况和估算标准不一致等各方面因素的制约，一时还难于取得令人满意的估算结果。水泉墓地人骨保存状况更差，绝大部分人骨无法进行年龄鉴定，这就更难进行人口估算了。不过在某墓地死亡人数一定的条件下，只要不是同时死掉、同时埋入墓地的特殊情况，生前同时生活在一起的人数总是要少于后来埋入墓地中的总的死亡人数，而且墓地沿用的时间拖得越长，生前同时生活在一起的人数就会越少。这个道理终究是存在的。水泉墓地随葬品器物型式复杂，墓葬间存在着打破和叠压关系，说明这些墓葬不会是一下子形成的，而应有一个不会太短的过程。考虑到这一情况我们推测水泉墓地西部墓群代表的社会集团同时生活的人不超过40人，中群不超过20人，东群不超过30人，或许不会有太大的偏差。这样的人口规模与民族学上家族的人口规模最为接近，因此，水泉墓地的每一个墓群有可能代表一处家族墓地，由这三个家族构成的高一级社会组织通常是氏族，如果这一推测不误，那么水泉墓地实际上是一处由三片家族墓地组成的氏族公共墓地。凿通了墓群为家族墓地、整片墓地为氏族墓地这一关键之处，整个水泉墓地乃至整个水泉聚落的平面布局也就清楚了：其中，墓地自西向东分为三处家族墓地，每处家族墓地由若干墓排组成，整个墓地显然经过了统一规划，在西群墓地和中群墓地之间有一个可能是用于与氏族祭祀活动有关的烧土坑，可见氏族的作用还是蛮强的。不过家族的作用亦相当明显，在氏族墓地中划分出家族墓地就是家族势力抬头的表现。各家族墓地范围内都有各自的窖穴分布，说明居民的日常经济生活有可能是以家族为单位进行的。各家族地位并不完全一致，或许有中心家族与非中心家族之分，如西群的家族墓地墓葬数量多、墓地占据的地盘大、随葬品也较为丰富。西群墓地内有较多的窖穴，其中H33是整个氏族墓地中直径最大的窖穴。此外，西群墓地还特设一自己专用的烧土坑，所有这些都说明西群墓地有可能是中心家族墓地。

按照相同的办法，分析、比较莪沟北岗、新郑裴李岗和沙窝李的墓葬，也会看到与水泉墓地分析大致相同的结果。可见，这几处墓地，同水泉墓地一样都是由氏族—家族两级社会组织组成的平等的氏族—家族村落。

在每一聚落内部的单个墓葬之间，墓穴大小往往相差无几，仍以水泉墓地为例，通过对该墓地120座墓葬墓坑面积统计得知，单个墓葬面积在0.8~2.8平方米的共有118座，占墓葬总数的98.3%。超过3平方米的只有M29和M72两座，占墓葬总数的1.7%。整个

[①] 朱延平：《裴李岗文化墓地再探》，《考古》1988年第11期；朱乃诚：《人口数量的分析与社会组织结构的复原》，《华夏考古》1994年第4期。

看已有所不同，石器通常较陶器演变较慢，既然石器已发生变化，估计陶器型式也不会相同。这些都说明不同排之间的墓葬有可能是因埋葬时间前后不同造成的。

从墓葬随葬品状况也可看到，有的墓排几乎每座墓都有较多的随葬品，如第Ⅲ墓群M106所在的一排，第Ⅱ墓群M31所在的一排，第Ⅰ墓群M119所在一排。有的整排墓中很少有随葬品，如第Ⅱ墓群M22所在的一排。排与排之间有如此大的差异，显然不能用分属不同级别社会集团来解释，更可能与死者的死亡时间有关系。原本是同一社会集团的普通成员，在正常年份去世者，通常照例随葬3、5件左右的随葬品，如果有人赶在坏年成去世，只能在他们的墓中少放些随葬品了；如果碰巧赶上坏年成，在不太长的时间内，先后有好几个人依次去世，就会出现某一墓排所有墓葬的随葬品均不丰富的情况。不过年成总是有好有坏，埋在同一墓排的死者的随葬品在一般情况下，就会有多有少，那种整排墓随葬品都比较少的情况应是十分罕见的，我们看到水泉墓地正是如此。因此墓葬当中随葬品的分布状况也说明墓排并不能代表低于墓群的一级组织。

总之，我们认为水泉墓地存在墓地—墓群两个层次，墓排只是因埋葬时间早晚不同造成的，并不能代表比墓群更低一级的社会组织。那么，墓地和墓群究竟代表哪两级社会组织呢？我们看到水泉墓地的三个墓群处于同一墓地，位置紧密相连，死者墓向一致，随葬品种类基本相同。在水泉遗址周围10余千米的范围内，不见裴李岗时期的遗址。因此，位于水泉墓地北边不远处的居住遗址，当是墓地死者生前共同居住的村落，而位于村落遗址西边的陶窑，也应是他们生前共同使用的陶窑遗址。还有位于墓地中央的烧土坑，比置于西部墓群之间的小烧土坑大得多，如果烧土坑是举行墓祭活动的遗留，小烧土坑可能属于西部墓群专用，大烧土坑就该是整个墓地共同使用的对象了。由此可见，无论是居住、生产还是宗教活动各个方面，三个墓群所代表的生活集团均有密切的联系，很可能是同一氏族的成员。聚落内部的人口规模也说明了这一点。

三个墓群的规模，数西部墓群最大，共有49座墓，按每墓至少一具人骨计算，加上一座双人合葬墓至少有50具人骨即50人；中部墓群较小，有28座墓，其中有两座双人合葬墓，至少有30人；东部墓群有33座墓，至少有33人。水泉墓地中的人骨保存不好，不过凭人骨朽痕，绝大多数仍能辨别出有人骨，保存特差以致看不到人骨痕迹的全墓地只有11座，这11座墓葬的墓穴同其他墓葬一样比较狭窄，因此其中的大部分也应是单人葬，即使有个别是合葬墓，从而会增加水泉墓地的总人数，增加的人数也不会太多，不至于改变现有各群人数基本状况的估计。需要说明的是，水泉墓地的墓葬均为长方形竖穴土坑墓，从《报告》公布的14座墓葬平面图中可以看到，这14座墓葬中共有16具人骨个体，当中有15个为成年个体，只有M25这一双人合葬墓中才见到合葬一小孩骨骸。看起来这些长方形竖穴土坑墓主要是用于埋葬成年死者的。至于大量的儿童死者，或许并未葬入现存墓地。据研究，仰韶文化儿童的死亡率尚达40%左右[1]，裴李岗时期自然更高一些，设为50%，则

---

[1] 严文明：《横阵墓地试析》，《仰韶文化研究》，文物出版社，1989年。

· 138 ·　　　　　　　　　　　　　　　　　　　史前考古文集

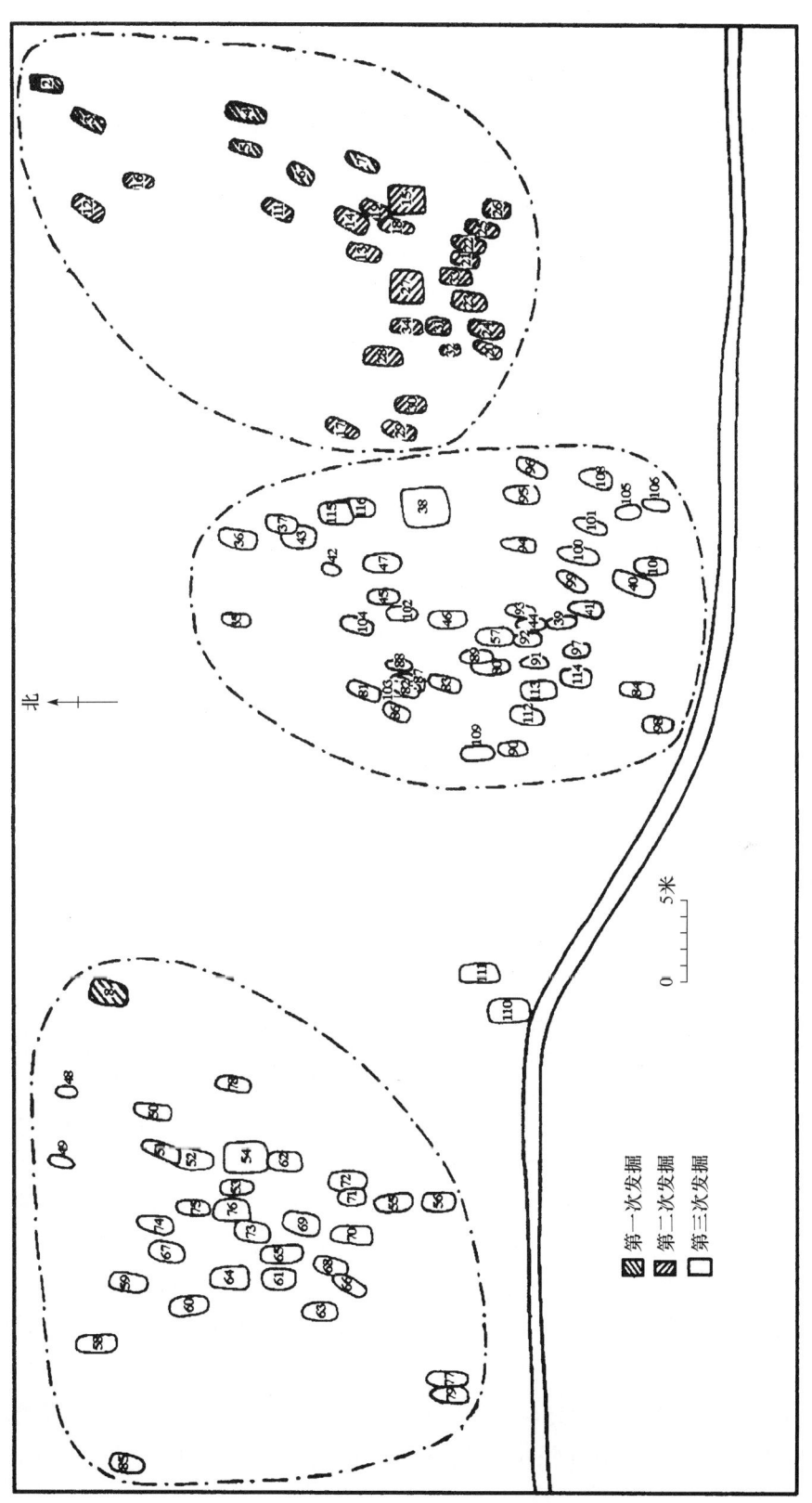

图八　裴李岗墓地平面布局图

群内 M109、M113、M99、M100、M101 为一排，M93、M94、M95 为另一排，M38 是整个墓地最大的一座墓葬，附近为空地。它的北边有 M115 和 M116 属零星墓葬。墓地中部的 M111 或者是已遭破坏的另一群墓中的一个，这样看来第三次发掘的下层墓葬有可能分为两群，东群至少可分为两排。

上层墓葬或许本应划分为东、中、西三群，因中群被后期破坏得只剩下 M110 一座墓，现仅存东、西两群还保留较多的墓葬。其中以西群保得较为完整，西群墓葬的平面布局，似有规律，自北向南至少可分为 5~6 排，如 M50、M51、M74、M58、M59 为第一排；M52、M75、M67 为第二排；M78、M54、M53、M76 为第三排；M62、M73、M64、M60 为第四排；M61、M65、M69 为第五排；M72、M71、M70、M68、M66、M63 为第六排。上层墓葬的东群墓葬与西群相比，显得更为凌乱一些，但可以视为与西群墓葬一样的另一墓群，大概不会有什么大错。

把前后三次发掘的墓葬放在一起，就可以看出，无论是相当于第三次发掘的上层墓时期，还是下层墓时期，整个墓地总是可以划分为 2~3 群，每群中的墓葬又由若干墓排组成（图八），这些特点与我们对水泉墓地和莪沟北岗墓地分析的结果是一致的。

另外，长葛石固遗址和新郑沙窝李遗址的墓地也都存在着墓地当中分为若干墓群的情况。可见裴李岗文化时期，墓地—墓群—墓排（墓组）的墓葬分布格局的确是当时的一种通制。如果我们把墓地视为一级社会组织，墓群就有可能代表比墓地低一级的社会组织。那么，究竟是哪两级社会组织？墓排是不是代表比墓群更低一级的社会组织？这就需要对墓葬材料作进一步的分析。

（三）墓地反映的两级社会组织

如前所述，在裴李岗各墓地当中，普遍存在墓地—墓群—墓排三个层次的墓葬。前面我们讲过，墓群有可能代表着比墓地低一级别的社会组织。那么墓排能否代表更低一级的社会组织呢？这就需要对墓排与墓排之间，以及同排墓葬之间的随葬品状况进行分析。既然在目前发掘出的裴李岗文化时期墓地当中，以水泉墓地保存发掘得最完整，也最具代表性。我们就首先对水泉墓地进行重点分析，然后结合其他墓地的材料，探讨裴李岗时期的社会组织。

考古类型学原理告诉我们，遇到缺乏相对层位关系的考古学单位，尤其是墓葬这样内涵比较单纯的单位，判断它们之间相对早晚关系时，只能依照各单位内拥有的器物组合关系。如果两两之间，具有相同的器物组合，我们就可以认为它们的相对年代比较接近；反之，如果两两之间器物组合发生很大变化，说明二者之间相对年代不太接近。我们注意到水泉墓地第Ⅲ墓群中同排的 M14 和 M29 同出Ⅰ式石铲、Ⅱ式罐、Ⅲ式锛、Ⅱ式平底钵，表明二者相对年代接近；M6 与 M14 相错一排，则出土器物型式完全不同，表明时间先后不同。中部墓群中的 M27 与 M51 东西错开，分布于不同的墓排当中，出土器物种类有所不同，因 M27 与 M51 类别相同的陶器均未能分出型式，不便直接比较，不过从磨石来

图七 水泉墓地布局图

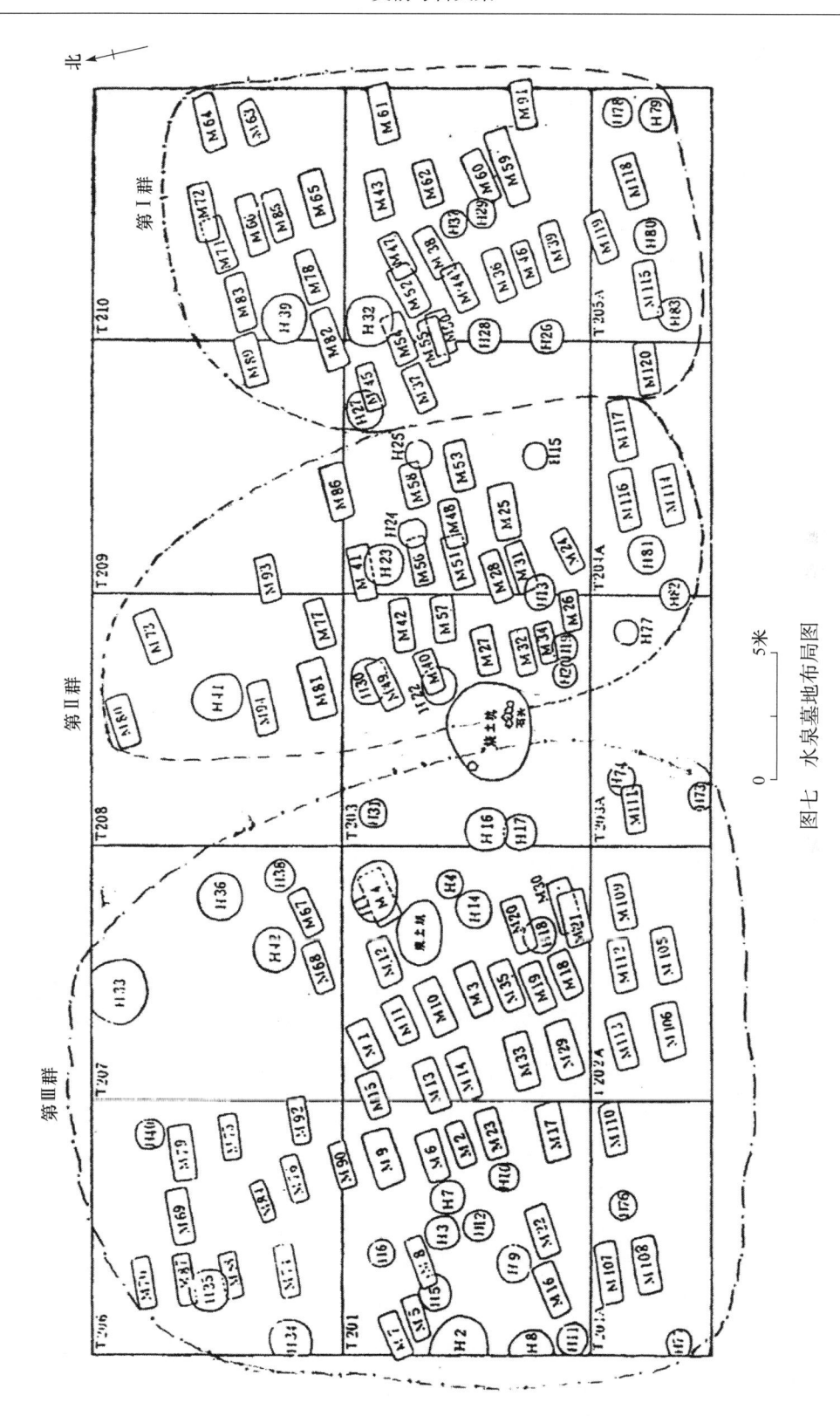

这表明在同一时间段死亡的人们分别埋葬在三个墓群当中。因此，水泉墓地实际上由三个墓群所组成。每群墓葬又可分为5~7排。其中第一群位于墓地东部，自东向西共有六排。第一排为：M64、M63、M61、M91共4座；第二排：M72、M71、M66、M85、M65、M43、M62、M60、M59共9座；第三排：M83、M78、M47、M38、M118共5座；第四排：M52、M44、M36、M46、M39、M119共6座；第五排：M89、M82、M54、M55、M50、M115共6座；第六排：M45、M37、M120共3座。

第一墓群西侧自北向南依次分布着H27、H25、H28、H15、H26、H83等窖穴及周围一片空地，再向西即进入第二墓群。

第二群位于墓地中部，自东向西分为五排：第一排：M86、M58、M53、M117共4座；第二排：M48、M25、M116、M114共4座；第三排：M93、M41、M56、M51、M28、M31、M24共7座；第四排：M73、M77、M42、M57、M26共5座；第五排：M80、M94、M81、M49、M40、M27、M32、M34共8座。

第二墓群以西分布着大烧土坑和H36、H38、H31、H16、H17、H74、H19、H20、H77、H82等窖穴，再向西为第三墓群。

第三墓群自东向西分为七排：第一排：M67、M4、M111共3座；第二排：M68、M12、M20、M30、M21、M109共6座；第三排：M1、M11、M10、M3、M35、M19、M18、M112、M105共9座；第四排：M79、M75、M92、M15、M13、M14、M33、M29、M113、M106共10座；第五排：M69、M84、M76、M90、M9、M6、M2、M23、M17、M110共10座；第六排：M70、M87、M88、M74、M8、M22共6座；第七排：M7、M5、M16、M107、M108共5座（图七）。

密县莪沟北岗墓地因遗址曾遭后期取土，有些墓葬已被破坏掉了，墓地布局虽然不如水泉墓地清楚，但是大致也能看出除居住区附近的一些零星墓葬外，其他墓葬至少可分为如下三个墓群：

第一群紧靠遗址西北边的M53~M63等29座，自北向南约分为五排，各排大体东西成行；由第一群墓向西，隔H3再向西为第二群，位于遗址的西北角，后期破坏严重，目前仅存21座，自北向南分为6排，其中在第三、四排和第四、五排之间各有一座墓，这两座墓的东西两侧，原来有无其他墓葬，已不得而知。第三墓群位于第一、二群之南，居住区之西，遭后期破坏最多，只剩下7座。自北向南大致可分为三个墓排，每排有2~3座墓葬组成。

裴李岗墓地位于遗址西部，先后经过三次发掘。从揭露的情况来看，该墓地中间有大段空白地带，据当地群众反映这里原来地势比较高并埋有墓葬，后来被破坏掉了。第一、二次发掘出32座墓葬，遗憾的是这两次发掘的墓葬，发掘简报未能介绍墓葬出土层位。不过，这些墓葬当中除M8外，其余都在墓地的东半部，似构成单独的一群。

第三次发掘墓葬82座，分上下两层，上层墓70座，下层墓12座，地层关系比较清楚。下层墓除M111位于墓地中部以外，其余集中分布在墓地的偏东部，构成一个墓群。该者于1998年秋实地调查时仍在遗址北部田埂断面上见到有红烧土块和红烧土面，可能与房屋建筑有关。当地农民反映，1971年在修遗址所在农田中的水渠时，在居住区范围内挖土2米左右，当时挖出不少红烧土和陶器，看来，遗址北部原有的居住区可能已被破坏掉了。居住区的西边为陶窑区，东距居住区约80米，现残存两座陶窑，两窑并排，相距约1.5米。居住区以南约50米为墓葬区。关于水泉墓地的具体情况，我们后面还要详细讨论。

裴李岗遗址位于新郑县西北约7.5千米的裴李岗村西，双洎河由北向南从遗址的西边流过，然后折流向东。遗址坐落于河湾北岸的岗地上，高出河床约25米。遗址所在岗地西北较宽阔而东南稍狭长，遗址面积约2万平方米。遗址中部修有南北向的水渠，经多次发掘调查和钻探表明，水渠以东为居住区，水渠以西为墓葬区。在远离墓葬区、靠近居住区的地方还发现了陶窑。

除上述几处遗址外，长葛石固、新郑沙窝李也存在将墓葬区和居住区分开的聚落布局状况。可见，裴李岗时期的农业聚落不仅已经形成，而且已经有了一定的聚落布局模式。

（二）墓地结构分析

截至目前，郑洛地区裴李岗文化诸遗址中已经大面积发掘出好几处公共墓地。其中以新郑裴李岗墓地、郏县水泉墓地、莪沟北岗墓地和长葛石固墓地保存得较为完好，这些墓地为复原裴李岗时期的埋葬制度和社会制度，提供了极其珍贵的资料，已经引起不少学者的关注[1]。我们注意到，前述的每一处墓地几乎都可以再分为若干墓群，而每一墓群又可再分为若干墓排或墓组。换言之，裴李岗时期的墓地普遍存在着墓地—墓群—墓排（墓组）三个层次的墓葬分布格局。

裴李岗文化时期的这一墓地布局特点以郏县水泉墓地表现得最为清楚。水泉墓地北距居住区约50米左右。《河南郏县水泉裴李岗文化遗址》一文（以下简称《报告》）认为墓地中墓葬的年代基本上属于水泉二期。这些墓葬共有120座，其中除10座系零散墓葬以外，其余110座排列有序，《报告》已经注意到这110座墓葬自西至东、由北到南约有18排，各排墓数不等，多的有十座，少的仅有三座，也有少数墓的排属不易确定，应该说这些观察是十分正确的，但《报告》以墓地中间的一个圆形烧土坑为界，将墓地分成东西两部分[2]，似有不妥。我们认为，水泉墓地自东向西可分为三群，各群之间不仅有大片空地和较多的窖穴隔开，而且这种分群方案也为墓地分期的结果所支持。我们曾依据地层关系和类型学研究将水泉墓地进一步分为早、中、晚三段[3]，结果发现每群墓葬当中均含有各段墓葬，

---

[1] 朱延平：《裴李岗文化墓地初探》，《华夏考古》1987年第2期；朱延平：《裴李岗文化墓地再探》，《考古》1988年第11期；朱延平：《关于裴李岗文化墓葬的几个问题》，《考古》1989年第11期；李友谋：《裴李岗文化墓葬初步考察》，《中原文物》1987年第2期；郑乃武：《略谈裴李岗文化的埋葬制度》，《中国考古学论丛》，科学出版社，1993年。

[2] 中国社会科学院考古研究所河南一队：《河南郏县水泉裴李岗文化遗址》，《考古学报》1995年第1期，第46页。

[3] 赵春青：《郏县水泉墓地试析》，待刊。

明白了北岗聚落遗址当中房基、灰坑和墓葬基本上属于同一时期，我们就可以在此基础上观察该聚落的布局方式了。从遗址发掘平面图中可以看出（图六），莪沟北岗聚落自东向西主要由三个部分组成。遗址东部现存 H24 等 3 个灰坑，在 T53 内似有一建筑残迹，其余为大片空地，此处或为公共活动的场所。遗址中部现存 6 座房基和若干窖穴，窖穴有的集中分布在东南角，有的散布在房基之间。这里有房基，还有窖穴，或许应是居住区所在。需要说明的是这里发掘出来的房基相当小，室内面积大多不足 10 平方米，再除去灶坑所占面积，室内面积就更显得十分狭窄了。拿兴隆洼文化和后李文化发现的面积在数十到上百平方米的房子来参照，这些房基若作为普通住房，其面积显得太小。因而它们是不是裴李岗文化的居室或居室的主要形态，很值得怀疑。遗址的西部为墓葬区，关于墓地的情况我们在下文与其他墓地一并分析。

莪沟北岗聚落遗址这种将居住区与墓葬区分开，而墓葬区又由若干墓群构成，墓群又是由墓排构成的聚落布局方式几乎是郑洛地区裴李岗文化时期聚落布局的一种通制。

郏县水泉遗址位于郏县安良乡水泉寨村东南兰河南岸高台地上，高出河床约 40 米。经过前后数次调查和发掘[①]，现得知该遗址大体分南北两部分，居住区分布于遗址的北部。笔

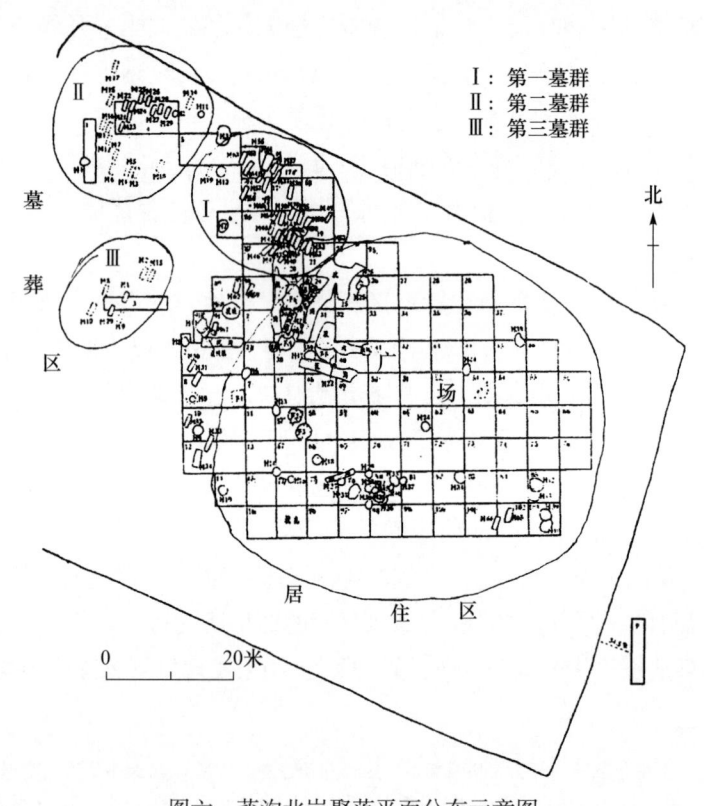

图六　莪沟北岗聚落平面分布示意图

---

① 郏县文化馆：《河南郏县水泉发现的新石器时代遗址》，《考古》1979 年第 6 期；中国社会科学院考古研究所河南一队：《河南郏县水泉裴李岗文化遗址》，《考古学报》1995 年第 1 期。

该遗址位于密县城南约 7.5 千米的超化公社莪沟村北岗上。遗址所在地势为群山环抱，岗岭连绵，洧水在其南、绥水在其北，正处于两水交汇处三角形地带的岗顶上，南距洧水约 500 米，高出现在的河床约 70 米。遗址现存东西长约 110、南北宽 70～76 米，面积约 8000 平方米。发掘面积为 2767 平方米，约占遗址面积的三分之一，在裴李岗文化遗址中是发掘面积最多的遗址之一。由于岗顶遭到历年来风雨的冲刷侵蚀和人为破坏，遗址文化层保存较薄。遗址的文化层堆积简单，揭去耕土层或扰土层之后，即为裴李岗文化层和文化遗迹，其中文化层厚 5～32 厘米，遗迹中有房基 6 座、灰坑 44 个、墓葬 68 座。关于遗迹之间的关系，遗址发掘者的认识前后有所变化。发表于《河南文博通讯》1979 年第 3 期上的《河南密县莪沟北岗新石器时代遗址发掘报告》一文，指出遗址中诸遗迹有叠压打破关系但年代属同一时期，这就有了讨论诸遗迹平面关系的前提。发表于《考古学集刊》第 1 集上的《河南密县莪沟北岗新石器时代遗址》（以下简称报告）一文改变了原来的认识，认为房基和灰坑晚于墓葬，果真如此就会引起对聚落平面布局的不同认识。从报告所附该遗址 T2 南壁剖面图（图 2-6）中可以看到，H6 打破了文化层，而 M31 又被文化层所叠压。无疑，就这组地层关系而言，M31 年代最早，文化层次之，H6 最晚，严格来讲，三者既然不在一个平面上，也就谈不上相互之间的平面布局关系。除这组地层关系外，报告还介绍了 H41（报告第 3 页笔误为 M41）打破 M68 的地层关系，显然，H41 的相对年代也晚于 M68，但有了这两组地层关系也不见得就能得出整个遗址的灰坑均晚于墓葬的推论。因为，在北岗遗址除了这两组地层关系之外，实际上还有多组叠压打破关系，存在于墓葬与墓葬之间、墓葬与灰坑之间以及灰坑与灰坑之间。这些地层关系只能说明莪沟北岗遗址沿用的时间不会太短，至于能不能从这两组地层关系中推导出房基和灰坑晚于墓葬的结论，还要对这些单位出土的器物进行类型学研究，才能做出决定。张江凯就认为报告对北岗遗存空间位次的认识值得商榷，他经过对北岗墓葬出土陶器的谱系研究之后指出："莪沟北岗墓地绵延的时空范围并不短暂，墓葬仍有早晚之别"[1]，并非所有的墓葬都晚于房基和灰坑。既然墓葬是沿用了相当长的时间才形成的，那么房屋和灰坑也差不多与墓葬相始终，因为在一个聚落内通常人是逐渐死亡的，墓葬是逐渐形成的，房屋、灰坑也应该有一个逐渐建造、陆续使用到后来又陆续废弃掉的过程，在这个不太短的时间段内，某些遗迹之间存在一些打破和叠压关系是不难理解的。不能想象在房屋和灰坑存在的相当长的时间内因没有人去世而不曾留下墓葬；反过来，也不能想象在北岗聚落已不再有房屋和灰坑也即无人居住的情况下却会有墓葬接连不断地埋入聚落墓地。最有可能的是，房屋、灰坑和墓葬虽然具体时间早晚有所差别，但总的来看，应处于大体相当的时间段，北岗聚落的居民生前就居住在北岗聚落内的房屋中、使用北岗聚落内窖穴，死后就埋入北岗聚落的公共墓地之内。在水泉、裴李岗、石固、沙窝李等多处裴李岗文化遗址的墓葬区内往往分布有灰坑，可以说，在墓葬区中安排一些灰坑，恰恰是裴李岗文化聚落遗址的一个共同特征。如果唯独莪沟北岗遗址灰坑晚于墓葬，反倒是不可思议的了。

---

[1] 张江凯：《裴李岗文化陶器的谱系研究》，《考古与文物》1997 年第 5 期。

如果我们把水泉、裴李岗之类的聚落视为一级聚落，那么，莪沟北岗之类的小型聚落可视为较低一级即二级聚落。需要说明的是裴李岗文化聚落遗址虽然有大小之别，但依据这点差别很难以此作中心聚落与非中心聚落的划分，与后来出现的聚落之间的分化不可同日而语。

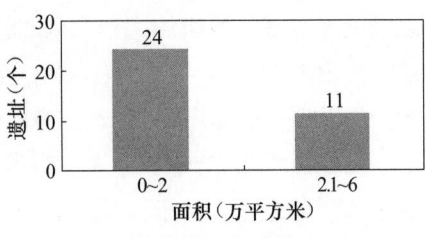

图五　裴李岗文化聚落分级图

我们现在把分群和分级之后的结果，标示于郑洛地区裴李岗文化聚落分布图上，可以看到，嵩山南部不仅是聚落遗址分布最密集的地区，而且所有一级聚落也全分布在这里。如果我们把嵩山以南的一大群称之为甲群，把嵩山以北的一小群称之为乙群，则可看到甲群的范围大得多，以双洎河流域分布得最为密集；乙群范围较小，沿坞罗河流域密集分布。甲群的最大聚落遗址——水泉遗址位于本群聚落分布的空旷之处，方圆数十里没有别的聚落；乙群同样如此，它的最大聚落遗址——瓦窑嘴遗址也是处于同群聚落的空旷处。这可能与较大规模的聚落需要占据更大范围的资源空间有关，换言之，这些大聚落并非靠小型聚落的纳贡来养活自己，而是要像其他普通聚落一样通过砍伐森林、刀耕火种、采集与狩猎等经济活动来谋取生活资料。只不过因人口较多，相应需要更大的地盘而已。

至于每个聚落遗址存在着什么样的社会组织，则需要对单个聚落形态进行仔细分析。

二、聚落形态及平面布局

郑洛地区经过大面积揭露的裴李岗文化遗址和墓地有郏县水泉[①]、新郑裴李岗[②]、新郑沙窝李[③]、莪沟北岗[④]、长葛石固[⑤]等。其中以密县莪沟北岗遗址和郏县水泉遗址的聚落布局比较清楚，另外几处遗址或因发掘面积有限，或遭后期破坏严重，其聚落布局状况不甚清楚。本文以莪沟北岗和郏县水泉两处遗址为重点分析对象，结合另外几处遗址的发掘材料，探讨裴李岗时期单个聚落内部的总体布局、墓地结构及其反映的社会组织状况。

（一）聚落内部的总体布局

截至目前，郑洛地区裴李岗文化时期的聚落遗址数莪沟北岗遗址保存、发掘得最完整。

---

① 中国社会科学院考古研究所河南一队：《河南郏县水泉裴李岗文化遗址》，《考古学报》1995年第1期。
② 开封地区文管会、新郑县文管会：《河南新郑裴李岗新石器时代遗址》，《考古》1978年第2期；开封地区文物管理委员会、新郑县文物管理委员会、郑州大学历史系考古专业：《裴李岗遗址一九七八年发掘简报》，《考古》1979年第3期；中国社会科学院考古所河南一队：《1979年裴李岗遗址发掘报告》，《考古学报》1984年第1期。
③ 中国社会科学院考古研究所河南一队：《河南新郑沙窝李新石器时代遗址》，《考古》1983年第12期。
④ 河南省博物馆、密县文化馆：《河南密县莪沟北岗新石器时代遗址》，《考古学集刊》（1），中国社会科学出版社，1981年。
⑤ 河南省文物研究所：《长葛石固遗址发掘报告》，《华夏考古》1987年第1期。

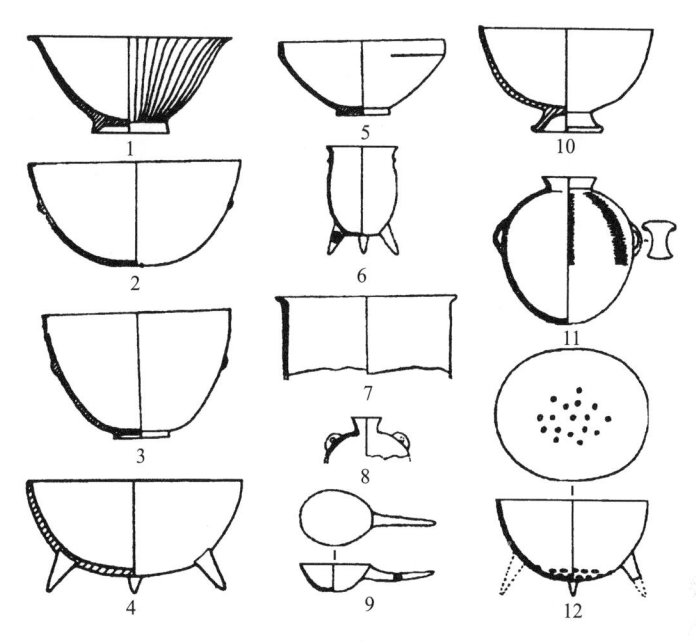

图三　巩义瓦窑嘴遗址出土陶器

1、5.圈足碗（T2H1∶3、T2H2∶54）2.大口钵（T2H1∶1）3.圈足钵（T2H1∶2）4、12.三足钵（T1H2∶57、WT2H4∶9）6.罐形鼎（WT1H2∶9）7.深腹罐（T2H2∶42）8.双耳壶（WT4H5∶12）9.勺（WT1H2∶9）10.豆（T1H2∶5）11.小口球腹罐（WT1H2∶24）

在统计遗址面积时通常是把各个时期的分布范围加在一起计算出来的，这无疑也会增大某一时期的聚落面积。因此在统计聚落面积时应选择那些文化性质相对单纯的遗址。本文选择了35处单纯为裴李岗文化的遗址进行统计（图四），结果低于2万平方米的遗址共24处，约占总数的68.6%，可视为裴李岗时期聚落规模的常数，大于2万平方米的遗址共11处，占总数的31.4%，其中最大的为5万平方米上下，小的只有0.5万平方米左右。文化层厚度通常在0.5~1.5米。因此按照面积大小可将郑洛地区裴李岗文化时期的聚落划分为大、小两级（图五）。

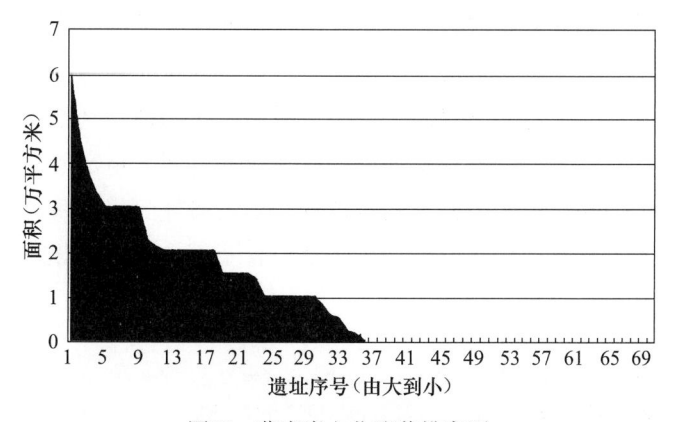

图四　裴李岗文化聚落排序图

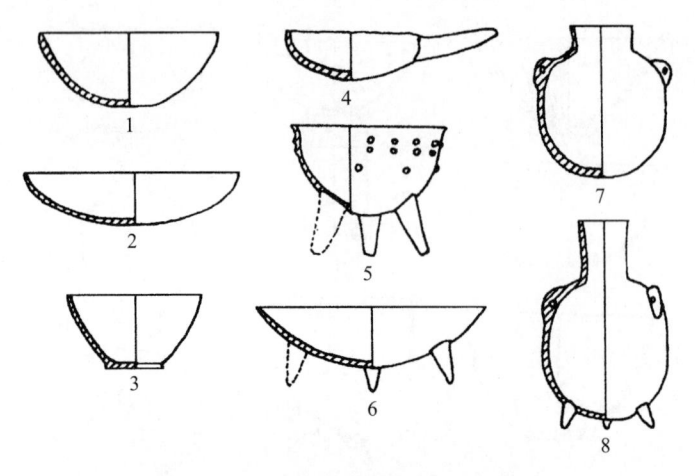

图二　裴李岗文化裴李岗类型典型陶器
1. 深腹钵（石固 H125：1） 2. 浅腹钵（裴李岗 M111：6） 3. 碗（裴李岗 M63：2） 4. 勺（石固 T6②：5）
5. 乳钉纹鼎（裴李岗 M56：2） 6. 三足钵（裴李岗 M92：1） 7. 双耳壶（裴李岗 M113：1） 8. 三足壶（裴李岗 M100：10）

认识。近年发掘的巩义瓦窑嘴遗址[①]，发掘面积较大，从该遗址中可以看出这里的裴李岗文化遗存中既有陶三足钵、深腹罐、双耳壶、勺、四足石磨盘等裴李岗文化常见的典型器物[②]，又有一些明显不同于嵩山以南裴李岗文化遗存的自身因素。如陶器群中有不少泥质黑陶（约占陶器总数的 15%），常见器物有镂孔三足钵、上腹部饰乳钉纹的大口深腹平底钵、折腹钵、泥质黑陶圈足碗（报告称之为豆）、侈口球腹双耳罐、泥质黑陶杯等，纹饰中以常见放射状直线刻划纹和连续折线纹最具特色（图三）。依据考古学文化因素的分析，目前我们至少可以把郑洛地区的裴李岗文化聚落遗址分为嵩山以南的一大群和嵩山以北的一小群，其他地区的裴李岗文化遗址只有零星分布，且大多没有经过发掘，文化面貌不甚清晰，因而暂不分群。当然，在嵩山以南的一大群中，北汝河流域、颍河流域和双洎河流域的裴李岗文化遗存仍有一些差别，似可以再分为若干亚群，只是限于目前的材料，尚不能明确其界限，只有待资料积累到一定阶段之后再进行细分。

　　确认聚落的规模和等级可以从聚落分布面积、聚落中单位面积内出土遗物总数，以及聚落内出土遗物的种类和规格来确定。其中聚落分布面积，是确定聚落规模和划分聚落等级的重要条件，但不宜视为唯一标准。一般来讲，聚落分布面积越大，原有的规模也就越大，规模越大，聚落的等级也会越高。不过也应看到，我们现在判断聚落的面积时，在无地层相验证的情况下常常主要是靠遗址地面的陶片分布范围来断定的。而陶片分布经过人工搬运可以远离遗址原来位置，因此靠陶片范围确认的遗址面积每每超出聚落实际分布范围，这无疑就会夸大了聚落面积。此外许多遗址包含了不止一个文化时期的文化内涵，而

---

① 巩义市文物管理处：《河南巩义市瓦窑嘴新石器时代遗址试掘简报》，《考古》1996 年第 7 期；巩义市文物保护管理所：《巩义市瓦窑嘴遗址第三次发掘报告》，《中原文物》1997 年第 1 期。
② 承蒙巩义市文物保护管理所刘洪淼、赵海星等同志提供方便，笔者得以观摩瓦窑嘴出土遗物。

水平看来已经脱离了农业产生的最初阶段，但也不能把裴李岗时期的农业发展水平估计得过高。在前述各类农业工具当中，石斧是裴李岗文化最常见的工具种类之一，但它并不是专用于农业的工具，而是兼砍伐、狩猎、防卫和加工等多种用途的工具[1]，即使用作农业工具，也往往是指示着刀耕火种这一较原始的农业生产方式。其他工具如石磨盘既可用来加工粮食作物，也可用以加工野生植物果实[2]。锯齿石镰既是收割谷物的农业工具，也是勾摘树上果实的采集工具[3]。裴李岗文化遗址出土粮食谷物遗存者很少，见到的多是与采集经济有关的植物遗存。如在石固遗址有白榆种子、野胡桃、榛和酸枣，在密县莪沟北岗遗址有麻栎等。可见，采集经济仍是人们重要的生活来源。采集经济也好，砍倒烧光（又称刀耕火种）也好，都要求居住地即聚落不能距山区太远，我们认为这也是裴李岗文化时期的聚落多分布在山地区的主要原因之一。

从现有资料来看，郑洛地区裴李岗文化聚落遗址的分布疏密不均的现象十分突出。这不仅表现在山区及山前平原分布较密，而黄土丘陵区和平原区分布稀少；而且突出表现在不同的河流之间，聚落分布密度差别明显。这说明裴李岗时期聚落分布带有散漫分布的特点，也说明当时有充裕的居住空间可供人们自由选取。

关于郑洛地区裴李岗文化聚落之间的关系，可从考古学文化因素的统一性和差异性、聚落的规模与等级等方面加以讨论。

裴李岗文化有好几种划分类型的方案，其中把舞阳贾湖遗址为代表的一类遗存，单独划分为贾湖类型[4]，以与郑洛地区的裴李岗文化相区别，已基本上被学术界所接受。郑洛地区内的裴李岗文化遗存因时间早晚不同和地域间的差异仍可进一步划分为不同类型，在这里我们不拟对这一问题展开讨论，但应看到，裴李岗文化的大本营在嵩山以南淮河水系的颍河上游地区，因此自许昌以北的颍河上游及颍河支流贾鲁河、北汝河中上游地区，亦即嵩山南麓及山前平原地带的裴李岗遗存文化面貌较为一致，此类遗存以郑县水泉、新郑裴李岗和长葛石固为代表，典型器物石器有带四足的石磨盘、带锯齿的石镰、双肩石铲，陶器有三足钵、双耳壶、乳钉纹鼎、勺等（图二）。

虽然有人将这里的裴李岗文化遗存分别称为"裴李岗类型"、"翟庄类型"[5]和"中山寨类型"[6]，但其间文化面貌差异很小，远不及它们与嵩山北麓、属黄河水系的黄河谷地和伊洛河流域裴李岗文化遗存的差别之大。不过由于裴李岗文化遗址的发掘工作主要集中在嵩山以南地区，黄河水系裴李岗文化遗址发掘得不多，难免影响到对黄河水系裴李岗文化面貌的

---

[1] 陈文华：《试论我国农具史上的几个问题》，《考古学报》1984年第1期。
[2] 吴加安：《石器时代的石磨盘》，《史前研究》1986年第1、2期。
[3] 杨肇清：《试析锯齿石镰》，《中原文物》1981年第2期。
[4] 张居中：《试论贾湖类型的特征及与周围文化的关系》，《文物》1989年第1期。
[5] 赵世纲：《裴李岗文化的几个问题》，《史前研究》1985年第2期。
[6] 郑乃武：《略谈裴李岗文化的类型及其与仰韶文化的关系》，《中国考古学研究——夏鼐先生考古五十年纪念论文集》（一），文物出版社，1986年。

气候条件下人们自然不便居住在地势较低的大河流岸边的低阶地上。那些地势较高的小河流岸边的高台地，既无水患之忧，又兼得农业、采集和狩猎之利，自然成为人们选择居址的理想之地。需要说明的是裴李岗文化时期的自然环境，无论是山地区还是黄土丘陵区都比当今优越得多。前者以嵩山周围的遗址为代表，呈森林或疏林—草原景观，遗址多选在山前地带，那里地势较高，附近拥有大片树林和广阔的草原，林中有栎、榛、白榆、梅和胡桃等落叶阔叶林以及酸枣、柽柳等灌木，獾、野猪和鹿出没其间。草原上长满蒿属、十字花科以及菊科等植物，是鹿类和野兔的家园。距遗址不远有小河流淌，河中有鱼、蚌、螺、鳖等丰富的水产资源。后者以渑池班村为代表，遗址附近呈现森林—灌丛—草地—湿地的自然景观，遗址坐落在河流岸边的阶地上，周围附近山地或丘陵尚覆盖着暖温带落叶阔叶林，林中有栎、朴、山茱萸等乔灌木树种，河中有丰富的鱼类，河岸湿地有紫苏和野大豆生长①。在郑洛地区以外的豫东、豫南平原地区也分布不少裴李岗文化遗址，这些遗址虽然处于平原地带，但是：①其中的绝大部分遗址往往处于平原地带的高岗上，遗址所在地迄今仍高出周围地面达一两米，推想在裴李岗文化时期遗址当时的地势自然会更高。这种状况与我们今天见到的地貌状况是有很大变化的。②这些遗址绝大部分分布在黄河冲积扇以西的山前平原地带：黄河以北的遗址主要分布在今卫河以西、太行山以东的平原地带；黄河以南的遗址绝大部分分布在今贾鲁河以西，嵩山、外方山、伏牛山、桐柏山和大别山以东的山前平原地带。可见，即使是郑洛地区以外的裴李岗文化遗址，同样不把地势较低的大河流冲积平原作为主要的居住地，至于像伊川古城南那样的极个别遗址，分布在较大河流的低阶地上，的确显得与众不同。此类遗址目前仅有初步的调查材料②。又如孟州市子昌遗址仅是依据当地群众上交的石磨盘而定的③，偃师马涧河遗址也只见零星遗物，不见文化层和其他遗存④，此类遗址究竟是一个定居的聚落遗址还是一个临时聚落分布点？如果是一个定居聚落遗址，该聚落处于怎样的气候条件？因工作有限目前不宜妄加推测。不过就目前材料而言，裴李岗文化的聚落遗址主要分布在地势较高的山区、黄土丘陵区和山前平原区，主要不会在平原区，这一点当不会有太大问题。裴李岗文化聚落遗址大多不远离山区这一特点，除了与当时的自然条件有关外，也与当时的生产方式有关。就目前发现的情况看，裴李岗文化遗址的农业生产工具常见有砍倒烧光农业经济活动中使用的石斧，有用于耕土和翻土用的石铲和石锄，有收割工具锯齿镰，有加工工具石磨盘和石磨棒。这些工具贯穿农业生产的全过程，而且做得十分精致。据说在新郑沙窝李、郏县水泉等遗址均发现了粟类遗存，在裴李岗遗址发现有黍粒⑤。这些都说明郑洛地区裴李岗文化农业发展

---

① 张居中：《环境与裴李岗文化》，《环境考古》（第1辑），科学出版社，1991年；张居中：《试论河南省前仰韶时代文化》，《河南文物考古论集》，河南人民出版社，1996年。
② 本人根据伊川县文物爱好者翟志高同志提供的线索，前后两次前往实地调查。调查材料待刊。
③ 承蒙河南省孟州市博物馆负责人相告，谨致谢忱。
④ 方孝廉：《洛阳市一九八四年古文化遗址调查简报》，《中原文物》1987年第3期。
⑤ 张居中：《试论河南省前仰韶文化》，《河南文物考古论集》，河南人民出版社，1996年。

从郑洛地区裴李岗文化聚落分布示意图（图一）中可以看出，聚落主要分布在山区，嵩山山区及其山前平原地带最多。另在伏牛山西部山区、渑池—王屋山区、黄河谷地和伊洛河沿岸也有零星分布。在平原地区只有孟州子昌和伊川古城南两处遗址。在黄土丘陵区和平原区鲜有聚落分布。除开嵩山山区，整个郑洛地区的其他广大地区，均呈现大量空白，仅有个别聚落遗存零星点缀其间。这种聚落分布状况与当时的气候条件和生产力发展水平有关。裴李岗文化时期正值全新世的早期，刚刚脱离大理冰期跨入间冰期不久，有人归入大暖期（或称气候适宜期）的第一个阶段，属全新世气温上升时期[①]。裴李岗文化分布区现属于暖温带半湿润气候区，年平均气温 14~15℃，年降水量为 600~800 毫米，推测裴李岗时期的大部分时间内这里的气温和降水量均高于现在，有可能相当于今江淮地区。这一推论由裴李岗、莪沟、水泉、石固等遗址中出土的动植物遗存可以得到证明[②]。此外，裴李岗遗址常见红褐色或褐红色黏土，这类土壤有人称之为"周原黄土"[③]，认为是在全新世早期气候升温的条件下发育而成的，也说明裴李岗时期气候条件较为温暖湿润。在温暖湿润的

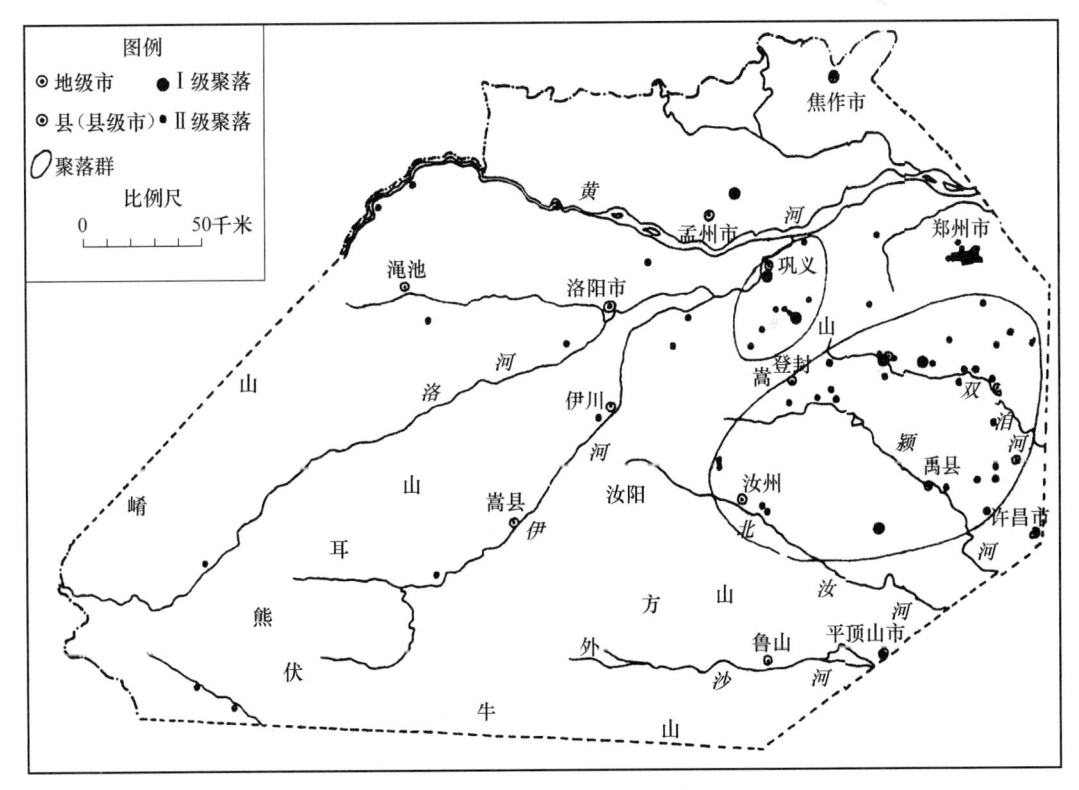

图一　裴李岗文化聚落分布示意图

---

① 施雅风、孔昭宸等：《中国全新世大暖期气候与环境》，海洋出版社，1992 年，第 7 页。
② 张居中：《环境与裴李岗文化》，《环境考古》（第 1 辑），科学出版社，1991 年；张居中：《试论河南省前仰韶时代文化》，《河南文物考古论集》，河南人民出版社，1996 年。
③ 周昆叔：《关中环境考古调查简报》，《环境考古》（第 1 辑），科学出版社，1991 年。

裴李岗文化时期农业定居聚落的形成

从事某一时期聚落研究通常包括以下三个方面的内容：（一）聚落群的研究，包括聚落分布和聚落相互关系的研究。（二）单个聚落形态的研究，包括聚落内部各种遗迹平面分布及其相互关系。大面积发掘的墓地作为聚落的重要组成部分也被列入其中。（三）聚落内部各种遗迹的研究，这些遗迹主要有房基、灰坑（其中不少原为窖穴）、陶窑等。我们对郑洛地区裴李岗时期聚落的分析也主要从这三个方面着手进行。

一、聚落的分布及相互关系

应该承认，在目前工作的基础上，探讨裴李岗文化聚落群的分布及聚落之间的关系，并非易事。考古学界对裴李岗文化的正式确认是在20世纪70年代末期[①]，到现在只不过20来年的时间，肯定会有不少裴李岗时期的遗址尚未发现。调查出来的遗址，限于各种原因，我们不可能都进行发掘。发掘过的遗址至今没有一处遗址得以完整揭露。因发掘面积有限，在判断单个聚落遗址的占地面积、讨论聚落关系时，便不能不受到局限。此外，探讨聚落之间关系的一个基本前提是先要分清哪些聚落是同时存在的，哪些聚落是先后存在的。但由于考古学文化总是经历了上百年，甚至上千年的时间过程，在这样漫长的时间过程中即使是属于同一个考古学文化的聚落，其始建和废弃的过程也常常是参差不齐的，这就给我们判断哪些个聚落遗址曾同时存在，带来了很大的困难。

所有这些因素限制了我们对裴李岗时期聚落群全面而切实的认识，不过也不能说因有上述种种不利因素，我们对聚落群的研究就只能采取观望等待的态度，那种幻想有朝一日聚落资料齐全了，再来从事聚落及聚落群研究的想法，也不可取。我们认为，只有对现有的考古学材料从聚落考古的角度进行反思和研究，才能促进下一步聚落考古工作的进展。正像张光直指出的那样，考察聚落形态的变化只能在较长的时间尺度内来进行[②]，按照这一原则，我们就有可能在现有工作的基础上，宏观地把握郑洛地区聚落群的分布概况。目前，虽然不能穷尽裴李岗文化聚落遗址的具体数目，但依据目前公开发表过的各种材料，结合本人的调查结果，对郑洛地区裴李岗文化的聚落分布作一粗略研究，再同以后仰韶文化时期和龙山时代的聚落相比较，还是能够看出郑洛地区裴李岗龙山时代聚落及聚落群前后演变的趋势。

[①] 开封地区文管会等：《河南新郑裴李岗新石器时代遗址》，《考古》1978年第2期；严文明：《黄河流域新石器时代早期文化的新发现》，《考古》1979年第1期。

[②] 张光直：《中国青铜时代》，生活·读书·新知三联书店，1983年，第107页。

贰 聚落形态

续表

文化	期段	实验室编号	样本所在单位	二批拟合后日历年代（BC）	首批拟合后日历年代（BC）	备注
新砦期	早段	SA0019	1999T1H115	1830~1770（68.2）	1832~1809（41.64%） 1800~1776（58.35%）	
		SA012	1999T1H116	1880~1845（68.2）		
		SA006	1999T1⑥C	1884~1838（68.2）	1885~1880（3.52） 1846~1809（86.22） 1800~1789（10.26）	
王湾三期文化	晚段	SA001	1999T1H119	1880~1846（68.2）	1884~1831	偏晚
		SA007	1999T1H120	1960~1885（62.6） 1980~1965（5.6）	1920~1896（37.00） 1890~1859（62.90）	1900BC以上
		SA008	1999T1H122	1960~1880（66.4） 2010~2000（1.8）		
	早段	SA0014	1999T1H126	2070~2035（63.6） 1990~1980（4.6）	2015~1995（16.57） 1979~1885（83.43）	2000BC以上
		SA002	1999T1H123	2070~1950	2270~2263（2.35） 2202~2032（94.72） 1992~1984（2.93）	

（原载北京大学震旦古代文明研究中心、郑州市文物考古研究院：《新密新砦——1999—2000年田野考古发掘报告》，文物出版社，2008年，第524~544、607页）

南龙山文化晚期遗存才是真正的夏代早期的文化。新砦二期遗存是新砦遗址发现的分布范围最广的遗存，且发现有铜容器碎片、残玉琮等，应为当时的中心聚落，从而为研究夏时期的社会结构提供了新的资料，也为研究中原地区文明化进程提供了一个新的起点。

新砦二期文化无疑是夏代考古的重大发现。

附表 新砦遗址与二里头遗址碳十四测年数据对照表

文化	期段	实验室编号	样本所在单位	二批拟合后日历年代（BC）	首批拟合后日历年代（BC）	备注
二里头文化	一期	ZK5206	97VT2⑪	1720～1680（65.0%） 1665～1660（1.3%） 1645～1640（1.9）	1740～1640	
		XSZ104（兽骨）	97VT3H58	1715～1680（66.7%） 1645～1640（1.5%）	1880～1840（0.41） 1810～1800（0.09） 1780～1730（0.49）	
新砦期	晚段	SA020	1999T4H30	1770～1735（56.3%） 1710～1695（11.9%）	1742～1682（80.79%） 1669～1659（10.99%） 1648～1640（8.21%）	
		SA021	1999T4H66	1742～1695		偏晚
		SA017	1999T1H26	1750～1730（22.2%） 1725～1690（46.0）	1740～1683（82.99%） 1668～1661（8.06%） 1648～1640（8.94%）	
		SA016	1999T1H29	1745～1685	1719～1682（41.35%） 1670～1657（17.45%） 1652～1624（41.2%）	偏晚
		SA013	1999T1H45	1740～1705（63.1%） 1695～1685（5.1%）	1744～1680	
		SA018	1999T1H40	1770～1735（66.1%） 1705～1695（2.1%）	1786～1744	
		SA010	1999T1H48	1860～1840（15.1%） 1820～1790（18.0） 1780～1750（35.1）		
		SA009	1999T1H76	1860～1840（15.6） 1820～1790（17.6） 1780～1750（35.0）		
	早段	SA0028	1999T4H61⑥	1830～1765	1835～1811（42.38%） 1800～1777（57.62%）	
		SA005-2	1999T1H112	1825～1790（34.1） 1785～1755（29.6） 1850～1840（4.4）		

砦遗址二里头文化早期"的名称。在《略论新砦期二里头文化》一文中使用了"新砦期二里头文化"、"新砦期文化"的名称。

在1999年和2000年新砦遗址发掘简报中，我们将此类遗存称之为"新砦二期"文化遗存。就"新砦期"遗址本身分期而言，"新砦二期"文化遗存的叫法符合地层堆积的实际情况，是一种客观的描述语言。

我们认为，"新砦期"是从王湾三期文化向二里头文化过渡的过渡期文化遗存，既不便往前推，归入到王湾三期文化系统，也不便往后拖，归入二里头文化系统。

新砦二期遗存有自己"一定的存续时间"，正如前面已经指出的，根据碳十四年代测定，大体是在公元前1850～前1750年。同时又有自己分布的"一定的地域"，目前在新密市、新郑市、巩义市、郑州市均有新砦二期遗存发现。在原造律台类型的西部范围内，如乳香台、郝家台也都见到有新砦二期的因素。分析新砦二期遗存的文化内涵，既有一定的与王湾三期文化、二里头文化某些类似的具有先后、承接发展关系的因素，又有占主导地位的不同于前两者的富有创新特色的"一组独特的文化特征因素"，按照考古学文化的命名原则，以新砦二期为代表的一类遗存已经具备了命名为一支考古学文化的基本要素。将之称之为"新砦二期文化"是可行的。由于新砦遗址第一、三期遗存已经分别归属于王湾三期文化和二里头文化，因此，或者将"新砦二期遗存"独立出来，径直称为"新砦文化"亦无不妥。不过需要说明的是，有学者提出将新砦二期和二里头文化一期合并命名为"新砦文化"，这是我们所不同意的。

二里头文化一期已经出现了二里头文化的标型器——花边罐与圆腹罐，只是器表形制和花纹多少与二里头文化第二期有某些区别，其与"新砦期"的差异要远远大于它同二里头文化第二期的差异，因此，似不便把二里头文化第一期从二里头文化中拆开，我们认为，还是把二里头遗址一至四期视为同一个考古学文化的不同发展阶段为好。

八、"新砦期"发现的意义

"新砦期"遗存的发现和确认，填补了河南龙山文化煤山类型和二里头文化之间的缺环，它上承中原龙山文化的余续，下启二里头文化的先河，使中原地区古代文化的发展谱系更加完整和细密。"新砦期"的存在表明，任何考古学文化的发展都不是均衡的、直线的，河南龙山文化在自己的发展过程中，不仅形成了王湾类型、煤山类型、造律台类型、下王岗类型、杨庄类型等大同小异的诸地方类型，而且其中只有位于嵩山以东的煤山类型和造律台类型毗邻的区域是率先发展为"新砦期"文化再发展为二里头文化，其他如王湾类型则是直接发展为二里头一期文化，杨庄类型则是直接发展为二里头二期文化。新砦二期遗存的碳十四年代测定结果证明，晚于它的二里头文化不是整个夏王朝时期的夏文化，新砦二期也不是最初的夏文化。由于其含有较多来自东方的因素，推测有可能与文献记载的夏初"夷羿代夏"的政治事件有密切关系。包括新砦一期遗存在内的早于新砦二期的河构成因素中含有相当数量来自东方的因素。这种现象的出现，如果联系当时的历史背景和文化互动关系来看，应与文献记载的夏代初年"夷羿代夏"的政治事件有关。

关于这一重大历史变故在《左传》中有较详细的记载[①]。其中提及的历史地理名称绝大部分出在今造律台类型和后冈二期文化南部的分布区。如后羿所居的"鉏"，寒浞初居的"寒"，浞子所处的"过"、"戈"，夏后相妻逃奔的"有仍"，夏遗臣靡逃奔的"有鬲"，少康逃奔的"有虞"、居住的"纶"等地均在今豫东、鲁西一带[②]，即造律台类型的分布区域内。而斟鄩、斟灌则可能位于今巩义境内，近年发现有"新砦期"的花地嘴遗址，亦在此附近。可见这里亦不出新砦第二期文化的范围。至于"穷石"，有河北、山东、河南几种不同说法，或许与有穷氏不断迁徙有关[③]，不过，从有关文献记载中已经可以看出，羿浞代夏事件昭示的豫东—鲁西地区与环嵩山东部地区在夏代早期曾经发生极其密切的关系。从后羿、寒浞到少康逃奔有虞和居住在纶，自然会受到当地传统文化的影响，在羿浞代夏执政和浞子封国时期，出现具有造律台类型、后冈二期文化乃至海岱龙山文化的部分因素掺和在伊洛地区的当地文化当中的现象并非不合情理。到了少康之子杼灭掉浞子豷以后，结束了羿、浞及浞子在夏王朝地盘上的统治，在"新砦期"分布范围内引起了夏文化面貌的重新组合，以往带有浓郁的造律台类型文化特色的子母口缸、子母口瓮、镂孔鼎等在原"新砦期"的分布范围内便消失了，被二里头一期所代替，由"新砦期"进入了以二里头一期为代表的新时代。

因此我们认为新砦二期文化应是羿浞代夏、少康之子季杼灭掉浞子豷、浇时期以前的文化遗存，二里头文化则是少康中兴以后的夏文化。至于新砦第一期遗存，据碳十四测定，其年代范围在公元前 1880～前 1850 年，也在夏纪年范围之内。

七、"新砦期"的命名

从 20 世纪 70 年代末"新砦期"遗存发现以来，一直没有一个统一的命名。1981 年，赵芝荃在《1979 年试掘简报》中使用了"新砦二里头文化"、"新砦遗址二里头文化"、"新

---

① 《左传·襄公四年》魏绛云："昔有夏之方衰也，后羿自鉏迁于穷石，因夏民以代夏政。恃其射也，不修民事，而淫于原兽。弃武罗、伯因、熊髡、龙圉，而用寒浞。寒浞，伯明氏之谗子弟也，伯明后寒弃之。夷羿收之，信而使之，以为己相。浞行媚内，而施赂于外，愚弄其民，而虞羿于田。树之诈慝，以取其国家，外内咸服。羿犹不悛，将归自田，家众杀而亨之，以食其子。其子不忍食诸，死于穷门。靡奔有鬲氏。浞因羿室，生浇及豷，恃其谗慝诈伪，而不德于民，使浇用师，灭斟灌及斟寻氏。处浇于过，处豷于戈。靡自有鬲氏收二国之烬，以灭浞而立少康。少康灭浇于过，后杼灭豷于戈。有穷由是遂亡。"《左传·哀公元年》伍员云："昔有过浇杀斟灌以伐斟寻氏，灭夏后相（杜注：'夏后相，启孙也。后相失国，依于二斟，复伪浇所灭。'）。后缗方娠，逃出自窦，归于有仍，生少康焉。为仍牧正，惎浇能戒之。浇使椒求之，逃奔有虞，为之庖正，以除其害。虞思于是妻之以二姚，而邑诸纶，有田一成，有众一旅。能布其德，而兆其谋，以收夏众，抚其官职，使女艾谍浇，使季杼诱豷。遂灭过、戈，复禹之绩，祀夏配天，不失旧物。"
② 庄春波：《羿浞代夏少康中兴轶史与年代学和考古学解释》，《中原文物》1990 年第 2 期。
③ 庄春波：《羿浞代夏少康中兴轶史与年代学和考古学解释》，《中原文物》1990 年第 2 期。

五、"新砦期"的去向

继"新砦期"之后，在当地兴起的是二里头文化。而在其周围，山东苏北沿海地区典型龙山文化演变为岳石文化；豫南继杨庄类型之后是二里头二期文化；豫北冀南地区，后冈二期变化之后兴起的是先商文化，先商文化的一支曾一度突袭至豫东杞县地区；嵩山以北的伊洛平原王湾三期文化王湾类型直接发展为二里头一期文化；山西汾河流域陶寺文化受二里头文化影响并与之融合形成二里头文化东下冯类型；关中盆地，客省庄二期变化发展演变为先周文化。由此可见，龙山时代诸文化的发展去向并不完全相同，即使由中原龙山文化发展为二里头文化，不同地区采取的途径也不完全相同，现在看来，主要有三种演变模式。一是嵩山东部，亦即"新砦期"分布地区，先经过"新砦期"再发展到二里头一期，再演变为二里头文化二期。二是嵩山的西部地区，即王湾三期文化的分布区域，没有经过"新砦期"。那里的龙山文化下限拖到了相当于"新砦期"的时期，然后再演变为二里头一期，继而发展为二里头二期。三是二里头类型以外的其他几个二里头文化地方类型，均由当地的龙山文化晚期遗存（其下限拖到相当于二里头一期之后）直接演变为二里头文化二期。这说明，各地龙山文化结束的时间即龙山文化的下限是不尽一致的，其中只有嵩山东部地区率先结束并经过"新砦期"发展为二里头文化。

六、"新砦期"的族属

二里头文化已经被多数学者认定为夏文化。

根据有关先秦史籍和司马迁《史记·夏本纪》的记载，夏有十七王十四世，其积年有471年和432年两说。432年之说没有将史载太康失国至少康中兴之前的所谓"无王"阶段包括在内，摒弃正统史观，仅从时间延续的角度来看，从夏立国至汤灭夏，471年之说显然更为合理。夏商周断代工程推定夏、商王朝更替之年为公元前1600年左右，并采用夏积年471年之说，由公元前1600年前推471年，将公元前2070年估定为夏王朝之始年。夏有十七王十四世，如每世以30年计，十四世亦当有420年，由公元前1600年前推420年，夏王朝始年也在公元前2020年，不会晚于公元前2000年。根据二里头遗址最新碳十四测定结果，其一期最早不超过公元前1800年，四期不超过公元前1550年，一至四期的年代跨度只有二百多年。显然，二里头文化不是整个夏王朝时期的夏文化，而只能是夏代中晚期的遗存。新砦第二期文化是二里头文化的主要来源，二里头文化主要是继承新砦第二期文化发展而来。新砦第二期文化做过系统的碳十四测年，根据其测定结果，我们推定其存续年代在公元前1850~前1750年，其上限不超出公元前1900年，与据文献推定的夏之始年仍有距离，当然也不会是最早的夏文化。正如前面我们分析的那样，新砦第二期文化的综上所述，我们认为，截至目前的材料，可以看出二里头一期的分布范围为东至郑州左近[1]，西到渑池[2]，南至豫中[3]，北不过黄河[4]。主要分布在嵩山南北的伊洛河和颍河上游地区以及豫西地区。其范围比"新砦期"扩大了许多，主要是向西、南方向大大拓展了分布空间。总之，从煤山类型经"新砦期"再到二里头一期，分布地域逐渐扩大，这一势头一直保持到二里头文化的二、三期。

四、"新砦期"的来源

"新砦期"虽然是从当地的王湾三期文化煤山类型发展起来的，但是，煤山类型并非是"新砦期"的全部来源。"新砦期"的文化因素按照传统划分，可分为以下几组。

甲组，主要继承王湾三期文化发展来的因素。主要有侈口折沿深腹罐、敞口斜壁碗、浅盘弧腹豆、小口高领罐、刻槽盆、乳足鼎和甑等。

乙组，主要来自造律台文化影响的因素。主要有侧装三角形足罐形鼎，折壁器盖，子母口器（包括子母口缸、子母口鼎、子母口瓮和子母口钵等），袋足鬶，麻花状器耳和镂空鼎足等。

丙组，与后冈二期文化有溯源关系的因素。可见的有覆钵形器盖、平底盆、三足皿或四足皿等。

丁组，与石家河文化有关系的因素。新砦遗址出土的盉与下王岗[5]和大寺[6]的同类器十分相似。

戊组，"新砦期"自身的新因素。主要有折肩罐、尊形瓮、双腹豆等。

由此可见，"新砦期"主要是在王湾三期文化和造律台类型的基础上发展起来的。在龙山文化时代这里本来是王湾三期文化煤山类型的地盘，只是后来主要接纳了来自造律台类型的部分因素之后才形成了"新砦期"。就"新砦期"各组文化因素所占比例大小来看，顺序依次为：①王湾三期文化传统因素；②造律台类型传统因素；③自身创造的新因素；④后冈二期文化传统因素。而来自石家河文化、三里桥类型、陶寺类型、客省庄二期文化和龙虬庄文化的部分传统文化因素，在"新砦期"当中仅占很小的比重。

---

[1] 该遗址 H18 原报告定为二里头文化第一期第 1 段，见河南省文物研究所：《河南荥阳竖河遗址发掘报告》，《考古学集刊》（10），地质出版社，1996 年。
[2] 河南省文物研究所等：《渑池县郑窑遗址发掘报告》，《华夏考古》1987 年第 2 期。
[3] 河南省文物研究所等：《郾城郝家台遗址的发掘》，《华夏考古》1992 年第 3 期。
[4] 黄河以北的二里头文化的年代属于二里头晚期，见刘绪：《论卫怀地区的夏商文化》，《纪念北京大学考古专业三十周年论文集》，文物出版社，1990 年。
[5] 河南省文物研究所等：《淅川下王岗》，文物出版社，1989 年，第 260 页。
[6] 中国社会科学院考古研究所：《青龙泉与大寺》，科学出版社，1991 年，第 187 页。

沈丘乳香台，密县新砦、黄寨，商丘坞墙，淅川下王岗，渑池郑窑等遗址，此外，在湖北宜昌地区有少量陶器资料，湖北陨县大寺龙山文化中之封口盉、Ⅳ式罐、鼎、长颈壶等与二里头一期相似。陕西华县、洛南等遗址，安徽含山大城墩遗址有二里头一、二期陶器，据我们所知，含山荆王城遗址和董城圩遗址还有龙山文化陶器，大城墩之二里头一、二期陶器当由本地龙山文化发展而来"①。这段话提及的湖北、安徽、陕西等地的遗址虽含有二里头文化的部分因素，如陕西洛南的焦村、龙头梁和东龙山遗址等，但其年代已晚到二里头文化二、三期②。郧县大寺遗址③则属于长江中游龙山时代末期的石家河文化青龙泉类型晚期④或称之为乱石滩文化⑤，不属于二里头文化范畴。安徽含山大城墩遗址简报虽也认为该遗址第三期文化的某些陶器与二里头文化的一、二期相似，但从发表的器物线图可以看出，最相似的器物是瓦足皿、豆（柄）和鼎。实际上，瓦足皿为高足，不同于二里头一期常见的矮足；鼎为盆形鼎，与一期的深腹圜底鼎有别；豆与鼎共存于T18⑰，因此，这几件器物显然不能归入二里头文化第一期，而属于第二期⑥。

至于商丘坞墙⑦和淅川下王岗遗址⑧分别属于二里头文化的下王岗类型和豫东类型（牛角岗类型），它们真正显现出二里头文化的面貌是在二里头文化二期以后的事情，因此，严格来讲，不能把它们视为二里头一期文化遗址。

邹衡曾认为，二里头一期的"分布面仅局限于比较小的范围之内……目前还只在嵩山周围半径约百千米左右的地区内发现"⑨。

李维明认为二里头文化一期遗存主要分布在豫西地区，可划分为嵩山丘陵区、伊洛平原区和豫西山地区。其中以前两区分布密集，最具代表意义⑩。

近年发掘结果表明，郑州以东至商丘杞县境内的二里头文化自该文化第二期开始，不见一期遗存，这里是二里头文化、先商文化和岳石文化的交汇地带⑪。驻马店杨庄遗址的发掘表明，在"豫西二里头文化的一期时，驻马店一带仍属杨庄二期（作者注：龙山文化晚期遗存）的分布区"，"至二里头文化一、二期之交时，二里头文化代替了本地的杨庄二期类型"⑫。可见，二里头一期的南界到不了驻马店一带。

---

① 郑光：《二里头陶器文化略论》，《二里头陶器集粹》，中国社会科学出版社，1995年，第22页。
② 陕西商洛地区图书馆：《陕西洛河上游两处遗址的试掘》，《考古》1983年第1期。
③ 中国社会科学院考古研究所：《青龙泉与大寺》，科学出版社，1991年。
④ 张绪球：《石家河文化的分期分布和类型》，《考古学报》1991年第4期。
⑤ 樊力：《豫西南地区新石器文化的发展序列及其与邻近地区的关系》，《考古学报》2000年第2期。
⑥ 安徽省文物考古所等：《安徽含山大城墩遗址第四次发掘报告》，《考古》1989年第2期。
⑦ 商丘地区文物管理委员会等：《河南商丘县坞墙遗址试掘简报》，《考古》1983年第2期。
⑧ 河南省文物研究所等：《淅川下王岗》，文物出版社，1989年。
⑨ 邹衡：《试论夏文化》，《夏商周考古学论文集》（第二版），科学出版社，2001年，第154页。
⑩ 李维明：《二里头文化一期遗存与夏文化初始》，《中原文物》2002年第1期。
⑪ 郑州大学文博学院等：《豫东杞县发掘报告》，科学出版社，2000年；郑州大学历史系考古专业等：《河南杞县牛角岗遗址试掘报告》，《华夏考古》1994年第2期。
⑫ 北京大学考古学系等：《驻马店杨庄》，科学出版社，1998年。

地方，从龙山文化晚期到二里头文化是如何转换的呢？我们也注意到自登封、禹县、洛阳及其以西地带的王湾三期文化的西部，许多遗址不曾见到典型的"新砦期"因素。如登封王城岗①、伊川白元②、临汝煤山③等遗址，其发展序列是由王湾三期文化晚期直接发展到二里头一期，而在这些遗址被划为龙山文化晚期的遗存当中，常常包含个别"新砦期"因素，这应该是受"新砦期"影响的结果。

二里头一期遗址到底都有哪些呢？不少学者已经注意到，二里头文化一期只集中分布在二里头类型的范围内。

邹衡和李伯谦，把二里头文化分为二里头和东下冯两个类型。东下冯第一期相当于二里头类型的第二期④。

赵芝荃把二里头文化划分成二里头类型、东下冯类型、下七垣类型、下王岗类型和豫东类型。他先是提出"新砦期和二里头一期文化主要分布在登封和洛阳一带"⑤，并在《偃师二里头》中列出豫西地区的二里头一期遗址共有5处，即王城岗、煤山、二里头、东干沟和矬李⑥。对于豫西以外的豫东地区，他提出下王岗晚二期文化的部分"陶器的形制与豫西地区二里头一、二期的陶器相似，年代亦应相近"。"在商丘县坞墙发掘到二里头遗址一期的文化层。在周口地区调查时发现含有二里头遗址一期遗存的遗址约11处"⑦。

董琦把二里头文化分成二里头类型、东下冯类型、南沙村类型和下王岗类型。他认为下王岗类型二里头文化第一期的年代只相当于伊洛地区二里头文化第二期，二里头类型的早期第Ⅰ组（二里头文化一期）的分布地点以嵩山南北的伊、洛、颍、汝地区为中心⑧。

杜金鹏将二里头文化划分为二里头、东下冯、牛角岗、杨庄和下王岗类型。其中，特别指出赵芝荃划分的下七垣类型不属于二里头文化系统而属于先商文化系统的下七垣文化及潞工坟 宋窑类遗存。除了二里头类型之外，其他的几个类型"起始年代均不早于二里头文化第二期"。看来他主张二里头文化一期的范围不会超出二里头类型⑨。

郑光认为"二里头一期文化在河南地区分布地点有临汝煤山，伊川白元，郾城郝家台，

---

① 河南省文物研究所等：《登封王城岗与阳城》，文物出版社，1992年。
② 洛阳地区文物处：《伊川白元遗址发掘简报》，《中原文物》1982年第3期。
③ 洛阳博物馆：《河南临汝煤山遗址调查与试掘》，《考古》1975年第5期；中国社会科学院考古研究所河南二队：《河南临汝煤山遗址发掘报告》，《考古学报》1982年第4期；河南省文物研究所：《临汝煤山遗址1987—1988年发掘报告》，《华夏考古》1991年第3期。
④ 邹衡：《试论夏文化》，《夏商周考古学论文集》，文物出版社，1980年；李伯谦：《东下冯类型的初步分析》，《中原文物》1981年第1期。
⑤ 赵芝荃：《关于二里头文化类型与分期的问题》，《中国考古学研究》，科学出版社，1986年。
⑥ 中国社会科学院考古研究所：《偃师二里头》，中国大百科全书出版社，1999年，第391页。
⑦ 中国社会科学院考古研究所：《偃师二里头》，中国大百科全书出版社，1999年，第390页。
⑧ 董琦：《虞夏时期的中原》，科学出版社，2000年。
⑨ 杜金鹏：《二里头文化的分布与类型》，《中国考古学·夏商卷》，中国社会科学出版社，2003年，第89～97页。

续表

分期	样品原编号	实验室编号	碳十四年龄	拟合后日历年代
新砦晚	1999T1H40	SA00018	3500±30	1770~1740 BC
		SA00018-1	3470±35	
	1999T1H26	SA00017	3395±40	1750~1700 BC
		SA00017-1	3455±30	
	1999T1H76	SA00009	3415±35	1745~1605 BC
	1999T1H48	VERA-1435（明胶）	3460±50	1755~1695 BC
		VERA-1434	3425±35	
	1999T1H45	SA00013	3430±55	1740~1710 BC
		SA00013-1	3390±35	
		VERA-1437（明胶）	3450±50	
		VERA-1436	3380±35	
上边界				2170~2040 BC
新砦晚	1999T1H29①	SA00016	3410±50	1745~1710 BC
		VERA-1439（明胶）	3430±50	
		VERA-1438	3390±35	
	1999T4H66	SA00021	3425±30	1745~1705 BC
	1999T4H30	SA00020	3490±30	1775~1700 BC
下边界				1730~1675 BC

5. 文化分布

王湾三期文化内部可以分成嵩山南北两大块。新砦第一期属于煤山类型，其分布范围在嵩山以南，东到郑州以东的段岗遗址，西到煤山、王城岗，南抵郾城郝家台遗址。至于更靠南的驻马店地区杨庄遗址的文化面貌已经发生很大变化，有人称之为杨庄二期类型，不宜归入煤山类型。煤山类型的范围是嵩山以南、郝家台以北、王城岗以东、杞县以西的环嵩山地区的南部。

"新砦期"的分布范围，与煤山类型相比，呈现向北、向东南移动的趋势。北边已经翻越嵩山，抵达花地嘴遗址，向东南渗透到乳香台遗址，西边推进到了北汝河流域。在北汝河流域的煤山遗址只有部分"新砦期"的因素，却不属于"新砦期"遗址。不过即使这样，总体来看，"新砦期"的地盘比起煤山类型还是扩大了许多。

如前所述，"新砦期"仅存在于环嵩山东部地区，以往把"新砦期"理解成大范围的概念需要得到纠正。这里就产生一个问题，出了环嵩山东部地区，那些不曾有"新砦期"的夏商周断代工程公布的二里头文化测年结果中一期有2个数据。一个是97VT3H58，拟合后日历年代范围是公元前1880～前1730年。另一个是97VT2⑪，拟合后年代为公元前1740～前1640年。二期一共有9个测年数据，大多落在公元前1680～前1600年。三期有3个数据，为公元前1610～前1555年。四期有4个数据，为公元前1560～前1521年[①]。

根据"新砦期"和二里头文化一至四期的测年数据的比较（附表），我们暂把二里头一期的绝对年代估计为公元前1750～前1700年，"新砦期"的年代暂估计为公元前1850～前1750年。

表六　新砦遗址系列样品碳十四年代测定及校正结果汇总

分期	样品原编号	实验室编号	碳十四年龄	拟合后日历年代
上边界				2170～2040 BC
龙山晚	1999T1H123	SA00002	3700±65	2110～1950 BC
	1999T1H126	SA00014	3675±35	2085～2035 BC
		SA00014-1	3740±30	
		VERA-1430（明胶）	3760±45	
		VERA-1429a	3695±35	
	1999T1H122	SA00008	3570±35	1960～1875 BC
	1999T1H120	SA00007	3590±30	2010～1880 BC
	1999T1H119	SA00001	3485±30	1880～1840 BC
		SA00001-1	3490±35	
1-2边界				1850～1780 BC
新砦早	1999T1⑥C	SA00006	3535±35	1820～1770 BC
		SA00006-1	3470±35	
	1999T1H116	SA00012	3480±35	1820～1765 BC
		VERA-1432（明胶）	3500±45	
		VERA-1431	3490±35	
	1999T1H112	SA00005	3465±35	1820～1755 BC
	1999T1H115	SA00019	3530±35	1820～1770 BC
		SA00019-1	3500±35	
	1999T4H61⑥	SA00028	3500±35	1815～1770 BC
2-3边界				1780～1745 BC

---

① 夏商周断代工程专家组：《夏商周断代工程1996—2000年阶段成果报告》，世界图书出版公司，2000年，第76、77页。

（4）小口高领罐，肩部由圆鼓到微圆鼓再到折肩。

（5）尊形瓮，王湾三期为小口高领瓮，肩部圆鼓；"新砦期"为尊形瓮，肩部近折肩；二里头一期为尊，折肩。

（6）刻槽盆，王湾三期为敞口，大平底；"新砦期"为敛口或直口，小平底；二里头一期为侈口或敞口，小平底近圜底。

（7）豆，王湾三期豆盘为弧壁，圜底；"新砦期"为弧壁，浅盘，近折壁；二里头期为近折壁，深盘。

（8）碗，王湾三期为小平底，斜壁，唇部饰凹槽；"新砦期"为斜壁，小平底，但器壁加厚，唇部凹槽部甚明显；二里头为弧壁和曲壁，底大。钵的演变规律与碗基本相同。

（9）单耳杯，王湾三期为敛口，曲腹；"新砦期"为曲腹近直；二里头一期为敞口，斜壁。

（10）平底盆，分曲壁与直壁两种，均由腹较深到腹较浅。曲壁者由宽折沿，到卷沿。直壁者由无沿、圆厚唇到窄沿外折。

（11）器盖，王湾三期盖壁内敛，壁内折角为近直角；二里头为壁内折角为钝角。此外，"新砦期"的盖纽为双层，平顶；二里头为单层纽，呈菌状。

上述 11 种陶器是从王湾三期到"新砦期"再到二里头一期最常见的器类，它们显示的逻辑演变序列，指示着三者的相对早晚关系，即王湾三期早于"新砦期"，"新砦期"早于二里头一期。

这一类型学显示的结果也得到了绝对测年数据的支持。

4. 绝对年代

对于"新砦期"碳十四测年结果，比预料的要晚[①]。为了验证测年的可靠性，曾经选择 5 个样品送到奥地利维也纳大学 AMS 实验室（VERA）进行比对测量，其实验室编号为 VERA 系列。其结果与国内的测年结果基本相符合（表六）。

以前，在新砦遗址的试掘简报中公布了早于"新砦期"的新砦遗址河南龙山文化 H6 的碳十四测年数据，经树轮校正后为 3875 ± 100 年（公元前 1925 年）。"新砦期"最近测定的年代绝大部分在公元前 1830~前 1680 年，没有超出 H6 的年代范围，即不超过公元前 1900 年。可以看出，"新砦期"的这些测年数据的上限，比相当长时期内认为的二里头文化上限为公元前 1900 年的说法要晚得多。最近，二里头考古工作队队长许宏已改二里头文化一期的年代上限为公元前 1800 年[②]。其实，2000 年夏商周断代工程专家组公布的二里头文化碳十四测年数据，已经透露了二里头文化的年代范围比以往估计的要晚很多的信息。

[①] 赵芝荃曾经估计新砦期的年代有可能达到公元前 2000 年，见赵芝荃:《关于二里头文化类型与分期的问题》,《夏文化论集》，文物出版社，2002 年，第 384 页。

[②] 许宏:《二里头遗址及其周边区域的聚落考古学研究》,《中国—瑞典考古学论坛》（北京），2005 年 9 月 26、27 日。

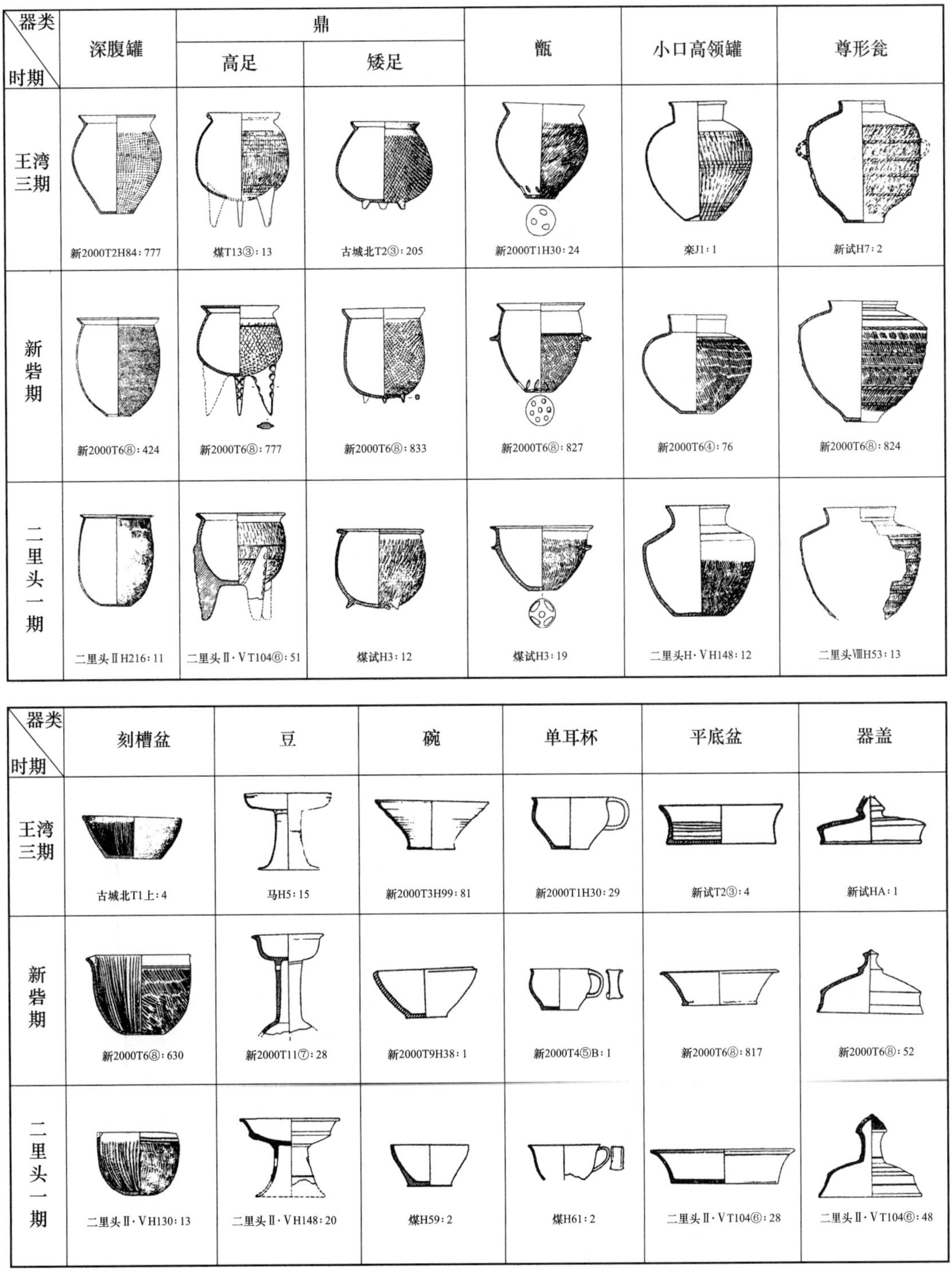

器类\时期	深腹罐	鼎 高足	鼎 矮足	甑	小口高领罐	尊形瓮
王湾三期	新2000T2H84:777	煤T13③:13	古城北T2③:205	新2000T1H30:24	栾J1:1	新试H7:2
新砦期	新2000T6⑧:424	新2000T6⑧:777	新2000T6⑧:833	新2000T6⑧:827	新2000T6④:76	新2000T6⑧:824
二里头一期	二里头ⅡH216:11	二里头Ⅱ·VT104⑥:51	煤试H3:12	煤试H3:19	二里头Ⅱ·VH148:12	二里头ⅧH53:13

器类\时期	刻槽盆	豆	碗	单耳杯	平底盆	器盖
王湾三期	古城北T1上:4	马H5:15	新2000T3H99:81	新2000T1H30:29	新试T2③:4	新试HA:1
新砦期	新2000T6⑧:630	新2000T11⑦:28	新2000T9H38:1	新2000T4⑤B:1	新2000T6⑧:817	新2000T6⑧:52
二里头一期	二里头Ⅱ·VH130:13	二里头Ⅱ·VH148:20	煤H59:2	煤H61:2	二里头Ⅱ·VT104⑥:28	二里头Ⅱ·VT104⑥:48

注：新=《新密新砦——1999—2000年田野考古发掘报告》，煤=《河南临汝煤山遗址发掘报告》，煤试=《河南临汝煤山遗址调查与试掘》，二里头=《偃师二里头》，新试=《河南密县新砦遗址的试掘》，马=《郑州马庄龙山文化遗址发掘简报》，古城=《河南新密古城寨龙山文化城址发掘简报》，栾=《河南鹿邑栾台遗址发掘简报》

图一　王湾三期、"新砦期"与二里头一期典型陶器对比图

表四　第二期晚段主要单位陶器器类统计表　　　　　　　　　　单位：件

单位＼器类	罐	器盖	小口高领罐	鼎	豆	刻槽盆	平底盆	钵（碗）	子母口缸（瓮）	鬶（盉）	合计
1999T1H29	72	38	45	13	10	11	12				201
2000T4H19	10	3		4					1		18
2000T2H11	26	2	3					6			37
2000T6⑧	163	147	30	38	27	4	1		4	1	415
合计	271	190	78	55	37	15	13	6	5	1	671
百分比（％）	40.39	28.32	11.62	8.20	5.51	2.24	1.94	0.89	0.75	0.15	100.01

由表四可知，第二期晚段器物群中超过器物总数80％以上的器类仍是早段形成的格局，即罐、鼎、器盖和小口高领罐。只是小口高领罐的数量重新多了起来，超过了鼎。豆已回归为王湾三期文化时期的第五位，刻槽盆和平底盆的数量均再次增加，钵（碗）继续下滑。

表五　第三期主要单位陶器器类统计表　　　　　　　　　　单位：件

单位＼器类	罐	鼎	器盖	小口高领罐	豆	刻槽盆	花边罐	子母口缸（瓮）	钵（碗）	圈足盘	平底盆	合计
2000T7⑦A	17	11	8	3	2	3	4	1	3	1	1	54
2000T5⑤A	48	32	22	11	9	7	1	3	1	1		135
2000T5④	17	10	8	2	2	2	4	1	1		1	51
合计	82	53	38	16	13	12	9	7	5	2	2	240
百分比（％）	34.17	22.08	15.83	6.67	5.42	5	3.75	2.92	2.08	1.25	0.83	100

由表五可知，第三期陶器群中占前五位的仍是罐、鼎、器盖、小口高领罐和豆，刻槽盆紧随其后，花边罐为新生器类，但器类中鬶几乎不见，器盖和平底盆也开始减少。罐、鼎、小口高领罐、豆、刻槽盆和花边罐已经构成了二里头文化的陶器组合。

我们这里主要依据新砦遗址发掘的新资料，结合豫中地区其他遗址的材料，将王湾三期文化、"新砦期"与二里头一期的11种典型陶器排比如图一。

从图一中可以看出，从王湾三期文化到"新砦期"再到二里头一期主要陶器形制的演变规律是：

（1）深腹罐，口沿由宽折沿、内折棱凸出向窄折沿、软折沿和卷沿发展；腹部由微鼓向直腹发展。

（2）鼎，分高足鼎和矮足鼎两类，两类鼎的口沿演化特征与深腹罐相同，腹部由微垂向近直腹发展。矮鼎足由三角形到乳状足，再到矮足消失。高足鼎的鼎足由靠下向上提升，鼎足加宽加大。

（3）甑，由深腹罐形向深腹盆形发展，甑孔由两周向只有底部一周发展。

续表

器类 单位	罐类	钵（碗）	小口高领罐	豆	杯	圈足盘	鬶（盉）	鼎	器盖	平底盆	子母口瓮	刻槽盆	双腹盆	斝	合计
2000T4H113	21	3	1		2								1		28
2000T1H30	66	16		5	4	1	1	1							94
2000T4H99	32	11	4	5	1			3	1	2					59
2000T12H111	32	8	8			1				2	1	1		1	54
2000T12H96	25	1	2		3					1					32
2000T12H92	13	4	1												18
2000T1H105	24	2		1	1	1									29
合计	240	60	20	10	10	10	6	6	4	3	3	1	1	1	375
百分比（%）	64.00	16.00	5.33	2.67	2.67	2.67	1.60	1.60	1.07	0.80	0.80	0.27	0.27	0.27	100.02

由表二得知，第一期陶器群当中超过5%以上的陶器只有罐、碗（钵）和小口高领罐三类。其中，罐类占一半以上，加上碗、钵这三种器类达到整个器物群的80%，属于典型的罐文化区。即炊器为罐，盛储器为小口高领罐，饮食器为钵和碗。鼎的数量还没有豆、杯和圈足盘的数量多，属于不常使用的器类。

表三　第二期早段主要单位陶器器类统计表　　　　　单位：件

器类 单位	罐	器盖	鼎	小口高领罐	钵（碗）	平底盆	豆	杯	子母口缸（瓮）	刻槽盆	鬶（盉）	圈足盘	合计
1999T2H101	14	51	18	29	6	10	7			1	1		137
2000T4H59	26		1	5	1		2	2	1	1			39
2000T4H53	19	2	2	1	3			2					29
2000T3H45	15	1	3	1	4		1			1			26
2000T4H26	87	10	16		3	3				1			120
2000T12⑤A	19	4	3		3	3	2					2	36
2000T2H93	19		1		4		1	1	1				27
合计	199	68	44	36	24	16	9	8	2	4	2	2	414
百分比（%）	48.07	16.43	10.63	8.70	5.80	3.86	2.17	1.93	0.48	0.97	0.48	0.48	100

由表三可知，第二期早段的突出变化是器盖和鼎的突然增加，形成了罐、器盖、鼎、小口高领罐四种常见器物，平底盆也有大幅增加，豆则稍有增加。斝和双腹盆消失，钵（碗）明显下降，而杯则略有下降。

三、"新砦期"与王湾三期、二里头一期的比较

1. 地层关系

新砦遗址见到大量地层关系。其中,"新砦期"叠压、打破"新砦期"者众多。二里头一期打破"新砦期"的见于2000T5~2000T7、2000T11各探方当中。

2. 遗迹方面

王湾三期以袋状坑为主,二里头一期以锅底坑为主,"新砦期"的灰坑虽然仍以袋状坑为多。但袋状坑的坑壁已经趋向直壁,且直壁坑和坡壁坑的比重较之王湾三期文化时期已经有所增加。

3. 遗物方面

最能反映王湾三期(新砦第一期)、"新砦期"(新砦第二期)和二里头一期(新砦第三期)承袭关系的是陶器,现将三者的代表性单位出土的陶器纹饰统计如表一。

表一 第一期、第二期与第三期主要纹饰比较表　　　　　　　　　　　　　　单位:%

单位\纹饰	素面	篮纹	方格纹	绳纹	附加堆纹	弦纹	指甲纹	其他	合计
第一期	34.99	27.19	15.53	16.93	1.24	2.75	1.08	0.3	100.01
第二期	36.6	23.7	16.95	10.35	6.37	4.33	0.69	1.02	100.01
第三期	35.09	21.67	6.35	19.39	7.00	3.14	0.26	7.12	100.02

注:附加堆纹中含施两种纹饰者

由表一得知,除素面(含素面磨光)者外,第一期纹饰当中篮纹第一,绳纹和方格纹不相上下,紧随篮纹之后,附加堆纹很少。第二期纹饰当中篮纹仍占第一,不过,总比例稍有减少,方格纹第二,绳纹明显减少,而附加堆纹明显增多。第三期以篮纹为主,但绳纹蹿升为第二位,附加堆纹上升为第三位,方格纹下降为第四位,还没有附加堆纹多。总的趋势为篮纹和方格纹逐渐减少,附加堆纹逐渐增多。

新砦第一至第三期的陶器器类组合状况如表二~表五:

表二 第一期主要单位主要陶器器类统计表　　　　　　　　　　　　　　单位:件

器类\单位	罐类	钵(碗)	小口高领罐	豆	杯	圈足盘	鬶(盉)	鼎	器盖	平底盆	子母口瓮	刻槽盆	双腹盆	斝	合计
1999T6H227	4	4	4	3			2	2							19
2000T1H84	23	11		1		3	4								42

妥当的。经研究，那里主要是后冈二期文化和先商文化的分布区域，已经越出二里头文化的范围，当不会是"新砦期"遗址。

至于瓦店出土的个别直壁器盖、王城岗出土的个别深腹罐、洛阳西干沟出土的尊形瓷等，虽然与"新砦期"同类器物相近，但这几处遗址所出器物群整体上不见"新砦期"大量流行的器盖和子母口器，不宜归入"新砦期"当中。关于稍柴H20、H35等二里头一期单位，为二里头文化中最早的单位，以至于有人划归"新砦期"[1]。可是，这些单位不见"新砦期"的子母口器和钵碗，却出有花边罐、盆形甑等二里头一期标型器，因此，应当归入二里头一期。因H20保留浓厚的"新砦期"风格，可视为二里头一期的最早阶段。

真正的"新砦期"遗址，除新砦遗址外，目前见诸报道的有郑州二七路[2]、牛砦[3]、马庄[4]，新密黄寨[5]，荥阳竖河[6]，巩义花地嘴[7]等遗址。据称，近几年河南省文物考古研究所在新密、新郑境内复查、调查出20余处"新砦期"遗址[8]。至于沈丘乳香台第二期[9]和郾城郝家台第六期[10]虽出有若干"新砦期"陶器，但其分布地域已经越出王湾三期文化煤山类型和二里头文化二里头类型的分布范围，属于原造律台类型的西部范围内，文化内涵亦有别于新密—郑州左近的"新砦期"遗存。这里包含有"新砦期"因素的遗址究竟是"新砦期"的一个地方类型还是造律台类型的晚段遗存，有待进一步研究。

大体而言，"新砦期"遗址主要集中分布在环嵩山地区的东半部，即现今的郑州市、巩义、新密、荥阳、新郑一带。西边到不了登封、禹县[11]，北不过黄河，东到郑州左近。由此可见，"新砦期"的分布范围不大，主要分布在原王湾三期文化的东北部，与造律台类型的西界前沿和后冈二期类型的南部前沿地带相比邻。

---

[1] 林秀贞：《试论稍柴下层遗存的文化性质》，《考古》1994年第12期。
[2] 河南省文物研究所：《郑州北二七路新发现三座商墓》，《文物》1983年第3期。
[3] 该遗址出土的扁三角形鼎足（C13T1∶33）、饰麻花状耳的子母口鼎（T1∶26）、平底盆（图版贰，5）、折肩罐（原陶瓷，CT13T2∶7）等属于"新砦期"。见河南省文化局文物工作队：《郑州牛砦龙山文化遗址发掘报告》，《考古学报》1958年第4期。
[4] 该遗址出土的甑（T2①∶73）、碗（T2①∶63、T3①∶53）、单耳罐形杯（T2①∶68）等属于"新砦期"遗物。见李昌韬、廖永民：《郑州马庄龙山文化遗址发掘简报》，《中原文物》1982年第4期。
[5] 河南省文物研究所：《河南密县黄寨遗址的发掘》，《华夏考古》1993年第3期。
[6] 该遗址H18原报告定为二里头文化第一期第1段，认为其年代早于二里头一期，实为"新砦期"。见河南省文物研究所：《河南荥阳竖河遗址发掘报告》，《考古学集刊》（10），地质出版社，1996年。
[7] 顾万发、张松林：《巩义花地嘴遗址发现"新砦期"遗存》，《古代文明研究通讯》总第18期，北京大学震旦古代文明研究中心，2003年9月。
[8] 主要分布在双洎河流域，承河南省文物考古研究所蔡全法先生相告。
[9] 河南省文物研究所等：《河南乳香台遗址的发掘》，《华夏考古》1990年第4期。
[10] 河南省文物研究所等：《郾城郝家台遗址的发掘》，《华夏考古》1992年第3期。
[11] 王城岗遗址第五、六期不见"新砦期"典型器物群，不宜归入"新砦期"，但这里却有二里头一期，见河南省文物研究所等：《登封王城岗与阳城》，文物出版社，1992年。另外，在登封程窑遗址也见类似的地层关系，见赵会军、曾晓敏：《河南登封程窑遗址试掘简报》，《中原文物》1982年第2期。这说明登封一带不见典型的"新砦期"。该地区是通过王城岗第五、六期龙山文化过渡到二里头文化一期的，其间看不到典型的"新砦期"。

极少量的类"新砦期"器物,或许是受新砦第二期的影响,或许是时代风格使然,并不能拿这少量的器物就把整个器物群定为"新砦期"。

煤山遗址就前后三次发掘的材料而言,其主体遗存为龙山文化煤山类型和二里头一期文化,几乎不见"新砦期"典型器物,不能说它是一处典型的"新砦期"遗址。

2. 洛阳东干沟

《1958年洛阳东干沟遗址发掘简报》[①]公布的M1、M2为二里头文化一期,如M1出土的镂孔豆、尊、觚和平底盆等。其余几件器物如器盖、深腹折盘豆、圆腹罐等也是二里头文化的常见器类,不见"新砦期"的典型器物。在《洛阳发掘报告》[②]中,东干沟被分为龙山文化和二里头文化两大期,其中的二里头文化又被分为早中晚三期,分别与二里头遗址的一至三期相当。即使在二里头早期中有一些"新砦期"的因素如赵芝荃列举的乳头足鼎、多孔甑、平底盆、敛口罐、大口罐、碗和觚等,也只是说明保留着"新砦期"的影子,并非典型的"新砦期"。赵先生在《试论二里头文化的源流》一文中把东干沟M1出土的豆和觚当作"新砦期"的器物,是把本属于二里头文化一期甚至二期[③]的器物当作"新砦期"的器物了。

3. 登封王城岗和禹州瓦店

在赵芝荃提出"新砦期"概念时,这两处遗址的正式发掘报告尚未出版。现在根据这两个遗址的发掘报告可以看出,两者均不宜归入"新砦期",至多是在王城岗第五期[④]和瓦店龙山文化最晚的地层当中见到少量与"新砦期"相类似的个别器物[⑤],整体也不宜归入"新砦期"。这两处遗址从龙山文化晚期发展到二里头一期的线索十分清楚。

4. 临汝柏树圪垯等遗址

赵芝荃提及的临汝柏树圪垯[⑥]和登封北庄遗址,没有经过发掘,仅进行过地面调查,所获器类多为罐(鼎)、盆类,对其器物组合的了解不如经过发掘的遗址更为接近真实情况。从公布的陶器资料看,大都可以归为龙山文化晚期和二里头一期两大期,似乎看不出典型的"新砦期"遗存。禹县崔庄后经过试掘得知包含龙山文化晚期和二里头文化二期,也不见"新砦期"[⑦]。至于赵芝荃仅根据一件鼎足就认定新乡马小营遗址属于"新砦期"显然是不

---

① 中国科学院考古研究所洛阳发掘队:《1958年洛阳东干沟遗址发掘简报》,《考古》1959年第10期。
② 中国社会科学院考古研究所:《洛阳发掘报告》,北京燕山出版社,1989年。
③ 邹衡把这件豆排入夏文化早期第二段(即二里头文化第二期),见《试论夏文化》,《夏商周考古学论文集(第二版)》,科学出版社,2001年,第122页。
④ 河南省文物研究所等:《登封王城岗与阳城》,文物出版社,1992年。
⑤ 如瓦店97ⅣT6H34:2折壁器盖,参见河南省文物考古研究所:《河南禹州市瓦店龙山文化遗址1997年的发掘》,《考古》2000年第2期,第35页,图二九,7。
⑥ 中国社会科学院考古研究所洛阳工作队:《1975年豫西考古调查》,《考古》1978年第1期。
⑦ 河南省文物研究所等:《河南禹县颍河两岸考古调查与试掘》,《考古》1991年第2期。

（3）《临汝煤山遗址1987—1988年发掘报告》[①]。袁广阔在该报告中把煤山遗址分为四期，分别称为煤山一期文化、煤山二期文化、二里头一期文化和二里头二期文化。其中，煤山一期文化属于河南龙山文化，煤山二期文化出土有垂腹高足鼎、小口高领瓮、深腹盆、平流鬶、类似石家河文化的陶杯等，说明煤山二期仍属于河南龙山文化。这些器物不会晚到"新砦期"。二里头一期文化出土器物不多，但有二里头文化的标型器之一的圆腹罐，而这类圆腹罐绝不见于"新砦期"。深腹罐也为近直腹，圆唇，卷沿。因此，袁广阔所分的煤山遗址二里头一期文化的确相当于二里头遗址的二里头文化一期，不会是"新砦期"。

至此，我们知道方孝廉和袁广阔都把煤山遗址的二里头一期文化认定为相当于偃师二里头遗址的二里头文化一期，只有赵芝荃认为是"新砦期"，且把方孝廉本认定为二里头文化一期的煤山第二期文化也并入到"新砦期"。观察赵先生认定的如报告图二六和图二七公布的煤山遗址"二里头一期陶器"当中，不见流行于"新砦期"的折壁器盖、深腹盆形甑、平底盆、双腹豆、尊形瓮和大量的子母口瓮等，而大多可以分别归入王湾三期文化和二里头文化一期。其中，属于前者的如垂腹鼎（H17∶2，H61∶1）[②]，宽折沿、方唇、唇沿内凹的深腹罐（H19∶13）[③]，单耳杯（H61∶2）[④]，内壁带明显轮旋纹的碗（H15∶4）[⑤]、大平底饰圆孔的甑（H1∶10）[⑥]。属于后者的如尊（原报告称为高领罐，H70∶1）[⑦]、深腹罐（H30∶5）[⑧]、窄沿近直腹的深腹罐（H1∶12）[⑨]、刻槽盆（H70∶2）[⑩]。此外，只有极少量的器物相似于"新砦期"，如折肩罐（原报告称之为高领罐，H62∶1）[⑪]、碗（H59∶2）[⑫]。这

[①] 河南省文物研究所：《临汝煤山遗址1987—1988年发掘报告》，《华夏考古》1991年第3期。
[②] 中国社会科学院考古研究所河南二队：《河南临汝煤山遗址发掘报告》，《考古学报》1982年第4期，第460页，图二六，1、4。
[③] 中国社会科学院考古研究所河南二队：《河南临汝煤山遗址发掘报告》，《考古学报》1982年第4期，第460页，图二六，9。
[④] 中国社会科学院考古研究所河南二队：《河南临汝煤山遗址发掘报告》，《考古学报》1982年第4期，第462页，图二七，21。
[⑤] 中国社会科学院考古研究所河南二队：《河南临汝煤山遗址发掘报告》，《考古学报》1982年第4期，第462页，图二七，29。
[⑥] 中国社会科学院考古研究所河南二队：《河南临汝煤山遗址发掘报告》，《考古学报》1982年第4期，第462页，图二七，19。
[⑦] 中国社会科学院考古研究所河南二队：《河南临汝煤山遗址发掘报告》，《考古学报》1982年第4期，第460页，图二六，15。
[⑧] 中国社会科学院考古研究所河南二队：《河南临汝煤山遗址发掘报告》，《考古学报》1982年第4期，第460页，图二六，11。
[⑨] 中国社会科学院考古研究所河南二队：《河南临汝煤山遗址发掘报告》，《考古学报》1982年第4期，第460页，图二六，12。
[⑩] 中国社会科学院考古研究所河南二队：《河南临汝煤山遗址发掘报告》，《考古学报》1982年第4期，第462页，图二七，4。
[⑪] 中国社会科学院考古研究所河南二队：《河南临汝煤山遗址发掘报告》，《考古学报》1982年第4期，第460页，图二六，19。
[⑫] 中国社会科学院考古研究所河南二队：《河南临汝煤山遗址发掘报告》，《考古学报》1982年第4期，第460页，图二六，26。

除了新砦遗址外，赵芝荃认为在临汝煤山和柏树圪垯、洛阳东干沟、登封王城岗和北庄、禹州瓦店和崔庄、新乡马小营、郑州二七路等遗址都有发现①。我们觉得"新砦期"的分布范围没有这么广。除郑州二七路外②，上述其余各遗址均非"新砦期"遗址。下面逐一分析如下：

1. 临汝煤山

煤山遗址的发掘材料已经公布的主要有三批：

（1）《河南临汝煤山遗址调查与试掘》③。方孝廉在该简报中把煤山遗址分为三期。认为"煤山第一期可能晚于郑州旭旮王龙山文化，而早于偃师二里头遗址的第一期。从而填补了偃师二里头遗址的第一期与'河南龙山文化'之间的缺环"。"煤山第二期相当于偃师二里头遗址的第一期"，"煤山遗址第三期与二里头遗址的第二期为同一时期的地层堆积。"这里，我们重点分析其第一、二期是不是"新砦期"。

这里所说的煤山遗址第一期，从发表的器物来看，既有相当于庙底沟二期的高圈足杯④、石家河文化常见的擂钵（简报叫"筒形器"⑤），也有王湾三期文化晚期常见的圈足盘、斝、垂腹鼎、小口高领罐、平流鬶、双周小圆孔镂孔甑、大平底斜腹刻槽盆⑥等，只能归入王湾三期文化的范畴，其相对年代晚不到"新砦期"。

第二期出现了圜底深腹盆形甑，甑孔为二里头文化一期常见的梭形孔，刻于底部且数量也为五个⑦。乳头状鼎足的鼎为平沿，器腹较直，与"新砦期"的同类器有明显区别。至于深腹罐、鬶和尊更是不见于"新砦期"而常见于二里头一期。因此，简报将煤山遗址第二期的年代判定为"相当于偃师二里头遗址的第一期"的结论是正确的。

（2）《河南临汝煤山遗址发掘报告》⑧。赵芝荃在该报告中把煤山遗址分为煤山类型一期文化、煤山类型二期文化、二里头一期文化、二里头三期文化共四期遗存。赵先生认为煤山类型一期文化和二期文化，属于河南龙山文化。至于二里头一期文化，他认为即方孝廉执笔的《河南临汝煤山遗址调查与试掘》一文中的第二期文化。不同于方文的地方在于方孝廉把该期认定为相当于二里头遗址的第一期，而赵芝荃则认为该期"与一般二里头一期文化相同或略早"，在后来发表的《试论二里头文化的源流》一文中径直把该期归入了"新砦期"。

---

① 赵芝荃：《试论二里头文化的源流》注36云："笔者在新乡市博物馆见到一件新砦期乳头足深腹鼎，据介绍为马小营遗址出土。"见《考古学报》1986年第1期。
② 河南省文物研究所：《郑州北二七路新发现三座商墓》，《文物》1983年第3期。
③ 洛阳博物馆：《河南临汝煤山遗址调查与试掘》，《考古》1975年第5期。
④ 洛阳博物馆：《河南临汝煤山遗址调查与试掘》，《考古》1975年第5期，图五，13。
⑤ 洛阳博物馆：《河南临汝煤山遗址调查与试掘》，《考古》1975年第5期，图五，10、11。
⑥ 洛阳博物馆：《河南临汝煤山遗址调查与试掘》，《考古》1975年第5期，图四，3、8、9；图五，5、6、15、20。
⑦ 洛阳博物馆：《河南临汝煤山遗址调查与试掘》，《考古》1975年第5期，图七，6。
⑧ 中国社会科学院考古研究所河南二队：《河南临汝煤山遗址发掘报告》，《考古学报》1982年第4期。

化一期的一件双耳盆（H105∶18）①，在《试论二里头文化的源流》一文中放入"新砦期"当中，却不妥当。从《偃师二里头》公布的材料上看，与这件器物共存的是卷沿长颈大口罐（Ⅱ·VH105∶13）②、尊（Ⅱ·VH105∶18，原定为Ⅱ式矮领瓮）③、卷沿矮领罐（Ⅱ·VH105∶14）④等，这些器物均不见于"新砦期"，而且这类双耳盆在"新砦期"中也极为少见，因此，还是从"新砦期"排除，划归二里头文化一期为妥。赵芝荃在《1979年试掘简报》中把新砦遗址的H11定为"新砦期"的单位⑤，可是在《试论二里头文化的源流》，一文中，却把该灰坑出土的一件双层纽直壁器盖（H11∶13）提早到河南龙山文化晚期⑥。我们近几年的发掘证明，这种器盖是"新砦期"的标型器之一，因此还是应该把这件器盖和它所在的H11归入"新砦期"为宜。

通过1999～2000年度的再次发掘，根据大量的地层关系和器物类型学研究，我们把新砦遗址文化堆积分为三大期。其中，第一期为河南龙山文化晚期（王湾三期类型），第三期为二里头文化一期⑦，第二期即赵芝荃称之的"新砦期"。"新砦期"当是指以《1979年试掘简报》所定"新砦二里头文化"和1999～2000年发掘出的"新砦第二期"为代表的文化遗存。

二、"新砦期"总体文化特征及分布范围

关于新砦遗址第二期遗存的文化特征，见《新密新砦》报告第四章小结和第十章第二节的叙述。这里再次把"新砦期"的陶器特征归纳如下。其陶器种类有折沿深腹罐、甑、钵、碗、豆、高足罐形鼎、小口高领罐、刻槽盆、平底盆、尊形瓮、折肩罐、圈足盘、器盖等，其他还有少量的鬶（盉）、甗、子母口缸、子母口瓮、子母口鼎、三足盘等。不见王湾三期文化（河南龙山文化）常见的平流鬶、斝、双腹盆、垂腹明显的乳足鼎，也不见二里头文化一期常见的圆腹罐、花边罐。其中，大量的直壁双层纽器盖、近直腹、小平底的深腹罐，深腹罐和盆宽折沿且沿边加厚的作风，厚壁的钵和碗，近底部和底部均饰镂孔的深腹盆形甑，子母口瓮，饰数周附加堆纹的各类尊形瓮，折肩罐等是"新砦期"的典型陶器群。可以说，只要见到这一陶器组合就可以肯定为"新砦期"。

拿这些特征衡量，就会发现"新砦期"遗址主要分布在新密、郑州、巩义一带，而临汝煤山、禹州瓦店、登封王城岗和洛阳一带，只是见到一些"新砦期"的个别因素，并非真正的"新砦期"遗址。

---

① 中国社会科学院考古研究所：《偃师二里头》，中国大百科全书出版社，1999年，第55页，图27-7。
② 中国社会科学院考古研究所：《偃师二里头》，中国大百科全书出版社，1999年，第58页，图29-16。
③ 中国社会科学院考古研究所：《偃师二里头》，中国大百科全书出版社，1999年，第60页，图30-7。
④ 中国社会科学院考古研究所：《偃师二里头》，中国大百科全书出版社，1999年，第58页，图29-18。
⑤ 中国社会科学院考古研究所河南二队：《河南密县新砦遗址的试掘》，《考古》1981年第5期，第406页，图七。
⑥ 赵芝荃：《试论二里头文化的源流》，《考古学报》1986年第1期，第8页，图五。
⑦ 北京大学古代文明研究中心、郑州市文物考古研究所：《河南省新密市新砦遗址2000年发掘简报》，《文物》2004年第3期。

遗存。包括1979年发掘出的H2、H3、H5、H7、H11共5个灰坑和1座墓葬（M1）。

"新砦期"的概念提出之后，有人表示赞同[1]，有人主张把"新砦期"与二里头文化第一期遗存合并成一个独立于王湾三期文化和二里头文化之外的考古学文化，可命名为新砦文化[2]。但也有学者持否定态度。如认为在豫西新密地区，除了河南龙山文化和二里头文化之外，不存在什么"新砦期文化"，主张"新砦期"应该归于二里头文化第一期中的一个组[3]。或认为新砦期"实际上是将一部分王湾三期文化晚期的单位（如新砦H7、H8、H11）与二里头类型早期的单位（如新砦H1、H3、H5）混合在一起了。如果把其中属于王湾三期文化晚期的这些单位划出，剩下的单位与二里头类型早期的特征相同。故所谓的'新砦期'难以成立"[4]。

用我们于1999年和2000年的发掘结果反过来看《1979年试掘简报》[5]，可以看出1979年发掘的M1、H5、H7属新砦第二期早段，H2、H3和H11属新砦第二期晚段。需要说明的是，赵芝荃在试掘简报中把采集来的一件三足盘（采：2）归入"新砦期"，是缺乏地层学依据的。1999年之后的历次发掘也没有在新砦第二期单位中见到此类三足盘，从类型学观察，也不宜归入"新砦期"。因此，应该把它从新砦第二期中排除出去，或许应归入二里头文化第二期。

赵芝荃在新砦遗址试掘简报中把H8作为龙山文化时代较晚的单位，指出其中有的陶器已具有二里头文化的某些色彩[6]。他在《试论二里头文化的源流》[7]一文中，把该灰坑出土的大口罐[8]和直壁平底盆[9]定为"新砦期"器物。赵芝荃的这一改动，并非没有道理。H8出土的尊形器[10]，饰数周附加堆纹的瓮[11]，镂孔鼎足[12]，敛口厚胎碗[13]，高领罐[14]，斜折沿较宽、施斜篮纹的深腹罐（原文称中口罐）[15]和内壁带轮旋纹的钵[16]等更接近"新砦期"的作风。只是在这个"新砦期"的灰坑中保留着王湾三期文化的深腹罐、敛口罐而已。不妨定为"新砦期"早段。但是，赵芝荃把二里头遗址出土的本属于二里头文

---

[1] 隋裕仁：《二里头类型早期遗存的性质及来源》，《中原文物》1987年第1期。
[2] 杜金鹏：《新砦文化与二里头文化——夏文化再探讨随笔》，《中国社会科学院古代文明研究中心通讯》第2期，2001年。
[3] 邹衡：《二里头文化的首和尾》，2005年10月提交给"中国二里头遗址与二里头文化国际学术研讨会"（河南偃师）的论文。
[4] 董琦：《虞夏时期的中原》，科学出版社，2000年，第88页；程平山：《夏代纪年、都邑与文化》，《夏商周历史与考古》，人民出版社，2005年。
[5] 中国社会科学院考古研究所河南二队：《河南密县新砦遗址的试掘》，《考古》1981年第5期。
[6] 中国社会科学院考古研究所河南二队：《河南密县新砦遗址的试掘》，《考古》1981年第5期，第401页。
[7] 赵芝荃：《试论二里头文化的源流》，《考古学报》1986年第1期。
[8] 中国社会科学院考古研究所河南二队：《河南密县新砦遗址的试掘》，《考古》1981年第5期，第401页，图四，2。
[9] 中国社会科学院考古研究所河南二队：《河南密县新砦遗址的试掘》，《考古》1981年第5期，第401页，图四，12。
[10] 中国社会科学院考古研究所河南二队：《河南密县新砦遗址的试掘》，《考古》1981年第5期，第401页，图四，7。
[11] 中国社会科学院考古研究所河南二队：《河南密县新砦遗址的试掘》，《考古》1981年第5期，第401页，图四，13。
[12] 中国社会科学院考古研究所河南二队：《河南密县新砦遗址的试掘》，《考古》1981年第5期，第401页，图四，11。
[13] 中国社会科学院考古研究所河南二队：《河南密县新砦遗址的试掘》，《考古》1981年第5期，第401页，图四，9。
[14] 中国社会科学院考古研究所河南二队：《河南密县新砦遗址的试掘》，《考古》1981年第5期，第401页，图四，10。
[15] 中国社会科学院考古研究所河南二队：《河南密县新砦遗址的试掘》，《考古》1981年第5期，第401页，图四，5。
[16] 中国社会科学院考古研究所河南二队：《河南密县新砦遗址的试掘》，《考古》1981年第5期，第401页，图四，15。

"新砦期"遗存发现的意义

一、"新砦期"的提出及研究过程

从1921年安特生发掘仰韶村以来，至20世纪70年代末，中原地区史前文化谱系已确立为裴李岗文化——仰韶文化——河南龙山文化——二里头文化。不过，不少学者注意到河南龙山文化与二里头文化之间的文化面貌尚有一定差别。为了解决这一问题，早在20世纪70年代，著名考古学家夏鼐已经提出要寻找河南龙山文化与二里头文化之间过渡型遗址的任务。为此，中国社会科学院考古研究所赵芝荃等，在豫东、豫西开展了广泛的考古调查，并于1979年对河南新密新砦遗址进行小面积试掘。试掘后认为，新砦遗址的主体文化遗存即为从河南龙山文化向二里头文化的过渡性遗存，遂提出在河南龙山文化与二里头文化之间的确存在一个过渡阶段，并将新砦遗址发现的这类过渡性遗存命名为"二里头文化新砦期"，或称之为"新砦期二里头文化"。

"新砦期"是赵芝荃最先提出的。最初是指1979年试掘出来的新砦遗址二里头一期遗存。在《考古》1981年第5期发表的新砦遗址首次试掘简报（以下简称《1979年试掘简报》）当中，赵芝荃把试掘结果分为龙山文化和二里头文化两部分予以介绍[①]。属于龙山文化的单位有H1、H6、H8、H9、H10、T2③等；属于二里头文化的单位有H2、H3、H5、H7、H11和M1。《1979年试掘简报》结语中写道："新砦遗址是属于龙山文化晚期和二里头文化早期的遗存，年代似乎不太长，恰好是从龙山文化发展到二里头文化的整个阶段。"简报当中虽然没有提出"新砦期"的概念，但已经指出，新砦遗址二里头文化早期的陶器"有的与临汝煤山遗址二里头一期的同类器相似，有的与偃师二里头遗址二里头一期的同类器相似，时代较二里头一期略早"。

后来，赵芝荃在提交给中国考古学会第四届年会的论文中明确提出了"新砦期"的概念。文章的题目就是《略论新砦期二里头文化》。文中写道："1979年我们在密县新砦遗址试掘，发现那里的二里头一期文化包含有相当数量的河南龙山文化的因素，与现在确认的二里头一期文化有所不同。这种文化有它独特的风格，具有介于河南龙山文化晚期和二里头一期之间的过渡形态。……因此，我认为应该将这种文化遗存分别出来，另立一期，称之为新砦期二里头文化。"[②]

可见，"新砦期"最初指的是新砦遗址1979年试掘简报中被认为是二里头一期文化的

[①] 中国社会科学院考古研究所河南二队：《河南密县新砦遗址的试掘》，《考古》1981年第5期。
[②] 赵芝荃：《略论新砦期二里头文化》，《中国考古学会第四次年会论文集》，文物出版社，1985年。

关于这一重大历史变故《左传》有较详细的记载[①]。在这一历史事件当中提及的历史地理名称绝大部分部出今造律台类型和后冈二期文化南部的分布区。如后羿所居的"鉏",寒浞初居的"寒",浞子所处的"过"、"戈",夏后相妻逃奔的"有仍",夏遗臣靡逃奔的"有鬲",少康逃奔的"有虞"、居住的"纶"等地均在今豫东、鲁西一带[②],即造律台类型的分布区域内。而斟鄩、斟灌则可能位于今巩义境内稍柴遗址附近,近年发现有新砦期的花地嘴遗址,亦在此附近。可见这里亦不出新砦期的范围。至于"穷石",有河北、山东、河南几种不同说法,或许与有穷氏不断迁徙有关[③],不过,从有关文献记载中已经可以看出,羿浞代夏事件昭示的豫东—鲁西地区与环嵩山东部地区在夏代早期曾经发生极其密切的关系。从后羿、寒浞、到少康逃奔有虞和居住在纶,自然会受到当地传统文化的影响,在羿浞代夏执政和浞子封国时期,出现了具有造律台类型、后冈二期类型乃至海岱龙山文化的部分因素掺和在伊洛地区的当地文化当中的现象并非不合情理。

到了少康之子杼灭掉浞子豷以后,结束了羿、浞及浞子在夏王朝地盘上的统治,在新砦期分布范围内引起了夏文化面貌的重新组合和变化,以往带有浓郁的造律台类型文化特色的子母口缸、子母口瓮、镂孔鼎等在原新砦期的分布范围内便消失了,被二里头一期所代替,由新砦期进入了以二里头一期为代表的新时代。

如果把新砦期理解为羿浞代夏、少康之子季杼灭掉浞子豷时期的文化遗存,则二里头一期只能是少康中兴以后的夏代中晚期遗存,不会是最早的夏文化。

(原载杜金鹏、许宏主编:《二里头遗址与二里头文化研究》,科学出版社,2006年,第279~303页)

[①] 《左传·襄公四年》魏绛云:"昔有夏之方衰也,后羿自鉏迁于穷石,因夏民以代夏政。恃其射也,不修民事,而淫于原兽。弃武罗、伯因、熊髡、龙圉,而用寒浞。寒浞,伯明氏之谗子弟也,伯明后寒弃之。夷羿收之,信而使之,以为己相。浞行媚内,而施赂于外,愚弄其民,而虞羿于田。树之诈慝,以取其国家,外内咸服。羿犹不悛,将归自田,家众杀而亨之,以食其子。其子不忍食诸,死于穷门。靡奔有鬲氏。浞因羿室,生浇及豷,恃其谗慝诈伪,而不德于民,使浇用师,灭斟灌及斟寻氏。处浇于过,处豷于戈。靡自有鬲氏收二国之烬,以灭浞而立少康。少康灭浇于过,后杼灭豷于戈。有穷由是遂亡。"《左传·哀公元年》伍员云:"昔有过浇杀斟灌以伐斟寻氏,灭夏后相(杜注:'夏后相,启孙也。后相失国,依于二斟,复伪浇所灭。')。后缗方娠,逃出自窦,归于有仍,生少康焉。为仍牧正,惎浇能戒之。浇使椒求之,逃奔有虞,为之庖正,以除其害。虞思于是妻之以二姚,而邑诸纶,有田一成,有众一旅。能布其德,而兆其谋,以收夏众,抚其官职,使女艾谍浇,使季杼诱豷。遂灭过、戈,复禹之绩,祀夏配天,不失旧物。"

[②] 庄春波:《羿浞代夏少康中兴轶史与年代学和考古学解释》,《中原文物》1990年第2期。

[③] 庄春波:《羿浞代夏少康中兴轶史与年代学和考古学解释》,《中原文物》1990年第2期。

甑，由王湾三期文化的罐形甑发展而来，处于从罐形甑向盆形甑的过渡形态。

乙组，造律台文化传统因素。包括造律台类型多见，其他文化少见以及造律台类型虽不多见但周围其他文化更少见或基本不见的器物。

侧装三角形足罐形鼎。虽也见于王湾三期文化的煤山类型，但主要见于造律台类型。腹部多为垂腹，饰方格纹，也饰有篮纹和绳纹。新砦期发展成为圆腹和鼓腹。

折壁器盖，纽部作平顶或倒圈足形，折壁为锐角，内敛，常见于龙山文化造律台类型和龙山文化尹家城类型，新砦期发展为折壁为直角或稍外撇。

子母口器，包括子母口缸、子母口鼎、子母口瓮和子母口钵等。常见于造律台类型，新砦期较之于龙山时期形制细部有所变化，其主体造型与造律台类型同类器基本相同。

袋足甗，目前在新砦期遗址中已经发现不少甗足，饰绳纹，尚未有复原者。

麻花状器耳和镂空鼎足，也属于造律台类型常见的器物附件。

丙组，与后冈二期文化相似者。

覆钵形器盖，新砦期所出的个别覆钵形器盖与后冈遗址所出相类似[1]。

子母口缸，与哑叭庄发现的非常相近[2]，也有人认为该遗址属于造律台类型[3]。

平底盆，常见于后冈二期和造律台类型以及山东龙山文化，新砦期大量沿用。

三足皿或四足皿，源自后冈二期文化、造律台类型和山东龙山文化，新砦期仍有使用。

丁组，与石家河文化相似者。

盉，新砦期所出的盉与下王岗[4]和大寺[5]的同类器十分相似。

戊组，新砦期自身新因素。

折肩罐，系由王湾三期文化的小口高领罐发展而来，进一步发展成为二里头文化的小口高领尊。

尊形瓮，系由王湾三期文化的矮领瓮发展而来，进一步发展成为二里头文化的大口尊。

双腹豆，系由王湾三期文化的双腹盆和豆柄组成。

由此可见，新砦期主要是在王湾三期文化和造律台类型的基础上发展起来的。在龙山文化时期这里本来是王湾三期文化煤山类型的地盘，只是后来主要接纳了来自造律台类型的部分因素之后才形成了新砦期。就新砦期各组文化因素所占比例大小来看，顺序依次为：①王湾三期文化传统因素；②造律台类型传统因素；③自身创造的新因素；④后冈二期文化传统因素。至于，还有来自三里桥类型、陶寺类型、客省庄二期文化和龙虬庄文化的部分传统文化因素，在新砦期当中仅占很小的比重。

---

[1] 中国社会科学院考古研究所安阳工作队：《1979年安阳后冈遗址发掘报告》，《考古学报》1985年第1期。
[2] 河北省文物研究所：《河北省任丘市哑叭庄遗址发掘报告》，《文物春秋》1992年增刊。
[3] 王青：《试论任丘哑叭庄遗址的龙山文化遗存》，《中原文物》1995年第4期。
[4] 河南省文物研究所等：《淅川下王岗》，文物出版社，1989年，第260页。
[5] 中国社会科学院考古研究所：《青龙泉与大寺》，科学出版社，1991年，第187页。

早数十年，也难于突破公元前1950年，达不到夏王朝的始年。因此，探索夏文化初始只能到比新砦期还要早的王湾三期文化晚期去寻找。应该说这方面的工作，近年因探源工程的开展，再次取得显著进展[①]。

新砦期的年代在王湾三期文化之后，不会是最早的夏文化，根据新砦期的年代、分布地域和文化因素等几个方面的分析很有可能是后羿、寒浞代夏时期开始形成、延续到少康之子灭掉寒浞之子时期的夏代早期偏晚阶段的遗存[②]。

新砦期文化因素的突出特点是在王湾三期文化为传统文化的基础上大量加入了造律台类型和后冈二期文化的传统文化因素。在某种意义上说，正是来自造律台和后冈二期的传统文化因素，才引起了新砦期在王湾三期文化基础上的兴起。关于新砦期的年代和分布地域特征，已如上述。这里重点分析一下新砦期的文化因素。

新砦期的文化因素，可分为以下几组。

甲组，系王湾三期文化传统因素。即王湾三期文化常见、周围其他文化少见以及王湾三期文化虽不多见但周围其他文化更少见或基本不见的器物。主要有：

侈口折沿深腹罐，是王湾三期文化、造律台类型和后冈二期类型的主要炊器之一。多夹砂。腹部常见方格纹、篮纹和绳纹。方唇、宽折沿和小平底。新砦期由折沿内凹发展成沿面较平和唇沿加厚，腹部比龙山文化时期更鼓。

敞口斜壁碗，多泥质，素面，小平底，内壁常见清晰的轮旋纹，是王湾三期文化和造律台类型、后冈二期文化的主要饮食器。

浅盘弧腹豆，泥质。素面或磨光。是王湾三期文化常见器形，新砦期豆的柄部变窄。

小口高领罐，一般为直口、广肩或圆肩，小平底，有的有双耳，腹部饰弦纹和篮纹。新砦期较之于龙山文化时期下腹内收变缓。

刻槽盆，大口，深腹，平底，内壁有竖行刻槽。盛行于王湾三期文化。与石家河文化的擂钵有别，不见于造律台类型。新砦期由龙山时期的敛口变为直口和敞口。

乳足鼎，常见于王湾三期文化，造律台也有发现，但数量不及王湾三期文化丰富。新砦期的腹部更直，乳足更小。

[①] 安金槐生前力主登封王城岗为禹都之阳城说（见安金槐：《试论登封王城岗龙山文化城址与夏代阳城》，《中国考古学会第四次年会论文集》，文物出版社，1985年）。在中华文明探源工程预研究阶段，由北京大学考古文博学院和河南省文物考古研究所联手对王城岗进行再次发掘，果然发现了位于原两小城西边的龙山晚期的大城。同样在探源工程预研究当中，中国社会科学院考古研究所河南新砦队与郑州市文物考古研究所合作，共同发现了新砦龙山文化晚期城墙等重要现象（见赵春青等：《河南省新密市新砦遗址发现城墙和大型建筑》，《中国文物报》2004年3月3日第1版），并结合相关古籍记载，提出新砦龙山文化城址可能是夏启之居。见赵春青：《新密新砦城址与夏启之居》，《中原文物》2005年第1期）。禹、启是夏王朝的奠基人和第一代夏王，对其所居之都邑的探索，无疑会促进早期夏文化的深入研究。

[②] 关于新砦期的文化性质与族属，大体有如下几种观点：①属禹启时期，见李德方：《二里头类型的文化来源及相关问题》，《青果集》，知识出版社，1990年。②属于启时期，见张国硕：《夏纪年与夏文化遗存刍议》，《中国文物报》2001年6月20日第7版。③与后羿代夏有关，见栾丰实：《海岱系文化在华夏文明形成过程中的作用》，《华夏文明的形成与发展》，大象出版社，2003年。④新砦期早段与羿浞代夏事件有关，见顾万发：《"新砦期"研究》，《郑州文物与考古研究》（一），科学出版社，2003年。

得到纠正。这里就产生一个问题，出了环嵩山东部，那些不曾有新砦期的地方，从龙山文化晚期到二里头文化是如何过渡的呢？我们也注意到自登封、禹县、洛阳及其以西地带的王湾三期文化的西部，许多遗址不曾见到典型的新砦期因素。如登封王城岗[①]、伊川白元[②]、临汝煤山[③]等遗址，其发展序列是由王湾三期文化晚期直接发展到二里头一期，而在这些遗址被划为龙山文化晚期的遗存当中，常常包含个别新砦期因素，这应该是受新砦期影响的结果。

我们认为从龙山文化晚期到二里头文化时期，主要有三种演变模式。一是在环嵩山东部地区，亦即新砦期分布地区，先经过新砦期再发展到二里头一期，再演变为二里头文化二期。二是在环嵩山的西部地区即王湾三期文化的西部，没有经过新砦期。那里的龙山文化下限拖到了相当于新砦期的时期，然后再演变为二里头一期，继而发展为二里头二期。三是二里头类型以外的其他几个二里头文化地方类型，均由当地的龙山文化晚期遗存（其下限拖到相当于二里头一期之后）直接演变为二里头文化二期。这说明，各地龙山文化结束的时间即龙山文化的下限是不尽一致的。首先跨入二里头时代的是环嵩山地区，其中，最早的是这里的东部，率先经过新砦期从龙山时代挣脱出来。

因此，新砦期与二里头一期的关系在环嵩山东部地区表现为新砦期在前，二里头一期在后，是前后发展演变的关系。在环嵩山的西部，没有新砦期遗址，王湾三期文化的下限拖得很晚，即东部为新砦期时，西部仍处于王湾三期文化晚期，继而直接发展成为二里头一期。

七、关于新砦期和二里头一期的文化性质与族属问题

关于夏王朝始于禹，还是启，史学界存有分歧[④]。无论从大禹还是从他的儿子启算起，父子两代不过几十年的差距。夏商周断代工程确认夏商之交亦即商代始年为公元前1600年[⑤]。按相关古籍推算，以此为基点上溯夏代积年471[⑥]或432[⑦]年作为夏王朝的始年，则夏王朝的始年至迟不会晚于公元前2000年。新砦期的上限，即使由现在的测年结果的上限再提

---

① 河南省文物研究所等：《登封王城岗与阳城》，文物出版社，1992年。
② 洛阳地区文物处：《伊川白元遗址发掘简报》，《中原文物》1982年第3期。
③ 洛阳博物馆：《河南临汝煤山遗址调查与试掘》，《考古》1975年第5期；中国社会科学院考古研究所河南二队：《河南临汝煤山遗址发掘报告》，《考古学报》1982年第4期；河南省文物研究所：《临汝煤山遗址1987—1988年发掘报告》，《华夏考古》1991年第3期。
④ 战国汉代学者将大禹定为第一代夏王，郭沫若、翦伯赞等坚持这一观点。夏商周断代工程将夏王朝始年推定为公元前2070年，第一代夏王从禹算起（见夏商周断代工程专家组：《夏商周断代工程1996—2000年阶段成果报告》，世界图书出版公司，2000年，第86页）。另一些著名历史学家如吕思勉、吕振羽等，则主张夏王朝始于夏启，目前，部分学者重倡此说（见张国硕：《夏纪年与夏文化遗存刍议》，《中国文物报》2001年6月20日第7版）。
⑤ 夏商周断代工程专家组：《夏商周断代工程1996—2000年阶段成果报告》，世界图书出版公司，2000年，第87页。
⑥ 《古本竹书纪年》（《太平御览》卷八十二《皇王部》引）曰："自禹至桀十七世，有王与无王用岁四百七十一年。"
⑦ 《世经》（《汉书·律历志》引）曰："夏后氏继世十七王，四百三十二岁。"《初学记》卷九注："皇甫谧云：自禹至桀，并数有穷氏凡十九王，合四百三十二年。"

之一就是把二里头文化测年数据所示年代范围的最大值当作二里头一期的绝对年代了[①]。那么，二里头文化的年代究竟是多少呢？夏商周断代工程采用新方法给出了最新的测年结果。其中，一期有 2 个数据。一个是 97ⅤT3H58，拟合后日历年代范围是公元前 1880～前 1730 年。另一个是 97ⅤT2⑪，拟合后年代为公元前 1740～前 1640 年。二期一共有 9 个测年数据，大多落在公元前 1680～前 1600 年。三期有 3 个数据，为公元前 1610～前 1555 年；四期有 4 个数据，为公元前 1560～前 1521 年[②]。

将新砦期和二里头文化一至四期的最新测年数据比较之后可以看到：

① 各时段测年数据互有交叉，如新砦期的下限比二里头一期的上限要晚数十年。二里头文化一期的下限又比二里头文化二期的上限晚数十年，二里头文化二期的下限又比二里头三期的上限晚 10 年。② 对整个二里头文化的测年整体偏晚。众所周知，目前学术界几乎已经就二里头文化为夏文化达成共识，对于二里头 1 号宫殿属于夏代晚期的重要建筑，也没有疑义。那么，这两座重要建筑的年代就不会主要在商代的时间范围内。如果像年表公布的那样，把二里头文化三期的年代定为公元前 1610～前 1555 年，就会与考古学研究得出的认识不一致。即考古学认定为夏代的宫殿或宫庙建筑，碳十四测定的年代却是商代的。联系到断代工程其他测年结果，我们同意刘绪关于断代工程对二里头各期的测年偏晚的意见[③]。③ 二里头文化二期的年代偏长。二里头遗址堆积最丰富的是三期遗存，其分布范围超过了二期，而且发现有 1、2 号宫殿建筑。按理说它的年代不会比二期短，但是第二期拟合后年代的上下限差距为 80 年左右，而三期只有 50 年左右。

不过，虽然二里头测年数据结果并非无可挑剔，但是我们更要看到这一测年结果毕竟反映出龙山文化晚期早于新砦期，新砦期早于二里头文化一期的早晚顺序。在测年技术尚有很大发展空间的今天，要求碳十四工作者一定要把考古学者送来的样品测年测到误差只有几十年甚至几年的分上，似乎是勉为其难了。因此，我们不必因个别数据的差异而怀疑龙山文化晚期早于新砦期，新砦期早于二里头文化的相对早晚顺序。

据目前现有材料，我们暂把二里头一期的绝对年代估计为公元前 1750～前 1700 年，新砦期的年代暂估计为公元前 1850～前 1750 年。

3. 相互关系

如前所述，新砦期仅存在于环嵩山东部地区，以往把新砦期理解成大范围的概念需要

[①] 测年专家的意见本来是说："二里头遗址的时代应不早于公元前 1900 年，不晚于公元前 1500 年"（见仇士华等：《有关"夏文化"的碳十四年代测定的初步报告》，《考古》1983 年第 10 期），显然，不早于公元前 1900 年是说其实际年代只能比公元前 1900 年要晚，究竟晚多少年，是几十年还是一二百年，从理论上说都是可能的。但是自 20 世纪 70 年代提出"二里头文化的一期至四期的年代，约自公元前 1900～前 1600 年"（见夏鼐：《碳-14 测定年代和中国史前考古学》，《考古》1977 年第 4 期）以来，不少学者把二里头一期不早于公元前 1900 年理解为始于公元前 1900 年。

[②] 夏商周断代工程专家组：《夏商周断代工程 1996—2000 年阶段成果报告》，世界图书出版公司，2000 年，第 76、77 页。

[③] 刘绪：《有关夏代年代和夏文化测年的几点看法》，《中原文物》2001 年第 2 期。

足加宽加大。

（3）甑，由深腹罐形向深腹盆形发展，甑孔由两周向只有底部一周发展。

（4）深腹盆，口沿变化与鼎、甑相似，唯腹部渐深，口部由微敛口变为敞口。

（5）平底盆，分曲壁与直壁两种，均由腹较深到腹较浅。曲壁者由宽折沿，到卷沿。直壁者由无沿、圆厚唇到窄沿外折。

（6）二里头的大口尊系由新砦期的尊形器发展而来，只是由新砦期的折肩转变为二里头一期的圆肩。

（7）二里头的矮领瓮系由新砦期的矮领瓮发展而来，只是新砦期下腹内收明显，二里头一期下腹浑圆。

（8）器盖，新砦期的纽为双层、平顶、壁内折角为近直角。二里头为单层纽、呈菌状，壁内折角为钝角。

（9）豆，豆盘新砦期为弧壁、浅盘，二里头为近折壁、深盘；豆柄新砦期为素面，二里头一期饰弦纹。

（10）钵（碗），新砦期为斜壁，小平底；二里头为弧壁和曲壁，底大。

（11）刻槽盆，新砦期为敛口或直口，二里头一期为侈口或敞口。

（12）圈足盘，新砦期为弧壁，二里头一期为直壁卷沿。

上述12种陶器分别是新砦期和二里头一期最常见的器类，它们显示的逻辑演变序列，指示着新砦期应该早于二里头一期。这一类型学显示的结果也得到了绝对测年数据的支持。

2. 绝对年代

关于新砦期的相对年代，赵芝荃早就指出为晚于河南龙山文化晚期，而又早于二里头一期。近年对新砦遗址的发掘一再证明这一认识不误。

对于新砦期绝对年代的测年结果，却出乎预料的晚[①]。为了验证测年的可靠性，曾经把在国内测过的若干样品拿到维也纳重新测定，其结果与国内的测年结果基本相符合。以前，在新砦遗址的试掘简报中公布了早于新砦期的新砦遗址龙山文化H6的碳十四测年数据，经树轮校正后为3875±100年（公元前1925年）。新砦期最近测定的年代绝大部分在公元前1830～前1680年。没有超出原来H6的年代范围，即不超过公元前1900年。可以看出，新砦期的这些测年数据的上限，比相当长时期内流行的二里头文化上限为公元前1900年的说法要晚得多。在相当长的时期内，曾把二里头文化一期的年代估计为公元前1900年左右，直到最近，二里头考古工作队队长许宏改二里头文化一期的年代上限为公元前1800年[②]。

以往学术界流行的把二里头一期绝对年代的上限估计为公元前1900年，很重要的原因

---

① 赵芝荃曾经估计新砦期的年代有可能达到公元前2000年，见赵芝荃：《关于二里头文化类型与分期的问题》，《夏文化论集》，文物出版社，2002年，第384页。

② 许宏：《二里头遗址及其周边区域的聚落考古学研究》，《中国—瑞典考古学论坛》（北京），2005年9月26、27日。

类型"①。可见，二里头一期的南界到不了驻马店一带。

综上所述，我们认为，截至目前的材料，可以看出二里头一期的分布范围为东至郑州左近②，西到渑池③，南至豫中④，北不过黄河⑤。主要分布在嵩山南北的伊洛河和颍河上游地区以及豫西地区。其范围比新砦期扩大了许多，主要是向西、南方向大大拓展了分布空间。

六、新砦期与二里头一期的年代及其相对关系

1. 相对年代

关于新砦期与二里头一期的相对年代问题，许多学者都进行过相关论述⑥。根据新砦遗址的最近数次发掘我们认识到，不仅从陶器特征上看，二里头一期是从新砦期发展来的，而且，从分布范围看，二里头一期与新砦期相比主要是向西、南大大拓展了分布空间。从建筑方向看，新砦期的大型浅穴式建筑也是呈东北—西南向，是所谓的"二里头方向"⑦。新砦出土的龙纹⑧与二里头遗址出土的镶绿松石的龙形雕塑⑨极其相似，只是更为古朴。从王湾三期文化到新砦期再到二里头一期，袋状灰坑呈现出比例逐渐下降的特点。可见，无论是陶器、建筑、艺术等各个方面，二里头一期都与新砦期有密切的联系，并在新砦期的基础上发展变化。

赵芝荃、杜金鹏等还曾举出一些典型陶器，进行类型学排比。这里结合最近新砦遗址发掘的新资料，将新砦期与二里头一期的12种典型陶器排比如图一、图二。

从图中可以看出，从新砦期到二里头一期主要陶器形制的演变规律是：

（1）深腹罐，口沿由宽折沿、内折棱突出向窄折沿、软折沿和卷沿发展；腹部由微鼓向直腹发展。

（2）鼎，分矮足鼎和高足鼎两类，两类鼎的口沿演化特征与深腹罐相同，腹部由微垂向近直腹发展。矮鼎足由三角形到乳状足，再到取消。高鼎足的鼎足由靠下向上提升，鼎

---

① 北京大学考古学系等：《驻马店杨庄》，科学出版社，1998年。
② 该遗址H18原报告定为二里头文化第一期第1段，见河南省文物研究所：《河南荥阳竖河遗址发掘报告》，《考古学集刊》（10），地质出版社，1996年。
③ 河南省文物研究所等：《渑池县郑窑遗址发掘报告》，《华夏考古》1987年第2期。
④ 河南省文物研究所等：《郾城郝家台遗址的发掘》，《华夏考古》1992年第3期。
⑤ 黄河以北的二里头文化的年代属于二里头晚期，见刘绪：《论卫怀地区的夏商文化》，《纪念北京大学考古专业三十周年论文集》，文物出版社，1990年。
⑥ 赵芝荃：《试论二里头文化的源流》，《考古学报》1986年第1期；赵芝荃：《略论新砦期二里头文化》，《中国考古学会第四次年会论文集》，文物出版社，1985年。
⑦ 中国社会科学院考古研究所、郑州市文物考古研究所：《河南新密市新砦城址中心区发现大型浅穴式建筑》，《考古》2006年第1期。
⑧ 顾万发：《试论新砦陶器盖上的饕餮纹》，《华夏考古》2000年第4期。
⑨ 中国社会科学院考古研究所二里头工作队：《河南偃师二里头遗址中心区的考古新发现》，《考古》2005年第7期。

沈丘乳香台，密县新砦、黄寨，商丘坞墙，淅川下王岗，渑池郑窑等遗址，此外，在湖北宜昌地区有少量陶器资料，湖北陨县大寺龙山文化中之封口盉、Ⅳ式罐、鼎、长颈壶等与二里头一期相似。陕西华县、洛南等遗址，安徽含山大城墩遗址有二里头一、二期陶器，据我们所知，含山荆王城遗址和董城圩遗址还有龙山文化陶器，大城墩之二里头一、二期陶器当由本地龙山文化发展而来"①。

上述这段话提及的湖北、安徽、陕西等地的遗址只是含有二里头文化的部分因素，如洛南的焦村和龙头梁遗址只是接受了二里头文化二、三期的影响，并非是二里头文化一期②。陨县大寺遗址③则属于长江中游龙山时代末期的石家河文化青龙泉类型晚期④或叫乱石滩文化⑤，不属于二里头文化范畴。安徽含山大城墩遗址简报虽也认为该遗址第三期文化的某些陶器与二里头文化的一、二期相似，但从发表的器物线图可以看出，最相似的器物是瓦足皿、豆（柄）和鼎。实际上，瓦足皿为高足，不同于二里头一期常见的矮足；鼎为盆形鼎，与一期的深腹圜底鼎有别；豆与鼎共存于T18⑰，因此，这几件器物显然不能归入二里头文化第一期，而属于二期⑥。

至于商丘坞墙⑦和淅川下王岗遗址⑧分别属于二里头文化的下王岗类型和豫东类型（牛角岗类型），只是在其龙山文化末期当中包含少量二里头一期的因素，真正的二里头文化的显现是二里头文化二期以后的事情，因此，严格来讲，不能把它们视为二里头一期文化遗址。

邹衡曾认为，二里头一期的"分布面仅局限于比较小的范围之内……目前还只在嵩山周围半径百公里左右的地区内发现"⑨。

李维明认为二里头文化一期遗存主要分布在豫西地区，可划分为嵩山丘陵区、伊洛平原区和豫西山地区。其中以前两区分布密集，最具代表意义⑩。

近年发掘结果表明，郑州以东至商丘杞县境内的二里头文化自该文化第二期开始，不见一期遗存，这里是二里头文化、先商文化和岳石文化的交汇地带⑪。驻马店杨庄遗址的发掘表明，在"豫西二里头文化的一期时，驻马店一带仍属杨庄二期（作者注：龙山文化晚期遗存）的分布区"。"至二里头文化一、二期之交时，二里头文化代替了本地的杨庄二期

---

① 郑光：《二里头陶器文化略论》，《二里头陶器集粹》，中国社会科学出版社，1995年，第22页。
② 陕西商洛地区图书馆：《陕西洛河上游两处遗址的试掘》，《考古》1983年第1期。
③ 中国社会科学院考古研究所：《青龙泉与大寺》，科学出版社，1991年。
④ 张绪球：《石家河文化的分期分布和类型》，《考古学报》1991年第4期。
⑤ 樊力：《豫西南地区新石器文化的发展序列及其与邻近地区的关系》，《考古学报》2000年第2期。
⑥ 安徽省文物考古所等：《安徽含山大城墩遗址第四次发掘报告》，《考古》1989年第2期。
⑦ 商丘地区文物管理委员会等：《河南商丘县坞墙遗址试掘简报》，《考古》1983年第2期。
⑧ 河南省文物研究所：《淅川下王岗》，文物出版社，1989年。
⑨ 邹衡：《试论夏文化》，《夏商周考古学论文集》（第二版），科学出版社，2001年，第154页。
⑩ 李维明：《二里头文化一期遗存与夏文化初始》，《中原文物》2002年第1期。
⑪ 郑州大学文博学院等：《豫东杞县发掘报告》，科学出版社，2000年；郑州大学历史系考古专业等：《河南杞县牛角岗遗址试掘报告》，《华夏考古》1994年第2期。

豆、子母口瓮、折肩瓮、大量折壁器盖。常见圆腹罐、鼎、甑、刻槽盆、捏口罐、壶、觚、鬶、盉、爵、豆、三足皿、圈足盘、折沿盆、平底盆、小口尊、矮领瓮、缸、器盖等。二里头文化陶器组合的一个显著变化是出现大量的圆腹罐和捏口罐，特别是花边圆腹罐，是二里头文化一期的标型器。

（4）从器物形制讲，罐的口沿为窄沿、微侈、有的为卷沿，通体一般呈冬瓜形。鼎，流行圜底鼎，鼎足几乎不见乳状者，大多为两侧带按窝纹的扁三角形高足。甑，盆形，底部穿五六孔。钵和碗，数量大减，且为厚胎直壁。深腹盆，口沿变平，腹部变浅。器盖，为单层、菌状纽、弧壁或直壁外撇。大口尊，为圆肩，口大底小。

符合上述标准的才是真正的二里头文化一期遗址。那么，二里头一期遗址到底都有哪些呢？不少学者已经注意到，二里头文化可以划分为若干类型，而一期只集中分布在二里头类型的范围内。

邹衡和李伯谦，把二里头文化分为二里头和东下冯两个类型。东下冯第一期相当于二里头类型的第二期[1]。

赵芝荃把二里头文化划分成二里头类型、东下冯类型、下七垣类型、下王岗类型和豫东类型。他先是提出"新砦期和二里头一期文化主要分布在登封和洛阳一带"[2]，并在《偃师二里头》中列出豫西地区的二里头一期遗址共有五处，即王城岗、煤山、二里头、东干沟和矬李[3]。对于豫西以外的豫东地区，他提出下王岗晚二期文化的部分"陶器的形制与豫西地区二里头一、二期的陶器相似，年代亦应相近"。"商丘县坞墙发掘到二里头遗址一期的文化层。在周口地区调查时发现含有二里头遗址一期遗存的遗址约11处。"[4]

董琦把二里头文化分成二里头类型、东下冯类型、南沙村类型和下王岗类型。他认为下王岗类型二里头文化第一期的年代只相当于伊洛地区二里头文化第二期，二里头类型的早期第Ⅰ组（二里头文化一期）的分布地点以嵩山南北的伊、洛、颍、汝地区为中心[5]。

杜金鹏在赵芝荃划分类型的基础上，将二里头文化划分为二里头、东下冯、牛角岗、杨庄和下王岗类型。其中，特别指出赵芝荃划分的下七垣类型不属于二里头文化系统而属于先商文化系统的下七垣文化及潞王坟—宋窑一类遗存。除了二里头类型之外，其他的几个类型"起始年代均不早于二里头文化第二期"。看来他主张二里头文化一期的范围不会超出二里头类型[6]。

郑光认为"二里头一期文化在河南地区分布地点有临汝煤山，伊川白元，郾城郝家台，

---

[1] 邹衡：《试论夏文化》，《夏商周考古学论文集》，文物出版社，1980年；李伯谦：《东下冯类型的初步分析》，《中原文物》1981年第1期。
[2] 赵芝荃：《关于二里头文化类型与分期的问题》，《中国考古学研究》，科学出版社，1986年。
[3] 中国社会科学院考古研究所：《偃师二里头》，中国大百科全书出版社，1999年，第391页。
[4] 中国社会科学院考古研究所：《偃师二里头》，中国大百科全书出版社，1999年，第390页。
[5] 董琦：《虞夏时期的中原》，科学出版社，2000年。
[6] 杜金鹏：《二里头文化的分布与类型》，《中国考古学·夏商卷》，中国社会科学出版社，2003年，第89~97页。

有的口沿下面施短颈和小肩。……有的口沿外侧压饰宽带状花边，内容繁缛，形式多样，前期未见。一般器腹粗胖，器壁较平直，……纹饰以篮纹为主，方格纹和绳纹次之。弦纹、刻划纹、指甲纹和附加堆纹较多，新增加有压印纹。……压印花纹主要有雷纹、云纹、圆圈纹、三角纹和花瓣纹等，纹样较多。"①

郑光在1995年发表的《二里头陶器文化略论》中指出，二里头"一期的陶器资料目前还十分有限。这是个尚待深入认识的问题。此问题就是曾在二里头工作过的学者之间也有不同意见。……一期陶器的重要特征是具有浓厚的龙山文化特征。这表现于其器类、形制沿袭于比它更早阶段的龙山文化，如深腹罐、鼎、花边口沿罐（圆腹罐）、甗、盆、甑、刻槽盆、高领罐和高领瓮及由其分化出来的尊形器、豆、圈足盘、大口罐、单耳杯、单耳罐、长颈壶、平底盆、钵、盂、器盖、碗等。……器表纹饰分四大类：篮纹、绳纹、方格纹和磨光。另有指甲纹、附加堆纹、凹凸弦纹。……深腹罐，由龙山时期之口大腹鼓底小的现状变为口腹底间的比例较匀称，略呈冬瓜形，仍为平底。口沿方唇减少，圆唇增多；沿面内曲者减少，沿面平展者增多。……鼎腹则由龙山晚期大腹下坠变得较浑圆。豆分深盘豆和浅盘豆。前者沿外卷，后者折沿外侈。盆、甑折沿，底渐增大。甑口增大，腹相对变浅。碗底更大，壁趋陡直。敛口罐折沿外侈角度较大，圆鼓腹不如龙山的深。纹饰虽继承其前一阶段的龙山文化以篮纹、方格纹为主，但篮纹的比例大大上升，占绝对优势，改变以前夹砂陶以方格纹为主的习惯。篮纹、方格纹继承并发展了龙山时期的粗犷潦草作风。少部分亦有疏朗整齐的作风，其特征是印痕浅而圆。"②

可以看出，赵、郑二者论述的二里头一期的陶器特征差别并不很大。

杜金鹏在最近出版的《中国考古学·夏商卷》中总结了二里头一期的特征，指出二里头一期陶器陶色多深重，夹砂灰陶的色调多变，常见泥质黑陶或黑皮陶。夹砂陶以篮纹为主，绳纹次之，方格纹再次之。器类以深腹罐最多见，深腹罐为斜折沿，肥腹，平底。圆腹罐，形体不大，侈沿尖唇，口沿外往往有花边，高领，束颈，平底。甑，为泥质灰陶或黑皮陶，侈口盆状，平底或圜底，折沿一般较宽，腹深，底有五六个孔。饰篮纹，设鸡冠鋬。大口尊，在一期，只有可视为雏形者。口径明显小于肩径，平底，腹饰篮纹和多周附加堆纹。捏口罐，为小口，束颈，鼓腹，平底或凹圜底。腹饰绳纹或篮纹，个别为方格纹。"③

我们通过赵、郑、杜三人的总结，结合二里头遗址历年发掘的情况，可以将二里头文化一期的陶器特征概说如下：

（1）从陶质讲，流行夹砂灰陶和泥质灰陶，常见泥质黑陶和黑皮陶。

（2）从纹饰上讲，二里头一期以篮纹最常见，绳纹次之、方格纹又次之。

（3）从器类讲，不见龙山文化的深腹盆、平流鬶、斝，也不见新砦期的双腹豆、篦形

---

① 赵芝荃：《关于二里头文化类型与分期的问题》，《中国考古学研究》，科学出版社，1986年。
② 郑光：《二里头陶器文化略论》，《二里头陶器集粹》，中国社会科学出版社，1995年。
③ 杜金鹏：《二里头文化的分期与年代》，《中国考古学·夏商卷》，中国社会科学出版社，2003年，第70、71页。

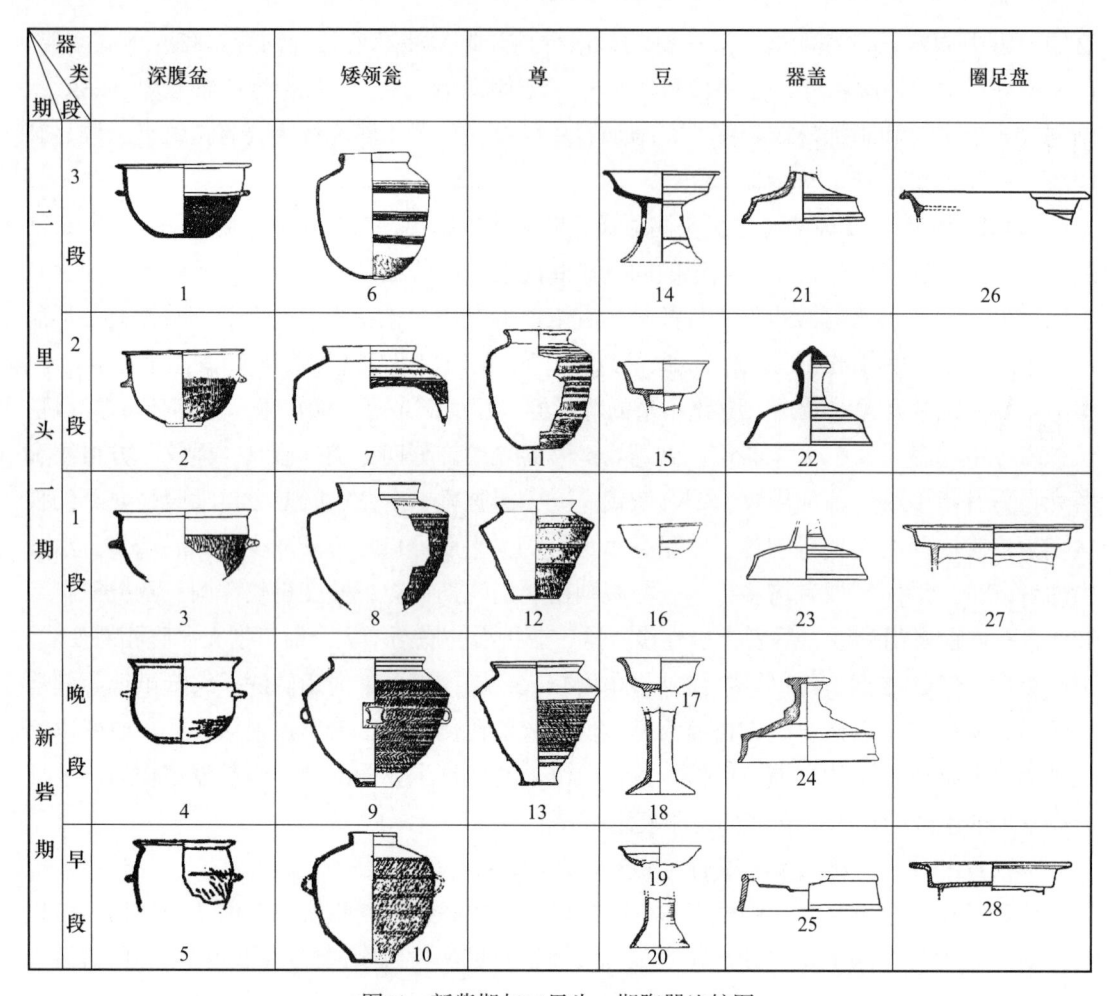

期段\器类	深腹盆	矮领瓮	尊	豆	器盖	圈足盘
二里头一期 3段	1	6		14	21	26
二里头一期 2段	2	7	11	15	22	
二里头一期 1段	3	8	12	16	23	27
新砦期 晚段	4	9	13	17、18	24	
新砦期 早段	5	10		19、20	25	28

图二 新砦期与二里头一期陶器比较图

1~5.深腹盆（二里头Ⅱ·ⅤT116⑤：12、二里头Ⅱ·ⅤT104⑥：47、二里头Ⅱ·ⅤT104⑦：12、新砦79H3：13、新砦79H7：12） 6~10.矮领瓮（二里头Ⅱ·ⅤH146：11、二里头Ⅱ·ⅤT111⑤B：20、二里头ⅧH53：13、新砦00T6⑧：781、新砦79H7：2） 11~13.尊（二里头Ⅱ·ⅤT116⑥：11、二里头ⅡH216：18、新砦00H29①：5） 14~20.豆（二里头Ⅱ·ⅤH148：20、二里头Ⅱ·ⅤT104⑥：16、稍柴H20：79、新砦00T6⑧：735、新砦00T6⑧：707、新砦99H101：29、新砦99H101：28） 21~25.器盖（二里头Ⅱ·ⅤT104⑤：19、二里头Ⅱ·ⅤT104⑥：48、稍柴H20：90、新砦00T6⑧：219、新砦00H26：36） 26~28.圈足盘（Ⅱ·ⅤT104⑤：23、煤山70H3：20、煤山H11：16）

五、二里头一期的文化特征及其分布范围

关于二里头一期的文化特征，已经有不少学者做过自己的评述。先后主持二里头遗址发掘工作的赵芝荃和郑光，对二里头文化一期的文化特征都曾分别进行过综合论述。

赵芝荃在《关于二里头文化类型与分期的问题》一文中写到，二里头一期"陶器的种类与新砦期的基本相同，差别是本期不见前期的钵、斜壁碗、盒和单耳杯等这些龙山文化常见的器类，新增加的有圆腹罐、尊、罍和爵等。本期陶器仍以平底器居多，三足器和圈足器各占一半，开始出现圜底器。口部以折沿和侈口为主，新增加极少量的卷沿器。……

Ⅱ·ⅤT104⑤→Ⅱ·ⅤT104⑥→Ⅱ·ⅤT104⑦；ⅡT210⑤→ⅡT210⑥→ⅡT210⑦等。器物形制也不尽相同，结合巩义稍柴遗址①等二里头一期遗址的材料，至少可以把二里头一期可以分为2~3段（图一、图二）。

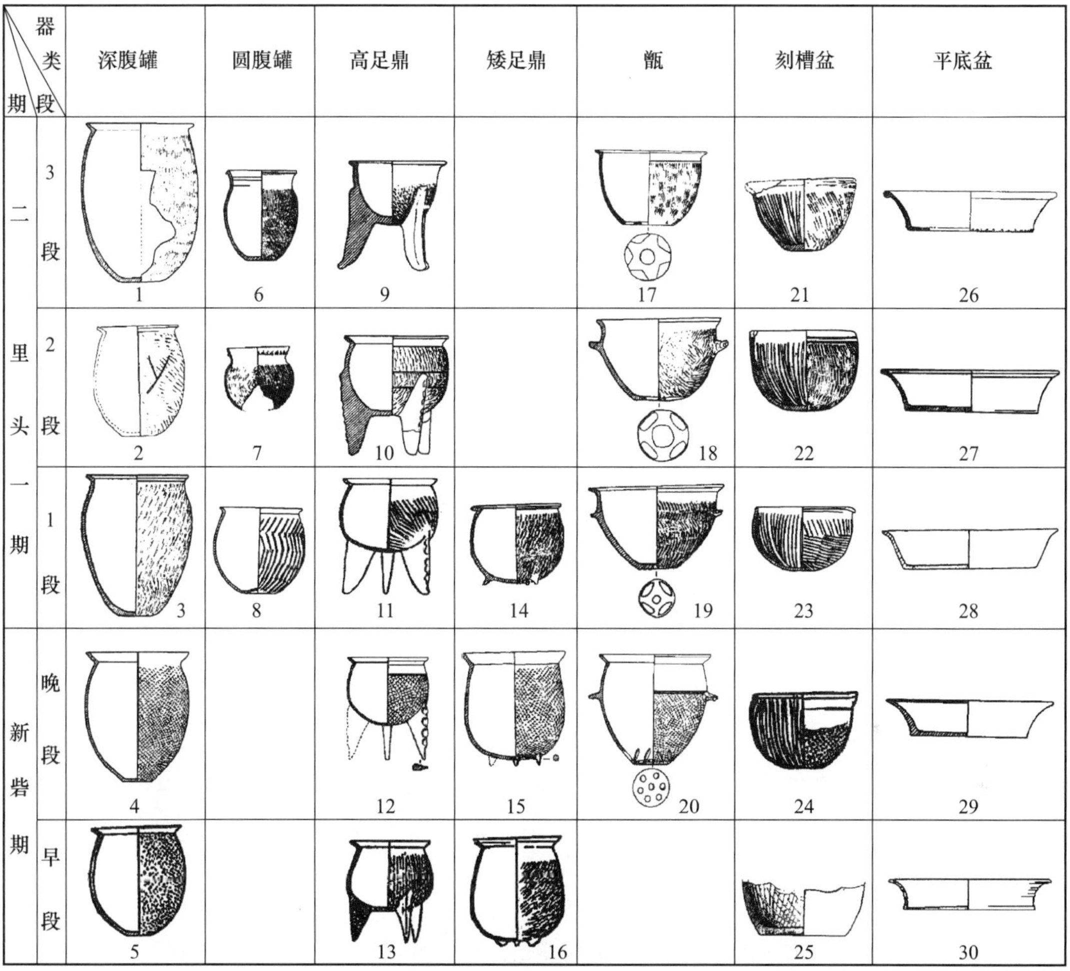

图一　新砦期与二里头一期陶器比较图

1~5.深腹罐（二里头Ⅱ·ⅤH103∶11、二里头ⅧH53∶12、煤山70H3∶13、新砦00H19∶101、新砦75H5∶2）6~8.圆腹罐（二里头Ⅱ·ⅤT104⑤∶17、二里头Ⅱ·ⅤT104⑥∶21、稍柴H20∶47）9~13.高足鼎（二里头ⅧT14⑥B∶11、二里头Ⅱ·ⅤT104⑥∶51、稍柴H20∶47、新砦00T6⑧∶779、新砦79H7∶3）14~16.矮足鼎（煤山70H3∶12、新砦00T6⑧∶833、新砦79H7∶4）17~20.甑（二里头Ⅱ·ⅤH144∶4、二里头Ⅱ·ⅤH130∶18、煤山70H3∶19、新砦00T6⑧∶827）21~25.刻槽盆（二里头ⅧT15⑥∶12、二里头Ⅱ·ⅤH130∶13、稍柴H20∶51、新砦79H2∶5、新砦00T4H26④∶181）26~30.平底盆（二里头Ⅱ·ⅤT104⑤∶36、二里头Ⅱ·ⅤT104⑥∶28、稍柴H2∶8、新砦00T6⑧∶598、新砦00T4H26①∶2）

---

① 稍柴H20（见河南省文物研究所：《河南巩县稍柴遗址发掘报告》，《华夏考古》1993年第2期）为二里头文化中最早的单位，以至于有人划归新砦期（见林秀贞：《试论稍柴下层遗址的文化性质》，《考古》1994年第12期）。可是，该灰坑不见新砦期的子母口器、钵、碗，却出有花边罐、盆形甑等二里头一期标型器，因此，应当归入二里头一期。因H20保留浓厚的新砦期风格，可视为二里头一期的最早阶段。

瓮、子母口鼎、子母口缸等子母口系列产品，新砦期大量存在的钵、碗等不见或少见于二里头一期。此外，在新砦期还比较常见的乳足鼎也很少在二里头一期中见到。

杜金鹏在最近出版的《中国考古学·夏商卷》中，列举的二里头一期的标本种类有深腹罐、圆腹罐、深腹盆、刻槽盆、大口尊、甗、捏口罐、爵、盉、壶、觚、豆、三足皿等，他选用作一期的单位是大多与赵芝荃和郑光所列出的一期单位相同[①]。

因此，我们认为，以上各单位提供的陶器标本基本上代表了二里头文化一期。如果在某一地方发现了相当于这一时期的遗迹、遗物或遗址，不妨拿二里头遗址上述各单位为标尺进行检验。

需要说明的是，二里头一期也可进一步分为若干段。有学者曾经依据二里头遗址20世纪90年代以前的诸篇发掘简报，把二里头遗址的二里头文化陶器分为四段八组（作者注：相当于二里头文化四期8段）。不过，他把二里头相关简报中原定为二里头文化第二期的ⅢT22⑤、T17⑤[②]、H29、M20[③]等单位归入第一段的第1组和第2组，这就把一些本属于二里头二期的单位，人为地提早到二里头文化第一期，从而混淆了二里头一期和二期之间的差别[④]。同一学者在另一篇文章中谈及二里头一期分段时又把发掘者定为属于王湾三期文化晚期的新砦1979H9[⑤]，本属于新砦期早段的1999H147[⑥]、1979M1、H5[⑦]和本属于新砦期晚段的1999H6、H29[⑧]等，统统归入二里头文化第一期第一段[⑨]。这就把龙山文化晚期、新砦期和二里头一期三个不同时期混为一谈，更不容易使人分清三者之间的差别了。

不过，二里头一期的确可以再分为若干段。《偃师二里头》认为二里头一期单位中，年代有早有晚。属于较早的单位有ⅡH216、ⅤH72、Ⅱ·ⅤT104第6、7层等；属于较晚的单位有Ⅱ·ⅤT116第5、6层，ⅡM56等[⑩]。我们认为，从《偃师二里头》公布的第一期陶器资料可以看出，被定为二里头一期的单位之间存在地层叠压或打破关系，如

---

① 杜金鹏：《二里头文化的分期与年代》，《中国考古学·夏商卷》，中国社会科学出版社，2003年，第69~80页。
② 中国社会科学院考古研究所二里头工作队：《偃师二里头遗址1980—1981年Ⅲ区发掘简报》，《考古》1984年第7期。
③ 中国社会科学院考古研究所二里头队：《1982年秋偃师二里头遗址九区发掘简报》，《考古》1985年第12期。
④ 李维明：《二里头遗址二里头文化陶器编年辨微》，《中原文物》1991年第1期；中国社会科学院考古研究所：《偃师二里头》，中国大百科全书出版社，1999年，第27页。
⑤ 新砦H9为龙山文化单位（见中国社会科学院考古研究所河南二队：《河南密县新砦遗址的试掘》，《考古》1981年第5期，第400页，图三），该灰坑出土的大口罐、碗、高领罐等均为王湾三期文化晚期所常见。
⑥ 北京大学考古文博院、郑州市文物考古研究所：《河南新密市新砦遗址1999年试掘简报》，《华夏考古》2000年第4期，第8、9页，图七。
⑦ 中国社会科学院考古研究所河南二队：《河南密县新砦遗址的试掘》，《考古》1981年第5期，第404页，图六。
⑧ 北京大学考古文博院、郑州市文物考古研究所：《河南新密市新砦遗址1999年试掘简报》，《华夏考古》2000年第4期，第9、10页，图八。
⑨ 李维明：《二里头文化二期遗存与夏文化初始》，《中原文物》2002年第1期。
⑩ 中国社会科学院考古研究所：《偃师二里头》，中国大百科全书出版社，1999年，第27页。

主要采用了这篇简报对二里头一期的概括[①]。

1974 年,在发掘了 1 号宫殿之后,发表了二里头遗址的第三篇简报[②]。发掘 1 号宫殿时,新发现了叠压在其上的更晚的遗存,是为第四期遗存,而此前的早、中、晚期改称第一、二、三期,前两篇简报中的二里头遗址早期即后来所说的二里头文化一期。这篇简报指出在 1 号宫殿的台基下面发现的"一期陶器与过去发掘的早期陶器相同",其中,"H75 在台基北部,灰坑南半部在建造台基时被挖掉,仅保存着北半部。出土陶片以篮纹为主,约占总数的一半,时代属二里头遗址一期(即早期)。"该简报还公布了同属于一期的深腹罐、平底盆、三足盘、瓮、盉等陶器资料。

这篇简报把二里头文化分为四期的分期方案逐渐被学术界所接受。其中,对二里头一期的认识日渐完善。

在接下来的 1975 年[③]、1982 年[④]、1983 年[⑤]、1984[⑥] 年发表的数篇二里头遗址发掘简报中,均没有发表二里头一期的资料。

1985 年发表的简报中,简报图三公布了深腹罐(H15∶1)、圆腹罐(T10⑦∶1)、鬶(H12∶2)、高领小罐(H12∶1)、甗(T10⑦∶2)的线图[⑦]。这篇简报,更加丰富了二里文化一期的内容。

1995 年,由郑光主持编写的《二里头陶器集粹》[⑧]一书出版,郑光在此书中列举的属于二里头一期的陶器有深腹罐、鼎、壶、器盖、圆腹罐、捏口罐、敛口罐、甑、单耳壶、碗、刻槽盆、盂、豆等。这些被定为一期的单位有 82YLVT15⑨D、82YLVT15⑩、93YLⅣG1∶2。

1999 年由赵芝荃支持编写的《偃师二里头》出版,该书公布了较多的二里头一期的发掘资料[⑨]。其中,被此书列举的一期陶器中被复原的陶器标本,按照公布数量的多少依次约略为圆腹罐 16 件、深腹罐 13 件、盆 11 件、平底盆 11 件、器盖 11 件、矮领瓮 10 件、刻槽盆 9 件、鼎 8 件、高领罐 7 件、三足盘 7 件、豆 6 件、甑 5 件、高领尊 5 件、碗 3 件、高领圆腹瓮 3 件、高领深腹瓮 2 件、钵 2 件,其他还有圈足盘、壶等。这些可复原标本的数量应该基本能够反映出原有陶器的多寡状况。若此,可复原标本数量在 5 件以上的器类有圆腹罐、深腹罐、盆、平底盆、器盖、矮领瓮、刻槽盆、鼎、高领罐、三足盘、豆、甑、高领尊。这些器类应该是二里头一期最常见的器物群。这一器物群基本不见新砦期的子母口器类如子母口

---

① 邹衡:《试论早期夏文化》,《夏商周考古学论文集》,文物出版社,1980 年。
② 中国科学院考古研究所二里头工作队:《河南偃师二里头早商宫殿遗址发掘简报》,《考古》1974 年第 4 期。
③ 中国科学院考古研究所二里头工作队:《河南偃师二里头遗址三、八区发掘简报》,《考古》1975 年第 5 期。
④ 中国社会科学院考古研究所二里头工作队:《河南偃师二里头遗址发现龙山文化早期遗存》,《考古》1982 年第 5 期。
⑤ 中国社会科学院考古研究所二里头队:《1980 年秋河南偃师二里头遗址发掘简报》,《考古》1983 年第 3 期;中国社会科学院考古研究所二里头队:《河南偃师二里头二号宫殿遗址》,《考古》1983 年第 3 期。
⑥ 中国社会科学院考古研究所二里头工作队:《1981 年河南偃师二里头墓葬发掘简报》,《考古》1984 年第 1 期。
⑦ 中国社会科学院考古研究所二里头工作队:《偃师二里头遗址 1980—1981 年Ⅲ区发掘简报》,《考古》1984 年第 7 期;中国社会科学院考古研究所二里头队:《1982 年秋偃师二里头遗址九区发掘简报》,《考古》1985 年第 12 期。
⑧ 中国社会科学院考古研究所:《二里头陶器集粹》,中国社会科学出版社,1995 年。
⑨ 中国社会科学院考古研究所:《偃师二里头》,中国大百科全书出版社,1999 年。

新郑境内复查、调查出 20 余处新砦期遗址①。至于沈丘乳香台第二期②和郾城郝家台第六期③虽出有若干新砦期陶器，但其分布地域已经越出王湾三期文化煤山类型和二里头文化二里头类型的分布范围，文化内涵亦有别于新密—郑州左近的新砦期遗存。究竟是新砦期的一个地方类型还是造律台类型的晚段遗存，有待进一步研究。

大体而言，新砦期遗址主要集中分布在环嵩山地区的东半部，即现今的郑州市、巩义、新密、荥阳、新郑一带。西边到不了登封、禹县④，北不过黄河，东到郑州左近。由此可见，新砦期的分布范围不大，主要分布在原王湾三期文化的东北部，与造律台类型的西界前沿和后冈二期类型的南部前沿地带相比邻。

四、什么是二里头一期

二里头一期的命名与二里头遗址的发现和研究过程密切相关。包括发掘者在内的学者们对二里头文化第一期遗存的认识也有一个不断发展的过程。什么是二里头一期呢？在遗址的首篇发掘简报中，将汉代以前的文化遗存分为早、中、晚三期，发掘者说："早期当属于河南龙山文化晚期，但与常见的河南龙山文化还不能衔接起来，尚有缺环；中期虽仅留有若干龙山文化因素，但基本上接近商文化；晚期则是洛达庙类型商文化。""早中晚三期文化遗物虽有不同，但一脉相承的迹象却是明显的。"⑤

第一篇简报说二里头早期（即二里头一期）的陶器"以夹砂灰陶为最多，泥质灰陶和黑陶数量较少；制法以轮制为主，兼用模制和手制；陶胎较薄；种类有小口瓮、平底盆、澄滤器、钉形器和罐等（器多平底，口沿上常带有小突起）；纹饰以篮纹为主，绳纹次之。"⑥

第二个发掘简报说，早、中、晚"三期之间有一定的区别，但属于一个文化类型"。早期的"瓮、罐、盆，多平底，有假圈足，……纹饰以篮纹为主，并有方格纹和绳纹"。"早期的器盖握手呈蒜头形，器身折壁有棱角，……早期的三足盘深腹，矮足。"发表了盆、深腹罐、尊、壶、带把壶和鼎 6 件器物的线图⑦。

由方西生执笔的第二篇简报对二里头一、二、三期的论述比较清楚和全面，二里头一期的特点也逐渐明朗，邹衡在《试论早期夏文化》一文中对二里头文化一期特征的描述即

---

① 主要分布在双洎河流域，承河南省文物考古研究所蔡全法先生相告。
② 河南省文物研究所等：《河南乳香台遗址的发掘》，《华夏考古》1990 年第 4 期。
③ 河南省文物研究所等：《郾城郝家台遗址的发掘》，《华夏考古》1992 年第 3 期。
④ 王城岗遗址第五、六期不见新砦期典型器物群，不宜归入新砦期。这里却有二里头一期，见河南省文物研究所等：《登封王城岗与阳城》，文物出版社，1992 年。另外，在登封程窑遗址也见类似的地层关系，见赵会军、曾晓敏：《河南登封程窑遗址试掘简报》，《中原文物》1982 年第 2 期。这说明登封一带不见典型的新砦期。该地区是通过王城岗第五、六期龙山文化过渡到二里头文化一期的，其间看不到典型的新砦期。
⑤ 中国科学院考古研究所洛阳发掘队：《1959 年河南偃师二里头试掘简报》，《考古》1961 年第 2 期。
⑥ 中国科学院考古研究所洛阳发掘队：《1959 年河南偃师二里头试掘简报》，《考古》1961 年第 2 期，第 83 页。
⑦ 中国科学院考古研究所洛阳发掘队：《河南偃师二里头遗址发掘简报》，《考古》1965 年第 5 期。

至三期相当。即使在二里头早期中有一些新砦期的因素如赵芝荃列举的乳头足鼎、多孔甑、平底盆、敛口罐、大口罐、碗和觚等，也只是说明保留着新砦期的影子，并非典型的新砦期。赵先生在《试论二里头文化的源流》一文中把东干沟 M1 出土的豆和觚当作新砦期[①]的器物，是把本属于二里头文化一期甚至二期的器物当作新砦期的器物了。

3. 登封王城岗和禹县瓦店

在赵芝荃提出新砦期概念时，这两处遗址的正式发掘报告尚未出版。现在根据这两个遗址的发掘报告可以看出，二者均不宜归入新砦期，至多是在王城岗第五期[②]和瓦店龙山文化最晚的地层当中见到少量与新砦期相类似的个别器物[③]，整体也不宜归入新砦期。这两处遗址从龙山文化晚期发展到二里头一期的线索十分清楚。

4. 临汝柏树圪垯等遗址

赵芝荃提及的临汝柏树圪垯[④]和登封北庄遗址，没有经过发掘，仅进行过地面调查，所获器类多为罐（鼎）、盆类，对其器物组合的了解不如经过发掘的遗址更为接近真实情况。从公布的陶器资料看，大都可以分为龙山文化晚期和二里头文化一期两大期，似乎看不出典型的新砦期遗存。禹县崔庄后经过试掘得知含龙山文化晚期和二里头文化二期，也不见新砦期[⑤]。至于赵芝荃仅根据一件鼎足就认定新乡马小营遗址属于新砦期显然是不妥当的。经研究，那里主要是后冈二期文化和先商文化的分布区域，已经越出二里头文化的范围，不会是新砦期遗址。

真正的新砦期遗址，除新砦遗址外，目前见诸报道的有郑州二七路[⑥]、牛砦[⑦]、马庄[⑧]，新密黄寨[⑨]，荥阳竖河[⑩]，巩义花地嘴[⑪]等遗址。据称，近几年河南省文物考古研究所在新密、

---

① 邹衡把这件豆排入夏文化早期第二段（即二里头文化第二期），见《试论夏文化》，《夏商周考古学论文集（第二版）》，科学出版社，2001年，第122页。
② 河南省文物研究所等：《登封王城岗与阳城》，文物出版社，1992年。
③ 如瓦店 97 Ⅳ T6H34∶2 折壁器盖，参见河南省文物考古研究所：《河南禹州市瓦店龙山文化遗址 1997年的发掘》，《考古》2000年第2期，第35页，图二九，7。
④ 中国社会科学院考古研究所洛阳工作队：《1975年豫西考古调查》，《考古》1978年第1期。
⑤ 河南省文物研究所等：《河南禹县颍河两岸考古调查与试掘》，《考古》1991年第2期。
⑥ 河南省文物研究所：《郑州北二七路新发现三座商墓》，《文物》1983年第3期。
⑦ 该遗址出土的扁三角形鼎足（C13T1∶33）、饰麻花状耳的子母口鼎（T1∶26）、平底盆（图版贰，5）、折肩罐（原陶瓮，CT13T2∶7）等属于新砦期，见河南省文化局文物工作队：《郑州牛砦龙山文化遗址发掘报告》，《考古学报》1958年第4期。
⑧ 该遗址出土的甑（T2①∶73）、碗（T2①∶63、T3①∶53）、单耳罐形杯（T2①∶68）等属于新砦期遗物。参见李昌韬、廖永民：《郑州马庄龙山文化遗址发掘简报》，《中原文物》1982年第4期。
⑨ 河南省文物研究所：《河南密县黄寨遗址的发掘》，《华夏考古》1993年第3期。
⑩ 该遗址 H18 原报告定为二里头文化第一期第1段，认为其年代早于二里头一期，实为新砦期。见河南省文物研究所：《河南荥阳竖河遗址发掘报告》，《考古学集刊》（10），地质出版社，1996年。
⑪ 顾万发、张松林：《巩义花地嘴遗址发现"新砦期"遗存》，《古代文明研究通讯》总第18期，北京大学震旦古代文明研究中心，2003年9月。

即方孝廉执笔的《河南临汝煤山遗址调查与试掘》一文中的第二期文化。不同于方文的地方在于方孝廉把该期认定为相当于二里头遗址的第一期，而赵芝荃则认为该期"与一般二里头一期文化相同或略早"，在后来发表的《试论二里头文化的源流》一文中径直把该期归入了新砦期。

（3）《临汝煤山遗址1987—1988年发掘报告》[①]。袁广阔在该报告中把煤山遗址分为四期，分别称为煤山一期文化、煤山二期文化、二里头一期文化和二里头二期文化。其中，煤山一期文化属于河南龙山文化，煤山二期文化出土有垂腹高足鼎、小口高领瓮、深腹盆、平流鬶、类似石家河文化的陶杯等，说明煤山二期仍属于河南龙山文化。这些器物不会晚到新砦期。二里头一期文化出土器物不多，但有二里头文化的标型器之一——圆腹罐，而这类圆腹罐绝不见于新砦期。深腹罐也为近直腹，圆唇，卷沿。因此，袁广阔所分的煤山遗址二里头一期文化的确相当于二里头遗址的二里头文化一期，不会是新砦期。

至此，我们知道方孝廉和袁广阔都把煤山遗址的二里头一期文化认定为相当于偃师二里头遗址的二里头文化一期，只有赵芝荃认为是新砦期。赵芝荃把方孝廉本认定为二里头文化一期的煤山第二期文化拉到新砦期，我们觉得并没有充足的理由。难道是赵先生挖出了与方、袁所挖不同的东西了吗？抛开方、袁执笔的部分不谈，这里看看赵先生给出的煤山遗址二里头文化一期的陶器。观察报告图二六和图二七公布的"二里头一期陶器"当中，不见流行于新砦期的折壁器盖、深腹盆形甑、平底盆、双腹豆、尊形瓮和大量的子母口瓮等，给出的陶器大多可以分别归入王湾三期文化和二里头一期。其中，属于前者的如垂腹鼎（H17∶2，H61∶1），宽折沿、方唇、唇沿内凹的深腹罐（H19∶3），单耳杯（H61∶2），内壁带明显轮旋纹的碗（H15∶4），大平底饰圆孔的甑（H1∶10）。属于后者的如尊（原报告称为高领罐，H70∶1）、深腹罐（H30∶5）、窄沿近直腹的深腹罐（H1∶12）、刻槽盆（H70∶2）。此外，只有极少量的器物相似于新砦期，如折肩罐（原报告称之为高领罐，H62∶1）、碗（H59∶2）。这极少量的类新砦期器物，或许是受新砦二期的影响，或许是时代风格使然，并不能拿这少量的器物就把整个器物群定为新砦期。

因此，煤山遗址就前后三次发掘的材料而言，其主体遗存为龙山文化煤山类型和二里头一期文化，几乎不见新砦期典型器物，不能说是它是一处典型的新砦期遗址。

2. 洛阳东干沟

《1958年洛阳东干沟遗址发掘简报》[②]公布的M1、M2为二里头文化一期，如M1出土的镂孔豆、尊、觚和平底盆等。其余几件器物如器盖、深腹折盘豆、圆腹罐等也是二里头文化的常见器类。不见新砦期的典型器物。在《洛阳发掘报告》[③]中，东干沟被分为龙山文化和二里头文化两大期，其中的二里头文化又被分为早中晚三期，分别与二里头遗址的一

[①] 河南省文物研究所：《临汝煤山遗址1987—1988年发掘报告》，《华夏考古》1991年第3期。
[②] 中国社会科学院考古研究所洛阳发掘队：《1958年洛阳东干沟遗址发掘简报》，《考古》1959年第10期。
[③] 中国社会科学院考古研究所：《洛阳发掘报告》，北京燕山出版社，1989年。

不见于新砦期，而且这件双耳盆在新砦期中也极为少见，因此，还是从新砦期排除，划归二里头文化一期为妥。赵芝荃在试掘简报中把新砦遗址的H11定为新砦期的单位，可是在《试论二里头文化的源流》一文中，却把该灰坑出土的一件双层纽直壁器盖（H11∶13）提早到河南龙山文化晚期。我们近几年的发掘证明，这种器盖是新砦期的标型器之一，因此还是应该把这件器盖和它所在的H11归入新砦期为宜。

三、新砦期的分布范围

除了新砦遗址外，赵芝荃认为在临汝煤山和柏树圪垯、洛阳东干沟、登封王城岗和北庄、禹县瓦店和崔庄、新乡马小营、郑州二七路等遗址都有发现[①]。我们觉得新砦期的分布范围没有这么广。除郑州二七路外[②]，上述其余各遗址均非新砦期遗址。

1. 临汝煤山

煤山遗址的发掘材料已经公布的主要有三批。

（1）《河南临汝煤山遗址调查与试掘》[③]。方孝廉在该简报中把煤山遗址分为三期。认为"煤山第一期可能晚于郑州旭岇王龙山文化，而早于偃师二里头遗址的第一期。从而填补了偃师二里头遗址的第一期与'河南龙山文化'之间的缺环"。"煤山第二期相当于偃师二里头遗址的第一期，煤山遗址第三期与二里头遗址的第二期为同一时期的地层堆积。"这里，我们重点分析其第一、二期是不是新砦期。

这里所说的煤山遗址第一期，从发表的器物来看，既有相当于庙底沟二期的高圈足杯、石家河文化常见的擂钵（简报叫"筒形器"）、也有王湾三期文化晚期常见的圈足盘、斝、垂腹鼎、小口高领罐、平流鬶、双周小圆孔镂孔甑、大平底斜腹刻槽盆等，只能归入王湾三期文化的范畴，其相对年代晚不到新砦期。

第二期出现了圜底深腹盆形甑，甑孔为二里头文化一期常见的梭形孔，刻于底部且数量也为五个。乳头状鼎足的鼎为平沿，器腹较直，与新砦期的同类器有明显区别。至于深腹罐、鬶和尊更是不见于新砦期而常见于二里头一期，因此，简报将煤山遗址第二期的年代判定为相当于偃师二里头遗址的第一期的结论是正确的。

（2）《河南临汝煤山遗址发掘报告》[④]。赵芝荃在该报告中把煤山遗址分为"煤山类型一期文化"、"煤山类型二期文化"、"二里头一期文化"、"二里头三期文化"共四期遗存。赵先生认为煤山类型一期文化和二期文化，属于河南龙山文化。至于二里头一期文化，他认为

---

① 赵芝荃：《试论二里头文化的源流》注36云："笔者在新乡市博物馆见到一件新砦期乳头足深腹鼎，据介绍为马小营遗址出土。"见《考古学报》1986年第1期。
② 河南省文物研究所：《郑州北二七路新发现三座商墓》，《文物》1983年第3期。
③ 洛阳博物馆：《河南临汝煤山遗址调查与试掘》，《考古》1975年第5期。
④ 中国社会科学院考古研究所河南二队：《河南临汝煤山遗址发掘报告》，《考古学报》1982年第4期。

碗、豆、高足罐形鼎、小口高领罐、刻槽盆、平底盆、尊形瓮、折肩罐、圈足盘、大量器盖等，其他还有少量的鬶形（盉）、甗、子母口缸、子母口瓮、子母口鼎、三足盘等。不见王湾三期文化常见的平流鬶、斝、双腹盆、垂腹明显的乳足鼎，也不见二里头文化一期常见的圆腹罐、花边罐。其中，大量的直壁双层纽器盖，近直腹、小平底的深腹罐，深腹罐和盆宽折沿且沿边加厚的作风，厚壁的钵和碗，近底部和底部均饰镂孔的深腹盆形甑，子母口瓮，饰数周附加堆纹的各类尊形瓮，折肩罐等是新砦期的典型陶器群。可以说，只要见到这一陶器组合就可以肯定为新砦期。

新砦期早晚两段的区别也是十分明显的。从器类组合上说，尊形瓮、深腹盆形双周镂孔甑、双腹豆和折肩罐是晚段所流行的，早段不见或数量很少。

不少同类器物的形制发生了变化。如深腹罐早段的为折沿近平，晚段的沿边加厚成一周凸棱。高鼎足，早段的饰横压纹，晚段的多为按窝纹。早段常见乳头鼎足，晚段减少；器盖，早段的为直壁，晚段盖壁多外撇。豆，早段的为浅盘宽沿细柄，晚段的为深腹窄沿粗柄。碗，早期的为小平底，唇口带凹槽，晚段的底加大，唇沿无凹槽。刻槽盆，早段的底部较大，晚段变小。子母口瓮早段的壁薄且数量不多，晚段的壁加厚且数量大增。

这种将新砦期划分为早晚两段的分段方案不仅在新砦遗址多处地层关系中得到验证，而且在花地嘴遗址中也得到了验证[①]。

拿我们于1999年和2000年的发掘结果反过来看1979年新砦遗址试掘简报，可以看出《1979年试掘简报》公布的M1、H5、H7属新砦期早段，H2、H3和H11属新砦期晚段。需要说明的是，赵芝荃在试掘简报中把采集来的一件三足盘（采：2）归入新砦期，是缺乏地层学依据的。1999年之后的历次发掘也没有在新砦期单位中见到此类三足盘，从类型学观察，也不宜归入新砦期。因此，应该把它从新砦期中排除出去，或许应归入二里头文化第二期。

赵芝荃在新砦试掘简报中把H8作为龙山文化时代较晚的单位，指出其中有的陶器已具有二里头文化的某些色彩。在《试论二里头文化的源流》一文中，把该灰坑出土的大口罐（《1979年试掘简报》图四：2）和直壁平底盆（《1979年试掘简报》图四：12），定为新砦期器物。赵芝荃的这一改动，并非没有道理。H8出土的尊形器、饰数周附加堆纹的瓮、镂孔鼎足、敛口厚胎碗和高领罐、宽折沿近平的中口罐、内壁带轮旋纹的钵等更接近新砦期的作风。只是在这个新砦期的灰坑中保留着龙山文化的深腹罐、敛口罐而已。不妨定为新砦期早段。但是，赵芝荃把二里头遗址出土的本属于二里头文化一期的一件双耳盆（H105：18），在《试论二里头文化的源流》一文中放入新砦期当中，却不妥当。从《偃师二里头》[②]公布的材料上看，与这件器物共存的是卷沿长颈大口罐（Ⅱ·ⅤH105：13，见《偃师二里头》图29-16）、尊（Ⅱ·ⅤH105：18，见《偃师二里头》图30-7，原定为Ⅱ式矮领瓮）、卷沿矮领罐（Ⅱ·ⅤH105：14，见《偃师二里头》图29-18）等，这些器物均

[①] 郑州市文物考古研究所资料。
[②] 中国社会科学院考古研究所：《偃师二里头》，中国大百科全书出版社，1999年。

期盛行的乳头足深腹鼎、碗形豆、鸡冠耳大口罐、钵和斜壁碗等。在器形上，新砦的罐、盆、鼎为折沿；瓮类为直领；罐、瓮腹下部较瘦，底较小；鼎、盆类的腹下部较肥大，底较大。二里头早期陶器除折沿外，还有卷沿、侈口和敛口等，一般器腹中圆，底边折角不明显。在纹饰上，新砦的方格纹数量较多，饰于容器和炊具类，刻划纹数量不多，不见压印纹，器口极少饰花边装饰。二里头早期方格纹数量极少，仅见于容器类，盛行压印纹，刻划纹的数量较多，罐、鼎器口多有各式花边装饰。……新砦二里头早期文化含有浓厚的河南龙山文化的因素，与现存的二里头早期文化不同，下限应早于二里头早期文化。"

我们在1999~2000年发掘之后，主要根据陶器特征进一步把新砦期分为早晚两段。其中，1999年发掘的新砦期早段以该年度的H147、H101和H220为代表。以H101为例，陶系以泥质灰陶为主（69.72%），次为夹砂灰陶（22.56%），再次为泥质褐陶（3.2%）；纹饰以篮纹为主（29.52%），次为方格纹（19.8%）和附加堆纹（12.82%），绳纹仅占4.07%，鸡冠耳开始出现；器物组合的特点，一是折壁器盖大量出现，如在H101中已占该灰坑陶器总数的17.02%。二是夹砂罐和鼎的唇部多为尖圆唇，与龙山文化同类器流行方唇的作风明显不同。腹壁上的方格纹和篮纹也开始变得印痕较浅，且较散乱。三是在鼎、罐和缸的口部开始流行子母口作风。

新砦期晚段以1999H6、1999H29为代表。出土陶器以H29为例，陶系以泥质灰陶为主（65.1%），其中泥质黑灰陶占34%，泥质浅灰陶占31.1%，泥质黑皮陶占17%，泥质黑灰陶加上泥质黑皮陶，已达该坑陶器总数的一半以上，使得整个器物群陶色明显变深。纹饰以篮纹为主，占纹饰总数的一半以上（51.65%），次为方格纹（18.15%），绳纹已升为第三位（10.16%）。弦纹（9.01%）和附加堆纹（8.76%）紧随其后。陶器较之于早段没有发生根本性的变化，只是在某些器物形制上发生了一些变异。如鼎、罐类的唇沿部，往往饰一道凹弦纹或将唇部加厚。其他不少器类的形制也与二里头文化常见同类器相近甚至相同。如尖圆唇、圆折沿饰整齐细绳纹的深腹罐，腹较深、近折壁的豆，两侧捏花边的鼎足，"C"形足三足盘，饰附加堆纹的大口尊，侈口尖圆唇、腹壁饰散乱篮纹的小口高领瓮，侈口弧壁尖圆唇刻槽盆等。

1999年发掘得出的可以把新砦期再细分为前后两段的认识，在2000年的发掘中再次得到验证[①]。总的来看，新砦早段的龙山文化遗风较浓，这从陶器群中可以看得较为清楚。如新砦早段的部分单位常见龙山文化口沿带凹槽的深腹罐、粗柄豆、圈足盘等器类，深腹罐的唇部仍有不少方唇，腹部较鼓。豆盘为浅盘。刻槽盆有的仍为平底等。到了新砦晚段，深腹罐口沿流行加厚作风，豆变为细柄、折壁、浅盘，与二里头的豆十分相似。刻槽盆也变为小平底或近圜底，流行折肩罐和尊形瓮，器盖大量出现，盖纽已出现有菌状纽，与二里头文化早期的器盖十分相似。

这里再次把新砦期的陶器特征归纳如下。新砦期的陶器种类有折沿深腹罐、甑、钵、

---

① 北京大学古代文明研究中心、郑州市文物考古研究所：《河南省新密市新砦遗址2000年发掘简报》，《文物》2004年第3期。

二期即赵芝荃称之的新砦期。根据大量的地层关系和器物类型学研究成果，我们把"新砦期"进一步分为早晚两段。其中早段以1999年发掘的H101、H147和2000年发掘的H26为代表，晚段以1999年发掘的H29，2000年发掘的T4H19、T4H46为代表。

最近有学者提出："如果强调从过渡意义上去理解'新砦期'的话，将所谓新砦二期早晚两段视为一期是可以的，但是若依据具体的考古学面貌及考古学上分期的一般原则，将该两段视为二期更为合理，其早期因更具备过渡特征而可被视为真正的新砦期或狭义的新砦期。"[①] 显然，这种理解意在突出新砦期早段。如果将新砦期早段视为真正的新砦期，就会留下新砦期晚段是不是真正新砦期的疑问。实际上，在新砦遗址的新砦期遗存当中，早晚两段密切相连，不存在谁是真正的新砦期的问题。根据年代早晚有别就把新砦期再分为狭义和广义两种，似无太大必要。

综上所述，我们认为，所谓"新砦期"是指以首次试掘简报所定"新砦二里头文化"和1999~2000年发掘出的"新砦二期"为代表的古代遗存。

关于新砦期的命名，赵芝荃在试掘简报中使用了"新砦二里头文化"、"新砦遗址二里头文化"、"新砦遗址二里头文化早期"的名称。在《略论新砦期二里头文化》一文中使用了"新砦期二里头文化"、"新砦期文化"的名称。我们在1999年和2000年发掘简报中将此类遗存称之为"新砦二期"文化遗存。我们认为就新砦期遗址本身分期而言，新砦二期文化遗存的叫法较为符合新砦遗址地层堆积的实际情况，是一种客观的描述语言。如果考虑到约定俗成的习惯叫法，也可以简称为"新砦期"。

二、新砦期的文化特征

新砦期的遗迹有大型浅穴式建筑。灰坑既有龙山文化常见的袋状坑，也有二里头文化一至四期常见的锅底状灰坑，以前者居多。房屋有地面式建筑。现在还没有发现公共墓地，仅发现有零星墓葬。墓葬形式已经发掘出的有：①瓮棺葬，以深腹罐做葬具。目前仅一座。②长方形竖穴土坑墓，已发现10余座。墓坑狭窄，几乎不见随葬品。在已经发掘出的十余座墓葬当中只有1座随葬了一件骨镞。③流行灰坑葬，即利用灰坑埋葬尸骨不全的死者。

石器和骨蚌器与龙山文化时期相比，有了明显的进步。石刀和石镰数量增加，石器穿孔现象普遍，卜骨比较常见，只灼不钻。

新砦期的陶器最能体现新砦期的文化特征，赵芝荃在《略论新砦期二里头文化》一文中首次对新砦期的陶器特征做了说明。继而在《试论二里头文化的源流》一文中作了更详细的论述[②]。他指出："新砦遗址二里头文化的特点，是包含有浓厚的河南龙山文化的因素。在陶器种类上不见二里头早期盛行的圆腹罐、敛口罐、尊、罍和爵。二里头早期不见新砦

---

① 顾万发：《"新砦期"研究》，《郑州文物考古与研究》（一），科学出版社，2003年。
② 赵芝荃：《试论二里头文化的源流》，《考古学报》1986年第1期。

当中，赵芝荃把试掘结果分为龙山文化和二里头文化两部分予以介绍[①]。属于龙山文化的单位有H1、H6、H8、H9、H10、T2③等。属于二里头文化的有H2、H3、H5、H7、H11和M1。他在简报的结语中写道："新砦遗址是属于龙山文化晚期和二里头文化早期的遗存，年代似乎不太长，恰好是从龙山文化发展到二里头文化的整个阶段。"简报当中虽然没有提出新砦期的概念，但已经指出，新砦遗址二里头文化早期的陶器"有的与临汝煤山遗址二里头一期的同类器相似，有的与偃师二里头遗址二里头一期的同类器相似，时代较二里头一期略早"。

他后来在提交给中国考古学会第四届年会的论文《略论新砦期二里头文化》中明确提出了新砦期的概念。文中写道："1979年我们在密县新砦遗址试掘，发现那里的二里头一期文化包含有相当数量的河南龙山文化的因素，与现在确认的二里头一期文化有所不同。这种文化有它独特的风格，具有介于河南龙山文化晚期和二里头一期之间的过渡形态。""因此，我认为应该将这种文化遗存分别出来，另立一期，称之为新砦期二里头文化。"[②]

可见，"新砦期"最初指的是新砦遗址1979年试掘简报中被认为是二里头一期文化的遗存。包括H2、H3、H5、H7和H11共5个灰坑和1座墓葬（M1）。

新砦期的概念提出之后，有人赞同[③]，也有人持否定态度。如有学者认为新砦期"实际上是将一部分王湾三期文化晚期的单位（如新砦H7、H8、H11）与二里头类型早期的单位（如新砦H1、H3、H5）混合在一起了。如果把其中属于王湾三期文化晚期的这些单位划出，剩下的单位与二里头类型早期的特征相同。故所谓的'新砦期'难以成立"[④]。显然，这是对新砦期概念的误解。赵芝荃所讲的新砦期并不包括王湾三期文化晚期在内。以此否认新砦期，不足以服人。

不过，问题的症结在于被试掘简报称为"新砦二里头文化"、后改称为"新砦期"的遗存究竟是否存在呢？

1999年我们再次发掘新砦遗址时，紧邻赵芝荃当年的发掘区进行布方发掘，结果再次发掘出了龙山文化晚期和相当于赵芝荃所讲的"新砦二里头文化"的两期遗存。谨慎起见我们没有提出"龙山文化晚期"和"新砦期"，而是称之为新砦遗址第一期和第二期遗存[⑤]。到了2000年进行第三次发掘时我们有意识地选择可能出有二里头文化第一期的地点布方，并最终发掘到了相当于二里头遗址二里头文化第一期的文化遗存。这样，我们把新砦遗址文化堆积分为三大期。其中，第一期为龙山文化晚期，第三期为二里头文化一期遗存[⑥]。第

---

① 中国社会科学院考古研究所河南二队：《河南密县新砦遗址的试掘》，《考古》1981年第5期。
② 赵芝荃：《略论新砦期二里头文化》，《中国考古学会第四次年会论文集》，文物出版社，1983年。
③ 隋裕仁：《二里头类型早期遗存的性质及来源》，《中原文物》1987年第1期。
④ 董琦：《虞夏时期的中原》，科学出版社，2000年，第88页。
⑤ 北京大学考古文博院、郑州市文物考古研究所：《河南新密市新砦遗址1999年试掘简报》，《华夏考古》2000年第4期。
⑥ 北京大学古代文明研究中心、郑州市文物考古研究所：《河南省新密市新砦遗址2000年发掘简报》，《文物》2004年第3期。

关于新砦期与二里头一期的若干问题

目前，在新一轮探索早期夏文化的热潮当中，有关新砦期和二里头一期的讨论，再次成为学术界关注的热点。

其中，关于新砦期与二里头一期的关系，归纳起来主要有以下四种观点：

（1）新砦期是由王湾三期文化向二里头文化转变的过渡期，其相对年代早于二里头一期[①]。文化性质可归入二里头文化范畴。

（2）新砦期可划入二里头一期当中，属于二里头文化一期早段[②]。新砦期的晚段与二里头一期的早段部分重合[③]。

（3）二里头文化一期直接由王湾三期文化晚期演变而来，所谓的"新砦期"并不存在[④]。

（4）将新砦期与二里头文化第一期遗存合并成一个独立于王湾三期文化和二里头文化之外的考古学文化，可命名为新砦文化[⑤]。

此外，不少学者还就新砦期和二里头一期的年代、类型划分、文化性质与族属等问题展开热烈的讨论。

我们认为，必须首先弄清楚什么是新砦期、什么是二里头一期，二者的文化特征和分布地域如何？继而才能讨论二者的年代、文化性质及族属问题。这些最基本的问题看似简单，实际上正是在这些基本问题上，各位专家的观点不尽一致，有的前后还有变化，才导致对新砦期和二里头一期的认识众说纷纭。我们不妨从基础材料谈起。

一、什么是新砦期

新砦期是赵芝荃最先提出的。最初是指1979年试掘出来的新砦遗址二里头一期文化。在《考古》1981年第5期发表的新砦遗址首次试掘简报（以下简称《1979年试掘简报》）

---

① 赵芝荃：《略论新砦期二里头文化》，《中国考古学会第四次年会论文集》，文物出版社，1985年；林秀贞：《试论稍柴下层遗址的文化性质》，《考古》1994年第12期；方酉生：《略论新砦期二里头文化——兼评〈来自"新砦期"论证的几点困惑〉》，《东南文化》2002年第9期。
② 李维明：《二里头文化一期遗存与夏文化初始》，《中原文物》2002年第1期。
③ 许宏：《嵩山南北龙山文化至二里头文化演进过程管窥》，《中原地区文明化进程学术研讨会文集》，科学出版社，2006年。
④ 董琦：《虞夏时期的中原》，科学出版社，2000年，第88页；程平山：《夏代纪年、都邑与文化》，《夏商周历史与考古》，人民出版社，2005年。
⑤ 杜金鹏：《新砦文化与二里头文化——夏文化再探讨随笔》，《中国社会科学院古代文明研究中心通讯》第2期，2001年。

辐射到各个周邻地区当中。战争年代，从进攻角度讲，利于集结各地区的兵力朝同一目标进攻。从防守角度讲，外部某一势力要想问鼎中原，必须首先冲破中原地区外围的重重防线。位于中原龙山文化核心部位的伊洛平原被一层层的聚落群所护卫，不到战争的最后关头，进犯之敌难于抵达这一腹心地带。即使在战争年代，肥沃的伊洛平原大部分时间仍然可以远离战场，成为和平家园。

反观海岱地区并立式文化分布格局，和平年代因缺乏核心，易于处于各自为政的分散状态。难于产生大禹那样公共领袖，团结各地人民协同从事同一项事业。战争年代，更不利于组织有效的协同作战的防御体系，容易陷入孤军奋战的被动局面，最终导致海岱地区的龙山文化的各个类型——被中原龙山文化各个击破。从而只能将文明化过程滞留在邦国时代，未能形成像中原二里头文化那样最终迈入成熟的王国文明社会。导致这种状况的原因有多种，但是分散的文化分布格局也必是其重要原因之一。

[原载山东大学东方考古研究中心编：《东方考古》（第 1 集），科学出版社，2004 年，第 177~188 页]

主。炊器以深腹罐和鼎为主，碗的数量也很多。这三类器物约占陶器总数的一半左右。陶色以灰陶为主，纹饰则大量使用篮纹、绳纹和方格纹。这些特点与临汝煤山等遗址大致相同而与海岱龙山文化相差明显。后者以兖州西吴寺[①]为例，其龙山文化房基平面为方形，居住面不见"白灰面"。陶器当中以器盖数量多而型式复杂，约占全部陶器的1/4以上。其他器类以三足器最多，如鼎、鬶、甗和部分盆类。另有高柄杯、觯形杯、尊、觚、壶等海岱龙山文化常见器类。陶器以素面陶为主，常见的纹饰有凹凸弦纹、附加堆纹、刻划纹、竹节纹、按压纹、篮纹、方格纹、绳纹等。其中篮纹、绳纹和方格纹较为常见，大多数器类上部均饰有凹凸弦纹。

王油坊遗址因接近海岱龙山文化分布区而呈现一些东方因素。如陶器种类当中有子母口缸、高圈足盘、鬼脸式的鼎足、冲天流鬶和盉、贯耳壶、器盖等。不过这些器物数量远不如施绳纹或方格纹的深腹罐为多。在造律台类型的陶器当中，仍以罐为最主要的器类，整个遗址体现的仍是罐文化的特征，因此，还是应该将其划入中原龙山文化系统为好。

去掉造律台类型之后，在海岱龙山文化诸地方类型当中，总体观察似可分为上述东西两列，缺乏中原地区那样向心式分布格局。从文化分布格局上观察，看不出哪个可以视为核心地位的主体文化，在每一列的各个类型之间也看不出哪个明显比其他类型更为发达。

三、文化分布格局对文明进程的影响

从整体上观察，中原龙山文化呈现向心式文化分布格局，而海岱地区呈现出并立式文化分布格局。这两种不同的分布格局对中原和海岱地区的文明化进程产生了不同的影响。

中原的向心式文化分布格局可称为中原模式，这种模式最终导致王国文明的诞生，使中原地区成功地完成了由古国—邦国—王国的文明化进程三部曲，最终率先迈入王国文明阶段。所谓王国文明是指它的文明程度较同时期其他地区的文明化程度更加完善，对周邻诸文化产生深远的影响。这种王国文明在中国实际上就是指夏王朝文明。以二里头遗址[②]为代表的二里头文化是夏文明的载体。就目前考古工作的结果而言，二里头文化时期已经出现了大型宫殿、宫城城墙[③]、较发达的青铜器铸造业等一系列文明物化标志。这些文明要素不仅给中原地区注入新鲜的血液，而且给周邻地区产生了深刻的影响。毫不夸张地说，正是二里头文明奠定了整个中华文明的基础。之所以中原地区能够拥有如此强烈的辐射力和影响力，与中原地区龙山时代形成的向心式文化分布格局密不可分。这种文化分布格局，在和平年代有利于吸收来自四面八方的先进的文明因素，也同样有利于把中原文化的精髓

---

① 国家文物局考古领队培训班：《兖州西吴寺》，文物出版社，1990年。
② 中国社会科学院考古研究所：《偃师二里头》，中国大百科全书出版社，1999年。
③ 中国社会科学院考古研究所二里头队资料。承蒙二里头队队长许宏先生盛情邀请，作者于2003年年底前往二里头遗址参观。

了大汶口文化晚期的文化分布格局。其西列自北向南只剩下城子崖和尹家城两个类型。其中城子崖类型位于泰山以北，系继承大汶口文化的尚庄类型发展而来。西吴寺类型或叫尹家城类型位于泰山以南，系继承大汶口文化的西夏侯类型发展而来。东列自北向南分布着杨家圈类型、姚官庄类型、两城镇类型和淮河下游类型（图七）。

这里需要讨论的是造律台类型（王油坊类型）。栾丰实曾主张将其归入海岱龙山文化系统[①]。李伯谦认为它是有虞氏文化[②]。我则认为它只是介于中原龙山文化与海岱龙山文化之间的一个中原龙山文化地方类型，应归入中原龙山文化系统。

龙山时代中原龙山文化的一个显著特点是中原核心区的形成，即郑洛地区为核心，王湾三期文化为中心区的文化，四周分布着与周邻考古学文化相接近的边缘地带的中原龙山文化诸类型。造律台类型因与海岱龙山文化相邻，受到东方海岱龙山文化的影响较多，但是，它自身的中原龙山文化特色还是十分显著的。以造律台类型的典型遗址——王油坊遗址[③]为例，该遗址龙山文化房基流行白灰面地面建筑。陶器当中素面陶较少，以平底器为

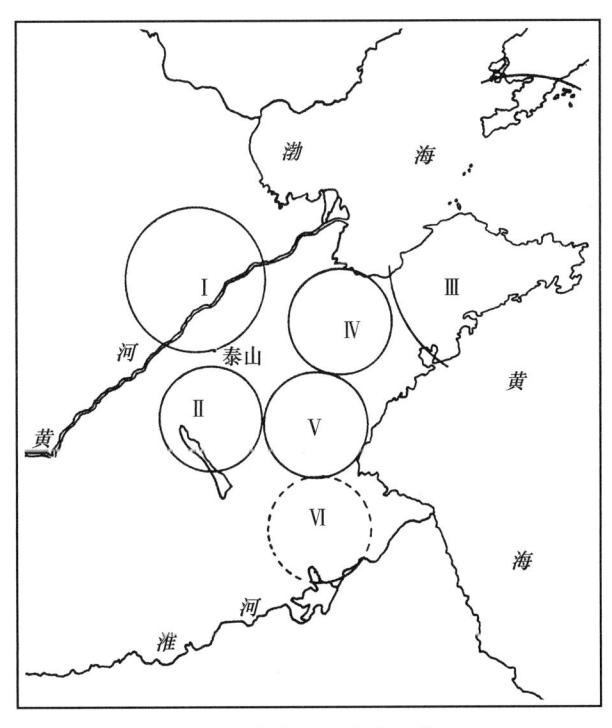

图七　海岱龙山文化分布格局

（依据栾丰实：《海岱龙山文化的分期和类型》之图一五改制）

Ⅰ.城子崖类型　Ⅱ.尹家城类型　Ⅲ.杨家圈类型　Ⅳ.姚官庄类型　Ⅴ.尧王城类型　Ⅵ.淮河下游类型

---

① 栾丰实：《海岱龙山文化的分期和类型》，《海岱地区考古研究》，山东大学出版社，1997年。
② 李伯谦：《论造律台类型》，《文物》1983年第4期。
③ 中国社会科学院考古研究所河南二队等：《河南永城王油坊遗址发掘报告》，《考古学集刊》（5），中国社会科学出版社，1987年。

可以划分为东西两列共七个类型。即其中东列为面向海洋的四个类型：自北向南有杨家圈类型、三里河类型、陵阳河类型和赵庄类型。西列为面向内陆的三个类型：自北向南有尚庄类型、西夏侯类型和尉迟寺类型（图六）。

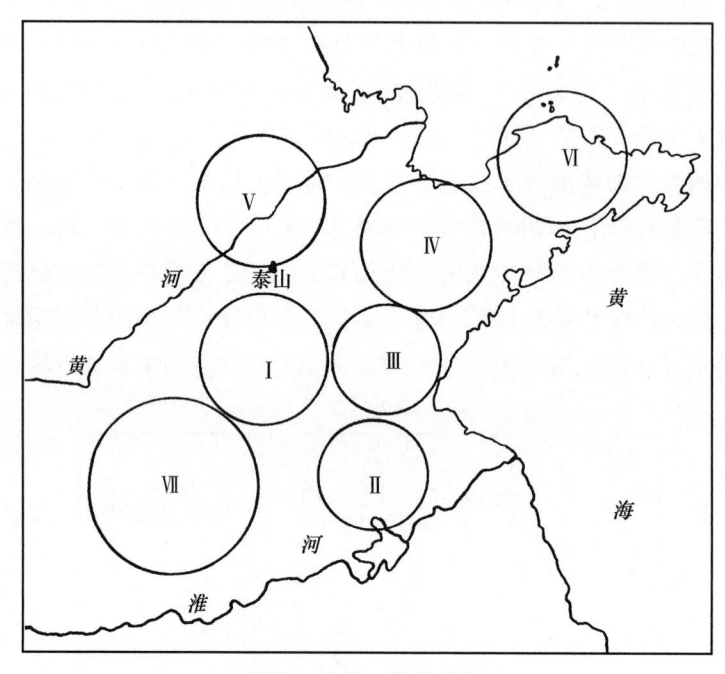

图六　大汶口文化晚期
（采自栾丰实：《大汶口文化的分期和类型》，图一三）
Ⅰ.西夏侯类型　Ⅱ.赵庄类型　Ⅲ.陵阳河类型　Ⅳ.三里河类型　Ⅴ.尚庄类型　Ⅵ.杨家圈类型　Ⅶ.尉迟寺类型

在上述七个类型当中，无论怎么划分都难于将其中的一支当作核心位置的主体类型。如果仅从类型的势力范围大小观察，处于泰山以北的尚庄类型地盘最大，次为处于山东半岛的杨家圈类型。这两个类型都不在海岱龙山文化的中心地带，反而位于海岱地区的边缘地带。

大汶口文化晚期的社会较之于大汶口早期发生一系列向文明化过渡的明显变化。如城堡的出现，文字的萌芽，聚落的分化、战争痕迹明显等。按照正常的发展规律，接下来本应该较中原地区提前进入到文明社会，而不只是停滞在邦国阶段。可是，这一文明化进程却在下一个阶段即龙山时代因中原文化的复兴而被打乱了。反映在考古学文化分布格局上，到了龙山时代大汶口文化时期的尉迟寺类型的地盘重新被中原龙山文化居民所夺回（详见下文），整个东方地区停滞了向文明社会挺进的步伐。

具体而言，到了龙山文化时期，海岱地区的文化分布格局仍分面向内陆的西列和面向海洋的东列两列[①]。就文化类型而言除了丢掉了尉迟寺类型原来占据的地盘外，基本上继承

---

① 栾丰实：《海岱龙山文化的分期和类型》，《海岱地区考古研究》，山东大学出版社，1997年。

泰沂山北侧和西北侧地区较为集中。重要遗址有林淄齐陵镇后李官庄遗址、章丘市龙山镇西河遗址和章丘市刁镇小荆山遗址等。后李文化尚待进一步工作，才能划分出类型。从目前来看仅局限在泰山周围地区。

继后李文化之后的是北辛文化[①]。北辛文化主要集中在泰山南北地区、胶东地区和苏北地区。陶器基本组合为鼎、钵、釜、小口双耳罐。栾丰实分为四个类型，即鲁中南的北辛类型、鲁北的苑城类型、胶东区的白石类型和苏北的大伊山类型。四个类型的空白地带，大概因工作开展不足的原因，暂时不予划分类型。不过，就目前划分的四个类型而言，大体呈东西并列的趋势，即东部只有白石类型，西部自北向南分布三个类型。这种文化布列格局为海岱地区后来的文化分布格局第一次奠定基础（图五）。

北辛文化之后是大汶口文化。大汶口文化前后延续达1500余年，学术界通常把大汶口文化分为早、中、晚三期。其中，大汶口文化早期，南界在淮河以北，西界在京杭运河西侧，北界越过黄河，东至海边。

中期，势力范围开始向皖北和豫东扩展。到了晚期阶段，海岱地区普遍发现大汶口文化遗存。大汶口文化的范围西到河南淮阳，南抵淮河两岸，东到海边，达到全盛时期。

按照栾丰实的划分方案[②]，大汶口文化晚期将势力范围扩张到豫东和淮河干流边上，

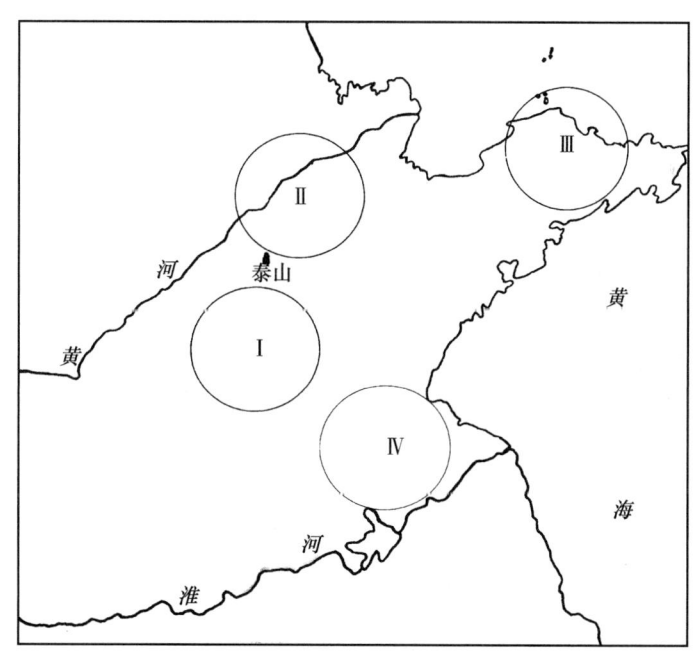

图五 海岱地区北辛文化分布格局
（采自栾丰实：《北辛文化研究》，图四）
Ⅰ.北辛类型 Ⅱ.苑城类型 Ⅲ.白石类型 Ⅳ.大伊山类型

---

① 栾丰实：《北辛文化研究》，《海岱地区考古研究》，山东大学出版社，1997年。
② 栾丰实：《大汶口文化的分期和类型》，《海岱地区考古研究》，山东大学出版社，1997年。

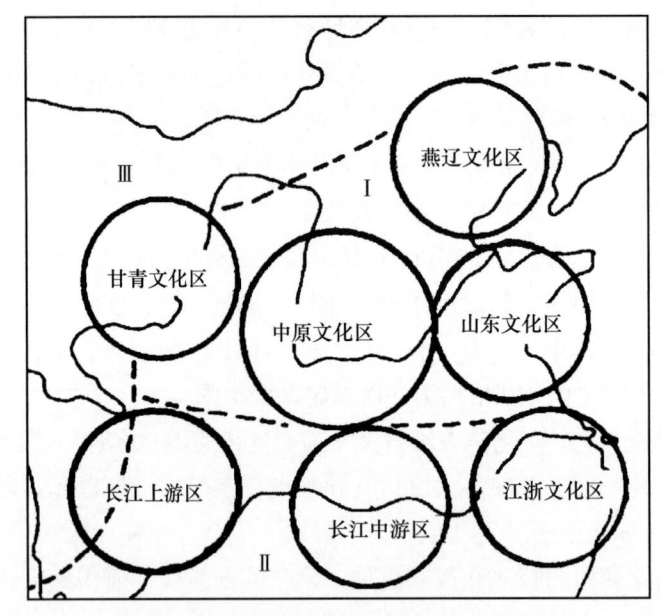

图四　中原及周邻龙山时代诸文化分布示意图
（依据严文明《龙山文化和龙山时代》图一改制）

二、海岱地区的龙山文化分布格局

海岱地区通常是指以山东省为主的古代中国东方地区。文化范围布列于黄河下游与淮河之间。这里是以泰山为中心的，东临大海，北跨渤海湾可达辽东半岛，南与淮河相通，西与中原地区相接。黄河下游地处华北大平原之上，黄河泛滥，时有发生。相对而言，地势较高的泰—沂山地受黄河威胁较小。

海岱地区也是中国史前文化高度发达的地区之一。曾经被苏秉琦喻为六大区域之一[①]。不仅如此，海岱地区也是开展新石器时代考古工作时间最早，工作最好的地区之一。20世纪20年代以来，海岱地区先后发现了龙山、大汶口、北辛、岳石、后李等考古学文化，确立了后李—北辛—大汶口—龙山—岳石文化的文化发展序列，为研究海岱地区文明化过程，提供了可靠的基础材料。

如果把上述考古学文化的分布格局稍加观察，就会发现，海岱地区直到龙山时代从未形成向心式文化布局，而是并立式文化分布格局。

后李一期文化是近年确立的考古学文化[②]。后李一期文化的年代大约与中原地区裴李岗文化年代相当，在距今8300～7500年。目前主要发现在黄河以南的泰山周围地区，就中以

[①] 苏秉琦：《迎接中国考古学的新世纪》，《华人·龙的传人·中国人——考古寻根记》，辽宁大学出版社，1994年。
[②] 王永波等：《海岱地区史前考古的新课题——试论后李文化》，《纪念城子崖遗址发掘60周年国际学术讨论会文集》，齐鲁书社，1993年。

东有造律台类型，南有驻马店杨庄二期类型，西南有下王岗类型，西有三里桥类型[①]，西北是陶寺类型[②]，北为后冈二期文化[③]。组成中原龙山文化的第三重聚落群。从而使整个中原龙山文化成为一个巨大的向心式布列的考古学文化（图三）。再往外便是环绕中原文化区的其他区域文化区了。其中，中原的东方形成海岱文化区，东北为燕辽文化区，西北为甘青文化区，西南为巴蜀文化区，南方为苗蛮文化区，东南为吴越文化区（图四）。中国大地首次出现了以中原文化为中心的重花瓣式的史前文化分布格局，构成中华民族文化区多元一体的基本框架。

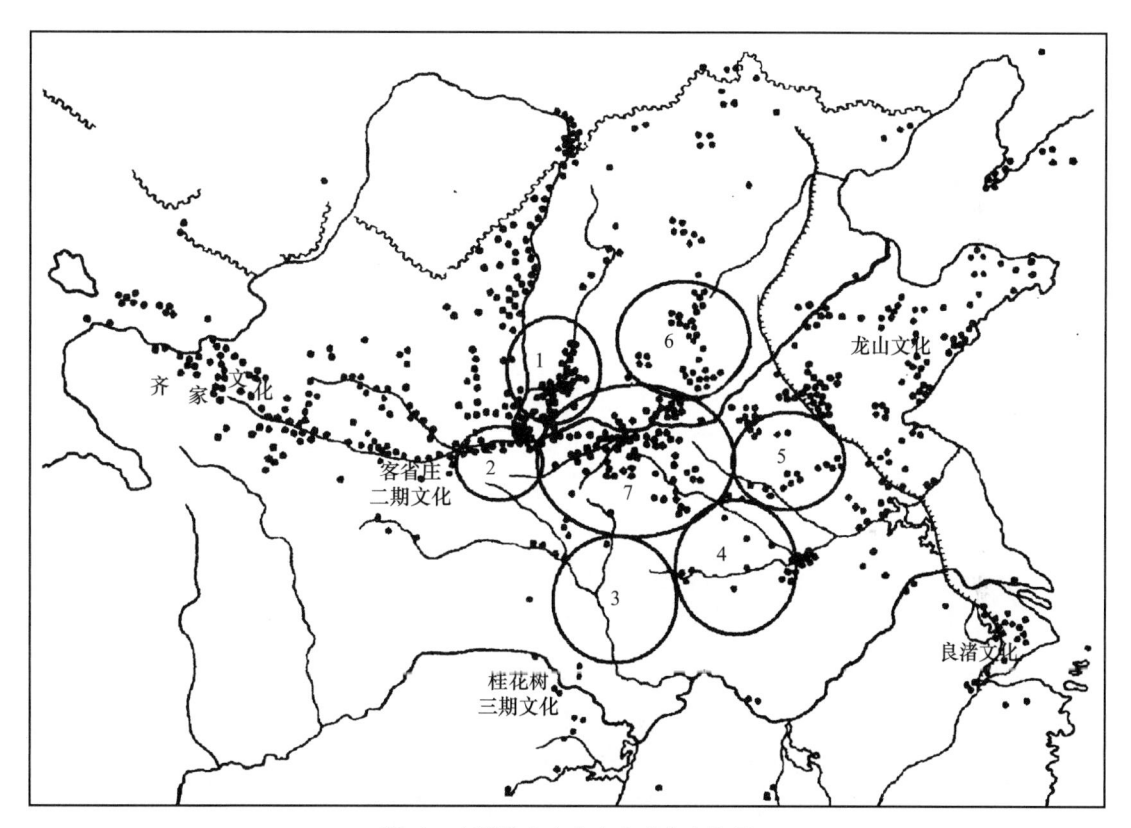

图三 中原龙山文化向心式分布格局
（依据严文明《龙山文化和龙山时代》之插图改绘）
1. 陶寺类型 2. 三里桥类型 3. 下王岗类型 4. 杨庄二期类型 5. 造律台类型 6. 后冈类型 7. 王湾类型

---

① 中国科学院考古研究所：《庙底沟与三里桥》，科学出版社，1959年；李仰松：《从河南龙山文化的几个类型谈夏文化的若干问题》，《中国考古学会第一次年会论文集》，文物出版社，1980年。
② 张彦煌等：《中原地区龙山文化的类型和年代》，《中国考古学研究——夏鼐先生考古五十年纪念论文集》，文物出版社，1986年。
③ 张彦煌等：《中原地区龙山文化的类型和年代》，《中国考古学研究——夏鼐先生考古五十年纪念论文集》，文物出版社，1986年。

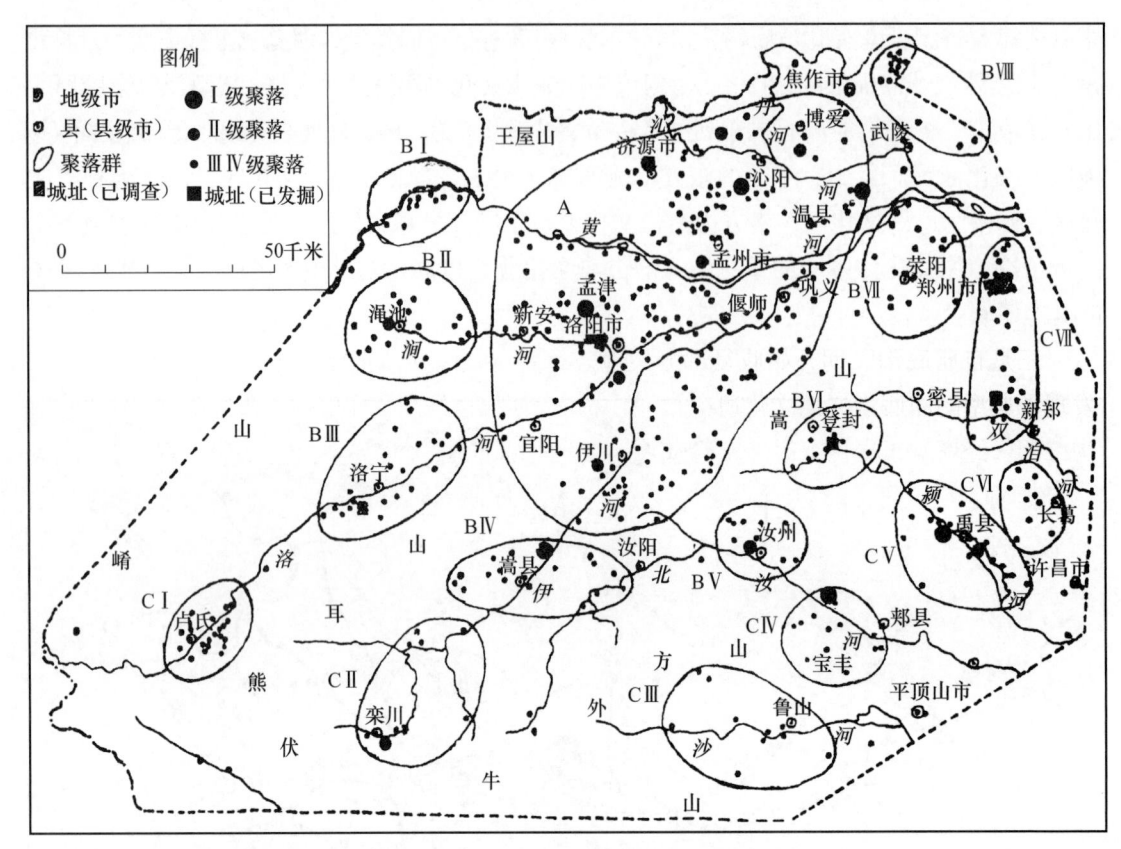

图二 中原龙山文化王湾类型聚落群分布示意图

所谓向心式文化分布格局，最初是由北京大学严文明提出来的[①]。他曾经指出，中国史前文化呈花瓣式分布格局。我认为这一格局是到了龙山文化时代才形成的。在此之前的仰韶时代和裴李岗时代根本不见这一文化分布态势。龙山文化时代的考古学文化当中，尤以中原龙山文化最具代表性。严文明已经指出在中原龙山文化的外围分布着一周文化类型，我这里强调的是，在中原龙山文化其内部也同样呈向心式分布格局。

位于核心区的是伊洛河流域的洛阳平原地带。我曾把它称为中原龙山文化王湾类型的主体聚落群。在这一主体聚落群的外围分两周小聚落群[②]（图二）。

这些聚落群之间的相互关系虽然不尽了解，但是它们相邻的互见较多相同或相近的文化因素，而相隔的聚落群之间这种文化相同的面貌就会减弱。

只有处于核心地带的主体聚落群内部可见四面八方的文化因素，似乎表明它的文化吸收能力最强。

这一核心区的外围有两周小聚落群环绕，再往外扩展是其他中原龙山文化的分支，如

---

① 严文明：《中国史前文化的统一性与多样性》，《文物》1987年第3期。
② 赵春青：《郑洛地区新石器时代聚落的演变》，北京大学出版社，2001年。

的变化，促使中原地区重新积蓄力量，再次谋取中原文化再度向前发展。有关这种社会变化的细节我们目前还不能说得很具体，但是，近年来一些新发现不能不引起我们的注意：

一是聚落内部分化的趋势明朗了。在黄河岸边，今孟津境内的妯娌遗址[①]已经发现了墓葬之间的分化现象。在这样一个偏僻的小村落内部，居民死后，随葬品发生很大差异。富人或者称为上层人物随葬有象牙箍等高级随葬品，贫民或称下层居民的墓葬当中一无所有。

二是出现了不少东方地区贵族墓葬中常见的艺术珍品，如玉器等[②]。可见与东方的关系再次紧密了。

三是自庙底沟二期开始收复部分失地，重新占领豫中乃至豫东地区。如在偃师二里头发现了典型的庙底沟二期文化遗存[③]。在郑州大河村也发现了庙底沟二期的遗物。说明庙底沟二期已经摆脱了秦王寨时期一味被动的局面，局部地区已经开始向东方地区反攻了。

四是仰韶文化后期聚落群的分布发生了一定变化，已经由原来的顺河两岸分布的线状分布逐渐演化为团块状，随着打井技术的开发，人们可以到远离河边的地方居住，从而改变了传统的居住模式[④]。这些为人口增加、势力扩充打下基础。

五是聚落内部出现了一些乱葬坑等现象，见于郑州大河村[⑤]、洛阳矬李[⑥]和渑池西河庵遗址[⑦]等，表明部族之间的冲突增多了，战争的痕迹更明显了。长期征战的经历使中原地区在战争磨砺的过程当中明显增强战斗力和凝聚力，为中原复兴打下坚实的基础。

到了龙山文化时期，即庙底沟二期之后的公元前2500～前2000年，中原地区的文化分布格局，终于发生了足以改变中国史前文化分布格局甚至影响至今的重大变化，那就是以中原为核心的向心式文化分布格局的出现。这一格局的改变与中原华夏集团与东方的东夷集团和南方苗蛮集团势力强弱关系的改变有直接关系。龙山时代的中原已经从衰弱的困境中摆脱出来，向东从东夷集团手中夺回了豫东地区，使原来为大汶口文化段寨类型变成中原龙山文化的外围文化类型之一——中原龙山文化造律台类型[⑧]。向南不仅将南阳盆地再次纳入中原龙山文化的地盘，而且将势力范围扩展到驻马店一带，衍生出中原龙山文化杨庄二期类型[⑨]。在把东、南方向的势力范围确定下来以后，中原龙山文化四方辐辏的局面终于出现了。表现在文化分布格局上便是向心式文化分布格局的出现（图二）。

---

① 叶万松等：《孟津县妯娌遗址》，《黄河小浪底水库文物考古报告集》，黄河水利出版社，1998年。
② 洛阳市第二文物工作队：《河南伊川县伊阙城遗址仰韶文化遗存发掘简报》，《考古》1997年第12期。
③ 中国社会科学院考古研究所二里头工作队：《河南偃师二里头遗址发现龙山文化早期遗存》，《考古》1982年第5期。
④ 赵春青：《郑洛地区新石器时代聚落的演变》，北京大学出版社，2001年。
⑤ 郑州市博物馆：《郑州大河村遗址发掘报告》，《考古学报》1979年第3期。
⑥ 洛阳博物馆：《洛阳矬李遗址试掘简报》，《考古》1978年第1期。
⑦ 河南省文化局文物工作队：《河南渑池西河庵村新石器时代遗址发掘简报》，《考古》1965年第10期。
⑧ 李伯谦：《论造律台类型》，《文物》1983年第4期；张彦煌等：《中原地区龙山文化的类型和年代》，《中国考古学研究——夏鼐先生考古五十年纪念论文集》，文物出版社，1986年。
⑨ 北京大学考古学系等：《驻马店杨庄》，科学出版社，1998年。

进攻中原,导致在中原腹地发现不少大汶口文化因素,以至于某些学者将颍水流域该时期史前文化遗存称之为大汶口文化颍水类型[①]。在东方遭到大汶口文化进攻的同时,南方的屈家岭文化也趁势问鼎中原。不仅占据了南阳盆地,而且将触角深入到洛河上游的卢氏县境内[②]。

继秦王寨之后的庙底沟文化二期,中原地区文化弱势的局面并没有得到改变。庙底沟二期文化,有人视为龙山文化早期,严文明将其纳入仰韶文化的末段[③]。他将此时中原地区的文化遗存划分为以下几个类型:即关中地区东部的泉护二期类型,豫西晋南地区的庙底沟二期类型和嵩山周围的谷水河类型。整个中原地区庙底沟二期阶段的仰韶文化诸类型呈东西纵列的文化格局(图一)。其中,包括伊洛河流域在内的嵩山周围地区的谷水河类型,东边处于与大汶口文化交锋的前沿地带,即豫东地区大汶口文化的段寨类型[④],再往东更是大汶口文化尉迟寺类型[⑤]的地盘了。谷水河类型的南边直接面对屈家岭文化的下王岗类型[⑥]。此时,屈家岭文化仍然盘踞在南阳盆地,成为中原地区直接面对的南方的劲敌。纵观整个庙底沟二期文化时期,中原地区仰韶文化依旧呈收缩、分化的趋势。

不过,在看到仰韶晚期中原文化整体处于分化、弱势的同时,还应该注意到正是在仰韶文化晚期,中原文化内部似乎悄悄地发生着社会变革,新的社会制度带来了一系列崭新

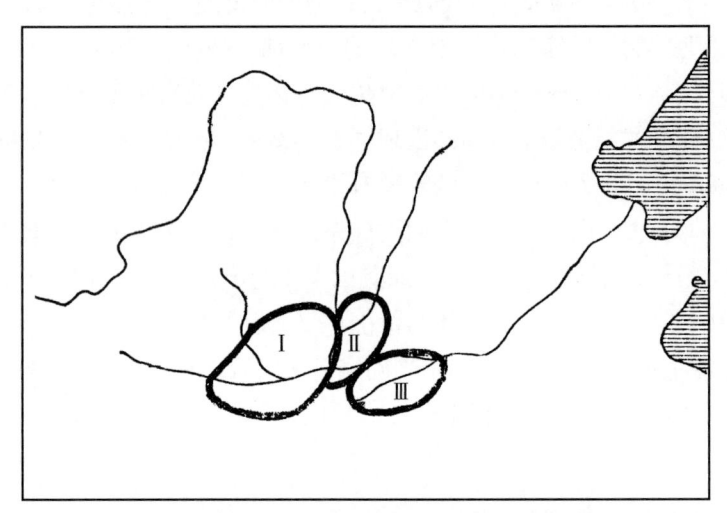

图一 中原地区庙底沟二期文化纵列式分布格局
(采自严文明:《仰韶文化的起源与发展阶段》,图一二)
Ⅰ.泉护二期类型 Ⅱ.庙底沟二期类型 Ⅲ.谷水河类型

---

① 杜金鹏:《试论大汶口文化颍水类型》,《考古》1992年第2期。
② 赵春青:《伊洛河流域新石器时代遗址调查报告》,待刊。
③ 严文明:《略论仰韶文化的起源与发展阶段》,《仰韶文化研究》,文物出版社,1989年。
④ 段宏振、张翠莲:《豫东地区考古学文化初论》,《中原文物》1991年第2期。
⑤ 梁中合:《尉迟寺类型初论》,《青果集——吉林大学考古系建系十周年纪念文集》,知识出版社,1998年。
⑥ 袁广阔:《河南境内的屈家岭文化》,《20世纪河南考古发现与研究》,中州古籍出版社,1997年。

中原地区具有深厚的文化底蕴。旧石器时代起即有丰富的考古学文化。新石器时代文化遗址更为丰富。经过自1921年以来70余年的工作,中原地区先后发现了仰韶文化[1]、龙山文化[2]、二里头文化[3]、裴李岗文化[4]、新砦期遗存[5]等考古学文化遗存,确立了裴李岗文化—仰韶文化—龙山文化—新砦二期文化[6]和二里头文化的原始文化序列,为研究中原地区文明化过程,提供了文化谱系这一基本框架。

新石器时代中期以后,黄河中游地区这里分布有磁山文化[7]、老官台文化[8]和裴李岗文化。这三支文化分别位于冀南、豫中和关中地区,基本上成相互独立的态势。其中,裴李岗文化与山东境内的后李一期文化关系较为密切[9],尤其以裴李岗文化贾湖类型[10]与东方的关系更为密切。

在裴李岗等前仰韶文化之后,中原地区进入到仰韶文化时期。仰韶文化地跨河南、河北、山西、陕西和内蒙古,面积广大,类型众多。有人提议将仰韶文化分解为若干支考古学文化,分别命名为半坡文化[11]、庙底沟文化[12]、秦王寨文化[13]、后冈一期文化[14]等。但是作为一个文化集团,仰韶文化仍有其统一性。本文探讨的中原地区,只是仰韶文化内部以黄河中游核心部分——伊洛郑州地区及其附近的豫西、豫东地区。

仰韶文化历时达两千余年,大体可以分为前后两大期[15]。其中前期的半坡期是仰韶文化勃兴的初始阶段,特别到了前期的后半段即庙底沟期,其文化呈张力态势。庙底沟文化的富有特色的花卉纹花纹母体传播到许多地区,成为中国史前文化辐射力最强的考古学文化,其势力范围北抵内蒙古中南部,南达长江沿岸,西至甘青,向东深入到山东境内的大汶口文化遗址当中[16]。

到了仰韶文化的后期,中原地区到了相当于秦王寨类型(有人叫"秦王寨文化"或"大河村类型"[17])阶段,中原地区的仰韶文化开始出现衰弱态势,东方的大汶口文化则开始大举

---

[1] 安特生:《中华远古之文化》,《地质汇报》第5号,1923年;苏秉琦:《略论仰韶文化的若干问题》,《考古学报》1965年第1期;严文明:《仰韶文化研究》,文物出版社,1989年。
[2] 严文明:《龙山文化和龙山时代》,《文物》1981年第6期。
[3] 殷玮璋:《二里头文化探讨》,《考古》1978年第1期。
[4] 李友谋、陈旭:《试论裴李岗文化》,《考古》1979年第4期。
[5] 赵芝荃:《略论新砦期二里头文化》,《中国考古学会第四次年会论文集》,文物出版社,1985年。
[6] 赵春青:《新砦一期文化研究》,待刊。
[7] 河北省文物管理处等:《河北武安磁山遗址》,《考古学报》1981年第3期。
[8] 北京大学考古教研室华县报告编写组:《华县、渭南古代遗址调查与试掘》,《考古学报》1980年第3期。
[9] 栾丰实:《试论后李文化》,《海岱地区考古研究》,山东大学出版社,1997年。
[10] 本文将舞阳贾湖为代表的文化遗存视为裴李岗文化的一个地方类型。
[11] 赵宾福:《半坡文化研究》,《华夏考古》1992年第2期。
[12] 戴向明:《试论庙底沟文化的起源》,《青果集——吉林大学考古系建系十周年纪念文集》,知识出版社,1998年。
[13] 孙祖初:《秦王寨文化研究》,《华夏考古》1991年第3期。
[14] 张忠培、乔梁:《后冈一期文化研究》,《考古学报》1992年第3期。
[15] 严文明:《仰韶文化的起源与发展阶段》,《仰韶文化研究》,文物出版社,1989年。
[16] 山东省文物考古研究所:《大汶口续集——大汶口遗址第二、三次发掘报告》,科学出版社,1997年。
[17] 李昌韬:《试论秦王寨类型和大河村类型》,《史前研究》1985年第3期;李昌韬:《试论大河村文化》,《河南文物考古论集》,河南人民出版社,1996年。

龙山时代中原与海岱地区文化分布格局的比较

近年来研究中国古代文明起源的一个新动向是由泛泛而论中国文明起源研究转入到深入研究重要区域的文明化进程。然后，在各区域文明化进程研究的基础上总结、归纳出整个中国古代文明起源的过程、特点、模式和规律等。目前，如何探讨各区域文明化过程，采用什么方法，从哪些角度深化这一课题研究已经成为新的热门话题。本文意在尝试从史前文化分布格局的角度入手，探讨中原和海岱地区文明化进程的特点。

我们认为，探讨重要区域文明化过程时或从文明要素入手，或从聚落形态演变入手，这些固然不失为十分重要的切入点。不过，既然文明化过程必然会体现在不同阶段的考古学文化当中，而考古学文化既然是某一人类族体遗留下来的古代文化遗存，就会打上不同族体不同时期相互关系的烙印并形成不同的文化分布格局，因此，我们不妨尝试从文化分布格局的角度探讨区域文明化进程。

中原地区和海岱地区史前文化序列特别是新石器时代中期以来的文化序列完备，龙山时代文化遗址分布密集，这两支龙山文化在全国新石器时代各考古学文化当中不仅地位重要而且被研究得相当充分。每支文化之下又被划分为若干类型。若将这两个地区的龙山文化分布格局加以比较就会看出，历史发展到龙山时代中原龙山文化各类型的组合方式属向心式分布格局，以王湾类型为核心；而海岱龙山文化诸类型之间为并立式，缺乏核心类型。这两种不同的文化分布格局对两地区的文明化过程产生了重大影响，以至于影响到其各自的文明化进程的最终结果。

一、中原地区龙山时代文化分布格局

中原地区有广义与狭义之分。广义的中原地区包括今河南省全部、河北省南部、山西南部和陕西省东部。狭义的中原地区仅指以嵩山周围地带的郑州—洛阳地区。实际上是大中原地区的核心地带。

中原地区位于黄河中游地区，这里地处第二阶梯向第三阶梯过渡地带，也是连接长江、淮河流域的前沿地带。这里以嵩山为中心，东连华北大平原，西接秦岭，北邻北方地区，南有颍河通淮河，汉水通长江。可以说处于全国的腹地。在战略地位上处于极为重要的地位。得中原者得天下，成为历代军事家、政治家的常识。

中原地区这种地理位置决定它容易接纳来自四面八方的文化因素，并加以改造、消化创造出新的文化。

不过，统观第三期文化晚段，不少单位普遍出有大量的双腹盆和一定数量的斝，不见新砦期常见的子母口器类和大量折壁器盖等，同时夹砂深腹罐等同类器物也缺乏新砦期器物的形制特征，说明王湾第三期文化晚段尚未进入新砦期。

四

王湾遗址中周代及其以后各期的遗存不太丰富，所以《报告》中仅对周代文化遗存的介绍和分析较为详细。《报告》中所分的周代第一期第1、2组遗址，过去在洛阳地区很少发现，这为洛阳地区西周编年提供了新资料。

王湾遗址东部发掘的一座晋墓中，出土了1件"方盒"，曾有学者将此种器物称为"多子槅"，并推测为作画用的颜料盒。王湾东晋墓中的方盒出土时，每一方格内都盛有食物，其中一格内存有鱼骨，由此可见，此类器物应该是祭祀用品，而非盛放颜料用的绘画用具。

五

总之，《报告》内容丰富，图文并茂，行文简洁，但因各种原因也存在一些不足。例如《报告》中介绍的新石器时代文化的原始发掘资料过于简略，与遗址中出土的丰富资料颇不相称。《报告》虽然注意到对重要单位共存材料的成组介绍，但这种典型单位不是很多，难于满足读者据此进行进一步研究的需要。另外，《报告》在编辑方面也存在着一些明显的漏洞，如不少插图未附比例尺（《报告》图二六、二七、三八～四〇、四二、四四～四七、五八～六四、六六～七一、八二～八八、九五～一〇四、一〇六），一些遗迹图版未标明方向（《报告》图版一～四）等。图版中某些器物名称有误，如彩版中"红色颜料"误写为"彩陶片"，黑白图版中多处将"罐"误写为"缸"、斝误写为"鬲"、"瓮棺"误写为"瓮拔"等。但是，瑕不掩瑜，王湾遗址的发掘在中国考古学史上占有重要地位，首先王湾遗址是洛阳地区发掘面积较大的一处史前遗址，其次由王湾遗址确立的新石器时代分期标准至今仍不失为以伊洛地区为核心的广大地区仰韶、龙山文化分期的标尺。因此，王湾报告的出版对于研究中原乃至全国新石器时代和历史时期的古代文化遗存的学者来说，仍具有不可或缺的参考价值。

《洛阳王湾——田野考古发掘报告》，由北京大学考古文博学院编著，北京大学出版社2002年6月出版发行。该书为16开精装本，正文共205页，约40.2万字，文后附彩色图版4版、黑白图版61版。

（原载《考古》2004年第8期）

三

　　王湾第三期文化，也是王湾遗址新石器时代主体遗存之一。正是继王湾遗址发掘之后，确立了龙山文化的一支地方类型，即王湾第三期文化，简称王湾类型[①]。它与豫北地区的后冈第二期文化、豫西的三里桥类型、豫东的造律台类型等一同被列为中原龙山文化的几个地方类型。《报告》将王湾新石器时代第三期文化（Ⅴ、Ⅵ段）称为"河南龙山文化'三里桥类型'"，似乎不准确。在《报告》未出版之前，人们对王湾第三期文化的内涵无法得到详细的了解，但是《报告》发表的资料远比发掘简报丰富得多，应该说在很大程度上弥补了这方面的不足。

　　《报告》对H166、H172和H178三个灰坑的陶器的陶系和器形进行了统计。从统计表中可以看出，王湾第三期文化的陶器以泥质、夹砂黑、灰陶为主，褐陶次之。器表除素面和磨光外，以方格纹和篮纹为主，绳纹不足10%，另有少量弦纹、弦纹和刺纹等。器类按照占器类总数的百分比计算，依次为夹砂罐占29.38%、碗占17.7%、小口罐占11.88%、盆占10.12%、双腹盆占8.37%、豆占5.06%、单耳杯占4.09%、盖占3.31%、鬲占2.72%、甑占1.75%、斝占1.56%、鼎占0.58%。其他如盘、缸各占0.39%，而盉、鬹、单把罐、圈足器各占0.19%。可见王湾第三期文化的器物群以夹砂罐、碗、盆（含双腹盆）和豆为基本组合，次为单耳杯、盖、鬲、甑和斝，至于鼎、缸、盘、盉、鬹、单把罐、圈足器等均不及器类总数的1%。以此为标准，检验周邻地区龙山时代的遗存，很容易就能确定中原龙山文化王湾类型（王湾三期文化）的范围基本上东不过杞县，北止汤阴白营，西不过崤山，南不及驻马店杨庄，大体是在嵩山周围的郑洛地区，中间以嵩山和熊耳山为界，分为南北两个亚型[②]。

　　《报告》中介绍了王湾第三期文化的多组地层关系，依据这些地层关系，可将王湾第三期文化分为2段，文中重点介绍了第Ⅴ段的H166和第Ⅵ段的H79、H459、H178、H29等典型单位的共存器物。其中，H166出土的器物中钵形鼎、斝形盉两种器物不多见，袋足鬲也为数较少，其他如最大腹径在中部的夹砂深腹罐、圆肩斜弧腹的小口高领罐、平底盆、单耳杯、泥质小罐等，都是王湾第三期文化中的常见器物。H178出土的器物中，不见鬲、鬹、盉，但器盖的数量却大量增加，出土的近垂腹的夹砂罐与H166所出的深腹罐形制有别，小口高领罐、倒喇叭状器盖、单把罐则与新砦期出土的折壁倒喇叭纽形器盖、单把罐和折肩罐有相似之处[③]，说明其年代与新砦期相当接近，属于王湾第三期文化的偏晚阶段。

　　[①] 李仰松：《从河南龙山文化的几个类型谈夏文化的若干问题》，《中国考古学会第一次年会论文集》，文物出版社，1980年。
　　[②] 赵春青：《中原龙山文化王湾类型再分析》，《洛阳考古四十年》，科学出版社，1996年。
　　[③] 中国社会科学院考古研究所河南二队：《河南密县新砦遗址的试掘》，《考古》1981年第5期；北京大学考古文博院、郑州市文物考古研究所：《河南新密市新砦遗址1999年试掘简报》，《华夏考古》2000年第4期；北京大学古代文明研究中心、郑州市文物考古研究所：《河南省新密市新砦遗址2000年发掘简报》，《文物》2004年第3期。

变，夹砂罐由敛口向直口转变，由此可见，T28第8层和第7层有可能分别属庙底沟期的不同阶段。

除上述三例外，属半坡期的还有M326和M571，这种将红顶钵扣在深腹罐上作葬具的瓮棺葬组合，为半坡类型所常见，在姜寨和半坡遗址早期墓地中不胜枚举。因此，无论是葬俗、房屋形制还是陶器器形，都说明王湾第一期部分单位的年代相当于半坡早期，其文化性质似可归入东庄类型，只是因地域接近于后冈类型的缘故，出现了类似于后者的高足鼎。

总之，依据第一、二例地层关系和器物特征可知，王湾第一期文化可分为早、晚两段，它们分别与半坡期和庙底沟期相当。通过分析第三例可知，王湾第一期文化晚段即相当于庙底沟期的阶段还有进一步分组的可能。

二

王湾二期文化是王湾遗址新石器时代的主体遗存，该期的确认是王湾遗址的重要收获之一，它勾勒出从王湾第一期文化向第三期文化过渡的具体步骤。

《报告》中提到王湾第二期文化的多组地层关系，并将第二期文化分为3段。第Ⅱ段的H215、第Ⅲ段的H168和第Ⅳ段的H149这几个典型单位出土的陶器的陶质、陶色和纹饰都有统计表，使读者了解到陶器群总体特征的演变过程，还成组介绍了各段许多单位的共存器物（其中不少器物系首次发表），如第Ⅱ段的典型单位H215，以前披露的材料，更多地显示出该单位内庙底沟传统色彩的器物，结合《报告》中介绍的腹部饰三周附加堆纹的大口罐、带鸟喙状纽的深腹瓮、饰圆孔的盆形甑、双腹杯等，能对H215由第一期文化向第三期文化的过渡有更为清晰的认识。第Ⅲ段的典型单位H168，《报告》中介绍了10余件陶器，其中，腹部饰附加堆纹的夹砂小罐、鸭嘴状足罐形鼎、肩部饰附加堆纹的小口高领罐、肩部饰数周凹弦纹的深腹罐等，这些器物已经看不到仰韶文化庙底沟类型的影子，只是共存的彩陶罐尚残留仰韶文化庙底沟期的风格而已。《报告》中定为第Ⅳ段的H416出土的双腹盆，大口、折腹、小底的形制与第三期文化中所出的同类器物差别甚微，同属第Ⅳ段的H149出土的绳纹深腹罐和方格纹深腹罐，均为大口、深鼓腹、小平底，它们与龙山时代的深腹罐已十分接近，只是器表饰有附加堆纹而已。众所周知，深腹罐和双腹盆是王湾第三期文化的典型器物，在王湾第二期文化中末出现这两类器物的祖型，同时又共存有彩陶罐、鸭嘴状足罐形鼎、敛口钵、双腹盘、罐形鼎、器盖等，表明此类单位尚未完全进入龙山时代。

从《报告》报道的材料中不难看出，王湾仰韶文化第二期第Ⅱ段保留较多庙底沟类型的因素，第二期第Ⅲ段残留着仰韶文化的影子，第二期第Ⅳ段开始出现王湾第三期文化的部分因素。《报告》将王湾第二期文化分为3段，确定其为从仰韶文化向龙山文化的过渡期是十分恰当的。

容。《报告》将王湾新石器时代文化划分为三期六段，其中，第一期文化包括第Ⅰ段，与仰韶文化庙底沟类型相当或略早。第二期文化包括第Ⅱ～Ⅳ段，具有过渡性质。第三期文化包括第Ⅴ～Ⅵ段，与"河南龙山文化"相当。

《报告》把王湾第一期文化定为该遗址新石器时代文化遗存的第Ⅰ段，即王湾文化第一期只有一段。实际上严文明和李仰松都曾经在相关论文中。把王湾第一期文化分为早、晚两段[①]。阅读《报告》可以看出，王湾第一期文化不仅可以分出早晚两段，甚至还可以进一步细分。

《报告》公布的第一期诸单位之间至少有3例地层叠压或打破关系：

（1）M357、M358→F15

（2）T252⑤→⑥→⑦→⑧

（3）T28⑦→⑧→M106

上述复杂的地层关系已经表明，被定为王湾第一期文化的单位存在进一步划分为若干阶段的可能性。如果观察上述单位的出土器物，尤其将同类器物进行比较，就会更加清楚。《报告》中提到的器物较多，下面列举几例。

第一例为F15出土杯形口尖底瓶、深腹钵、深腹盆、素面深腹罐、圜底罐形高足鼎等，这些器物除鼎外，均为半坡类型早期常见的器物。圜底罐形高足鼎虽然不见于半坡类型，但却是与其年代相当的后冈类型早期常见的典型器物。F15为平面近方形的木骨泥墙地面建筑，此类房屋亦常见于仰韶文化半坡类型。可见，F15当属于仰韶文化半坡期。据介绍[②]，打破F15的M357、M358两座瓮棺葬的葬具均为庙底沟期的典型器物——双唇口尖底瓶，可见这两座瓮棺葬的年代当属庙底沟期。

第二例，T252第7层和第6层出土的器物均属半坡期。如T252第7层出土的红顶钵（T252⑦：115），T252第6层出土的深腹盆（T252⑥：103）、半球状深腹钵（T252⑥：107）、红顶钵（T252⑥：101）、敛口瓮、素面深腹盆、素面浅腹盆、灶等，仅第8层出土的灶（T252⑧：4）不见于简报及相关论文，它是由盆改造的，只是在盆的口沿和灶口压有花边而已，与简报发表的属于庙底沟期常见的灶（H421：7）相比，形制更加原始，应属于半坡期。

第三例为T28第8层出土的双唇口尖底瓶、素面盆、彩陶盆、夹砂罐等，同时，还有T28第7层出土的小口尖底瓶、彩陶钵、彩陶罐、夹砂罐等，这两层出土的器物均可划归为庙底沟期。但是通过将夹砂罐、素面盆和小口尖底瓶加以比较即可看出，这两组器物存在一定的差别。如小口尖底瓶的口部由敛口向直口转变，素面盆由弧腹向斜腹转

[①] 严文明：《从王湾看仰韶》，《仰韶文化研究》，文物出版社，1989年；严文明：《略论仰韶文化的起源与发展阶段》，《仰韶文化研究》，文物出版社，1989年；李仰松：《王湾遗址有关学术问题的探讨》，《民族考古学论文集》，科学出版社，1998年。

[②] 严文明：《从王湾看仰韶》，《仰韶文化研究》，文物出版社，1989年。

《洛阳王湾——田野考古发掘报告》述评

王湾遗址位于河南省洛阳市郊谷水镇西约2.5千米处。西北临涧河。原有面积约2万平方米。经1959～1960年的两次发掘共揭露面积3625平方米，发现新石器时代房基9座、灰坑179个、墓葬119座。周代灰坑62个、陶窑1座、水井1口、墓葬60座，晋墓1座，北朝灰坑94个、大灰沟2条。遗址发掘工作结束之后不久，即发表了简报[1]。

王湾遗址的发掘成果，尤其是新石器时代遗存三期文化的划分当时在学术界产生了广泛的影响。众所周知，仰韶文化和龙山文化的相互关系，到20世纪50年代一直都不是很清楚。1956～1957年，陕县庙底沟遗址的发掘首次认识了庙底沟二期文化，并由此提出了由仰韶文化向龙山文化过渡的问题[2]。王湾的发掘进一步找到过渡的具体步骤。王湾发掘简报将王湾的新石器文化分为三期：第一期是仰韶文化，第二期是仰韶晚期向龙山过渡的文化，第三期是所谓"河南龙山文化"。简报认为这三期文化是一脉相承的。不过。简报仅发表了各期文化的数幅器物照片，难于满足人们对王湾文化总体面貌的认识。此后虽有遗址发掘者先后披露部分发掘材料并提出各自的分期方案[3]，但这些材料毕竟语焉不详，学术界长期期待着王湾发掘报告的出版。

40余年后，王湾田野考古发掘报告《洛阳王湾——田野考古发掘报告》（以下简称为《报告》）终于问世了[4]。《报告》正文分为六编，第一编为《总说》，简要介绍王湾遗址的地理环境、文化遗存分布状况和发掘经过等。第二编至第五编分别公布了新石器时代、周代、北朝至隋代和晋墓的重要发掘成果及作者对各编遗存的认识。文末另有16个附表，详细公布了新石器时代和周代的灰坑和墓葬资料。统观这部《报告》，结构合理，文字简练，插图、图版和表格等配合得较为得当。与发掘简报相比更为全面地反映了该遗址的发掘和研究成果。毋庸讳言，《报告》亦有不足之处。

一

在王湾各期文化遗存中，新石器时代遗存最重要、最丰富，也是《报告》的中心内

---

[1] 北京大学考古实习队：《洛阳王湾遗址发掘简报》，《考古》1961年第4期。
[2] 中国科学院考古研究所：《庙底沟与三里桥》，科学出版社，1959年。
[3] 邹衡：《试论夏文化》，《夏商周考古学论文集》，文物出版社，1980年，第97～99页。邹衡划分为三期8段，其中第一期为2段，第二、三期各为3段。苏秉琦：《王湾遗址》，《中国大百科全书·考古学》，中国大百科全书出版社，1986年。苏秉琦划分为三期6段，即第一期为1段，第二期为3段，第三期为2段。严文明：《从王湾看仰韶》，《仰韶文化研究》，文物出版社，1989年。严文明划分为三期8段，其中第一和第三期各为2段，第二期细分为4段。
[4] 北京大学考古文博学院：《洛阳王湾——田野考古发掘报告》，北京大学出版社，2002年。

时代，正是一个政治大动荡、文化大融合的时代。这种状况，到了王湾类型晚期，表现得尤为突出。

（6）考虑到王湾类型晚期，已进入夏代纪年之内，该类型又处在史书所载夏人主要活动范围之内，我们推测王湾类型晚期，已进入夏代。王湾类型晚期文化，或许就是夏代初期文化。

附记：在本文写作过程中，曾得北京大学考古系李仰松、严文明、李伯谦诸位先生的指点，特此致谢。

（原载洛阳市文物工作队编：《洛阳考古四十年——一九九二年洛阳考古学术研讨会论文集》，科学出版社，1996年，第95～115页）

（1）王湾类型是分布在河南省中西部的中原龙山文化中晚期遗存。鉴于地域上的和文化面貌上的差别，可划分为北区的黄河两岸及其支流的王湾亚型和南区的淮河支流汝河、颍河、双洎河上游地区的煤山亚型。由于该类型前后历经600来年的发展过程，故又可分为早、中、晚三期。

（2）关于两个亚型之间的关系，有人认为煤山类型（相当于本文煤山亚型）要比王湾类型（相当于本文王湾亚型）为晚[①]。其实，目前为止已在煤山亚型的许多遗址当中，发现有早期龙山文化遗存，被叠压在煤山亚型之下的层位关系，说明煤山亚型有自己直接的前身。仔细观察煤山亚型与王湾亚型的陶器演变序列，二者之间不仅没有先后承袭的关系，反而可以见到不少器形同步发展的演变线索。说明二者是同时属于中原龙山文化王湾类型之下平行发展的两支文化亚型，不存在谁早谁晚的问题。

（3）如将王湾亚型同煤山亚型做一比较，即可看出，后者比前者进步。这表现在煤山亚型的城堡建筑、青铜冶炼以及先进的房屋建筑技术等几个方面。正是凭借着先进的技术，到了王湾类型中期，煤山亚型已走出颍河、汝河流域，积极向北扩展。比如伊川白元遗址位于伊河下游，从地域来讲，应是王湾亚型的势力范围，可是出土陶器却呈现着煤山亚型的特色，多鼎无斝等。偃师灰嘴遗址，地处王湾亚型的最南边，出土陶器当中，具有明显的煤山亚型的因素。从某种意义上讲，二里头文化主要是承袭了煤山亚型的文化因素而发展起来的。如二里头文化早期陶器群中，多鼎少斝，大平底盆、器盖都可在煤山亚型中找到渊源。

王湾亚型早期集中在洛阳附近，中期以后迅速壮大，但主要是向北向东发展自己的势力，始终未能向南边的煤山亚型成功地迈进。到了王湾类型晚期，王湾亚型和煤山亚型在郑州一带交锋，加上来自郑州以东的王油坊类型也在此插足，使郑州地区的文化面貌呈现着十分复杂的状况。

（4）王湾亚型与煤山亚型在长达数百年的同步发展的过程中，双方的相互影响是显而易见的。斝、双腹盆是王湾亚型的典型器物，自始至终，数量极多。这两种器物在煤山亚型中也能见到，但数量极少，应是王湾亚型影响了煤山亚型的结果。反过来，煤山亚型出土了大量的陶甗，王湾亚型出土数量较少，应是煤山亚型影响王湾亚型。此外，煤山亚型始终以夹砂灰陶为主要陶系，王湾亚型到了中期夹砂灰陶才取代了泥质灰陶，占据主要陶系的位置，这可能是受了煤山亚型的影响。

（5）王湾类型自始至终还受到邻近文化的影响，吸收了大量邻近文化的先进因素。就王湾亚型来讲，西吕庙和王湾遗址中出土了相当数量的背壶，或许受了大汶口文化的影响，小潘沟遗址出土单把鬹、单把鼎，可能是受了来自西边的陕西龙山文化的影响。该遗址还出土爵、甗可能受到豫东地区龙山文化的影响。煤山亚型出土不少的高柄杯、平底盆和甗等，显然是受了屈家岭文化和豫东龙山文化的影响。可以说，王湾类型所处的

---

① 赵芝荃：《试论二里头文化的源流》，《考古学报》1986年第1期。

表三　王湾类型两亚型分期对应表

亚型遗址分段	煤山亚型							王湾亚型						
	煤山	新砦	程窑	王城岗	吴湾	瓦店	北刘庄	白元	娃李	西吕庙	小潘沟	东杨村	苗店	灰嘴	王湾
第一段		一	H15	一	③	一			一	一	一	一	一		一
第二段	二			二		二	二		二				二		二
第三段	三	一		三		三	三	二	三		三		三	二	三

（二）绝对年代

绝对年代见表四[①]，从表四可以看出，王湾类型最晚的年代数据是王城岗 H617 下。H617 原发掘简报定为该遗址第四期，相当于本文的煤山亚型晚期，可作为王湾类型的下限。

表四　王湾类型碳十四年代表

实验室编号	遗址名称	标本物质	标本层位	树轮校正年代（按达曼表）
ZK—126	王湾	木炭	H29	2390 ± 145 年 BC
ZK—349	煤山	木炭	F6（上）	2005 ± 120 年 BC
ZK—386	煤山	木炭	T13（36）	2290 ± 160 年 BC
ZK—581	王城岗	木炭	西区 T48 奠基坑	2455 ± 135 年 BC
ZK—943	王城岗	木炭	T155H413	2280 ± 135 年 BC
ZK—955	王城岗	木炭	城址内 H617 下	1900 ± 165 年 BC
ZK—738	新砦	木炭	T1H6	1925 ± 100 年 BC
ZK—2168	苗店	木炭	JMT1 ⑥层	2470 ± 135 年 BC
WB79—46	阎庄	碎木炭	H43	2175 ± 105 年 BC

苗店 JMT1 ⑥层木炭层的绝对年代为公元前 2470 ± 135 年。第 6 层处于探方最底层，其相对年代为该遗址第一段，属于王湾亚型早期，可将该绝对年代看作王湾类型的上限。

可见王湾类型的绝对年代大致在公元前 2500～前 1900 年。大概经历了 600 来年的历程，其间又可划分出早、中、晚三期，每期各历时约 200 年左右。

五、结　语

关于王湾类型再分区与再分期，我们已作了以上分析，归纳起来，主要有以下几点：

[①] 中国社会科学院考古研究所：《中国考古学中碳十四年代数据集》，文物出版社，1983 年。

H9∶3相似，属于王湾亚型早期。鼓腹罐H212∶50与苗店T2③∶35相似，属中期。带耳双腹盆H87∶16与小潘沟T5②∶1相似，圈足盘H79∶16与小潘沟H21∶3相似；三足器H459∶8与灰嘴T3∶14相似。上述这些器物应属于王湾亚型晚期。

7. 平乐遗址[①]

该遗址所出大口罐（原报告图六，5）与西吕庙H9∶3相似；高领瓮（原报告图六，6）与西吕庙H11∶1相似；单耳罐（原报告图六，15）与小潘沟F60∶2相似。应属王湾亚型早期。

8. 江村遗址[②]

该遗址所出大口罐（原报告图六，2）与煅李H13∶1相似，属中期；盆（原报告图六，3）与小潘沟H47∶13相似。属晚期。

9. 菠萝窑遗址[③]

该遗址侈口罐（原报告图六，12）与苗店T1④∶59相似，侈口罐（原报告图六，13）与煅李H13∶1接近，故属王湾亚型中期。双耳盆（原报告图六，14）与小潘沟H47∶13相似，属晚期。王湾亚型主要遗址分期见表二。

表二　王湾亚型主要遗址分期

遗址 分段	煅李	小潘沟	西吕庙	东杨村	苗店	阎庄	马庄	点军台	西高崖	江村	平乐	菠萝窑	旭旮王	灰嘴
第1段	√	√	√	√	√						√			
第2段	√	√	√	√	√	√				√		√		√
第3段	√	√			√	√	√	√	√			√	√	√

四、年　代

（一）相对年代

我们对王湾亚型诸遗址的陶器进行分析时已经看到，王湾亚型的某些器形如高领瓮、侈口罐、圈足盘等，具有与煤山亚型相同或相似的演变关系，这说明两者基本上是同步发展的。王湾类型遗址的相对年代见表三。

---

① 方孝廉：《洛阳市一九八四年古文化遗址调查简报》，《中原文物》1987年第3期。
② 方孝廉：《洛阳市一九八四年古文化遗址调查简报》，《中原文物》1987年第3期。
③ 方孝廉：《洛阳市一九八四年古文化遗址调查简报》，《中原文物》1987年第3期。

相似；瓮 T2∶205，与煤李 H16∶3 相近；平底盆 T2∶134，与苗店 T1②∶451、T1③∶25 相似；罐 H17∶10 与苗店 T2③∶35 相似。所以其文化遗存当属王湾亚型中期，可归入该遗址第一段。斝 H22∶11，与小潘沟 F6∶34 相近；双腹盆 T2∶161，与小潘沟 H21∶6 相似；器盖 T2∶157 与苗店 H8∶52 相近；罐 T2∶21，与小潘沟 H22∶15 相近。故上述器物属于王湾亚型晚期，可归入该遗址第二段。

2. 阎庄遗址[①]

该遗址碗（原报告图六，6）与小潘沟 H44∶12 相似，圈足盘（原报告图七，9），与苗店 H11∶37 相似，所以属中期。双腹盆（原报告图六，3）与小潘沟 H21∶6 相似，属晚期。

3. 马庄遗址

该遗址斝（原报告图五，13）与煤李 H22∶42 接近；豆（原报告图五，1）与小潘沟 H4∶21 接近。碗（原报告图四，85）与小潘沟 H65∶18 相似。因此其文化遗存应属于王湾亚型晚期。

4. 点军台遗址

简报所分第四期属于王湾类型。其中豆 T4①∶3，高柄与小潘沟 H4∶21 相似。器盖 T4②∶9 与苗店 H8∶52 相似，故属于王湾亚型晚期。

5. 旭旮王遗址

以前，许多学者都把旭旮王遗址当作王湾类型早期遗存。现在看来当属王湾亚型晚期。如斝 C20H19 所出（图八，21）（原报告定为鬲），束腰、平底、袋足，与小潘沟 F6∶34、煤李 H22∶42 接近。甑（原报告图四，4）罐形、平底、无圈足、底部有七个圆形镂孔，与煤李 H22∶2 较为接近。豆 C20T32∶17，浅盘大口，豆柄细长，与小潘沟 H4∶21 相近。鬶 C20T32∶38，束腰，袋足较瘦长，与小潘沟 F6∶33 相近。器盖 C20T32∶73，与小潘沟 K1∶7 相似。

6. 王湾遗址

就已发表的资料来看，所谓"王湾三期"的陶器，是能够进一步分期的。这一问题在王湾遗址的发掘及发掘报告的编写过程中已经注意到了。可是，一些文章在谈及王湾类型诸遗址的分期时，仍然采用"王湾三期"这一概念同某些遗址相对应，显然是不合适的。

王湾遗址陶器中圈足甗 H90∶11 与煤李 H20∶1 十分相似。侈口罐 H166∶11 与西吕庙

[①] 郑州市博物馆：《郑州阎庄龙山文化遗址发掘简报》，《中原文物》1983 年第 4 期。

C型　小口罐，分四式（图八，8~11）。其变化规律为口部由侈口到近直口，再到口部饰以类似花边口沿的附加堆纹。

双耳高领罐　可分三式（图八，12~14）。其变化规律为口部由直口到侈口再到侈口外卷。肩部由鼓肩到溜肩再到斜肩。

双腹盆　可分四式（图八，15~18）。其变化主要表现在腰部（上下腹连接处）由宽到窄，再到无腰部。Ⅳ式双腹盆已出现双耳。

斝　可分三式（图八，19~21）。腹部由深到浅再到无腹平底。

细柄豆　可分三式（图八，22~24）。柄部由低到高。

圈足盘　可分四式（图八，25~28）。其变化规律主要表现为由弧腹浅盘到斜腹平底，圈足由平沿外侈，到周边出棱，再到饰以弦纹或镂孔。

甑　可分三式（图八，29~31）。甑身由深腹瘦长到曲腹矮胖。底部由圈足到平底。

碗　依腹部分为二型。

A型　曲腹，可分三式（图八，32~34）。其主要变化表现在腹部由深腹到浅腹，由微曲斜直到直口曲腹。

B型　斜腹，可分三式（图八，35~37）。其主要变化为腹部由深到浅，底部由小到大。

单耳杯　曲腹，可分三式（图八，38~40）。其主要变化为曲腹越来越缓。

瓮　可分三式（图八，41~43）。其变化规律与煤山亚型陶瓮基本相同。

我们以王湾亚型常见器物的演变规律为标尺，再把各段的文化特征总结如下：

第一段：陶质以泥质灰陶为主，夹砂灰陶次之，磨光黑陶占相当大的比例。还有少量的红褐陶等。纹饰以素面为大宗，篮纹为主，方格纹、弦纹次之，绳纹较少。陶胎较薄，器形规整。常见器形有各种罐类、甑、斝、杯、瓮、碗、豆、圈足盘，还有少量的鼎、盉等。

第二段：陶质虽仍以泥质灰陶为主，但夹砂灰陶大量增加。个别遗址夹砂灰陶之多已超过泥质灰陶。磨光黑陶明显减少，棕黄陶有所增加。纹饰除素面外，仍以篮纹为主，但方格纹数量明显增多。陶胎变厚，器形不如第一段规整。新出现了甗、大口平底盆、双耳盆、V形流鬶和爵等。

第三段：陶质以夹砂灰陶为主，泥质灰陶次之，还新出现了白陶。纹饰以方格纹为主，篮纹次之，绳纹又次之。器物带耳、带柄、饰附加堆纹的作风日渐兴盛。鸡冠形鋬等二里头文化早期的因素，已开始出现。新出现了单把鬲、单把鼎、冲天流盉等。

由上述地层学与类型学的分析得知，王湾亚型的三段是前后相继的三个发展阶段，可称为王湾亚型的早中晚三期。

（三）其他遗址的分期

1. 灰嘴遗址

王湾类型的甑 H17：14、H9：26 与西吕庙 H12：1 接近；碗 T2：104 与西吕庙 H12：3

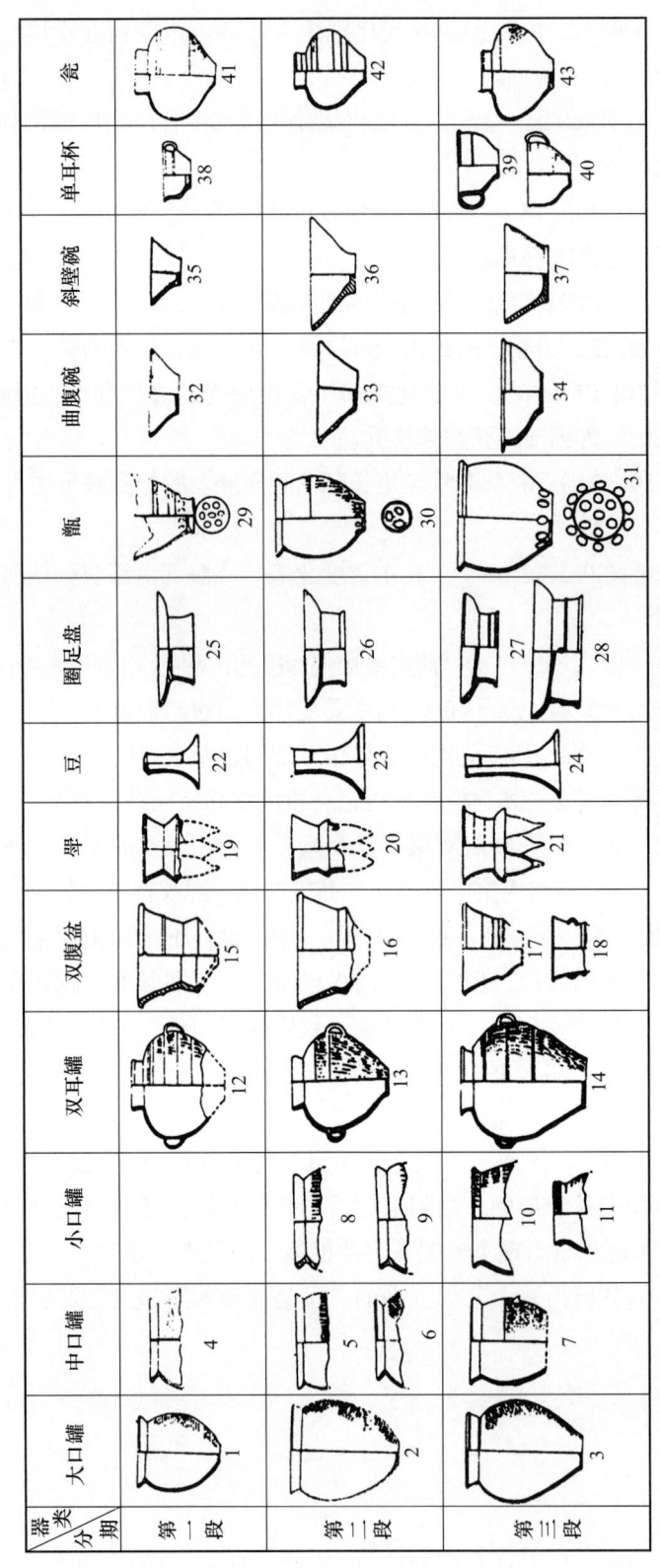

图八 王湾亚型陶器分期图

1. 西吕庙H9:3 2. 煤李H13:1 3. 小潘沟H21:19 4. 苗店T1⑥:61 5. 苗店T2③:36 6. 煤李H13:3 7. 小潘沟F7:36 8. 苗店T2③:35 9. 苗店T1④:59 10. 煤李H22:29 11. 煤李H22:31 12. 西吕庙H3:2 13. 西吕庙H4:4 14. 煤李T4⑤:26 15. 煤李H22:1 16. 西吕庙H12:11 17. 小潘沟H21:6 18. 小潘沟T5②:1 19. 东杨村H12:13 20. 东杨村T1⑤:37 21. 煤当王C20H19 22. 小潘沟F19:25 23. 西吕庙H11:18 24. 小潘沟H4:21 25. 西吕庙H27:7 26. 陶庄H27:3 27. 小潘沟H28:3 28. 王湾H79:16 29. 煤李H20:1 30. 西吕庙H12:1 31. 煤李H22:2 32. 西吕庙H12:3 33. 西吕庙H13:9 34. 小潘沟H65:18 35. 煤李F9:15 36. 陶庄H27:3 37. 马庄H28:3 38. 王湾H166:23 39. 小潘沟H21:14 40. 西吕庙H11:1 41. 西吕庙H60:5 42. 小潘沟H65:19 43. 小潘沟H32:4

Ⅲ. T3：H8 → F2 →②、H14。

Ⅳ. T4：H11、H12 → H20、H2 →②。

Ⅰ组：陶罐 T1⑥：61，折沿方唇，沿面内凹内侧折棱明显。圈足盘 T1⑥：69 高圈足外侈，与西吕庙 H11：18 之圈足相似。故将 T1⑥层定为该遗址第一段。T1⑤层没有公布陶器。T1④层公布的圈足盘 T1④：66 与西吕庙 H11：18 相比，盘腹加深；高领瓮 T1④：57，直口、尖唇、溜肩，与西吕庙二段的同类器物相似，年代也应与之相当。T1③平底盆，浅直腹略外侈，大平底。T1②层出土的平底盆与 T1③层所出相似，说明②、③层大体处于相同的时间段内。T1③还出土平底甑，与煤李 H22：2 相似，可定为该遗址较晚的时间段。

Ⅱ组：T2①层出有斜肩瓮 T2①：55，与小潘沟 H65：19 相似；T2②层出土深腹罐形平底甑 T2②：9，与西吕庙 H12：1 近似。T2③层所出罐 T2③：3 折沿、方唇、沿面近直，与煤李 H13：1 相近。双腹盆 T2③：27 与东杨村 T4⑤：26 相似。高领瓮 T2③：29，直领外侈、溜肩的作风与煤李 H16：3 相近。T2④、⑥层没有公布陶器。T2⑤层公布的缸和斝，残甚，无法比较。

Ⅲ组：H14 陶罐 H14：49，宽折沿斜立，尖圆唇外卷的作风，同于小潘沟 H21：19。双耳高领罐 H14：12，下腹急收成小平底的风格与小潘沟 H65：19 相近。T3②层只公布豆柄的残段。F2 没有公布陶器。H8 出土的器盖 H8：52，壁较矮，顶微鼓与东杨村 T1⑤：35 相似。罐 H8：52，折沿方唇，内侧无折棱，腹较直，饰绳纹与煤李 H22：15 相似。

Ⅳ组：T4②与 H20 均未公布陶器。H2 只公布一件残陶器和另一件非常见器物。H11 出土的平底甑 H11：24 与 T2②：9 相似。圈足盘 H11：37，浅腹、平底，与 T1④：66 相似。H12 出土的罐 H12：45，折沿、沿面无折棱，与 H11：44 相似。小口罐 H12：49 与 H11：46 相似，均为敛口、尖唇、腹饰绳纹。

通过以上分析，可将该遗址划分为三段：

第一段：T1⑥。

第二段：T1④、T2②、T2③、T4H11、T4H12。

第三段：T1②、T1③、T3H8、T3H14。

（二）常见器物的排比及文化分期

对上述典型遗址分段之后，王湾亚型常见器物的演变线索已基本清楚。

罐 依口部大小，可分三型。

A 型 大口罐，分三式（图八，1～3）。其变化规律为，口部由折沿内凹，内侧折棱明显，到沿面近平，无折棱，再到折沿较竖起，沿面微鼓。整个器形由通体肥胖演变为上部圆鼓，下腹瘦削。

B 型 中口罐，分四式（图八，4～7）。其变化规律基本同 A 型罐，但Ⅳ式罐已出现鸡冠形錾。

Ⅰ～Ⅲ组均缺乏可供比较的同类器物，暂时不予考虑。

Ⅳ组，F9 所出双耳罐 F9：6，其圆肩、鼓腹、小平底的作风与西吕庙 H11 出土高领罐一致。罐 F9：18，素面，尖唇，与煤李 H6：4 相同。豆 F9：25，豆柄较细矮，豆柄下部饰一周弦纹，呈早期作风，所以可将 F9 定为该遗址较早的时间段。

Ⅴ组的 F7 与 F36 同类器物只有陶罐。罐 F36：3 为素面折沿圆唇，而罐 F7：36 则腹部饰有鸡冠形双耳。此外，F7 还出有饰鸡冠形双耳盆。可见 F7 出土的某些器物已具有二里头文化的某些因素。H36 则无此特征，可见 H36 和 F7 应分属于不同的时间段。

Ⅵ组：T5②所出附双耳的双腹盆，年代较晚。F6 出土平底斝。结合斝的演变规律由深腹圜底到浅腹圜底再到平底来看，F6 所出陶斝的年代要晚。F6 所出甗，不见于西吕庙和煤李遗址。结合 F6 所在的层位关系把 F6 的年代定为该遗址的晚段，或不致有误。

H44 的器盖 H44：6、壶 H44：53、双腹盆 H44：10 等均与煤山亚型中期的同类器物相近。其年代也应与之相当。

根据以上分析，我们可把小潘沟陶器分为三段：

第一段：F9。

第二段：H44。

第三段：F7、F6。

除上述单位外，该遗址 H21 出土的双耳高领罐与煤李 H22：1 相似。H47 出土的鸡冠形鋬双耳盆与 F7：3 相似；H65 出土的单耳罐与 F7：26 相似；H65 出土的乳足鼎与 F7：18①相似。故以上单位可归入该遗址第三段。H60 出土的瓮 H60：5 与西吕庙 H11：1 相似。故将 H60 归入该遗址第一段。

4. 东杨村遗址

其地层关系可简化为：⑤→⑥→H12。

H12 出土陶壶 H12：9 为直领、鼓腹、平底，与西吕庙 H13：7 接近。瓮 H12：8 直领、小圆唇外卷、鼓腹、小平底，与西吕庙 H11：21 相近。罐 H12：7，圆唇折沿，沿面微鼓与煤李 H6：4 相似。

所以，可将 H12 作为该遗址第一段。

第 5 层出土陶器与 H12 所出差异明显：双腹盆 T4⑤：26，折腹圆转，H12：11 则折腹明显；小口罐 T1⑤：25 卷沿圆唇，H12：7 则为折沿尖唇。因此，第 5 层可作为该遗址第二段。

5. 苗店遗址

其地层关系可归纳为四组：

Ⅰ. T1：①→②→③→④→H21→⑤→⑥。

Ⅱ. T2：①→②→③→④→⑤→⑥。

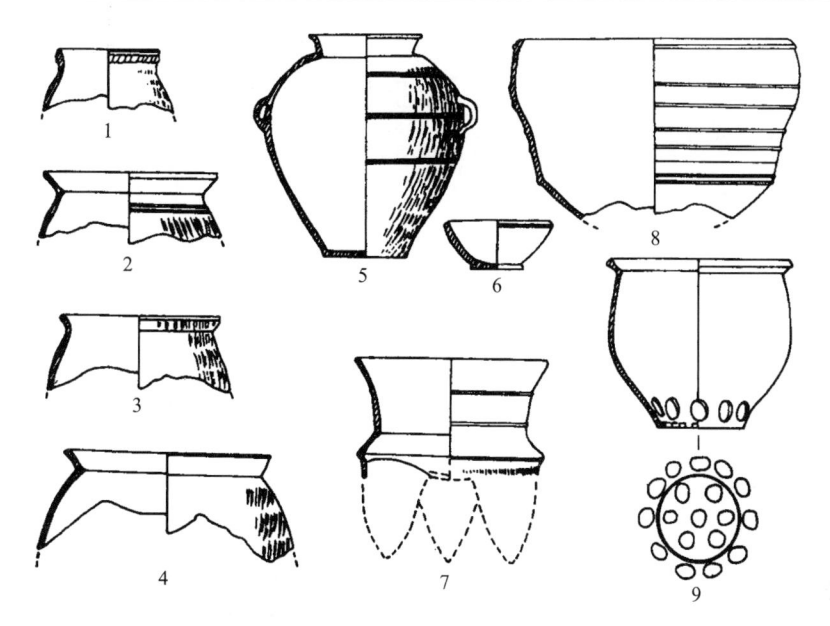

图七　矬李 H22 出土陶器
1、2. 小口罐（15、29）　3. 中口罐（5）　4. 大口罐（19）　5. 双耳高领罐（1）　6. 碗（7）　7. 斝（42）
8. 双腹盆（3）　9. 甑（2）

Ⅱ. H14→H13。

Ⅰ组 H11 的器盖与矬李 H20 所出器盖相近。圈足盘 H11∶18、瓮 H11∶1 均与煤山亚型早期同类器物相似。可把 H11 归入该遗址第一段。H12 出土陶甑的形制介于矬李 H20∶1 与 H22∶2 之间，可归入该遗址第二段。

Ⅱ组中甑 H13∶15 与矬李 H20∶1 相近，也可归入该遗址一段。H14 出土的小口高领瓮与煤山中期瓮相近，杯 H14∶13 与 H13∶13 相比，鼓腹上移，故 H14 可归入该遗址二段。

这样，西吕庙遗址可分两段：

第一段：H11、H13。

第二段：H12、H14。

3. 小潘沟遗址

据简报及《河南孟津小潘沟遗址河南龙山文化陶器的分期》一文，该遗址层位关系可归为六组：

Ⅰ组：T1∶②→H2、H3→③→H23→④。

Ⅱ组：H42→F6。

Ⅲ组：T1∶H4、H9→④→⑤。

Ⅳ组：T5∶F10→F9。

Ⅴ组：T5∶F7→F36。

Ⅵ组：T5∶②→F6→H40、H44。

三、王湾亚型分期

（一）典型遗址的分段

1. 矬李遗址

该遗址属于王湾三期文化的层位关系有四组：
Ⅰ. T1：④→H4→⑤A→⑤B→H6、H7。
Ⅱ. T3：②→M3→③→④→H20[①]。
Ⅲ. T2：⑤→H13、H16。
Ⅳ. M4→M24。

Ⅰ组：H6公布一件陶罐，T1④层公布一件圈足盘，器类不同，无法比较。

Ⅱ组：H20与M3公布的陶器器类不同，也无法直接比较。不过甗H20：1，瘦圈足较高；罐H20：4为尖唇折沿，沿面内凹，内侧折棱凸出，与煤山亚型早期陶罐的作风相同。结合地层关系，可将H20作为该遗址第一段。

Ⅲ组：H13与H16出土的罐H13：1、H16：4，均为折沿方唇，鼓腹、饰大方格纹，可见二者应处于相同的时间段。其作风与煤山亚型中期陶罐相同，或可归入该遗址第二段。

Ⅳ组：没有公布陶器。

除上述各单位外，H22出土小口罐H22：29、H22：31，均在口部饰附加堆纹一周，已接近于二里头文化早期花边口沿罐的作风。甗H22：2为鼓腹平底罐形，素面，与H20：1的瘦腹高圈足罐形甗相比，二者相差甚远。中间应有一缺环（这一缺环，正好被西吕庙遗址所出矮圈足甗补上，详见下文）。此外，罐H22：15饰以绳纹，宽折沿外撇，腹部较直，其形制与H20：9或与H13：1、H16：4均不相同，因此可把H22归入该遗址第三段。

简言之，矬李遗址可分为三段：
第一段：H20、H6。
第二段：H13、H16。
第三段：H22（图七）。

2. 西吕庙遗址

该遗址公布的层位关系有两组：
Ⅰ. H12→H11。

[①] 洛阳博物馆：《洛阳矬李遗址试掘简报》，《考古》1978年第1期，第7页说矬李二期"灰坑3个，H6，H7位于第5层"，而未提到另一灰坑。第8页二期陶器图中出现H20，陶器介绍也是H20，此当为二期灰坑中的另一个。第6页"H21位于T3第4层"应为H20之误。

与煤山 75T19④：6 相似。碗 J 采：13 与煤山 75T19④：5 相似。所以，上述各陶器及其所代表的文化遗存属煤山亚型早期。

3. 董庄遗址[①]

该遗址属王湾类型的陶器有：平底盆 DH2：1 与新砦 T2③：4 相近。瓮 DT3③：3，与煤山 75H59：4 相似。所以，以上陶器及其所在单位可归入煤山亚型晚期。

4. 下毋遗址[②]

该遗址所出罐 X 采：1 与煤山 75T10③：5 相似，故属煤山亚型中期。鼎 X 采：2 与新砦 H8：17 相似，故属煤山亚型晚期。

5. 谭陈遗址[③]

该遗址所出鼎 T 采：1 其口部同于瓦店 T6⑤Z2：29。碗 T 采：2 与煤山 75T19④：5 相似，故属早期。

6. 连楼遗址[④]

该遗址鼎 L 采：4 与煤山 75T19④：3 相似，属早期。甑 L 采：6 与煤山 75T25③B：17 相似，属中期。

7. 龙池遗址[⑤]

该遗址罐 L 采：2 与新砦 T2③：13 相似，属晚期。

煤山亚型诸遗址分期见表一。

表一　煤山亚型主要遗址分期

遗址 分段	煤山	新砦	王城岗	程窑	瓦店	董庄	崔庄	龙池	白元	下毋	连楼	冀寨	吴湾	北刘庄	谭陈
第 1 段	√		√	H15	√						√	√	√		√
第 2 段	√		√		√			√		√	√			√	
第 3 段	√	√				√	√		√					√	

---

① 河南省文物研究所等：《河南禹县颍河两岸考古调查与试掘》，《考古》1991 年第 2 期。
② 河南省文物研究所等：《河南禹县颍河两岸考古调查与试掘》，《考古》1991 年第 2 期。
③ 河南省文物研究所等：《河南禹县颍河两岸考古调查与试掘》，《考古》1991 年第 2 期。
④ 河南省文物研究所等：《河南禹县颍河两岸考古调查与试掘》，《考古》1991 年第 2 期。
⑤ 河南省文物研究所等：《河南禹县颍河两岸考古调查与试掘》，《考古》1991 年第 2 期。

小口高领瓮　分三式（图六，31～33）。肩部由圆肩到溜肩再到斜肩，口部由微外敞到直口再到直口微内敛。

甑　分三式（图六，34～36）。底部由矮圈足到无圈足，甑孔由少到多，近底部壁孔逐渐下移。

上述各类器物，大致都经过Ⅰ～Ⅲ式普遍性的变化，相同式别的各类器物当中，有些不同器类的器物之间，具有共存关系。这说明各类器物曾处于三个不同的时间段。各段之间所属不同式别的器物，具有明显的演变序列。而且这些器物的所在单位，有的还具有明确的上下叠压或相互打破的地层关系，说明这三个不同的时间段前后相继，即可看作早中晚三段。

煤山亚型三段的陶器特征总结如下：

第一段：陶质以夹砂灰陶、泥质灰陶为主，还有一定数量的泥质黑陶和磨光黑陶，及少量的橙黄陶和泥质红陶。器表以素面为大宗，纹饰以篮纹、方格纹为主。方格纹密集，印痕清晰，篮纹也较规整。陶胎较薄，器形规整，典型器物有鸭嘴形足鼎、侈口尖圆唇深腹罐、弧腹圈足盘、Ⅰ式碗、Ⅰ式壶和Ⅰ式钵等。此外还有深腹圜底斝、大口平底盆、直筒形觚等。

第二段：陶质仍以夹砂和泥质灰陶为主，但黑陶明显减少，黑衣陶相应增多。素面器物不如一段为多，纹饰虽仍以篮纹、方格纹为主，但绳纹数量开始上升，方格纹有的呈长方形，有的呈菱形，一段常见的小方格纹此时少见。篮纹不如一段规整。陶胎变厚，器形变得比较肥胖。器形中不见鸭嘴形足鼎，鼎口部沿面变得平直，以方唇为主。开始出现鬶和双腹盆。

第三段：陶质仍以夹砂和泥质灰陶为主，但黑陶更少，黑衣陶大量出现。素面陶不多，纹饰当中除篮纹、方格纹外，绳纹数量明显增多。器形一般上部圆鼓，下腹瘦削，如缸、瓮等。鼎为球形腹，或扁圆腹。碗、钵、圈足盘和器盖口部圆唇外凸。新出现的器形有甗、双耳盆、球腹鼎，不见斝。此外还有盆形甑、大平底盆，已与新砦期的同类器形相接近。

（三）其他遗址的分期

下面将煤山亚型遗址中，做过调查或试掘工作且已公布陶器资料的遗址，分期如下：

1. 崔庄遗址[①]

该遗址圈足盘CH3∶1与新砦H10∶10相近；鼎CT1③∶1与煤山75T24③A∶1相近；碗CH5∶3与煤山75T24③A∶4相近；器盖CH5∶1与新砦H10∶13相近。所以，该遗址文化遗存可归入煤山亚型晚期。

2. 冀寨遗址[②]

该遗址属于王湾类型的陶器有：鼎J采∶16与瓦店T6⑤Z2∶29相似。器盖J采∶12

[①] 河南省文物研究所等：《河南禹县颍河两岸考古调查与试掘》，《考古》1991年第2期。
[②] 河南省文物研究所等：《河南禹县颍河两岸考古调查与试掘》，《考古》1991年第2期。

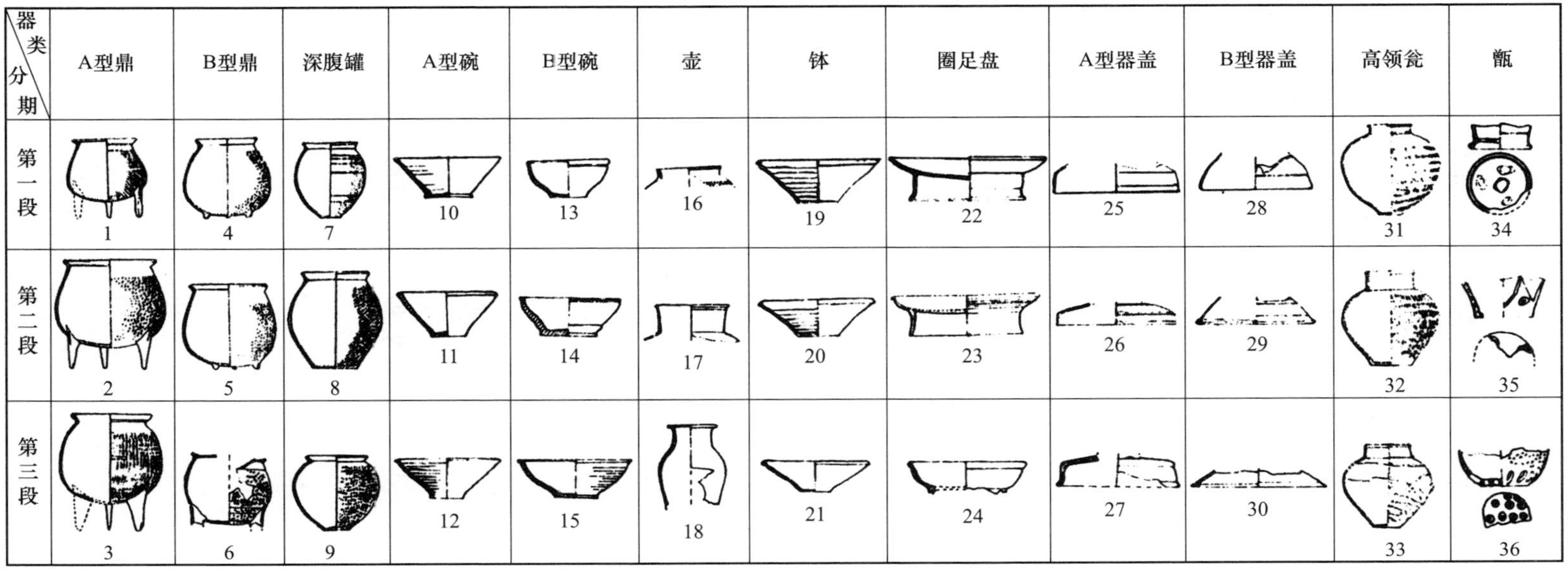

器类 分期	A型鼎	B型鼎	深腹罐	A型碗	B型碗	壶	钵	圈足盘	A型器盖	B型器盖	高领瓮	甑
第一段	1	4	7	10	13	16	19	22	25	28	31	34
第二段	2	5	8	11	14	17	20	23	26	29	32	35
第三段	3	6	9	12	15	18	21	24	27	30	33	36

图六　煤山亚型陶器分期图

1. 煤山75T19④:3　2. 煤山H25:2　3. 煤山75T13③:13　4. 瓦店T6⑥Z2:29　5. 煤山H29:1　6. 新砦T2③:15　7. 煤山75T10③:5　9. 新砦H10:3
10. 新砦T2③:19　11. 煤山75T19④:5　12. 煤山75T24③A:4　13. 煤山75T25③C:5　14. 煤山75T9③A:1　15. 新砦H9:6　16. 煤山75T25③C:19　17. 煤山75T9③:3
18. 煤山75T3④:5　19. 煤山75T19④:5　20. 煤山75T25③B:10　21. 煤山H15:7　22. 煤山75T25③C:15　23. 煤山75T25③B:11　24. 新砦H10:10　25. 煤山75T19④:6
26. 煤山75T2③:19　27. 新砦T2③:19　28. 煤山75T9③:2　29. 煤山75T9③:2　30. 煤山75T19④:4　31. 煤山75H67:3　32. 煤山H24:5　33. 煤山75H59:4　34. 新砦H9:8
35. 煤山75T25③B:17　36. 煤山75H87:2

8. 白元遗址

该遗址位于伊河中下游，处于煤山亚型与王湾亚型的交汇处。出土陶器当中，多鼎、无单耳杯、无斝等特点，表明它应归于煤山亚型。

该遗址出土的圈足、平底、底有四孔的罐形甑，溜肩瓮，垂腹鼎，与煤山二段、瓦店二段、王城岗二段的同类器物相似，可定为该遗址一段。

该遗址出土的平底甑、圆腹鼎、长圆腹罐等，与煤山三段、新砦一段的同类器物相接近可定为该遗址二段。

（二）常见器物的排比及文化分期

对煤山亚型的典型遗址逐个分析之后，该亚型常见器物的演变线索也就比较清楚了。这些器物包括鼎、瓮、甑、碗、钵、器盖、壶、圈足盘和深腹罐等。

鼎　分高、矮足二型。

A 型　高足，分三式（图六，1~3）。其变化规律可归纳为：①口沿部位由折沿内凹，到折沿近平，再到沿面微凸，圆唇外凸；②腹部最大径由下部向中部逐渐提高；③纹饰由清晰的小方格纹到浅而散乱的方格纹，再到弦纹；④鼎足由鸭嘴形到扁三角形，愈晚三足距离愈近。

B 型　分三式（图六，4~6）。除足部为矮足外，其余变化规律基本同于 A 型。

深腹罐　分三式（图六，7~9）。其变化规律主要表现在腹部最大径逐渐上移，唇部由尖唇到方唇，口沿沿面由沿面内凹到沿面近平，再到沿面微凸，纹饰由清晰的小方格纹到大菱形方格纹，再到拍印较浅比较散乱的方格纹。

碗　依腹部分二型。

A 型　直腹，分三式（图六，10~12）。其变化规律为唇部由尖唇到圆唇再到双唇，底部由大到小。

B 型　曲腹，分三式（图六，13~15）。其变化在于曲腹逐渐变缓，腹部由深到浅，底部由小到大。

壶　分三式（图六，16~18）。其变化规律主要表现在唇部由尖唇到圆唇再到圆唇外凸，肩部由广肩到溜肩再到斜肩。

钵　分三式（图六，19~21）。腹部由深到浅，唇部由圆唇到圆唇外侈到圆唇外凸。

圈足盘　分三式（图六，22~24）。其变化规律主要为腹部由浅弧腹到浅腹平底再到深腹平底。

器盖　分二型。

A 型　折壁，分三式（图六，25~27）。折壁处的夹角由钝角到直角，口部由直口到外侈。

B 型　斜壁，分三式（图六，28~30）。口部由平沿到子母口，唇部由尖唇到圆唇，再到唇外凸。

Ⅰ. H699 → H700
Ⅱ. H206 ┐
　　H207 ┘→ H210
Ⅲ. H67 → ③
Ⅳ. H256 → H253

上述各单位中，除 H206 发表完整陶器外，其余均只公布各单位所出陶片的照片，无法进行类型学的排比。不过，简报公布了另外一些单位所出陶器，其中，相当于煤山一段的陶器有：鼎 T155H413：7，为敛口折沿，沿面内凹，与煤山 75T19 ④：3、程窑 H15：24 相近。碗 H340：2，为大敞口，斜直腹，底边凸出有棱，与煤山 75T19 ④：5 相似。罐 T95H196：7 与煤山 75T19 ④ M11：1 相似。上述陶器所在单位可归为该遗址第一段。鼎 T95H206：10 与煤山 H29：1 相似，可归为该遗址二段。

鼎 T7H12：1，腹部呈圆球状，三矮足较扁，外侈，可定为该遗址第三段。

5. 吴湾遗址

该遗址第 4 层为龙山早期的遗存，第 3 层及部分灰坑属王湾类型。

鼎 T1 ③：6、高领罐 H2：8、碗 H2：4、瓮 H1：7 分别与煤山一段、程窑 H15 所属同类器物相似，其年代也应与之相近。

6. 瓦店遗址

该遗址出土的鼎 81ⅠT5A ④ b 和 81ⅡT6 ⑤ Z2：29 均为敛口折沿，沿面内凹，内侧折棱明显，与煤山 75T19 ④：3 相似。可将这两件器物所代表的文化遗存，归为该遗址的第一段。

该遗址 H28 出土的甗，圈足、平底，底部中央有一圆孔，周边三个梭形孔，与煤山 75T25 ③ B：17 相似。小口高领瓮 81ⅡT3 ⑤：12，直口、圆唇、高领溜肩与煤山 H29：5 相似。折腹盆 H13：5 与煤山 75T3 ④：6 相似。可将这三个单位所代表的文化遗存归入该遗址第二段。

鼎 81ⅢT3 ③：7 与煤山 75H75：1 相似。小口高领瓮 81ⅡT1 ④：23，平沿，斜肩与煤山 75H59：4 和新砦 H9：8 相似，可归为该遗址第三段。

7. 北刘庄遗址[①]

该遗址出土的双腹盆 H17：20、器盖 T4 ③：13、钵 H17：6、鼎 H17：3、罐 W3：1，均与煤山二段的同类器物相似，可将上述单位定为该遗址第一段，相当于煤山二段。

鼎 T23 ③：11 与新砦一段的圆腹鼎相近，可定为该遗址的第二段，相当于新砦一段。

---

① 河南省文物研究所：《河南临汝北刘庄遗址发掘报告》，《华夏考古》1990 年第 2 期。

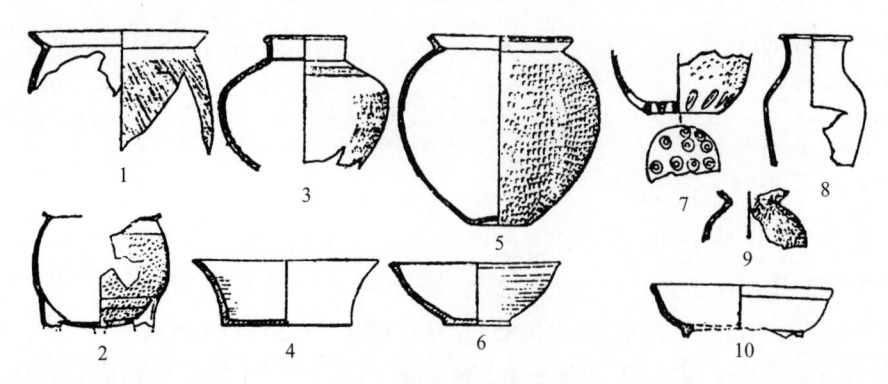

图四 新砦第一段陶器
1.大口罐（H10∶9） 2.鼎（T2③∶15） 3.高领瓮（H9∶8） 4.平底盆（T2③∶5） 5.深腹罐（H10∶3）
6.碗（H9∶6） 7.甑（H10∶8） 8.小壶（T2③∶19） 9.甗（T2③∶3） 10.圈足盘（H10∶10）

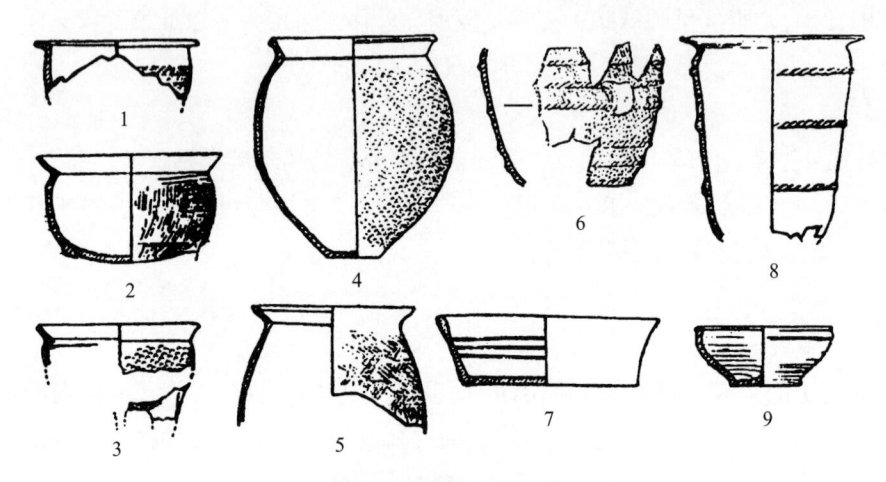

图五 新砦第二段陶器
1.盆（H8∶23） 2、3.鼎（H6∶5、H8∶7） 4.深腹罐（H8∶8） 5.中口罐（H8∶16） 6.瓮（H8∶19）
7.平底盆（H8∶10） 8.尊形器（H8∶14） 9.碗（H8∶12）

$$H6 \to ③ \to \begin{matrix} H7 \\ H8 \\ H15 \end{matrix}$$

上述各单位中，除H15之外，余则公布陶器甚少或未予公布。因此重点分析H15。鼎H15∶24，为敛口，折沿向上，沿面内凹内侧折棱突出，深腹圆鼓，最大腹径在腹下部，下附三个扁三角形矮足，器表饰小方格纹，与煤山75T19④∶3相似。瓮H15∶4为直口、圆唇、圆肩，腹部饰篮纹和横篮纹，与煤山75T19④∶4相似。故H15可归入与煤山75T19④相同的时间段。

4. 王城岗遗址

该遗址发掘简报公布的层位关系有四组：

相当。鼎 H25∶2 与 75T25 ③ B∶15 相近。大口钵 H25∶6 与 75T25 ③ B∶10 接近。可见它们的年代大体相当。

至此我们可将煤山遗址分为两个时间段：

第一段：75T25 ③ C、H31。

第二段：75T25 ③ B、H25、H29。

除上述各单位外，煤山遗址还有另外一些单位如 75H59、75H87、75T8 ④ B 层、H15 等出土的瓮、碗、钵、甑等器物，与上述煤山两段的同类器物有明显的演变关系。如瓮由鼓肩到溜肩再到斜肩，钵、碗由深腹到浅腹，甑由矮圈足到平底。我们既然已确立了煤山一、二段的器物演变序列，依照考古学类型学原理，可将上述各单位，归入煤山第三段。

简言之，我们把煤山遗址分为三段：

第一段：75T25 ③ C、75T19 ④、H31。

第二段：75T25 ③ B、H25、H29。

第三段：75H59、75H75、75T8 ④ B、H15。

2. 新砦遗址

该遗址属于王湾三期的层位关系只能归为一组：H6→③层。

H6 只公布了一件盆形鼎，其形制与 T2 ③层出土的圆腹鼎相差甚远，可见二者应处于不同的时间段。

该遗址典型单位还有 H8、H9、H10 等。H8 出土的盆形鼎与 H6 出土的同类器物相近，故二者时代相近。H8 还出土了一系列与二里头文化一期陶器比较接近的陶器，如中口篮纹罐、附加堆纹瓮、尊形器等。从 H6、H8 出土陶器观察，已去二里头文化不远，应属于赵芝荃提出的"新砦期"，可视为该遗址较晚段的遗存。H10 出土的壶 H10∶11，为敞口，溜肩，与 T2 ③∶19 相似。甑为平底，与煤山 75H87∶2 相似。H9 出土的瓮为直口，斜肩与煤山 75H59∶4 相似。碗为浅腹，与煤山 H15 出土的陶碗相似。故 H9、H10 可归为该遗址较早段的遗存。

换言之，我们把新砦遗址分为两段：

第一段：H9、H10、T2 ③层（图四）。

第二段：H6、H8（图五）。

这里的第一段相当于煤山三段，第二段可归入"新砦期"，严格地讲，它已不属于王湾类型的范畴。

3. 程窑遗址[①]

该遗址属于王湾类型的地层关系可归为一组，即：

---

① 赵会军、曾晓敏：《河南登封程窑遗址试掘简报》，《中原文物》1982 年第 2 期。

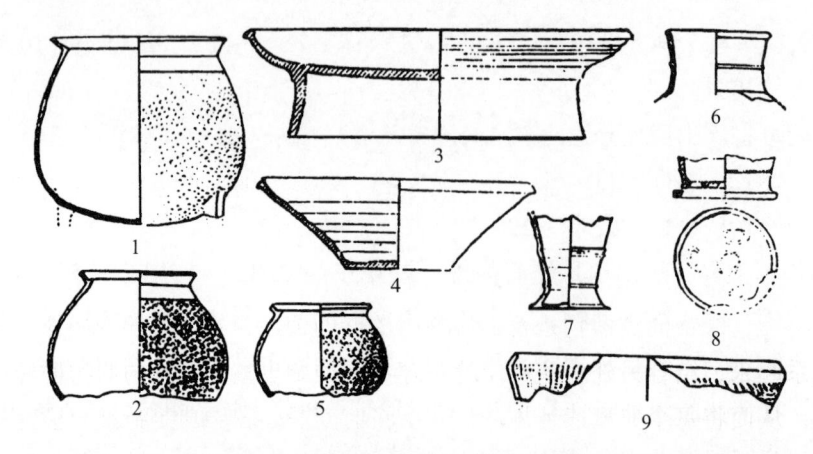

图二 煤山 75T25③B 层出土陶器
1、2、5. 鼎（15、22、16） 3. 圈足盘（1） 4. 钵（10） 6. 壶（20） 7. 筒形杯（21） 8. 甑（17） 9. 刻槽盆（18）

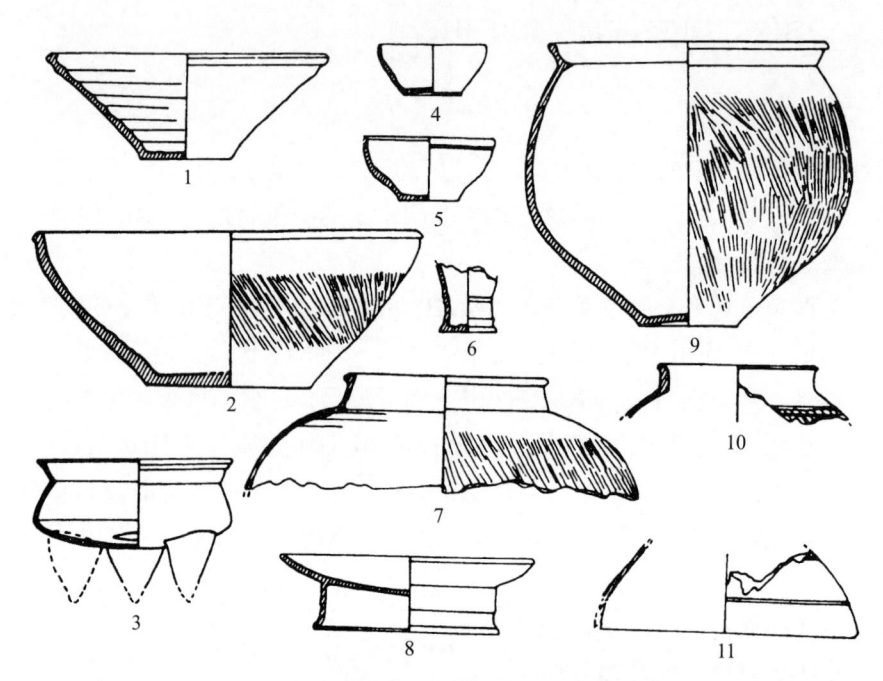

图三 煤山 75T25③C 层出土陶器
1. 钵（20） 2. 盆（2） 3. 斝（4） 4、5. 碗（5、6） 6. 觚（12） 7. 矮领瓮（18） 8. 圈足盘（15） 9. 大口罐（3） 10. 壶（19） 11. 器盖（17）

以"75"字样。

1987~1988 年发掘报告公布了数个灰坑的陶器资料，其中 H31 出土的圈足盘为圆唇、浅弧腹与 75T25③C:15 相似，与之共出的瓮为矮领、直口、圆肩、深鼓腹与 75T19④:5 高领瓮接近。由此可见，75T25③C 层、75T19④层，与 H31 应大体处于相同的时间段。

H25:2 鼎与 H29:8 鼎均为折沿、方唇、垂腹，饰大方格纹，可见这两个灰坑的年代

二、煤山亚型分期

本文采用的分期方法是，首先对典型遗址进行分段。所谓典型遗址指的是那些发掘面积较大、公布陶器较多、陶器所在单位层位关系明确以及陶器共存关系较为丰富的遗址。在对典型遗址分段时，首先归纳出该遗址共有多少组叠压或打破关系，然后逐组分析每个单位的陶器特征，观察同类器物是否具有前后演变的关系，寻找其嬗变规律。再把各组分析的结果联系起来，结合另外一些单位的共存关系推导出整个遗址的器物群经历了几次普遍性的变化，从而将每个典型遗址划分出若干个时间段。若干典型遗址分段完毕之后，整个亚型常见器物的演变线索，也就清晰了。这时再把那些演变关系清楚的陶器专门予以排比，看一看整个亚型常见陶器群一共经历了几次普遍性的变化，从而最终确定每个亚型可分为几期。下面我们先进行煤山亚型典型遗址的分期。

（一）典型遗址的分段

1. 煤山遗址

1975 年中国社会科学院考古研究所河南二队对该遗址进行大规模发掘。1987～1988 年河南省文物研究所又对该遗址进行发掘。据 1975 年发掘结果，该遗址属于龙山文化的层位关系，可归为五组：

Ⅰ. T11：H42→③A→③B（→表示叠压或打破关系，下同）。
Ⅱ. H74→H75。
Ⅲ. H80→H86。
Ⅳ. T25：③A→③B→③C。
Ⅴ. T19：③→④。

上述Ⅰ、Ⅱ、Ⅲ组各单位当中，每组只公布其中一个单位的陶器，无法比较。

Ⅳ组当中，T25③B 公布了 9 件陶器（图二），T25③C 公布了 11 件陶器（图三）。可比较的器物有：壶：T25③C：19 为尖唇，直口，矮领。T25③B：20 则为圆唇，微敞口，高领。钵：T25③C：10 为尖圆唇，口微敛，深腹。T25③B：10 为方唇，敞口，腹较浅。圈足盘：T25③C：15 为尖唇，浅弧腹，圈足下部内凹，T25③B：1 则为圆唇，直口，腹较深，平底，圈足外撇。可见，T25③C 与 T25③B 可归入早晚两个时间段。

Ⅴ组当中，可供比较的只有鼎足。T19③层出土的鼎足为人字形，T19④：3 鼎足则为扁三角形。二者差异明显，其余各件陶器种类不同，无法直接比较。不过 T19④层所出陶鼎、高领瓮、碗和器盖的形制，引人注目，至于它们同 T25③B 或 T25③C 的关系如何，现在还不能确定。

为了避免与 1987～1988 年发掘的资料编号混淆，以下在 1975 年发掘资料编号前均冠

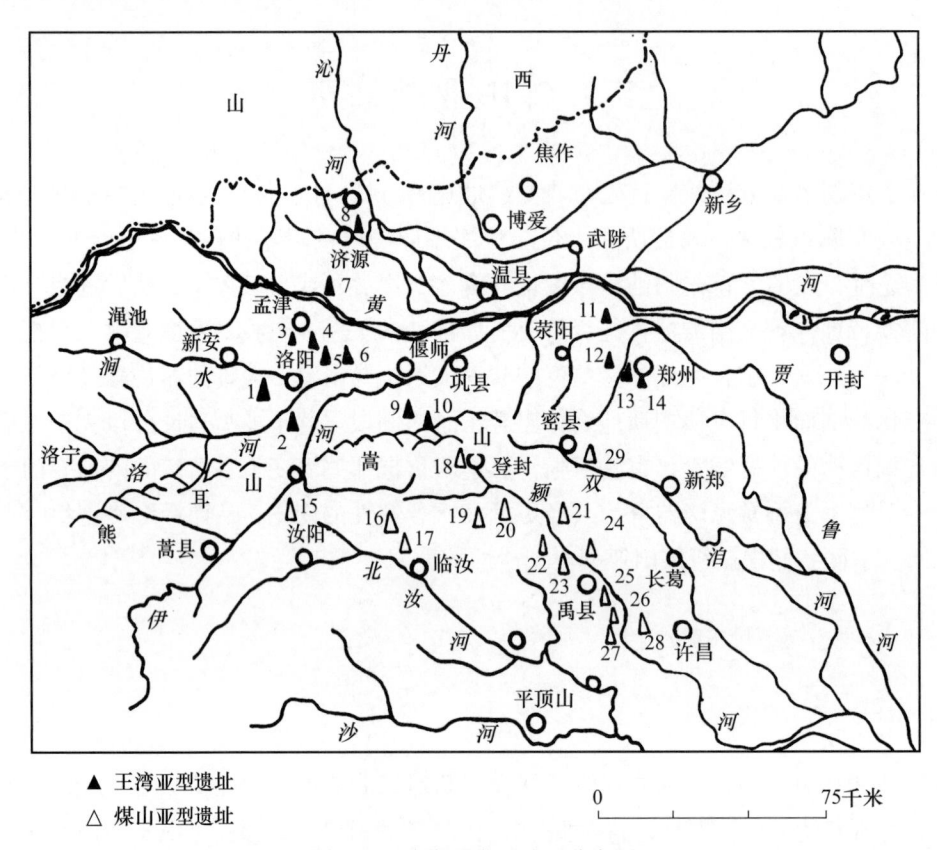

图一　王湾类型主要遗址分布图

1. 王湾　2. 煤李　3. 菠萝窑　4. 小潘沟　5. 西吕庙　6. 平乐　7. 东杨村　8. 苗店　9. 灰嘴　10. 江村　11. 点军台　12. 马庄　13. 旭旮王　14. 阎庄　15. 白元　16. 北刘庄　17. 煤山　18. 王城岗　19. 连楼　20. 冀寨　21. 下毋　22. 龙池　23. 瓦店　24. 董庄　25. 崔庄　26. 吴湾　27. 谭陈　28. 胡楼　29. 新砦

▲ 王湾亚型遗址
△ 煤山亚型遗址

不见双间以上的房屋。南区的房屋全为方形或长方形，不见圆形，而且南区对房基的处理相当讲究。居住面上涂抹的白灰面，少则数层，多则十几层。墙壁多为木骨泥墙；煤山遗址出现2～3间连间房屋建筑。总而言之，南区的建房技术显然高于北区。

（四）葬俗的差异

北区曾出现圆形墓，或许是受该区圆形房屋的影响；南区不见圆形墓。南区的儿童长方形竖穴土坑墓却不见于北区。

以上我们着重分析了南北两区不同方面的差异，但是这种差异并未达到已不属于同一考古学文化的程度。例如就陶器特征来讲，南北两区均以泥质和夹砂灰陶为主，次为磨光黑陶，纹饰均以篮纹、方格纹为主，绳纹、弦纹等少见，器形共有侈口深腹罐、高领瓮、圈足盘、斜壁碗、鼎、壶、杯等。迄今为止，在南区还找不到一群完全不同于北区的器物群。这说明我们所列举的差异，只能是同一文化下不同地域的差异。根据考古学文化可划分为不同层次的理论，我们将王湾类型南北两区分为两个亚型，即北区的王湾亚型和南区的煤山亚型。

（一）分布地域的不同

北区的王湾三期文化诸遗址主要分布于郑洛之间的黄河两岸及其支流伊、洛、涧河中下游地区。主要遗址有王湾[①]、西吕庙[②]、小潘沟[③]、东杨村[④]、苗店[⑤]、灰嘴[⑥]、点军台[⑦]、旭岙王[⑧]、马庄[⑨]、矬李[⑩]等。

南区的王湾三期文化诸遗址主要分布在淮河支流的汝河、颍河、双洎河流域，主要遗址有煤山[⑪]、王城岗[⑫]、瓦店[⑬]、白元[⑭]、吴湾[⑮]、新砦[⑯]等（图一）。

（二）陶器特征的差异

北区早期陶器以泥质灰陶为主，夹砂灰陶次之；南区早期陶器则以夹砂灰陶为主，泥质灰陶次之。北区晚期还出土有少量白陶，南区则未见。

器形方面，北区炊器以侈口夹砂罐、双耳高领罐、斝和甗为主，少有鼎。南区则以鼎为主，兼用陶罐，几乎不见斝，甗的数量也不及北区常见。北区的饮食器以单耳杯为主；南区则以觚为主。北区的盛贮器中有大量的双腹盆，南区则少见。此外，北区的单把鬲、单把鼎、平底鬶、爵等器形不见于南区。

（三）建筑风格的差异

除开王城岗城堡不说，南北两区普通房屋建筑作风也颇不相同。北区房屋，平面布局以圆形为主，兼有方形。地基处理较为简单，有的房基先行夯打生土面，再铺上一层料姜石料，有的地面经过火烧，有的则无任何防潮处理设施。墙壁以草拌泥为主，迄今为止，

---

① 北京大学考古实习队：《洛阳王湾遗址发掘简报》，《考古》1961年第4期。
② 洛阳市文物工作队：《洛阳西吕庙龙山文化遗址发掘简报》，《中原文物》1982年第3期。
③ 洛阳博物馆：《孟津小潘沟遗址试掘简报》，《考古》1978年第4期。
④ 洛阳市文物工作队：《河南洛阳吉利东杨村遗址》，《考古》1983年第2期。
⑤ 中国历史博物馆考古部等：《河南济源苗店遗址发掘简报》，《考古与文物》1990年第6期。
⑥ 河南省文物研究所：《河南偃师灰嘴遗址发掘报告》，《华夏考古》1990年第1期。
⑦ 郑州市博物馆：《荥阳点军台遗址1980年发掘报告》，《中原文物》1982年第4期。
⑧ 河南省文物工作队第一队：《郑州旭岙王村遗址发掘报告》，《考古学报》1958年第3期。
⑨ 郑州市博物馆：《郑州马庄龙山文化遗址发掘简报》，《中原文物》1982年第4期。
⑩ 洛阳博物馆：《洛阳矬李遗址试掘简报》，《考古》1978年第1期。
⑪ 中国社会科学院考古研究所河南二队：《河南临汝煤山遗址发掘报告》，《考古学报》1982年第4期；河南省文物研究所：《临汝煤山遗址1987—1988年发掘报告》，《华夏考古》1991年第3期。
⑫ 河南省文物研究所等：《登封王城岗遗址的发掘》，《文物》1983年第3期。
⑬ 河南省文物研究所等：《禹县瓦店遗址发掘简报》，《文物》1983年第3期。
⑭ 洛阳地区文化处：《伊川白元遗址发掘简报》，《中原文物》1982年第3期。
⑮ 河南省文物研究所等：《禹县吴湾遗址试掘简报》，《中原文物》1988年第4期。
⑯ 中国社会科学院考古研究所河南二队：《河南密县新砦遗址的试掘》，《考古》1981年第5期。

中原龙山文化王湾类型再分析

王湾类型，又称"王湾第三期文化"或"豫西龙山文化"。它是中原龙山文化（河南龙山文化）的一支地方类型。20世纪60年代初，北大考古实习队对洛阳王湾遗址进行正式发掘[①]。发掘结果表明：该遗址新石器时代文化遗存可分为三期：一期为仰韶文化，二期为从仰韶到龙山的过渡期，三期为龙山文化。继王湾之后，在豫西地区相继发现了矬李、煤山、小潘沟、西吕庙、苗店等许多与王湾三期文化遗存相类似的龙山文化遗址。后将这类遗存命名为"王湾第三期文化"，简称"王湾类型"[②]，也有人叫作豫西龙山文化。由于王湾类型无论在分布地域、文化面貌以及年代范围上都同二里头文化有着密切的联系，在探索先夏文化和夏文化中占有重要的位置，因而引起了众多学者的高度重视。不少学者还就王湾类型同夏文化的关系问题纷纷发表意见[③]。然而，如同要想深入细致地探讨夏文化同二里头文化的关系，就必须做好二里头文化的分期工作一样，若想深入探讨王湾类型与夏文化的关系，也必须解决王湾类型本身的分期问题。虽然，已有部分学者从王湾类型个别遗址的分期入手，尝试对整个王湾类型做进一步的分期，但全面系统地分析王湾类型分期的工作尚未开展，王湾类型诸遗址之间的年代对应关系，众说纷纭[④]。根据考古学文化可划分为不同层次的理论，王湾类型还可再细分为若干亚型。这一工作，更是刚刚起步[⑤]。本文拟在前人研究的基础之上结合近年来发表的新资料，对王湾类型作进一步的分区与分期。

一、王湾类型的两个亚型

通过30年来的考古调查、试掘与发掘工作，现已基本查明：中原龙山文化王湾类型的分布范围西起渑池，东到郑州附近，北达济源，南抵襄城。其间大体可以东西走向的熊耳山、嵩山为界，分为南北两个区域，虽然同属于王湾类型但两者之间却存在着相当的差异，主要表现在如下几个方面：

[①] 北京大学考古实习队：《洛阳王湾遗址发掘简报》，《考古》1961年第4期。

[②] 李仰松：《从河南龙山文化的几个类型谈夏文化的若干问题》，《中国考古学会第一次年会论文集》，文物出版社，1980年。

[③] 吴汝祚：《关于夏文化及其来源的初步探索》，《文物》1978年第9期；安金槐：《豫西夏代文化初探》，《河南文博通讯》1978年第2期；邓昌宏：《夏文化的探讨》，《考古与文物》1982年第5期。

[④] 余扶危、叶万松：《河南孟津小潘沟遗址河南龙山文化陶器的分期》，《考古》1982年第2期；高天麟、孟凡人：《试沦河南龙山文化"王湾类型"》，《中原文物》1983年第2期；方孝廉等：《试析煤山矬李两遗址的河南龙山文化和二里头文化》，《中原文物》1983年特刊；郭引强：《豫西地区龙山文化典型遗址分析》，《中原文物》1986年第1期。

[⑤] 王震中：《略论"中原龙山文化"的统一性与多样性》，《中国原始文化论集》，文物出版社，1989年。

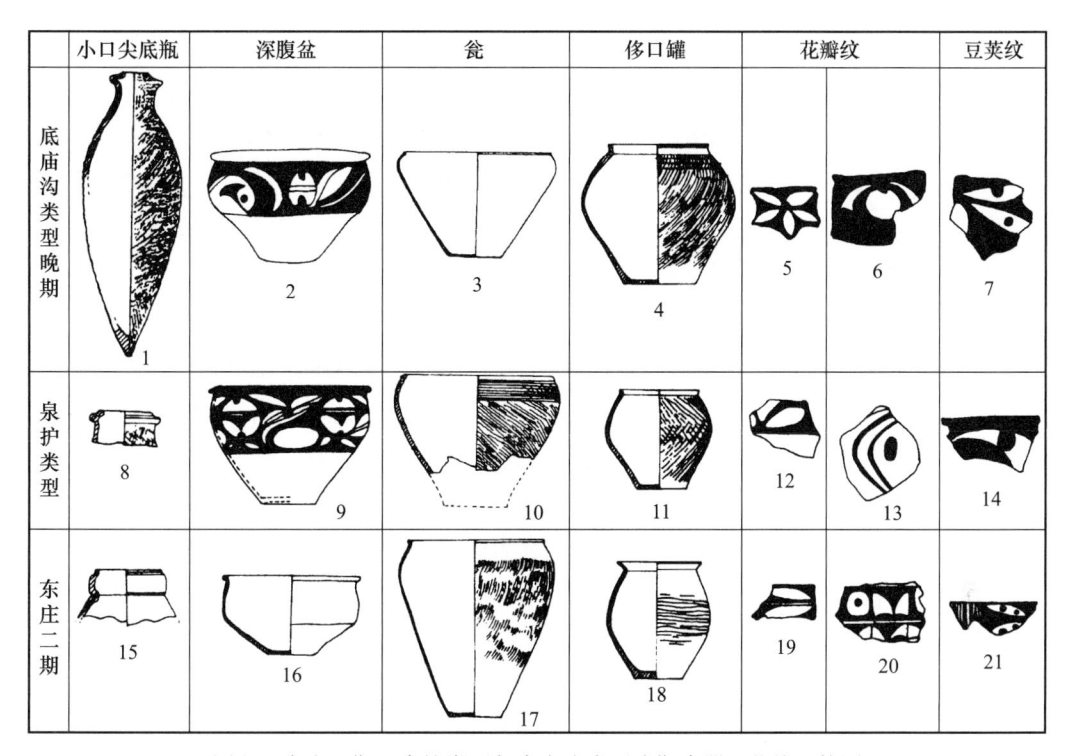

图七　东庄二期、泉护类型与庙底沟类型晚期陶器、花纹比较图

1～7. 庙底沟（T203∶43、H10∶131、H203∶50、H1∶92、H46∶125、报告图版六：4、图版七：9）　8～10、13、14. 龙岗寺（T15②∶2、H174∶4、H174∶1、H174∶19、T37②∶8）　11、12. 泄湖（T3F3∶3、T3⑦∶9）　15～21. 东庄村（H117①∶6、H115③∶21、H104④∶10、T105④∶5、H109②∶012、H104④∶04、H106①∶021）

　　如果上述认识不误，我们可以把关中地区的仰韶早期遗存称之为半坡文化，它来源于老官台文化，历经半坡类型和史家类型两个前后相继的发展阶段。把晋南和河南中西部地区的类似于东庄二期和庙底沟遗址的仰韶遗存称之为庙底沟文化，它来源于仰韶文化东庄类型，早期曾与半坡文化的史家类型东西对峙，中期已将势力范围向西扩展到渭河流域，并与半坡文化的后裔融为一体，形成泉护类型，此后合二为一，并继续向四面八方扩展其势力范围。在庙底沟文化发达阶段其势力范围东逾郑州，西抵甘青，北至内蒙古，南达汉江流域。其地域之广，影响之大，文化统一性之高，均前所未有，为华夏族的形成和促进华夏文明的诞生做出了巨大贡献。

（原载《考古》2000年第3期）

但是，泉护类型只是仰韶文化庙底沟期的一支地方类型，典型庙底沟类型不在关中地区，而是局限在豫西晋南地区[①]。因此，追溯庙底沟类型的来源，必须首先弄清楚豫西晋南地区庙底沟类型早期遗存的文化面貌。这项基础工作如果进行得不够深入，庙底沟类型自身发展过程也就不清楚。遗憾的是学术界对豫西晋南地区庙底沟类型早期遗存的研究的确不够深入。本属于庙底沟类型早期的遗存，或被归入半坡类型，或被归于史家类型，或被归于以庙底沟遗址主体遗存为代表的庙底沟类型中、晚期遗存当中。学术界对东庄村仰韶遗存文化性质的认定颇多歧异，原因也在于此。

庙底沟类型文化发达，分布范围及影响区域十分辽阔。这种发达的考古学文化绝不会是一下子突然在各地同时出现的，必定有一个时间由早到晚，区域由小到大，由中心向外围发展的渐进过程。在所谓的庙底沟类型当中，哪些是早期因素，哪些是晚期因素？哪里是庙底沟类型的发源地？这些问题并没有得到很好的解决。虽有学者指出庙底沟遗址只是庙底沟类型偏晚时期的遗存[②]，不过，哪些遗存可算是庙底沟类型偏早时期的代表，这方面的工作显得十分薄弱，目前为止，东庄二期仍可算是庙底沟类型早期遗存的代表之一。值得注意的是在豫西晋南地区不乏类似东庄二期的文化遗存。在庙底沟一期、仰韶一期、王湾一期[③]、下王岗二期以及伊川土门[④]、临汝阎村[⑤]等遗址中，常可见到类似东庄二期的微曲腹盆、钵，曲腹杯形口尖底瓶，倒八字形或长柄器盖等器形以及豆荚纹、窄花瓣纹、草叶纹等彩陶图案。此类遗存本来作为庙底沟类型早期遗存应单独区分出来，但往往被归入到以庙底沟遗址为代表的庙底沟中、晚期遗存之中。

我们认为，豫西晋南地区的庙底沟早期遗存实由仰韶文化东庄类型发展而来，是东庄类型的后继者，它与关中地区半坡类型的后继者——史家类型曾东西对峙。换言之，庙底沟类型偏早遗存与半坡类型偏晚遗存（史家类型）原本是平行关系，只是后来到了庙底沟类型中期，已经发展起来的庙底沟类型终于战胜了史家类型，同时也将大量的庙底沟类型文化传统因素带入到渭河流域，并与当地土著文化相融合，产生了新的类型，即关中地区酷似庙底沟类型的泉护类型。泉护类型在年代上晚于以东庄二期为代表的庙底沟类型早期遗存。文化面貌与庙底沟遗址主体遗存具有明显的嬗变关系，这在陶器上看得十分清楚。如泉护类型的陶器群中以敛口曲腹钵（碗）、卷沿曲腹盆、环形口尖底瓶、侈口罐等最为常见，还有釜、甑、灶、鼎等不见于史家类型却常见于庙底沟类型中晚期当中的典型器物。彩陶图案以鸟纹、回旋勾连纹和花瓣纹最为发达。上述文化因素均与庙底沟类型早期同类因素具有显而易见的承袭关系（图七），而与关中地区早于泉护类型的史家类型相比，许多文化因素存在脱节或中断现象。因此，泉护类型的主源是庙底沟类型早期遗存而并非半坡类型或史家类型。

---

① 严文明：《论半坡类型和庙底沟类型》，《考古与文物》1980年第1期。
② 张学政：《论黄河流域仰韶文化区系类型》，《论仰韶文化》，《中原文物》1986年特刊。
③ 北京大学考古实习队：《洛阳王湾遗址发掘简报》，《考古》1961年第4期。
④ 洛阳市第二文物工作队等：《伊川土门、水寨新石器时代遗址调查简报》，《中原文物》1987年第3期。
⑤ 临汝县文化馆：《临汝阎村新石器时代遗址调查》，《中原文物》1981年第1期。

图六 东庄二期与史家类型陶器、花纹比较图

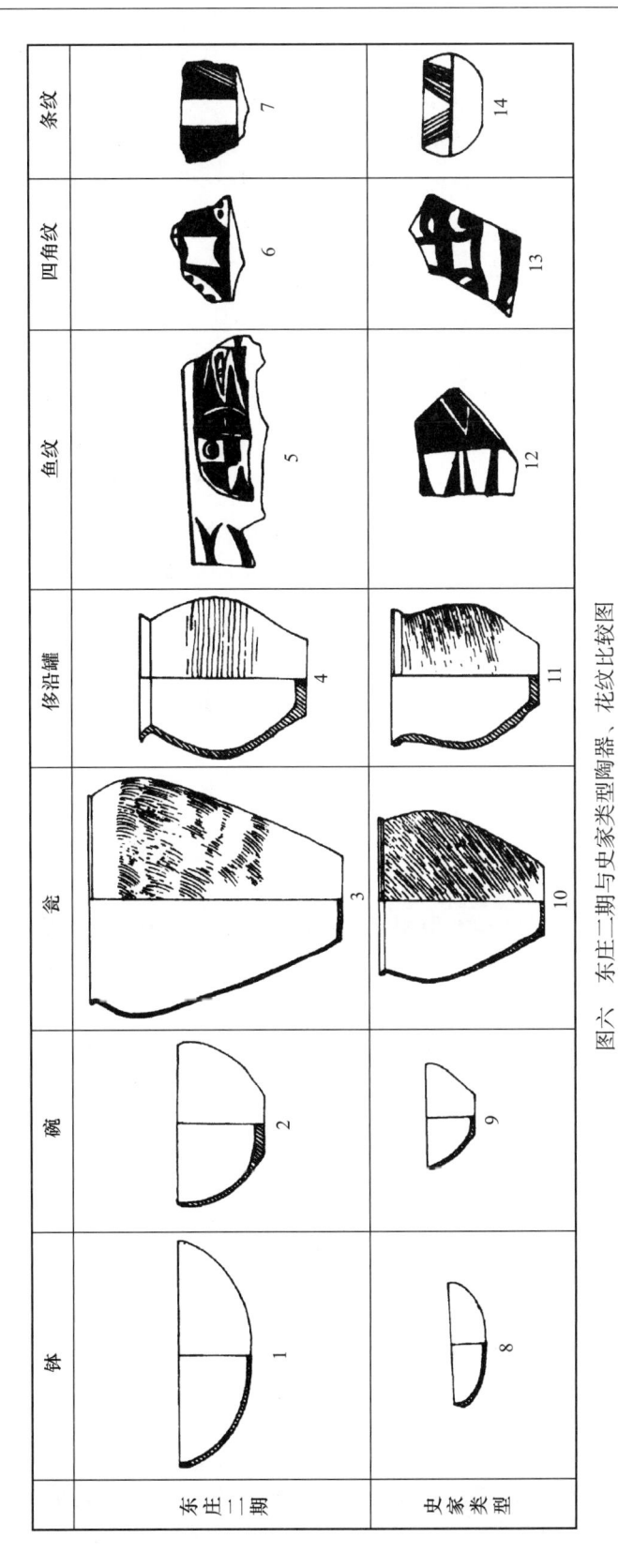

1~7. 东庄村（H103①:7、H104③:9、H104④:10、T104④:5、H115②:51、H115④:08、H104②:017）8、9. 史家（M34:3、M35:2）10、12、13. 泄湖（T3⑧:3、T3⑧:5、T1⑧:8）11. 王家阴洼（M18:5）14. 姜寨二期（T11M237:1）

瓮、罐等某些器形，彩陶纹样中的黑色彩带纹、变体鱼纹、四角纹、几何形纹等均有相似之处（图六），可见二者异中有同，但异多同少。形成这一现象的原因主要有两条：一是二者具有时代上的早晚关系和文化上的承袭关系。比方说，东庄二期是史家类型的基础上发展而来的，前者承袭了某些传统文化因素，所以异多同少。二是二者具有时代上的共存关系和文化上的并行关系。比方说，东庄二期与史家类型原属不同的考古学文化，因其时代相同，地域相邻，彼此接受对方的文化影响，因而出现了文化面貌上的某些相似之处。哪一条可能性更大呢？据研究史家类型主要分布在关中地区，庙底沟类型主要分布在豫西晋南地区[1]，两者东西毗邻，文化面貌迥异。而且，正如前文所云，东庄二期源于东庄一期，并非承袭史家类型发展而来，因此，东庄二期与史家类型文化遗存有相似之处的原因，不宜用继承文化传统来解释，只能解释为二者时代相同。现有碳十四年代成果也可作为有力的佐证。碳十四测年表明，史家类型为距今 $5490\pm160\sim5235\pm95$ 年[2]，而庙底沟 H333 为距今 5230 ± 100 年[3]，H324 为距今 4905 ± 170 年[4]，按照严文明对庙底沟遗址的分期结果[5]，这两个灰坑的相对年代，均晚于该遗址一期一段[6]，不算庙底沟遗址中最早一段的遗存。我们前面已讲过，东庄二期比庙底沟遗址为代表的庙底沟类型要早，因此，其绝对年代肯定早于庙底沟 H324 和 H333 的绝对年代，从而进入史家类型的绝对年代范围之内。

综上所述，我们认为，东庄二期与史家类型曾经同时并行，东西对峙，文化上亦曾相互影响。

三

学术界关于半坡类型和庙底沟类型相互关系的讨论，自 50 年代末以来已持续了数十年[7]。如今除少数学者坚持二者是平行的两支考古学文化类型之外[8]，更多的学者认为庙底沟类型晚于半坡类型[9]。在关中地区已多次发现庙底沟类型叠压半坡类型的关系[10]，因此，关中地区半坡类型（晚段也有人叫作史家类型）早于以泉护一期为代表的关中地区庙底沟类型（也叫泉护类型）已毋庸置疑。

---

[1] 严文明：《论半坡类型和庙底沟类型》，《考古与文物》1980 年第 1 期。
[2] 王小庆：《论仰韶文化史家类型》，《考古学报》1993 年第 4 期。
[3] 中国社会科学院考古研究所：《中国考古学中碳十四年代数据集》，文物出版社，1991 年。
[4] 中国社会科学院考古研究所：《中国考古学中碳十四年代数据集》，文物出版社，1991 年。
[5] 严文明：《论庙底沟仰韶文化的分期》，《考古学报》1965 年第 2 期。
[6] H333 属庙底沟遗址二期，H324 属一期二段。
[7] 李衍垣：《关于"仰韶文化"的讨论综述》，《考古》1964 年第 7 期。
[8] 苏秉琦：《关于仰韶文化的若干问题》，《考古学报》1965 年第 1 期。
[9] 张忠培、严文明：《三里桥仰韶遗存的性质与年代》，《考古》1959 年第 10 期；张忠培：《试论东庄村和西王村遗存的文化性质》，《考古》1979 年第 1 期；严文明：《论半坡类型和庙底沟类型》，《考古与文物》1980 年第 1 期。
[10] 如临潼姜寨、蓝田泄湖、南郑龙岗寺等遗址。

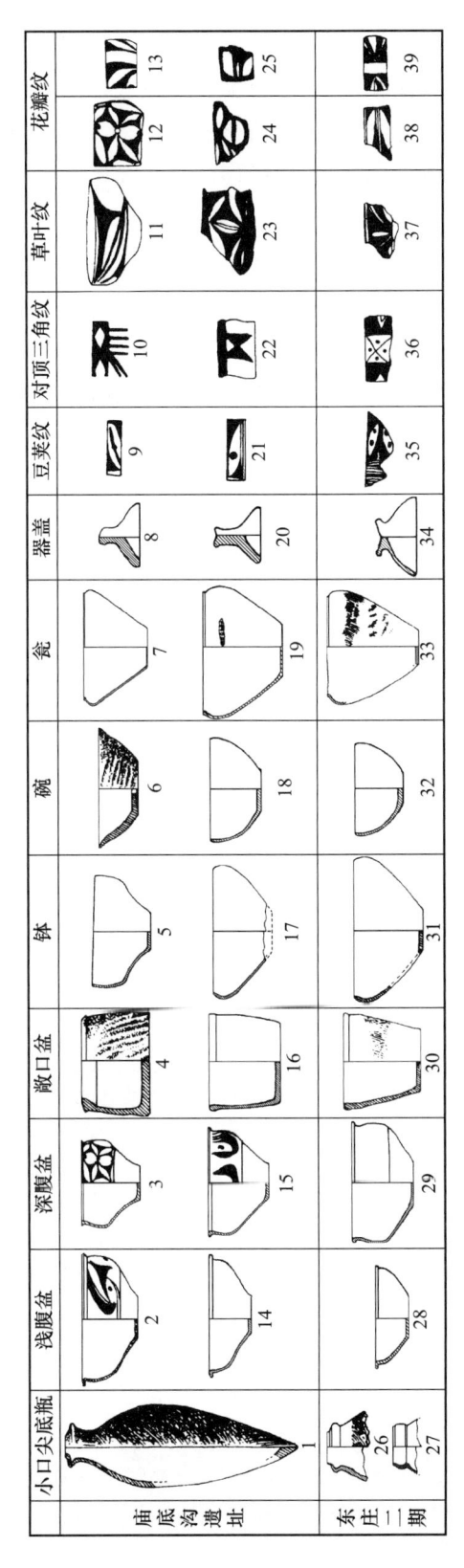

图五　东庄二期与庙底沟遗址出土陶器、花纹比较图

1~25. 庙底沟遗址（T203:43、H379:86、H11:75、H203:50、T104:08、T11、H316、T315:50、H11:75、H387:44、H1:09、H59:29、H66:46、H325:11、H379:84、H333:37、H47:07、H72、T122:19、报告图版六:8、H346、H338:38）　26~39. 东庄村（H116②:16、H117①:1、H115④:30、H115③:21、H203①:3、H208③:1、H104③:19、H104①:4、H106①:021、H115①:06、H104①:01、H109②:012、H129③:8）

型有相似之处，如半球状圜底钵、杯形口小口尖底瓶、直线三角纹折沿弧壁深腹盆等。东庄二期遗存与以庙底沟遗址为代表的庙底沟类型有不少相似之处，但风格更为原始。故东庄一、二期遗存的文化性质应分开来谈，不应一概而论。

我们认为东庄一期是晋南豫西地区仰韶早期遗存，时代约与关中地区仰韶文化半坡类型大体相当。此类遗存在东庄村遗址发现不多，但特征鲜明。虽有前述与半坡类型相似的文化因素，但这或许是时代特征使然，并不能因此将它归入半坡类型之中。二者不仅分布地域不同，而且陶器特征也存在明显的差异。如东庄一期不见关中半坡早期的口直体胖的小口尖底瓶、细颈壶、锥刺纹罐、人面鱼纹彩陶盆等，后者也不见前者的镂孔器、敞口盆等典型器物。随着今后田野资料的增加和研究工作的深入，东庄一期即仰韶文化东庄类型的文化面貌将日臻清晰。

东庄二期遗存能否归入半坡类型或史家类型呢？我们看到东庄二期出土的双唇口尖底瓶，敛口微曲腹盆、钵、敛口鼓肩瓮、镂孔器，夹砂敞口盆、鼎等器类皆不见于半坡类型。彩陶中的窄花瓣纹、豆荚纹、四角纹、圆点纹等也不见于半坡类型。同样，半坡类型常见的通体矮胖的杯形口尖底瓶、半球状的圜底钵、侈沿深腹盆、锥刺纹罐、细颈壶等典型器物以及彩陶中盛行的写实鱼纹和人面鱼纹也不见于东庄二期。史家类型是在半坡类型的基础上发展起来的[①]。典型器物有葫芦瓶、矮胖的细颈壶、尖底罐、饰鸟喙状泥突的鼓腹罐等。这些器物均不见于东庄二期。可以说，东庄二期与半坡类型及其后继者史家类型的陶器群主体各不相同。从渊源关系看，东庄二期来源于东庄一期，在发展过程中或许受到约略同时的史家类型的某些影响（详后），并非从半坡类型或史家类型发展而来，因此，东庄村仰韶遗存最丰富的东庄二期，既不能归入半坡类型，也不宜视为由史家类型向庙底沟类型过渡的中间环节。

事实上，东庄二期与庙底沟遗址[②]的早期遗存更为接近，只不过作风更为古朴。庙底沟遗址陶器群与东庄二期陶器群基本相同，而且庙底沟遗址出土的双唇口尖底瓶、盆、钵、瓮、碗、器盖等器物均可在东庄二期中找到极为近似的同类器形的原始形态。东庄二期彩陶纹样当中常见的豆荚纹、圆点纹、草叶纹等在庙底沟遗址所出同类纹样中得到进一步的发展（图五）。因此，可把东庄二期作为庙底沟类型的初期遗存归入到庙底沟类型之中。诚如此，东庄二期的相对年代，就应早于以庙底沟遗址为代表的庙底沟类型遗存。

在关中地区常见史家类型早于庙底沟类型的地层关系，如蓝田泄湖[③]、临潼姜寨[④]、郑南龙岗寺[⑤]等遗址。那么东庄二期会不会与史家类型曾经同时并存呢？我们在前文已指出，东庄二期与史家类型文化遗存主体内容的确差异明显，但二者也有某些相似之处。如钵、碗、

---

① 王小庆：《论仰韶文化史家类型》，《考古学报》1993年第4期。
② 严文明：《论庙底沟仰韶文化的分期》，《考古学报》1965年第2期。
③ 中国社会科学院考古研究所陕西六队：《陕西蓝田泄湖遗址》，《考古学报》1991年第4期。
④ 半坡博物馆等：《姜寨——新石器时代遗址发掘报告》，文物出版社，1988年。
⑤ 陕西省考古研究所：《龙岗寺》，文物出版社，1990年。

表三　东庄村仰韶遗存典型器物分型分式表

期	段	群	单位	小口尖底瓶 A型	小口尖底瓶 B型	钵 A型	钵 B型	盆 A型	盆 B型	敞口盆	侈沿罐	镂孔器
二	Ⅲ	A	H104		Ⅲ		Ⅲ				Ⅲ	
			H115					Ⅲ	Ⅲ			Ⅲ
			H106			ⅡⅢ						
			T108④									
			H203							Ⅲ		
	Ⅱ	B	H116		Ⅱ			Ⅱ				Ⅱ
			H117	√	Ⅰ						Ⅱ	
			T105④					Ⅱ				
			H103			Ⅱ						
			H208				Ⅱ		Ⅱ			
一	Ⅰ	C	Y203			Ⅰ				Ⅰ	Ⅰ	Ⅰ
			H113	√								
			H101					Ⅰ				
			T206③					Ⅰ				
			F204					Ⅰ				

参加上述分期的陶器已占《报告》发表了图版资料的陶器中的绝大多数。除此之外，《报告》公布的另外少数陶器当中，有个别器物应归入以庙底沟遗址为代表的庙底沟类型和以半坡晚期为代表的西王村类型。其中属于庙底沟类型的有碗 T209⑤：1、彩陶罐 T213⑤：014、钵 T215④：07、器盖 T117③：1、重环口瓶 T124③：1 等。属于西王村类型的有盘 H217①：1、H224②：4 等。

总体来看，东庄村仰韶遗存主体内容主要是本文所分东庄二期遗存，次为东庄一期遗存。至于庙底沟类型（以庙底沟遗址为代表）和西王村类型（半坡晚期类型）的遗存只有极少数，不属于东庄村仰韶遗存的主体内容。

二

如前文所述，东庄村仰韶遗存就主体内容来讲，可分为两期3段，其中一、二期区别明显，其文化性质自然不能混为一谈。拿陶器来讲，东庄一期不见双唇口尖底瓶，二期则有双唇口尖底瓶。一期的浅腹盆和深腹盆为弧壁，二期则为圆曲壁；一期的圜底钵为直口、深腹、通体呈半球状；二期的圜底钵则为敛口、微曲腹。一期的平底钵口较直，底较大，弧腹；二期的平底钵为敛口，小底，微曲腹。就彩陶纹样而言，一期不见花瓣纹、豆荚纹和圆点纹；二期则常见。总而言之，东庄一期遗存与关中地区以半坡早期为代表的半坡类

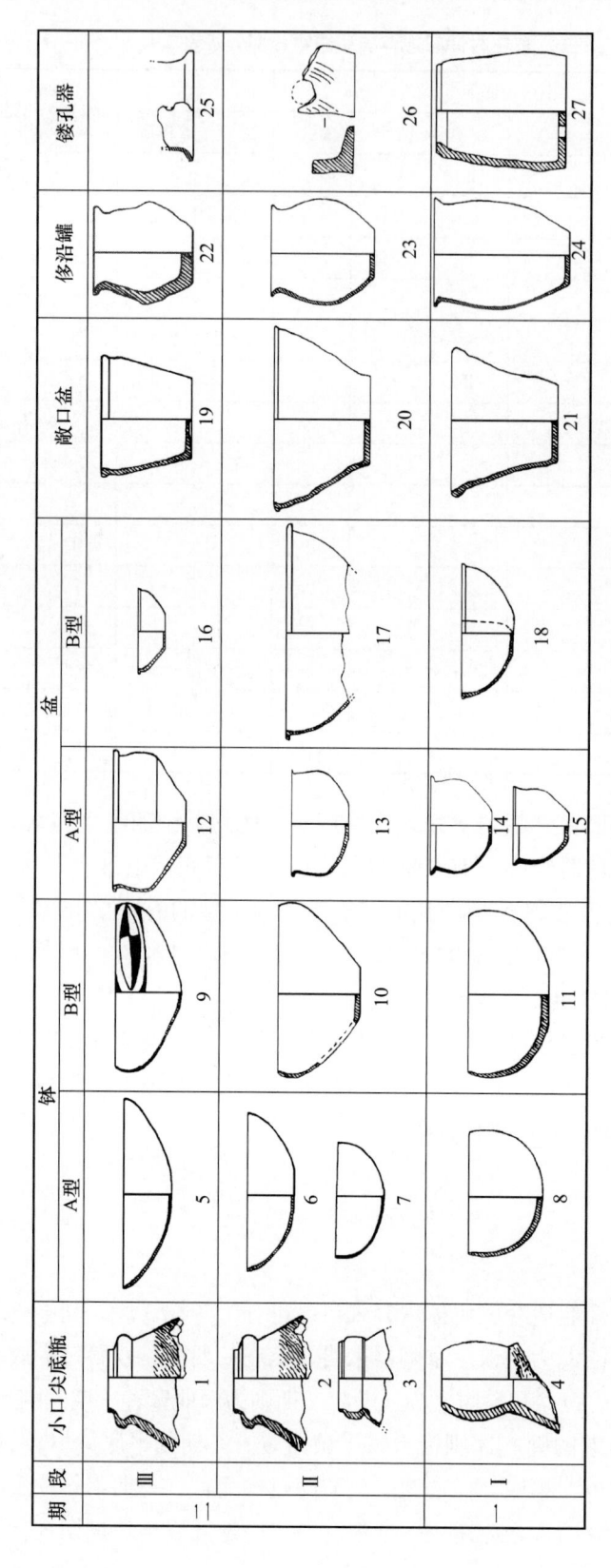

图四 东庄村仰韶文化遗存陶器分期图

1~4. 小口尖底瓶（T108④:8、H116②:16、H117①:1、H117①:8）5~8. A型钵（H106①:3、H103①:7、H116①:2、Y203:1）9~11. B型钵（H104②:16、H208③:1、F204③:4）12~15. A型盆（H115③:21、T105④:1、F102④:14、T206⑤:3）16~18. B型盆（H115④:30、H116②:15、H101④:3）19~21. 敞口盆（H203①:3、H208③:9、Y203:2）22~24. 侈沿罐（H104①:16、H117①:6、Y203:4）25~27. 镂孔器（H115④:34、H116②:17、Y203:5）

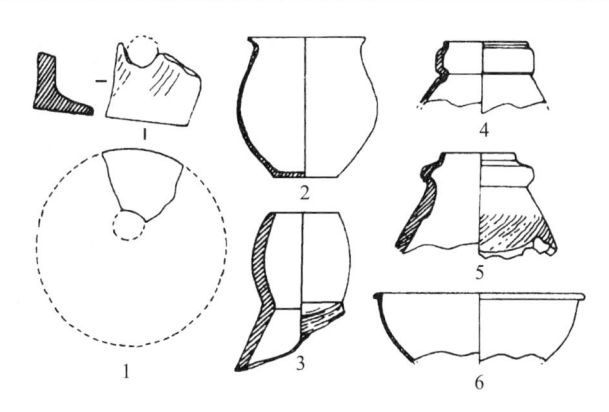

图二　东庄村仰韶文化 B 群遗存陶器

1. 镂孔器（H116②∶17） 2. 侈沿罐（H117①∶6） 3～5. 小口尖底瓶（H117①∶8、H117①∶1、H116②∶16）
6. 盆（H116②∶15）

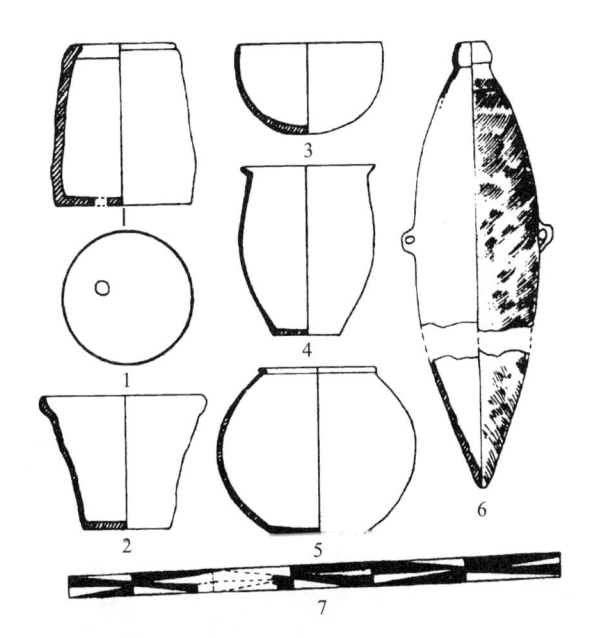

图三　东庄村仰韶文化 C 群遗存陶器

1. 镂孔器（Y203∶5） 2. 敞口盆（Y203∶2） 3. 钵（Y203∶1） 4. 侈沿罐（Y203∶4） 5. 敛口罐（H113①∶4）
6. 小口尖底瓶（H113①∶17） 7. 彩陶图案（H113①∶8）

关系相符（表三），亦与地层关系不悖，表明 A、B、C 三群器物实际上指示着东庄村仰韶遗存所历经的三个阶段。即 C 群为第Ⅰ段，B 群为第Ⅱ段，A 群为第Ⅲ段。其中第Ⅱ、Ⅲ段文化面貌较为接近，总体特征颇具庙底沟作风，可合并为一期。第Ⅰ段存在不少类似半坡早期的作风，与第Ⅱ段区别明显，故单独为一期。具体分期结果如下。

第一期：F102、F204、H101、Y203、H113、H104④。

第二期：前段，H116、H117、H208、T105④、H103；后段，H104、H106、H108、H109、H115、H123、H128、H201、H203、H219、T108④等。

H129所出钵（③：8）形制介于T104④：1与H104②：16之间，但所出花纹更具庙底沟风格，年代应更接近于H104②：16。

据此，上述单位均可归入A群单位之中（图一）。

与H116出土器物相似的有H117，其中尖底瓶H117①：1与H116②：16相似，口部均为双唇口尖底瓶的早期形态。

因此，可将H116、H117一并归入B群单位（图二）。

A群与B群单位按照H115打破H116提供的地层关系应具有早晚关系，而且不少同类器物还具有前后演变的逻辑关系。按照这种逻辑关系顺延，敛口侈沿罐Y203：4应排在B群H117①：6之前，敞口盆Y203：2应排在B群H116②：15之前，镂孔器Y203：5应排在H116②：17之前。这几种器物共存于Y203，且不与A、B群器物共存，可归为C群。H113出直线对顶三角纹，共出的杯形口尖底瓶H113①：17应排在H116②：16之后。又T104④：1彩陶纹亦为对顶直线三角纹，与H113①：18相同，故将H113、T104④：4一并归入C群单位（图三）。

再将另外一些器物按照逻辑演变序列和共存关系，分别插入A、B、C三群器物中，可获得东庄村仰韶遗存主要器类演变图（图四）。图中的分群结果与东庄村仰韶遗存陶器共存

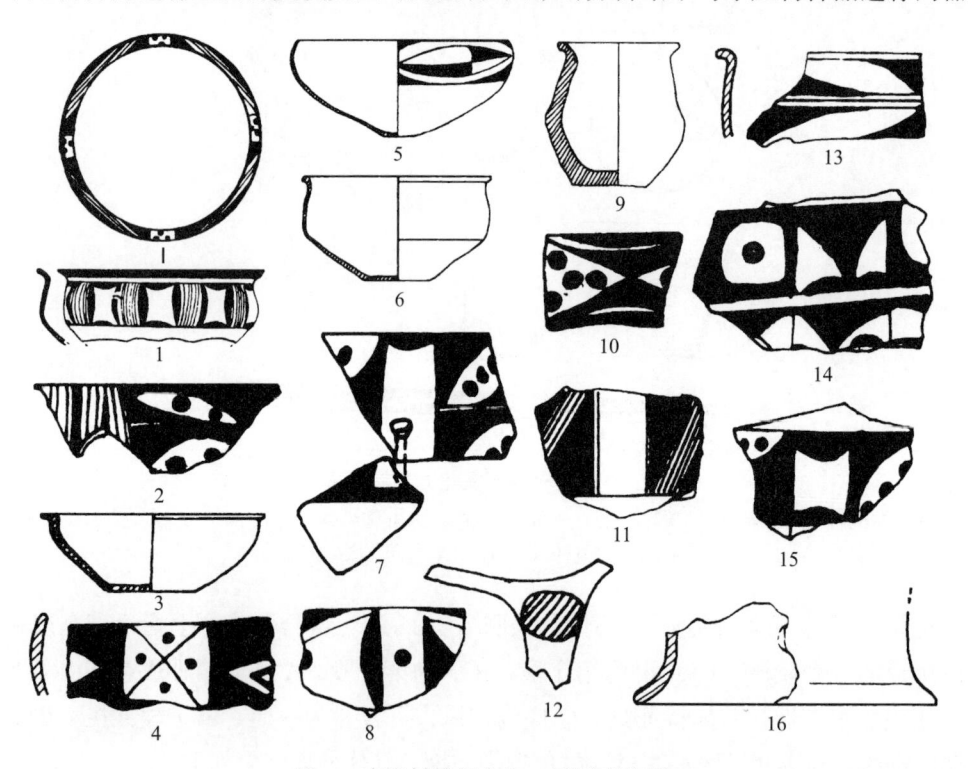

图一　东庄村仰韶文化A群遗存陶器

1. 彩陶盆（H104④：18） 2、4、7、8、10、11、13~15. 彩陶片（H106①：021、H115①：06、H115④：33、H115①：03、H115④：022、H109②：021、H104②：013、H104④：04、H115①：08） 3. 浅腹盆（H115④：30） 5. 钵（H104②：16） 6. 深腹盆（H115③：21） 9. 侈沿罐（H104①：16） 12. 鼎足（H115①：5） 16. 镂孔器（H115④：34）

表二 东庄村仰韶遗存重要单位彩陶花纹登记表

单位	弧线三角纹	对顶三角纹	四角纹	条纹	宽带纹	鱼纹	圆点纹	豆荚纹	窄花瓣纹
H104		④:11（十五:1）	④:8（十五:14）	②:017（十五:20）		①:026（版三:9）	④:11（十六:5）④:04（十五:18）	③:029（版三:10）③:028（版三:5）	①:01（十五:26）⑥:02（十五:10）
H115		②:016（十五:17）④:13（十五:4）	④:08（十五:9）		②:05（十五:12）	②:51（十五:3）		①:03（十五:8）①:06（十五:7）④:022（十五:22）④:33（十五:6）	
H103	①:018（十五:15）:4（版三:13）								
H109						④:025（版三:11）		②:012（版十五:19）	
T108④									（版三:7）
H203	（版三:8）								
H113	（版三:4）	①:8（十五:2）							

注：表中阿拉伯数字，不带括号者为原报告器物号；括号内注明"版"字者为报告图版号，余为墨线图号

群，H208 和 Y202 暂不归群。不过从地层关系上看 H208 要早于 A 群，Y202 要晚于 A 群。

除上述提及的单位外，发掘报告公布 2 件以上陶器的单位共有 14 个（表一、表二），结合这些共存关系，通过类型学的排比，可以看出与上述 A 群单位出土遗物相近的单位比较多。

H104 所出简化鱼纹（①：026）、豆荚纹（③：028、029）、四角纹（④：18）和圆点纹（④：04）等彩纹均与 H115 所出相同或相似。H104 所出盆、钵、罐、瓮等陶器也与 A 群同类器物有不少相似之处。

H106 所出豆荚纹（①：021）与 H115 所出器物纹饰相似。

H103 所出弧线三角纹（①：018）与 H104 所出器物纹饰相似。

H109 所出简化鱼纹（④：025）、对顶三角纹（④：13）与 H115、H104 所出器物纹饰相似。

H108 所出镂孔器（④：8）与 H115 所出同类器相似。

H124 所出饰对顶三角纹的彩陶盆（①：103）与 H104 所出同类器相似。

H128 所出饰密集圆点纹和圆圈纹的彩纹（①：015）与 H115 所出器物纹饰相似。

表一　东庄村仰韶文化重要单位陶器共存表

单位	尖底瓶	钵	碗	盆	敞口盆	盂	侈沿罐	敛口罐	直腹罐	双耳罐	瓮	器盖	镂孔器	鼎足
H104		②：16	③：19	④：11 ④：18			①：16				④：10	①：4		
H115				③：21 ④：30	④：32	①：4	②：17	③：20			③：11 ④：31	④：33	④：34	①：5
H106		①：2 ①：3												
H103		①：7									①：10			
T108	④：8						④：7							
H203				①：3										
H116	②：16												②：17	
H117	①：8 ①：1						①：6							
T105				④：11		④：3	④：5							
H208		③：1		③：9										
Y203		：1		：2			：4		：2				：5	
H113	①：17						①：1	①：4			①：2 ①：3		①：5	
T104		④：1					④：6							

注：表中阿拉伯数字为原报告器物编号

山西芮城东庄村仰韶遗存再分析

山西芮城东庄村遗址是仰韶文化一处重要遗址[1]。对于该遗址仰韶遗存文化性质的认识，学术界有不同看法，概括起来约有五种不同意见。发掘者认为属半坡类型[2]；张忠培先生认为是半坡类型向庙底沟类型过渡的中间环节[3]；严文明认为至少可分两期，第一期应是与半坡早期大体同时且具有地方色彩的遗存，可称东庄类型，东庄村二期属庙底沟类型[4]；李友谋认为属庙底沟类型早期[5]；王小庆认为属史家类型[6]。上述各家看法，颇有歧异。近年来随着考古学研究方法的不断成熟和仰韶文化研究的深入，使我们有可能对该遗存文化内涵有更清晰的认识。鉴于东庄村仰韶遗存对于正确理解仰韶文化半坡类型与庙底沟类型的相互关系等学术问题，迄今仍具有不可替代的重要作用，本文愿在前人研究的基础之上，对东庄村仰韶遗存作进一步的分析。

一

东庄村遗址发掘报告公布了11组29个单位的打破关系，其中成组发表了陶器的共有3组：H115 → H116、H203 → H208、Y202 → H216。

第1组，H116发表陶器较多，其中与H115所出可供比较的同类器物有浅腹盆H116②:15和H115④:30，镂孔器H116②:17和H115④:34。浅腹盆H116②:15，器壁为弧形，具半坡类型的特点，但口沿卷曲，又具庙底沟类型的特点。而浅腹盆H115④:30，器壁已曲，颇具庙底沟类型的风格。镂孔器H116②:17，壁下部微凸，而H115④:34外撇明显，两者亦有区别。

第2组，H203发表了1件敞口盆和1件彩陶片。H208发表敞口盆和钵各1件。二者可比器物为敞口盆。其中H208③:9壁较外斜，而H203①:3壁较直。H203出土的彩陶图案为圆点纹和弧线三角纹，与第1组当中的H115①:03有相似之处。

第3组，Y202发表1件网纹彩陶片，H216发表豆荚纹彩陶片。其中H216所示豆荚纹与H115所出相近。

据上述分析，可把H115、H203、H216归为同一群单位（A群），把H116归为较早的B

---

[1] 中国科学院考古研究所山西工作队：《山西芮城东庄村和西王村遗址的发掘》，《考古学报》1973年第1期。
[2] 中国科学院考古研究所山西工作队：《山西芮城东庄村和西王村遗址的发掘》，《考古学报》1973年第1期。
[3] 张忠培：《试论东庄村和西王村遗存的文化性质》，《考古》1979年第1期。
[4] 严文明：《略论仰韶文化的起源和发展阶段》，《仰韶文化研究》，文物出版社，1989年。
[5] 李友谋：《西王村遗存的文化性质与年代分析》，《中原文物》1985年第4期。
[6] 王小庆：《论仰韶文化史家类型》，《考古学报》1993年第4期。

得了长足进展。这当然是应予以充分肯定的。但亟待加强之处至少有以下几点。

首先，裴李岗文化之源仍是待解之谜。越来越多的材料表明，裴李岗文化是属于新石器时代中期，那么它的前身有可能追溯到新石器时代早期。截至目前，新石器时代早期的遗址在河南省尚未发现。裴李岗文化已遍布河南省大部地区，不大可能是一下子从外地迁来的，换言之，在裴李岗文化的分布区域内，有可能找到新石器时代早期的考古学文化，这无疑应是考古工作者进一步努力的目标。

其次，就目前工作状况而言，经过调查和发掘的遗址多集中在嵩山周围及其附近地区。豫北、豫西和豫南已经发现了裴李岗文化的线索，但无一处经过大面积的发掘，这就不能不影响到对这些区域内裴李岗文化面貌的认识，也无法深入开展裴李岗文化与周邻的老官台文化、磁山文化关系的探讨。因此，今后除对嵩山地区继续做工作之外，应加强对其他地区裴李岗文化的调查、发掘和研究。

另外，在已发掘的裴李岗文化遗址中完整揭露的遗址太少。在经过大面积揭露的遗址当中，只有莪沟北岗的聚落布局稍为清楚一些。但该遗址的居住区也已遭到严重破坏，仅发掘出6座房基。其他遗址的聚落布局状况，还不及莪沟北岗清楚，往往是墓葬材料较为丰富，而居址材料甚缺。目前，聚落考古已蔚然成风，裴李岗文化的研究应加强聚落考古方面的研究。

总之，改变裴李岗文化研究当中区域之间的不平衡状况、追溯裴李岗文化之源和加强聚落考古内容是今后相当一个时期裴李岗文化研究的主导方向。

参 考 书 目

[1] 安阳地区文管会等：《河南淇县花窝遗址试掘》，《考古》1981年第3期。

[2] 河南省博物馆等：《河南密县莪沟北岗新石器时代遗址》，《考古学集刊》(1)，中国社会科学出版社，1981年。

[3] 河南省文物研究所：《长葛石固遗址发掘报告》，《华夏考古》1987年第1期。

[4] 李友谋、薛文灿：《裴李岗文化》，中州古籍出版社，1992年。

[5] 中国社会科学院考古所河南一队：《河南新郑沙窝李新石器时代遗址》，《考古》1983年第12期。

[6] 中国社会科学院考古所河南一队：《1979年裴李岗遗址发掘报告》，《考古学报》1984年第1期。

[7] 中国社会科学院考古所河南一队：《河南汝州中山寨遗址》，《考古学报》1991年第1期。

[8] 中国社会科学院考古所河南一队：《河南郏县水泉裴李岗文化遗址》，《考古学报》1995年第1期。

（原载严文明主编：《中国考古学研究的世纪回顾·新石器时代考古卷》，科学出版社，2008年，第187~195页）

有人侧重通过探讨墓地结构复原当时的社会组织。如有人把裴李岗下层墓分为南、北、西区和中区四个墓区，认为每墓区的死者当属同一家族的成员，而整个裴李岗下层墓是一处氏族墓地。把上层墓分为东、西两片，每片又分为北、中、南三块墓区，将东、西两片墓地解释为各含三块家族墓地的两片氏族墓地。氏族以上的组织有胞族或部落，因此，裴李岗上层墓应是一处胞族或部落墓地。莪沟北岗墓地与裴李岗墓地结构相似，反映出的社会组织也应相同[①]。

有学者根据裴李岗文化墓葬随葬品数量的差异，推测在裴李岗文化氏族内部财产私有已经出现[②]。而另外一些学者则不同意这种观点，认为裴李岗文化墓葬中的随葬品仅与按性别进行劳动自然分工有关，不具有财产私有的性质[③]。

我们认为，近年发掘出的水泉墓地，为复原裴李岗水泉的社会结构提供了更为清晰的材料。该墓地由若干墓群所组成，这与裴李岗、石固、莪沟北岗和沙窝李等墓地布局相类似，反映出裴李岗文化单个墓地的死者生前往往存在两级社会组织。考虑到裴李岗时期遗址一般规模不大，人口较少，这两级组织很可能是家族和氏族。至于个别墓葬当中拥有较多的随葬品，很可能与死者生前的个人地位或专业特长有关，不足以说明裴李岗文化时期已存在私有财产。

4. 其他研究

环境考古是史前考古学的一项重要内容，在裴李岗文化的研究当中，有人通过对裴李岗文化遗址出土动植物的遗骸尝试复原裴李岗文化居民的生存环境。认为裴李岗文化时期（距今8000~7000年）中原地区的气候与环境变化分前、中、后三期。其中前期气温已开始升高，降水量增大，已接近现在江淮地区的自然景观，但气候波动较大，呈现冷暖交替的气候特征。中期以后，气温进一步升高，降水量增加，淮河流域应相当于现今长江以南的气候，而黄河两岸可能与现今江淮地区的气候相当，年均温在16℃以上，年降雨量在1200毫米以上[④]。

中国艺术研究院音乐研究所黄翔鹏对贾湖遗址所出编号为M282：2的骨笛进行了研究，认为"这支骨笛的音阶结构至少是六声音阶，也可能是七声齐备的，古老的下徵调音阶"[⑤]。这是音乐界学者参与裴李岗文化研究难得的一例。

除上述各种研究之外，还有学者就裴李岗文化所处的社会发展阶段、稻作起源以及与古史传说的关系等方面进行了研究。

五、问题与思考

如上所述，自裴李岗文化被确认以来的20年来，对裴李岗文化的研究在许多方面都取

---

① 朱延平：《裴李岗文化墓地再探》，《考古》1988年第11期。
② 李友谋：《中原新石器早期文化问题探讨》，《郑州大学学报》1981年第1期。
③ 马洪路：《裴李岗文化并未产生私有财产》，《中原文物》1982年第2期。
④ 张居中：《试论河南省前仰韶文化》，《河南文物考古论集》，河南人民出版社，1996年。
⑤ 黄翔鹏：《舞阳贾湖骨笛的测音研究》，《文物》1989年第1期。

2. 经济形态

在裴李岗、水泉、贾湖和许昌丁庄等遗址均发现了粟、黍和水稻遗骸。裴李岗文化各遗址出土的生产工具中以与农业生产有关的工具为主。其中有砍伐用的石斧、翻土用的石铲、收割用的石镰、粮食加工用的石磨盘和石磨棒，贯彻农业生产的各个环节，说明当时的经济生产以农业为主。

在莪沟北岗遗址中发现了麻栎、枣、核桃的炭化果核，在长葛石固遗址发现了榛子、野胡桃、白榆、酸枣的果核。在贾湖遗址发现了大量骨镖、骨镞等渔猎工具和鸟、鹿、貉、野兔、野猫以及鱼、龟、扬子鳄、蚌、螺、鳖等动物遗骸，这表明采集和渔猎经济仍是裴李岗文化时期人们食物的重要来源。家畜饲养已普遍存在，其中以猪和狗数量最多，其次，可能为家畜的还有牛、羊和鸡。

关于裴李岗时期农业生产水平，有人认为当时的人们已告别了"刀耕火种"的时代，进入了锄耕阶段[1]。更多学者注意到石斧是用途广泛的工具，作为农具往往用于刀耕火种阶段。石镰不仅是收割工具也是采集工具，石磨盘和石磨棒不仅用于加工农产品，也可加工采集品。石铲虽说是翻土工具，但翻土活动也不会只限于农田之中。因此，我们认为仅根据生产工具还不足以说明裴李岗文化时期农业已处于锄耕农业阶段。有学者认为仰韶文化半坡类型时期采集和渔猎经济仍相当发达，农业基本上仍停滞在"砍倒烧光"农业阶段[2]。果真如此，则应将裴李岗文化时期定位在刀耕火种的农业阶段为宜。

裴李岗时期的制陶业已有了相当水平。已经使用陶窑，脱离了露天烧陶阶段。器类已有平底器、圜底器和三足器三大类，分别用于炊煮、饮食和盛储的不同器类达十余种，并根据不同用途使用泥质和夹砂陶。器表或打磨光滑，或饰以篦点纹、刻划纹、绳纹等纹饰，到了晚期有的已使用红衣，出现了红顶碗，可视为彩陶的先声。

此外，裴李岗时期石器、骨器及编织、纺织等手工业发展均具有一定水平。

总之，裴李岗文化居民已经摆脱了农业发展的最初阶段，经济生产已开始进入以农业为主的阶段，采集、渔猎经济仍占重要地位，家畜饲养业和手工业亦获初步发展。

3. 墓地研究

有人着重研究墓地分期。依据墓葬的地层关系和器物类型学研究，把裴李岗墓地分为早、中、晚三期，把莪沟北岗的墓葬分为早、晚两期[3]。还有学者将裴李岗、莪沟北岗、石固、水泉、沙窝李五处墓地分期结果进行对比，统一划分为六个编年组[4]。

---

[1] 杨肇清：《裴李岗文化》，《河南考古四十年》，河南人民出版社，1994年。
[2] 白寿彝主编：《中国通史》（第二卷），上海人民出版社，1994年，第109、110页。
[3] 金家广：《试论裴李岗新石器早期墓葬的分期》，《考古与文物》1987年第2期；金家广：《试论莪沟墓葬分期》，《磁山文化论集》，河北人民出版社，1989年。
[4] 张江凯：《裴李岗文化陶器谱系研究》，《考古与文物》1998年第3期。

关于裴李岗文化与其他考古学文化的关系，可概括为对纵横两个方面关系的探讨。

裴李岗文化的起源仍是待解之谜。裴李岗文化的发展趋向，起初只是笼统地讲裴李岗文化是仰韶文化之源。后严文明主张，应具体探讨裴李岗文化与仰韶文化的哪些类型有渊源关系，这一研究方法立即被学术界所采纳。现已在临汝中山寨、长葛石固等遗址发现了裴李岗文化与仰韶文化的地层叠压关系。从器物类型学角度观察，裴李岗文化的鼎、钵、罐等器类与登封告成八方和双庙沟仰韶早期同类器物具有较明显的承袭关系，与大河村前3期~前1期、中山寨2期等也有较明显的继承关系。也有人认为裴李岗文化贾湖类型晚期一支向西发展，与当地文化融合，形成下王岗早期文化；另一支向东发展，到皖中与北辛文化相遇，从而对北辛—大汶口文化系统产生了一定影响[1]。总之，目前说裴李岗文化是豫中南部地区仰韶文化之源，似无太大问题。

裴李岗文化与地域最近的磁山文化关系最为密切，如两者石器均有扁薄双面弧刃石铲、鞋底状四足石磨盘。两者陶器中的圜底钵、侈沿罐、三足钵、小口双耳壶的质地和造型十分相似。陶器纹饰中均有篦点纹。但不同之处也非常明显。有人曾进行量化统计，盂和支架在磁山遗址陶器总数中占58%以上，小口双耳壶和三足钵在裴李岗和莪沟北岗两遗址陶器总量中占57%~70%。可见，两者的代表性陶器有明显差别。此外，磁山文化石器当中以石斧为最多，往往为石铲的好几倍；而裴李岗文化中却以石铲为大宗，往往是石斧数量的好几倍。磁山文化的窖穴平面绝大多数为长方形，裴李岗文化的窖穴平面几乎都是圆形或椭圆形。因此，两者文化面貌的不同是十分清楚的，应是两支不同的考古学文化，至于它们在文化面貌上的相似之处，系因其年代相近、地域比邻，在长期的发展过程中彼此交流、相互影响，甚至出现某种程度的融合造成的[2]。

裴李岗文化与关中地区老官台文化的关系也比较密切。起初，有人认为老官台文化承袭裴李岗文化，发展成为半坡早期仰韶文化。现已查明，裴李岗文化和老官台文化虽呈现某些相似的文化面貌，但这主要因二者年代相近，地域东西相邻而形成的。老官台文化以饰绳纹的三足罐、三足钵和圈足碗为主体器物群，与裴李岗文化明显不同。值得注意的是在豫西渑池、洛阳地区某些遗址中发现有类似老官台文化的绳纹三足罐和饰交错绳纹的三足钵等，而在裴李岗文化的腹地则不见此类老官台文化的典型器物。说明老官台文化对裴李岗文化的影响较明显者，或许主要在豫西地区。至于老官台文化和裴李岗文化共有的素面三足钵、圜底钵等或许是时代特征使然。

后李文化是近些年确立的黄河下游新发现的新石器时代中期考古学文化。有人认为"后李文化与裴李岗文化之间，缺乏人员接触和文化交流活动，各自基本上是独立发展的"。至于后李文化的后继者——北辛文化，"在其形成过程中，确与裴李岗文化有密切关系"[3]。

---

[1] 张居中：《试论贾湖类型的特征及与周围文化的关系》，《文物》1989年第1期。
[2] 赵朝洪：《谈磁山文化的几个问题》，《磁山文化论集》，河北人民出版社，1989年。
[3] 栾丰实：《试论后李文化》、《北辛文化研究》，《海岱地区考古研究》，山东大学出版社，1997年。

瓦窑嘴类型的房屋仅在铁生沟遗址发掘出1座。为平面呈圆形的半地穴式房屋，面积狭小，唯门内设三级石砌台阶，不同于裴李岗类型和贾湖类型。

瓦窑嘴类型石器和陶器器物群特征已日趋明朗。其中石器有四足磨盘、锯齿镰、双面刃铲等，与裴李岗类型颇为相近。陶器以泥质红陶为主，夹砂褐陶次之，纹饰有篦点纹、戳刺纹、乳钉纹，器形中有钵、三足钵、侈沿深腹罐，这些特点亦见于裴李岗类型，但陶器中的器形较常见的是大口钵、大口圜底盆、小口球腹双耳壶等，碗、钵多为圈足和假圈足；三足钵底部饰镂孔；陶质陶色中见有较大比例的泥质黑陶；器表纹饰常见放射状刻划纹，内壁磨光和饰黑陶衣，等等。这些特点极少见或不见于裴李岗和贾湖类型，或许体现出瓦窑嘴类型的制陶工艺更为进步。造成这一状况的原因很可能与瓦窑嘴类型的相对年代较晚有关。

除上述各类型涉及的遗址外，在豫北尚有淇县花窝遗址，文化面貌既有与裴李岗文化相似的侈沿深腹罐、小口双耳壶、舌刃石铲、锯齿石镰等，又有与磁山文化相似的陶盂，究竟归属磁山文化还是裴李岗文化尚有不同意见，而欲解决这一问题，仅据目前小面积发掘出的田野材料是不够的。

在豫西还有班村遗址、在豫西南还有薛家岭等遗址，其文化面貌除与裴李岗类型有相同之处外，均有一些地方特色。但这些遗址或发掘规模不大，或只经过初步调查，文化内涵尚不十分清楚，同类遗址分布范围也不甚清楚。它们与裴李岗文化其他类型的关系，只能在进一步工作的基础上，才能看得比较明白。因此，目前还不宜将这些遗址命名为另外一些类型。

四、专题研究

1. 谱系研究

裴李岗文化谱系研究主要包括裴李岗文化的分期及其与其他考古学文化的关系两个方面的内容。

裴李岗文化的分期首先是从单个遗址分期入手的。

裴李岗遗址第一、二次发掘时已注意到遗址本身存在再分期的地层关系。第三次发掘时发掘出上下两层文化层和上下两层墓葬。据此，至少可将裴李岗遗址分为早晚两期。

沙窝李遗址也发掘出上下两层墓葬，其下层墓约与裴李岗上层墓年代相当，上层墓年代更晚。

贾湖遗址发掘者分为三期，贾湖一期是裴李岗文化中最早的遗存。一、二期之间似有缺环，二、三期较为紧凑，大体与裴李岗上下层墓年代相当。

此外，莪沟北岗、中山寨、石固、水泉等遗址都进行了单个遗址分期。已有人在此基础上对各重要遗址的陶器谱系进行了通盘梳理[①]。

---

① 张江凯：《裴李岗文化陶器谱系研究》，《考古与文物》1998年第3期。

共120座墓。除10座零散墓葬外，其余110座自西向东分为3群，每群又有若干排墓所组成。墓葬形制均为长方形竖穴土坑墓，以单人葬为主，仅有个别双人葬，不见多人葬。墓中大都有1、2件至30多件随葬品。从随葬品的种类看，大多为日常生活用具和生产工具，质量也看不出有明显差别。反映出死者的生前地位大体平等。

裴李岗类型的陶器和石器特征，在裴李岗文化诸类型中最具代表性。陶器群中常见器物有三足钵、小口双耳壶、侈口深腹罐、钵、碗、圈足碗等，石器有斧、双面刃铲、锯齿镰、四足磨盘等。骨角器发现得较少，种类仅有针、锥等。

2. 贾湖类型

主要分布在淮河上游的支流洪河和颖河上游的支流沙河、汾河流域。这里地处平原地区，遗址大都分布在平原地带地势稍高的地方。主要遗址有舞阳贾湖、漯河翟庄、叶县文集、上蔡尹庄等。仅贾湖遗址做过大面积发掘[①]。

贾湖遗址的房屋除了单间建筑外，另有依次扩建而成的多间房屋。多间房有2间、3间和4间三种，每间面积2～6平方米，各间有门道相通。

贾湖遗址的墓葬共发现300余座，同裴李岗类型一样，也大体可分为若干墓群。墓坑排列有序，皆为竖穴土坑葬，个别保留二层台，这在裴李岗类型中是不见的。葬式以单人一次葬和二次葬最常见，多人一次葬仅见一例，另有多人二次葬。随葬品中除生产工具、生活用具和装饰品以外，骨器较多，是贾湖类型的一大特点。骨器中最引人注目的是骨笛和刻符龟甲的出现。

贾湖的生产工具以骨质较多，器形有镖、镞、锥、针、杈等。其中骨镖两侧有多呈对称式的2～6个倒钩。骨镞为尖锋、圆或扁铤，镞身有燕尾式、扁锥式等。石质工具的种类和制法与裴李岗类型大体相似。

贾湖的陶器以泥质红陶为主，夹砂褐陶次之，还有一定比例的夹蚌、夹炭、夹云母的红褐陶，泥质灰陶、夹炭黑陶较少。陶器均为手制，火候较低、陶色不匀、质地疏松，器表以素面为主，附件发达，早期器形只有平底器和圜底器，后出现三足器，典型器物有盆形和罐形鼎、大口折肩双耳壶、角把罐、侈沿深腹罐、钵、三足钵等。

3. 瓦窑嘴类型

主要分布在嵩山以北的伊洛河支流坞罗河流域及其附近地区，主要遗址有巩义瓦窑嘴、铁生沟等。经过大面积发掘的只有瓦窑嘴遗址，可将此类遗址暂且命名为裴李岗文化瓦窑嘴类型[②]。

[①] 河南省文物考古研究所：《舞阳贾湖》，科学出版社，1999年。
[②] 巩义市文物管理所：《河南巩义市瓦窑嘴新石器时代遗址试掘简报》，《考古》1996年第7期；巩义市文物保护管理所：《巩义市瓦窑嘴遗址第三次发掘报告》，《中原文物》1997年第1期。

大多数墓中拥有随葬品。随葬品多者有 30 多件，少者 1、2 件，以 2~5 件最为常见。大多为日常生活用品和生产工具。其中，凡随葬有石铲和石斧者，往往不再随葬石磨盘，反过来，随葬了石磨盘的往往不随葬石铲和石斧，从人骨性别鉴定的结果看，属前一种情况的多为男性墓，反之，则为女性墓。这种情况或与当时男女劳动分工有关。

裴李岗文化目前已经测定了 13 个碳十四测年标本，其数据值绝大部分落在距今 8000~7000 年，这一数据可视为裴李岗文化的绝对年代。关于裴李岗文化的性质，最初曾笼统地定为新石器早期文化。严文明早在裴李岗文化发现之初，即冷静地指出，由于在裴李岗遗址和磁山遗址中出土的石器大部分是经过磨制的，陶器的形制已比较复杂，农业和家畜饲养也不像是刚刚出现的样子，因此，如果把黄河流域整个新石器文化划分为早晚两大期，那么，此类遗存当属于新石器时代早期的较晚阶段，还不是新石器时代最早时期的文化[1]。后来，他又进一步将此类考古学文化明确归并为新石器时代中期文化[2]。这一观点已为学术界所普遍接受。

三、类型划分

裴李岗文化历时千年之久，分布地域广阔，为深化裴李岗文化的研究，将其细分为不同类型是十分必要的。起初，有人依据遗址分布所在的地貌特征将裴李岗文化分为浅山区的"裴李岗类型"和平原区的"翟庄类型"[3]。更多的研究者则依据重要遗址划分类型，除"裴李岗类型"之外，另有"莪沟北岗类型"、"贾湖类型"、"中山寨类型"、"花窝类型"、"瓦窑嘴类型"和"班村类型"等多种类型划分方案。事实上，上述"莪沟北岗类型"、"中山寨类型"和"裴李岗类型"地域相邻，文化面貌亦十分接近，故应合并为一个类型。所谓"花窝类型"和"班村类型"，因田野工作有限，有待进一步研究。就目前资料而言，我们认为暂将裴李岗文化划分为裴李岗类型、贾湖类型和瓦窑嘴类型比较合适。

1. 裴李岗类型

裴李岗类型主要分布在嵩山南侧的双洎河、北汝河、贾鲁河、颍河上游。遗址主要分布在山前地带河流两岸的高台地上。代表性遗址有新郑裴李岗、沙窝李，密县莪沟北岗、马良沟和登封王城岗等。

裴李岗类型的房屋，以密县莪沟北岗的发现较多，共有 6 座。除莪沟北岗发现 1 座方形房屋外，其余均为圆形半地穴式房屋。

裴李岗类型的墓地，已发现的有好几处，尤以郏县水泉墓地保存得最为完整。该墓地

---

[1] 严文明：《黄河流域新石器时代早期文化的新发现》，《考古》1979 年第 1 期。
[2] 严文明：《中国新石器时代聚落形态的考察》，《庆祝苏秉琦考古五十五年论文集》，文物出版社，1989 年。
[3] 赵世纲：《裴李岗文化的几个问题》，《史前研究》1985 年第 2 期。

的不断深化，越来越多的学者倾向认为，磁山和裴李岗两地文化遗存在分布范围、主体器物群等方面有很大的不同。两者之间的某些相似之处，应是两个不同的考古学文化之间因其地域相邻、时代相近，引起文化相互交流、影响乃至不同程度的融合所致，因此，宜把它们分别命名为"磁山文化"和"裴李岗文化"[①]。

二、文化面貌与文化性质

调查和发掘工作表明，裴李岗文化主要分布在河南省大部分地区——北起安阳洪岩，南到潢川陈岗，东达项城后高老家，西至卢氏薛家岭。以嵩山南侧的颍河上游及其支流双洎河、北汝河、沙河、洪河两岸最为密集。另外，在嵩山北侧的伊洛河下游崤山东麓也有较多分布。其中经大面积发掘的有新郑裴李岗、密县莪沟北岗、长葛石固、临汝中山寨、郏县水泉、巩义瓦窑嘴、渑池班村等。

发掘工作表明上述遗址具有大致相同的文化面貌。陶器以泥质红陶为主，夹砂红褐陶次之，在巩义瓦窑嘴还有一定数量的泥质黑陶。泥质陶经过陶洗，夹砂陶羼有砂粒、炭粒或蚌粉。陶器均为手制，大部分为素面陶，器表经打磨，饰纹饰者少，主要纹饰有篦点纹、指甲纹、划纹、乳钉纹。陶器器形以三足钵、双耳壶数量最多，另有侈沿深腹罐、双耳罐、三足壶、罐形鼎、盆形鼎、钵、碗、勺等。

石器以磨制为主，琢磨兼制次之。主要器形有石斧、双面刃扁薄石铲、锯形齿石镰、鞋底状四足石磨盘、圆柱形石磨棒等为主，另有少数打制而成的细石器和砍砸器。

骨器以针、锥、镞较常见，多用鹿角、兽骨磨制而成。在贾湖遗址还发现了七音俱全、至今仍能吹奏的骨笛和刻有符号的甲骨。

裴李岗文化的房屋，除贾湖遗址发掘出30多座以外，其他遗址发现的房屋不过10座左右。房基以半地穴式为主，地面式较少。除贾湖见有依次扩建而成的双间房和多间房以外，绝大多数为单间房。房基平面主要为圆形，直径通常不足3米。方形房基相当少见，边长约2米左右。有的房基周边有稀疏的柱洞，常设一阶梯形或斜坡形门道，室内中央或靠墙筑灶坑。室内平铺砂土。

裴李岗文化遗址中常见有窖穴和灰坑，多分布于房屋附近和穿插分布于墓地当中。形制以圆形口锅底状、桶状最为常见，次为不规则形坑，另有少量形制规整带有台阶的袋状坑。灰坑体积不大，坑口直径和坑深一般约1米左右，从坑内包含遗物看，均为储藏物品的窖穴或生活垃圾坑。

裴李岗文化的墓葬已发现700余座，这些墓葬均埋在公共墓地内。从保存较完整的几处墓地看，同一墓地中，往往可再分为若干墓群。墓葬形制均为长方形竖穴式，主要为单人仰身直肢葬，另有少数双人合葬墓。仅在贾湖遗址发现有多人一次葬和多人二次葬。绝

---

① 杨肇清：《关于裴李岗·磁山文化的定名及其年代问题的探讨》，《华夏考古》1987年第1期。

裴李岗文化研究

探索较仰韶文化更早的原始文化是摆在新中国考古学面前的重大学术课题。裴李岗文化的发现与确立，是较早地解决这一重大学术课题的重要工作之一。自20世纪70年代裴李岗文化被初步确认以来，至今共发现该时期遗址约150处以上，其中已经发掘的有20余处。共发表调查简报和发掘简报30余篇，大型发掘报告1部，研究专著1部，各类研究文章近百篇。使裴李岗文化的研究具有一定的深度和广度。回顾裴李岗文化的研究历程，主要在以下几个方面取得了显著进展。

一、发现与命名

裴李岗文化因1977年首次发现于河南省新郑县裴李岗遗址而得名。该类遗存早在20世纪50年代末期已有所发现。1958年在河南漯河市翟庄遗址、1959年在偃师马涧沟遗址已先后发现了年代应属裴李岗文化时期的石磨盘、石磨棒等遗物。但当时仅视为一般的仰韶文化遗址。到了20世纪70年代初，在郑州、尉氏、项城、长葛等地都发现了多件石磨盘和石磨棒。尤其在新郑裴李岗遗址一次发现10多套，至此，石磨盘和石磨棒才渐渐引起人们的注意，不过由于这些石磨盘个体较大、制作规整，仍误认为是原始社会末期的遗物。

1977年春，原开封地区文管会首次发掘新郑裴李岗遗址，出土了四足鞋底形石磨盘、石磨棒、两端圆弧刃的石铲、锯齿状石镰以及小口双耳壶、三足钵等遗物，这些遗物在仰韶文化诸类型中均未发现，遗址年代经放射性碳素测定结果为公元前5935年±480年（半衰期值5730年），与磁山遗址年代接近，比仰韶文化半坡类型早得多，故发掘者认为裴李岗遗址是不同于过去所发现的各类新石器时代文化的另一种文化[1]。

裴李岗遗址的发掘材料一经公布，立刻引起了学术界的重视。由于裴李岗遗址与磁山遗址所出器物既有差别，又有不少相似之处，因此，如何看待两者之间的关系，以及如何给此类遗存予以文化定名一时间成为学术界热烈讨论的问题。起初不少学者认为裴李岗遗址和磁山遗址属于同一文化系统，具体命名或为"裴李岗文化"[2]，或为"磁山文化"[3]，或为"磁山·裴李岗文化"[4]。也有人认为裴李岗遗址和磁山遗址分布地域不尽相同，文化面貌有较大区别，宜分别命名为裴李岗文化和磁山文化[5]。随着发掘工作的不断进展和研究

---

[1] 开封地区文管会、新郑县文管会：《河南新郑裴李岗新石器时代遗址》，《考古》1978年第2期。
[2] 李友谋：《略论裴李岗文化》，《郑州大学学报》（哲学社会科学版）1978年第4期。
[3] 严文明：《黄河流域新石器时代早期文化的新发现》，《考古》1979年第1期。
[4] 夏鼐：《三十年来的中国考古学》，《考古》1979年第5期。
[5] 安志敏：《裴李岗·磁山和仰韶——试论中原新石器文化的渊源及发展》，《考古》1979年第4期。

三、关于中国新石器时代的标志

在谈及中国新石器时代发生的标志时，有学者最初主张以磨制石器的出现作为标志[①]，大约进入 20 世纪 90 年代以后，有人注重陶器的出现[②]，有人主张以农作物栽培的出现作为中国新石器时代开始的主要标志[③]，也有人重视居住因素[④]。傅宪国指出，可把陶器和栽培稻的出现作为长江流域新石器时代开始的标志，而广西的桂林和南宁地区稻作农业出现较晚，可以陶器的出现作为该地区进入新石器时代的标志之一[⑤]。我们认为从华北、黄河流域来看，陶器的出现无疑是新石器时代的标志，不过应该重视聚落的作用。定居是区别于旧石器时代的重要方面，而在以上遗址中普遍发现有与定居有关的灰坑（南庄头）、活动场所和墓葬（东胡林），因此，不能忽视定居的重要作用，只不过是今后要仔细地发掘、辨别居住的遗迹。

农业也是一样，既然在长江流域发现稻谷，在华北地区发现大量距今 8000 年前的粟类遗迹，它的发明不会比稻作晚，因此，不能排除农业的发生也是新石器时代的标志。

总之，我们认为中国进入新石器时代的标志，不应过分强调某一种文化现象的重要性，而应综合考察陶器、农业和定居的发生和初步发展过程。所谓的"新石器革命"并非一个早上就能够实现的。目前看来，至迟在公元前 12000 年前后，华南地区和长江中游地区已经开始发明了陶器，尤其长江中游几乎同时发明了稻作农业，从而启动了新石器革命的步伐，可视为中国新石器时代到来的标志。不过，稻谷的栽培开始并没有立即引发稻作农业的产生，在栽培稻出现后的很长一段时间内，人们仍然过着以狩猎和采集为主的生活，到了公元前 1 万年左右，我国的华北地区、黄河中下游地区、长江中下游和华南地区等重要文化区普遍进入了新石器时代，标志着中国历史从此真正迈入一个崭新的时代——新石器时代。

[原载北京大学考古文博学院、北京大学中国考古学研究中心编：《考古学研究》（九），文物出版社，2012 年，第 11~23 页]

[①] 吴耀利：《史前考古学中的时代划分问题》，《史前研究》1985 年第 1 期。
[②] 贾兰坡、杜耀西、李作智：《中国史前的人类与文化》，台湾幼狮文化事业公司，1995 年；陈星灿：《中国新石器时代早期文化的探索——关于最早陶器的一些问题》，《史前考古学新进展》，科学出版社，1999 年。
[③] 朱乃诚：《中国新石器时代的开始》，《华南及东南亚地区史前考古——纪念甑皮岩遗址发掘 30 周年国际学术研讨会论文集》，文物出版社，2006 年。
[④] 钱耀鹏：《资源、技术与史前居住方式的演变》，《华南及东南亚地区史前考古——纪念甑皮岩遗址发掘 30 周年国际学术研讨会论文集》，文物出版社，2006 年。
[⑤] 中国社会科学院考古研究所：《中国考古学·新石器时代卷》，中国社会科学出版社，2010 年，第 112 页。

北京市怀柔转年遗址出土陶器的进步性表现在器表经打磨较光滑，个别器物口沿下饰附加堆纹或凸纽，器形至少可分为筒形罐和平底直壁、带凸纽的盂。出土1.5万余件石制品，包括小型石器、细石器和少量磨制石器。某些细石核、细石叶和刮削器等具有典型细石器的工艺传统。磨制石器不仅有石磨盘、磨棒，而且有石斧和石容器等，磨制工艺使用更加广泛，其中石斧、石磨盘和石磨棒，不能完全排除为农具的可能性。

中原地区的河南新密李家沟遗址，在石块聚集区中发现有石磨盘、石砧、多块扁平石块和大量烧石，显示出遗迹区进行过加工动物骨骼的活动，大量烧石的存在说明这里具有烧火的功能，显然与当时人们相对稳定的居住活动有关。这为后来中原地区原始旱作农业的产生奠定了最初的基础。到了新石器时代，细石器的应用明显衰落，技术特点也与早期的明显不同，但存在大量人工搬运的扁平石块，其中有些是制作石磨盘的原料，但是更多的石块应与当时人类的居住或建筑活动有关，也为定居聚落的形成打下伏笔。

长江下游，浙江省浦阳上山遗址出土陶器采用"贴筑法"制陶技术，器形已有小平底的盆和极少量的釜、罐类等，陶器的纹饰有绳纹和戳印纹，这些都显示出制陶技术具有一定的进步性。石器已可见到少量通体磨光的石锛和石凿，并且出现了可能与原始农业紧密相关的石磨盘和石磨棒，尤其陶胎中发现的大量早期栽培稻遗存，说明上山遗址比仙人洞和吊桶环遗址所代表的阶段更为进步。

华南地区，甑皮岩第二期至第四期文化遗存的年代为距今11000～8000年。墓葬葬式为蹲踞葬，墓坑为不规则圆形竖穴土坑。陶器数量逐渐增加，且出现了新的技术——泥片贴塑法，发明了新器形，如高领罐等，而且陶器器壁较薄，烧成的温度也较高，显示出一定的进步性。石器当中，除打制石器外，新出现磨制的石斧、石锛等。从出土贝类和其他动植物遗存来看，狩猎采集经济仍是当时主要的生计方式。骨器中有骨锥、骨铲和磨制的骨针，另有穿孔蚌刀。这一切显示出甑皮岩第二期至第四期文化既有传承性，又有进步性。

顶蛳山一期遗存的年代在距今10000～9000年，不同于其他遗址的是，它发现于河旁台地，顶蛳山遗址早期遗存的发现为新石器时代早期人类的生活方式和活动范围提供了新的诠释。

综上所述，在新石器时代的偏晚阶段，华北地区较早地出现了定居聚落的倾向，而长江下游地区也已经出现了稻作农业、磨光石器、较为成熟的制陶技术甚至出现了干栏式建筑——定居聚落的萌芽。华南地区表现在较早地发明了陶器，然而出现农业和定居聚落较晚。黄河中下游地区，目前发现的均属于新石器时代早期晚段的遗存，其中，黄河中游李家沟文化出土的陶器相当成熟，但不会是最早的陶器，换言之，中原肯定有更早的陶器。由于李家沟的陶器年代已经在万年左右，那么，推测中原地区早在公元前10000年之前已经发明了陶器应该不成问题。由于在黄河中游新石器时代中期文化当中，发现了像河北磁山遗址那样十分发达的旱作农业现象，因此，推测在新石器时代偏晚阶段即距今10000年前后，中原地区可能已经发明了旱作农业。

可能与华南地区气候温暖不需要农业，而华北地区在更新世冰期尚未结束的严寒气候下，不利于产生农业有关。只有在长江流域，气候不像华北那么寒冷，而又有野生稻的资源，加上具有冬季储粮的需要，才率先产生了稻作农业。

华北地区新石器时代早期的特点之一是出土有大量细石器，这一现象与我国旧石器文化传统有关。据研究中国旧石器传统可分为华南砾石工业和北方的小石器工业，到旧石器时代晚期，华北地区不少遗址出现了大量的细石器，而华南地区一直以砾石工业为主，可见，新石器时代初期不可避免地带有旧石器时代的烙印。

（二）新石器时代早期文化的偏晚阶段

目前，在华北北部、黄河中下游地区、长江中下游地区和岭南地区，都发现了新石器时代偏晚阶段的遗存，大大拓展了新石器时代早期遗存的分布范围。不仅如此，新石器时代早期的文化内容也较前一个阶段显得更为丰富。

华北地区的河北泥河湾于家沟遗址、河北徐水南庄头遗址、北京东胡林和怀柔转年遗址等，不仅发现陶器、磨光石器和细石器，而且开始出现了农业迹象和定居的端倪。其中，于家沟遗址中层偏下出土的距今11000年的陶片，是该地区目前发现年代最早的陶片，虽然热释光方法获得的测年数据，不像碳十四年代那样精确，但是推测华北地区至迟在距今1万多年前已经出现了陶器。不同于长江中游和华南地区的是，华北地区旧石器时代晚期的某些遗址，已经出现了石器磨光技术，而且不少遗址发现了大量的细石器。因此，于家沟遗址出土了大量细石器和一件大部磨光的石矛，是承袭当地旧石器文化传统的结果。不仅如此，于家沟出土的陶器，可辨形态为平底，不同于同时期分布于岭南地区和长江流域、黄河下游的遗址，其经济类型以猎取羚羊和采集为主，尚未发现农业的痕迹。这种情况到了稍晚一些的南庄头遗址悄悄发生了变化。

河北徐水南庄头遗址的年代应在距今10510（BK87075）~9700（BK86121）年。此时，人类在渡过了晚更新世冰期之后，气候环境相对较好一些，南庄头的人们已逐渐来到太行山山前平原地区活动。该遗址出土工具中，未见石斧、石刀、骨刀类，多见用动物骨头和角磨成的锥状器，表明南庄头时期人类的经济活动仍然是以渔猎和采集为主，但发现了较多的植物种子遗存，加上石磨盘、石磨棒等的存在，不排除出现了农业的可能性。南庄头遗址出土的陶器，制作技术也有所提高，器类有罐、盂或钵等，较前一个阶段丰富[1]。陶器器表除素面外，有浅细绳纹、附加堆纹和钻孔现象。特别值得注意的是南庄头遗址还发现了有可能为家养的狗和猪的骨骼[2]，而家畜的饲养往往与定居和农业有关，这也从一个侧面说明南庄头遗址的进步性。

---

[1] 李家治等：《新石器时代早期陶器的研究——兼论中国陶器的起源》，《考古》1996年第5期。
[2] 保定地区文物管理所等：《河北徐水县南庄头遗址试掘简报》附录1《河北省徐水县南庄头遗址的动物遗骸》，《考古》1992年第11期，第966页。

个数据为距今12430±80年。仙人洞、吊桶环、庙岩、玉蟾岩等遗址均发现有陶器，陶器均为圜底，可辨器形主要为圜底罐（釜）形器。陶器制作方法为最原始的直接成型法（或曰捏制法），稍晚出现泥片贴筑法。器表多拍印绳纹，部分陶片在器口部外壁戳印单行或双行小圆窝。出土石器包括打制石器、穿孔石器、局部磨制石器和类似细石器的石片等，此外，还发现了可能是栽培稻的植硅石，这是现今所知年代最早的栽培稻遗存。从玉蟾岩遗址看长江中游的栽培稻和陶器是基本同时出现的，最早出现的农业为稻作，可见这里主要以栽培稻和陶器的出现为跨入新石器时代的重要标志，起始当不晚于公元前12000年左右。

华南地区，虽然很早就出现陶器，却不像长江中游那样几乎同时发明了农业。例如桂林庙岩遗址出土陶器的年代，经测定为距今15500年左右[①]，却没有农业的痕迹。

桂林甑皮岩第一期的年代在距今12500～11400年，个别样品年代更早[②]。甑皮岩遗址第一期文化遗存出土的石器以河砾石为原材料，均为打制，属于典型的中国南方砾石工业传统。陶器仅发现一件圜底釜。器形低矮，器壁极厚，陶质疏松，烧成温度极低，制作粗糙，捏制而成。或许因为发掘面积的限制，这里不见稻作农业的痕迹。

临桂大岩第三期文化遗存应属新石器时代早期，年代比甑皮岩第一期的年代稍晚，为距今12000～10000年。它是以螺壳为主的堆积，出土物包括砾石打制石器、骨器、蚌器及陶器等文化遗物以及较多的水、陆生动物遗骸。其中，石制品以砾石为原料，全部为打制，制作粗糙，以小型石器为主，有一定数量的中型石器。大型石器较少，不见细小石器。种类包括石核、石片、砍斫器、刮削器等，其中以砍砸器为主。骨器包括骨锥和骨镞两种，磨制也较精，体现出较高的制作工艺。此外，共发现3件陶容器，制作粗糙，为素面圜底陶容器。

可见，无论是华南地区还是长江中游地区，石器全部为打制的，属于南方砾石工业传统，不见或少见细石器以及大部磨光的石器。

华南和长江中游地区的共同特点是都出现了圜底陶器，而华北为平底器，这实际上为后来新石器时代中期南北方陶器形态的差异奠定了最初的基础。在后续的新石器时代中期文化当中，分布在华北地区和东北地区的兴隆洼文化、裴李岗文化、磁山文化都是以平底器为主，而长江流域新石器时代中期的彭头山文化、城背溪文化、跨湖桥文化以及后李文化等，常见圜底器，这种陶器形态上的差异，其源头可以追溯至新石器时代早期。

长江中游和华南地区的差异表现在前者很早便出现了原始农业的萌芽，而后者出现农业的时间要晚得多。在公元前10000年甚至更早一些时候，长江中游已经发现了稻作农业遗存，迄今尚未在华南和华北地区发现这么早的农业痕迹。除了考古工作的原因之外，也

---

① 有人对庙岩陶片的年代如此之早表示疑问，不过联系到东亚地区的日本、俄罗斯远东地区发现最早陶片的年代可早到距今1.7万年前后（参见王涛：《中国早期陶器研究》，北京大学博士学位论文，2005年，第63页），庙岩的测年数据或不致大误。

② 中国社会科学院考古研究所等：《桂林甑皮岩》，文物出版社，2003年，第444页。

3. 大岩第三期文化遗存

大岩洞穴遗址由 A、B 两洞组成，现存总面积约 300 平方米。1999 年发现，2000 年对其进行正式发掘[①]。

早期遗存以第三期为代表，为以螺壳为主的堆积，出土物包括砾石打制石器、骨器、蚌器及陶器等文化遗物以及较多的水、陆生动物遗骸。据研究，桂林庙岩遗址出陶片的遗存大体属该阶段[②]。

石制品以砾石为原料，全部为打制，制作粗糙，以小型石器为主，有一定数量的中型石器。大型石器较少，不见细小石器。种类包括石核、石片、砍砸器、刮削器等，其中以砍砸器为主。石器工业风格继承了华南旧石器时代砾石石器工业传统。骨器包括骨锥和骨铲两种，磨制也较精，体现出较高的制作工艺。大岩第三期文化共发现 3 件陶容器，制作粗糙，为素面圜底陶容器，从陶器的制作方法及形态判断，应属新石器时代早期，距今 12000～10000 年。

4. 庙岩遗存

庙岩遗址位于桂林南郊雁山区李家塘村东庙岩南麓的一个穿洞内，洞底面积约 130 平方米。1988 年由桂林市文物管理委员会发掘，出土的文化遗物有石制品、骨蚌制品和陶片及泥制品等。其中，石制品皆为砾石打制而成，陶片为制作粗糙的夹砂灰黑色，另有 1 件捏制的泥制品，未经烧制。庙岩遗址出土的 2 块陶片的测年数据均在距今 15000 年左右[③]。

二、中国新石器时代早期文化的发展阶段

综合分析中国迄今发现的新石器时代早期文化遗存，可以划分早晚两大阶段，早段约为公元前 14000～前 10000 年，是新石器时代的萌芽阶段；晚段为公元前 10000～前 7000 年，是发明农业和定居聚落初步建立的阶段。

（一）新石器时代早期文化的偏早阶段

目前，这一阶段的遗址仅见于华北南部的于家沟遗址、长江中游的玉蟾岩和仙人洞遗址和华南地区的庙岩、甑皮岩遗址。

长江中游地区的吊桶环上层和仙人洞上层，碳十四年代大多在距今 19780±360～15050±60 年，仙人洞早期陶器同层位的有些测年数据距今 19700～15000 年，最晚的一

---

① 傅宪国等：《桂林地区史前文化面貌轮廓初现》，《中国文物报》2001 年 4 月 4 日。
② 傅宪国：《新石器时代早期文化》，《中国考古学·新石器时代卷》，中国社会科学出版社，2010 年，第 109 页。
③ 谌世龙：《桂林庙岩洞穴遗址的发掘与研究》，《中石器文化及有关问题研讨会论文集》，广东人民出版社，1999 年。

顶蛳山遗址第一期的陶器与江西万年仙人洞发现的新石器时代早期陶器特征相同，其年代也应大体一致，在距今10000~9000年。

2. 甑皮岩一至四期遗存

甑皮岩洞穴遗址早在1965年发现已经作了小范围试掘，清理出2座蹲踞葬墓。1973年发掘约90平方米，发掘出火塘、灰坑及35座墓葬；出土石器、骨器、蚌器及陶器等数千件以及大量的水陆生动物遗骸[①]。

2001年，进行了第二次发掘，总计发掘面积约10平方米，共发现墓葬5座，石器加工点1处。同时，还获得了大量的陶片、石器、骨器和蚌器等史前人类生活用具、生产工具以及人类食用后遗弃的水、陆生动物遗骸。

该遗址可分为五个时期，其中第一至四期属新石器时代早期[②]。

甑皮岩第一期发现石器制作场所1处（DT4第31层）。出土的文化遗物包括陶器、打制石器、骨器和蚌器等。其中，石器均为打制，以河砾石为原材料，器类包括石锤、砍砸器、盘状器、切割器、尖状器、棒形石凿和穿孔石器等。属于典型的中国南方砾石工业传统。

陶器仅发现一件圜底釜。器形低矮，器壁极厚，陶质疏松，烧成温度极低，制作粗糙，捏制而成，表现出一系列初级陶器工艺的特征，器表大部分为素面，仅在近口部分隐约可见粗绳纹。

骨器和蚌器的数量较多。包括骨锥、骨铲、骨针、骨鱼镖和蚌刀等，并有少量牙器。磨制工艺已经存在，但尚未应用于石器制作。

地层中出土了大量的水陆生动物遗骸和植物遗存，结合浮选和植硅石的研究结果，证明甑皮岩史前居民的经济形态主要是采集和渔猎。

依据碳十四测年结果，甑皮岩第一期的年代在距今12000~11000年。

甑皮岩第二期至第四期文化遗存发掘出的墓葬葬式为蹲踞葬，墓坑为不规则圆形竖穴土坑。代表性器物仍然是砾石打制石器、骨蚌器和夹砂陶器等。不过陶器的数量逐渐增加，且出现了新的技术——泥片贴塑法，新器形如高领罐等，而且陶器器壁较薄，烧成的温度也较高。石器当中，除打制石器外，新出现磨制的石斧、石锛等。骨器中有骨锥、骨铲和磨制的骨针，另有穿孔蚌刀。

从出土贝类和其他动植物遗存来看，狩猎采集经济仍是当时主要的生计方式。依据碳十四测年结果，甑皮岩第二期至第四期文化遗存的年代为距今11000~8000年。

[①] 广西壮族自治区文物工作队、桂林市革命委员会文物管理委员会：《广西桂林甑皮岩洞穴遗址的试掘》，《考古》1976年第3期；张银运、王令红、董兴仁：《广西桂林甑皮岩新石器时代遗址的人类头骨》，《古脊椎动物与古人类》第15卷第1期，1977年；李有恒、韩德芬：《广西桂林甑皮岩遗址动物群》，《古脊椎动物与古人类》第16卷第4期，1978年。

[②] 中国社会科学院考古研究所等：《桂林甑皮岩》，文物出版社，2003年。

3. 上山遗址

上山遗址位于浙江中部浦阳江上游的浦江县黄宅镇渠南村一座名叫"上山"的小山丘上，这是盆地中的一个小山丘，遗址西侧为浦阳江支流——洪公溪的古河道。2001、2004～2006年，浙江省文物考古研究所等对遗址进行三度发掘。该遗址可分为早晚两期，早期出土陶器多为夹炭红衣陶，数量少，陶质疏松，陶器多厚胎，低温烧制；采用原始的"贴筑法"制陶技术。器形十分简单，多为敞口、斜腹、小平底的盆类器，中腹或近沿处见有粗圆的桥形环纽，另有少量的双耳罐、卷沿罐、双耳钵，已出现圈足器。陶器的纹饰仅见极少量的绳纹、戳印纹。石器以打制石器为主，并发现少量通体磨光的石锛和石凿，其中以石磨盘和石磨棒的组合最具特点，反映了与原始农业紧密相关的经济生活模式。陶胎中发现的大量稻谷颗粒，经植物硅酸体分析，这是经过人类选择的早期栽培稻，从而证明了上山遗址所在的长江下游地区是世界稻作农业的最早起源地之一。

晚期发现有一建筑遗迹，其中柱洞分三列，长14、间距3米，布列呈西北—东南向，与河姆渡遗址的干栏式建筑基础有相似之处。

北京大学考古文博学院对上山遗址出土的夹炭陶标本进行了碳十四年代测定，其中，早期前段的校正年代达距今11000多年[①]。

（四）岭南地区

据目前资料，岭南地区新石器时代早期文化包括广西桂林甑皮岩第一期文化、桂林庙岩遗存、临桂大岩第三期文化遗存、邕宁顶蛳山第一期文化遗存等，年代均在距今1万年以前。

1. 顶蛳山一期遗存

顶蛳山遗址属河旁台地贝丘遗址，现存面积约5000平方米。1994年发现，1997年进行了发掘[②]。顶蛳山遗址第一期为棕红色黏土堆积，出土陶器数量较少，且器类简单，仅见圜底的罐或釜形器。陶器成型方法为手制。基本上为灰黄陶，陶壁较厚。火候较低，质地疏松。器表均施以粗绳纹，口沿上捺压花边，花边下贴附一周附加堆纹。

石器种类较少，仅有穿孔石器和小石片石器两种，细小石片石器多为龟背状，少见二次加工现象，不见细石叶和细石核。穿孔石器为细砂岩，取天然扁平近圆形砾石，中间对穿一圆孔。

---

① 蒋乐平等：《上山遗址与上山文化——兼谈浙江新石器时代考古研究》，《环境考古研究》（第四辑），北京大学出版社，2007年。

② 傅宪国等：《广西邕宁顶蛳山遗址发掘获丰硕成果》，《中国文物报》1997年12月14日；中国社会科学院考古研究所广西工作队等：《广西邕宁县顶蛳山遗址的发掘》，《考古》1998年第11期。

今19780±360～15050±60年,最晚的一个数据为距今12430±80年,可归为新石器时代早期。

新石器时代早期出土遗物丰富,包括大量石器、骨器、蚌器、陶片等人工制品以及人骨和水、陆生动物遗骸。陶器器类单纯,可辨器形主要为圜底罐（釜）形器。所有早期陶片的陶土中都加有石英岩做羼和料。陶色驳杂。陶器制作方法为泥片贴筑法和泥条（圈）盘筑法。器表拍印绳纹,部分陶片在器口外壁戳印单行或双行小圆窝。

出土石器包括打制石器、穿孔石器、局部磨制石器和类似细石器的石片等。骨器有锥、簪、铲、凿、镞、镖和投掷器等,有的骨器和骨片上有刻划痕。特别值得一提的是发现了可能是栽培稻的植硅石,这是现今所知年代最早的栽培稻遗存。

2. 玉蟾岩遗址

湖南道县玉蟾岩（俗称蛤蟆洞）洞穴遗址发现于20世纪80年代初,后曾进行过多次调查,1993年和1995年进行了两次考古发掘[①]。文化遗物包括陶器、打制石器和骨、角、牙、蚌制品及大量的水、陆生动物遗骸。陶器制作粗糙,陶胎厚薄不匀,最厚的达2厘米。陶质疏松,火候不匀。陶器为泥片贴筑法制成。陶片内外均饰编织印痕,器形均为侈口、圆唇、斜弧壁、尖圜底,已复原两件釜形器。

生产工具主要是石制品和骨、角、牙、蚌器。石制品以砾石为原料,全部为打制石器,包括石核、石片、砍斫器、刮削器、切割器、石刀、锄形器、亚腰斧形器等。制作粗糙,以小型石器为主,有一定数量的中型石器。大型石器较少,缺乏细小石器。此外,还有用鹿类和小型食肉类动物犬齿制作的牙饰。

洞穴内生活遗迹主要是地面烧灰堆,一般直径40～50厘米,厚不足10厘米。

在1993年和1995年的两次发掘中各发现2枚水稻种子,经鉴定,1993年出土的稻谷为普通野生稻,但具有人类初期干预的痕迹。1995年出土稻谷为栽培稻,但兼备野、籼、粳的特征,是一种由普通野生稻向栽培稻演化的最原始的古栽培稻类型。遗址堆积中包含有大量的水生动物介壳,同时还发现了大量陆生动物遗骸,其中哺乳动物28余种,计有猴、兔、羊、鼠、食虫类等,数量最多的是鹿科动物。鸟禽类骨骼有27种。个体数量占动物残骸总数的30%以上,可见,玉蟾岩人主要狩猎大型的食草动物和小型的食肉动物。

上述情况说明玉蟾岩人的经济活动仍然是以采集和渔猎为主,原始稻作农业尚处于最初的萌芽阶段,在人类的日常生活中所占的比重还很小。

经测定,玉蟾岩遗址年代当在距今12000～10000年。

---

① 蒋迎春:《九五年、八五期间十大考古新发现分别揭晓》,《中国文物报》1996年2月18日;袁家荣:《玉蟾岩获水稻起源重要新物证》,《中国文物报》1996年3月3日;袁家荣:《湖南道县玉蟾岩1万年以前的稻谷和陶器》,《稻作、陶器和都市的起源》,文物出版社,2000年。

块、较多的陶片和动物骨骼等。这里发现的陶片均为夹粗砂陶，部分陶片质地较坚硬，显示其烧成火候较高，已不是最原始制陶术，器形单调，均为直口的筒形罐，绝大部分陶片的外表都有纹饰，以绳纹为主，还有少量刻划纹。

经测定，李家沟新石器时代文化层年代为距今9000～8600年。

2. 扁扁洞遗址与黄崖遗址

扁扁洞遗址位于山东沂源县东南一座岩厦洞穴内，2005～2006年进行了小规模发掘[①]。该洞洞口朝北，洞内现存地层分为8层，表土层以下有三层堆积属于新石器时代早期，都发现有明确的活动面。其中，第4层层面上发现多处红烧土面，堆积有可能为人工敲砸后的兽骨。出土陶片为夹砂陶，砂粒粗细不均，陶色以红陶和红褐陶为主，火候较低，陶胎较厚，器类多为圜底的釜、钵，均素面，仅有一例饰附加堆纹。共存的石器仅见石磨盘、石磨棒和形体细小的石制品，不见典型的细石器产品。

洞内采集的人头骨经碳十四年代测定，距今11000～9600年，兽骨样品的年代在1万年前。距离扁扁洞遗址不远的黄崖遗址，位于沂源县土门镇黄崖村一个山洞内，原洞穴不大，宽、深都不到10米，不见烧土面和活动面，可能不是人类活动的主要场所，而是堆积垃圾的地方。从出土的陶器已有叠唇釜口沿来看，已与后李文化同类器十分近似，年代或许晚于扁扁洞，但仍属于新石器时代早期[②]。

（三）长江中下游地区

1. 仙人洞与吊桶环遗址

两遗址位于江西万年县境内，其中仙人洞为洞穴遗址，吊桶环为岩厦遗址。仙人洞遗址于20世纪60年代初曾经进行过两次发掘[③]，1993年和1995年中外学者联合对仙人洞遗址再次进行了系统采样，并对吊桶环遗址进行了小规模发掘[④]。两遗址的文化堆积分属于三个时期，早期以吊桶环下层为代表，文化遗物以打制石器为主，还有类似细石器的燧石片，不见磨制石器和陶器，绝对年代在距今20000～15000年，属旧石器时代晚期。中期以吊桶环中层和仙人洞下层为代表，属旧石器时代末期。晚期以吊桶环上层和仙人洞上层为代表，堆积中含较多的水生动物螺、蚌壳之类，与陶器同层位的取样标本的碳十四年代大多在距

[①] 孙波：《山东发现新石器时代早期遗址》，《中国文物报》2007年8月15日。
[②] 孙波：《山东发现新石器时代早期遗址》，《中国文物报》2007年8月15日。
[③] 江西省文物管理委员会：《江西万年大源仙人洞洞穴遗址试掘》，《考古学报》1963年第1期；江西省博物馆：《江西万年大源仙人洞洞穴遗址第二次发掘报告》，《文物》1976年第12期。
[④] 蒋迎春：《九五年、八五期间十大考古新发现分别揭晓》，《中国文物报》1996年2月18日；刘诗中：《江西仙人洞和吊桶环发掘获重要进展》，《中国文物报》1996年1月28日；张弛：《江西万年早期陶器和稻属植硅石遗存》，《稻作、陶器和都市的起源》，文物出版社，2000年；严文明、彭适凡：《仙人洞与吊桶环——华南史前考古的重大突破》，《中国文物报》2000年7月5日；赵志军：《吊桶环遗址稻属植硅石研究》，《中国文物报》2000年7月5日。

度在距今14000～5000年。下层仅出土有细石器工艺制品和装饰品,未见陶片。中层偏下出土有陶片和1件磨光的尖状石器及用贝壳、螺壳、鸟骨制成的装饰品,属于新石器时代早期,该层所出陶片质地粗糙、疏松,其中最大的一片为夹砂黄褐陶平底器底部,热释光测年距今约11700年。

4. 南庄头遗址

河北省徐水县南庄头遗址地处华北平原西部边缘的瀑河冲积扇上,发现于1986年,并分别于1986、1987和1997年进行了清理和发掘,总计发掘面积300余平方米。发现5条小灰沟,在灰沟附近发现用火遗迹5处,多为近圆形或椭圆形的红烧土或草木炭(灰)层堆积,应为原始居民活动场所。出土陶器器类比较单调,仅见罐、盂或钵等[①]。陶器质地疏松,火候较低,器表除素面外,纹饰以浅细绳纹为主,部分器物的颈沿部位饰附加堆纹或在口沿外侧饰剔划纹,部分陶片上有钻孔现象。出土石器较少,仅发现磨盘、磨棒、少量石锤和打制的石英、燧石、玛瑙、石榴石、云母石片等。骨、角器较发达,多选用动物肢骨及鹿角切割、打磨而成。主要器形包括骨锥、骨镞和角锥等。

南庄头遗址发现数量较多的水、陆生动物遗骸,包括鸡、鹤、狼、狗、猪、麝、马鹿、麋鹿、斑鹿和鳖等,除狗和猪有可能为家畜外,其余均为野生动物,大都属于鹿科动物。水生动物遗骸共发现五种,包括中华原田螺、珠蚌、萝卜螺、扁卷螺和微细螺等。

孢粉分析显示[②],当时的环境总体上偏凉干,但在南庄头人类生活的中期,气候环境相对较好一些。南庄头地处太行山山前平原,说明当时人类在渡过了晚更新世冰期之后,在比较有利的气候条件下,已逐渐来到平原地区活动。其年代应在距今10510(BK87075)～9700(BK86121)年。

(二)黄河中下游地区

1. 李家沟文化

2009年,在河南新密李家沟遗址[③]发现了距今10500～8600年连续的史前文化堆积,堆积下部出土有细石核与细石叶等典型的细石器遗存,被命名为李家沟文化。李家沟新石器时代的文化层较之于旧石器时代明显增厚,说明遗址的使用规模和稳定性远大于细石器文化阶段,在新石器时代文化层中,发现有石块聚集区,内含石磨盘、石砧、多块扁平石

---

① 保定地区文物管理所等:《河北徐水县南庄头遗址试掘简报》,《考古》1992年第11期;李珺:《徐水县南庄头遗址又有重要发现》,《中国文物报》1998年2月11日。
② 保定地区文物管理所等:《河北徐水县南庄头遗址试掘简报》附录2《南庄头遗址 ^{14}C 年代测定与文化层孢粉分析》,《考古》1992年第11期。
③ 北京大学考古文博学院等:《中原地区旧、新石器时代过渡的重要发现——新密李家沟遗址发掘收获》,《中国文物报》2010年1月22日第6版。

发现墓坑）以及石器、骨器等文化遗物①。

2001年发掘出的文化层自上而下可分为7层，新石器时代早期文化遗存均发现在第7层，出土了包括石器、陶器、残存人骨、动物骨骼在内的一批重要遗物，还发现了人类烧火遗迹5处及一座新石器时代早期的残墓。烧火遗迹5处，其中HD3平面为不规则圆形，范围约80厘米×60厘米，深约30厘米，推测其原为临时灶址，后废弃不用。

石器数量较多，包括石磨盘、石磨棒、石片、石核及残断砾石块等，还采集1件局部磨光的小型石斧。其中石磨盘、石磨棒都有使用痕迹；石片稍加打制即使用，其刃部多有使用痕迹；砾石块数量较多，以打制为主。

出土陶器似为泥片贴筑法制成，似为罐类残片。骨器数量较少，另见有螺壳项链。出土鹿类动物骨骼数量较多，另发现有少量蚌壳、个别食肉类动物骨骼以及多种形态的螺壳等。孢粉分析及蜗牛分析表明东胡林人生活的全新世早期，北京地区的年平均气温可能与现在相近或略偏高。据碳十四测年可知东胡林人活动的年代大致在距今1万年。

根据该遗址出土的大量兽骨、烧火遗迹以及石磨盘、石磨棒等石器推测东胡林人的经济活动仍以采集狩猎为主，至于是否已发明了农业，尚待进一步研究。

2. 转年遗址

北京市怀柔转年遗址，在20世纪90年代曾经过三次发掘②。其文化堆积可分为3层，其中第1层为灰黑色沙质土，含新石器时代早期石制品和陶器等遗物。出土陶器以夹砂褐陶为主，质地疏松，火候不匀。器表经打磨较光滑，多素面，个别器物口沿下饰附加堆纹或凸纽。陶器均手制，应为泥片贴筑法制成。流行平底器，主要器形有筒形罐和平底直壁、带凸纽的盂。

出土的石制品达1.5万余件，包括小型石器、细石器和少量磨制石器。其中，小型打制石器有砍砸器、盘状器和石片等。细石器有石核、刮削器、细石叶等，数量较多，尤其是某些细石核、细石叶和刮削器等具有典型细石器的工艺传统。磨制石器有石斧、磨盘、磨棒和石容器等。

转年遗址有两个碳十四数据，一个距今9200年，一个距今9800年，树轮校正后大约距今1万年。

3. 于家沟遗址

1995～1997年，河北省文物研究所、北京大学考古学系合作发掘河北阳原县泥河湾盆地虎头梁地点群的于家沟遗址③，发掘的文化层厚达7米，分下、中、上层三部分，年代跨

---

① 周国兴、尤玉柱：《北京东胡林村的新石器时代墓葬》，《考古》1972年第6期。
② 郁金城：《北京市新石器时代考古发现与研究》，《跋涉集》，北京图书馆出版社，1998年。
③ 梅惠杰、谢飞：《华北新旧石器时代的过渡——泥河湾盆地阳原于家沟遗址》，《中国十年百大考古新发现（1990～1999）》，文物出版社，2002年。

试论中国新石器时代早期文化的区域特征与发展阶段

学术界对中国新石器时代早期文化的探索，由来已久。早在20世纪60年代，已经在北京门头沟的东胡林人和江西万年仙人洞遗址以及广东、广西的多处遗址中被多次发现，只是因各方面的原因受到质疑。直到80年代发现河北徐水南庄头遗址以后才得以确认。进入90年代以来，陆续发现了一批新石器时代早期的遗址，进入21世纪之后，又有山东沂源扁扁洞遗址和河南新密李家沟遗址的新发现。所有这些发现，为探索中国新石器时代早期文化的区域特征与发展阶段，积累了越来越丰富的资料，使得中国新石器时代早期的文化面貌日益清晰起来。

一、中国新石器时代早期文化的重要发现

由于中国幅员辽阔，气候和环境差异极大，文化传统也不尽相同，势必导致各地新石器时代早期文化的面貌不尽相同。根据目前发现的材料，已经发现有新石器时代早期遗存的遗址至少可以归纳为四个区域，即华北北部、黄河中下游、长江中下游和岭南地区，现择其要者将每一区域的重要发现分述如下。

（一）华北地区

华北地区新石器时代早期文化遗存已发现的有北京门头沟东胡林[1]、怀柔转年遗址[2]及河北徐水南庄头[3]、阳原于家沟[4]等。

1. 东胡林遗存

东胡林遗址位于北京市门头沟区东胡林村西，1966年曾在遗址区发现三具人骨架（未

---

[1] 周国兴、尤玉柱：《北京东胡林村的新石器时代墓葬》，《考古》1972年第6期；赵朝洪、郁金城、王涛：《北京东胡林新石器时代早期遗址获重要发现》，《中国文物报》2003年5月9日；东胡林考古队：《北京新石器早期考古的重要突破——东胡林人引起广泛关注》，《中国文物报》2003年11月7日。

[2] 郁金城、李超荣：《北京转年新石器时代早期遗址的发现》，《北京文博》1998年第3期。

[3] 保定地区文物管理所等：《河北徐水县南庄头遗址试掘简报》，《考古》1992年第11期；李珺：《徐水南庄头遗址又有重要发现》，《中国文物报》1998年2月11日。

[4] 梅惠杰、谢飞：《华北新旧石器时代的过渡——泥河湾盆地阳原于家沟遗址》，《中国十年百大考古新发现》（1990～1999）》，文物出版社，2002年。

壹 文化谱系

Chapter III Prehistoric Art

The Analysis of Hongshanmiao Painted-Pottery Pictures ……………………………(261)
From Fight to Peace of Fish and Bird: The Analysis of "Fish Combined with Bird" Motif
　……………………………………………………………………………………(269)
The Analysis of "Fish Combined with Bird" Motif ……………………………………(273)
The Excavation of Miaodigou Site and the Periodization of Miaodigou Painted-Pottery …(280)
The Excavation of Liuwan Cemetery and the Periodization of Liuwan Painted-Pottery …(287)
The Periodization of Neolithic Jades from the Central Plains ……………………(298)
The Westwards Spread of Liangzhu Jades ………………………………………(323)
A Brief Analysis of Pottery Lid with Pig Head Moudling Excavated from Xinzhai Site …(345)

Chapter IV Legend and History

The Capital of Xia Qi and Xinmi Xinzhai City Site ………………………………(363)
The Archaeological Observation of "Five Circles System (Wu Fu)" from *Yugong* ……(370)

Chapter V Theory and Method

Several Problems in Stratigraphy of Environmental Archaeology ………………(391)
The Archaeology Culture and its Nomenclature ……………………………………(397)

Chapter VI Retrospect and Prospect

The Retrospect and Prospect of Yangshao Culture Research in Last 20 Years …………(409)
The Retrospect and Thinking of Chinese Neolithic Archaeology from Chinese Economic
　Reform ……………………………………………………………………………(416)
The Retrospect and Thinking of Research on the Origins of Chinese Civilization …………(430)

Contents

Chapter I Cultural Genealogy

The Regional Characteristics and the Developmental Stages of Early Culture of Chinese
　　Neolithic Age ·· (3)
The Research on Peiligang Culture ··· (15)
The Second Analysis of Yangshao Culture Remains from Dongzhuangcun Site at Ruicheng,
　　Shanxi ··· (24)
The Second Analysis of Wangwan Type of Central Plains Longshan Culture ···················· (37)
The Commendation of *The Archaeological Excavation Report of Luoyang Wangwan* ········ (60)
A Comparison Study of the Distribution Pattern between Central Plains and Haidai District
　　at Longshan Period ··· (65)
Several Questions of Xinzhai Period and the First Period of Erlitou ································ (77)
The Significance of the Discovery of "Xinzhai Period" Remains ···································· (100)

Chapter II Settlement Patterns

The Formation of Peiligang Culture Agricultural Settlement ·· (125)
The Building and the Population of the Villages of the First Period at Jiangzhai Site ········· (147)
The Evolution of Neolithic Settlement at the Central Plain ·· (155)
Methods and Practice of Xinzhai Site Excavation ··· (160)
The Retrospect and the Prospect: For 30th Anniversary of Xinzhai Site Excavation ·········· (169)
An Overall Inspection and Extensive Exchanges of Chinese Settlement Archaeology: For
　　the Theory and Practice of Chinese Settlement Archaeology and the Forum Summary of
　　30th Anniversary of Xinzhai Site Excavation (Preface) ··· (177)
New Discovery, New Achievement, New View, New Method, New Concept: The New
　　Progress Of Chinese Neolithic Settlement Archaeology Research in 2012 ··················· (184)
Comparison of Neolithic Cities in the Middle Reaches of Yangtze and Huanghe River ······ (193)
The Past, Present and Future of Chinese Neolithic Cities Research ································· (203)
A Preliminary Analysis of the First Period Jiangzhai Culture Cemetery ·························· (213)
The Second Analysis of the First Period Jiangzhai Culture Cemetery ····························· (228)
The Analysis of the Periodization and Other Relevant Problems of Yaoshan Cemetery ····· (250)

鱼鸟共融图试析 ··· (273)
庙底沟遗址的发掘与庙底沟彩陶的分期 ······································· (280)
柳湾墓地的发掘与柳湾彩陶的分期 ··· (287)
试论中原地区新石器时代玉器的分期 ·· (298)
论良渚玉器的西传 ·· (323)
试论新砦遗址出土的"猪首形陶器盖" ·· (345)

肆　传说与史实

新密新砦城址与夏启之居 ·· (363)
《禹贡》五服的考古学观察 ··· (370)

伍　理论与方法

环境考古中地层学研究的几个问题 ·· (391)
论考古学文化及其命名原则 ·· (397)

陆　回顾与前瞻

近20年来仰韶文化研究的回顾与展望 ·· (409)
改革开放以来中国新石器时代考古研究的回顾与思考 ························· (416)
中国文明起源研究的回顾与思考 ··· (430)

目 录

壹 文化谱系

试论中国新石器时代早期文化的区域特征与发展阶段……………………………（3）
裴李岗文化研究……………………………………………………………………（15）
山西芮城东庄村仰韶遗存再分析…………………………………………………（24）
中原龙山文化王湾类型再分析……………………………………………………（37）
《洛阳王湾——田野考古发掘报告》述评………………………………………（60）
龙山时代中原与海岱地区文化分布格局的比较…………………………………（65）
关于新砦期与二里头一期的若干问题……………………………………………（77）
"新砦期"遗存发现的意义………………………………………………………（100）

贰 聚落形态

裴李岗文化时期农业定居聚落的形成……………………………………………（125）
也谈姜寨一期村落中的房屋与人口………………………………………………（147）
略论中原地区史前聚落的演变……………………………………………………（155）
新砦聚落考古的实践与方法………………………………………………………（160）
新砦聚落考古的回顾与展望——纪念新砦遗址发掘30周年……………………（169）
中国聚落考古的全面检验与广泛交流——"中国聚落考古的理论与实践暨纪念新砦
　遗址发掘30周年学术研讨会"综述（代前言）………………………………（177）
新发现、新成果、新观点、新方法、新理念：2012年度中国史前聚落考古研究的
　新进展………………………………………………………………………………（184）
长江中游与黄河中游史前城址的比较……………………………………………（193）
中国史前城址研究的过去、现在与未来…………………………………………（203）
姜寨一期墓地初探…………………………………………………………………（213）
姜寨一期墓地再探…………………………………………………………………（228）
论瑶山墓地的分期、排序及相关问题……………………………………………（250）

叁 史前艺术

洪山庙仰韶彩陶图略考……………………………………………………………（261）
从鱼鸟相战到鱼鸟相融——仰韶文化鱼鸟彩陶图试析…………………………（269）

this corpus. And CASS also offered me much help. Besides, I'd like to express my sincere thanks for Mrs. Chai Lili from Science Press who edited the copy, Dr. Shang Yuanxin from Zhengzhou University translated this preface and contents, and Mrs. Qin Ling from Peking University who helped in editing the translation.

Zhao Chunqing
Xinmi, Henan
September 20, 2017

"subtype" (yaxing) to express space domain. We should use the toponymy of the first excavated place to name an archaeological culture.

Finally, also the sixth part of this book: retrospect and prospect, includes three papers. In this chapter I review the course of research on Yangshao Culture, the Neolithic Age and the research on the origins of civilization. And I suggest some new concepts, such as defining the origin of Chinese civilization from 4,000 BC, which began with Chengtoushan Site of Daxi Culture. It has experienced three stages, the Clan stage (the late period of Yangshao Age), Chiefdom (Longshan Age), and Kingdom (Xia Dynasty), which also illustrated the developmental stages of Chinese civilization. Of course, the retrospective of civilization is a long-term task.

That is what this book all about, and it generally reflects my understanding of Chinese Prehistoric archaeology. All these ideas come from using Chinese Neolithic archaeological materials to reconstructing Chinese prehistory. I still remember that Prof. Yan told us every paper collected in his 1989 collection *A Research on Yangshao Culture* thoroughly planned. He studied and wrote them according this plan over more than 20 years, and this reflects his great wisdom. Now another 20 years have passed, and I have focused on the topic of "reconstructing Chinese prehistory" and to this end I have carefully collected 35 published papers as a corpus. I always look forward to your criticism.

Looking back over my last 30 years of academic research, I have benefited a lot from many mentors in the Department of History of Zhengzhou University, like Mrs. Chen Xu, Mr. Li Youmou, Mr. Wu Zengde, Mr. Jia Zhoujie. And Mr. Li Yangsong, Mr. Yan Wenming, Mr. Li Boqian, Mr. Zhao Chaohong, Mr. Zhang Jiangkai. Mr. Zhao Hui from the School of Archaeology and Museology of Peking University also enlightened me in my career. Mr. Liu Qingzhu, Mr. Wangwei, Mr. Chen Xingcan, Mr. Fu Xianguo, Mr. Xu Hong, Mr. He Nu, Mr. Zhu Yanping, Mr. Wang Renxiang, Mr. Ye Maolin, Mr. Niu Shishan from CASS offered me unselfish help. Peking University professor Zhang Chi, Boffin Dai Xiangming of National Museum of China, Renmin University of China professor Han Jianye, Nanjing University professor Shui Tao, Boffin Wu Weihong from Archaeology Institute of Anhui Province are my real friends and classmates, and they provided me a lot beneficial help during my research and writing process. Lackaday! The former head of The Palace Museum Mr. Zhang Zhongpei and Mr. Zhou Kunshu from Institute of Geology and Geophysics, CAS have left us, but their influences will kept in my mind forever.

My wife, Mrs. Zhang Huifang, has not only taken care of my life, but also always tries her best to support my career. She is always my dear love and best friend. It's my honor to have such a wonderful wife to help me raise our daughter and take care of my family.

In the end, I would like to give my special thanks to Aurora Centre for the Study of Ancient Civilizations, Peking University. Mr. Li Boqian, the dean of center, suggested to me to compile

My analysis of Neolithic cemeteries is illustrated by a few carefully selected articles about the cemetery of Shanxi Lintong Jiangzhai in its first period, as well as the Yaoshan Cemetery at Yuhang, Zhejiang. It is important to note that Jiangzhai first period cemetery is made up of five families' cemetery, and each of them includes around 20 people, which can corresponds with the analysis of settlements. Furthermore, every grave in Yaoshan Cemetery only had one jade comb head buried with its owner. By analysis of these jade comb heads, we can deduce that this cemetery was gradually formed. It was a sacrificial altar at first, and then it became a cemetery. And this is the general principle of Liangzhu Culture cemeteries.

The third part of this book is focused on Chinese prehistoric arts. I have collected 8 articles in this part. I believe that painted-pottery, jade and pottery artifacts are three main carriers of Chinese prehistoric art. By the analysis of painted-pottery from Henan Shanxian Miaodigou Site, Qinghai Liuwan Cemetery, Ruzhou Hongshanmiao Cemetery, many painted-pottery pictures (motif) can be described as a transition from war to peace between fish and birds. Thus we find a developmental path and meaning in Yangshao Culture's polychrome-pottery. *The Periodization of Neolithic Jades from the Central Plain* and *The Westwards Spread of Liangzhu Jades* reconstruct the patterns of evolution and progress in the crafts of the Central Plains and Liangzhu. *A Brief Analysis of Pottery Lid with Pig Head Moudling Excavated from Xinzhai Site* gave a preliminary study of moulding pottery lid with a special pig head shape.

China's ancient age was inundated with major legends. The forth part of this section focuses on reviewing the misunderstandings of the early years of Xia Dynasty, and the masterpieces of Xia, *Yugong*, combined with archaeological evidences. I have raised the idea that Xinzhai Site maybe was the capital of Xia Qi. And The Five Circles System (Five Fu) in Yugong coincided with the distribution of Longshan Culture. According to this theory, we can divided this Five Circles System (Wu Fu) into three groups: the inner circle, the central circle and the outer circle. The third period of Wangwan Culture approximately corresponds to suburb of the capital, which named "Dian Fu". The Central Plains Longshan Culture is "Hou Fu" and "Sui Fu", and then is the "Yao Fu" and "Huang Fu". In a word, The Five Circles System is true history, and not a fake story.

The fifth part of this book discusses the theories and methods of archaeology, through two pieces. In the environmental archaeology aspect, I suppose that we should bring in Pedogenesis and soil micromorphology, and thus try to establish a regional stratigraphic comparing system that uses quantitative descriptions in recording the color and texture of soil. Always the problem of naming archaeological cultures preys upon an academic's mind. The same archaeological culture in different places may be usually be named different names. In *The Archaeology Culture and its Nomenclature* I suggest a way through by using "period" (qi), "stage" (duan), and "group" (zu) to express time domain, and using "time" (shidai), "culture" (wenhua), "type" (leixing), and in succession, nor end to end. Actually, the late stage of Banpo Type is simultaneous with the early stage of Miaodigou Type. Moreover, the third period of Wangwan Culture can be further divided into Meishan Subtype at south and Wangwan Subtype at north. In the Longshan Period, the distribution pattern at Central Plain is a client-server pattern, while at Haidai District it is a peer-to-peer pattern. And the Xinzhai Period is crucial to understanding the early stage of the Xia Culture, which lived between Longshan Period and the Erlitou Culture.

The second part of this collection is about settlement patterns, and this part is the most important part of whole book. It is made up of 12 articles. This part covers the entire process from the middle-to-late period of Neolithic Age to the early period of the Bronze Age. Specifically, *The Formation of Peiligang Culture Agricultural Settlement*, and *The Building and the Population of the Villages of the First Period at Jiangzhai Site* are the concrete analysis of settlements of Pre-Yangshao Period (some people also have also called it Peiligang Period) and the subsequent Yangshao Period. The patterns indicate that the cemetery of Peiligang Culture usually consist by the family cemetery and clan cemetery. The analysis of population and social organization of the villages of the first period of Jiangzhai Site is out of the ordinary. It is generally recognized that the cemetery of the first period of Jiangzhai Site is a clan cemetery, which reflects a population scale of around 600 people. But in my opinion, the first period of Jiangzhai Site consists of 5 families, and each family has around 20 people typically. Thus there are around 120 people in all, and its social organization has two ranks, the family rank and the clan rank.

Methods and Practice of Xinzhai Site Excavation and *The Retrospect and the Prospect: For 30th Anniversary of Xinzhai Site Excavation* reviewed the methods and steps over 30 years work. And it's my great honor if my efforts can offer any help in prehistoric settlement studies.

The city is the inevitable product that the settlement develops into at a certain stage, and it's also the advanced form of settlement. *Comparison of Neolithic Cities in the Middle Reaches of Yangtze and Huanghe River* and *The Past, Present and Future of Chinese Neolithic Cities Research* made an initial summary of Neolithic cities at the middle reaches of Yangtze and Huanghe River, even the whole country, which also suggested feasible methods and steps for Neolithic city research.

The Evolution of Neolithic Settlements at the Central Plains, *An Overall Inspection and Extensive Exchanges of Chinese Settlement Archaeology: For the Theory and Practice of Chinese Settlement Archaeology and the Forum Summary of 30th Anniversary of Xinzhai Site Excavation (Preface)*, and *New Discovery, New Achievement, New View, New Method, New Concept: The New Progress of Chinese Neolithic Settlement Archaeology Research in 2012* made an initial summary of Chinese settlement archaeology. It shows how people's attention to settlement archaeology grew, while also promoting further development of settlement archaeology.

my family, my tearful wife, daughter, and brother, sat by my bedside. And I asked them aghast: "What's wrong with me? Why I am here?"

After more than 20 days recuperating my health, I reflected on the first half of my life. I was the boy of rural peasants, an illiterate mother and less educated father with only two and half years local private school education. Yet I had the benefit of a full education, from the Er'he Primary School of Dongzhaogang Village at Laohe Township of Biyang County to the post-doctoral fellowship of Peking University. In the meantime, I had travelled extensively, and I published hundreds of articles. And I believe that it's now a good time to provide a summary of my work, in my early 50s.

From 2014-2016, I published a series of books to celebrate my 50 years, like *The Flower of Huaxia*: *Digest of Miaodigou Culture Painted Pottery*, *Heishan's Poem*, *The Archaeological Fate of Half Life*, *The Research of Xinzhai Site and Culture*, *Essential Potteries of Xinzhai Site*, The 1st Volume of *The General History of China*, and so on. But that is not enough, so I decided to publish another corpus, which exclusively collects papers I published before. Therefore I invited my supervisor, Prof. Yan Wenming, to give this collection a name: *A Collection of Prehistoric Archaeology*. I thank him very much for his assent.

I divided this corpus into 6 parts by its contents. Chapter Ⅰ Cultural Genealogy, Chapter Ⅱ Settlement Patterns, Chapter Ⅲ Prehistoric Art, Chapter Ⅳ Legend and History, Chapter Ⅴ Theory and Method, Chapter Ⅵ Retrospect and Prospect.

The basic research of archaeology is to reveal the cultural genealogy of ancient sites. I selected 8 reference papers for first chapter: *The Regional Characteristics and the Developmental Stages of Early Culture of Chinese Neolithic Age*, *The Research on Peiligang Culture*, *The Second Analysis of Yangshao Culture Remains from Dongzhuangcun Site at Ruicheng, Shanxi*, *The Second Analysis of Wangwan Type of Central Plains Longshan Culture*, *The Commendation of "the Archaeological Excavation Report of Luoyang Wangwan"*, *A Comparison Study of the Distribution Pattern between Central Plains and Haidai District at Longshan Period*, *Several Questions of Xinzhai Period and the First Period of Erlitou*, *The Significance of the Discovery of "Xinzhai Period Remains"*. I believe that the cultural type and genealogy of the Chinese prehistoric period is basic to any research on Chinese prehistory. As far as I tell, the early stage of Chinese Neolithic Age can be divided into 4 districts: north China district, the middle and the lower reaches of Huanghe River district, the middle and the lower reaches of Yangtze River district, and south China district, which also can be described as having an early stage and late stage. Peiligang Culture is an important culture that thrived at the middle part of the Neolithic Age. It has Peiligang Type, Jiahu Type, and Wayaozui Type. And it is famous that there are two ranks of cemetery— the family cemetery and clan cemetery. Banpo Type and Miaodigou Type of Yangshao Culture are not

Preface

More than 30 years have passed since I graduated with a major in archaeology from Zhengzhou University, and since I first took part in archaeological excavation in Luoyang, famous as an ancient capital for 9 dynasties. I made from a twenty years old boy to a middle aged man with grey sideburns, it seems the right time to stock of my past, and direct myself towards the future.

I stayed active in archaeological work after I graduated, but I also nourished other dreams, to be a poet, a literary writer, or even an invincible general leading battles. Every time I follow technicians in fieldwork, such as excavating ancient graves, I like to imagine myself as a general leading and participating the battle of excavations. Many times, I have looked up at sky and howled as it: "Let the storm come more fiercely; a man should never be in fear of hardships!"

In 1989, I was admitted into Peking University, and became lost in the pagoda reflection on Wei Ming Lake. Thus I became an illustrious poet of the campus. I engineered the 1st welcoming party for graduate students of Peking University, and I even expressed my crazy will to be a poet and to the professors of the School of Archaeology.

While the solid ground reality held me tightly, in fall 1991, suffering a great pain of mind, I left Peking University, left my dreams, and returned Luoyang again. My perhaps petty, but real, archaeology journey continued...

Dreams still came and went, stimulating me and attracting me from time to time. In 1994, I took part in the 8th training course of fieldwork team-leaders, which was held by State Administration of Cultural Heritage at Xishan Site. It gave me a chance to make the acquaintance of Prof. Zhang Zhongpei, the famous archaeologist, and a group of like-minded archaeologists. In order to get a Ph.D. program at Peking University, I read plenty of books, studied English hard, and practiced my archaeological skills. Finally, I achieved my dream at 1996 and followed Prof. Yan Wenming to get my doctoral degree in neolithic archaeology. Then in 1999, I was been recommended as a post doctoral researcher in archaeology to continue my research at Peking University. After finishing my post-doctoral fellowship in 2001, I began to work at the Institute of Archaeology, Chinese Academy of Social Science. At that time, I was full of energe, high-spirited to devote myself to archaeology, indulging in pleasure without a stop.

Unimaginably, I got a serious illness which almost took my life away in my late 40s. While I sobered up on the hospital bed at Xiangya Hospital of Changsha, I was surprised that all of

35篇，集成《史前考古文集》，呈现给学术界，以供方家批评指正！

  我从事学术研究的三十多年里，得益于郑州大学历史系陈旭、李友谋、吴曾德、贾洲杰等先生的考古学启蒙，北京大学考古文博学院李仰松、严文明、李伯谦、赵朝洪、张江凯、赵辉等先生的悉心指导，中国社会科学院考古研究所刘庆柱、王巍、陈星灿、傅宪国、许宏、何努、朱延平、王仁湘、叶茂林、牛世山等先生的无私帮助。北京大学考古文博学院张弛教授、中国国家博物馆戴向明研究员、人民大学韩建业教授、南京大学水涛教授、安徽省文物考古研究所吴卫红研究员等是我历久弥坚的同学和挚友，在我科研和写作过程中，曾给予我各种各样的帮助。悲哉，故宫博物院前院长张忠培先生和中国科学院地质与地球物理研究所周昆叔先生已驾鹤远行，但他们二位生前的谆谆教诲是我永志不忘的。

  我的妻子张会芳女士，生活上细致地照顾我，事业上尽力支持我，是我多年的贤内助。我的女儿渐渐长大了，如今，她屡屡替我排忧解难。这是我的福气！

  最后，我要特别感谢北京大学震旦古代文明研究中心，承蒙该中心主任李伯谦老师提议把本论文集作为中心研究丛书予以出版，中国社会科学院考古研究所予以积极赞助。此外，科学出版社柴丽丽编辑予以细心审稿，郑州大学历史文化学院的尚元昕博士完成自序、目录的英文翻译，并经北京大学考古文博学院的秦岭女士审定，在此一并表示诚挚的谢意。

赵春青
2017年9月20日于河南新密

史前墓地的分析，有代表性地解剖了陕西临潼姜寨一期墓地和浙江余杭瑶山墓地的分期、排序及相关问题。重点指出姜寨一期墓地共由5个家族墓地所组成，每一家族有20余人，这与房屋分析相对应。瑶山墓地的每一墓葬当中只随葬1件玉梳背，通过对玉梳背的分析，指出墓地是逐渐形成的。先为祭坛，后把祭坛沦为墓地，是良渚文化的通制。

本书的第三部分，集中讨论中国的史前艺术，收录论文8篇。笔者认为，中国史前艺术的重要载体有彩陶、玉器和陶制艺术品。本书通过对河南陕县庙底沟遗址彩陶、青海柳湾墓地彩陶、汝州洪山庙墓地彩陶以及从鱼鸟相战到鱼鸟相融的几幅彩陶图的分析，大致勾勒仰韶时代彩陶的发展轨迹和昭示的含义。《试论中原地区新石器时代玉器的分期》和《论良渚玉器的西传》对中原玉器和良渚玉器的种类和演变过程予以复原。《试论新砦遗址出土的"猪首形陶器盖"》，则是对猪首形陶器盖这一特殊艺术形式予以初步研究。

中国远古时代，充斥着大量的传说，本书的第四部分收录论文2篇，重点检讨了夏代之初和夏代的地理学著作——《禹贡》，并结合考古学已经揭示的实际状况，得出夏启之居很可能为今日之新砦遗址。《禹贡》五服则暗合于龙山时代的考古学文化分布之态势。概观龙山时代的考古学文化，可以划分为内圈、中圈和外圈，即王湾三期文化大致相当于王畿即甸服，中原龙山文化当为侯服和绥服，再往外即为要服和荒服。总之，《禹贡》五服制度，并非古人凭空想象的伪说，而是具有一定的历史真实性。

本书的第五部分专门讨论考古学的理论与方法，收录论文2篇。关于环境考古中的地层学研究，我提出应该积极引进土壤发生学和土壤微形态学的方法，尝试建立区域性地层对比，采用定量描述地层的土质土色等。考古学文化的定名，为考古学界所苦恼，同一个考古学文化群体往往被命名为不同的考古学文化名称。在《论考古学文化及其命名原则》一文中，我提出用"期"、"段"、"组"来表示时间范畴，用"时代"、"文化"、"类型"、"亚型"来表示空间范畴，恪守采用首次发现的小地名来命名考古学文化。

最后，即本书的第六部分——回顾与前瞻，收录论文3篇，分别回顾了仰韶文化、新石器时代考古和文明起源研究的研究历程，也提出自己的一些看法，如认为中国文明起源可上溯到公元前4000年，以大溪文化阶段开始出现的城头山城址为标志，历经古国（仰韶时代后期）、邦国（龙山时代）和王国（夏王朝）阶段，从而简略地勾勒出中国文明起源的发展阶段。当然，追溯文明起源，是一项长期探索的任务，并非短期内就可直达目的地的课题。

以上便是本书的主要内容，大致反映我关于中国史前考古的基本认识。需要说明的是，这些认识都是围绕着主要运用中国史前考古学资料重建中国史前史而产生的。记得我于1989年师从北京大学考古系严文明先生念硕士研究生时，严先生给我们上课时讲到，他刚刚出版的《仰韶文化研究》是二十多年来自己潜心研究的成果，收入到《仰韶文化研究》的每篇论文都是事先规划好、二十多年来自己按照计划一篇一篇陆陆续续写成的。二十多年写一本书，这是严先生写书的秘籍！如今，时间又过去了二十多年。我按照自己的实际情况，围绕着构建中国史前史这一总课题，从二十多年来公开发表的考古学论文中挑选出表过的考古学论文。我请我的导师北京大学严文明先生题写书名——《史前考古文集》。导师应允了，我再次感谢严先生的盛意。

本文集所收论文，依内容性质可分为六个部分：一、文化谱系，二、聚落形态，三、史前艺术，四、传说与史实，五、理论与方法，六、回顾与前瞻。

考古学最基础的研究是关于古代遗址文化谱系的研究。本文集第一部分收录这方面的文章共有8篇，即《试论中国新石器时代早期文化的区域特征与发展阶段》、《裴李岗文化研究》、《山西芮城东庄村仰韶遗存再分析》、《中原龙山文化王湾类型再分析》、《〈洛阳王湾——田野考古发掘报告〉述评》、《龙山时代中原与海岱地区文化分布格局的比较》、《关于新砦期与二里头一期的若干问题》和《"新砦期"遗存发现的意义》。这些文章讨论了中国新石器时代至青铜时代早期的文化类型和文化谱系，是从事中国新石器时代至青铜时代初期考古学研究的基础。主要的观点是：中国新石器时代早期文化可以分为华北、黄河中下游、长江中下游和岭南地区，早晚两个阶段。新石器时代中期的裴李岗文化可分为裴李岗类型、贾湖类型和瓦窑嘴类型，流行家族和氏族两个级别的公共墓地。仰韶文化的半坡类型和庙底沟类型，既不是前后相继也不是首尾相同的关系，而是半坡类型的后段与庙底沟类型的前段同时，互有交错的关系。王湾三期文化可以进一步划分为南部的煤山亚型和北部的王湾亚型。龙山时代，中原地区的文化分布格局是主从式，而东方的海岱区则是并列式。新砦期介于龙山文化与二里头文化之间，是探索早期夏文化的重要对象。

本书第二部分，即聚落形态，也是作者用力最多之处，共有12篇文章。从时代来看，贯穿新石器时代中晚期至青铜时代初期的全过程，具体而言，《裴李岗文化时期农业定居聚落的形成》和《也谈姜寨一期村落中的房屋与人口》是对前仰韶时代（有人称之为裴李岗时代）和仰韶时代聚落的具体分析。指出裴李岗文化的墓地，通常由家族和氏族两级墓区所构成。对姜寨一期村落人口与社会组织的分析，也与众不同。一般认为，姜寨一期墓地是一部落或胞族墓地，反映姜寨一期的日常人口为600人左右，而我则认为姜寨一期村落是由五个家族所构成，每一家族的日常人口为20多口，整个村落总人口数是120人左右，其社会组织是由家族和氏族两级组织所构成。

《新砦聚落考古的实践与方法》和《新砦聚落考古的回顾与展望——纪念新砦遗址发掘30周年》是以河南新砦遗址为例，介绍聚落考古的具体实践，系统地回顾新砦遗址聚落考古的方法和步骤，以期对史前遗址开展聚落研究有所帮助。

城址是聚落发展到一定阶段的必然产物，是聚落的高级表现形态。《长江中游与黄河中游史前城址的比较》和《中国史前城址研究的过去、现在与未来》是对长江中游、黄河中游和全国史前城址的初步总结，提出了进一步开展史前城址研究的方法和步骤。

《略论中原地区史前聚落的演变》、《中国聚落考古的全面检验与广泛交流——"中国聚落考古的理论与实践暨纪念新砦遗址发掘30周年学术研讨会"综述（代前言）》和《新发现、新成果、新观点、新方法、新理念：2012年度中国史前聚落考古研究的新进展》是对全国聚落考古的初步总结，以昭示世人对聚落考古的关注，以促使聚落考古更进一步的发展。

自　序

　　1984年，我自郑州大学历史系考古专业毕业，来到九朝古都洛阳参加文物考古工作，一转眼三十多年过去了。我由一名年仅二十岁的毛头小伙子到了鬓染霜花的中年人。是时候总结过去，以利披挂上阵、继续前行了。

　　自大学毕业以来，我是考古战线上的活跃分子。我有太多的梦想，我憧憬当诗人、当作家、甚至当将军带兵打仗的理想状态。我跟随着年长我一两岁的考古技师下田野，挖古墓、掘窖穴，一次次田野考古，我都当成是一场场战争，而我自己则是战争的指挥者和参与者。多少回，我仰天大吼，让暴风雨来得更猛烈些吧，好男儿不怕烈火滔天！

　　1989年，我考进北京大学，在未名湖的湖光塔影里，我陶醉了。我成了北大校园声名显赫的校园诗人，策划和主持了第一届北大研究生迎新晚会。我甚至向北大文博学院的老师当面提出干文学、当诗人的狂想曲……

　　现实，像大地一样结实，把我紧紧地吸附在怀里。1991年秋，我愁肠百结地离开北大、离开梦想，再一次回到洛阳，开始了细碎而真实的洛阳考古之旅。

　　我的梦想时不时地刺激我、招引我。1994年，我来到郑州西山考古工地，参加国家文物局第八期田野领队培训班。在这里，我结识了大名鼎鼎的张忠培先生和团结在他周围的一群考古痴心人。我勤奋读书、积极学外语，苦练田野基本功，为再到北大念博士而积蓄力量。

　　1996年，我如愿以偿地考上北京大学严文明教授的新石器时代考古专业博士研究生。1999年又被推荐为唯一的考古学博士后继续在燕园学习深造。2001年自北大博士后流动站出站，来到中国社会科学院考古研究所工作。那时，我正是意气风发、浑身是劲的年纪，我置身在中国考古学的金字塔尖上，随波逐流，流连忘返。

　　2014年初的一场大病，差一点带走我不到50岁的生命。躺在湖南省长沙市湘雅医院的病床上，如梦初醒的我，抬头看到我泪眼蒙眬的妻子、女儿和二弟等人，忽然围坐在我的病床前，我吃惊地问道：我这是怎么了？我怎么会躺在这里？

　　养病的二十多天里，我默默地回顾自己的前半生。我是乡下农民的儿子，我的母亲目不识丁，我的父亲仅上过两年半私塾，而我却幸运地把学校从头到尾念了个遍——从河南省泌阳县老河乡东赵岗村二合小学到北京大学博士后。期间，走南闯北、纵横四海的同时，从地方报刊到海外杂志，我总共发表过百余篇文稿，如今年过半百，是该做一番文字小结了。

　　2014~2016年，我先后出版了《华夏之花——庙底沟彩陶选粹》、《黑山的诗》、《考古半生缘》、《新砦遗址与新砦文化研究》、《新砦陶器精华》、《中国通史》（一）等一系列的书籍，来做五十岁的纪念。这还不够，我还想到再出一本考古学论文集，专门收集我公开发

北京大学震旦古代文明研究中心学术丛书编辑委员会

主　任：李伯谦

副主任：王邦维　程郁缀　郭之虞　徐天进

　　　　赵化成

委　员：（以姓名笔画为序）

　　　　王邦维　严文明　李伯谦　宋豫秦　赵　辉

　　　　赵化成　拱玉书　夏正楷　徐天进（常务）

　　　　高崇文　郭之虞　程郁缀

Aurora Centre for the Study of Ancient Civilizations, Peking University
Publication Series, No.35

A Collection of Prehistoric Archaeology

Zhao Chunqing

Science Press

Beijing

图书在版编目（CIP）数据

史前考古文集/赵春青著. —北京：科学出版社，2017.11
（北京大学震旦古代文明研究中心学术丛书；35）
ISBN 978-7-03-055044-6

Ⅰ.①史… Ⅱ.①赵… Ⅲ.①石器时代考古–中国–文集
Ⅳ.① K871.104-53

中国版本图书馆 CIP 数据核字（2017）第 264313 号

责任编辑：柴丽丽 / 责任校对：邹慧卿
责任印制：肖 兴 / 封面设计：陈 敬

科学出版社出版
北京东黄城根北街16号
邮政编码：100717
http://www.sciencep.com

中国科学院印刷厂印刷
科学出版社发行　各地新华书店经销
*
2017年11月第 一 版　开本：787×1092　1/16
2017年11月第一次印刷　印张：28 3/4　插页1
字数：678 000

定价：200.00 元
（如有印装质量问题，我社负责调换）

北京大学震旦古代文明研究中心学术丛书之三五

史前考古文集

赵春青 著

科学出版社

北京

作者简介

赵春青，男，1964年生，河南省泌阳县人。1984年本科毕业于郑州大学历史学考古专业，1999年博士毕业于北京大学考古文博学院，2001年至中国社会科学院考古研究所工作，2009年任中国社会科学院考古研究所研究员。

著有《郑洛地区新石器时代聚落的演变》《新密新砦——1999—2000年田野考古发掘报告》《新亚洲论坛》（创刊号）《黑山的诗》《考古半生缘》等，主编或联合主编《中华文明传真》（一）、《考古学研究》（十）、《华夏之花——庙底沟彩陶选粹》《青海柳湾彩陶选粹》《新砦陶器精华》《中华之源与嵩山文明研究》（二）、《中国通史》（一）、《中国史前考古学论著目（1910—2010）》等，公开发表考古、历史、文学、民族学等各类作品200多万字。